Beautiful People

Alicia Drake

Beautiful People

Saint Laurent, Lagerfeld : splendeurs et misères de la mode

Traduit de l'anglais par Bernard Cohen et Odile Demange

DENOËL IMPACTS

Titre original :
The Beautiful Fall — Lagerfeld, Saint Laurent, and Glorious Excess in 1970s Paris

Éditeur original :
Little, Brown and Company, New York, 2006

À Rupert

« Un succès prématuré forge une conception presque mystique du destin, par opposition à la force de la volonté — le pire exemple étant le délire napoléonien. L'homme qui réussit dans son jeune âge s'imagine qu'il exerce sa volonté parce que son étoile brille. L'homme qui s'affirme à trente ans a une idée équilibrée de la part qu'ont jouée respectivement la volonté et le destin. Celui qui réussit à quarante ans aura surtout tendance à insister sur la volonté seule. Ceci devient frappant lorsque la tempête fait tanguer le bateau. »

F. SCOTT FITZGERALD

Avant-propos

J'ai commencé à travailler sur ce livre en 2001. Au départ, mon intention était de brosser le tableau d'un lieu et d'une époque, le Paris de la mode dans les années soixante-dix. Mais une longue enquête et une bonne centaine d'interviews m'ont progressivement conduite à en modifier le propos : le livre est devenu l'évocation de cette période incarnée par la carrière et l'existence parallèles de deux figures légendaires : Yves Saint Laurent et Karl Lagerfeld.

Le livre est paru aux États-Unis et en Grande-Bretagne, au mois de septembre 2006. Peu de temps après, le 26 octobre de la même année, Karl Lagerfeld m'assignait en référé pour atteinte à la vie privée. L'affaire a été portée devant la 17e chambre du tribunal de grande instance de Paris.

La requête me visait directement, et non mes éditeurs américain et britannique, et réclamait l'interdiction du livre en France, une astreinte de 10 000 euros par exemplaire vendu après l'interdiction éventuelle par le tribunal, et 100 000 euros de dommages et intérêts. Karl Lagerfeld demandait aussi que la cour impose la publication du jugement dans cinq journaux ou revues de son choix.

Une partie de ma défense a consisté à démontrer que Lagerfeld lui-même avait donné une grande publicité à sa vie au cours des quarante dernières années. Nous avons pu également établir que la distribution de l'édition en langue anglaise n'était pas autorisée en France, et que je ne pouvais en être tenue responsable. Après le dépôt de nos conclusions lors de la première audience, le 13 novembre 2006, Karl Lagerfeld a modifié sa requête, abandonnant la demande d'interdiction du livre et réclamant 35 000 euros de dommages et intérêts au lieu de 100 000. L'audience finale a eu lieu le 20 novembre 2006. Le jugement fut mis en délibéré et, le 15 janvier 2007, le tribunal rejetait les demandes de Karl Lagerfeld et le condamnait aux dépens. Lagerfeld n'a pas fait appel.

Dix mois plus tard, au mois d'octobre 2007, sortait un documentaire intitulé *Lagerfeld Confidential*, réalisé par Rodolphe Marconi. Comme le dit le synopsis : « Pour la première fois, Karl Lagerfeld accepte de partager son quotidien et fait confiance à un réalisateur… Après trois ans de travail et au fil de plus de trois cents heures de tournage, Rodolphe Marconi dévoile avec un regard de cinéaste le quotidien de Karl Lagerfeld et l'intimité d'une personne restée secrète. » Étonnamment, Karl Lagerfeld s'y exprimait longuement sur certaines des questions pour lesquelles il m'avait attaquée pour atteinte à sa vie privée.

Le 1er juin 2008, Yves Saint Laurent décédait à l'âge de soixante et onze ans, d'une tumeur au cerveau. Ses funérailles eurent lieu à l'église Saint-Roch, rue Saint-Honoré, la paroisse des artistes. Parmi les présents se trouvaient sa mère Lucienne Mathieu-Saint-Laurent, aujourd'hui âgée de quatre-vingt-quinze ans, ses deux sœurs, Brigitte et Michèle, et son autre famille : Loulou de la Falaise, Betty Catroux, Anne-Marie Muñoz et son compagnon-associé de toute une vie, Pierre Bergé. En tant que grand officier de la Légion d'honneur, Saint Laurent eut droit aux honneurs militaires.

Nicolas Sarkozy et son épouse Carla Bruni-Sarkozy, qui avait été mannequin chez Saint Laurent, assistèrent tous deux à la cérémonie.

La génération de Saint Laurent était venue lui rendre hommage, Valentino, Hubert de Givenchy, Kenzo Takada et Sonia Rykiel, tout comme de nombreux représentants des générations plus jeunes: Marc Jacobs, Jean-Paul Gaultier, Alber Elbaz et Stefano Pilati. Ils ont tous évoqué l'influence et la puissance de son incroyable héritage. Pierre Bergé rendit un hommage émouvant à son compagnon, retraçant leur long parcours commun, puis on entendit s'élever la voix de Jacques Brel chantant «Les vieux amoureux», dont les paroles faisaient écho à l'amour impérissable qui avait uni ces deux hommes. Et parmi la foule endeuillée, on remarquait les nombreuses silhouettes arborant l'inoubliable veste-pantalon noir, témoignage ultime de la pérennité et de la vitalité du style Saint Laurent.

ALICIA DRAKE
Paris, juillet 2008

Prologue

1974

C'était le temps où le Flore représentait la quintessence de l'attrait de la Rive gauche. C'était le lieu, au coin de l'univers germano-pratin, où convergeaient irrésistiblement la vie de café parisienne et toutes les ambitions — littéraires, artistiques, mondaines ou autres. C'était un palais des glaces propice aux initiations et aux rencontres.

Cet après-midi de l'année 1974, un jeune homme pousse la porte vitrée en fer forgé et marque une pause, comme pour s'assurer de son effet. Sa tenue est incongrue — pour le moment comme pour son âge : chemise à col marin noué par un foulard en soie à rayures bleues, long short couleur crème dévoilant des jambes d'adolescent et, à la main, un mince recueil de poésies de Robert de Montesquiou. Son allure d'écolier contraste avec sa moustache, allusion proustienne qui caresse sa lèvre supérieure de deux coups de pinceau méticuleux.

Il fait quelques pas dans le Flore de l'après-déjeuner, conscient sans en être troublé des voix qui se font moins nonchalantes sur son passage, des regards appuyés, puis prend place sur la banquette en cuir face à un miroir encadré de laiton.

Il exulte, ses traits en sont colorés. Il vient de passer la matinée à poser pour David Hockney dans son studio de la cour de Rohan, non loin du célèbre café. Hockney, qui vit à

Paris, a entrepris une série de portraits d'amis et de personnalités, dont plusieurs de la peintre américaine Shirley Goldfarb, elle-même une habituée du Flore. Notre jeune homme aura lui aussi son portrait, lui qui n'est ni un proche ni une célébrité, mais dégage une certaine aura dans l'air du temps.

Jacques de Bascher de Beaumarchais : tel est le nom qu'il s'est choisi pour faire son entrée dans le monde parisien. Il a débarqué dans la capitale avec la même soif d'ascension sociale qu'Eugène de Rastignac avant de découvrir qu'il a un siècle de retard. Le Faubourg Saint-Germain, cette aire géographique d'élégance et d'intrigues qui accueillait jadis les salons et les rites de l'aristocratie parisienne était une bouffée de nostalgie à humer de-ci de-là plus qu'un bastion de privilégiés à prendre d'assaut.

Comme le reste du monde, la société parisienne se montrait de plus en plus fascinée par la célébrité et la jeunesse. Et c'est dans ce nouveau contexte social que s'affirme cette énergie de la nouveauté permanente qu'est la mode. Paradoxalement, l'élite encore jeune de ce milieu est consumée par toutes les obsessions traditionnelles du « beau monde » aristocratique qui a abandonné le devant de la scène : narcissisme, rivalités destructrices, soif de pouvoir et de richesse. Toutefois, elle en ajoute une autre à ce tableau connu : le complexe du parvenu.

Au début des années soixante-dix, les créateurs de mode parisiens commencent à sortir de leur cocon de fournisseurs de garde-robes pour grandes dames et se transforment en stars, en arbitres du style écoutés avec respect, en dispensateurs d'une élégance, d'un sex-appeal, d'un glamour qui deviennent accessibles à tous. Dans cette métamorphose, ils ont certes des années de retard sur Londres ou New York mais ils disposent aussi d'un avantage capital : ils évoluent dans le monde mythique et mystérieux de la haute couture parisienne.

Stylistes, mannequins et muses se retrouvent tous au Flore pour attirer les regards. Ici, on croise Betty Catroux, Loulou de la Falaise et Clara Saint, le triumvirat féminin baigné de soleil entourant le créateur le plus influent et le plus envoûtant de Paris, Yves Saint Laurent. Yves lui-même ne fait que de rares apparitions, mais sa venue est attendue chaque jour avec fébrilité.

L'autre côté de la salle est le point de rendez-vous d'une étincelante compagnie d'Américains : le mannequin Pat Cleveland, Corey Tippin, Juan Ramos et le dessinateur Antonio Lopez, ce dernier ne se séparant pas d'un carnet de croquis et d'un crayon grâce auxquels il capte la magie du Flore. Et ce jour-là, pile en face de Jacques, se trouve Karl Lagerfeld, un créateur de prêt-à-porter d'origine allemande dont le monocle et la chemise à grand col proclament le raffinement et qui deviendra bientôt une force incontournable de la mode parisienne.

Jacques voit tout cela et, à l'instar de tant d'autres, il est captivé. Au-delà de la créativité, de l'invention ou de l'argent, c'est le glamour qui assure à la mode son inépuisable séduction. Le glamour, miroir flatteur dans lequel chaque espoir et chaque fantasme peut aisément se refléter, promesse implicite d'une vie épargnée par la médiocrité.

Jacques ne sait ni dessiner ni concevoir une robe. Il a pour lui la jeunesse et la beauté, deux qualités dont la mode ne cesse de se nourrir. Les créateurs ne travaillent pas sur une île déserte ; il leur faut une stimulation perpétuelle, du mouvement, des objets de fascination. Et fasciner de tels êtres constitue une occupation aussi convoitée que risquée.

À l'âge de vingt-deux ans, Jacques de Bascher décide d'investir toutes ses aspirations dans le monde de la mode parisienne.

1

1954-1958

Debout sur l'estrade, ils sont trois, deux garçons et une fille : les vainqueurs du concours de stylisme organisé par le Secrétariat international de la laine en 1954. Les deux jeunes hommes ont une tenue presque identique, l'image même du modeste apprenti : costume sombre, cravate noire sur chemise blanche. Yves Mathieu-Saint-Laurent, comme on l'appelle alors, est âgé de dix-huit ans et débarque à peine d'Algérie, plus précisément d'Oran : il vient de remporter le premier et le troisième prix dans la catégorie « robes du soir ». Il s'avance pour recevoir ses récompenses avec toute la nervosité effarouchée d'un pur-sang lors de la présentation au paddock, portant sa main au visage d'un geste spasmodique qui lui cache un œil et lui enlève soudain la moitié du monde.

À côté de lui se tient Karl Lagerfeld, vingt et un ans, originaire de Hambourg, vainqueur dans la catégorie « manteaux ». Les mains croisées devant lui dans une posture embarrassée, il parle avec volubilité, en français, et se lèche machinalement les lèvres tandis que les mots s'en échappent en staccato. À l'autre bout du groupe, enfin, Colette Bracchi, qui a remporté la compétition dans la catégorie « tailleurs », semble la plus assurée des trois : c'est pourtant elle qui va disparaître des radars de la mode.

À ce moment, le trio représente la crème des jeunes talents du stylisme parisien. Sur le point d'entrer dans le petit monde exclusif de la haute couture, les trois créateurs sont « déjà engagés sur la voie du succès », comme le souligne le présentateur de leur cérémonie[1]. Leur travail a été distingué parmi pas moins de six mille dessins anonymes, ce qui rend la double récompense d'Yves Saint Laurent encore plus remarquable. Par ailleurs, le jeune Yves était arrivé troisième lors du concours de l'année précédente.

Bien qu'elle n'en soit qu'à sa deuxième édition, la compétition connaît déjà un important retentissement. Destinée à promouvoir l'utilisation de la laine dans les créations de mode, son règlement stipule que tous les modèles présentés devront être réalisés dans ce matériau. Dans le jury, on compte Hubert de Givenchy et Pierre Balmain ; l'année d'avant, Christian Dior y avait siégé. La récompense comporte une somme d'argent conséquente mais représente surtout une véritable consécration : chacun des trois dessins primés sera exécuté par l'une des grandes maisons de haute couture parisienne. Ainsi, lors de la remise des prix en décembre, les trois jeunes créateurs sont accompagnés de trois mannequins vêtus de ce qu'ils avaient imaginé.

Le manteau en laine couleur jonquille conçu par Karl est tout en lignes droites et descend modestement au-dessous du genou mais, comme pour compenser cette longueur conservatrice, il est largement échancré sur les épaules et ouvert en V dans le dos. Ce serait la tenue idéale d'une épouse de grand patron allant déjeuner. La robe du soir d'Yves Saint Laurent, elle, est toute de féminité séductrice : un fourreau noir complété d'un drapé qui couvre une épaule mais laisse l'autre exposée à une rapide caresse. Un léger voile noir flotte devant le visage du mannequin, touche de fantaisie espiègle que l'on attend d'une Parisienne. « L'élégance, affirme Yves d'une voix d'adolescent timide dans son discours, c'est une robe trop éblouissante pour oser la porter deux fois[2].»

Si Yves Saint Laurent et Karl Lagerfeld sont montés sur la scène de la mode parisienne en égaux, le premier, et ce depuis le début, semble avoir été touché par la grâce : il est le plus jeune des trois lauréats — trois ans de moins que les autres —, son double prix dans la catégorie la plus prestigieuse fait de lui un petit prodige, et c'est un Français d'Algérie, de sorte que tous les Français peuvent s'identifier à sa victoire.

Yves et Karl seront un jour des rivaux mais ils ont d'abord été des amis, ce qui n'est guère surprenant car ils ont beaucoup en commun. Tous deux sont les fils uniques et adulés de couples aisés de la bourgeoisie. Leurs pères respectifs sont des hommes d'affaires prospères qui assurent à des épouses énergiques un train de vie confortable et entretiennent avec leurs fils une relation tout à fait amène et constructive, quoique marquée par une certaine distance, ce qui est peut-être une caractéristique de leur génération. Yves et Karl sont tous deux homosexuels et le savent depuis l'adolescence. Tous deux aiment dessiner, en particulier des vêtements. Tous deux sont issus d'un milieu provincial et Paris est leur rêve.

L'enfance d'Yves a baigné dans une lumière radieuse et il a acquis aux yeux de sa famille la stature d'un héros. Il est né le 1er août 1936 à Oran, l'un des grands ports d'Algérie, et la cinquième ville de France puisque l'Algérie était encore française, et ce depuis 1830. Près d'un million de colons français vivent alors là-bas, que l'on appelle « pieds-noirs » parce que leurs chaussures sombres, impeccablement cirées, contrastent avec les pieds nus des « indigènes ».

Dans ces contrées semi-désertiques, les Français se sont construit une belle ville de province qui ne détonnerait pas en « métropole », avec son lycée, sa cathédrale, sa préfecture et sa mairie. Nombre d'entre eux, et c'est aussi le cas de la famille Mathieu-Saint-Laurent, sont arrivés à Oran en réfugiés, obligés d'abandonner leur propre patrie. En plusieurs générations laborieuses, ils se sont forgé une existence de plages brûlantes et de maisons cossues bâties avec les pierres et le sable trouvés sur place, et c'est peut-être cette histoire d'exil transformé en succès qui confère à la ville une luminosité singulière.

« Notre monde à l'époque était Oran, et non Paris, écrirait Yves par la suite. Ni Alger, la ville métaphysique de Camus aux blanches vérités, ni encore Marrakech et sa bienfaisante magie rose : Oran, une cosmopole de commerçants venus de partout, et surtout d'ailleurs, une ville étincelant dans un patchwork de mille couleurs sous le calme soleil d'Afrique du Nord[3]. »

C'était la seule ville du Maghreb où les Européens étaient plus nombreux que les habitants arabes. Contrairement à Alger, si française de conception et d'allure, Oran gardait une touche espagnole très nette dans son architecture et son quotidien, legs des deux cents ans pendant lesquels les Espagnols avaient occupé la ville à partir du XVIe siècle. Sa population était multiethnique et pleine d'énergie : Arabes, Juifs, Français, Alsaciens, Bretons, Espagnols vivaient en harmonie, même s'il existait une stricte hiérarchie de classe dont les Français de souche occupaient le sommet. La diversité culturelle d'Oran imprégnait toute la vie, avec ses multiples langues et dialectes, son quotidien où se mêlaient joyeusement le fort espagnol et l'évêché, le marché arabe et la synagogue, les palmiers et la blanquette de veau. En plus de leur accent, les pieds-noirs avaient un sens de l'humour particulièrement tranchant, aiguisé par le complexe d'infériorité des Français des colonies.

Le charme d'Oran résidait dans sa luminosité et sa gaieté méditerranéennes, dans la douceur de ses dunes dorées, dans la foule de visages et de corps qui envahissait le boulevard Séguier chaque soir à l'heure de la promenade. « À Oran, il y avait plus de jolies filles au mètre carré que nulle part ailleurs », se rappelle avec une fierté nostalgique la plus jeune sœur d'Yves, Brigitte Bastian : « Tous les hommes d'Alger venaient chercher des petites amies à Oran. » Les Oranaises étaient célèbres pour leur panache, leur élégance infaillible quelles que soient leurs ressources, leur goût à parader sur le front de mer en imitant la dernière mode de Paris sans jamais oublier les gants, le chapeau et le sac assortis. Le dimanche des Rameaux, notamment, était prétexte à l'achat d'une nouvelle tenue, que l'on payait souvent « petit à petit », selon l'expression locale, c'est-à-dire à crédit.

La mère d'Yves comptait parmi les plus coquettes. Elle était gâtée, dorlotée par un mari accommodant. C'était elle qui régnait sur la maison, et donc sur sa garde-robe. Toujours selon Brigitte, « on appelait ma mère la *gata*, la chatte en espagnol, à cause de ses yeux. C'était une vraie beauté. Tous les hommes étaient d'accord là-dessus ». L'amour du chic était une chose sérieuse, dans la famille Mathieu-Saint-Laurent. Une couturière se rendait chez eux toutes les semaines et, enfant, Yves assistait aux essayages, discutait des nouveautés qu'il avait remarquées dans les revues de mode et les journaux arrivés de Paris. Dès l'âge de quatre ans, il conseillait les femmes de la maison sur leur manière de s'habiller. Sa mère se rappelait ainsi un jour où le bambin avait carrément obligé l'une de ses tantes à se changer, parce qu'il n'aimait pas sa tenue : « Je crois qu'il lui a fait essayer cinq ou six robes et accessoires avant d'être satisfait, confierait-elle plus tard, et pendant ce temps nous étions tous à attendre… Il avait tellement d'autorité, il était tellement sûr de son goût que nous l'acceptions[4]. »

Les ancêtres paternels d'Yves avaient gagné Oran après avoir fui l'Alsace-Lorraine devenue allemande en 1870. À cette occasion, cette famille de juges et d'avocats avait raccourci son ancien nom, Mathieu de Heidolsheim. À Oran, Charles, le père d'Yves, avait monté une compagnie d'assurances avec un associé, mais s'occupait également d'immobilier et se trouvait à la tête d'une chaîne de cinémas qui existait en Algérie, au Maroc et en Tunisie. La possibilité de voir le dernier succès sans avoir à prendre de billets était une source intarissable d'enchantement pour les trois enfants, Yves et ses deux sœurs.

Le couple Mathieu-Saint-Laurent fréquentait la bonne société oranaise. Chez eux, on prenait l'apéritif sur la terrasse en compagnie du préfet et du notaire avant de déguster une paella dans la plus belle vaisselle familiale. Ils étaient aussi membres du club de tennis. Les sœurs cadettes d'Yves, Michèle et Brigitte, étaient nées en 1942 et 1945, même la guerre n'ayant pu troubler l'idylle de leurs parents. La famille passait les trois mois des vacances d'été dans leur villa de Trouville, une station balnéaire à quatorze kilomètres à l'ouest d'Oran fréquentée par la bourgeoisie locale.

Pendant toute son enfance, Yves a fasciné ses proches et ses amis par la précocité de son talent et la richesse de son imagination. Tard le soir, il glissait sous la porte des chambres de ses sœurs des invitations calligraphiées par lesquelles il les conviait, en tant que « clientes privilégiées », à la présentation de sa collection printemps/été. « Il faisait des robes avec de vieux tissus, son petit théâtre avec des poupées découpées, et il nous entraînait dans cet univers de conte de fées », racontera Brigitte.

À l'âge de douze ans, Yves assiste à une représentation de *L'École des femmes* de Molière au théâtre d'Oran. Ce spectacle, mis en scène par Louis Jouvet (qui tenait le rôle d'Arnolphe) et dont les décors étaient signés par Christian Bérard, a eu un impact considérable sur ses aspirations esthétiques naissantes. Lucienne, sa mère, parlera d'une « révélation[5] ». Bérard, figure majeure des arts décoratifs parisiens dans les années trente et quarante, crée d'admirables décors et costumes pour l'opéra, le théâtre et le cinéma, et donne aussi de merveilleuses illustrations de mode à *Vogue* ou au *Harper's Bazaar*. Surnommé Bébé en raison de ses traits poupins et de ses mimiques enfantines, c'est pourtant un homme corpulent et barbu qui s'habille comme un clochard, dispense son talent sans compter et exhale un charme mélancolique qui cache une consommation d'opium assidue. C'est une personnalité incontournable du Paris de l'art, du style et de l'insouciance d'avant-guerre, un ami de Cocteau, de Chanel et de Marie-Laure de Noailles. Yves, qui admire en lui l'illustrateur autant que le décorateur ou le costumier, imitera la technique de dessin de Bérard pendant des années. Selon sa mère, après avoir vu *L'École des femmes*, « il ne pensait qu'au théâtre, ne parlait que de cela. Nous l'avons laissé transformer une pièce vide en salle de représentation. Il écrivait des scénarios, les mettait en scène, créait tous les décors et les costumes, prenant ses sœurs et ses cousins pour acteurs[6] ».

La maison est toujours pleine de femmes, amies, tantes, mères, grand-mères, sœurs. Parmi elles, rapporte Brigitte, Yves est « l'enfant-roi. J'ai été élevée dans l'admiration pour mon frère, j'étais admirative devant lui, il était gentil, amusant, déconneur, c'est vrai, il aimait faire des farces. Il était futé, rusé ». Au nombre de ses niches enfantines, qu'il enseigne à sa sœur, il y a celle qui consiste à appeler un numéro de téléphone au hasard. « Bonjour, madame, est-ce que vous avez reçu la caisse ? demande Yves ou Brigitte. — La caisse ? Quelle caisse ? s'étonne la dame à l'autre bout de la ligne. — Mais celle pour emballer vos fesses ! » Ce jeu de mots rimés se conclut invariablement par le son du combiné raccroché brutalement et par un accès de fou rire.

Le dimanche soir, il se rend à la messe de six heures à la cathédrale du Sacré-Cœur, toute proche de la maison. À son retour, un public impatient l'attend. Avec un sourire malin, il sort une liasse de papiers de son veston et montre à Michèle et à Brigitte ses dernières caricatures de fidèles, croquées pendant l'office. « Mme Le Long Bec » était la préférée de Brigitte. Selon elle, « Yves était notre héros, bien sûr. En Algérie, on avait cet esprit-là, on était très famille ; oui, le frère aîné, c'est important, chez nous ».

S'il est le roi d'un monde féminin et fantastique à la maison, il devient un paria dès qu'il retrouve l'école. De huit à seize ans, Yves fréquente le collège du Sacré-Cœur, un pensionnat de jésuites où il est aussitôt tenu pour un externe trop propre sur lui. Au milieu de ses pairs bruyants, chahuteurs et passionnés de foot, Yves se montre nerveux, toujours sur la défensive, isolé. François Catroux, qui était élève du collège à la même époque et se liera ensuite d'amitié avec Saint Laurent à Paris, affirme que ces années d'école ont été « un calvaire » pour lui. La chapelle de l'école avait des fenêtres très proches du sol et pendant la récréation, pendant que tous les autres jouaient au football, Yves s'asseyait là, sur un rebord, sans broncher. « Il était terrorisé à l'idée que les autres s'approchent de lui. Tout le monde disait des bêtises, tout le monde se traitait de toutes sortes de noms. Yves avait déjà un physique inhabituel, il était toujours très habillé, en cravate, et très renfermé. Les garçons s'invectivaient — vous savez combien les jeunes sont cruels et Yves souffrait profondément de cela. Il était très anxieux, très anxieux, il devait avoir quatorze ans… »

Il y a d'autres garçons homosexuels dans l'établissement, mais Yves se fait remarquer par ses manières efféminées : « Il était mince, élégant, féminin, si vous voulez, et les autres étaient machos, enfin machos d'aspect, explique Brigitte. Il faut comprendre : Oran, c'était une ville de machos, et c'était extrêmement délicat d'être homosexuel à l'époque. Vous l'étiez en cachette. » À Oran comme ailleurs, dans les années quarante, l'homosexualité était un pesant fardeau de culpabilité, de haine de soi et de honte, peut-être pas pour tous, mais certainement pour Yves. « Au départ, c'était sûrement quelqu'un qui n'admettait pas sa sexualité, poursuit François Catroux. Peut-être ne savait-il même pas à cet âge-là, ou n'était-il pas entièrement conscient, mais il avait déjà honte de ce qu'il était, en tout cas. Et cela n'a rien à voir avec le collège, parce que Yves n'était pas le seul garçon de l'école comme ça, il y en avait d'autres qui s'assumaient. Le seul à avoir honte, c'était lui. Ça collait assez bien avec ce côté qu'il a d'aimer le malheur, parce qu'il aime être malheureux. C'est comme s'il se complaisait toujours dans un certain malheur. »

Son orientation sexuelle allait devenir un point de fixation pour ses névroses et sa sensation de solitude permanente. « Je n'étais pas comme les autres garçons, vous comprenez. Je n'étais pas conforme. Mon homosexualité, sans doute, devait-il expliquer des années plus tard dans une interview au *Figaro*. Mes camarades de classe voyaient bien que je n'étais pas pareil, alors ils avaient fait de moi leur souffre-douleur. Ils me battaient ou m'enfermaient dans les toilettes. Pendant les récréations, je me réfugiais du côté de la chapelle, parce que j'étais dans un collège religieux, ou bien je m'arrangeais pour rester seul dans la classe… Il y avait alors en moi beaucoup de tristesse, de peur, de terreur. Chaque matin, quand je devais me rendre à l'école, j'étais malade. C'était de la torture psychologique : les gosses, ça ne pardonne pas, vous savez. Pendant qu'ils m'embêtaient, je me disais sans arrêt : "Un jour, tu deviendras célèbre." C'était ma façon à moi de me venger. »

De retour à la maison, le soir, Saint Laurent se réfugie dans son monde imaginaire, redécoupe les vieilles robes de sa mère, dessine des décors élaborés et des costumes raffinés pour ses représentations théâtrales. Ses parents prennent rapidement conscience de son orientation sexuelle, et son père l'accepte tacitement, mais il n'en parlera jamais ni avec sa femme ni avec Yves, tandis que celle-ci s'efforce de la dissimuler sous des euphémismes. « Maman essayait de tout cacher, explique Brigitte, mais nous étions au courant de tout. » À l'époque, la fillette se bat avec des camarades d'école qui ont traité son frère de « tapette » : « J'ai demandé à Maman si c'était vrai, si c'était "une tapette", et elle m'a dit : "Mais non, il est comme les anges, c'est-à-dire qu'il n'a pas de sexe." »

D'après sa famille, d'ailleurs, Yves n'a jamais fait mention des tourments qu'il subissait au collège. Brigitte, encore : « Nous ne nous en sommes jamais rendu compte. Il rentrait à la maison et c'était le théâtre, c'était la folie, il était heureux avec nous… Oui, il a dû souffrir terriblement mais il ne nous en a jamais parlé. »

En 1953, Yves prend l'avion pour Paris — c'est la première fois — afin de recevoir en mains propres le troisième prix du concours du Secrétariat international de la laine. Sa mère l'accompagne. En plus de la remise du prix, le déplacement a également pour objet de lui faire rencontrer Michel de Brunhoff, le rédacteur en chef de l'édition française de *Vogue*, un homme influent et doté d'un formidable carnet d'adresses. C'est le père d'Yves qui a organisé le rendez-vous grâce à un ami de la famille, et sans mettre son fils dans le secret. Brunhoff a promis de regarder ses dessins pour éventuellement l'aider à débuter une carrière dans la mode ou dans la création de costumes de scène. Yves n'a pas encore passé le baccalauréat, et il n'a pas l'intention de le faire. Edmonde Charles-Roux, qui était alors l'assistante de Brunhoff, se souvient de ce visiteur peu banal: « Il était très grand, avec d'énormes lunettes, très, très, très timide, au point qu'il n'ouvrait pas la bouche, c'est sa mère qui parlait tout le temps pour lui. Puis, tout à coup, il a explosé, il nous a dit pourquoi il ne voulait plus aller à l'école, ni passer le bac, mais se lancer directement dans la mode. On sentait qu'il avait une volonté: il était timide, mais pas timoré ou peureux. On voyait qu'il avait énormément de caractère. »

Et, depuis le début, une nette conscience de sa valeur. Au cours de ce même séjour parisien, il flâne avec sa mère avenue Montaigne, s'arrêtant devant les vitrines des grands couturiers et des fourreurs prestigieux, se pénétrant de cette atmosphère de luxe. Au numéro 30, il s'attarde devant la boutique brillamment éclairée de Christian Dior, qui est alors la maison de haute couture la plus prestigieuse de Paris, et déclare à sa mère: « Maman, je travaillerai là dans pas longtemps[7]. »

Suivant les recommandations de Brunhoff, il rentre à Oran, obtient son « bachot » en juin 1954 et, dès septembre, entre à l'École de la chambre syndicale de la couture parisienne, l'établissement de la rue Saint-Roch, qui est alors le point de passage obligé de tous ceux qui veulent faire carrière dans l'industrie de la mode. En ce milieu des années cinquante, l'École accueille des dizaines de garçons comme Yves, à peine sortis de l'adolescence, rêvant de révolutionner l'esthétique du vêtement et jouant avec l'ambition d'habiller un jour la comtesse de Paris... Parmi ces apprentis, il y a un certain Karl Lagerfeld. Ils ne sont pas dans la même classe, mais c'est à l'École de la chambre syndicale qu'ils vont se rencontrer.

Dans ce milieu de jeunes gens souvent talentueux, les dons exceptionnels d'Yves Saint Laurent sont vite remarqués. Fernando Sanchez, un étudiant belge d'origine espagnole qui se trouve dans la classe d'Yves, raconte: « Je me rappelle encore la première fois que j'ai vu ses croquis. C'était déjà une star et cela se voyait tout de suite. Pur talent.» Anne-Marie Muñoz, qui fait sa connaissance quelques mois plus tard, vit une révélation similaire: «Quand j'ai vu ses dessins la toute première fois, je ne me suis pas dit "J'aime" ou "Je n'aime pas", parce que ça me paraissait... évident. Comment expliquer cette sensation? C'était une sorte de perfection, une beauté et une intelligence dans le vêtement, et ça paraissait si facile. Sa plus grande qualité, c'est l'émotion que ses lignes inspirent[8].»

À l'école de la rue Saint-Roch, Yves caresse déjà des rêves de succès. Il couche sur le papier ses fantaisies de collégien, composant une revue de presse aussi enthousiaste qu'imaginaire qu'il montrera plus tard à son amie Victoire, le célèbre mannequin de Dior. «Contrairement à ce qui arrive à chaque saison, la bombe, qu'elle soit qualifiée d'A ou d'H, n'a pas éclaté cette fois-ci dans les locaux de M. Christian Dior, écrivait-il en faisant allusion à l'arme thermonucléaire et aussi à la "ligne H" qui avait assuré la réputation de la maison Dior, mais pour le lancement d'un jeune couturier, Yves Mathieu-Saint-Laurent qui, avec une seule collection, se hisse d'un seul coup au rang des plus grands[9].»

Pourtant, après seulement trois mois de cours, il bascule dans l'ennui et la morosité. Son père est tellement alarmé par sa baisse de moral qu'il écrit à Brunhoff en lui demandant d'aider Yves. Au printemps 1955, celui-ci retourne voir le rédacteur en chef de *Vogue*: «Il était très, très malheureux à l'École de la chambre syndicale, se souvient Edmonde Charles-Roux. Il disait que ça ne valait rien, ce qui est bien la preuve qu'il n'avait pas peur. Il ne croyait pas en cet enseignement, détestait ses études, trouvait tout cela trop traditionnel. Pas assez de mouvement pour lui. Il était comme ça. Un jeune homme très impétueux.»

Outre ces récriminations, Yves présente à Brunhoff une série d'esquisses auxquelles il a travaillé dans les derniers temps. Edmonde Charles-Roux se rappelle avoir été charmée par la grâce aérienne de ses croquis ; Brunhoff, lui, est stupéfait de constater qu'ils sont « presque identiques à la collection que Dior allait présenter quinze jours plus tard » et que le jeune Saint Laurent ne pouvait évidemment avoir vue. Il est tellement impressionné par l'originalité de son style et par son aptitude à capter « la tendance » dans l'air du temps qu'il fait pour Yves ce qu'il n'avait jusque-là fait pour personne, toujours selon Edmonde Charles-Roux : prenant la liasse de croquis sous le bras, il s'en va aussitôt les montrer à son vieil ami Christian Dior, auquel il conseille vivement de recevoir le jeune créateur. En juin 1955, Yves est engagé en tant qu'assistant au studio de M. Dior, après avoir à peine terminé un trimestre à l'École de la chambre syndicale.

Dès ses premiers pas dans l'univers de la mode, donc, Yves Saint Laurent semble avancer avec l'aisance miraculeuse d'un conte de fées, comme si sa trajectoire était déjà tracée dans l'histoire. On croirait que toutes les portes s'ouvrent par magie devant lui. Est-ce une bonne étoile exceptionnelle, ou bien est-ce lui qui, renforçant sa légende et l'image qu'il avait de son destin à chaque nouvelle étape, les force à lui laisser la voie libre ?

C'est dans un immeuble à l'angle de l'avenue Montaigne et de la rue François-Ier, haut lieu de l'histoire de la mode, que le couturier chéri par les vedettes du monde entier règne sur son empire de mille quatre cents employés. Dodu, les joues colorées, Christian Dior est révéré par ses « petites mains » comme par ses clientes pour avoir su comprendre et exprimer le besoin de volupté féminine, combinée à l'élégance française traditionnelle, que le pays a connu au cours de l'après-guerre. Son personnage public est soigneusement étudié dans le but de s'accorder à cette abstraction qu'est « la femme Dior » ; rejeton de la bourgeoisie de province la plus bienséante, il est connu pour ses manières exquises, sa modestie et son bon goût. Comme celle de nombreux couturiers, l'esthétique de ce fils de bonne famille normande est fondée sur la nostalgie et sur l'admiration pour sa mère. Dior aime les femmes, non pas physiquement mais dans l'idéal.

Dans l'univers tyranniquement hiérarchisé et compartimenté qu'est une maison de haute couture, le studio est le Saint des Saints, le tabernacle : c'est là que le mystère de la création s'opère. Sitôt entré dans le sérail de M. Dior, Yves se distingue par son talent mais aussi par son caractère réservé. « Quand il est arrivé chez Dior il avait déjà tout, son style, son "œil", tout, observe André Levasseur, qui travaillait alors pour la boutique Dior, mais sa timidité… C'était désespérant ! Le pauvre, il rasait les murs. » Un tel effacement n'est cependant pas sans receler un pouvoir potentiel. Tan Giudicelli, qui était également assistant au studio Dior, se rappelle qu'Yves était « comme une petite fille. Très étrange. Il ne parlait jamais, toujours silencieux, mais bizarrement on peut arriver à dominer, quand on est passif à ce point ».

C'est à cette époque qu'il est chargé de concevoir les parures pour un bal costumé que le baron Alexis de Redé donnera en 1956, « Le bal des têtes » ; sa série de variations sur les plumes et les fleurs, romantique et ultraféminine, donne aux élégantes du Tout-Paris un premier aperçu de son talent.

Depuis 1955 également, au 44 de la rue François-Ier, dans une maison moins prestigieuse mais située juste en face de Dior, Karl Lagerfeld assiste Pierre Balmain. C'est ce couturier qui a réalisé le manteau qui a permis à Lagerfeld de remporter le prix que nous avons évoqué plus haut. À la suite de cette collaboration, Balmain a proposé au jeune créateur de le rejoindre. Il y a une symétrie assez spectaculaire entre les débuts professionnels d'Yves et de Karl, puisque Christian Dior et Pierre Balmain avaient tous deux commencé leur carrière chez Lucien Lelong, à l'orée des années quarante ; ils avaient même envisagé de créer ensemble une maison de haute couture, mais Balmain avait finalement décidé de s'installer à son compte en 1946 et Dior avait fait de même l'année suivante, avec le formidable soutien financier de Marcel Boussac, le magnat du textile.

La toute première collection de Dior, qui allait recevoir la fameuse appellation de « New Look », avait été un succès phénoménal, sans précédent. À une nation brisée et humiliée, le créateur avait redonné sa fierté et son goût de la séduction grâce à une silhouette nouvelle, caractérisée par la fluidité d'une jupe plissée arrivant en dessous du genou, une veste taille de guêpe et une poitrine généreusement rembourrée. Pour la plus grande satisfaction de son protecteur Boussac, dont les métiers à tisser recommençaient à tourner à plein régime après la guerre, il utilisait pas moins de vingt mètres de tissu dans ses jupes aux plis en cascade. Après des années d'épaules carrées et de jupes courtes et droites, le frou-frou des créations de Dior, audible à chaque pas, ne pouvait que faire sensation.

La ligne New Look avait fait de Dior le roi de la mode, le « sauveur » du chic parisien libéré de l'Occupation, et de sa maison une entreprise des plus lucratives avec ses nombreuses licences et parfums vendus dans le monde entier, allant même jusqu'à conquérir l'Amérique en obtenant la couverture du magazine *Time*. Son ami Pierre Balmain, en revanche, connaissait un succès moins retentissant. S'il s'occupait d'une clientèle fidèle et plus conservatrice — « la jolie madame », comme il aimait à le dire —, tout en fréquentant les salons de l'aristocratie européenne, il n'avait pas la prestance glamour et l'aura de célébrité de Dior. Il faisait de la mode mais il n'était pas faiseur de mode. Par la suite, Karl Lagerfeld a décrit ses débuts en ces termes : « Je n'ai pas choisi Balmain, c'est lui qui m'a proposé de rentrer chez lui. Je n'étais pas vraiment au courant de toutes ces choses-là, à l'époque. J'étais là pour apprendre, pas pour poser au petit génie. Travailler chez Balmain n'était pas comme être chez Dior ou Balenciaga, qui étaient de véritables temples de la mode, mais moi je me suis dit que je devais faire mon apprentissage et je ne me suis pas préoccupé du reste [10]. »

Malgré leurs différences en prestige et en statut, toutes les maisons de haute couture partageaient au moins un trait commun, à savoir d'être rongées par les petites rivalités et les jalousies mesquines. Les débutants frais émoulus de l'école de mode étaient toujours des cibles de choix, ainsi que Karl allait lui-même le vérifier : « Mes premiers jours de travail dans la mode, chez le Balmain des années cinquante… Horrible ! Je me suis dit : "Si c'est ça, la mode, je ferais mieux de retourner terminer le lycée !" De nos jours, personne n'accepterait les conditions de travail et les salaires misérables que nous devions endurer en ce temps-là. Yves et moi, nous avions de la chance parce que nous venions de familles aisées. Mais aujourd'hui personne ne pourrait croire les humiliations qu'il fallait subir pour travailler dans la haute couture, la méchanceté des gens. De nos jours, ce serait… illégal [11] ! »

Au cours de ces années d'apprentissage, ils se voyaient constamment. Karl passait le plus clair de ses journées au Bar des théâtres, avenue Montaigne, où les jeunes apprentis et les mannequins maison échangeaient des ragots, fumaient et flirtaient sur les banquettes en velours rouge. Installé dans une alcôve de l'établissement, toujours impeccablement coiffé, Karl était une présence permanente, entouré d'une nuée de modèles auxquelles il payait des cafés. Il avait une voiture, aussi, et le soir venu il conduisait Yves à travers Paris. Ils dînaient à La Closerie des lilas, puis prenaient un verre à La Coupole. Comme beaucoup de jeunes de leur génération,

Yves et Karl étaient pleins de nostalgie pour un temps qu'ils n'avaient pas connu et faisaient tout pour ressusciter l'extravagance enivrante du Paris bohème de l'entre-deux-guerres, des années vingt et trente. Leur bar préféré était Le Bœuf sur le toit parce que ce cabaret avait jadis été un point de ralliement nocturne cher à Cocteau, à Picasso et à Coco Chanel.

Saint Laurent habite alors boulevard Pereire, une chambre meublée qu'il loue à une vieille dame et qu'il a tendue de velours bleu nuit. Il amuse ses amis par des imitations de sa logeuse qui, soutient-il, l'espionne à travers le trou de la serrure quand il se déshabille. Karl, pour sa part, a débuté sa vie parisienne en logeant dans un modeste hôtel pour étudiants tout proche de la Sorbonne, le Gerson, mais il s'est ensuite installé dans un appartement rue de Tournon. Au-dessus du manteau de sa cheminée, il a suspendu un croquis d'Yves, un projet de décor de ballet. Certains soirs, Fernando Sanchez se joint à eux. « Comme Karl était le seul d'entre nous à avoir un peu d'argent, nous passions tout notre temps libre à traîner chez lui », se rappelle-t-il. En ce temps-là, Otto Lagerfeld, son père, soutient Karl financièrement. Comme le précise son cousin, feu Kurt Lagerfeld : « Mon oncle Otto, qui était directeur général de Glücksklee, devait tout le temps débourser de l'argent pour Karl. Il conduisait un coupé Mercedes dernier modèle qu'Oncle Otto lui avait payé. » Glücksklee était la marque du lait concentré produit en Allemagne sous la licence de l'American Milk Products Corporation.

Chez Dior, Yves se lie d'amitié avec le mannequin étoile de la maison, Victoire, et celle-ci devient bientôt un élément indispensable de leurs sorties en groupe. Elle est très différente des beautés anguleuses dont la perfection inaccessible symbolise la haute couture des années cinquante : Victoire est sexy et fière de l'être. Elle a des seins, des fesses, des pommettes, des yeux très noirs et une bouche incroyable qui s'ouvre en révélant de grandes dents. Elle est en chair, en os et en sex-appeal. Quand elle fait son entrée dans le salon Dior en robe du soir noire très décolletée, la température monte très nettement parmi les dames bien poudrées et leurs maris tandis qu'elle passe devant eux en se déhanchant. C'est M. Dior qui a changé son destin en rebaptisant une très commune Jeanne avec ce « Victoire » triomphant.

Tels deux collégiens sous l'emprise de leur premier béguin, Yves et Karl se disputent âprement l'attention de la belle. Yves lui ayant offert une poupée en porcelaine vêtue d'une crinoline en soie vert émeraude qu'il a achetée au marché aux puces, Karl la surprend quelques semaines plus tard avec un service à thé de poupée qu'il a découvert dans le grenier de la maison familiale à Hambourg. Derrière ces hommages se cache un désir paradoxal. Lorsqu'ils sortent tous les deux le soir, Victoire a l'impression qu'Yves a envie d'elle mais qu'il ne peut pas, ou n'ose pas, l'exprimer par un geste ou un contact physique ; elle croit exercer la même attirance sur Karl et cependant il paraît lui aussi inhibé par son désir. Parfois, après une longue soirée dehors, ils finissent chez Lagerfeld et s'endorment tous les trois par terre, sous un tapis turc.

C'est Yves qui remporte la manche décisive quand, en 1957, il devient l'assistant personnel de M. Dior. À ce titre, il dessine plusieurs des tenues que Victoire présentera au cours de la saison. Comme tous les mannequins, elle veut porter les plus belles créations, celles qui attireront tous les regards sur elle pendant les défilés.

À ce trio peu commun vient se joindre Anne-Marie Poupard, Anne-Marie Muñoz par la suite. Jeune assistante à la boutique Dior, elle a intégré la célèbre maison en 1954, d'abord à un poste subalterne à l'atelier, parce qu'elle est la nièce du compositeur Henri Sauguet, l'un des amis les plus chers de M. Dior qui fait partie du petit cercle d'artistes dont le couturier aime s'entourer. Montée à Paris pour se faire des connaissances, ne nourrissant pas d'ambitions démesurées, elle sert de contrepoids dans la rivalité incessante qui met aux prises ces trois fortes personnalités que sont Karl, Yves et Victoire. Ne prétendant pas contester le statut de diva et d'égérie de cette dernière, elle se contente d'observer les jeux de domination, de manipulation et de vanité du trio.

Selon elle, c'est Yves qui a la haute main sur leurs distractions. « Il était exactement comme il est aujourd'hui, racontera-t-elle en 2003. Il n'avait jamais envie de sortir et c'était pourtant lui qui commandait, qui décidait du restaurant où nous dînerions. Et cela se passait naturellement, parce qu'il avait cette force. » Il lui arrive aussi de choisir d'aller passer un moment à l'Hélicoptère ou au Fiacre, deux toutes petites boîtes homosexuelles de la Rive gauche où des garçons dansent ensemble le charleston. Situé rue Saint-Sulpice, le Fiacre est si couru que, les soirs d'été, les consommateurs débordent sur le trottoir. S'il existe plusieurs points de ralliement des homosexuels dans Paris, Saint-Germain-des-Prés est incontestablement le haut lieu des « folles », ainsi que l'on appelle alors ces jeunes gens qui affectent volontiers toute une gamme d'attitudes efféminées, depuis les tortillements du derrière jusqu'aux cris perçants. Dans le caveau du Fiacre, Yves danse joue contre joue avec Victoire tandis que Karl boit du Coca-Cola et qu'Anne-Marie regarde. Ensuite, chacun rentre chez soi en solitaire. Quels que soient ses désirs les plus intimes, Yves ne les a pas encore réalisés. Il mène une existence disciplinée, voire ascétique. Il est toujours en demande, avec le sens de l'humour tapageur d'un enfant. Victoire se souvient : « Quand on sortait le soir, c'était toujours des "Ouh là, là ! Attention !", ou "Ah, protège-moi, protège-moi, tu as vu un peu celui-là ?". Si je lui prenais la main et je la tordais, il poussait un cri mais en fait il était ravi. Yves adorait être comme ça… qu'on le jette sur un lit, si on peut dire[12].»

À l'été 1957, le groupe, qui se fréquente maintenant depuis deux ans, connaît des tensions et des jalousies grandissantes. Chez Dior, Victoire flirte avec d'autres employés, ce qui met Yves en rage car il n'entend partager sa beauté avec personne. Elle a eu une aventure avec un jeune assistant, Gaston, qui était le petit ami de M. Dior sans qu'elle en sache rien, et elle a également un amant régulier qui ne demande qu'à l'épouser. Lors d'un petit déjeuner en tête-à-tête au Ritz, auquel il a secrètement convié Victoire — ou «Vishnou», ainsi qu'il la surnomme —, Karl cherche à gagner ses faveurs en lui offrant un dessin où il l'a représentée habillée dans des tenues de différentes périodes, de la garçonne des années vingt à la grande dame Belle Époque. Yves riposte en lui donnant le croquis au pastel d'une robe du soir qu'il dédie «à celle qui porte si bien mes robes[13]».

Quand les quatre inséparables — Victoire, Anne-Marie, Yves et Karl — passent un week-end sur la côte normande, Saint Laurent reste tout le temps à bouder à la terrasse d'un café. Dans ses accès de jalousie, il se replie sur lui-même à un point tel qu'il paraît ne plus avoir conscience du monde qui l'entoure. C'est une réaction qui, loin de rebuter les autres, les fait au contraire s'empresser autour de lui.

À cette époque, l'assistant personnel de M. Dior crée une bonne quarantaine de modèles à chaque collection. Pendant les préparatifs d'une nouvelle ligne, il aime retourner à Oran pour peaufiner ses croquis et il est bien entendu accueilli tel l'enfant prodigue. Sa mère invite tous les amis de la famille à venir admirer son jeune artiste de fils triomphant à Paris: «Quand il arrivait, c'était la révolution chez nous, raconte sa sœur Brigitte. La cuisinière ne savait plus quoi inventer pour lui faire plaisir, tellement elle voulait le gâter et encore le gâter. Il adorait la sole, alors on mangeait tous de la sole ! Il y avait tout le temps des jus de fruits frais. On ne vivait que pour Yves. »

Le couturier de Lucienne passe voir les projets qu'Yves dessine pour Dior. Brigitte, alors âgée de douze ans, est aux petits soins avec son frère. « Il était merveilleux mais il pouvait aussi être démoniaque, oh oui ! Quand il était à la maison, j'étais à son service. Par exemple, il m'envoyait chez Victorine, une petite mercerie dans une ruelle près de chez nous, et lui achetait aussi ses crayons, son papier à dessin, tout ça… »

À l'automne 1957, au cours de l'une de ses nombreuses et rigoureuses tentatives de perdre du poids, Christian Dior se rend à la station thermale de Montecatini, en Toscane. Le 24 octobre, il est terrassé par une crise cardiaque. Bien que sa carrière en indépendant n'ait duré que dix ans, il occupe une place particulière dans le cœur des Français, lesquels voient en lui le créateur qui a redonné l'élégance, le sens du plaisir et le romantisme à la mode parisienne. À l'image de la maison Dior tendue de crêpe noir, la France est en deuil. On pleure M. Dior public, l'homme jovial et rieur qui transformait les femmes en déesses, mais peu connaissent sa face privée, le dépressif insomniaque et boulimique, criblé de dettes personnelles, affligé d'une superstition maladive et névrotiquement obsédé par le besoin de se surpasser à chaque nouvelle collection.

Marcel Boussac, son mécène, doit assurer la survie d'une maison dont le budget de fonctionnement avoisine les soixante millions de francs. Une fois l'émotion des obsèques dissipée, une fois les couronnes de muguet retirées de l'esplanade de l'Arc de triomphe, la presse est convoquée au siège de l'avenue Montaigne pour entendre ses plans. Depuis le début, Christian Dior s'était appuyé sur un directeur administratif, Jacques

Rouët, qui se chargeait de la stratégie commerciale de la maison et permettait à M. Dior de conserver intacte son aura de créateur détaché de toute préoccupation matérielle. C'est, il faut le noter, un modèle de fonctionnement qu'Yves Saint Laurent reprendra à son compte. Ce jour-là, donc, Jacques Rouët annonce la création d'une équipe de direction de quatre personnes, toutes ayant préalablement travaillé aux côtés de Dior.

Il y a trois femmes dans ce quatuor : Raymonde Zehnacker, Marguerite Carré et Mitza Bricard, qui a été à la tête du studio de design de la maison, directrice technique en charge des ateliers et muse personnelle de M. Dior. Elles forment une puissante coterie drapée dans ses visons, ses perles et ses rivalités, qui a protégé et propagé le mythe tant que Dior était encore en vie. Leur choix n'est pas une surprise : chacune a accompagné M. Dior depuis le tout début et c'est sur elles que Rouët compte pour perpétuer l'esthétique de la maison. Mais à ce trio de choc a été adjoint Yves Mathieu-Saint-Laurent, alors âgé de vingt et un ans.

On mesure mal aujourd'hui la stupéfaction provoquée par l'annonce qu'un couturier aussi jeune allait participer à la direction de la plus prestigieuse et de la plus riche maison de haute couture française. Si la mode est devenue dans les dernières décennies un secteur où la jeunesse est omniprésente, et ce jusqu'aux plus hauts échelons, elle restait, à l'époque de la disparition de Dior, l'apanage de quinquagénaires à qui l'on donnait du « Monsieur », du « Madame » ou du « Mademoiselle », et qui s'occupaient d'une clientèle du même âge et du même milieu. Et voici qu'à la tête de la maison de mode la plus connue de France, non, du monde, on appelle un garçon dégingandé, une boule de nerfs d'un mètre quatre-vingt-sept qui fait irrésistiblement penser au premier violon d'un orchestre de lycéens !

La seule à ne pas avoir été surprise par la promotion d'Yves, c'est sa plus ancienne admiratrice : sa mère. Peu avant sa mort, Dior a demandé à Yves de la lui présenter. Lucienne est arrivée chez le couturier dans un nuage de parfum et de poudre et, selon elle, c'est au cours de cette brève rencontre que M. Dior a désigné Yves pour successeur [14].

En visite à Oran au mois de décembre 1957, Yves s'enferme dans sa chambre et dessine sans relâche. « En préparant cette collection, j'étais dans un état d'euphorie complète, expliquerait-il par la suite. Je savais que j'allais devenir célèbre [15]. » Il revient à Paris trois semaines plus tard avec, selon Anne-Marie Muñoz, « une valise entière pleine de dessins ». « Il nous les a montrés. Il y avait la ligne trapèze, des dentelles, des plissés… Il avait tout essayé, comme on le fait à cet âge. Après, ce sont les dames qui ont choisi quels croquis seraient réalisés pour la collection. » C'est à partir de ce moment qu'Yves prendra l'habitude de s'isoler deux fois par an et de produire un millier de dessins en l'espace de quinze jours de créativité trépidante, un rythme de travail exceptionnel chez un homme aussi jeune. De tout ce foisonnement d'idées, deux cents nouveaux modèles se matérialiseront à chaque collection.

Pour cette première présentation, toutefois, Mmes Zehnacker, Carré et Bricard tempèrent fortement l'exubérance juvénile d'Yves. Elles retiennent cent soixante-dix-huit tenues de la valise bourrée de croquis, définissant ainsi la silhouette qui sera le message de la maison Dior pour la saison à venir.

Le 30 janvier 1958, Yves Saint Laurent — il a entre-temps allégé son nom de famille en laissant tomber le « Mathieu » — présente sa nouvelle collection dans les salons gris perle de chez Dior. Il a surnommé « trapèze » la ligne de ses robes, ajustées à la poitrine puis s'évasant autour du corps jusqu'au genou en ignorant délibérément le tour de ceinture. En faisant comme si la taille n'existait pas dans une maison qui a bâti sa fortune sur la charge érotique de la taille cintrée New Look, le créateur lance un défi retentissant au monde de la mode.

Plus important encore, il a considérablement rajeuni le style Dior, fascinant la presse et les clientes par ce qu'une critique américaine appellera *the little-girl dresses* (les robes petite fille)[16]. La ligne trapèze était certes déjà un classique de la haute couture, mais Saint Laurent la radicalise sensiblement en se dispensant, pour la toute première fois, de l'essentiel du rembourrage et des constructions internes qui avaient été une marque distinctive du style Dior. Avant lui, une robe de la maison pouvait tenir debout pratiquement toute seule, maintenue par une structure de baleines et un corsetage destinés à imposer la silhouette archétypale de la « femme Dior » ; avec le poids de la doublure, l'épaisseur des tissus et le recours systématique au rembourrage, la robe devenait presque une sorte de sculpture. Yves Saint Laurent l'allège littéralement, la rend fluide, la raccourcit, lui donne de la jeunesse et de l'esprit.

La collection reprend cependant la tradition établie par Christian Dior de proposer une silhouette entièrement neuve, une particularité stylistique à chaque saison, ce qui lui a d'abord valu un immense succès, tout le monde attendant avec une curiosité fébrile ce que serait la « tendance » à venir. Cette tactique mettait en fureur les maisons rivales, y compris Chanel, « Mademoiselle » n'y voyant qu'un jeu facile et gratuit sur la longueur des ourlets, et cela avait fini par devenir un cauchemar pour Dior lui-même, lequel vivait sous la pression constante de devoir créer un « nouveau look » à chaque collection.

Lorsque le dernier mannequin quitte le salon après une présentation qui a duré trois heures, l'assistance se lève pour ovationner Yves Saint Laurent. On crie, on pleure, on est partagé un instant entre la tristesse et l'euphorie, mais on est surtout transporté par l'énergie de la jeunesse et de la beauté. « Je n'ai jamais vu une meilleure collection de Dior, écrit le lendemain la critique de mode du *New York Herald Tribune*, Eugenia Sheppard. Tout le monde était en larmes. Cela a été une débauche d'émotion et de stylisme sans précédent[17]. » Cet épanchement est tout autant une célébration du talent de Saint Laurent qu'un grand soupir de soulagement dans les milieux de la haute finance. En effet, au cours des semaines qui ont suivi le décès de Christian Dior, les spéculations étaient allées bon train sur l'avenir de la maison, les titulaires de licences Dior faisant activement pression sur Marcel Boussac pour qu'il lui trouve un successeur et ne mette pas la clé sous la porte. « Le Tout-Paris dormira mieux désormais en pensant au succès de la maison Dior », note ainsi Eugenia Sheppard.

Tout s'est passé comme si l'affection inépuisable que Christian Dior avait su attirer sur sa personne se reportait d'un seul et souple mouvement sur Saint Laurent, pour ne plus jamais le quitter. Mais l'engouement sentimental du public s'accompagne toujours aussi d'exigence. Soudain, on attend beaucoup de l'héritier du royaume Dior, qui est aussi le plus jeune créateur de mode de la planète. Quel vertige cela doit provoquer, avoir seulement vingt et un ans et voir déjà se réaliser vos rêves alors que vous n'avez pas encore fini de les rêver…

Quittant le salon, Yves Saint Laurent monte au premier étage et sort sur le balcon en fer forgé au coin de l'avenue Montaigne, celui-là même où Dior se faisait acclamer. Des photographes immortalisent l'apparition du couturier triomphant et la foule qui l'applaudit en contrebas. John Fairchild, alors chef du bureau parisien du journal américain *Women's Wear Daily*, est présent et se demande si la scène est spontanée ou si, comme il incline plutôt à le penser, il s'agit d'un astucieux montage de l'attaché de presse de Dior, qui a demandé aux « petites mains » de sortir sur le trottoir et de pousser des vivats [18]. Qu'importe : dans l'univers de la mode, il suffit d'une image pour créer un mythe et celle-ci s'inscrira dans la mémoire collective comme le couronnement d'Yves Saint Laurent à Paris.

Le lendemain, un gros titre de *L'Express* proclame : « Yves Saint Laurent, le nouvel enfant triste », reprenant cette expression qui désigne la jeunesse des années cinquante. Le reporter raconte : « Trois cents personnes, plus quelques caméras de quelques télévisions, se précipitèrent vers l'encoignure où Yves Saint Laurent venait de se montrer, sortant de la cabine des mannequins, et on crut que, à peine célèbre, ce jeune homme allait périr étouffé. D'autant plus qu'il n'a pas l'air tellement solide ! Long, mince, un peu voûté, myope, avec de grands yeux bleu pervenche, mélancoliques, dans un gentil visage maigre d'enfant bien élevé qui a dit souvent : "Non, je t'assure, maman, je n'ai pas faim" [19]. »

En public, Yves est tellement paralysé par sa timidité que l'expérience est une épreuve, non seulement pour lui, mais aussi pour quiconque tente d'établir une communication avec lui. Des années plus tard, il se décrira lui-même à l'époque de sa première collection Dior comme « un élève studieux ». Dans le monde entier, la presse écrite et la radio reprendront à l'envi cette description d'une fragilité juvénile : « Les épaules étroites, un regard triste derrière d'immenses lunettes », « un enfant maladif », « trop sérieux », « timide et voûté », « maigre », « un faune dans la forêt » [20]... D'emblée, l'image qui s'imprime sur Yves Saint Laurent est celle d'une victime victorieuse, d'un jeune être sacrifié sur l'autel de la mode, et cette vision hautement émotive l'accompagnera tout au long de sa carrière. Rares sont ceux qui décèlent, sous la « vulnérabilité » qui fascine tant, ces aspects fondamentaux d'Yves

Saint Laurent que sont également son ambition brûlante et sa créativité impétueuse.

L'intensité du jeune homme timide n'échappe pourtant pas à Bernard Buffet, un autre « enfant triste » considéré comme le peintre le plus remarquable de sa génération. Après avoir assisté à la présentation de la collection « Trapèze » en 1958, il exécute la même année un portrait du jeune couturier, que celui-ci appréciera au point de le garder très longtemps dans sa chambre à coucher avant de le suspendre derrière son bureau dans son studio de l'avenue Marceau, où il se trouve encore aujourd'hui. Buffet a croqué un Saint Laurent qui s'apprête seulement à aborder l'âge d'homme, cet instant où le nez et le menton se livrent encore bataille, où les traits du visage n'ont pas encore accepté d'occuper chacun leur rôle et de s'harmoniser entre eux. L'artiste a capturé la fragilité fuselée qui saute aux yeux de tous, évidemment, mais il a su aussi voir au-delà : il a remarqué la vaste plaine du front, le menton imposant et volontaire, les lignes creuses de la névrose et les yeux, ces yeux de Saint Laurent qui à la fois cherchent la gloire, observent la réalité en la filtrant et protègent sa vie intérieure du reste du monde.

2

1958-1966

Son premier succès l'ayant porté à des sommets vertigineux, Yves Saint Laurent a plus que jamais envie de briller. « J'ai commencé pour la gloire, reconnaîtra-t-il dix ans plus tard. C'est flatteur, la gloire, et je fais un métier qui est beaucoup basé là-dessus[1]. »

Quelques jours après la présentation retentissante de la collection Trapèze, Marie-Louise Bousquet, une femme du monde très influente à Paris, offre un dîner dans un restaurant en l'honneur du jeune génie. C'est là que Saint Laurent rencontre son destin en la personne de Pierre Bergé, un petit homme péremptoire et implacable. Âgé alors de vingt-sept ans, il est l'amant de Bernard Buffet, dont il gère aussi les intérêts.

Bergé est déjà une figure connue de la vie mondaine de la capitale. Il a assisté à la première présentation d'Yves, et il a assisté aux obsèques de Christian Dior. Lors de ce dîner, ils sont assis face à face ; devant un Saint Laurent muet mais qui observe tout, Bergé vibre d'énergie, distribuant les punchs et parant les attaques d'une conversation étincelante.

D'extraction modeste, Pierre Bergé a décidé très tôt de se forger un avenir hors du commun. Né le 14 novembre 1930 à Saint-Pierre-d'Oléron, c'est l'aîné de deux garçons. Sa mère est institutrice, son père inspecteur des impôts. Lorsque la famille déménage à Lisieux, Pierre fréquente l'école où sa mère enseigne. Intelligent, vif, il apprend à lire très tôt, comprend rapidement et n'hésite pas à jouer les trublions et à déranger ses camarades une fois qu'il a assimilé avant les autres. Ayant sauté une classe, il a six ans au milieu de gamins âgés de sept ou huit ans et qui, ainsi que sa mère s'en souviendra plus d'un demi-siècle plus tard, « n'étaient pas du tout des lumières, car presque tous enfants d'alcooliques[2] ». Il est tellement insupportable pendant les cours que sa mère le fait asseoir sur l'estrade à ses côtés lorsqu'il fréquente sa classe.

Peut-être *Les Misérables*, la fresque de Victor Hugo qu'il lit à huit ou neuf ans, lui ont-ils fourni l'inspiration de ce que sera sa vie. D'après sa mère, « il ne s'est jamais plié à la discipline scolaire. Jamais. Il n'était pas travailleur. Il était très instable, très remuant. Il se contentait d'à-peu-près[3]. » S'il ne parvient pas encore à canaliser son énergie, le tempérament explosif qui le rendra fameux est déjà à l'œuvre ; lycéen de dix-sept ans, il est un jour giflé par l'un de ses professeurs ; le lendemain, non sans avoir demandé à tous ses camarades d'être sur place, il attend l'enseignant à la porte de l'établissement et, quand celui-ci arrive sur sa bicyclette, il attrape le guidon d'une main et lui décoche deux soufflets de l'autre. Dans la France de 1947, où l'autorité des enseignants et des adultes est absolue, le geste était tout bonnement inconcevable.

Si sa mère le juge « paresseux et très velléitaire[4] » à l'école, Pierre Bergé aborde l'âge adulte avec une grande détermination. À dix-sept ans, il quitte la maison familiale de La Rochelle, ville où son père a été muté. « J'ai abandonné la province pour venir à Paris et trouver la liberté », affirmera-t-il cinquante-huit ans plus tard. Adolescent, il est déjà fasciné par les célébrités du petit monde parisien, et plus encore par cette institution nationale que sont « les artistes », au point qu'il a adressé des lettres enthousiastes à Giono et Gide. « Je suis monté à Paris pour arrêter de correspondre avec les gens et pour commencer à les rencontrer, explique-t-il. Parfois cela a marché, parfois non — ça, c'est une autre histoire — mais, en tout cas, ma démarche était celle-là. Mon ambition était d'être proche des faiseurs de feux, de regarder, d'être le témoin, mais surtout de ne pas être sur le bord de la route alors qu'un chemin était en train de s'ouvrir. Voilà, c'est ce que j'ai fait, c'est exactement ça. »

Il songe à faire carrière dans le journalisme, travaille quelque temps pour l'écrivain Maurice Rostand, le fils aîné de l'auteur de *Cyrano de Bergerac*, et rencontre Gary Davis, cet ancien pilote de chasse américain devenu pacifiste militant, lorsque celui-ci vient présenter à Paris son mouvement « Citoyens du monde ». Après avoir adhéré à son organisation, il lance en 1949 un journal voué à la défense de la cause pacifiste, *La Patrie mondiale*, mais doit interrompre sa publication après deux numéros, faute de fonds. Pragmatique avant tout, il constate vite que le journalisme n'est pas pour lui et se rabat sur le commerce de livres d'occasion, un moyen de survivre mais aussi, dans le Paris de cette époque, de faire des rencontres intéressantes. Il a dix-huit ans quand il croise par hasard le peintre Bernard Buffet dans un bar de Saint-Germain-des-Prés. S'ensuit une liaison qui va durer huit trépidantes années.

Ainsi qu'il le reconnaît volontiers, Bergé n'a pas une grande culture artistique à l'époque, mais il est jeune, débarqué de sa province avec la volonté de conquérir Paris, et convaincu que Buffet est le génie que le destin a voulu placer sur sa route ; comme il le dira souvent par la suite, il pense qu'il a rencontré son Rimbaud. C'est dans cet état d'esprit qu'il se consacrera à « vendre » l'homme et son œuvre. Victoire se souvient ainsi de la soirée de vernissage d'une exposition de Buffet en 1954 pendant laquelle elle a regardé avec un mélange de fascination et de révulsion un petit homme bâti comme un fox-terrier, affublé d'un costume mal taillé, tirer le peintre par la manche afin de le présenter à tous les clients potentiels qui se trouvaient là, débutant chaque fois avec un : « Viens, Bernard, il faut que tu rencontres Mme Machin. » Elle ne le sait pas encore, mais c'est Pierre Bergé qu'elle a alors sous les yeux.

Lorsqu'il évoque cette période dans ses mémoires, celui-ci affirme que « la vie tournait autour du travail de Bernard[5] ». Et c'est en ces termes que l'on pourrait décrire l'existence tout entière de Pierre Bergé, sans cesse en gravitation autour d'un génie créateur qui n'était pas le sien. Il se satisfera toujours de ce rôle de Pygmalion, à la seule condition d'être absolument persuadé du talent de celui qu'il a choisi.

Au cours des années, tous les espoirs et toute la foi dévouée qu'il avait placés en Bernard Buffet se transforment en désillusion et rancœur à mesure que le peintre perd son statut d'avant-gardiste, devient un peintre célèbre au style et aux thèmes répétitifs, produit des tableaux de moins en moins appréciés par la critique et cotés financièrement. Après avoir décrit sa contribution à l'ascension météorique de Buffet, Bergé affirme : « J'avais été complice, probablement coupable. J'avais tant cru en son génie[6]... »

La rupture est consommée dans l'amertume, et pour des raisons diverses, toutes sans doute inextricablement mêlées. Buffet boit beaucoup, Bergé a peut-être trop conscience du déclin artistique du peintre, lequel annonce brusquement ses fiançailles avec Annabelle Schwob de Lur, un mannequin aux cheveux noirs et au style beatnik qu'il épousera en 1958. C'est à ce moment que Bergé et Yves sont poussés l'un vers l'autre dans une intense histoire d'amour.

Dès le début, Saint Laurent exerce une attraction magnétique sur Pierre Bergé. « J'ai vu en lui quelqu'un d'un immense talent, dit celui-ci à propos de leur première rencontre. C'est un personnage très, très mystérieux, très introverti, et qui est rempli de facettes, de tiroirs secrets. J'ai compris tout ça — le talent et le personnage fascinant — très vite.» Mais Pierre est également intrigué par ce que Saint Laurent a d'insaisissable et il le décrira plus tard comme «un garçon étrange, timide, toujours serré dans des vestes très étroites comme s'il voulait se protéger du monde. Il m'a fait penser à un séminariste, très sérieux, très nerveux[7]».

Et Yves ? Qu'est-ce qui l'attire en Pierre Bergé ? Son évidente énergie sexuelle, son intense volonté ? Ou bien a-t-il vu en lui l'homme qui le ferait roi un jour ? De six ans son aîné, Bergé a déjà la réputation d'un dominateur qui a également la bosse des affaires. «Tout ce que je n'avais pas, il l'avait, affirmera Yves quarante-trois ans plus tard pour expliquer l'influence de Bergé. Sa force signifiait que je pouvais me reposer sur lui quand j'étais un peu essoufflé[8].»

La détermination sans scrupule dont fait preuve Bergé exerce une notable fascination sur de nombreux hommes. Au mois d'août 1959, le journaliste et écrivain Matthieu Galey a une brève liaison avec lui, à propos de laquelle il écrit souvent et sans fard dans son journal intime, qui sera publié par la suite. C'est le moment où la relation amoureuse entre Saint Laurent et Bergé vient de se nouer et où la rupture de ce dernier avec Bernard Buffet continue à faire des vagues dans le petit monde parisien. «Cette querelle s'étale maintenant dans les gazettes, publicité plutôt déplaisante, note Galey. Pierre s'en moque, ou même s'en réjouit, faisant la part des sentiments et celle des affaires. C'est bon pour la cote, ce tapage [...]. Mais s'il a gommé de sa vie l'ami des années rudes, les œuvres demeurent : l'appartement de la rue Saint-Louis-en-l'Île est un véritable musée Buffet. La plupart des toiles, les plus belles, les premières, dures, misérabilistes, rageuses, accusatrices, lui sont nommément dédiées[9].» Et puisque l'omniprésence des tableaux de Buffet ne semble aucunement déranger Pierre, Galey s'interroge: «Insensibilité de brute ou magnanimité plus haute que toutes les brouilles? Difficile à dire. Pierre est une force, un torrent, un taureau. Rien ne lui résiste. Pas même la rancune, peut-être[10].»

Après n'avoir pu ou voulu résister à une telle force, Galey évoque plusieurs fois leur brève aventure au long de son *Journal* et constate sans illusion qu'elle a été certainement pour Bergé «une parenthèse amusante dans son été mouvementé[11]». En septembre, le plus torride de leur rencontre est déjà passé et Galey, ayant réussi à rompre le charme, a l'impression de respirer à nouveau: «Quant à Pierre, il renonce à me pygmalionner, et la petite souris n'est plus hypnotisée par le terrible cobra dominateur[12].» L'intérêt de ces notations personnelles, c'est ce qu'elles révèlent sur le pouvoir de séduction de Pierre Bergé mais aussi sur son besoin irrésistible de diriger le talent d'autrui.

Même après avoir dessiné six collections pour Dior, la position d'Yves dans la prestigieuse maison n'est pas confortable pour autant. Raymonde Zehnacker, la confidente et héritière de Dior, se bat âprement pour imposer son influence sur la marque et sur le jeune directeur de studio. Elle n'hésite pas à élever la voix devant Yves et à le houspiller, au point que, pour l'éviter, il se réfugie dans le petit bureau derrière le studio de création où Dior avait l'habitude de faire un petit somme. Mais, quand il s'agit de style, Yves sait imposer ce qu'il veut. Dès ses débuts, la conscience qu'il a de la justesse de son goût et de la sûreté de ses traits impressionne ceux qui travaillent avec lui. André Levasseur l'a remarqué avant même de gravir la hiérarchie de la maison, alors qu'il n'était qu'un assistant parmi d'autres: «Il était déjà très sûr de son talent. Je me souviens qu'il m'a montré des dessins qu'il avait faits pour le théâtre et m'a demandé mon avis. Je les ai regardés et je lui ai dit : "Ce serait mieux si tu faisais moins dans le style Bérard", et il m'a répondu : "Mais non, pas du tout, je ne suis pas d'accord." » D'après Edmonde Charles-Roux, Yves « n'écoutait jamais les conseils qu'on lui donnait, il faisait ce qu'il voulait, mais dans la vie il était très vulnérable ». Alors qu'il n'est chez Dior que depuis un an, Yves Saint Laurent emmène la collection d'hiver et seize mannequins en Angleterre pour un défilé privé à Blenheim Palace, en présence de la princesse Margaret. Il n'a que vingt-deux ans mais il n'est pas intimidé une seconde, ni même impressionné, de côtoyer ainsi les altesses royales britanniques ; à un journaliste qui lui demande ce qu'il pense de la princesse, il répond qu'il l'a trouvée charmante mais que « sa robe était trop courte [13] ».

Sa force de caractère est plus que jamais visible dans son ultime collection chez Dior en juillet 1960, baptisée « Beat » en raison de l'inspiration qu'Yves a puisée dans l'allure de Juliette Gréco et de la mouvance beatnik de Saint-Germain. C'est une affirmation sans précédent de son originalité, avec un look encore plus jeune que ce qu'il avait déjà tenté dans la très sérieuse maison et des innovations telles qu'une veste en crocodile de coupe sportive à manches raccourcies et bordée de fourrure, ou un grand manteau noir enveloppant qu'il a malicieusement appelé « le blouson noir » en un clin d'œil au surnom que la France de la fin des années cinquante réserve aux voyous de banlieue. Certaines de ses silhouettes étonnent, par exemple la robe « Comédie-Française » portée par Victoire, alourdie par un énorme jupon ballonnant en faille de soie noire. C'est d'ailleurs une collection dominée par le noir, ce qui, combiné au parti pris existentialiste et à la découpe très dynamique des vêtements, produit un choc considérable parmi le personnel de Dior comme chez les clientes.

Selon les archives de la maison, Beat a été un succès commercial, mais la collection est mal accueillie par la direction, qui la juge trop radicale pour sa clientèle. Marcel Boussac, le grand patron, n'a pas été amusé par le sous-entendu des « blousons noirs ». Il est vrai que, même du vivant de Christian Dior, la jeunesse et la fragilité de Saint Laurent étaient un sujet de préoccupation dans les hautes sphères. En 1957, M. Dior avait offert une place dans son studio à Marc Bohan, un créateur de trente et un ans qui travaillait chez Jean Patou et dont il suivait la carrière avec attention. En juin de la même année, Bohan signait un contrat avec Dior. « Yves Saint Laurent était déjà son assistant mais il était encore très jeune et Dior voulait quelqu'un d'autre en plus, se rappelle Bohan. Christian Dior se sentait fatigué, il voulait quelqu'un de plus solide et avec de l'expérience, en particulier pour les voyages à New York et en Angleterre. »

Christian Dior décède le jour même où Marc Bohan doit commencer à travailler au studio, et quelques semaines plus tard c'est Saint Laurent qui devient le créateur attitré de Dior, mais il est intéressant de noter que la direction, tout en présentant Yves comme le successeur de Dior, a maintenu secrètement Bohan sous contrat, comme une solution de rechange au cas où l'essai avec Yves ne s'avérerait pas concluant. Ne sachant que faire de lui, on a envoyé Bohan à New York en février 1958, tous frais payés, puis à son retour fin juillet on lui a confié la création prêt-à-porter à Londres.

Malgré sa grande jeunesse, Yves porte alors sur ses épaules d'énormes responsabilités, à commencer par la supervision de mille quatre cents employés répartis dans pas moins de vingt-quatre ateliers de couture différents. Dior est une usine aux potentialités planétaires. Les enjeux financiers sont gigantesques, et ce n'est pas seulement la sensibilité juvénile, le manque d'expérience ou le côté « beatnik » de Saint Laurent qui inquiètent les décideurs : selon plusieurs témoins qui travaillaient chez Dior à l'époque, c'est aussi la présence – voire l'omniprésence – de Pierre Bergé qui fait problème.

En effet, on le voit sans cesse avenue Montaigne, au service de presse, où il bavarde avec Mme Luling, ou bien dans le salon, mais il ne se rend jamais – c'est à noter – dans le studio de création. Il formule des exigences au nom d'Yves, par exemple que la maison lui octroie une voiture avec chauffeur. Selon un membre de l'équipe à l'époque, « Jacques Rouët avait peur de lui. Il n'appréciait pas du tout que Bergé s'implique à ce point dans la maison ni son influence sur Yves. En particulier, il craignait que Bergé n'en vienne à menacer sa propre position chez Dior ».

À ce moment, en 1959, ce que l'on dénommait pudiquement « les événements d'Algérie » a pris les proportions et la gravité d'une véritable guerre. En raison du danger, Yves ne peut plus retourner voir sa famille à Oran. De Gaulle vient de revenir au pouvoir et commence à préparer ses concitoyens à l'idée d'une Algérie indépendante, ce que les pieds-noirs considèrent comme une trahison. En riposte, leurs éléments les plus extrémistes fondent l'Organisation de l'armée secrète (OAS), censée poursuivre la lutte pour une terre qu'ils pensent être leur.

Yves Saint Laurent a vingt-quatre ans et peut être appelé à tout moment sous les drapeaux. La direction de Dior lui a évité d'être enrôlé une première fois en faisant jouer des soutiens en haut lieu, mais lorsque le problème se pose à nouveau, elle ne fait rien pour empêcher son départ à l'armée. Est-ce pour eux l'occasion de se débarrasser du jeune directeur de studio ? Au point où en sont les choses en Algérie, il est devenu très difficile d'échapper à la conscription. Comme le rappelle Edmonde Charles-Roux : « Il ne suffisait pas de dire "Ah, mais il fait de si jolies robes !" pour qu'il reste à Paris.

Il aurait fallu que M. Boussac proclame qu'il avait besoin de Saint Laurent. Ils l'auraient peut-être laissé tranquille, s'ils l'avaient jugé indispensable à l'industrie française. Il avait besoin de quelqu'un de haut placé qui déclare carrément : "Écoutez, ce garçon est de toute évidence homosexuel, il est physiquement incapable d'être soldat et si vous le poussez trop loin il va s'effondrer." Mais il n'y a eu personne pour faire cela. »

Le 1er septembre 1960, alors que la guerre d'Algérie entre dans sa trois cent huitième semaine, Yves Saint Laurent est incorporé. Il n'ira pas plus loin que le camp d'entraînement : victime d'une dépression nerveuse, il est envoyé à l'hôpital militaire Bégin, à Saint-Mandé, puis transféré au Val-de-Grâce, où il restera jusqu'au 14 novembre. Sa feuille de sortie le libère également de ses obligations militaires.

C'est au cours de son hospitalisation qu'il a été décidé qu'Yves ne reprendrait pas ses fonctions chez Dior une fois rentré à Paris. Marc Bohan se souvient du dîner à la Brasserie Lipp, en septembre 1960, au cours duquel Edmonde Charles-Roux, devenue entre-temps rédactrice en chef de *Vogue France*, lui apprend que Saint Laurent a été mis sur la touche et que la maison Dior a décidé de lui confier bientôt la direction du studio. Après deux ans passés à s'occuper du prêt-à-porter de Dior à Londres, Marc Bohan vient de démissionner pour rejoindre la maison Révillon ; il est reçu très rapidement par Marcel Boussac afin de négocier son contrat et prend ses nouvelles fonctions chez Dior à la mi-octobre. Parallèlement, la direction propose à Yves de s'occuper des lignes de prêt-à-porter à Londres, un humiliant jeu de chaises musicales que ce dernier ne peut que refuser[14].

Bien des années plus tard, en 1991, Yves dira que l'armée avait réveillé en lui toutes les peurs et les angoisses intériorisées au temps où il était collégien : « Je vivais ça très mal. Pour moi, c'était l'école qui revenait. Comme j'avais dit que j'étais en dépression nerveuse, on m'a envoyé à l'hôpital[15].» En fait, ce qui lui est arrivé était pratiquement inévitable; à l'impossibilité psychologique pour cet enfant d'Algérie de porter la guerre dans son pays s'ajoutait l'incapacité de se battre tout court, comme le souligne sa sœur Brigitte: «Yves était chétif, malingre, enfin ce n'était pas quelqu'un à faire l'armée. Je me mets à la place d'Yves, bien sûr, c'est moi qui parle, pas mon frère. Il part d'Algérie du jour au lendemain, ensuite il a ce grand succès, ensuite il y a cette guerre en Algérie — et il faut se rappeler qu'Yves aimait l'Algérie, il aimait venir à la maison, tout ça. Et son homosexualité, vous savez, ça a dû le travailler aussi... Il a été soigné d'une façon paraît-il dégueulasse au Val-de-Grâce, c'était honteux. Il a eu des électrochocs, ça a dû le démolir, quand même. Et à l'époque nous ne pouvions pas venir le voir, moi j'étais trop jeune et mes parents ne pouvaient pas quitter Oran à cause de la guerre.»

Au cours des années, Saint Laurent et Bergé ont souvent évoqué les mauvais traitements subis au Val-de-Grâce. En 1991 encore, dans une interview au *Figaro*, les souvenirs d'Yves forment un récit étrange où les faits paraissent se mêler à une sombre fantaisie: «C'était l'horreur. On voulait m'empêcher de sortir, alors on m'assommait de médicaments. J'étais couché dans une chambre, seul, avec des gens qui entraient et sortaient. Des fous. De vrais fous. Certains me caressaient. Je ne me laissais pas faire. D'autres hurlaient sans raison. Il y avait tout ce qu'il fallait pour vous angoisser. En deux mois et demi, je ne suis allé qu'une fois aux toilettes, tellement j'avais peur. À la fin, je devais peser trente-cinq kilos et j'avais des troubles du cerveau. Le médecin qui me soignait disait qu'il m'avait administré la plus puissante dose de tranquillisants qu'on puisse donner à quelqu'un. Il m'a dit: "Vous verrez, vous y reviendrez[16]." »

Le souvenir de ce passage à l'hôpital a quelque peu relégué au second plan les effets dévastateurs que le lâchage par Dior et la chute dramatique des sommets de la mode ont forcément dû avoir sur lui. Selon Victoire, « Pierre a fait du Val-de-Grâce quelque chose de très, très, très important, l'explication de tout. Pour moi qui ai vécu tous ces moments à leurs côtés, la seule véritable raison — et c'était très dur pour lui — était qu'Yves était monté au pinacle, qu'il était le petit prince chez Dior, et puis tout d'un coup il se retrouvait au Val-de-Grâce, lâché par Dior et pouf ! plus personne ne parlait de lui parce que tout le monde s'en fichait. C'était très traumatisant pour quelqu'un de si jeune. »

Il est difficile de savoir si ces semaines de l'automne 1960 marquent le début de la maladie mentale qui deviendra de plus en plus prononcée chez Saint Laurent au cours de sa vie, ou s'il s'agit des premiers symptômes sérieux d'un état préexistant. Edmonde Charles-Roux estime qu'il « faut être très prudent sur ce qu'on dit dans ce domaine, parce que personne d'entre nous ne sait ce qu'Yves serait devenu sans ce traitement. Peut-être était-il déjà dépressif, de toute façon. C'est très facile de dire que les médecins du Val-de-Grâce lui ont administré un traitement trop rigoureux, mais Yves aurait peut-être été pareil sans cet accident ». Une autre de ses plus anciennes amies, Anne-Marie Muñoz, juge ainsi l'histoire psychique d'Yves, avec le recul : « Même si je pense que le passage à l'hôpital n'a pas dû arranger les choses, que ça a été très difficile pour lui… » Elle laisse sa phrase en suspens, puis reprend : « Mais au fond je ne l'ai jamais connu vraiment différent. Ça a été pire, ça a été dur et puis facile à nouveau, mais il n'y a pas eu un changement spectaculaire, boum ! Il est né comme ça. Pierre Bergé dit qu'Yves est né avec une dépression nerveuse, et c'est vrai, mais il est né aussi avec cette chance insolente qu'il a toujours eue. »

Au fil des années, la presse spécialisée fera souvent allusion à la fragilité mentale d'Yves, mais toujours dans un brouillard d'euphémismes. Certains rapporteront avoir trouvé Saint Laurent seul dans son bureau, secoué de tremblements, d'autres parleront d'indispositions répétées, et lors de l'un de ses voyages à New York pendant les années soixante, les journaux américains mentionneront sans détour que le célèbre couturier fait usage de tranquillisants. Mais c'est seulement à partir de 1976 que la question de son état de santé reviendra sur le devant de la scène.

Au Val-de-Grâce, Yves n'a pas droit aux visites. Le seul à réussir à contourner cette interdiction est Pierre Bergé, qui vient le voir chaque semaine et se bat pour obtenir sa libération. C'est le commencement de sa longue lutte pour protéger Yves et aussi contrôler l'accès que l'on peut avoir à lui, une entreprise qui l'occupera toute sa vie. Après le Val-de-Grâce, c'est Bergé qui décide quels aspects d'Yves Saint Laurent peuvent être connus et lesquels doivent rester cachés, qui doit fréquenter le créateur et qui ne doit jamais l'approcher. Il commence à mettre en forme et à diffuser les informations le concernant, choisissant le moment, l'endroit et la personne convenables pour telle ou telle communication. Dès le début, il trie ce qui à ses yeux peut tomber dans le domaine public et ce qui ne peut être divulgué sous aucun prétexte, un peu à la manière d'un auteur de textes religieux édifiants. Et c'est lui qui veille à ce que chaque page publique de l'histoire personnelle de Saint Laurent devienne un fait enregistré, éditorialisé, célébré, et surtout divulgué le plus largement possible.

Après la déception vécue avec Bernard Buffet, Pierre a décidé qu'il avait enfin devant lui un authentique génie et que lui, Pierre Bergé, serait celui qui « ferait » Yves Saint Laurent. « C'est le grand talent de Pierre, note François Catroux, qui à l'époque se fait déjà remarquer par son talent de décorateur.

Il a toujours su exploiter le talent des autres. Il savait très bien qu'il ne s'était pas trompé avec Saint Laurent, qu'il était tombé sur un cas exceptionnel, et donc à partir de ce moment il s'est battu pour désolidariser complètement Yves du reste de la profession. Il n'a pas voulu que Saint Laurent soit juste un couturier parmi d'autres, un "collègue". Il a toujours, toujours dit: "Il y a Saint Laurent, et les autres loin derrière." Et donc il a construit cette espèce de "personnage" d'Yves Saint Laurent: au lieu de le laisser exister en tant que couturier talentueux, il a voulu faire de lui un artiste, le mettre sur le même plan que les plus grands artistes. C'était sa ligne directrice, dès le départ.»

Ainsi, par cet effort permanent d'agrandir encore la stature de Saint Laurent au sein de l'histoire de la mode, chacune de ses rencontres est en quelque sorte prédestinée, le moindre événement acquiert une résonance symbolique et toute collection devient une «première», «le premier pantalon», «le premier smoking» destiné à une femme, «le premier transparent», «la première saharienne»... Aujourd'hui encore, Pierre Bergé peut proclamer que «le grand tournant mondial de la mode s'est produit en 1966, parce que c'est cette année-là qu'Yves a inventé le prêt-à-porter!». C'est une distorsion manifeste de la réalité, car les grands couturiers avaient leur ligne de prêt-à-porter dès 1950, mais il l'avance avec un tel aplomb, une telle conviction, que pendant une minute on est tenté de le croire.

Par la suite, quand la carrière d'Yves ne produira plus de «premières», elles seront remplacées dans l'histoire officielle de Saint Laurent par le rituel des anniversaires: les vingt-cinq ans de création fêtés au Costume Institute du Metropolitan Museum of Art de New York, les trente ans de la maison Saint Laurent à l'Opéra, le défilé géant — trois cents mannequins — à l'issue de la Coupe du monde de football en 1998, le départ à la retraite solennel d'Yves lors du quarantième anniversaire de sa marque, et la rétrospective au centre Pompidou. Yves Saint Laurent se charge du génie artistique, Pierre Bergé de la rhétorique.

Même confiné dans une chambre d'hôpital militaire, Yves prépare un « come-back » triomphant sur la scène de la mode. « Il n'y a pas d'autre solution, il faut ouvrir notre maison de haute couture », confie-t-il à Pierre alors qu'il gît sur son lit du Val-de-Grâce, abruti par les sédatifs. Dès le retour de Saint Laurent à la vie civile, Pierre Bergé se lance à l'assaut de la forteresse Dior, pourtant formidable : il attaque la direction en justice pour rupture de contrat, et remporte le procès.

L'année suivante, Saint Laurent reprend ses marques après la crise : il s'installe chez Bergé, dans son appartement de l'île Saint-Louis. L'été, Pierre loue une péniche ancrée sur la Seine où ils passent ensemble le mois de juillet avec Yves et Victoire, dans un état permanent d'attraction et de répulsion magnétiques. En avril 1958, Victoire a épousé le patron de *Paris-Match*, Roger Thérond, mais celui-ci est accaparé par son hebdomadaire et elle cherche la compagnie de ses amis. Dans la chaleur de l'après-midi, ils disputent de longues parties de canasta sur le pont, auxquelles se joint Karl Lagerfeld, lorsqu'il leur rend visite. « Nous faisions tout pour distraire Yves, se souvient Victoire. Des fois, il entrait dans des rages terribles. Il s'enroulait une serviette de toilette autour de la tête et il criait : "Regarde, je n'ai plus de cheveux !" Il était extrêmement en colère contre ceux qui l'avaient abandonné. Il était comme un enfant qui a l'impression d'avoir été profondément déçu, cruellement trompé, et il ne savait pas comment extérioriser cette peine. »

Toute cette année-là, Saint Laurent est sans travail, réduit au désespoir. Il crée des costumes de cabaret pour une nouvelle amie, la chanteuse Zizi Jeanmaire, une tenue pour Victoire. C'est la mère de cette dernière, couturière de profession, qui les réalise et chaque fois Victoire persuade son mari de les faire photographier et publier dans *Match*, une manière de faire en sorte que le nom d'Yves ne tombe pas complètement dans l'oubli.

Pierre a des déjeuners d'affaires, il vend des tableaux de sa collection, cherche des soutiens financiers, refuse de baisser les bras. Il loue un modeste deux-pièces rue de la Boétie pour y installer leurs opérations. Dans son nouveau rôle de mannequin doublé de « directrice de couture », Victoire y passe ses journées à côté d'un téléphone qui ne sonne jamais. Elle cherche à ce qu'Yves reste focalisé sur l'avenir, elle lui décrit le succès qui l'attend, mais il s'effondre, crie d'une voix étranglée : « Non, nous n'avons personne, je le sais ! Pierre n'y arrivera pas. Je suis fichu, tu entends, je suis fini ! » [17].

Mais Bergé ne l'entend pas de cette oreille. À force de se démener, il réussit à intéresser un millionnaire américain d'Atlanta, Jesse Mack Robinson. Avec les sept cent mille dollars que celui-ci lui confie, et les six cent quatre-vingt mille francs qu'Yves a obtenus de Dior en dommages-intérêts, la maison Yves Saint Laurent est officiellement fondée le 4 décembre 1961 dans d'autres locaux provisoires, deux pièces vides dans les combles d'un immeuble. Une fois encore, Victoire convainc Thérond de publier des photographies d'Yves et elle préparant la nouvelle collection, devenues depuis célèbres. Sur un des clichés, pris de l'extérieur, on voit Yves et Victoire devant leur bureau respectif, chacun découpé dans l'encadrement d'une fenêtre et éclairé par une lumière identique au plafond, le reste de la scène étant plongé dans la pénombre, même si l'on devine la forme des persiennes sur la façade. Victoire est assise à sa table, combiné téléphonique à l'oreille et cigarette entre les doigts, tandis qu'à côté Yves est debout et examine des échantillons de tissu. Derrière eux, les murs sont blancs et nus. Le dépouillement du décor et l'intensité dramatique de la composition expriment bien la pression à laquelle Yves est soumis car, avec cette collection, il doit accomplir un miracle. Ce sera tout ou rien. Finalement, la veille de la première présentation, ils s'installent dans des locaux moins précaires, un hôtel particulier au 30 de la rue Spontini.

Le lendemain matin, c'est la cohue. Cela fait plus d'un an et demi qu'Yves n'a pas présenté de collection, et comme le show doit avoir lieu dans le petit salon de la maison, il a fallu restreindre la liste des invités. Ouvrant le défilé, Victoire descend l'escalier dans un tailleur en laine à carreaux roses et verts, à veste ouverte. C'est le coup d'envoi d'un festival somme toute assez prévisible de jambes gainées de bas transparents et de bras pris dans de longs gants en satin, de tuniques indiennes en brocart de soie fermées par une broche en soie, d'une élégante robe du soir sur l'ourlet de laquelle danse une guirlande de fleurs en soie… S'en détache cependant une tenue portée par Victoire qui prendra place dans l'histoire de la mode : un caban bleu marine sur un très large pantalon blanc, accompagnés d'escarpins plats façon babouche. Avec cet épais caban en laine à gros boutons de cuivre, réplique de ceux portés par les marins, Saint Laurent proclame la modernité et l'énergie qu'il veut insuffler à la haute couture.

Le défilé terminé, clientes et amis manifestent à grands cris leur loyale admiration, mais les quotidiens du lendemain sont moins extatiques. L'attente était si grande qu'une certaine déception est perceptible, bien illustrée par ces lignes de Patricia Peterson dans le *New York Times* : « Tout le monde souhaitait à ce jeune homme un succès retentissant qui ferait date dans l'histoire de la mode. Il n'est évidemment pas facile de répondre à des espérances aussi exigeantes et Saint Laurent, tout en produisant une très bonne collection, n'a rien apporté de vraiment neuf[18].»

Yves n'est pas encore prêt à se libérer de l'influence que feu M. Dior et les principes de la haute couture parisienne en général continuent à exercer sur lui. Même si son talent lui confère une place à part depuis le début, il reste un produit de son éducation et se considère comme l'héritier esthétique de M. Dior, allant jusqu'à conserver précieusement la toise de couturier que celui-ci utilisait jadis. Lorsqu'il est entré chez Dior en 1955, la haute couture demeurait un univers dédié à une forme de beauté hiératique, à une déification du féminin : pose statique, épaules d'albâtre, une main sur une hanche, un fume-cigarette pointé entre rouge à lèvres et éternité. La cliente de cette époque était une dame plutôt qu'une femme, souvent dotée d'un titre nobiliaire et toujours d'une voiture avec chauffeur, qui venait chercher dans ces salons la majesté et l'élégance propres à son rang social et à son âge. Chez Dior, Saint Laurent a appris à inventer des robes destinées à ces rares élues, à définir les longueurs et les silhouettes qui seront ensuite imitées par le reste de l'industrie de la mode.

Il est vrai qu'Yves a très tôt manifesté qu'il ne se cantonnait pas à ce monde exclusif, et à ce titre on cite souvent la collection Beat de 1960 pour preuve de son intérêt envers ce qui se passait dans la rue. Comme tous les grands créateurs de mode, Saint Laurent captait les désirs de changement et les vibrations dans l'air mais il n'en restait pas moins « M. Saint Laurent », qui regardait la « culture de la rue » comme Mlle Chanel, c'est-à-dire du haut du balcon en fer forgé d'une maison patricienne. Tous deux savaient se réapproprier des motifs et des trouvailles vestimentaires issus d'autres sphères, mais c'était pour les assimiler, les transformer, leur donner le « chic » requis par les critères exigeants de la haute couture. En 1960, le blouson en croco noir de Saint Laurent avait un parfum de jeunesse, certes, mais il s'accompagnait d'une élégante toque en fourrure, de bordures en vison et de gants en chevreau ; et il était porté par l'épouse d'un industriel richissime, non par quelque petite beatnik traînant dans les cafés enfumés de Saint-Germain-des-Prés.

Avec ses codes et ses liturgies, la haute couture restait une religion, et Yves Saint Laurent en était toujours un pratiquant zélé, comme le prouve amplement l'anecdote suivante, survenue en 1963.

Ce jour-là, Yves déjeune à la campagne avec la baronne de Turckheim. Victoire, qui doit se joindre à eux, est en retard. À ce moment, leur amitié s'est étiolée sous les reproches réciproques et l'amertume. Victoire a l'impression que Pierre Bergé est jaloux de sa complicité avec Yves, qu'il fait tout son possible pour créer de l'incompréhension entre eux. Au fil des ans, nombreux seront ceux qui feront le même reproche, mais dans le cas de Victoire il est possible qu'elle ait voulu elle-même prendre ses distances : elle a maintenant vingt-huit ans, elle est mariée et elle a acquis un degré d'autonomie qui ne s'accommode pas toujours de son rôle de muse attitrée de Saint Laurent. Lorsqu'elle descend de son Alfa Romeo rouge, ses longs cheveux auburn ne sont pas tirés en chignon mais tombent librement sur ses épaules. Pis encore, elle a revêtu un modèle de la nouvelle collection qui ne fait pas partie des siens : au début de chaque saison, en effet, les mannequins de la maison se voient assigner les tenues qu'elles devront porter ; selon les règles de la haute couture, que Victoire en arbore une qui ne lui revient pas est à peu près aussi impardonnable que de se servir de la brosse à dents d'autrui.

Si l'on y ajoute qu'elle a aux pieds des bottes au lieu des chaussures que le couturier a prévues pour ce modèle, ce sont donc toutes les conventions de ce petit monde qui sont bafouées. Saint Laurent est blanc de rage. Alors qu'ils s'apprêtent à passer à table, il perd toute retenue et apostrophe Victoire : « Mais ce n'est pas ton tailleur, celui-là ! Mais tu ne peux pas, tu n'aurais jamais dû faire ça ! Ce ne sont pas les bonnes proportions ! Oh mais c'est affreux, ces cheveux dénoués comme ça, quelle horreur, on dirait un... potager [19] ! » C'est la goutte qui fait déborder le vase. La muse s'est rebellée : elle se voulait libre et provocante mais le créateur ne peut l'imaginer que gantée, impeccable, idéale. « Je me suis dit, c'est fini, je les quitte, ils sont vieux, ils sont zinzin, qu'ils aillent faire des courbettes à leur baronne ! se souvient-elle. Ce n'est pas ça, la mode. J'en ai assez ! »

La poursuite des baronnes est en effet une occupation que Pierre et Yves prennent très au sérieux. Au cours des années cinquante, Bergé a réussi à se faire une place dans les milieux littéraires homosexuels, d'abord en tant qu'admirateur, puis comme ami de Jean Cocteau et de Jean Giono. Désormais, Yves et lui entendent conquérir de nouveaux horizons, notamment en cultivant les relations qui feront d'eux des habitués des salons les plus huppés du Faubourg Saint-Germain. Ils forment d'ailleurs un duo plein de charme. Yves, la nouvelle coqueluche de la mode, avec ces doigts d'artiste tellement fins, ces yeux bleus si étrangement opaques, cette aisance à vous rendre irrésistible rien qu'avec l'une de ses petites robes noires... Et Pierre ? Il n'est pas beau, non — trop de nez et pas assez de jambes —, mais il a un toupet rare, une volonté de fer et une forme de séduction brutale qui, combinés à sa brillante conversation et à sa facilité à citer Aragon dans le texte, ne cessent de mettre « le Faubourg » en émoi. Selon Victoire, « il se débrouillait pour vous donner l'impression qu'il n'y avait personne de plus important dans la pièce. Une façon de vous écouter avec les yeux à moitié fermés comme si ce que vous disiez était fascinant... C'était inouï. Il avait un charme fou ».

De toutes les baronnes, celle dont ils se soucient le plus — comme toute la ville, d'ailleurs — est Marie-Hélène de Rothschild, la reine incontestée des mondanités parisiennes. Elle a beaucoup de style, de charisme et la fortune des Rothschild. Elle a commandé une robe à Yves dès sa première collection, et se fait bientôt accompagner par Pierre et lui au Grand Prix de l'Arc de triomphe à Longchamp, où ils regardent les chevaux de son mari remporter les courses. Parmi ses premières fidèles clientes du beau monde parisien, Yves compte également Hélène Rochas, veuve et héritière du célèbre couturier et parfumeur, et Charlotte Aillaud, épouse de l'architecte Émile Aillaud, sœur de Juliette Gréco et amphitryonne d'exquises soirées Rive gauche où se mêlent écrivains, acteurs et d'autres figures, comme Paloma Picasso, un beau monde qu'elle régale de *chili con carne* après le théâtre. Depuis qu'elle a rencontré Pierre et Yves à un dîner au début des années soixante, elle leur voue une admiration sans borne et restera leur cliente et amie toute sa vie : « J'ai été tout de suite séduite par Pierre, par cette mémoire incroyable, ce sens de l'amitié, cette générosité, cet enthousiasme et en même temps l'injustice, la violence, l'arbitraire, oui, il peut être très arbitraire. Et Yves ? Yves, c'était le charme même, vous ne pouviez pas lui résister. »

Yves Saint Laurent est en effet irrésistible, apparemment. La presse se délecte de chacune de ses collections, ravie d'avoir enfin trouvé un successeur à la vieille garde des Balenciaga et des Chanel, déjà septuagénaires, et, plus encore, une réplique parisienne au nouveau phénomène londonien des très jeunes créateurs de mode comme Mary Quant ou Ossie Clark. Car l'imagination d'Yves est sans limite : il peut faire un tailleur-short en tweed à la Robin des Bois, à porter avec des cuissardes en daim marron, des blouses et des fichus d'inspiration folklorique, mais aussi des robes du soir en voiles superposés d'une élégance suprême.

Les Américains raffolent de lui parce qu'ils peuvent être certains qu'il aura à chaque saison une nouvelle ligne, un nouveau concept qu'ils copieront et vendront par tombereaux sous l'intitulé « En direct de Paris ». C'est encore une époque où les fabricants de gros et les directeurs de magasins paient leur entrée aux défilés de haute couture afin d'acheter des modèles et surtout d'être autorisés à les copier ; ensuite, à chaque saison, un avion s'envole de Paris rempli de vêtements qui, dès leur arrivée à New York, sont démontés et reproduits au point de couture près sur la 7e Avenue.

« En ce temps-là, explique John Fairchild, qui dirigeait alors le bureau parisien du *Women's Wear Daily*, journalistes, fabricants, tout le monde n'attendait qu'une chose : le dernier look à la mode, le maxi, le mini... » La mode connaissait alors ses dernières années de monolithisme, quand le couturier édictait quelle serait la longueur de jupe de la saison et — plus important encore — quand les femmes continuaient à obéir à cette règle d'airain. Et Yves avait un don particulier pour inventer chaque fois la nouvelle tendance. « Quand on y pense, le "new look" permanent, c'était lui ! affirme Fairchild. Il était excellent, et puis il y avait si peu de créateurs qui faisaient dans la modernité, à l'époque ! »

Certes, André Courrèges allait se montrer résolument moderne en donnant la minijupe à la haute couture parisienne en 1961, puis, trois ans plus tard, ses tailleurs argentés aux lignes géométriques, ses pantalons blancs et ses bottes sans talon qui semblaient destinés à prendre place sur une navette spatiale ultrachic. Mais alors que Courrèges bouleverserait la mode durant une courte période, Saint Laurent proposait une redéfinition plus subtile, et plus durable, de l'élégance féminine. « Le mot "séduction" a remplacé celui d'"élégance", devait-il noter. Je n'aime pas le pantalon quand il est porté dans un esprit revendicatif, c'est-à-dire pour imiter l'homme.

Ce côté George Sand, suffragette, je n'aime pas du tout. Je pense tout le contraire. Je pense qu'en portant un pantalon une femme peut développer au maximum sa féminité dans sa lutte contre l'homme[20]. »

Par un triste paradoxe de l'histoire, c'est au moment même où Yves connaît un succès phénoménal avec sa propre maison que sa famille perd la sienne. Le 3 juillet 1962, à la suite d'un référendum, l'Algérie devient indépendante ; au cours des violences qui s'ensuivent, mille cinq cents pieds-noirs sont tués à Oran par les forces de l'ALN. S'échappant de son bureau au volant de sa Cadillac, à travers les émeutes, le père d'Yves rejoint sa femme et ses filles à leur villa de Trouville, sur la corniche oranaise. À l'instar de quelque neuf cent mille personnes pendant les mois suivants, il ne leur reste plus qu'à fuir le pays. « Comme "ils" disaient, c'était la valise ou le cercueil », se remémore la sœur d'Yves, Brigitte Bastian.

Ses sœurs embarquent sur un cargo en partance pour Boulogne-sur-Mer. Le père reste sur place encore un moment, pour tenter de liquider ses biens. Sans résultat : comme la plupart des pieds-noirs il quittera l'Algérie avec pour tout avoir ce qu'il peut transporter dans des valises en carton, car on ne trouve plus depuis longtemps de bagages ou de malles dans les boutiques ou les souks. La famille Mathieu-Saint-Laurent a tout perdu. Elle ne retournera jamais à Oran.

En France, ces nouveaux venus sont accueillis avec une hostilité à peine voilée. La guerre d'Algérie est devenue un objet de répulsion, rejetée par une large part de l'opinion publique dès 1961. Le maigre capital de sympathie des pieds-noirs réfugiés a été ruiné par l'alliance de l'OAS avec l'extrême droite, sa tactique d'attentats terroristes jusqu'en métropole, son nationalisme outrancier.

Alors que son père est âgé de cinquante-trois ans, les

parents d'Yves se retrouvent devant la nécessité peu enviable de recommencer une vie à partir de rien. Ils se séparent, mais ne divorceront jamais. Lucienne habite d'abord un appartement à Boulogne avant de s'installer dans le XVIe arrondissement, son fils lui assurant un train de vie administré par Pierre Bergé. Charles, le père, ira vivre à Antibes chez leur fille Brigitte, puis à Monte-Carlo dans un appartement également payé par Yves. C'est ainsi que la famille Saint Laurent se retrouve sous le contrôle de Pierre Bergé.

Peu après l'indépendance algérienne, Brigitte est venue voir son frère à Paris. À quinze ans et demi, elle a été profondément affectée par la violence dont elle a été témoin et le cocon dans lequel Yves vit alors lui semble opposer un contraste incongru à sa propre expérience. « Quand je l'ai revu à Paris, il y a eu quelque chose de bizarre entre nous, ça n'accrochait pas. Pourquoi, je ne sais pas, ou plutôt je crois savoir mais bon… » Entre-temps, les proches d'Yves ont appris à peser prudemment leurs mots, mais ce qu'elle laisse entendre dans ces déclarations, c'est qu'elle a eu l'impression que Pierre Bergé était l'obstacle qui s'interposait entre son frère et elle. C'est lui qui définit l'univers d'Yves, désormais, et celui-ci s'éloigne de ce qui lui rappelle son existence passée. Victoire a quitté la maison Saint Laurent et elle est *persona non grata* dans les milieux qu'Yves et Pierre fréquentent. Quarante ans plus tard, elle pense que la rupture a été voulue : « J'avais été témoin de leurs mauvais moments, du malheur d'Yves, de sa chute. Je les avais connus avant qu'ils deviennent les idoles de la mode. Je pense que Pierre a préféré se débarrasser de moi. »

Karl Lagerfeld, lui aussi, n'est plus l'ami intime d'antan. Yves garde des contacts avec lui, certes, mais les après-midi passés à jouer à la canasta sont loin, et plus encore les soirées où Karl le promenait en voiture à travers la ville. Karl dira bien plus tard que c'est Bergé qui a été le responsable de cet éloignement. Yves et Pierre ont abandonné leur péniche et se sont installés dans un appartement en rez-de-chaussée de la place Vauban, ce croissant presque trop paisible qui délimite l'extrémité sud des Invalides. De leurs fenêtres, ils aperçoivent le dôme doré sous lequel Napoléon gît dans son sarcophage en porphyre. C'est une adresse élégante, chargée de symbolisme grand-bourgeois. Et pour quelqu'un qui personnifie l'énergie de la jeunesse dans la mode, qui n'a même pas trente ans, Saint Laurent mène une vie remarquablement posée, disciplinée, « raisonnable ». Chaque jour, il rentre déjeuner chez lui dans sa Coccinelle noire — car il conduit encore, à cette époque —, et retrouve Pierre Bergé pour une collation à laquelle un ou deux journalistes sont très souvent invités afin de recevoir les derniers « messages » de la maison. Pendant que le maître d'hôtel sert du jus de tomate glacé, Pierre discourt sur la meilleure année d'un Château-Talbot et met au point ses commentaires sur le style de la maison Saint Laurent. Assis sur des copies de chaises Louis XVI, ils dégustent des pêches Melba sous un alignement de toiles de Bernard Buffet, dont les grands coups de pinceau verticaux, noirs et tragiques, ne font qu'ajouter à la claustrophobie ambiante.

Le nouveau cercle d'amis qui se forme alors autour de Saint Laurent est restreint, fermé, et essentiellement français. Clara Saint s'affirme vite comme la marraine du groupe, celle qui donne le ton en matière d'étiquette et de goûts culturels. D'abord amicales, ses relations avec Pierre et Yves prendront un tour professionnel lorsqu'elle deviendra en 1968 l'attachée de presse de la ligne de prêt-à-porter Saint Laurent Rive gauche. D'un esprit délicieusement vif, dotée d'une belle chevelure rousse et d'un penchant pour les tailleurs en tweed des années quarante, auxquels elle restera fidèle même au plus fort de la vague hippie, elle est née à Santiago du Chili de mère chilienne et de père franco-argentin. Elle a vécu à Buenos Aires jusqu'à l'âge de huit ans, puis à Paris avec sa mère lorsque ses parents se sont séparés. Son père étant mort quand elle avait vingt ans, elle a hérité d'une importante entreprise de culture et d'exportation de café en Argentine, et il ne lui a fallu que six années pour dépenser la somme considérable qu'elle a retirée de sa vente, ce qui explique qu'elle ait eu besoin d'un emploi. Disposant d'un impressionnant carnet d'adresses, elle a des amis influents dans les milieux artistiques, politiques et mondains, parmi lesquels la ballerine britannique Margot Fonteyn et Andy Warhol.

Toujours au fait des derniers potins agitant le Tout-Paris, Clara jouera un rôle essentiel dans l'ascension sociale de Bergé et Saint Laurent. C'est elle, par exemple, qui leur fait rencontrer Rudolf Noureïev, qu'elle connaît grâce à Margot Fonteyn. Elle organise des dîners avec Noureïev et l'autre star de la danse russe, Maïa Plissetskaïa, et leur ouvre les portes de l'univers du ballet qui les fascine au plus haut point. D'après Jacques Grange, qui se joindra plus tardivement au petit clan Saint Laurent, « Clara a toujours été celle qui montrait le chemin, qui donnait le ton, "on va regarder ceci, on va aller voir cela" ». L'écrivain argentin Javier Arroyuelo abonde dans ce sens : « C'était l'éminence grise, celle qui a donné la plupart de ses dogmes à ce que j'appelle "l'Église Saint Laurent", les repères, les critères. » Elle leur apprend les règles du « beau monde ».

La coterie Saint Laurent accueille aussi à bras ouverts le petit ami de Clara, Thadée Klossowski, parce qu'il est jeune et beau garçon, et d'autant plus chic qu'il est le fils du peintre Balthus, ce qui lui confère un statut d'exception. Parmi les anciennes fréquentations d'Yves, Fernando Sanchez, son camarade de l'École de la chambre syndicale, reste un grand ami même s'il est parti travailler à New York, où la marijuana et le son Motown donnent une touche un peu plus canaille à sa vie que les mondanités parisiennes.

Bientôt, ce sont les mêmes têtes que Pierre et Yves voient et revoient sans cesse. L'accès au cercle est sévèrement gardé, mais par qui ? Qui a conçu ce groupe de telle sorte qu'il atteigne un profil social et culturel presque parfait ? « C'est Clara, soutient l'écrivain Joan Juliet Buck. C'est elle qui décidait qui pouvait avoir accès au groupe ou non. C'est elle qui leur a présenté Paloma [Picasso], une amie à elle. Et elle était incroyablement proche de Pierre. »

Le dimanche, on se retrouve à l'heure du thé place Vauban. Il y a là Thadée, Clara, Fernando, quand il est de passage à Paris, Charlotte Aillaud, les artistes Claude et François-Xavier Lalanne, et toujours deux ou trois jolis garçons libres pour flirter un moment. Pendant que Bergé sert le thé à la menthe dans le jardin et qu'un disque de la Callas passe sur la stéréo, on bavarde, on échange des potins. Étendu sur la pelouse, Yves fredonne tout seul et crayonne ses pensées vagabondes sur un bloc-notes. Ce sont des moments décontractés, sans excès aucun. Fernando se souvient de l'un de ces après-midi : « J'ai allumé un joint devant toute la bande… C'était avant que Loulou ne fasse son apparition. Ils m'ont regardé comme si j'étais bon pour une cure de désintoxication ! »

Si la vie sociale d'Yves et Pierre est plutôt calme, ce n'est pas le cas de leur relation privée. De six ans l'aîné de Saint Laurent, Pierre vit une homosexualité libérée. Il confiera par la suite à Andy Warhol son goût pour les *cockrings* (anneaux péniens), sans se douter que celui-ci consignera cette information dans son journal et la publiera ensuite [21]. Bergé est alors le premier grand amour physique d'Yves, impétueux, dominateur, et va mettre un terme à de longues années de refoulement sexuel. C'est un aspect souvent sous-estimé lorsqu'il est question de leur relation à ses débuts. Selon Thadée Klossowski, « l'histoire entre eux était celle d'une très grande satisfaction sexuelle. Ils avaient des jeux entre eux, parfois violents, et il est arrivé qu'Yves se retrouve enfermé à double tour — mais il parvenait toujours à s'échapper». Yves, qui a une toute petite chambre au rez-de-chaussée, s'enfuit par l'étroite fenêtre et court sur les quais de la Seine pour se réfugier sous un pont.

Depuis le début, tous ceux qui les connaissent se sont mis en tête que c'était Pierre qui poussait vers la gloire un Yves hésitant et renfermé. Même leurs proches les plus intimes se sont convaincus que le rapport de forces entre eux était manifeste : une main de fer crispée sur un papillon aussi inventif que fragile. Rares sont ceux qui ont perçu le niveau de complicité qui les lie déjà.

3

1967-1968

C'est encore Clara Saint qui suggère à Yves une destination de vacances dont l'impact sur sa vie sera considérable : en 1967, elle convainc Pierre et Yves, qui jusqu'alors aimaient se rendre aux îles Canaries, de séjourner à Marrakech. Pour Saint Laurent, retrouver l'Afrique du Nord après sept ans loin de ses paysages constitue sans aucun doute une expérience intense. « Je suppose que Marrakech a beaucoup touché Yves, note Thadée Klossowski, qui accompagne les deux hommes lors de leur premier voyage, c'était revenir à son enfance, à ses couleurs, à ses odeurs. »

Si Marrakech éveille en lui des réminiscences algériennes, l'endroit ne lui renvoie pas les souvenirs les plus oppressants de son expérience du Maghreb, et c'est un élément qui séduit sa raison et ses sens. L'indépendance du Maroc ne s'est pas accompagnée d'une tragédie humaine, et Marrakech n'a absolument rien à voir avec la vie bourgeoise à la française qu'Yves a connue durant son enfance pied-noir : à cette époque, c'est un lieu de rendez-vous hautement exotique de la jet set hippie qui n'a pas encore été découvert par la variété moins « couture » des hippies-routards, une oasis luxuriante où les initiés peuvent vivre leurs rêves et leurs fantasmes.

Pour les homosexuels français, l'Afrique du Nord est depuis

longtemps une contrée enchantée, une destination riche en aventures érotiques et en plaisirs libérés de toute honte. Le jeune garçon arabe est devenu un objet de fascination, voire d'obsession pour maints intellectuels. André Gide, François Augiéras, Jean Genet et Roland Barthes ont évoqué par écrit leurs rencontres sexuelles au Maghreb, avec des thèmes récurrents chez tous, notamment la facilité de ces liaisons, l'absence totale de sentiment de culpabilité et la virilité des jeunes Arabes. Leurs descriptions exaltées de nuits étoilées et d'abandon sensuel renvoient à une vision fortement romantisée de l'Afrique du Nord et de ses mâles, aussi mythique qu'un tableau de Delacroix.

Lors du premier voyage de Pierre et Yves, il n'existe qu'une minuscule colonie d'étrangers à Marrakech, une petite communauté pétrie de sophistication dont Talitha Getty, la jeune (vingt-six ans) femme du riche John Paul Getty, est l'étoile scintillante. Beauté ravageuse luttant contre la marée d'argent dont dispose son mari, Talitha vit entre Rome, Londres et Marrakech depuis son mariage avec Getty. C'est au cours de leur voyage de noces qu'ils ont acheté un palais du XIXe siècle dans la ville marocaine, et ils en ont confié la décoration à leur meilleur ami, l'esthète Bill Willis. Natif de Memphis et *jet setter* impénitent, Willis est l'initiateur de l'incontournable « style Marrakech » qui s'imposera par la suite dans toutes les résidences de ces touristes aisés, un mélange stimulant d'orientalisme et de bohème chic.

Aux dîners qu'elle donne sur son toit-terrasse, Talitha apparaît pieds nus, aérienne dans son caftan flottant, les doigts chargés de bagues, enchanteresse et planant totalement. Son corps n'exprime pas seulement la liberté sexuelle mais aussi un détachement éthéré, une candeur presque enfantine. Elle est emblématique du mouvement hippie tel que les enfants de la haute société londonienne l'ont repris à leur compte dans les années soixante, un phénomène que Paris n'a pas connu dans les mêmes proportions. Yves, qui n'a encore jamais croisé une personne comme Talitha, reconnaîtra plus tard : « Quand j'ai rencontré Talitha Getty [...], ma vision du monde a complètement changé[1]. »

Elle invite tous ses amis de Londres à Marrakech, Marianne Faithfull, Mick Jagger, Anita Pallenberg... Chacun arrive dans un état d'intoxication et de décadence plus ou moins avancé. Le styliste Ossie Clark est là aussi, carburant à la cocaïne, dansant au bord du précipice, un artiste brillant et fragile dont les ravissantes robes en chiffon expriment l'érotisme et la liberté de la nouvelle génération rock'n'roll.

Captivé, Yves ne perd aucune image, aucun détail visuel. Il est frappé par l'anticonformisme trépidant et la sexualité sans complexe de ce microcosme, un comportement dont le milieu de la haute couture en France reste encore très loin. Ce ne sont pas seulement les vêtements qui l'impressionnent, mais l'hédonisme raffiné qui définit l'existence des Getty et qu'il n'a jamais vu pratiqué à ce point. « Ils avaient une secrétaire extraordinaire, se souvient Valérie Lalonde, dont la mère possédait une résidence très proche de celle des Getty. Elle faisait tourner la maison à la perfection, toujours très précise en tout, mais en même temps c'était elle qui découpait et servait le gâteau au haschich ! » Le haschich est pour les débutants, l'opium pour les plus expérimentés.

À trente et un ans, Yves se retrouve dans un environnement inédit pour lui, et enivrant. Victoire se rappelle qu'en 1963, à l'époque où elle a rompu avec Pierre et Yves, celui-ci ne buvait pas et ne se droguait pas. Thadée Klossowski le confirme : « D'une certaine façon, Yves et Pierre étaient terriblement conformistes, terriblement français. » Ils étaient guindés non sur le plan sexuel, certes, mais sur celui de la « culture jeune » alors en pleine émergence. « Il était choqué, dit Thadée au sujet de la réaction d'Yves devant Marrakech et ses voluptés, choqué mais aussi intensément émoustillé.»

Dès leur premier séjour, Bergé et Saint Laurent tombent amoureux d'une maison appelée Dar el-Hanch, la Maison du serpent en arabe, située dans l'enceinte de la médina, à quelques minutes à pied de la fameuse place Jemâa el-Fna. Elle n'est pas grande, abonde en recoins et en courtes volées d'escaliers. Ils font aussitôt affaire avec son propriétaire, un soi-disant prince vietnamien, et paient en liquide. Peu après, Fernando Sanchez achètera la maison voisine pour en faire son pied-à-terre au Maroc.

Pour leur deuxième séjour à Marrakech, Pierre et Yves invitent Thadée Klossowski, Clara Saint, Hélène Rochas et Kim d'Estainville. L'un d'entre eux tombe par hasard sur une pile de livres pornographiques dans une échoppe de la médina, des ouvrages très crus pour légionnaires, et les ramène fièrement à la maison; tous les soirs après dîner, ils lisent à tour de rôle des passages à voix haute, pour l'amusement général. Ces séjours au Maroc sont toujours fortement chargés de libido, que ce soit dans les conversations ou dans de possibles rencontres.

Bientôt, Yves commence à partager son temps entre les escapades à Marrakech et les obligations du succès à Paris. On ne pourrait imaginer deux existences plus contrastées: en France, il est «M. Saint Laurent», la jeune star de la haute couture qui est devenu en l'espace de dix ans l'arbitre des élégances, non seulement parisiennes mais du monde entier. Depuis la première présentation de sa maison de couture, il n'a cessé de gagner en assurance et en audace. Chaque nouvelle collection va plus loin dans l'avant-garde, la richesse de ses innovations rencontrant l'admiration étonnée de tous. En 1965, il transpose un tableau de Mondrian sur une robe en jersey à la coupe d'une simplicité radicale puis, l'année suivante, s'amuse avec une ligne de robes « pop art » très spirituelles, décorées de profils aux vives couleurs inspirées des peintures d'Andy Warhol, ou encore en ornant la fameuse « petite robe noire » de lèvres roses en relief. Le lyrisme de son imagination transparaît dans une robe de mariée en tricot blanc cassé, véritable cocon de laine et de rubans en forme de poupée russe, et, en 1967, dans son hommage à l'Afrique où il présente des vestes qui imitent le scintillement des hautes herbes et des robes en résille perlée, dont la poitrine conique sera revisitée vingt ans plus tard par Jean-Paul Gaultier avec son « corset aux seins pointus ».

Tandis qu'Yves laisse libre cours à son énergie créatrice, Pierre bâtit la réputation de la maison et sa prospérité commerciale sur un véritable culte de la personnalité du créateur. C'est une stratégie classique dans la haute couture parisienne, déjà appliquée par Christian Dior en son temps : le couturier devient l'épicentre du glamour et de la célébrité grâce auxquels bas, mouchoirs ou eaux de toilette se vendent par milliers. Ils ont lancé le premier parfum de la marque en 1964, « Y », en association avec Charles of the Ritz, qui a assuré la production et le marketing et reverse cinq pour cent des ventes à Pierre et Yves. L'année suivante, le président de Charles of the Ritz, Richard Salomon, renforce ses investissements dans la maison Saint Laurent en rachetant les parts de Jess Mack Robinson — qui détenait quatre-vingts pour cent du capital — pour un peu moins d'un million de dollars.

Avec ce soutien financier et la puissance industrielle de Charles of the Ritz, Saint Laurent crée sa ligne de prêt-à-porter en 1966, baptisée « Rive gauche ». La première boutique ouvre en septembre de la même année, rue de Tournon. Cette référence au Paris bohème est un coup de génie commercial car elle donne au prêt-à-porter une identité jeune, « cool », et le distingue clairement des activités de haute couture de la maison. Les femmes et les filles dans le coup prennent d'assaut la boutique et se ruent sur les minirobes « safari », très sexy avec leur décolleté vertigineux retenu par deux cordons.

En 1967, Yves crée quatre collections par an, deux de haute couture et deux de prêt-à-porter. Il est tout aussi prolifique dans le domaine de la création de costumes pour le théâtre et le cinéma. C'est lui, ainsi, qui conçoit la garde-robe de Catherine Deneuve pour *Belle de jour*, le film de Luis Buñuel qui remporte le Lion d'or au festival de Venise cette même année. L'œuvre très provocante du célèbre cinéaste espagnol, exploration des fantasmes érotiques et des perversions d'une bourgeoise blonde et mariée, débute par une scène où Séverine (Catherine Deneuve) s'imagine ligotée à un arbre et fouettée ; puis elle devient call-girl, mais seulement l'après-midi, quand son chirurgien de mari est occupé à sauver des vies à l'hôpital. Avec une aisance dévastatrice et des modèles d'un chic subversif, Yves part à l'assaut du conservatisme frigide. Ses créations, notamment un trench-coat en vinyle noir qui restera inscrit dans toutes les mémoires, ainsi que l'amitié durable qu'il noue avec Catherine Deneuve à cette occasion, ne font que renforcer le culte Saint Laurent.

À Marrakech, loin de toute contrainte professionnelle, Yves se montre insouciant, drôle, amateur de farces enfantines qui prennent souvent Pierre pour cible, comme lorsqu'il parle de Bergé en disant « elle », ce qui ne manque pas d'exaspérer l'intéressé. « Avec Yves, on n'arrêtait pas de rire, affirme Thadée Klossowski, il était désopilant. » Cela peut être du comique involontaire, comme le matin où il annonce à la table du petit déjeuner : « Je me suis réveillé en pleine nuit et en cherchant dans le frigo j'ai trouvé le fruit exotique le plus délicieux qui soit » ; personne n'arrive à deviner de quel fruit il pourrait s'agir, et une rapide vérification permet de confirmer qu'Yves a mangé quelques tranches de pommes de terre crues abandonnées sur une étagère du réfrigérateur. C'est aussi un mime très doué, capable d'imiter les autres à la perfection, mais, conformément à sa nature, il ne donne libre cours à ce talent qu'au milieu du cercle restreint d'amis dans lequel il se sent en confiance.

C'est au cours de ces premières années qu'Yves sera le plus heureux à Marrakech. Il y a des pique-niques sous les abricotiers, des arias de Verdi dans des patios qui embaument la fleur d'oranger, des aventures sexuelles, des plateaux de kif que le domestique apporte à la tombée du soir, à la lumière des bougies. C'est une vie secrète qui se déroule derrière des portes closes.

L'usage de la drogue fait partie de la culture nord-africaine depuis les temps de l'*Odyssée*, et Marrakech attire toute une société de lotophages modernes. Fernando Sanchez, qui expérimente toutes sortes d'hallucinogènes, goûte intensément les métamorphoses qu'ils provoquent en lui. « C'était le Neverland de Peter Pan ! » se remémore-t-il. Le jeune homme discret en costume-cravate qu'il était arbore à présent une coiffure afro et laisse ses chemises flottantes déboutonnées jusqu'au nombril. Il se rappelle un soir de trip à l'acide où, partis en voiture dans le désert avec Bill Willis et la petite bande pour regarder le coucher de soleil, ils ont soudain éclaté de rire en découvrant qu'ils étaient assis au sommet d'une dune de sable, plongés dans la nuit presque noire après avoir admiré le crépuscule, planant très haut et sans la moindre idée de comment retrouver leur véhicule.

Fernando Sanchez se rappelle encore : « Le garçon bien élevé et passablement bourgeois que l'on m'avait appris à être s'est transformé en quelqu'un qui s'habillait de manière plutôt provocante, avec des boucles d'oreilles, des bottes, du khôl aux yeux… Ça a été comme une explosion. Je me suis dépouillé d'une peau qui m'étouffait et c'est à ce moment que je suis devenu plus créatif, je dirais, parce que j'ai commencé non pas à oublier mais plutôt à contourner tous les clichés que j'aurais employés avant. Une fois que j'ai commencé à goûter à la drogue, je ne pouvais plus revenir en arrière et dessiner une petite robe noire bien bourgeoise. Impossible. C'était une nouvelle ère.»

Yves a entrepris le voyage extrasensoriel, lui aussi. Il fume du kif, un mélange de haschich et de tabac typiquement marocain qui provoque des fous rires et rend contemplatif. Pour lui, c'est une manière de s'échapper, d'oublier ses ambitions et celles que Bergé nourrit pour lui. Mais sa réaction à la drogue, comme à l'alcool, est particulière : la plus petite quantité a des effets immédiats et spectaculaires. « Une seule gorgée, littéralement, et il était ivre mort, une seule bouffée de joint et il planait », rapporte Thadée Klossowski, qui évoque aussi un déjeuner inoubliable environ un an plus tard, au moment où Loulou de la Falaise avait rejoint le groupe à Marrakech : « Loulou avait acheté un bloc de haschich, un peu plus petit qu'une barre de chocolat, et elle a dit à Yves : "Tu sais, tu n'es pas forcé de le fumer, tu peux en prendre un peu entre tes doigts et le manger", parce qu'il n'arrêtait pas de nous demander de lui rouler des joints et qu'elle en avait plus qu'assez. Et donc nous avions ces dames qui venaient déjeuner à la maison, la mère de la vicomtesse de Ribes, Boule de Breteuil, une amie à elles... Toutes des femmes extrêmement chics, des dames âgées à propos desquelles Yves se faisait plein d'idées de styliste. En tout cas, il est devenu complètement fébrile le matin, il a décidé qu'il devait redécorer la maison et le jardin avant leur arrivée, et le voilà perché sur une échelle, à s'agiter en répétant que la maison était imprésentable, et que toutes ces dames tellement élégantes allaient venir déjeuner... Enfin, elles finissent par arriver, et je crois bien que la mère de la vicomtesse de Ribes était habillée comme une hippie, avec un genre de gilet en peau de chèvre, vous voyez ? Mais bon, elles étaient horriblement fringuées, tout à fait décevant, et Yves a posé les yeux sur elles et… il s'est effondré ! Évanoui, ou presque ! Après, il s'est éclipsé et nous avons découvert qu'il avait avalé toute la barre de haschich. Il a été affreusement malade, pour finir. »

Dans la chaleur et les volutes de fumée de Marrakech, les inhibitions d'Yves fondent peu à peu. Il porte des chemises en cachemire ouvertes sur sa peau bronzée, des jeans élimés, des cristaux de couleur autour du cou. Allongé près du bassin dans le patio, il tient un journal intime, dessine, s'abandonne à une torpeur délicieuse, dort énormément. Même le masque de névrose qu'on lui connaît depuis son adolescence s'adoucit, laissant place à une grâce sensuelle.

Ici, tous baissent la garde, se perdent et se trouvent, se réinventent. Tous, sauf Pierre Bergé. « Il ne s'est jamais vraiment laissé aller, constate Fernando Sanchez. Il restait avant tout "le monsieur de La Rochelle". Il gardait toujours une vue plus large. Yves et moi, nous partions dans nos trips, mais pas Pierre. Parce qu'il n'en avait pas, à l'époque. »

Ce n'est pas qu'il désapprouve la drogue par principe. N'a-t-il pas été des années durant proche de Jean Cocteau, qui n'a jamais caché son addiction à l'opium et l'a même célébrée — « Son euphorie est supérieure à celle de la santé. Je lui dois mes heures parfaites », a-t-il écrit dans son *Journal d'une désintoxication*[2] ? Mais Bergé a trente-sept ans et son but est de réussir, non d'explorer sa vie intérieure. Un jour qu'ils attendent Mick Jagger à déjeuner, il se montre tout aussi excité par la perspective de partager un repas avec une telle star qu'excédé par le manque de ponctualité phénoménale du chanteur des Rolling Stones. Comme, à quatorze heures, celui-ci n'a toujours pas montré le bout de son nez, Pierre, qui trépigne de rage, hurle sur Yves : « Je hais les hippies ! »

Ce n'est pas le cas de Saint Laurent. S'il était né plus tard, Yves aurait été un vrai hippie. Il adorait chaque instant de cette sensation de liberté qui coulait enfin dans ses veines. Comme le dit Fernando : « La fête avait commencé. C'était léger et impétueux comme un éclat de rire. Nous étions “libres”, voilà, et dans notre grande naïveté nous pensions que c'était un monde nouveau… »

Assise à une table chez Régine, une jeune femme laisse une cigarette se consumer entre ses doigts. La beauté et l'ennui triomphent sur son visage. Ses cheveux blond platine sont longs et raides, ses jambes interminables sont gainées de hautes bottes en cuir noir. Comme dira Yves Saint Laurent, « elle était tout ce que j'aime. Longue, longue, longue[3]… ». Elle s'appelle Betty Saint.

Yves se trouve aussi chez Régine, ce soir-là. « Il était absolument divin ! se rappellera Betty. Tout en cuir noir, timide, très timide, mais divin ! » Debout, ses doigts très fins posés sur sa hanche effilée, son blouson en cuir tombant sur son torse convexe, il la fixe du regard. Elle est longiligne comme lui, avec la même ossature fragile, les mêmes poignets fins, la même haute stature, et toute l'aisance nonchalante de sa jeunesse. Selon Betty, la première réaction d'Yves est « une attirance physique : il a aimé mon physique et il a fait le parallèle avec le sien ». Le soir même, il persuade un ami commun de la lui présenter. « Il m'a tout de suite demandé de travailler pour lui, il voulait que je présente sa collection, dit Betty, et j'ai refusé, j'avais déjà été mannequin chez Chanel. » Mais Yves ne renonce pas, au contraire : « Il avait décidé que j'étais faite pour lui, il m'a couru après, il m'a harcelée, il m'a enchaînée, et finalement il a bâti une collection autour de moi. Je me suis rendu compte que nous nous ressemblions beaucoup. »

Yves fait la connaissance de Betty en 1967, la même année

où il découvre Marrakech, et cette rencontre sera aussi déterminante pour sa carrière et sa vie que l'initiation marocaine. À l'époque, elle travaille à mi-temps dans une galerie d'art du boulevard Saint-Germain. Avec sa minijupe noire, ses chaussettes noires montant aux genoux, sa grosse ceinture sur ses hanches étroites, une seule tresse minuscule sur le côté de sa chevelure, elle fait penser à une lycéenne perverse. Selon Jean-Pascal Billaud, l'ami avec lequel elle partage alors un appartement rue de Verneuil : « C'était la fille la mieux habillée de Paris. Elle avait déjà un look formidable et une attitude provocatrice. Elle était toujours à la pointe de la modernité. » C'était une débutante qui n'aurait jamais été admise au bal des Débutantes. Elle boit de la crème de menthe et proclame qu'elle est ivre au second verre. Elle flirte avec les filles, est pourchassée par les garçons : d'emblée, il y a en elle une ambivalence assumée.

Elle a été mannequin de la maison Chanel quand elle avait dix-sept ans. Sa mère, Carmen Saint, jouait au bridge avec Maggie van Zuylen, une femme du monde très en vue, mère de Marie-Hélène de Rothschild et grande amie de Coco Chanel. C'est sur sa recommandation que Betty a été engagée, alors que la carrière hors du commun de la couturière entrait dans son dernier chapitre. À soixante-dix ans révolus, Mlle Chanel reste aussi charismatique et destructrice qu'avant, menant sa « cabine » de mannequins comme un harem sentimental : « Nous, les modèles, nous étions censées la séduire tout le temps », devait raconter Betty à la revue *Interview* – fondée par Andy Warhol – en 1975. « C'était une ambiance très bizarre. Nous étions toutes amoureuses d'elle… enfin, d'une certaine manière. » Trente-cinq après, elle ajoute : « Nous voulions toutes être sa favorite, comme si c'était un homme. » De son regard impitoyable, Chanel pouvait apporter la gloire à un corps, un visage, ou le précipiter dans l'oubli. « J'étais un bébé quand je suis entrée chez Chanel, poursuit Betty. J'étais trop jeune pour avoir ce genre de vanité.» Mais elle avait découvert le plaisir de plaire, de voir et de mesurer sa beauté dans les yeux des autres, et c'était une sensation qu'elle allait garder toute sa vie.

C'est à ce moment qu'elle a compris la loi non écrite qui régit le monde de la mode : « Divine. Il faut être divine. Pour Chanel ce n'était qu'un début. Divine pour Saint Laurent, mais bien évidemment ! C'était, ça reste primordial pour lui. Ces hommes qui font la mode sont des esthètes ; ils ont besoin d'avoir quelqu'un, un personnage qu'ils considèrent divin. Il faut les faire rêver, ai-je compris très jeune. »

L'année précédant leur rencontre, Yves a repensé pour les femmes un smoking qu'il avait pris dans une garde-robe masculine, de la veste à revers en satin jusqu'au pantalon à bande noire avec ceinture en soie. C'était sa première tentative d'explorer le vêtement masculin selon une approche féminine. Après une décennie de robes de poupée, de bas blancs et de cheveux bouffants, l'idée que les filles s'habillent en garçon, avec les tensions et les jeux que cela suppose, était un concept stylistique des plus audacieux.

Betty Saint — qui n'a aucune relation familiale avec Clara Saint — est de père irlandais et de mère italienne, avec une grand-mère allemande qui lui a légué sa structure faciale nordique, anguleuse. Comme elle le dit elle-même : « Je connais la raison de mon succès — quelle phrase idiote ! Je ne veux pas avoir l'air vaniteuse, mais c'est très simple : je n'ai pas l'air d'une fille. C'est la base de tout mon succès. » Linéaire, longitudinale, différente de celui de toutes les femmes autour d'elle, la forme de son corps finira par incarner l'idéal de la mode des années soixante-dix. « Il y avait cette espèce d'adéquation totale entre ce qu'il avait sûrement envie de faire et le personnage de Betty », estime François Catroux, l'ancien camarade d'école de Saint Laurent qui épouse Betty cette même année 1967. Il l'a, lui aussi, connue dans une boîte de nuit et c'est la jeune femme qui les fait se rencontrer à nouveau. « Pour lui, j'en suis sûr, elle était un dessin, ajoute François. Elle était un coup de crayon, son coup de crayon. C'est ce qu'il rêvait d'être lui-même, j'imagine. »

Si Saint Laurent a déjà été captivé par la beauté féminine – Victoire et divers « mannequins maison » ont représenté son idéal à un stade ou un autre –, ce qu'il vit avec Betty est différent : il voit en elle, avec une fascination renouvelée, l'incarnation féminine de lui-même qu'il porte dans son imagination. Un an plus tard, alors qu'Yves et elle sont devenus amis, ils se retrouvent tous les quatre, avec Pierre et François, un après-midi dans le jardin de l'appartement de la place Vauban. Pendant que Pierre boit un expresso en parlant de Charles de Gaulle avec François, Betty et Yves dansent sur du Stevie Wonder et chantent en play-back en mimant un duo musical qu'ils imaginent avoir formé, « Les Saints ». « Faisons des folies », murmure Yves à Betty. Elle est habillée en Saint Laurent pour une séance de photographie commandée par le *Women's Wear Daily* en prévision de leur prochain voyage à New York, à l'occasion de l'ouverture d'une nouvelle boutique Rive gauche. « Je l'adore », souffle-t-il tout en faisant tourner Betty devant lui, en ajustant tendrement le foulard en soie autour de son cou, en ôtant un bout de fil resté accroché au pantalon de la jeune femme. Puis, tout bas, comme s'il parlait tout seul : « Je veux ressembler à Betty… » On décèle dans leur attirance mutuelle un fort narcissisme sous-jacent : Yves a vu Betty et ne veut pas la laisser s'éloigner.

Elle est le premier membre du cercle des intimes de Saint Laurent à partager son nihilisme silencieux et son besoin de s'abstraire de la réalité. Sa volonté de toujours maintenir une certaine distance ressemble à celle qui habite Yves : « Je me suis un peu isolée quand j'étais enfant et j'aime bien cela, me séparer des autres. C'est peut-être parce que j'étais fille unique. Je ne me sens vraiment proche de personne, je n'ai que très peu de rapports avec les gens. Je suis centrée sur moi-même, je suis un peu comme Yves. Il n'y a pas de mystère quant à notre proximité, c'est une question de caractère.»

Jusqu'alors, la coterie Saint Laurent s'est caractérisée par une certaine exigence culturelle chère à Pierre Bergé et à Clara Saint : soirées de gala à l'Opéra, ballets, soupers après le théâtre avec Marie-Hélène de Rothschild… L'irruption de Betty provoque une ligne de faille au sein du groupe : elle est ce qu'Yves attendait depuis longtemps, quelqu'un de la même étoffe que lui, quelqu'un avec qui jouer au jeu de la complicité. À vingt-trois ans, c'est la plus jeune du cercle et elle veut sortir, danser, «faire des bêtises», comme elle le dit elle-même. «Nous détestions tout ce qui était normal, terre à terre, la vraie vie…, dit-elle. Cela nous semblait tellement ennuyeux ! Alors que, dès qu'il s'agissait de perdre la tête, nous étions toujours partants, mais d'une façon totalement infantile. Ah ! ne pas être sur terre et vivre dans les mille et une nuits, ah ! s'échapper au quotidien, être *high all the time*, essayer d'échapper à l'ennui. Oui, à la base, c'était ça.»

Que Betty soit devenue une source d'inspiration visuelle aussi importante pour Yves, et que leur complicité se soit établie aussi rapidement, cela ne va pas sans provoquer la jalousie de membres plus anciens du clan, et sans donner des sueurs froides à Pierre. «Il a vu en moi une fille dangereuse, une femme fatale, affirme Betty. Pour lui, j'étais une mauvaise influence, mais il se trompait sur mon compte. Je lui ai fait un énorme numéro de séduction, et ça m'a pris trente années pour le convaincre que je n'allais pas faire de mal à Saint Laurent.»

Le charme, c'est la force de Betty, et sa meilleure défense.

Chez elle, il est à la fois naturel et soigneusement chorégraphié, plein d'humour et de lucidité, chaleureux mais aussi détaché. Il est sous-tendu par d'excellentes manières et par un vocabulaire du beau monde qui ne connaît que les sommets et les précipices, dans lequel les gens sont « divins », « extraordinaires », « charmants », « exceptionnels », « fabuleux » ou, le plus rarement possible, « ennuyeux à mourir ». Pas de demi-mesure. Guère étonnant qu'Yves ait été envoûté.

Et Betty d'ajouter : « C'est vrai, à partir du moment où je suis arrivée, les choses ont beaucoup changé. Yves était un garçon assez sage, et avec moi il a commencé à aimer d'autres choses, un autre genre de vie. Il a commencé à se dissiper. Quand on aime bien quelqu'un, on peut l'influencer d'une certaine façon, mais je ne peux pas dire de façon claire et nette comment ça s'est passé. Avec moi, il a commencé à faire un peu l'enfant terrible, alors ça a forcément changé des choses. Avant moi c'était très *tea party*. Après, il n'y avait plus de *tea*. »

Mai à Marrakech. La sonnerie du téléphone résonne dans le calme pesant du patio, survole les croquis abandonnés sur le carrelage du sol, la presse internationale arrivée trop tard pour contenir des nouvelles encore fraîches. L'appel vient de Paris. D'une autre planète.

La voix d'Anne-Marie Muñoz est plus tendue que d'habitude. Elle téléphone de la maison Saint Laurent, à Paris, où elle est devenue directrice du studio de création. « Yves, je pense qu'il faut fermer la maison. Ça chauffe ici. » À son ton inquiet, pressant, succède le silence interloqué d'Yves. En guise d'explication, elle ajoute : « Nous allons regarder le défilé cet après-midi[4]. » À l'autre bout de la ligne, le célèbre couturier n'en est que plus perplexe.

Ce à quoi elle fait allusion, c'est la manifestation de soutien au général de Gaulle qui, ce 30 mai 1968, va déferler sur les

Champs-Élysées, en réaction aux dizaines de milliers d'étudiants qui, depuis trois semaines, se retrouvent sur le boulevard Saint-Michel, dépavent les rues et déboulonnent toutes les certitudes de la société française. Mais pour Yves Saint Laurent le mot qu'Anne-Marie a employé ne peut avoir qu'un sens, et c'est avec curiosité qu'il demande : « Quel défilé ? », intrigué par l'idée que quelqu'un ait pu avoir l'audace de présenter une collection de haute couture en mai, soit deux bons mois avant l'ensemble de la profession.

Au Quartier latin, sur les larges artères et dans les ruelles qui entourent la Sorbonne, violence et euphorie s'entremêlent. La jeunesse en révolte a fait vaciller le patriarche. À soixante-dix-huit ans, le général de Gaulle est l'objet de toute cette furie. La guerre a été déclarée aux bourgeois, à leurs manteaux en loden et à leur refus de renoncer aux moindres privilèges. Ceux qui ont fait la France depuis la Révolution de 1789 en sont venus à personnifier l'oppression et l'hypocrisie.

La nouvelle génération piétine l'inévitabilité de son destin, et proclame en lieu et place la primauté de ses désirs. Nés dans l'après-guerre, ces jeunes n'ont pas vécu le deuxième conflit mondial et pourtant c'est comme si toute leur enfance s'était déroulée dans son ombre pesante. Xavier Moreau, agent de photographes à Paris, décrit ainsi les contraintes morales et les restrictions imposées à la jeunesse française jusqu'en 1968 : « On n'avait le droit de rien faire. Dans les années soixante, la France sortait encore des privations de la guerre, les familles étaient toujours traumatisées par le côté incertain que peut avoir le futur et les gens vivaient donc très petitement. La bouteille de lait était consignée, on allait avec son pot à lait chercher le lait chez le crémier ; on faisait le potage avec les épluchures. En même temps, on grandissait avec une incroyable soif de consommer ; il y avait une volonté et un désir d'avoir l'air de quelque chose, de se réjouir. »

Les premières secousses du séisme Mai 68 se sont fait sentir dans les espaces bétonnés de l'université de Nanterre quand un assortiment d'étudiants radicalisés ont occupé les bureaux de l'administration. Ils contestent à grand tapage la non-mixité des cités universitaires, l'absence totale de représentation étudiante au sein des structures de gestion des campus. Lorsque l'un des meneurs, Daniel Cohn-Bendit, est convoqué devant un conseil de discipline, ses camarades envahissent les bureaux du doyen de Nanterre afin de s'emparer de mégaphones qui leur permettront de protester encore plus bruyamment. Le recteur les fait enfermer à l'intérieur mais ils s'échappent par la fenêtre. Craignant que les désordres ne se propagent, le ministre de l'Éducation ordonne alors la fermeture de la faculté, une grave erreur tactique, car, au lieu de circonscrire l'agitation à cette banlieue perdue de l'ouest parisien, il la transporte au cœur même de la capitale. Une semaine plus tard, un millier d'étudiants sont occupés à lancer des pavés en plein Quartier latin; le 13 mai, le mécontentement s'est étendu au-delà des campus au point que les principaux syndicats appellent à une grève générale, qui sera suivie par dix millions de travailleurs et paralysera le pays.

À Paris, c'est comme si les jeunes révoltés voulaient rattraper en quelques jours toute une vie sans liberté d'expression. Les tabous tombent, la sacro-sainte autorité parentale et étatique est narguée. Comme le proclame un slogan devenu fameux sur un mur de la Sorbonne: «Il est interdit d'interdire.» Selon Edmonde Charles-Roux, «une société fermée, autoritaire et répressive a explosé comme une bouteille de champagne restée au soleil. Tout a volé en éclats».

Au final, la bourgeoisie pliera mais ne rompra pas. Onze mois plus tard, de Gaulle sera poussé vers la sortie, remplacé par un Georges Pompidou moins âgé mais tout aussi conservateur. Mais la dissipation et la violence de Mai 68 ont, du moins pendant un moment, libéré Paris des pesanteurs du classicisme, du catholicisme et du spectre de l'Occupation qui fait encore partie du refoulé de la société française à l'époque.

Paris sort enfin de sa torpeur, devient un endroit du monde « où il se passe quelque chose ». Aller voir les barricades le soir est une distraction quotidienne. Manolo Blahnik, le célèbre créateur de chaussures qui vivait alors dans la capitale, se souvient : « En 1967, Paris restait trop vieux jeu pour moi. Et puis, d'un seul coup, avec cette révolte politique, la rue est devenue stimulante. Paris, c'était Nanterre, la Sorbonne. Je suis allé plein de fois dans cet horrible amphithéâtre rien que pour écouter les étudiants vociférer. Je me fichais complètement de ce qu'ils pouvaient raconter. Et des fois, avec des amis, on sortait la nuit pour aller voir les voitures brûler sur le boulevard Saint-Germain. C'était top… »

Une nouvelle utopie morale était dans l'air de ce printemps. Un vent de liberté balayait les rues et les salons, soulevait les jupes et renversait les conventions. Du jour au lendemain, votre coiffeur se mettait à vous tutoyer. La génération des vingt ans et plus, depuis les étudiants de Saint-Michel jusqu'aux enfants de bonne famille du Faubourg Saint-Germain, était transfigurée, exaltée. Il y avait un monde entre eux : alors que le boulevard Saint-Michel débattait des mérites respectifs du trotskisme et de l'anarchisme, le Faubourg se demandait qui choisir entre Régine et Castel. Le plus tangible des choix politiques, pour ces jeunes-là, était de ne pas avoir l'air bourgeois, et cependant ils partageaient avec leurs semblables plus militants au moins une certitude, l'illusion enivrante que la vie ne serait plus jamais comme avant.

Et c'était en partie vrai. La jeunesse avait imposé sa propre voix en France, remis en question l'autorité hier encore indiscutable des professeurs, des parents, du président, de la police, et même de la Ve République en tant que telle. Une rupture s'était produite au cœur même de la société.

Dans le domaine de la mode, Mai 68 a mis au rancart certaines valeurs et certains principes déjà moribonds. Comme le dit Janie Samet, alors jeune rédactrice de mode à Paris, « en 68 on avait l'impression que la couture n'existerait plus. Je me souviens d'une interview que j'ai faite auprès des grands couturiers, ils étaient tous désespérés ; ils essayaient de croire encore, mais Mai 68 a cassé une certaine idée du luxe et de la mode. Il y a eu des conséquences immédiates, tout à coup, il fallait libérer la femme. Il ne fallait plus de contraintes ».

L'histoire se chargera de démontrer que Mai 68 ne sera pas « la fin de la haute couture », mais celle d'une mode vestimentaire qui consistait à structurer, enfermer et déguiser les formes féminines. Ailleurs, les femmes avaient déjà commencé à clamer leurs droits sur leur corps : ainsi, à Londres, Ossie Clark apportait aux filles la sensualité et la transparence. Même en France, où la haute couture a certainement résisté à ce mouvement, les femmes ont commencé à enlever le haut de leurs bikinis en 1966 et, l'année suivante, Cacharel a mis sur le marché des chemises assez légères et serrées pour laisser entrevoir les tétons. La légèreté : c'est l'antithèse absolue d'une certaine tendance de la haute couture à modifier et corriger la silhouette féminine.

En revendiquant la liberté de s'habiller librement, 1968 a aussi précipité le début de la fin de l'autorité du couturier en tant qu'arbitre du look. La nouvelle génération de clientes potentielles des studios de création est elle-même en pleine rébellion : ce que ces jeunes femmes ne veulent surtout pas, c'est ressembler à leur mère. Et elles n'ont pas non plus l'intention de perdre des heures en essayages alors qu'elles peuvent entrer dans la boutique qui leur plaît et choisir quelque chose de surprenant, de jeune, de sexy…

Sexy : tel est le maître mot, dans cet épanouissement général. Partout, dans la rue, les cafés, les bus, on se croise et on devient amants. Homme, femme, marié, divorcé, homosexuel, bisexuel, vicomtesse ou postier, à peine sorti de la fac ou déjà passé l'âge de la retraite, cela n'a plus d'importance. Où que l'on se trouve, il y aura toujours quelqu'un pour vous « draguer », ce terme qui en France ne se limite pas à ce que les Anglo-Saxons appellent *to chat up*, accoster, mais désigne l'art subtil d'une approche faite de regards, d'invitations muettes, de nuances et de désir ouvert. La liberté sexuelle est un autre élément essentiel de la réalité post-68. Pratiquée depuis longtemps par les élites sociales derrière le rideau de fumée de la stabilité conjugale, elle est désormais accessible à tous, avec ou sans l'alibi d'une façade de respectabilité maritale. Jim Haynes, ancien rédacteur en chef du magazine *Suck*, se souvient : « Dans les années soixante, dire "oui" pour aller au lit avec quelqu'un supposait au moins un dîner, ou entendre la formule "Je t'aime". Et puis, brusquement, il n'y a plus eu de conditions restrictives. C'était ça, 68 : se marrer, se parler, baiser. »

Dans cette existence soudain libérée de la pesanteur, le plaisir devient une priorité, et c'est ce que chacun proclame tant par ses actes que par son apparence. « C'était une période où l'on se réveillait pour s'amuser », affirme Diane de Beauvau-Craon, descendante des princes de Beauvau et de l'aristocratie madrilène des Patiño y Borbón qui, après avoir porté une robe à mille ruchés lors de son bal de débutante où six cents invités avaient été conviés, a quitté le domicile familial, enfile des jeans, vit en jeune femme indépendante avec son petit ami, et fait la fête. Betty Catroux résume l'état d'esprit du moment : « Ça a été la futilité totale. Je ne pensais qu'à des choses légères. On se réveillait et on se disait : "Où est-ce qu'on va danser, où est-ce qu'on va dîner ce soir, avec qui est-ce qu'on va faire le charme, qu'est-ce qu'on va faire pour s'amuser ? Jour et nuit, c'était la période la plus insouciante que j'ai jamais eue de ma vie."»

Quand Saint Laurent rentre à Paris le 15 juin, les émeutes se sont calmées depuis plusieurs semaines. Les CRS sont rentrés chez eux avec leurs matraques et les étudiants en sabots et chemise indienne ont la haute main sur le grand amphithéâtre de la Sorbonne, où ils discutent des meilleurs moyens de revendiquer leur liberté sexuelle, orgies comprises. Charles de Gaulle a repris un semblant de contrôle sur un pays encore sous le choc des grèves générales et des affrontements violents entre jeunes et policiers.

Saint Laurent n'a assisté à aucun moment du soulèvement. Il n'a pas vu les carcasses de voitures incendiées rue Gay-Lussac ni entendu les slogans lancés par les étudiants. Ces quatre dernières semaines, il les a passées étendu près d'un bassin à Marrakech. D'instinct, pourtant, il réagit à l'énorme changement qui vient de se produire : « Les événements, la réaction des jeunes à la mode et à notre mode de vie, tout cela fait de la haute couture une relique du passé, proclame-t-il avec audace. Les soirées de gala, la vie à bord de yachts, toutes ces choses appartiennent à une société qui n'a plus de sens... une société qui n'est plus *à la mode*, Les dames de la bonne société n'ont plus d'importance[5]. »

C'est une déclaration plutôt culottée, de la part d'un homme dont toute la carrière a été jusqu'à présent de créer précisément pour ces classes aisées qu'il déclare « démodées », pour une Hélène Rochas qui passe chaque été sur son yacht à Saint-Tropez, pour une Marie-Hélène de Rothschild qui peut téléphoner à son ami Yves pour lui demander de lui faire une robe inoubliable qu'elle portera à la première de *Tosca* à l'Opéra-

Garnier… Mais, en percevant lui aussi que la haute couture était peut-être arrivée à sa fin, Saint Laurent a d'abord pensé à lui : « Je ne veux pas vivre dans le passé… ou m'enfermer dans une forteresse, coupé de tout. » La perspective d'être emporté dans le naufrage et de se retrouver échoué à trente-deux ans sur les côtes de la mode comme un vulgaire bout d'épave ne le tente pas du tout.

Six mois auparavant, en janvier 1968, il a fêté ses dix années dans la haute couture par une remise en cause existentielle de sa trajectoire professionnelle et de lui-même. Se plaignant à grands cris d'être surchargé de travail et de responsabilités, il a reproché à son métier d'avoir « sapé ma liberté, mon droit de vivre, de voyager, de regarder autour de moi ». Et il a fait ce serment : « Vous pouvez être sûrs d'une chose, je ne finirai pas ma carrière à faire de la haute couture comme j'en fais maintenant. » C'est une récrimination qu'il va reprendre toute sa vie durant : la haute couture l'a privé de sa jeunesse, l'a empêché de goûter la vie, lui a ôté toute tranquillité d'esprit.

La mode est une souffrance, donc, et cependant Yves ne peut pas, ne veut pas renoncer. Dans le poème de Tennyson, les lotophages jurent : « Nous ne reviendrons pas », préférant rester dans leurs paradis artificiels[6]. Saint Laurent, lui, retourne chaque fois à Paris, toujours sensible au chant de sirènes de la haute couture et de la gloire. Maints chroniqueurs de mode, et même de nombreux proches d'Yves, sont convaincus à l'époque que c'est le grand méchant Pierre qui, à chaque saison, le renvoyait d'une bourrade à son studio de création, secouant sans ménagement la poule pour qu'elle ponde un nouvel œuf d'or. Ce sera peut-être vrai bien plus tard, à la fin des années quatre-vingt, mais certainement pas à cette période de sa vie.

Yves, qui a toujours su utiliser ce qui l'entourait pour stimuler sa créativité, se retrouve soudain avec toute cette nouveauté, tout ce foisonnement d'inventivité qu'il lui faut exprimer à travers la mode. Il n'a pas eu besoin de passer des nuits sur les barricades pour mesurer l'ampleur du changement, puisqu'il le vit lui-même intimement. Émancipation, liberté sexuelle, flirt avec la drogue : il a, lui aussi, eu « son » Mai 68. Deux ans plus tard, il le dira sans détour : « J'ai de la sympathie pour les jeunes d'aujourd'hui, j'ai le sentiment qu'ils ont raison — les étudiants révoltés, les hippies, toute la révolution de la jeunesse, peu importe le nom qu'on lui donne. Ils sont vraiment en train de changer le monde. Je les envie d'être libres de toute hypocrisie. Parfois, j'ai l'impression d'être pris au piège, prisonnier de mon succès, je suppose. Je n'ai jamais eu le temps d'être jeune et insouciant. Souvent, je me révolte[7]. »

Il se met à travailler d'arrache-pied à sa prochaine collection. Il lui suffit de fermer les yeux pour voir défiler un kaléidoscope de contrastes et de confluences. Tantôt, c'est Talitha étendue sur un kilim au clair de lune de Marrakech, des fleurs de jasmin dans ses cheveux épars ; tantôt, c'est Betty toute en noir, de jour comme de nuit, symbole de la décontraction et du dépouillement de la nouvelle silhouette Saint-Germain-des-Prés.

C'est une passe délicate à négocier, indubitablement : Saint Laurent doit parvenir à prendre ses distances avec le spectre d'une haute couture surannée et nantie, tout en poursuivant et en élargissant sa carrière. La machine à hyperboles de la maison est lancée à plein régime tandis que Pierre Bergé fait le tour des rédactions pour annoncer qu'Yves a été très touché par les événements et que sa nouvelle ligne sera sa réaction à Mai 68. Qu'il soit resté à Marrakech tout le temps de la révolution estudiantine n'est jamais mentionné. Yves déclare lui-même à la presse que « la vraie mode naît aujourd'hui chez les jeunes qui tiennent la rue », en précisant assez curieusement qu'il parle là de « ceux qui ont entre trente et trente-cinq ans[8] ». Mais c'est qu'il n'oublie jamais sa clientèle, même quand il se rallie avec ferveur à ses propres désirs révolutionnaires, et la cliente de la maison Saint Laurent n'a pas dix-huit ans, et ne consacre pas ses soirées à préparer des cocktails Molotov. Ironie de l'histoire, les journaux en viennent bientôt à soutenir qu'Yves a passé chaque nuit du joli mois de mai autour des barricades, à croquer les étudiantes sur le papier.

Enfin, le jour de la présentation arrive. Dans la chaleur moite d'un matin de juillet, les élégantes aux jambes gainées de soie se détachent du cuir surchauffé des automobiles. Une foule nerveuse s'assemble à l'entrée de la maison de la rue Spontini, vibrante de l'étrange agressivité, inquiète et refrénée, qui accompagne tout défilé de mode.

Face à un parterre de critiques et de dames du beau monde, dont certaines portent encore gants et chapeau, Yves présente une ligne entièrement construite autour du tailleur-pantalon. Une journaliste se demande tout haut si elle ne s'est pas trompée : s'agit-il bien d'une collection pour hommes ? Les filles portent la culotte avec aplomb, mains sur les hanches. Toutes se tiennent comme Betty Catroux, toutes ressemblent à Betty Catroux. Les silhouettes sont fines, élongées ; les couleurs, noir ou brun foncé en jersey double face.

Lorsqu'une robe du soir apparaît finalement, elle est noire, en mousseline entièrement transparente, d'une audace presque gênante dans l'atmosphère compassée d'un salon de haute couture. Sous la gaze qui tombe jusqu'au sol, le mannequin est nu, ses hanches seulement caressées par un cercle de plumes de marabout noires, une ceinture argentée en forme de serpent retenant cet ensemble évanescent.

On dit alors de la collection de juillet 1968 qu'elle est « révolutionnaire », ce qu'elle n'était pas, mais la proximité du soulèvement de mai rendait sans doute le qualificatif trop tentant. En revanche, c'est certainement l'expression la plus cohérente, la plus pure, du style Saint Laurent depuis les débuts du créateur prodige. Il en a donné des aperçus remarquables, auparavant, par exemple avec son caban ou son smoking, mais c'est là, à trente-deux ans, qu'il produit une synthèse de sa vision empreinte d'une sûreté de goût et d'une sensualité qui laisse sans voix. Avec cette collection, Yves Saint Laurent se détache définitivement du concept de « tendance » et, enfin libéré de l'ombre de Dior, atteint la sphère du « style ». « Je n'ai jamais présenté une collection si rigoureuse », dit-il peu après le défilé. C'était la synthèse de sa pensée, pour aujourd'hui comme pour demain : « C'est basé sur l'idée de veste — le monde pratique, moderne, facile de la veste, non pas la veste telle que nous la connaissons… mais une veste qui aurait une allure différente selon qu'on la porte avec une jupe ou un pantalon. Or les pantalons portés avec des manteaux font partie de notre vie. »

Saint Laurent n'a pas introduit le pantalon dans la mode féminine. Son apport, c'est d'avoir donné à ce vêtement le rôle de pivot essentiel dans la garde-robe d'une femme moderne. Avec lui, le pantalon peut être porté chaque jour, à n'importe quel moment de la journée. Loin de renoncer à la féminité, le pantalon vu par Saint Laurent est capable d'exprimer tout le pouvoir, tout le chic de l'élégance féminine. Selon lui, « la différence entre les tenues de jour et les tenues de soirée est dépassée. La nouvelle liberté dans la mode permet aux gens d'être ce qu'ils sont, ou ce qu'ils ont envie d'être… On peut dîner habillé comme si c'était le matin, avec un jersey noir ou autre chose ».

On le savait plein d'idées, toujours surprenant et stimulant. Avec la collection de juillet 1968, cependant, Yves Saint Laurent atteint un stade supérieur : il entre dans cette période exceptionnelle que tout grand créateur de mode connaît dans sa vie, ce moment à la fois triomphant et limité dans le temps où le couturier se retrouve en symbiose absolue avec les désirs, les attentes et les rêves des femmes.

4

1968-1969

Qui est Karl Lagerfeld ? À Paris, en 1968, personne n'est vraiment sûr de pouvoir répondre à cette question. Certes, on se délecte de multiples rumeurs circulant à son sujet, que son père serait un baron allemand, ou sa mère la fille d'un diplomate germanique de haut rang, et avec ses tenues de plus en plus recherchées, son élocution de plus en plus maniérée, Karl entretient à merveille toutes ces spéculations sur son compte.

Ce dont tout le monde est certain, par contre, c'est qu'il est fabuleusement riche. Il serait l'héritier d'une importante fortune industrielle allemande, bâtie sur le chocolat, ou les roulements à bille, ou le lait condensé, chacun ayant sur ce point sa propre version, mais tous s'accordent sur l'étendue de ses moyens. Or, si chacun sait que Karl est riche et n'a pas besoin de travailler, c'est qu'il ne se gêne pas pour le dire.

Pourtant, il s'acharne au travail comme ne le ferait pas un dilettante doté de fonds inépuisables. Après quatre années d'apprentissage chez Pierre Balmain, il devient styliste pour la maison Jean Patou en 1959. À cette époque, le fondateur est mort depuis déjà une vingtaine d'années et la marque piétine sur le seuil de la consécration, avec une clientèle principalement sud-américaine. Même en des temps plus glorieux, au cours des scintillantes années vingt, Jean Patou n'a jamais réussi à se dégager de l'ombre que lui faisait Mlle Chanel, dont le quartier général de la rue Cambon était situé à un pâté de maisons de son studio.

Le passage de Karl Lagerfeld chez Patou est aussi bref qu'anodin, sans critiques de presse élogieuses ni bouche-à-oreille recommandant un nouveau talent de la mode parisienne. En 1962, alors qu'il n'a conçu qu'une poignée de collections, son départ est discret, mutuellement consenti par lui-même et par les propriétaires de la maison, Madeleine, la sœur de Jean Patou, et son mari, Raymond Barbas. Le successeur de ces derniers, Jean de Mouy, l'admet volontiers : « Cela n'a pas été considéré comme un grand succès. Ils s'entendaient très bien, il n'y a pas eu de dispute entre eux, mais en ce temps-là Karl était jeune, il se cherchait encore, il n'avait pas trouvé sa voie. »

La voie en question consiste non seulement à quitter Patou mais le petit monde de la haute couture tout court et de se tourner vers le prêt-à-porter. Pour quelqu'un de sa génération et de sa formation, la décision est importante et courageuse. Jusque-là, il a conçu sa vie et sa carrière au sein de la haute couture. Lorsqu'il s'en éloigne au début des années soixante, le prêt-à-porter est encore considéré comme le parent pauvre de la haute couture, de sorte qu'un styliste spécialisé dans ce secteur est assuré de ne jamais atteindre le formidable prestige d'un « grand couturier ». Les vêtements de prêt-à-porter ne seront jamais que de pâles copies de « vraies créations », des ersatz manufacturés.

Karl fait donc le pari de s'établir en indépendant, travaillant pour toute une série de marques, qu'il s'agisse de Mario Valentino ou Repetto, mais aussi de la chaîne Monoprix. Très prolifique, il dessine non seulement des tenues mais aussi des chaussures et des accessoires. Il est difficile de se figurer quelles ambitions il poursuit à ce stade, ne serait-ce que parce qu'il affirmera lui-même vingt ans après qu'il n'en avait aucune: «Je n'étais pas ambitieux à l'époque, je m'en moquais[1].» Ou encore, un peu plus tard: «Je suis venu à Paris lorsque j'avais quatorze ans et j'ai commencé à travailler à seize. Lorsque j'étais vraiment très, très jeune, j'étais très paresseux et très mal dégrossi, j'aimais les voitures décapotables, la plage, les bains de soleil, le body-building et les boîtes de nuit[2].» Et cependant, tout en insistant sur sa nonchalance première, il répétera toujours que la grande raison pour laquelle il est venu à Paris – tout seul à un âge aussi improbable que quatorze ans – était son désir de se faire un nom dans la haute couture. «C'était mon rêve, la seule chose que je voulais faire, venir à Paris travailler dans une maison de haute couture», dira-t-il ainsi en 1979[3].

D'après Fernando Sanchez, qui a connu Karl aux temps reculés de l'École de la chambre syndicale, celui-ci aurait abandonné la sphère de la haute couture parce qu'il aurait compris que l'avenir de la mode se trouvait dans le prêt-à-porter. «Il était complètement en phase avec l'époque, explique Fernando. Il savait qu'il voulait suivre sa voie, non se cantonner à une vieille maison de haute couture. Karl est extrêmement intelligent. Il a compris son temps.» Mais n'est-ce pas un raisonnement que nous lui attribuons *a posteriori*, maintenant que nous connaissons la suite, que nous avons devant nous son énorme succès international, son influence sur le prêt-à-porter mondial, ses contributions personnelles à la philosophie de l'industrie de la mode telles que l'introduction de salaires faramineux ou l'idée qu'il est possible d'être styliste pour plusieurs maisons importantes à la fois? Une chose est sûre: en 1962, la carrière de Karl Lagerfeld est loin d'être toute tracée.

Après s'être distingué au concours du Secrétariat international de la laine, il en est certainement venu à s'interroger sur ses chances de succès professionnel au cours des années sans gloire qui ont suivi, chez Balmain puis chez Patou. D'autant que, parallèlement, il a assisté à l'ascension fulgurante de son colauréat, Yves Saint Laurent. Anne-Marie Poupard, qui a fait partie du clan gravitant autour du trio Karl-Yves-Victoire dans les années cinquante, a une analyse différente du changement de cap opéré par Lagerfeld après son passage chez Patou. Depuis cette époque, elle s'est mariée, s'appelle Anne-Marie Muñoz, est devenue le bras droit d'Yves dans la maison qu'il a fondée, mais est restée en termes amicaux avec Karl même si celui-ci et Saint Laurent ne se fréquentent plus guère. « À mon avis, il a quitté la haute couture parce qu'il n'était pas bien chez Patou, dit-elle. Alors il est devenu styliste et il a fait un travail formidable. Il était styliste, il n'était pas couturier — c'est-à-dire qu'il dessinait des chaussures, des sacs, des broches, des blouses, des stylos, des tables. Il dessinait très bien et il adorait ça. Il adorait se cultiver. Il savait énormément de choses. Il était toujours fourré dans un livre, il était passionné, les choses l'intéressaient, il était entouré de papier et de livres. Rien n'a changé, il est toujours entouré de papier. Il avait des vraies idées sur tout, sur les mannequins, sur les défilés, des idées, toujours des idées. »

Le terme de « styliste » désignait alors ceux qui travaillaient sur des lignes de prêt-à-porter de maisons qui les employaient, ou pour des fabricants, ou pour des studios de création. C'était un groupe de professionnels relativement anonymes et interchangeables au service de l'industrie de la mode parisienne. Mais Karl Lagerfeld n'a rien d'un anonyme. Depuis son arrivée d'Allemagne, il s'est forgé une personnalité qui attire l'attention, condition indispensable pour se faire accepter par le beau monde parisien. Il roule dans une Mercedes décapotable couleur crème dont son père lui a fait cadeau après sa réussite au concours de 1954, et ce à une époque où nombre de Parisiens ont du mal à trouver de l'essence pour remplir le réservoir de leur modeste 2CV. Peu à peu, il se transforme en acteur très visible de la scène germano-pratine, passant ses journées entre le café de Flore, la brasserie Lipp et la piscine Deligny, sur les quais, à côté de l'Assemblée nationale. Deligny, c'est l'endroit idéal pour prendre des poses et faire des rencontres, frisson de décadence assuré à la vue de tous ces corps huilés brunissant au soleil pendant que le reste de la ville trime de neuf heures du matin à cinq heures du soir. Et même les poseurs invétérés restent bouche bée quand Karl se déhanche sur les lattes peintes en rose vif des abords de la piscine, avec ses claques à talons hauts et son maillot de bain-débardeur qui rehausse son physique d'adepte du culturisme. Jean Eudes, alors jeune étudiant de dix-sept ans habitué de Deligny, se souvient de lui ainsi : « Il était très affecté, avec un corps superbe. Tout le monde se moquait de lui parce qu'il était hors série. Mais Karl se sentait toujours très à l'aise vis-à-vis de cela. » Karl aime autant être regardé qu'observer. Tous les matins, après avoir quitté son appartement sur cour de la rue de l'Université, il marche jusqu'au Flore, attirant les regards. Il s'arrête à la librairie La Hune, achète un livre sur le Bauhaus, fait halte au kiosque à journaux pour prendre les magazines de mode du monde entier qu'il consulte régulièrement, traverse le boulevard, entre au drugstore Saint-Germain où il fait l'emplette de quinze ou vingt cassettes de musique, retraverse, entre au Flore, s'installe à une table du rez-de-chaussée en faisant glisser de ses épaules son long manteau de fourrure et se met à feuilleter avec acharnement l'édition américaine de *Vogue*, méditant chaque décision péremptoire de Diana Vreeland en matière de mode. De sa place, il peut voir qui entre et qui sort, les nouvelles têtes, les transformations chez les habitués. Il note chaque nuance, chaque mouvement, chaque attitude.

Il est évidemment une des attractions du Flore, et puisque cela se passe à Paris les gens le scrutent ouvertement, ce qui n'a pas l'air de lui déplaire. Ils sont fascinés par ses bottines en cuir verni à talons hauts, par son nœud papillon Claude Lalanne cuivré, par ses cheveux sombres laqués et peignés en arrière, par ses lèvres charnues et ses minauderies de dandy. Jean-Pascal Billaud, en ce temps étudiant à la faculté de droit proche du café, fait partie des spectateurs : « Pour nous, c'était une espèce d'extraterrestre, un ovni. Il était totalement surlooké et sa discipline était absolument fascinante pour une génération qui pensait que la discipline n'existait pas. Et puis c'était l'héritier de la fortune Nestlé. Il y avait toute une légende autour de lui. »

Gilles Dufour est un autre de ces fils de bonne famille qui ne perdent pas une miette de Karl Lagerfeld, avec cette particularité qu'il travaillera ensuite pour lui pendant plus de vingt-cinq ans : « On aurait dit un gigolo italien avec ses cheveux très noirs, toujours bronzé, sexy. Il dessinait des collections pour Milan et avait un look très "Milano". C'était toujours *too much*, les pulls en cachemire, les manteaux en poil de chameau. Bien sûr, cela paraît banal aujourd'hui, mais à l'époque ! Karl avait l'air du type qui a beaucoup d'argent. »

Karl est déjà l'objet de l'attention de la presse de mode et d'art de vivre. Il a redécoré son appartement XVIIIe siècle en lui donnant un look années soixante dont il est très fier : du blanc partout, des lignes futuristes, une table en inox et cuir, de grosses sphères blanches posées un peu partout sur le sol en guise d'éclairage… Plusieurs magazines de décoration intérieure ont photographié le résultat, s'extasiant sur cette rencontre du classicisme et de la modernité, cette irruption du mobilier contemporain dans un hôtel particulier du XVIIIe.

Après la mort de son père à Baden-Baden en 1967 à l'âge de quatre-vingt-six ans, Karl confie à une journaliste américaine qu'il a hérité de nombreux tableaux de maître, mais il prend le plus grand soin de ne pas paraître impressionné par la valeur de cette collection : aussi importantes soient-elles, soutient-il, ces œuvres ne peuvent troubler le décor dépouillé qu'il s'est choisi. « Aucun tableau ne va avec mes meubles modernes, constate-t-il négligemment, donc Sargent est relégué avec Ruysdael à la cuisine… exactement l'endroit qu'ils méritent[4] ! » La journaliste constate cependant de ses propres yeux qu'au moment de l'interview les tableaux en question ne sont pas encore arrivés de Baden-Baden.

Depuis le début de sa carrière, donc, Karl Lagerfeld s'est employé avec constance, et avec succès, à créer une image dans laquelle tous les éléments de sa vie, son apparence, ses fréquentations, son passé sont ajustés afin de lui donner une stature exceptionnelle.

Karl-Otto Lagerfeld est né le 10 septembre 1933 à Hambourg. Son père, alors âgé de cinquante-deux ans, et sa mère, trente-six ans, vivent confortablement à Blankenese, une belle banlieue résidentielle à l'ouest de la ville, sur les bords de l'Elbe, où nombre d'armateurs et de capitaines au long cours ont choisi de résider, sans doute pour pouvoir surveiller le va-et-vient du port. Otto Lagerfeld est un homme d'affaires qui a débuté sa carrière à seize ans dans une société d'importation de café. Le premier quart de siècle de sa vie professionnelle a été rempli de voyages et d'aventures. Ambitieux, travailleur, courageux, il a parcouru les mers du monde à la poursuite de la fortune, opérant pour le compte de diverses compagnies d'import-export en Amérique du Sud, à New York, en Californie, à Vladivostok. Il a appris plusieurs langues, a été témoin du terrible tremblement de terre qui a ravagé San Francisco en

1906, a échappé de peu à la Révolution russe avant de revenir à Hambourg où il a fondé sa propre maison spécialisée dans le commerce des produits alimentaires.

Affecté par la stagnation économique de l'après-guerre, il liquide la maison Lagerfeld en 1925 et rejoint l'American Milk Products Corporation, où il devient directeur administratif de Glücksklee, la marque allemande sous laquelle cette société américaine vend son lait concentré. Otto consacre une grande énergie à l'entreprise, et il devient un homme d'affaires prospère.

Sa première femme étant décédée peu après la mort de leur fille Thea, Otto Lagerfeld est un veuf de quarante-neuf ans lorsqu'il épouse Elisabeth Bahlmann en 1930. Le couple a une fille en 1931, Martha Christiane, puis, deux ans plus tard, un fils, Karl-Otto.

Celui-ci vit sa première année dans une maison de Baurs Park, une allée privée desservant quelques demeures éparpillées dans les bois de Blankenese. Les Lagerfeld, qui habitaient déjà une propriété un peu plus bas sur la colline, viennent de déménager au numéro 3, une grande villa blanche qui commande une vue superbe sur les méandres argentés de l'Elbe. Ils regardent les grands paquebots de ligne, les cargos et les péniches entrer et sortir du port, le grondement sourd des machines se répercutant sur la surface de l'eau pratiquement nuit et jour.

En 1934, alors que Karl a un an, Otto Lagerfeld s'installe avec sa famille à Bad Bramstedt, à quarante kilomètres au nord-est de Hambourg, une bourgade qui compte alors quelque trois mille cinq cents habitants, pour la plupart commerçants et fermiers. Sa population s'accroîtra sensiblement pendant la Seconde Guerre mondiale avec l'afflux de réfugiés venus de l'est et l'arrivée de prisonniers de guerre que l'on emploie aux champs.

De nos jours, un ruisseau traverse toujours Bad Bramstedt, qui étend de chaque côté de sa rue principale son petit univers de plates-bandes municipales riches en bégonias et en soucis, de pavillons en briques rouges et de portes de garage automatiques. La majeure partie de l'année, la lumière est grise, terne, distillant la pesante mélancolie des contrées du Nord. Autour de la ville, la campagne est d'une beauté spectrale, bordée de bouleaux argentés qui découpent leurs branches nues sur l'horizon sans fin ; au-delà, c'est un plat pays seulement ponctué de mares et de fossés, les immenses marécages du Schleswig-Holstein.

Otto Lagerfeld a acheté un manoir, Bissenmoor, qui s'élève au milieu d'une clairière et que l'on atteint par un long chemin serpentant à travers les chênes, les sapins et les bouleaux. Situé à quatre kilomètres au sud-ouest de la ville, c'était jadis le centre d'un domaine qui a été peu à peu démembré et vendu avant qu'Otto Lagerfeld ne fasse l'acquisition de la maison, mais il dispose tout de même de deux ou trois champs et d'une partie de forêt.

Dans le contexte de Bad Bramstedt, c'est une demeure cossue, qui reflète l'ascension sociale du self-made man Lagerfeld. Construite par un architecte local en 1907, elle présente un portique à colonnes en pierre taillée, de jolies fenêtres en ogive et une grande terrasse sur le devant. « C'était une maison confortable, de belle allure, mais qui n'avait rien à voir avec les grands manoirs du Schleswig-Holstein, des bâtisses qui comptaient trente ou quarante pièces », a déclaré Kurt Lagerfeld — décédé depuis —, cousin de Karl et neveu préféré d'Otto : « Une maison parfaitement normale, avec des piliers devant l'entrée et trois pièces spacieuses au rez-de-chaussée. »

Vivre en pleine campagne représente un changement considérable dans les habitudes de la famille, évidemment, mais, selon Kurt Lagerfeld, la décision de s'éloigner de Hambourg a été mûrement pesée par Otto Lagerfeld : « Oncle Otto était quelqu'un qui voyait loin. La guerre approchait et il s'est dit que vivre là, avec une ferme à côté, leur permettrait d'avoir de quoi manger. » En effet, un métayer vit avec sa famille sur un lopin tout proche et possède quelques vaches et chevaux.

Pour ses enfants, Otto Lagerfeld est une figure lointaine, peu accessible, un homme déjà mûr et très souvent absent, car il se rend chaque jour à Hambourg en voiture pour ses affaires, allers-retours épuisants auxquels s'ajoutent des voyages fréquents dans toute l'Allemagne, ainsi que des visites régulières à l'usine Glücksklee de Neustadt in Holstein, un petit port de pêche de la Baltique, à trente-cinq kilomètres de Lübeck. Hambourg, Lübeck et Neustadt ont jadis fait partie de la Ligue hanséatique, cette association de villes de commerce allemandes fondée au XIIe siècle dans le but de protéger leurs intérêts communs ; à l'ère moderne, la Ligue n'existe plus mais le terme « hanséatique » en est venu à désigner un mode de vie évocateur de prospérité, de labeur et de sagesse commerciale.

À mesure qu'ils grandissent, la personnalité de chacun des enfants Lagerfeld s'affirme. Martha Christiane, affectueusement surnommée Christel, est le garçon manqué de la famille. Elle escalade l'immense bouleau qui s'élève sur un côté de la maison, joue à cache-cache dans les bois avec les enfants des voisins et adore aider à curer les vaches à la ferme. Karl Wagner, le fils du régisseur de la propriété, se rappelle par contre que « Karl [Lagerfeld] ne voulait même pas s'approcher des bêtes. Quand il passait près de l'étable, il se bouchait le nez. » Le petit Karl préfère rester sur la terrasse, à dessiner ou à lire, assis en tailleur. D'après Kurt Lagerfeld, « dès l'âge de deux ou trois ans il avait l'habitude de découper dans les revues des images de dames bien habillées. Il se servait de ciseaux à ongles, et son père n'oubliait jamais de rapporter des piles de magazines pour ses découpages».

Un après-midi de fin d'été, Karl est, comme d'habitude, assis dehors en train de lire lorsque Karl Wagner et l'un de ses camarades d'école lui tendent une embuscade. Ils se sont passé le visage et le corps au jus de myrtille et surgissent soudain en poussant des cris de Peaux-Rouges; hurlant de peur, le fils Lagerfeld se réfugie dans la maison. Autres réminiscences de Wagner: «Il y avait deux prisonniers de guerre, un Français et un Serbe; nous essayions toujours de pousser Karl dans l'étable quand ils s'y trouvaient mais il se débattait et s'enfuyait en courant. Si nous grimpions aux arbres dans la forêt, ou si nous jouions au chat et à la souris, il se tenait à l'écart et se réfugiait dans ses livres. Il aimait beaucoup les histoires de cow-boys et d'Indiens, il demandait tout le temps à sa mère de lui en lire, alors elle a fini par lui dire qu'il devait apprendre à les lire lui-même.»

Karl ne se montre pas plus sociable à l'école. Ses camarades de classe de Bad Bramstedt, devenus aujourd'hui les anciens de la petite ville, se souviennent d'un garçon efféminé, intelligent et très différent d'eux. Ils le surnommaient «Muhle» sans que personne ne se rappelle pourquoi, le mot n'ayant aucun sens particulier en allemand. Hans-Joachim Bronisch, qui était assis devant Karl dans leur classe à la Jürgen-Fuhlendorf Schule, affirme que celui-ci «n'avait pas de vrais amis. Il était toujours dans son coin, vraiment pas comme les autres». Il se distingue aussi par sa tenue, car il est le seul de sa classe à porter veste et cravate, et des *knickerbockers* au lieu de shorts. À une époque où la plupart des enfants vont pieds nus à l'école dès les premiers beaux jours, il est toujours tiré à quatre épingles, habillé comme un employé de bureau modèle. Sur la photographie que Bronisch a conservée de cette période, on voit des gamins de la campagne aux jambes nues, portant des tricots ou des chemises à col ouvert, qui ont l'air d'avoir interrompu une course-poursuite dans les bois pour poser; seul Karl, assis au centre et au premier plan, porte veston et cravate, les mains sagement croisées, le maintien assuré, ses longs cheveux gominés et tirés en arrière.

Sa chevelure lui vaut d'ailleurs des remarques acerbes de la part de ses camarades, qui la trouvent trop longue et trop apprêtée. L'instituteur lui-même finit par intervenir, et ordonne à Karl d'aller chez le coiffeur. Sans effet. « C'était très courageux de sa part, de refuser, note l'épouse de Bronisch. À l'époque, quand un professeur vous disait de faire quelque chose, vous obéissiez. Il fallait être fort pour rester différent, parce que tous les garçons avaient la même coupe de cheveux, très courts, à la Hitler. »

S'il n'est pas le premier de sa classe, Karl est un enfant intelligent, dont on reconnaît le talent artistique et la mémoire photographique. « Il n'était pas sportif pour un rond, poursuit Hans-Joachim Bronisch. Jamais il n'aurait joué au football avec nous. Les filles ne l'intéressaient pas non plus. À la maison, il jouait à la poupée et ça, c'était insupportable pour les garçons. » Comme il ne veut pas se salir les mains, il ne joue pas souvent dehors et passe des après-midi entiers au cinéma, seul. Comme les livres scolaires manquent en raison de la guerre, Bronisch et lui se les partagent : chaque jour, l'échange se fait à quatre heures du soir, sur un pont, mais leurs contacts se limitent à cette seule nécessité : « Nous habitions tous les deux au sud de la ville mais nous n'avons jamais fait le chemin à pied ensemble, après l'école. »

Inévitablement, Karl est la cible de multiples railleries. À un moment, il sera menacé par des garçons et devra être escorté jusqu'à chez lui par des élèves plus âgés. Les yeux sur le terrain où la demeure des Lagerfeld s'élevait jadis, Karl Wagner est franc : « Nous ne l'avons jamais compris. Son comportement était entièrement différent du nôtre.» Le constat étant posé, il n'est pas évident de décider si le fossé était dû à l'incompréhension de ses condisciples, ou au besoin que Karl aurait éprouvé de se protéger d'eux, ou les deux à la fois. Il est vrai que son complexe de supériorité très manifeste ne pouvait qu'attiser l'hostilité. En 1952, ainsi, il accompagne son père à Neustadt in Holstein, à une fête pour les vingt-cinq ans de l'entreprise Glücksklee. Selon le témoignage de Kurt Lagerfeld, la petite ville de la Baltique n'est pas préparée à l'extrême sophistication du jeune Karl: «Oncle Otto avait invité les fermiers des environs et l'un d'eux a commencé à parler avec lui, puis l'a conduit au bar et lui a dit: "Buvons un verre, buvons une bière", et Karl de répliquer: "Je ne bois que du champagne!" Cet échange a fait le tour de la ville et tout le monde a bien ri. C'était le 1er mai 1952, Karl allait avoir dix-neuf ans en septembre.» L'intention est bien de se dissocier publiquement d'un univers de buveurs de bière et de mangeurs de harengs saurs. Karl l'admettra plus tard dans une interview au *Stern*: «Enfant, très jeune, je me disais: "Quoi que tu fasses, tu es irréfutable!" Je me croyais sacro-saint, bien au-dessus de cette épouvantable Allemagne de l'après-guerre. C'était assez effrayant, je dois dire: quand je compare ce que j'étais alors à ce que je suis devenu, je me trouve plutôt modeste, plutôt timide[5].»

La solitude de Karl parmi ces enfants provinciaux allemands sous le nazisme est facilement imaginable, et peut-être aussi sa sensation d'étouffement, d'impasse. D'un côté, des filles à grosses nattes et des garçons armés de frondes entonnant des chants nationalistes; de l'autre, un jeune Karl précieux et délicat, discourant avec un débit effarant de la nécessité de remodeler le jardin de Bissenmoor et crayonnant des gravures de mode... Sa défense est de s'isoler encore plus. «Il était très dur à atteindre, remarque Karl Wagner. Il avait une grande confiance en lui. Si quelque chose ne lui plaisait pas, il se dégageait et il s'en allait, voilà tout.» Retournant à ses livres, surtout, et à ses pensées.

En face de la maison des Lagerfeld, il y avait une grotte artificielle dont l'entrée était gardée par deux petits lions en pierre. Bien que la bâtisse ait été rasée depuis, la grotte existe toujours, envahie par les ronces, oubliée, mais c'est là que Karl Lagerfeld et Karl Wagner passaient parfois de longues heures ensemble l'après-midi : « Le seul moyen de jouer avec lui, se souvient Wagner, c'était de s'asseoir à ses côtés et de l'accompagner dans ses rêveries.»

En 1964, Karl Lagerfeld a rendez-vous chez Gaby Aghion, de la maison de prêt-à-porter Chloé. Il cherche du travail, et se présente avec un paquet de croquis qu'elle examine un par un, s'arrêtant plus particulièrement sur « une robe en shantung beige assez charmante, que Karl avait dessinée avec de ravissants bas jaunes. Personne n'aurait pensé accompagner ce genre de robe par des collants, à l'époque. Vous voyez, il avait déjà réussi à atteindre une sorte de "total" dans ses tenues». Bien qu'elle craigne que les goûts de Karl soient trop baroques pour la marque Chloé, Gaby Aghion aime beaucoup ce dessin et son associé dans l'affaire, Jacques Lenoir, l'encourage à embaucher Lagerfeld, dont il apprécie l'intelligence.

Gaby a lancé Chloé douze ans plus tôt, à son domicile. Cette femme mariée, issue d'un milieu aisé, n'a jamais travaillé, ce qui arrive encore dans les classes favorisées des années cinquante. « Un jour, j'ai dit à mon mari : "Il faut que je travaille. On doit s'occuper, dans la vie ; les déjeuners, ça ne suffit pas !" » Passionnée par la mode, elle porte parfois des modèles de haute couture : « À l'époque on s'habillait en couture quand on avait de l'argent et, pour le reste, on s'habillait dans les vêtements de ce qu'on appelait les couturières, parce qu'après tout on avait besoin de toutes sortes de vêtements, pour la matinée, pour le déjeuner, pour l'après-midi et le soir. Ce que faisaient ces couturières, c'était copier des modèles haute couture en y ajoutant de petites choses çà et là, et comme ce qu'elles ajoutaient était toujours affreux, on se retrouvait à porter un pastiche de haute couture. »

Dans le Paris de l'après-guerre qu'évoque Gaby Aghion, il y avait donc des femmes parfaitement habillées en haute couture et les autres, qui se cantonnaient à des copies médiocres, « des gants blancs mais qui étaient sales ». Elle ressent alors la nécessité d'un prêt-à-porter élégant, raffiné : « un prêt-à-porter de luxe », selon ses termes. Elle commence par concevoir six robes d'été en popeline de coton qu'elle fait réaliser par des couturières, les fourre dans une valise et entreprend la tournée des maisons de haute couture parisiennes. Plusieurs lui commandent des robes qui seront vendues dans leurs boutiques, sous leur marque.

Lorsque Karl Lagerfeld rejoint l'équipe, Chloé est devenue une ligne de prêt-à-porter présentant deux collections par an, réalisées par une poignée de stylistes indépendants sous la direction de Gaby Aghion. Les débuts de Karl sont modestes, avec seulement deux créations par saison aux côtés de celles qu'assurent les autres designers, parmi lesquels Tan Giudicelli, Christiane Bailly et Maxime de la Falaise. Les locaux de Chloé n'ont rien de grandiose non plus, puisqu'ils se résument à deux pièces, l'une réservée à l'administration, la seconde encombrée de rouleaux de soie imprimée et de susceptibilités d'artistes, chaque free-lance cherchant à imposer le plus grand nombre de ses idées. Dans les souvenirs de Gaby, c'était « une pièce à la Marx Brothers. Les stylistes s'entre-tuaient à chaque saison et chemin faisant on arrivait à mettre sur pied une collection cohérente ».

Peu à peu, Karl assure jusqu'à dix modèles par présentation

tandis que, au fil des ans, ses collègues et rivaux finissent par s'envoler pour d'autres cieux. Tan Giudicelli, par exemple, crée sa propre marque de prêt-à-porter, Maxime de la Falaise s'installe à New York… En 1965, Chloé n'a plus que deux stylistes attitrés : Karl Lagerfeld et l'Italienne Graziella Fontana, qui excelle dans les tailleurs stricts. « Karl est extrêmement intelligent et je m'entendais bien avec lui, raconte Gaby. J'ai toujours travaillé mieux avec des hommes. Il a chassé tout le monde. »

Karl continue à passer ses matinées au Flore, mais il se présente tous les jours à quatorze heures au studio de Chloé pour travailler avec Gaby, qu'il appelle « Madame Aghion ». De quinze ans plus âgée que lui, elle se révèle une influence déterminante à un moment où Lagerfeld cherche encore ses marques. C'est une relation essentiellement pédagogique qui s'établit entre eux. Selon elle, « de tous les stylistes avec lesquels j'ai travaillé, Karl était le seul véritable intellectuel. Il existait une entente parfaite entre nous deux ». Née en Égypte, fine et cultivée, amatrice de peinture futuriste et d'art primitif, elle est l'amie de Picasso et de Lawrence Durrell — « quand il était encore poète », tient-elle à préciser. Selon une rumeur insistante qui fait le tour de Paris à l'époque où Lagerfeld dessine pour Chloé, Gaby Aghion aurait inspiré à Durrell la fascinante héroïne du *Quatuor d'Alexandrie*, Justine. L'intéressée dément, mais Karl a certainement dû être très sensible à cette touche de glamour supplémentaire.

Au cours de ces années qui succèdent à son passage peu concluant dans la haute couture, Gaby Aghion va montrer à Karl qu'on peut aborder la mode d'une manière radicalement différente, plus légère, plus nerveuse, sans frous-frous. C'est elle qui lui apprend à épurer ses idées, à resserrer ses projets foisonnants. « Il se passait quelque chose entre nous, je ne sais pas comment vous expliquer, explique-t-elle. Nous nous disions : "Alors, qu'est-ce qu'on fait ?", puis Karl rentrait chez lui et revenait un ou deux jours plus tard avec un paquet de croquis. Je les étudiais un par un, et pendant tout ce temps il me regardait sans arrêt. » Gaby a l'œil et l'instinct pour percevoir ce qui va être à la mode et, élément décisif, ce qui va se vendre. Elle poursuit : « J'ai toujours dit que la mode doit être fraîche comme une salade. Il y avait des croquis que je retenais, d'autres que j'empilais sur le côté. Ceux-là, Karl aurait voulu les déchirer tout de suite, mais je lui disais : "Attends, ne les jette pas. On va les garder sous le coude. Ils ne collent pas tout à fait, pour le moment, mais il y a plein d'idées." »

Karl écoute, observe, apprend, assimile et travaille avec acharnement. Gaby reconnaît que c'est seulement après le départ de Lagerfeld, quand elle a dû réclamer de nouvelles idées aux stylistes qui ont pris sa succession, qu'elle a compris combien Karl avait été productif et constant. « Tu leur demandais dix croquis et tu pouvais mourir avant qu'ils les fassent ! » Avec Karl, au contraire, c'était une surabondance de trouvailles, de croquis, d'accessoires, de mots et d'énergie.

Cette prolixité prodigieuse, cette cadence de travail exceptionnelle, ainsi que cette capacité à concevoir des vêtements « vendeurs » seront des constantes de la trajectoire de Lagerfeld. Même s'il n'a pas suivi la voie de son marchand hanséatique de père, il en a de toute évidence hérité la bosse du commerce. Francine Crescent, qui a pris la tête de la rédaction du *Vogue* français en 1967, le décrit ainsi : « Karl a toujours fait des collections qui marchaient très bien. Il a toujours eu le sens du commerce et ses collections étaient toujours impeccables et très vendeuses. Je ne dis pas cela dans le mauvais sens, elles étaient très jolies, ravissantes et, à cette époque, il était aidé par Mme Aghion. Ils faisaient une bonne équipe. »

Chaque jour ou presque, après avoir travaillé ensemble jusqu'à sept heures du soir, ils traversent Paris dans la voiture de Gaby. Tout en roulant vers son appartement du Ve arrondissement, ils parlent sans arrêt : quels matériaux sont préférables pour tel ou tel modèle ? Qu'attendent les femmes de la prochaine saison ? La mode du pantalon va-t-elle durer ? Une fois arrivés devant chez elle, Karl continue à pied vers l'ouest, coupant à travers le Quartier latin pour rejoindre la rue de l'Université. « Karl était merveilleux, raconte-t-elle. Quand il me raccompagnait dans la voiture, s'il voyait des étudiants — quelquefois les étudiants avaient des idées charmantes pour s'habiller —, alors il empruntait leurs idées pour les transformer en beau. Il avait incontestablement l'art de transposer le vu en beau. »

Mais Chloé n'est qu'une de ses activités, car il continue à mener de front une multitude de contrats en free-lance. En 1965, c'est l'apparition de la première vague de « créateurs » à Paris, ce terme désignant de jeunes stylistes qui lancent leur ligne de prêt-à-porter sous leur propre nom et n'entretiennent aucune relation avec le monde de la haute couture. Dans ce mouvement figurent Sonia Rykiel, Dorothée Bis, un peu plus tard Emmanuelle Khanh. Karl, qui aura trente-cinq ans en 1968 et en est à un stade de sa carrière où son expérience et sa maturité lui permettraient de voler de ses propres ailes, aurait pu en faire partie. Ce n'est pourtant pas le cas, puisqu'il continue à mettre ses ressources au service des autres, à inventer des myriades d'objets de mode pour des maisons qui ne sont jamais la sienne, au compte de marques où ne figure pas son nom. Surprenante contradiction, en vérité : alors qu'il est tellement absorbé à inventer un « personnage Karl Lagerfeld », il n'essaie pas de définir un « style Karl Lagerfeld », d'avoir sa signature sur les étiquettes. C'est à croire qu'il est toujours plus à l'aise lorsqu'il se met dans la peau d'autrui pour créer.

Les années passent chez Chloé, où Karl forge sa réputation

et acquiert chaque fois plus d'assurance, et puis, un beau jour de 1969, Antonio Lopez et Juan Ramos font leur apparition. Antonio est illustrateur de mode, Juan son directeur artistique. Ils débarquent de New York et ont été chargés par l'édition française de *Elle* de réaliser une évocation graphique de la nouvelle collection Chloé. Ils sont tous deux pétillants, sûrs d'eux, très « vedette ». Moustache noire coquine, bottes mexicaines, boucle d'oreille en or, yeux soulignés au khôl, Antonio est plus encore qu'un esthète : c'est un esclave de la beauté. Trente-cinq ans plus tard, Lagerfeld dira de lui qu'il « voulait que tout le monde soit beau, y compris lui. C'était avant qu'une certaine forme de laideur n'en vienne à être tenue pour une nouvelle version de la beauté. Dans les illustrations et les portraits d'Antonio, chacun était "vraiment" beau, parfois même "trop" beau. Il ne voulait pas reproduire les imperfections de ses modèles — tendance que l'on retrouve dans la photographie d'aujourd'hui. La beauté était tout ce qu'il désirait. Il vivait pour elle, pour sa vision, pour son idée fixe[6] ». Et, comme chez beaucoup d'hommes dans la mode, cette idée fixe tournait autour d'un seul point de référence : sa mère.

Elle était couturière à Porto Rico où Antonio est né dans la pauvreté en 1943. Il avait sept ans lorsqu'ils s'étaient installés dans le Bronx. Ses prédispositions artistiques étaient remarquables. Il aurait pu devenir peintre mais il avait choisi l'illustration de mode afin de rendre un perpétuel hommage au reflet de sa mère, une image idéalisée et indélébile qu'il allait conserver toute sa vie dans son imagination.

« Ma mère était la femme la plus sexy que j'aie jamais connue, déclarera-t-il en 1976. Elle ne pouvait pas sortir dans la rue sans être suivie par quatre ou cinq hommes. Cette magie qu'elle avait, cette intensité, c'était incroyable […]. Je pouvais la contempler chaque jour des heures durant, parce qu'elle était très, très narcissique. Je m'asseyais et je la regardais se maquiller, se coiffer. C'est ainsi que j'ai appris les mouvements de mes dessins, la gestuelle féminine[7]. »

Désormais, c'est Antonio qui suit la beauté dans la rue. Dès qu'il remarque un être d'apparence exceptionnelle, il l'invite à venir poser dans son studio new-yorkais à Carnegie Hall, une scène tournante où se succèdent filles et garçons, où l'on danse et l'on cancane tandis que Diana Ross passe à fond sur le magnétophone posé dans un coin. En dessinant, il attire à lui chaque atome d'énergie en vibration dans la pièce — y compris celle de Diana Ross — et la concentre sur la feuille blanche devant lui. Ses lignes ont de la grâce, une force impétueuse et toujours une charge érotique. « Je n'ai jamais rencontré quelqu'un de plus doué pour le dessin », soutiendra Karl Lagerfeld[8].

Avant même son arrivée à Paris à l'automne 1969, sa réputation est établie, celle d'avoir redonné vie à l'art de l'illustration de mode, que l'on croyait mort depuis l'irruption de la photographie. Il n'a que vingt-six ans mais il apporte avec lui une nouvelle définition de la beauté qui électrise Paris : « Le plus important, pour moi, c'est que les gens soient sexy, sensuels, pleins de glamour[9]. »

Il a dans la tête des milliers d'images fragmentées et d'influences glanées au cours d'une existence d'émigré, et à la faveur de la maturité atteinte dans un New York qui a vu naître la société de consommation. Sa vision est radicale : tous, blancs ou noirs, hommes ou femmes, hétérosexuels ou gays, prolétaires ou bohèmes, peuvent être beaux et empreints de glamour. Son imagination et ses fantasmes de beauté ne se bornent pas aux dames de bonne compagnie, c'est une ouverture extrême dont la mode parisienne n'a jusque-là même pas idée.

Dans sa manière de s'habiller comme dans son art, dans ses traits de crayon comme dans sa manière de danser, il y a chez Antonio une ivresse communicative, une célébration du glamour, une volonté irrésistible de réaliser en actes ce qu'il voit dans sa tête. L'attrait magnétique qu'il exerce sur les autres vient de là, de la puissance de son rêve.

Lorsqu'il débarque à Paris avec Juan, qu'il a connu au Fashion Institute of Technology de New York où ils étudiaient l'un et l'autre, les deux hommes ne sont plus amants mais restent unis dans une collaboration vitale. Plus que simple directeur artistique, Juan sait canaliser la créativité volatile d'Antonio, reste une présence permanente près de sa table de travail. Penché au-dessus de son ami, Juan formule la construction graphique de chaque dessin ; sa grande culture artistique et son goût très sûr fournissent également à Antonio les références à l'histoire de la peinture qui joueront un rôle fondamental dans le développement de son style et de la riche palette de ses sources picturales.

Leur parcours humain et visuel est similaire, puisque Juan est né lui aussi à Puerto Rico — un an avant Antonio — et a grandi à Harlem. Ils travaillent en symbiose, dans un échange permanent qui provoque parfois des tensions mais se révèle toujours stimulant. Curieusement, néanmoins, l'apport de Juan n'est que rarement reconnu ; Antonio Lopez, qui est le seul à signer ses œuvres d'un simple « Antonio », se réfère à Juan Ramos en lui donnant un statut assez vague, et quelque peu condescendant : « mon assistant », dit-il[10].

La clé de l'ambition d'Antonio n'est pas la poursuite de la réussite matérielle mais un besoin compulsif de se trouver toujours au cœur du tourbillon de la mode. À New York, où il était reconnu comme un jeune illustrateur promis à un brillant avenir, il était entouré d'une véritable cour et était proche d'Andy Warhol et de stylistes comme Stephen Burrows, Halston et le talentueux couturier Charles James, qui avait mis fin prématurément à sa carrière en 1958. Dès leur arrivée à Paris, Antonio et Juan s'empressent de se construire un nouveau réseau de relations dans les milieux de l'art et de la mode. Et, pour commencer, Antonio doit trouver un modèle car il dessine toujours à partir de vêtements portés par une femme en chair et en os, méthode qu'« Antonio comme Juan estiment supérieure à toute autre », ainsi que l'explique leur ami de longue date, le peintre Paul Caranicas[11]. Le temps presse, car Antonio a déjà des commandes à assurer dans la publicité et la presse françaises, et il appelle Donna Jordan, une amie de New York et l'une des nombreuses découvertes d'Andy Warhol, ce qui l'a amenée à graviter autour de la fameuse Factory. Filiforme, brune, avec les dents du bonheur, son sex-appeal est celui d'une adolescente de dix-neuf ans un peu godiche. Elle a quitté New York pour conquérir l'Europe, mais la victoire se faisant attendre, elle se retrouve à Londres et n'est que trop heureuse de rejoindre Antonio à Paris.

Un mois plus tard, en octobre 1969, alors que le noyau dur du nouveau cercle mondain d'Antonio est en place, Corey Tippin débarque de New York dans un tourbillon de fond de teint. Ce beau garçon originaire du Connecticut est aussi un vilain garnement. Il a rencontré Antonio et Juan lors d'un bref passage à l'école de stylisme Parsons, dont il a été renvoyé, et a fait une entrée précoce sur la scène *underground* new-yorkaise en s'enfuyant de son pensionnat à seize ans — suivant les recommandations explicites de sa mère — pour se rendre aux auditions qu'Andy Warhol organisait en vue de l'un de ses films. À peine sorti du monte-charge de la Factory, le jeune homme est tombé dans les bras de Fred Hughes, le sémillant marchand d'art et associé de Warhol, et le soir même on le voyait danser au cours d'une fête organisée en l'honneur d'Antonioni.

À dix-huit ans, Corey a mis le cap sur Paris à la poursuite de rêves impossibles de succès foudroyant, de rencontres avec des mannequins et de provocations permanentes. Il s'imagine aussi rejoindre l'épicentre de l'univers mondial de la mode : « Je m'attendais à du fabuleux, du flamboyant, un *happening* permanent, une ville culturellement développée, confie-t-il, mais le Paris que j'ai découvert n'était pas du tout sophistiqué. Ça a été un choc. On sentait encore le poids de la guerre, c'était noir, et gris, et maussade. Pas de téléphone, aucune technologie, tout fermait tôt le soir : on avait l'impression de se retrouver dans une banlieue morte. »

Et dire que peu avant il dansait chaque soir avec ses amis dans des night-clubs de New York comme le Max's Kansas City ou le Yellow Fingers… Antonio et Corey — qui a été *go-go dancer* dans sa très tendre jeunesse — inventaient sans cesse de nouvelles danses. Billina, alors artiste de cabaret, se souvient comment ils surgissaient dans les boîtes new-yorkaises au milieu d'une tornade de chapeaux mous, d'écharpes et de colliers : « J'avais toujours l'œil sur Corey, parce qu'il était tellement joli garçon, et qu'est-ce qu'ils dansaient bien, tous ! Ce n'était pas encore du disco mais un mélange de tango, de disco, de cabaret, de tout ce qu'on voudra ! Quand Antonio ou Corey entrait sur la piste pour danser avec Donna Jordan ou Pat Cleveland, c'était fantastique ! Les gens s'arrêtaient et s'asseyaient pour les regarder sauter, tourner, jeter leur partenaire par-dessus l'épaule, vraiment du spectacle ! » Telle était l'énergie qu'ils allaient amener avec eux à Paris, faite d'une liberté et d'une légèreté que les Français n'imaginaient même pas.

À Paris, ils découvrent des chansons, Juliette Gréco, Mistinguett, mais rien sur quoi danser. Ils font la même découverte que tous les étrangers lorsqu'ils arrivent dans la capitale française : des codes de conduite incompréhensibles pour les non-initiés, et une vie sociale ultracodée qui se déroule dans des salons où il faut montrer patte blanche. Même le milieu de la mode ne ressemble en rien au creuset fusionnel qu'ils ont connu à New York : en France, la mode n'a pas encore rencontré la musique, la rue, la diversité ethnique. Comme le dit Corey Tippin : « Pour nous, c'était complètement "rétro". Les défilés de mode étaient vieux jeu, pas de musique, les filles portaient des numéros, elles faisaient le coup de la "main dans la poche"… C'était dément[12]. » C'était la haute couture.

Antonio et Juan croulent très vite sous les commandes des publications de mode françaises et américaines, parcourent l'Europe, voyagent au Japon. Après leur première rencontre avec Karl Lagerfeld chez Chloé, ils le revoient régulièrement. Karl parle couramment l'anglais, et son approche multiculturelle lui facilite les contacts avec des gens d'horizons très différents, un trait qu'il conservera tout au long de sa carrière et qui le place à l'opposé de la mentalité française. Et puis c'est un étranger, comme ces nouveaux venus américains.

Donna et Corey entament donc une année difficile, séjournant dans des hôtels bon marché de Saint-Germain-des-Prés, qu'ils quittent lorsqu'il n'y a plus rien dans le bar. « On flippait dur, Donna et moi, parce qu'il y avait cette explosion du rock'n'roll hippie et on cherchait partout des boîtes où danser et il n'y en avait pas », raconte Corey Tippin. Donna passe des heures dans le métro pour aller frapper aux portes des maisons de mode et des rédactions, cherchant du travail en tant que mannequin, et pose gratuitement pour des essais avec de jeunes photographes comme David Hamilton, Alex Chatelain ou Patrick Demarchelier. Cela ne donne rien. Corey et Donna font tout pour se faire remarquer. Un matin, Corey la met au défi d'aller chercher des croissants de l'autre côté du boulevard Saint-Germain en ne portant qu'un tee-shirt et des bigoudis. Ils passent des journées entières au Flore, où Donna houspille les serveurs dans un anglais de poissarde tandis que Corey avale une poignée de pilules amaigrissantes

Black Beauty — un hallucinogène assez bénin que sa mère lui envoie par la poste — avec son premier kir de la journée.

Quand il n'est pas au Flore, il se rend de l'autre côté du boulevard, où il fréquente assidûment le rayon maquillage du Monoprix de la rue de Rennes, achetant toute sorte de cosmétiques pour les essayer sur Donna. Il rêve de pénétrer le milieu de la mode et d'y approcher la perfection physique tant recherchée : « Pour moi, il n'y avait rien de plus beau qu'un mannequin, se souvient-il. C'était ma définition de la beauté. Je vivais à Paris et je n'ai jamais mis les pieds dans un musée ! Tout ce que je voulais, c'était avaler tout cru le business de la mode. »

Mais Antonio et Juan protègent soigneusement leurs bonnes relations avec Karl. Comme le dit Corey : « Je crois qu'au début ils ne se sentaient pas assez en confiance pour nous présenter, Donna et moi. » Peu à peu, cependant, on les voit apparaître dans l'entourage de Karl, ce qui semble convenir à ce dernier. Il leur fait visiter son appartement et commence à les inclure dans son emploi du temps quotidien, sans doute parce qu'il a compris ce que peut lui apporter cette bande d'Américains à l'excentricité si « cool ». Et Corey Tippin de conclure : « À mon avis, Antonio et Juan ont compris que Karl avait envie de s'offrir une petite cour autour de lui, de proclamer son originalité, disons, en se montrant avec tous ces Américains qui n'avaient rien à voir avec la France. »

5

1970

Le soir tombe et ils courent sur le quai, gare de Lyon, comme si leur vie en dépendait, pour échapper à ce néant angoissant qu'est Paris au mois d'août. Le train s'apprête à partir, ils croulent sous les bagages. Donna trébuche en essayant de garder le rythme : elle a tenu à porter ses talons aiguilles trop petits d'une taille parce qu'ils lui donnent un tortillement sexy à la Marilyn Monroe, mais ses pieds lui font subir un calvaire. Karl, qui a emporté assez de malles pour mobiliser un chariot de porteur à lui tout seul, file comme une flèche, un sac de voyage à la main, en tricot ample et pantalon pattes d'éléphant, un foulard étroit noué à son cou qui flotte derrière lui dans sa course. « *Corey, take this !* » (« Attrape ça, Corey ! »), crie-t-il en lançant sa cassette à bijoux, mais le jeune homme n'arrive pas à l'attraper au vol ; celui-ci voit avec horreur une tonne de bijouterie Art déco se répandre sur le quai, bakélite rouge et noire, brillants, et il tombe aussitôt à quatre pattes pour les ramasser[1].

Les Américains sautent dans le Train bleu avec des piaillements de joie. C'est exactement ce qu'ils imaginaient : un train de luxe filant dans la nuit vers le sud et ne faisant escale qu'à des endroits mythiques, Antibes, Nice, Monte-Carlo… L'idée de cette migration méridionale vient de Karl. La grande maison qu'il a louée juste à côté du vieux port de Saint-Tropez les attend, et il a aussi offert le voyage à Antonio, Juan, Donna et Corey. Le Train bleu originel était une merveille Art déco en acajou et bois de rose tirée par une locomotive à vapeur, dont les passagers dansaient le charleston jusqu'au matin sous le regard de nus sinueux gravés par René Lalique sur des panneaux en verre ; son successeur de 1970 est électrifié, certes, mais il résonne des échos d'une autre époque avec ses cabines en palissandre et ses bouquets de mimosa sur les nappes damassées de la voiture-restaurant. Comme autrefois, on fait toujours couler le champagne dès que le convoi quitte Paris. Bref, tout cela est parfaitement en accord avec les allures fitzgéraldiennes de l'escorte de Lagerfeld.

Ils sont flattés par les regards curieux que leurs compagnons de voyage posent sur eux, et ils chavirent à l'idée que la Côte d'Azur les attend au bout du voyage ou, pour reprendre le slogan de l'indémodable affiche du Train bleu, que « le pays de vos rêves est au bout de la nuit ». Tout s'accélère pour eux, maintenant qu'ils vivent dans cette Europe dont ils ont tant rêvé[2].

Au milieu de la nuit, Donna et Corey se glissent en catimini dans le couloir du wagon pour espionner Karl : ils sont curieux de savoir quelle étrange et volumineuse tenue il revêt pour dormir. Donna se retient de pouffer de rire quand Corey abaisse prudemment la poignée du sleeping, pousse la porte aussi loin que le permet la chaîne de sûreté. Après avoir scruté la pénombre, ils sont déçus de constater que Karl dort à poings fermés dans un long tee-shirt blanc somme toute très banal.

Les Américains trouvent Lagerfeld à la fois extraordinaire et un peu ridicule. Il les éblouit de son passé, les laisse pantois avec tout l'héritage qu'il semble incarner. Il leur raconte des anecdotes de son enfance dans un château aux confins septentrionaux de l'Allemagne, leur parle de la nuée de domestiques et de sa gouvernante française. Il a une connaissance encyclopédique — qu'il ne demande qu'à partager — de la culture, de la littérature et des arts de la France. Et quand il s'exprime en français, en anglais ou en allemand, ses phrases se télescopent dans une course trépidante pour déballer au plus vite une partie de son immense savoir.

Selon Corey Tippin, « il était tellement cultivé que ça en devenait presque du charabia. Il avait des idées sur tout et il adorait bavasser, oui, c'est le mot. Il avait toute une théorie sur les vies antérieures, les vies parallèles… Je me souviens qu'un jour, à une terrasse de café, il a expliqué que dans une vie antérieure il avait été un gentilhomme du XVIIIe siècle. Là, j'ai commencé à faire attention parce que j'en étais presque à le croire ! »

Il y a une dimension matérielle évidente dans le rapport entre Karl et ses protégés américains. Débutée sous couvert de cadeaux, elle se finira dans une forme plus explicite de soutien financier pur et simple. C'est un aspect incontournable de toutes ses relations avec autrui : Karl a de l'argent et il le dépense sans compter, parfois avec une générosité envahissante.

L'argent, qui a donné à Karl Lagerfeld une impulsion dans sa carrière, lui offre également une source importante de pouvoir dans les milieux de la mode. Ce qui passe pour un énorme héritage est en réalité une fortune que Karl a gagnée et accumulée par son travail de styliste, mais aussi grâce à son astuce de collectionneur et de revendeur de mobilier et d'œuvres d'art. Si la richesse a toujours été un élément clé dans la construction de sa légende personnelle, il est arrivé à un point où il peut se servir de son argent pour se permettre, et permettre à d'autres, de réaliser leurs fantasmes. Et c'est exactement ce à quoi il va l'employer à Saint-Tropez au cours de cet été 1970, et des suivants.

Le Saint-Tropez village de pêcheurs n'est plus qu'un lointain souvenir, c'est à présent une station chic de la Méditerranée, un point de rendez-vous de la jet-set européenne la plus blasée, qui sirote des whiskies-soda et joue au rummy sur les ponts en teck bien briqués de ses yachts, tandis que quelques hippies échoués là par erreur traînent un moment sur les quais. Et voici qu'apparaissent sur les pavés inégaux du port Antonio, Juan, Corey, Donna et Karl tout juste descendus du train de Paris, l'air avantageux et provocant, se taillant un chemin entre les tables des terrasses couvertes de nappes à carreaux rouges et blancs, fume-cigarette scintillant entre les doigts. Ils font immédiatement sensation, bien entendu.

Chaque mouvement, chaque geste d'Antonio est une pose étudiée qui vise à produire un effet, en apparence tout naturel. Avec son corps, il trace des formes stylisées et des arabesques sur l'horizon bleu profond, un pied tourné contre l'autre, une main lancée en visière sur ses yeux face à la mer miroitante ou enfoncée crânement dans sa poche, le menton penché vers l'objectif d'un appareil photo… Jour après jour, dans la chaleur accablante du mois d'août, les garçons portent des pantalons en tweed, des chemises à manches longues et des gilets ajustés. Ils se préparent devant le miroir, ajoutent à ces tenues si peu estivales un nœud papillon à pois, passent au poignet un bracelet en bakélite rouge et noire, fixent une broche diamantée à leur revers de gilet. Corey leur recouvre le visage et les mains d'une couche de fond de teint bronze. Ils s'ajustent un panama sur le crâne au moment de sortir. Corey jette un dernier regard approbateur dans la glace, tire sur son nœud papillon afin qu'il ait l'air parfaitement négligé. C'est l'heure d'aller à la plage.

D'un pas à la fois nonchalant et décidé, Antonio, Juan et Corey laissent derrière eux les pontons de baigneuses seins nus et de regards appuyés, les mobylettes et l'huile solaire à la noix de coco. Parvenus à l'autre bout du rivage, ils s'étendent sur le sable brûlant tout habillés, et sirotent des cocktails à base de gin dans la fournaise. Karl est déjà là, pâmé sur une chaise longue à l'ombre d'un grand parasol, vêtu d'un costume de bain années vingt en laine bleu marine qui s'échancre très théâtralement sur son torse afin de révéler un physique de Popeye ciselé par des semaines et des semaines passées à lever des poids. Aux pieds, il a des bottillons noirs à gros talons.

Très vite, Antonio sort un bloc, des crayons, et se met à croquer Donna. Tout l'été, elle s'épanouira sous l'attention permanente de l'illustrateur, et donc celle du groupe tout entier. Souvent, elle porte une grande capeline à rayures rouges et blanches qui fait un arc sur le ciel; en dessous, ses cheveux bruns ont été décolorés avec une telle insistance que l'on aperçoit le reflet rosâtre de son crâne entre les racines — « On dirait un lapin », commente Corey. Les cachets qu'elle garde dans un poudrier Art déco transparent fondent au soleil, se muant en une pâte de barbituriques écarlate.

Antonio la dessine sans relâche, lui apprend à poser en lui enseignant les attitudes des stars d'Hollywood autrefois, Jean Harlow, Mae West... Elle resplendit avec l'euphorie d'une beauté tout juste acquise, rejette la tête en arrière pour Antonio, se caresse la gorge en une extase glamourisée. Antonio dessine Donna telle qu'il l'imagine, la couche sur le papier telle qu'elle devrait être et telle qu'elle sera en effet bientôt. « On dirait une Marilyn Monroe divinement innocente », s'extasie Karl tandis qu'il observe la scène[3].

C'est un petit groupe choisi qui s'intoxique de l'importance présumée de sa jeunesse et de son exhibitionnisme piaffant. Et c'est Antonio qui mène la danse, qui décide de la beauté de chacun. « Nous voulions tous nous faire remarquer, nous distinguer, se rappelle Corey. La superficialité, c'était le but. Si tu n'étais pas mannequin, si tu n'étais pas célèbre, si tu n'étais pas beau, la conclusion était: "Qui va donc s'intéresser à toi ?" »

Antonio et Juan s'habillent à la Gatsby, mais exploitent leur teint et leurs traits de Latinos pour subvertir l'image du riche dandy de la côte est. Corey a passé les sourcils de Donna à l'eau oxygénée, puis les a tartinés au crayon gras blanc pour qu'ils brillent au soleil et se détachent sur sa peau bronzée, compléments idoines à sa chevelure récemment décolorée. « C'était drôle de faire ce qu'ils vous demandaient, se rappelle Donna. J'étais entourée par tous ces sculpteurs, oui, ils me sculptaient, me modifiaient, me transformaient en ce que je suis devenue, la blonde boulet de canon ! Ils créaient cette image, et je les laissais faire. »

Peu après le début de leur séjour, un reporter du *Women's Wear Daily*, ce journal toujours à l'affût de la moindre ride sur la mare aux canards de la mode, remarque Donna à Saint-Tropez : « Les voitures s'arrêtent quand elle passe en short très court, talons hauts et halo de cheveux dorés[4]. » Même s'il estropie son nom, l'appelant « Diana », l'article saisit l'essentiel : en termes de mode, l'extravagance tapageuse de cette jeune femme rend soudain tout le reste dépassé. « Les célébrités habituelles de Saint-Tropez comme Bardot ou Jacqueline de Ribes obtiennent à peine quelques regards dans leur minijupe, leur col roulé et leurs ballerines. Démodé[5]. »

Karl est avec ce groupe haut en couleur, mais il n'en fait pas réellement partie. Il est plus âgé, il est allemand et il est étrange parmi ces virtuoses du non-conventionnel. Il paie tout, les dîners, le champagne, les mobylettes et la vedette de location que Juan pilote. « Il me sciait, affirme Corey. Il avait l'air beaucoup plus vieux que moi, un adulte. Comme s'il appartenait à une autre génération. » Il est tout aussi flamboyant qu'eux dans ses atours, mais, alors que les Américains font dans le dandysme décalé, le goût de Karl pour les talons hauts et les sacs à main leur paraît plus efféminé qu'amusant, un signe d'affectation bizarre.

Ils se moquent de lui et pourtant ils sont intrigués. Dans ses malles, Lagerfeld a apporté des haltères et des gadgets électroniques qui se ventousent sur le torse pour raffermir les muscles. D'après Corey, « il était obsédé par son corps ». Chaque matin, sous la fenêtre de la chambre de Karl, ils retiennent leur souffle avec Donna jusqu'à ce qu'ils entendent un rasoir électrique se mettre à bourdonner. « Il se rase la poitrine ! » chuchote la jeune femme d'un ton de conspiratrice, et ils s'écroulent de rire tous les deux. « À l'époque c'était totalement incongru, on était vraiment choqués, poursuit Corey. Il m'a fallu des années et des années avant de me rendre compte à quel point Karl était en avance sur son temps. »

Le soir, tandis que les Américains font la tournée des bars, dansent sur les tables et s'offrent des aventures sexuelles, Karl se montre nettement plus réservé. Le fait que sa mère séjourne à la villa – Elisabeth, âgée maintenant de soixante-treize ans, est venue vivre à Paris avec son fils après la mort de son mari et passe une partie des vacances avec lui – y est peut-être pour quelque chose. Ou bien est-ce que Karl n'a jamais eu l'intention de renoncer au strict contrôle qu'il exerce sur son esprit et son corps ?

Ils ne cessent de l'encourager à sortir, à se trouver un petit ami, à se lâcher, mais Karl ne partagera jamais leur style de vie, et ne baissera jamais vraiment la garde. Billina, une amie new-yorkaise qui rejoint la petite bande à Saint-Tropez ce premier été, l'observe attentivement : « Il avait l'"air" flamboyant mais son comportement ne l'était pas. C'était sympa de dîner avec lui, il avait une conversation très, très amusante, mais en fait il se tenait toujours un peu à l'écart, comme s'il se disait : "Que les autres prennent leur pied et qu'ils me laissent tranquille"… » L'une des grandes distractions du groupe est de « se débiner les uns les autres, potiner sur celui ou celle qui vient de quitter la pièce », continue Billina, et, apparemment, ils ont plus d'une histoire tordante à s'échanger dès que Karl a le dos tourné. « On se moquait sans arrêt de lui, admet Corey, mais je ne pouvais pas m'en empêcher, parce que c'était un tel numéro… Plein de fois, je plaisantais à son sujet devant lui, on le vannait tous, et je pensais qu'il ne pigeait pas mais en réalité il comprenait "très bien" ! »

Karl ne peut qu'entendre leurs gloussements à peine réprimés — après tout, son enfance ne lui a-t-elle pas appris à capter ce même bruit ? —, mais pour l'heure il fait passer ses intérêts avant son amour-propre. C'est qu'il est envoûté par ces Américains, leur talent décontracté, leur modernité, leur glamour Coca-Cola. Il observe Corey, Antonio et Juan jouer à la poupée avec Donna, la transformer avec du maquillage, de l'eau oxygénée et l'apprentissage d'une attitude. Tandis qu'ils se séduisent et se dessinent mutuellement, s'épilent les sourcils et prennent des photos dans la douce lumière du soir, ils révèlent à Karl, sans en avoir conscience, une nouvelle manière d'imaginer la mode.

Car ce quatuor a apporté d'Amérique une culture de l'apparence entièrement nouvelle, nourrie par les audaces visuelles de l'art américain contemporain, la sensibilité pop de Warhol, les films d'Hollywood, le rythme ravageur de la *soul music*. Ce qu'ils vivent est une mode du Nouveau Monde, profondément différente des critères d'élégance parisienne établis par un Balenciaga ou un Dior. C'est leur approche qui annonce l'avenir, cette fusion désordonnée de la rue, du cinéma, de la peinture, de l'ironie, de la musique et de l'individualisme. Et Karl perçoit tout cela.

Ils parlent de Joséphine Baker et de Marlene Dietrich, de surréalisme, de Richard Lindner et de Rauschenberg, se repassent sans arrêt une cassette de soul de Chicago qu'Antonio a emmenée avec lui, décorent leurs panamas de rubans Art déco, fréquentent assidûment le *beach-club* Aqua, un rendez-vous gay. Ils font se télescoper et se transmuter les références visuelles jusqu'à créer des tendances hybrides, une ambiance particulière, et donc inventer de la mode.

Lors de ce premier été à Saint-Tropez, ils prouvent à Karl que la mode peut naître loin de Paris, de l'influence de la haute couture. Ces Américains en goguette sur la Côte d'Azur montrent à Karl Lagerfeld que la mode n'est plus une affaire de longueur de robe : désormais, c'est avant tout une attitude.

Alors que Karl se rend compte de tout ce qu'il peut apprendre et engranger à leur contact, le quatuor n'a pas encore saisi toute la mesure du personnage Lagerfeld. De lui, ils ne voient que les excentricités, l'extrême vivacité d'esprit et les flots d'argent qui sortent de sa poche. Ils ne captent pas l'étendue de son ambition et de sa détermination, ni la force de son talent. Mais même à Paris, rares à ce stade sont ceux qui voient Karl sous ce jour. Pour la majorité de ceux qui le fréquentent en 1970, Américains y compris, Karl reste, pour reprendre les mots de Corey Tippin, « un loufoque. Je ne pense pas que quiconque ait envisagé l'élan qu'il allait prendre par la suite ».

Le cirque créatif de Saint-Tropez a besoin d'un public pour déployer sa magie ; or, à mesure que l'été tire à sa fin, la station balnéaire se dépeuple. Karl et les Américains plient bagages et regagnent Paris. Antonio et Juan s'installent dans un appartement que Karl Lagerfeld conserve rue Bonaparte pour ses invités, en face des Beaux-Arts, à deux pas de la Seine.

Le petit groupe mène une existence insouciante et bohème : dessiner et poser toute la journée, frimer et danser toute la nuit. L'appartement est un lieu de passage permanent d'apprentis mannequins et de jeunes vagabonds qui cherchent un toit pour une nuit, couchant dans les fauteuils ou par terre, et avec n'importe qui, pour le seul plaisir de prendre part à ce tourbillon. Personne n'a jamais un sou mais c'est sans importance : la vie est belle, couleur champagne, et c'est Karl qui paie.

Chaque jour, ou presque, les Américains passent le voir chez lui, rue de l'Université, pour bavarder, boire un verre, et encore dessiner. Karl a toujours quelque chose de nouveau à leur montrer, une trouvaille chez un antiquaire, un livre, un meuble. Il a un penchant prononcé pour les gadgets high-tech ; sa machine Xerox et sa salle de gymnastique impressionnent même ses visiteurs américains. Que toute une pièce de son appartement soit vouée à l'exercice physique – auquel il consacre plusieurs heures par jour – est du jamais vu à Paris, et il n'y manque rien, des poids et haltères aux barres d'entraînement et à la balance électronique qui lui sert à évaluer ses progrès.

À ce stade, Karl a presque entièrement remplacé son intérieur au dépouillement futuriste par une « mise en scène » accumulant le mobilier et les objets Art déco. Cette dernière tendance artistique en vient à dominer les goûts de tout le groupe. Précurseurs de cet engouement, Antonio et Juan collectionnaient les lampes Tiffany à New York dès le milieu des années soixante et, une fois à Paris, ils s'abandonnent complètement à leur passion pour les courbes hédonistes et la profusion ornementale de l'Art déco.

Après la Seconde Guerre mondiale, l'Art déco et son prédécesseur, l'Art nouveau, ont été mis au rancart du style, voués aux gémonies en raison de leur orientation décorative jugée « superficielle », de leur esprit non élitiste et de leur absence d'engagement idéologique. Or, vers la fin des années soixante, on assiste à un certain rejet du modernisme et de son parti pris fonctionnel, ascétique. Sur le terrain de la mode, cette évolution se traduit par une désaffection vis-à-vis du look futuriste, «intergalactique» développé par Pierre Cardin et André Courrèges. Ce qui paraissait si résolument moderne quelques années auparavant — la minijupe et la casquette en vinyle blanc, les formes anguleuses et les volumes compacts — est maintenant jugé excessif et daté. On veut du romantisme, des vêtements qui ont de l'âme et de la féminité, de la fantaisie qui ne craint pas de flirter avec le rétro.

Joan Juliet Buck, alors styliste pour le photographe de *Vogue* Guy Bourdin et collaboratrice du magazine *20 ans*, fait la navette entre Londres et Paris, fréquente Antonio comme la photographe Berry Berenson. Elle est donc bien placée pour humer l'air du temps: «La ringardise de la mode de nos mères avait été supplantée par ce que l'on nous disait être la "juvénilité" des habits de Courrèges ou d'Ungaro. Mais parmi nous, je veux dire Berry et Marisa Berenson, Anjelica [Huston], Jane Gozzett ou moi, personne ne voulait porter ces machins-là. Je me rappelle comment mes fantaisies, mes aspirations, mes attentes, ont trouvé une réponse dans un livre entièrement consacré à l'extraordinaire volupté, à la sinuosité perverse de l'Art nouveau.»

En 1966, une grande exposition au musée des Arts décoratifs de Paris intitulée «Les années 25: Art déco, Bauhaus, Stijl, Art nouveau» est l'un des premiers signes de ce retour en force. En 1969, le regain d'intérêt pour l'Art déco et l'Art nouveau est accentué par la publication de l'étude de Martin Battersby *The Decorative Twenties*, suivie en 1971 de *The Decorative Thirties*, ainsi que de l'ouvrage de Bevis Hillier *Art Deco of the 20s and 30s*. Tous ceux qui s'intéressent à la mode se ruent sur ces livres.

L'Art déco et sa période, 1910-1939, attirent une génération nostalgique de l'opulence et de l'insouciance, réelles ou supposées, de ces temps reculés. Au cours du règne de l'austérité moderniste, cette tendance artistique a été traitée avec le plus grand mépris, assimilée à une forme de « luxe indécent[6] » ; et nulle part le retour de l'Art déco ne va être aussi triomphant que dans les milieux de la mode parisienne, dont le plus grand souhait est justement de parvenir à vivre quotidiennement dans un tel luxe indécent. Selon Joan Juliet Buck, c'est comme si « le rock and roll années soixante avait été détrôné par la nostalgie pour le cuir crémeux des sièges d'une Rolls-Royce. Mais on ne savait pas vraiment de quoi on parlait. Je me rappelle que lorsqu'on m'a dit qu'Eileen Gray habitait juste à côté de chez moi, rue du Bac, je ne savais même pas qui c'était ! C'était une obsession pour le look des années trente dans le genre interminable fume-cigarette en ébène et ivoire ».

Il était normal que la deuxième vie de l'Art déco suscite l'enthousiasme des Parisiens, car cette ville avait vu la naissance du mouvement et en gardait d'innombrables souvenirs sur les devantures de ses magasins, dans la décoration de ses hôtels, cabarets et restaurants — dont la destination alors la plus en vogue pour un dîner chic, La Coupole. Nombre de figures mythiques de la période Art déco sont encore en vie. Joséphine Baker, symbole de l'exotisme et de l'érotisme du Paris des années vingt, se produit toujours dans des spectacles — à soixante-quatre ans ! — avec ses bracelets Jean Dunand et sa panthère apprivoisée ; le duc et la duchesse de Windsor, archétypes de l'ancien « beau monde », vivent leur exil dans une villa du bois de Boulogne, promenant leur élégance à la perfection morbide dans les salons, objets de fascination immortels : « J'aurais tellement voulu être la duchesse de Windsor, en ce temps-là, que j'aurais tué pour y parvenir ! » s'exclame ainsi Joan Juliet Buck.

Karl Lagerfeld a été sensibilisé à l'Art déco par Andrée Putman, devenue une grande amie depuis qu'il l'a rencontrée en 1968. À l'époque, c'est une journaliste spécialisée dans le design qui s'intéresse aussi à la mode. Invité un soir à dîner chez elle, Karl apprécie énormément ses chaises de salle à manger, un ensemble de huit pièces signé Edgar Brandt qu'elle a acheté en 1967 dans une vente aux enchères à New York. Il se trouve qu'Andy Warhol possède lui aussi plusieurs chaises de ce modèle, qui font partie de la collection d'objets et de bijoux qu'il assemble depuis quelque temps à New York.

La collection que Karl commence à constituer rapidement et méticuleusement reflète son goût pour l'Art déco et la virtuosité technique des meubles Ruhlmann et Groult, des bronzes d'Edgar Brandt ou des paravents laqués de Jean Dunand. Il redécore son appartement en suivant cette thématique jusque dans les moindres détails, recréant une scène d'époque où même le shaker en argent, les verres, le presse-citron en cristal sont d'authentiques pièces Art déco.

Tous les matins, Karl et Juan font leurs courses à la librairie La Hune, achètent des piles et des piles de livres, en majorité consacrés aux artistes américains contemporains que Juan lui recommande. De retour chez lui, Karl dévore ces ouvrages pendant qu'Antonio fait des croquis de modèles conçus par Lagerfeld, ou parfois de ceux qu'il entrevoit dans sa propre imagination. Juan ajoute de nouvelles idées, suggère des références stylistiques. Il arpente la ville en collectant des sources d'inspiration pour Antonio, rentre les bras pleins d'affiches de cinéma, de dessins, d'objets, de cartes postales de musée ou de bricoles trouvées au marché aux puces, tout ce qui peut aider à formuler l'impression qu'ils souhaitent donner. Karl reprend cette démarche « ramasse-tout » dans son travail de styliste, une approche qui est exactement l'idée du *mood board* (« planche de tendance », comme on dit en France) avec lequel la grande majorité des créateurs d'aujourd'hui démarrent leur réflexion sur un projet.

Karl emmène Antonio et Juan chez Renoma, la boutique pour hommes « tendance » où il leur achète d'élégants costumes trois-pièces. Il y a aussi, à intervalles réguliers, la distribution de vêtements et d'accessoires provenant des nombreuses collections qu'il a présentées, un moment qui obéit à un rite surprenant : penché sur une malle, Lagerfeld expédie par-dessus son épaule les chaussures, les pantalons, les gilets ; « Tenez, très chers, prenez ça ! » dit-il, tandis qu'une paire de brodequins fend dangereusement l'air derrière lui[7]. Comme toujours dans le monde de la mode, il existe un ordre de préséance à respecter : Antonio se sert en premier, suivi de Juan puis de Corey, alors que Donna choisit parmi les robes d'anciennes collections de Chloé que Karl lui propose de temps à autre — « les restes », comme elle les appelle. Karl traite bien Donna et Corey, mais ceux-ci savent qu'ils ne seront jamais au centre de son attention. Selon Donna, « il était sympa, rigolo, et je crois qu'on l'intriguait pas mal, mais la vraie relation, c'était avec Antonio et Juan. Nous, on n'était que des pièces rapportées. Il admirait Antonio "énormément", c'était clair. Antonio, c'était un grand prophète de la mode, il était en avance de dix ans sur tout le monde. Ses idées étaient révolutionnaires, vraiment ».

Le soir, après le travail, le quatuor rentre se changer avant de retrouver Karl à La Coupole pour des dîners au champagne. Leur dépendance financière devenant de plus en plus explicite, le rapport de forces se modifie d'abord imperceptiblement puis finit par atteindre le stade où, du moins pour ceux qui les regardent de l'extérieur, ils sont « le groupe de Karl ».

Pour celui-ci, avoir une coterie est une nouveauté. Pendant les années soixante, il a été une figure solitaire au sein du petit monde de la mode, avec, dans sa vie privée, l'amitié qui le lie à l'acteur Gérard Falconetti. Certes, il a été partie prenante de la complicité entre Saint Laurent et Victoire lorsqu'il débutait dans le métier au milieu des années cinquante, mais il a toujours été limité par le rôle prépondérant d'Yves.

Une fois celui-ci parvenu à des sommets stratosphériques, il était inévitable que la relation de jeunesse avec Karl se distende et se délite. On imagine sans mal ce qu'il peut y avoir de frustrant à voir quelqu'un avec qui on était en compétition s'envoler emporté par une énorme vague de succès et de gloire, alors que l'on reste soi-même à barboter dans les remous du labeur anonyme. Si Karl voulait se faire un nom dans la mode, il était forcé de s'écarter de la lumière aveuglante projetée par le talent et le renom d'Yves. Il a pourtant choisi de rester sur la scène de Paris, un choix qui correspond peut-être à la décision, prise dans son for intérieur, de relever le défi Yves Saint Laurent.

Sa petite tribu constitue pour Karl un grand pas en avant dans l'affirmation de soi et sur la voie qui lui reste à parcourir jusqu'à la consécration. Est-ce par esprit de compétition et de rivalité qu'il s'est doté d'un cercle de fidèles, d'une image de superstar et, plus tard, d'une flottille de maisons pour lesquelles il travaille ? Quelles qu'aient été ses motivations, ces trois éléments suffisent à lui donner le point d'appui dont il a besoin pour lancer son offensive.

La manière dont il s'assure l'attachement de cette première coterie servira de prototype pour le reste de sa carrière. Les visages auront beau changer — et c'est ce qui arrivera, sans cesse —, les moyens par lesquels il exercera son pouvoir sur ceux qui l'entourent resteront les mêmes. Il y a un thème récurrent dans les souvenirs de ceux qui ont été ses proches à un moment ou un autre au cours des cinquante dernières années : les cadeaux. Encore les cadeaux, toujours les cadeaux. « En rentrant chez moi, je trouvais des sacs de livres envoyés par Karl accrochés à ma porte », raconte une telle ; telle autre, contemplant avec attendrissement une photo Polaroïd d'elle dans les années soixante-dix, indique : « Ce collier de perles, c'est Karl qui me l'a offert. En ce temps-là, Karl m'habillait et il m'habille encore», affirme Victoire; et Gilles Dufour se rappelle que «Karl pouvait acheter vingt chemises de chez Turnbull & Asser pour lui, et dix pour moi».

Souvent, ces présents n'ont pas qu'une valeur marchande, ils recèlent une histoire, une signification particulières: ce n'est pas «seulement» un collier de diamants mais aussi une pièce héritée de la famille de sa mère, ce n'est pas «seulement» une belle robe, il l'a aussi spécialement créée pour Marlene Dietrich, ou en tout cas c'est ainsi que Karl les décrit. Une provenance prestigieuse ajoute un vernis féerique à ces objets, une fine pellicule de paillettes mythiques qui semble finir par iriser votre peau, surtout quand vous avez vingt ans, que vous débarquez du Bronx ou de Brooklyn et que Paris vous coupe le souffle.

À la fin 1970, Paris voit débarquer Pat Cleveland avec ses cheveux d'un noir bleuté, ses jambes comme des cure-pipes et un déhanchement de fille de Harlem qui fait penser à Joséphine Baker et à sa «danse sauvage». Elle n'a qu'une idée en tête: «Vivre la belle vie.» Juan, qui l'attend à l'aéroport, la conduit à l'appartement de la rue Bonaparte et Antonio entreprend aussitôt de la dessiner. Après plusieurs jours à poser pour lui, cloîtrée entre quatre murs, elle a enfin droit à sa première sortie, un dîner à La Coupole.

«Je portais une robe du soir bleue que Karl m'avait offerte, raconte-t-elle, et qui avait été destinée à Marlene Dietrich. C'était le genre de lingerie que Karl faisait pour elle. Transparente, vingt-cinq mètres de tissu plissé, très dénudée. Si on gardait les bras collés au corps, on ne voyait rien, mais quand je suis entrée je les ai levés et elle est devenue transparente. J'ai traversé la salle comme l'aurait fait Isadora Duncan, oui, c'est comme ça que j'ai fait mon entrée à La Coupole pour mon premier verre de champagne à Paris, et j'avais vingt et un ans… Il y avait Karl Lagerfeld, Antonio, Juan, d'autres personnes, et tout le monde a applaudi, et j'ai compris que j'étais enfin à Paris ! Je me suis sentie comme une colombe libérée de sa cage, s'envolant dans le monde de la mode. Je me suis assise, tous les serveurs se sont empressés autour de moi pour me verser du champagne, et j'ai commandé un steak au poivre. Je ne savais pas de quelle fourchette il fallait se servir mais Karl, lui, savait, même s'il ne mangeait pas.»

Trente ans ont passé, mais l'émotion du souvenir reste intacte dans la voix de Pat Cleveland, lorsqu'elle évoque l'émerveillement de se découvrir vivant la « belle vie » qu'elle avait toujours voulue, et lorsqu'elle dit que c'est en grande partie grâce à Karl que le rêve se réalisait, Karl qui savait de quelle fourchette elle devait se servir, qui lui avait donné la robe de Marlene Dietrich, qui avait payé le dîner, qui lui avait offert le contexte dans lequel elle pouvait resplendir…

Paloma Picasso, qui rencontre Karl et devient son amie à la même époque, le décrit en ces termes : « C'était comme s'il vous emportait dans un tourbillon de glamour et de fantaisies du passé, du présent et de l'avenir. Karl sait très bien vous raconter des histoires et je ne sais pas, c'était peut-être parce que j'étais plus jeune, moins critique, en un sens, mais j'acceptais tout ce qui se présentait.»

Entrer dans l'univers de Karl, hier comme aujourd'hui, signifiait accéder à un rare niveau d'extravagance, fréquenter la richesse et l'histoire dans l'ivresse de l'insouciance. Comme le dit Pat Cleveland : « C'était fantastique de sentir que tous ces gens menaient "vraiment" la vie dont ils avaient rêvé.» Avec Karl Lagerfeld, on avait la sensation permanente que les rêves pouvaient devenir réalité.

Dans la mode parisienne, s'entourer d'une coterie est une tradition : Paul Poiret, Gabrielle Chanel et Christian Dior l'ont tous fait, en leur temps. Quand le statut social du couturier restait celui d'un « fournisseur » de la bonne société, ce groupe d'admirateurs et de protecteurs lui permettait de pénétrer des milieux qui, autrement, lui seraient restés inaccessibles. Et même une fois que le créateur de mode avait commencé à être invité à dîner avec le beau monde, l'existence d'une petite troupe de filles et de garçons bien nés gravitant autour de lui venait donner une touche de légitimité à une reconnaissance sociale encore toute récente.

Coco Chanel utilisait sa coterie pour rehausser son prestige par ses fréquentations, mais aussi comme une sorte de service de renseignements. Elle l'a expliqué avec une grande lucidité à Paul Morand : « Dans la mesure où je sortais rarement, il était essentiel de me tenir informée de tout ce qui se passait dans les maisons où l'on portait mes vêtements. J'ai pris l'habitude, à une époque où cela ne se faisait pas, de m'entourer de gens de qualité, de sorte à établir un lien entre moi et la société. L'aristocratie russe, italienne et française, les femmes de la bonne société britannique — tous me rendaient visite rue Cambon[8]. » À cette composante aristocratique du groupe, Chanel avait su ajouter l'avant-garde de la scène artistique parisienne, Diaghilev, les Ballets russes, Picasso, Morand, Cocteau, tous attirés par son immense charisme, par sa créativité, et dont la fréquentation, en retour, renforçait sa crédibilité artistique tout en lui fournissant une source inépuisable d'inspiration. La coterie de Chanel représente ainsi une combinaison d'influence mondaine et de rayonnement artistique que tous les couturiers en vogue allaient tenter de reproduire après elle, Yves Saint Laurent et Karl Lagerfeld n'étaient pas en reste à cet égard.

Autour de 1970, chaque créateur en quête de consécration, que ce soit dans le domaine de la haute couture ou dans celui du prêt-à-porter, a formé autour de lui un groupe dont il se sert pour affirmer son identité, élargir sa notoriété et mener ses luttes d'influence. Hubert de Givenchy, par exemple, dispose d'un réseau de grandes dames américaines impressionnées par sa prestance physique et ses lettres de noblesse ; chez Dior, Marc Bohan a réussi à subjuguer la princesse Grace de Monaco, tandis que Pierre Cardin s'entoure d'une cohorte de garçons racés en costumes Mao.

La rivalité entre ces coteries et les intrigues qui les opposent peuvent être féroces, cela a d'ailleurs toujours été le cas. D'après le photographe de mode Guy Marineau, « c'était un jeu. C'était un monde très secret, très fermé. Tout ce monde, les couturiers, les clients, en passant par leur entourage, vivait en autarcie ; ils vivaient les uns avec les autres, et les uns pour les autres, c'est-à-dire que s'ils n'étaient pas ensemble ils étaient perdus ». On s'accuse de subterfuges, réels ou supposés, de tentatives de détourner la clientèle d'un rival, de plagiat ou d'imitation servile. « J'ai lu que Bohan compte aller à Marrakech, grince Pierre Bergé quand le couturier de Dior ose effectuer un séjour dans la ville marocaine. Voilà qu'il copie même les vacances d'Yves[9] ! » Au moins une fois par semaine, Bergé se livre dans la presse à une attaque en règle contre un concurrent de Saint Laurent : à l'époque, Marc Bohan et Pierre Cardin sont ses cibles favorites.

À l'exception des journalistes et des stylistes de presse, qui sont autorisés à voleter entre les différents clans et à entretenir de bonnes relations avec tous, les coteries exigent une loyauté sans faille, au point qu'il est rarissime qu'un individu appartienne à deux d'entre elles. « Les Français étaient vraiment retranchés dans leurs groupes respectifs, ils ne se mélangeaient pas », affirme Corey Tippin. Sur ce plan, Paloma Picasso sera l'exception qui confirme la règle. Betty Catroux est une amie intime d'André Oliver, l'associé de Pierre Cardin, jusqu'en 1966 mais, une fois devenue la confidente d'Yves Saint Laurent, les choses ne peuvent continuer comme avant. Jacques Grange, qui fait à ce moment son entrée dans le beau monde, reconnaît avoir, lui aussi, débuté sa vie parisienne dans le cocon de la coterie Pierre Cardin avant de l'abandonner pour celle de Saint Laurent: « Pourquoi ? Eh bien, parce que j'étais plus épris de Saint Laurent que de Pierre Cardin. Il correspondait plus à ce que j'aimais profondément, alors j'étais séduit. J'allais vers la séduction qui m'attirait, c'est lui qui me plaisait, c'était son goût que j'aimais, son langage esthétique. »

Ce que Grange ne dit pas, c'est que le clan Saint Laurent est alors le plus chic de tous, le plus prestigieux et le plus exclusif, il faut une énorme dose d'ambition pour escalader ses hauts remparts. Même à l'époque, c'est-à-dire bien avant les années de réclusion, Yves se montre rarement en public et reste pratiquement inaccessible. Il ne se pavane pas au Flore mais passe ses journées entre le studio et chez lui, avec quelques dîners en ville. Cette distance est un élément important du mythe Saint Laurent et de sa force de séduction considérable. Mais aussi, quelle émotion, quel bonheur, lorsque l'on est enfin admis dans le Saint des Saints ! On y entre à pas feutrés, on baisse la voix par révérence. « Saint Laurent était indiscutablement pour nous tous, l'étage supérieur, explique Jean-Paul Billaud, que Betty ou Jacques Grange emmenait parfois rendre visite à Yves. Quand Jacques a dit : "Est-ce que tu veux aller voir Saint Laurent ?", ce fut comme si on m'avait accordé une audience avec le Messie. Quand on avait accès à Saint Laurent, on savait qu'on atteignait un stade supérieur de la vie. »

Plus que de fidélité, c'est de dévotion qu'il faut parler en ce qui concerne la coterie de Saint Laurent, une dévotion sans faille pour Yves, son talent, ses créations, son goût, ses humeurs et ses moindres caprices. Quand on est accueilli au sein du groupe, c'est pour la vie. Le mot « clan » s'applique bien à cette formation soudée, incestueuse, hiérarchisée, étincelante de prestige et non dénuée d'une certaine cruauté, même si celle-ci n'est peut-être pas très visible au départ.

C'est à cette époque que l'on voit les fidèles se scinder en deux camps distincts, celui des « adultes » et celui des « enfants ». Les premiers, menés par Pierre Bergé, sont là pour régler les questions pratiques, assumer les responsabilités quotidiennes. Les seconds convergent autour d'Yves dans une célébration de la fantaisie et des pieds de nez à la réalité. Et il n'y a rien de plus amusant que de narguer l'autorité des adultes tout en sachant que ceux-ci seront toujours là en cas de besoin, prêts à se porter à la rescousse.

Un vent nouveau agite délicieusement le clan Saint Laurent avec l'apparition de Loulou de la Falaise. Elle a fait la connaissance d'Yves et de Pierre à l'été 1968, place de Furstenberg, où Fernando Sanchez a un appartement. Vivant entre New York, Paris et Marrakech, Fernando, lorsqu'il est de passage dans la capitale française, offre chaque dimanche une *tea party* réputée pour sa brioche toute chaude venue du boulanger d'en bas et pour ses gros joints de marijuana. Pour l'occasion, il compose toujours une palette de personnages hauts en couleur, ajoutant à ce qu'il appelle « le gang Sanctos Sanctum » — Pierre Bergé, Yves Saint Laurent, Thadée Klossowski, Clara Saint, Betty Catroux — des oiseaux de passage comme Mireille Darc, Jeanloup Sieff, Talitha Getty ou Jack Nicholson. Comme le dit Fernando : « Il venait à la maison des gens très variés, ça allait des mannequins aux call-girls, en passant par les vedettes », ce qui correspond à son non-conformisme affiché en matière de vie sociale.

Par un dimanche après-midi de juillet 1968, une jeune fille flotte à travers l'appartement, secouée d'accès de fou rire. Ses traits et son expression font penser à un tableau du préraphaélite Edward Burne-Jones, mais sans le tragique. Chargée d'une vitalité électrique, planant à la ganja, elle est ravissante, fluide et aérienne, dans une tunique en chiffon et un pantalon en satin assorti signés Ossie Clark. Elle porte un collier en verroterie, un foulard est noué sur ses cheveux ébouriffés comme une tête de pissenlit.

Avec son goût si français, Yves ne peut qu'être estomaqué par le phénomène Loulou de la Falaise, cette tornade de couleurs et d'audaces dont il perçoit aussitôt la grande originalité. Il n'en perd pas un détail, le motif de faune inspiré de Bakst sur sa tunique, la manière dont elle se tient adossée au chambranle de porte avec un bras rejeté en arrière, ses yeux bleus très écartés, la finesse de son ossature, le bracelet qu'elle arbore à son poignet filiforme et qui, jurerait-il, a tout l'air d'être l'une de ces pinces en métal avec lesquelles les garçons de café fixent les nappes sur les tables par les journées venteuses. Et il ne croit pas si bien dire : Loulou l'a prise à la terrasse du Petit Saint-Benoît, un bistrot germano-pratin, et en a fait son talisman parisien.

Loulou ne partira pas à l'assaut des fortifications qui protègent Yves. Elle n'en a pas besoin : elle les enjambe d'un pas léger, comme si elles n'avaient jamais existé. Ils sont tous amoureux d'elle, Fernando, Yves, et même Pierre. Amoureux et fascinés. C'est une synthèse du plus pur lignage aristocratique qui la relie au passé du vieux continent — qualité dont tous les couturiers raffolent — et de la modernité la plus cool, celle du *swinging London* des années soixante.

Son grand-père maternel, Sir Oswald Birley, était un portraitiste prisé de la classe dirigeante britannique, qui a peint George V, George VI, Churchill, une flopée de ducs et de vicomtes, tous avec leurs joues rosies par le bon feu de cheminée de White's, leur club. Sa femme, Rhoda Birley, une Irlandaise excentrique et autoritaire qui parcourait le Sussex au volant de sa voiture le visage enveloppé dans de la mousseline pour se protéger du rhume des foins, vouait une passion au jardinage. Ses fêtes estivales, dans la demeure familiale de Charleston Manor, étaient toujours un hommage surprenant aux arts et à la botanique. Un jour elle avait servi à ses invités des gâteaux à la violette et des crèmes glacées de la même couleur pour accompagner une conférence du célèbre horticulteur Christopher Lloyd consacrée aux clématites et aux violettes. Dans leurs merveilleux jardins et leur accueillante demeure du Sussex, les Birley rivalisaient d'esprit avec des visiteurs talentueux et bohèmes, parmi lesquels Rudyard Kipling ou Harold Nicolson, le mari de Vita Sackville-West. Mais ce cadre idyllique ne réussissait pas à masquer les tensions au sein de leur couple ni le manque affectif dans lequel allaient grandir leurs enfants.

Maxime, la mère de Loulou, véritable beauté anglaise, elle aussi allergique au conformisme, épousera un comte de France, Alain de la Falaise, et s'installera après la guerre à Paris où, précise-t-elle, elle était la fière propriétaire d'une paire de jeans et d'un soutien-gorge à balconnet. Comme ils n'avaient pas d'argent, elle travaillait chez Schiaparelli où, dans le plus pur style de la haute couture, elle officiait en tant que fille élégante chargée d'attirer la clientèle anglaise. Elle était alors enceinte de Loulou. Après Schiaparelli, on la retrouvera chez Paquin et Fath. Cecil Beaton la photographiera pour *Vogue* en taffetas rayé de chez Paquin, dans la pose hiératique affectée par les modèles des années cinquante, et c'est à cette époque que le célèbre photographe, assis au milieu d'un escalier parisien, lui tournera ce surprenant compliment : « Vous êtes la seule Anglaise de ma connaissance qui arrive à avoir du chien dans des tenues vraiment hideuses [10]. » Après les mondanités de la haute couture, elle s'avérera une styliste de prêt-à-porter bourrée de talent, et travaillera en free-lance pour Chloé, où ses robes du soir en chiffon de soie seront particulièrement appréciées. De son côté, le frère de

Maxime, Mark Birley, épousera Lady Annabel Vane Tempest Stewart, la fille du huitième marquis de Londonderry. En 1963, il ouvrira un night-club à Berkeley Square et lui donnera le nom de sa femme : Annabel's deviendra l'adresse la plus courue du Londres des *swinging sixties*.

Quand elle entre dans le champ de vision de Saint Laurent chez Fernando Sanchez, Loulou a vingt et un ans et débarque à Paris avec l'idée que la mode est sa seule issue. Son exubérance cache en réalité les stigmates d'une enfance très malheureuse. Elle avait trois ans — et son frère, Alexis, deux — quand ses parents ont divorcé en 1950. « Je ne connaissais rien aux lois françaises et, en ce temps-là, une femme qui osait divorcer était automatiquement considérée comme une "mère indigne" et perdait tous ses droits, explique Maxime. Alain avait dit qu'il me laisserait garder un des enfants, mais pas les deux. C'était impossible. Je ne pouvais pas les séparer. Je sais que je n'aurais jamais dû me marier avec Alain, mais je suis heureuse de l'avoir fait, pourtant, parce que j'ai eu ces enfants. » Mais la belle-mère de Maxime ne l'entend pas de cette oreille : elle place donc Loulou et Alexis dans une famille d'accueil en province. « D'abord chez un très vieux couple catholique, ensuite dans une famille tout aussi catholique mais plus jeune, et pas parfaite, précise Maxime. J'aurais dû me montrer plus ferme, voyez-vous, taper du poing sur la table, faire un scandale terrible, mais j'étais alors emberlificotée dans une histoire avec un homme. »

Loulou et son frère vivent comme des enfants adoptés en Seine-et-Marne. À sept ans, elle est envoyée en pension en Angleterre et partage ses vacances scolaires entre sa famille d'accueil, sa mère et son père. « Je sais que les enfants ont terriblement souffert, reconnaît et déplore Maxime. La force de Loulou vient en grande partie du fait qu'elle a eu à protéger son frère et à se protéger elle-même. »

L'un des recours de la fillette est sa capacité à fuir la réalité et à trouver refuge dans son imagination. De son enfance elle garde le souvenir d'interminables vacances scolaires pendant lesquelles elle conversait avec des fantômes et « sculptait des dieux du vent dans des bouts de bois ». En compagnie d'Alexis, elle déniche des truffes dans la forêt, sans l'aide d'un chien, et les vend sur le marché local. L'intrépide duo continue sa chasse même après que des pancartes sont apposées sur les arbres, prévenant les traqueurs de truffes anonymes que leur activité est « susceptible de poursuites ». Mélangeant les deux sens du mot dans leur tête, les enfants tiennent le raisonnement suivant, tel que le rapporte Loulou : « On s'est dit que ça signifiait qu'ils pouvaient nous courir après mais qu'on arriverait toujours à les semer, et donc on a continué à déterrer des truffes ! »

En 1966, elle contracte un premier et hâtif mariage avec Desmond FitzGerald, chevalier de Glin, mais sa performance de châtelaine régnant sur une vaste bâtisse néogothique du comté de Limerick, en Irlande, dure à peine plus d'un an. Avant de débarquer à Paris, elle passe dix-huit mois à New York, où elle cohabite avec la photographe Berry Berenson, charme le petit monde de la mode new-yorkaise et fréquente le styliste Halston, Fred Hughes — l'éminence grise d'Andy Warhol —, Fernando Sanchez, la créatrice de bijouterie Elsa Peretti et le tandem Antonio-Juan. Après quelques engagements peu concluants en tant que mannequin, elle a plus de succès en concevant des tissus pour Halston, dessinant des motifs variés, parmi lesquels un imprimé décoré de petits lapins en pleine érection.

Si elle est venue à Paris, c'est avant tout pour s'amuser. Fernando l'accueille dans son appartement et, d'après Maxime, « c'est la première fois que Loulou est vraiment libre ». Thadée Klossowski, qui fait sa connaissance, donnera le même type de description: « C'était une petite hippie très jolie, très tout, un peu choquante aussi. Intéressante parce qu'elle appartenait au grand monde, elle venait d'une bonne famille, c'était son côté rassurant, mais en même temps elle était assez déchaînée et elle trouvait les Français atrocement guindés. » L'intéressée confirme: « Les Parisiens "de la haute" étaient tellement collet monté... Toutes les femmes croyaient que j'avais des vues sur leur mari mais, quand ce n'était pas le cas, elles se sentaient insultées. Quand on a une réputation exagérée... »

Sa double nationalité la rend impossible à classer, toujours insaisissable. Elle parle l'anglais avec un accent châtié qui rappelle presque la bonne société londonienne de l'avant-guerre. En réalité, c'est une jolie fille aux allures de gamine, mais, sous l'œil de l'objectif, elle acquiert la grâce fragile d'un portrait classique. Rire est sa grande réponse à la vie: « Je donnais cette impression d'insouciance parce que pour moi c'était un moyen de dire: "Bon, faisons comme si tout allait bien !" J'ai tendance à réagir comme ça, à empêcher la réalité de m'affecter. »

Yves invite Loulou à Marrakech. Arrivée pour un séjour d'une semaine, elle sort de son sac marin tantôt un sarong, tantôt un paréo, tantôt un bout de tissu, stupéfiant la compagnie par son aptitude à improviser une tenue originale. « Nous n'avions que des chiffons, des oripeaux, mais Loulou savait les transformer pour créer un nouveau look, dit Maxime à propos de sa fille. Elle était la mieux habillée de toutes rien qu'avec une épingle à nourrice ! » Elle se pavane, intrépide, aucunement intimidée par Pierre — qui, affirme-t-elle, lui rappelle un personnage de Tintin —, ni même par Yves. « Tout le monde était là pour répéter à Saint Laurent qu'il était un génie, raconte Hélène de Ludinghausen, qui sera directrice de salon chez YSL pendant trente et un ans. Loulou, elle, était là pour le déranger. » Le mythe vivant qu'est déjà Yves ne l'impressionne pas : pendant que les autres l'approchent sur la pointe des pieds, elle le taquine avec toute l'effronterie de sa jeunesse.

De retour à Paris, il veut avoir Loulou auprès de lui, d'abord simplement en tant qu'amie, puis dans un cadre de travail : en 1972, elle est intégrée au studio de haute couture. Selon Maxime, « Yves et Pierre sont tombés amoureux d'elle, de ce petit feu follet toujours virevoltant, toujours plein d'idées et de blagues, anticonformiste, dingue… En réalité, c'était la première fois que Loulou laissait derrière elle la famille, la vie conjugale, tout ça, et elle vivait enfin dans un milieu qu'elle adorait. Je ne sais pas s'ils avaient une idée très claire de ce qu'elle allait faire pour eux. Pierre a sans doute pensé qu'elle mettrait de l'ambiance au studio… »

Si Pierre Bergé apprécie en effet Loulou et tient à ce qu'elle fasse partie de la coterie Saint Laurent, c'est Yves qui réclame sa présence et il est intéressant de noter qu'il a toujours gain de cause lorsqu'il veut quelque chose. Malgré sa jeunesse, Loulou fait montre d'une grande culture visuelle, d'un goût assuré et d'un esprit minutieux. Elle a aussi une discipline de travail exceptionnelle, ce qui ne peut que plaire à Yves, mais elle n'est pas pour autant trop rigide. On peut dire qu'elle exerce sur Saint Laurent le même effet que le cannabis : elle le libère de lui-même, le dépouille de ses préventions bourgeoises, le rend moins inhibé.

Repensant aux raisons pour lesquelles Saint Laurent lui accordait une telle importance, Loulou avance une explication : « C'est peut-être qu'un monde était en train de disparaître et un autre, qu'Yves cernait moins bien, en train d'émerger. La mode, c'est pour beaucoup une affaire de petits garçons fantasmant sur leurs mères ou sur des générations passées, et donc évoluant dans un univers qui est plus au moins révolu quand ils atteignent leurs vingt et un ans. Il y a toujours cet aspect de décalage temporel chez les créateurs de mode.»

Yves a besoin de sujets lui permettant de focaliser sa fantaisie, ses fantasmes. Pour lui, la mode est comme une pièce de théâtre, un roman ou un film peuplés de personnages qu'il peut désirer, idéaliser, admirer et conjurer par le truchement de ses créations. La présence de femmes capables de stimuler son imagination et de le séduire sur le plan esthétique est une nécessité vitale. Il avait Betty, il a maintenant Loulou, qui veut et peut jouer un rôle actif au sein de la maison Saint Laurent. Un rôle et même des rôles, d'ailleurs, car elle est capable pendant une semaine d'être Desdémone en velours pourpre et couronne de fleurs, puis la semaine suivante Marlene aux sourcils épilés en croissant de lune. Elle se souvient encore avec ravissement de sa première robe du soir Saint Laurent, en mousseline de soie bleu ciel, et du fait qu'elle avait terminé la soirée avec un grand trou au milieu, conséquence d'une brûlure de cigarette provoquée par un Yves ayant un peu trop bu. Hélène de Ludinghausen la décrit comme « un animal sauvage qui tournait avec légèreté autour de lui». Inventive, irrévérencieuse, Loulou est à l'unisson avec la nouvelle voix de la mode qui chantonne : « Sois toi-même, sois individualiste, exprime-toi, sois libre… »

Les jeunes femmes se détachent des conventions sociales et de l'approbation maritale. Si elles ont un rôle à tenir, elles veulent désormais qu'il satisfasse leur imagination : celui de l'héroïne romantique et tragique, celui de Marilyn ou de Marlene, celui de la cocotte des années quarante, tout sauf celui de l'épouse irréprochable, de la bourgeoise immaculée avec un labrador sable en laisse. Loulou elle-même le dit : « C'était l'époque où la mode connaissait le plus grand changement de son histoire et où les mentalités changeaient énormément, aussi. Pour la première fois, les femmes n'étaient plus forcées d'avoir l'air de "dames", elles pouvaient avoir l'air qui leur chantait. Je crois qu'Yves a été très frappé par la liberté du Londres des années soixante qu'il a vue en moi tout de suite. Il voulait aussi goûter à cette friandise-là… »

Lorsque Andy Warhol débarque à Paris en octobre 1970, il est accueilli comme une superstar. Chacune de ses visites suscite un engouement frénétique, et tout ce qu'il fait à Paris devient un événement. Les Parisiens trouvent cet artiste en jean, blazer et perruque subversif et chic au plus haut degré, et ses portraits occupent la place d'honneur au-dessus de toutes les cheminées qui se respectent. Combinant la flatterie, le glamour et le narcissisme sur grand écran et en quadriphonie, ils correspondent exactement au goût esthétique du moment. Ironie de l'histoire, Warhol s'arrange pour percer dans la bonne société et les milieux de l'art contemporain français, alors qu'il est encore loin de la consécration en Amérique. Son succès mondain est dû en partie à son associé, Fred Hughes, qui se sert de son charme personnel et de ses contacts pour faire inviter le peintre à la table de Marie-Hélène de Rothschild, mais il existe aussi une fascination mutuelle entre Warhol et les Parisiens : tandis que ceux-ci s'émerveillent de son exotisme énigmatique, il s'extasie devant leur ambiguïté, leur style de vie « Ancien Régime » et leur propension aux intrigues sans scrupule.

Bien qu'il ait annoncé *urbi et orbi* qu'il est à Paris pour le tournage de son dernier film avec son réalisateur Paul Morrissey, membre de la Factory, Andy Warhol passe son temps à peindre des portraits en réponse aux commandes glanées par Fred Hughes, et à courir les antiquaires à la recherche de chaises Ruhlmann. Sa petite cour, la jeunesse « branchée » de la Factory, l'accompagne, et on y distingue le mannequin Patti d'Arbanville, les voluptueux jumeaux Jed et Jay Johnson et

Jane Forth, une étrange beauté digne du pinceau d'Edvard Munch avec sa peau translucide et les deux antennes solitaires qui ont remplacé ses sourcils, qu'elle a épilés radicalement un soir de fête et qui n'ont jamais tout à fait repoussé.

Les précédents films de Warhol, mélange détonant d'apologie de la drogue et d'exhibitionnisme sexuel, ont été très controversés. *Liberty*, réalisé à la fin des années soixante, est toujours interdit en France dix ans après sa sortie. Son projet parisien a pour titre provisoire « Gold Diggers 71 » (« Croqueuses de diamants 1971 ») mais lorsqu'il sortira plus tard ce sera sous celui, nettement plus romantique, de *L'Amour*[11]. C'est l'histoire de deux jeunes péquenaudes américaines qui débarquent à Paris et passent par une transformation à la fois physique et vestimentaire dans le but de trouver la fortune, sous la forme d'un très riche mari — d'où cette référence aux *gold diggers*, littéralement des « chercheuses d'or », ce qui en anglais désigne une fille dont le but est d'épouser un compte en banque bien garni.

Donna Jordan et Jane Forth ont été choisies pour jouer les deux aventurières, Corey Tippin doit incarner l'espèce de Pygmalion qui va diriger leur mutation et Karl Lagerfeld a choisi d'incarner l'un des célibataires dans le collimateur des filles, un aristocrate allemand. Il prête également son appartement pour nombre de scènes. Il n'y a pas de scénario à proprement parler, presque pas d'histoire et aucun acteur confirmé, l'idée étant d'avoir le plus possible recours à l'improvisation, ce qui donne des résultats parfois désastreux. Contrairement à d'autres films de Warhol, *L'Amour* ne sera jamais vraiment distribué et restera une œuvre des plus confidentielles, au point qu'il est pratiquement impossible de trouver quelqu'un qui l'ait visionné, même parmi ceux qui ont participé à sa réalisation. Et pourtant, pendant tout l'automne 1970, le monde de la mode est subjugué par ce tournage dont le résultat est attendu avec une impatience fébrile. C'est la rencontre du glamour et de la préciosité incarnés par Antonio et Karl avec les vibrations «pop» d'Andy Warhol qui produit ce grand moment de kitsch dont se délectent les Parisiens, notamment les cercles de la mode. L'atmosphère de fantaisie irrévérencieuse créée à Saint-Tropez par Antonio et sa bande acquiert une résonance et une intensité encore plus grandes une fois réfractée par l'objectif d'Andy Warhol.

Lui et ses Américains sont partout. On les voit faire du patin à glace en face de la tour Eiffel, aguicheurs en robes rétros et chaussures à plate-forme. Sur un quai de métro, Donna soulève son tee-shirt pour montrer un téton à la caméra. Selon Thadée Klossowski, «ils étaient agaçants, ils se droguaient trop, ils finissaient par vomir sur vos chaussures mais ils étaient jeunes, marrants, et ils voyaient des choses qui vous échappaient parce que vous n'auriez pas pensé à les regarder. Leur ignorance déformait tout d'une façon intéressante». Et la barrière linguistique ajoute encore à leur charme exotique.

Le kitsch est un concept qui va totalement à l'encontre des principes de la haute couture. C'est peut-être Elsa Schiaparelli qui l'a frôlé au plus près dans le cadre de sa collaboration avec Salvador Dalí, mais même sa robe homard de 1936 et son chapeau en forme de chaussure l'année suivante restent inspirés par l'art savant du surréalisme et portés par Mrs. Wallis Simpson, future duchesse de Windsor. Le kitsch américain, lui, est une explosion de sexe, de jeunesse, de farces pince-sans-rire qui ouvre une énorme faille à travers le terrain balisé de la haute couture.

L'importance de l'apport des iconoclastes américains se mesure à la hâte avec laquelle les cercles de la mode parisienne tentent de se les approprier. Donna, qui au cours d'une longue année à Paris n'a pu décrocher qu'une maigre publicité pour la marque Badedas, croule brusquement sous les propositions.

Surgissant un jour sans s'annoncer au studio du grand photographe de mode Guy Bourdin, elle se retrouve à poser pour la couverture de *Vogue* et un sujet de seize pages dans lequel elle apparaît notamment à califourchon sur une motocyclette, sans petite culotte et le visage figé dans une expression absente [12]. Corey, qui, dans *L'Amour*, avait transfiguré Jane et Donna avec une profusion de gloss, est maintenant un mannequin et un maquilleur très demandé : « Après le film, tout le monde à Paris croyait que nous étions des célébrités, s'amuse-t-il, et nous n'avons évidemment pas essayé de les détromper ! »

Le rôle qu'il tient dans *L'Amour* et, plus généralement, sa rencontre avec Andy Warhol et son entourage marquent un tournant capital dans la carrière de Karl Lagerfeld. Il a ainsi l'occasion d'observer soigneusement le pape du pop art, de décortiquer ses brillantes manipulations de l'image, de la réalité et des individus. Comme le notera Andrée Putman, « Karl a appris énormément d'Andy ». Un an après, lors d'un voyage au Japon pour la maison Chloé, il trouve un éventail et le rapporte en France ; ce sera son accessoire symbole pour les trois décennies à venir. Il se sert de l'éventail comme Warhol de sa perruque : système de défense, proclamation d'idéal et objet fétiche qui le rend reconnaissable, mémorable. Gaby Aghion se rappelle que c'est à partir de cette période que Karl commence à arriver délibérément une demi-heure en retard à ses rendez-vous avec les journalistes : « Il savait se présenter », constate-t-elle.

Sa fréquentation de l'*underground* new-yorkais à Paris élargit également sa réputation, lui donne ses entrées sur la scène internationale car, entre-temps, Andy Warhol a lancé sa propre revue, le très influent *Interview* dans les pages duquel Lagerfeld devient une personnalité reconnue.

Un soir, pendant le tournage de *L'Amour*, Antonio, Juan, Corey et Donna dînent à La Coupole. Karl n'est pas là. Assise entre Antonio et Juan, Donna imite la vendeuse de cigarettes qui circule dans le restaurant en criant « Ceegarette, ceegarette ! », forçant sur la caricature de l'accent français. Elle a de hauts talons argentés aux pieds, son corps est moulé dans une minirobe en peau de soie ivoire. Corey complète la description : « Elle venait de se faire décolorer à nouveau les cheveux, qui frisaient en petites boucles sèches. Elle n'avait presque pas de maquillage à part du rouge à lèvres carmin. On aurait pu la prendre pour une albinos. » Soudain, le regard de Juan tombe sur Yves Saint Laurent, qui vient de s'engager dans la porte-tambour. Les convives retiennent leur souffle tandis que Pierre Bergé le précède vers leur table tel un imprésario guidant nerveusement son champion de boxe vers le ring. Mais Yves ne ressemble pas à un boxeur, c'est plutôt un Jésus-Christ parisien avec ses longs cheveux flottants, sa courte barbe et un chihuahua apeuré coincé sous son bras comme un sac à main.

Yves et Pierre marchent en direction du groupe, s'en rapprochent, s'arrêtent à quelques pas pour s'installer sur la banquette de la table leur faisant face. C'est l'occasion que les Américains attendent depuis leur arrivée à Paris, le rêve de se retrouver tout près du mythique couturier. Ils décident que le moment est venu. « Je n'ai pas été bête au point de les regarder, explique Corey, j'étais presque sûr qu'"eux" nous regardaient ! »

Et c'est bientôt le cas, car, après avoir attendu deux ou trois minutes, Corey passe sa main sous la table et entreprend de caresser Donna, qui réagit avec un abandon visible, éloquent. Tandis qu'elle se tortille dans sa robe en soie, les Américains comprennent instinctivement le pouvoir qui émane de leur émancipation sexuelle, de cet érotisme joueur et intrépide qu'ils ont sans cesse à fleur de peau. Ils savent comment se servir du sexe à la fois pour séduire et déstabiliser les Français.

« Je savais que ce serait le parfum du sexe qui emballerait Pierre et Yves », se rappelle Corey.

Ce soir-là, pas un mot ne sera échangé entre les deux tables mais, peu après, un appel téléphonique confirmera leur accession au cénacle de la mode parisienne : aimeraient-ils se joindre à la petite réception qu'Yves Saint Laurent et Pierre Bergé donnent chez eux, place Vauban ?

6

1971

Triés sur le volet, les invités manifestent comme il se doit leur joie de compter parmi les élus. Assis dans un fauteuil de l'appartement de la place Vauban, Andy Warhol palpe le mini-magnétophone caché dans sa poche, prêt à enregistrer les indiscrétions de la soirée. Fred Hughes, qui l'accompagne, a l'air très *smart* avec son blazer croisé et une lourde chevalière au petit doigt. Blonde et hiératique, Betty Catroux s'est assise devant la télévision. Pour l'essentiel, la troupe de *L'Amour* — Corey, Donna, Jane, Jay et Jed Johnson — est là, à une exception près : Karl Lagerfeld n'a pas été convié.

Corey poursuit le chihuahua d'Yves autour de la salle à manger, menaçant de le kidnapper. Un film X au son coupé palpite sur l'écran. Dans la bibliothèque, un majordome portugais présente silencieusement aux invités un plateau chargé de vodka.

C'est la première fois que ces deux coteries furieusement à la mode, celle de Saint Laurent et celle de Warhol, se réunissent ainsi ; c'est aussi la première rencontre entre Yves et Andy. L'impression réciproque est forte, même si, de toute évidence, le peintre américain est plus captivé que le couturier français. Loulou de la Falaise, qui a organisé la rencontre entre les deux groupes, le note malicieusement : « Andy adorait les stars, et j'ai eu l'impression qu'Yves était plutôt flatté d'être traité de la sorte.»

Dans la bibliothèque, les invités se battent pour avoir une place au centre névralgique de la fête, le canapé, grand comme un autobus, qui peut accueillir au moins huit personnes sur ses coussins. Helmut Berger, qui a déjà conquis sa place, fait battre tous les cœurs. Acteur favori de Luchino Visconti, il est alors au faîte de sa gloire et de son pouvoir de séduction. Il vient de jouer dans *Les Damnés*, l'épopée du célébrissime réalisateur sur la montée du nazisme en Allemagne dans laquelle la réalité historique semble moins compter que la somptuosité des décors et la grandiose mise en scène de la décadence. Berger y tient le rôle du rejeton maléfique d'une richissime famille d'aristocrates et d'industriels, les von Essenbeck, un garçon possédé par la haine qui chante des airs de cabaret en bas de soie et boa de plumes, couche avec sa mère sur des draps en satin, puis lui offre une dose de cyanure qu'elle avale avant de mourir lovée dans une fourrure de renard aux yeux en verre noir. En contrepoint des déchirements tragiques de la famille von Essenbeck, Visconti décrit la montée inexorable des SS et l'élimination des SA dans un apogée macabre, un massacre sanglant chargé de connotations homosexuelles. Le monde de la mode parisienne voue un culte tant au film qu'à Helmut Berger.

Sur le canapé d'Yves, Berger n'est plus devant les caméras mais il reste prisonnier de son personnage, à la fois arrogant et fragile, archétype d'une ambiguïté sexuelle de plus en plus en vogue à Paris. Avec ses cheveux oxygénés plaqués en arrière dans le plus pur style Weimar, on le dirait prêt à enfiler boa et haut-de-forme pour feuler une chanson de cabaret berlinois.

Donna et Corey se damneraient pour attirer l'attention de la star, alors ils font de leur mieux pour se conduire en vilains garnements, collant leur chewing-gum sur les rayonnages élégants et les lys de Casablanca de Pierre et Yves. Donna rote, espérant sans doute intéresser Helmut Berger, mais celui-ci lui lance sèchement : « Moi aussi, je peux chier[1]. » Selon Loulou, « ça nous a tous fait rire, sauf Donna très vexée de s'être fait rembarrer de la sorte ».

Assise à côté d'Helmut, Patti D'Arbanville ne cesse de lui roucouler à l'oreille. Elle porte une ceinture dont la boucle est ornée de deux têtes en argent, et elle se vante depuis le début de la soirée de l'avoir reçue en cadeau de lui. Donna, à présent furieuse, s'assoit en face d'eux. Grisé par un cocktail de Mandrax (un puissant tranquillisant), de vin blanc et d'Helmut, Corey s'approche d'elle et jette de l'huile sur le feu en lui chuchotant : « Vise un peu Patti, avec la ceinture d'Helmut ! Elle s'y croit vraiment... Elle s'imagine qu'elle l'a dans la poche ! » Il n'en faut pas plus pour provoquer Donna. Plongeant par-dessus la table basse en verre fumé qui accueille les collections de poignards marocains et d'obélisques en cristal d'Yves, ainsi que plusieurs livres rares dénichés par Pierre, elle saisit brutalement sa rivale à la gorge et frappe de sa main libre la surface de la table qui vole en éclats, blessant Patti au genou.

Le verre brisé crisse, le sang coule, les cris fusent. Fred Hughes conduit Patti à l'hôpital américain de Neuilly ; pendant des semaines, la jeune femme mettra un point d'honneur à ne se déplacer qu'avec une canne. « Ça a été une bagarre géniale ! se souvient Corey. Yves et Pierre étaient horrifiés, bien sûr, mais en même temps complètement emballés. » La rivalité des désirs, l'ambiguïté sexuelle, l'androgynie ténébreuse, tout cela ponctué par les cris de deux filles luttant au corps-à-corps : cette soirée restera un événement, un tournant dans l'ambiance parisienne. Selon Loulou de la Falaise, « c'était une party très bizarre, où chacun essayait d'être plus choquant que son voisin. Il n'y a rien eu de très grave, bien sûr, personne n'était sérieusement drogué, en tout cas pas à cette époque, mais tout le monde essayait d'épater tout le monde. Yves et Pierre n'avaient jamais rien vécu d'aussi *wild*.»

Cette brève explosion de violence alors que se rencontraient les forces passives de Saint Laurent et de Warhol était sans doute inévitable, du moins en partie. Dans la coterie du peintre new-yorkais, chacun sait que la provocation est le meilleur moyen d'attirer son attention. Et Andy Warhol adore provoquer des réactions extrêmes, lui qui entame toute conversation en vous interrogeant sur la taille de votre sexe et celui de votre voisin. Quant à Yves, un composant de sa personnalité catalyse indiscutablement une certaine agressivité.

Qu'il s'agisse de bagarres de préau d'école, ou de Victoire l'attrapant par le bras pour l'obliger à saluer son public, de Mme Zehnacker lui infligeant des vexations au studio Dior, ou de Pierre Bergé le dominant en apparence, Yves semble toujours être l'épicentre de vibrations agressives, d'énergies en collision. C'est sans doute parce qu'il provoque chez les autres un besoin irrésistible d'obtenir son approbation, ou du moins de se faire remarquer. Clara Saint dira: «Il avait un magnétisme incroyable. C'était une superstar. Quand on arrivait à une fête ou chez des gens avec Yves, c'était toujours lui le centre, même si d'autres stars étaient là. Il a toujours été le centre de tout, tout de suite. Tout tournait autour de lui.»

Au sein du clan comme à l'extérieur, on retrouve la même fascination euphorisante, la même pulsion immédiate de vouloir l'impressionner, d'être remarqué. Comme le dit Jacques Grange: «C'était le prince. Yves était celui que nous voulions tous conquérir.»

L'une des raisons de ce rare pouvoir d'attraction et de séduction est que tout ce qu'il touche, avec ces gestes lents et délibérés qui n'appartiennent qu'à lui, devient beau. Tout, de la feuille de papier sur laquelle court son crayon, jusqu'au corps de femme qu'il drape d'une longueur de laine « grain de poudre ». John Fairchild, qui des années durant l'a observé au cours de séances d'essayage, explique : « Je regardais toujours ses mains. Lorsque Saint Laurent touche une femme, lorsqu'il travaille avec ses mains, on peut tout "voir" dans ses mains. C'est instinctif. C'est comme caresser un chien que l'on aime, ou un cheval qui vient de gagner la course. C'est une sensation animale de la beauté. »

Ses mains, mais aussi son charme et ses attentions. « Comme tu es jolie ce soir ! » dit-il souvent en voyant Betty Catroux ou Loulou entrer dans la pièce où il se trouve. « Ah, quelle belle robe ! » Sa voix est une caresse, moitié amoureuse, moitié fraternelle. Quand quelqu'un l'inspire, femme ou homme, il lui insuffle la même béatitude que si elle ou il tournait son visage vers le soleil par une belle journée. Jacques Grange ne décrit pas autre chose : « Le regard d'Yves se posait sur quelque chose ou quelqu'un, éclairait cette chose, cette personne. C'est étrange, c'est exactement cela. » Il rend les autres hyperconscients de leur apparence, de leur corps et de leur beauté.

Homosexuel, Yves Saint Laurent n'en a pas moins dit : « Je voudrais coucher avec tous les gens que j'aime[2]. » Et c'est ce désir immense que l'on ressent en lui, cette inépuisable sensualité qui emplit de possibilités érotiques la manière dont il contemple un corps, effleure une peau. Ainsi que l'a écrit une journaliste américaine, « Yves Saint Laurent peut vous regarder droit dans les yeux tout en se demandant comment quelqu'un à trois mètres de là doit être une fois nu[3] ». Il a dessiné une masse d'esquisses érotiques qu'il conserve en pensant vaguement pouvoir les publier un jour. Bianca Jagger, à qui il les a montrées, lui demande s'il aime ce qui est érotique et il répond avec ferveur : « Oh oui, absolument ! C'est l'une des choses qui fait naître les émotions chez les gens. » Et lorsque Bianca demande : « La pornographie aussi ? », il pousse un soupir : « La pornographie ? Je ne sais pas ce que c'est. Pornographie, érotisme, amour, tout ça est pareil pour moi [...]. En amour, tout est possible[4]. »

Au travail, il tient ses collaborateurs hommes et femmes pareillement sous sa coupe. Nicole Dorier, qui fut mannequin « maison » de Saint Laurent et qui est restée comme tant d'autres une fidèle d'Yves — ayant commencé à travailler pour lui au début des années soixante-dix, elle était trente ans plus tard directrice des mannequins —, dit que travailler chez Saint Laurent, c'était « comme être dans un harem. Il aurait pu être un don Juan extraordinaire. Toutes ces femmes étaient à ses pieds, peu importe si ce n'était que platonique. Toutes ces femmes, au sol, au plafond, à la maison Saint Laurent, elles souhaitaient toutes la même chose : un sourire, un compliment, le regard de Saint Laurent ». François Catroux confirme le phénomène avec un sourire en coin : « Les femmes veulent êtres remarquées par lui, et elles pensent toutes qu'elles sont la seule. »

C'est ce même envoûtement qui soude la coterie Saint Laurent. Pierre Bergé est celui qui intimide ses membres, les obligeant à se discipliner et à se soumettre, il tient les cordons de la bourse, distribue les faveurs, Clara Saint, la gardienne des portes, étudie les possibles admissions dans le clan, mais, au centre de ce champ magnétique enchanté, il n'y a qu'Yves Saint Laurent, seul.

Un monde s'achève, un autre émerge. Paris tout entier semble pris dans les courants contraires et convergents de ces deux univers et des générations qui les incarnent. Le général de Gaulle a démissionné en avril 1969. Il est mort en novembre de l'année suivante.

Dans la sphère de la mode, le célébrissime Cristobal Balenciaga a fermé sa maison de haute couture en mai 1968 et il est maintenant à la retraite, lui aussi. Il est parti en soupirant qu'il ne restait personne à habiller, une doléance partagée par un bataillon de couturiers moins importants soudain mis sur la touche par la montée en force du prêt-à-porter. La haute couture française voit son influence et son marché se réduire aux tenues de soirée, à la clientèle américaine et aux licences internationales. En l'espace d'un an, entre 1966 et 1967, le nombre de maisons de haute couture à Paris s'est effondré, passant de trente-neuf à dix-sept. Pour nombre d'entre elles, la dure réalité est que l'immeuble qu'elles occupent a désormais plus de valeur que leur marque[5].

Le 10 janvier 1971, Gabrielle Chanel, dont l'énergie et le génie ont dominé la mode depuis les années vingt, s'éteint à l'âge de quatre-vingt-huit ans. Elle avait tout inventé, depuis son personnage et son passé jusqu'à une manière radicalement nouvelle de concevoir le vêtement féminin. Figure mythique de la mode que seul Paris pouvait avoir inspirée, elle meurt au Ritz, comme il se doit, quelques jours à peine avant la présentation de sa nouvelle collection.

C'est toute l'élite artistique de la première moitié du XXe siècle qui vit maintenant ses derniers instants. De Pablo Picasso à Jean Cocteau, du surréalisme aux salons littéraires les plus fameux, des légendes vivantes aux grands mécènes, une période historique s'achève. Cocteau est mort en 1963, Man Ray est un vieillard reclus de soixante-dix-huit ans. Dans une suite de l'hôtel Meurice, cloué sur son fauteuil roulant, Salvador Dalí reçoit à l'heure du thé la crème de la jeunesse parisienne. L'inimitable Marie-Laure de Noailles, descendante du marquis de Sade, grande dame des années trente, patronne des surréalistes, passe les derniers mois de sa vie à inviter dans son salon couvert de toiles de Picasso de beaux jeunes hommes comme Jacques Grange ou l'acteur Pierre Clémenti. Louis Aragon, ce monument littéraire de plus de soixante-dix ans, déjeune chaque jour chez Maxim's avec le très précoce François-Marie Banier, tout de blanc vêtu et auréolé du succès de son deuxième roman — il deviendra un photographe prisé par le Tout-Paris —, sans que l'on sache lequel des deux est le plus impressionné par leur tête-à-tête.

En décembre 1971, dans son château familial de Ferrières, Marie-Hélène de Rothschild offre un « Bal Proust » à l'occasion du centenaire de la naissance de l'écrivain. Cet événement social, l'un des derniers du genre à Paris, se situe dans la tradition des grands bals costumés ou « à thème » donnés jadis par le comte Étienne de Beaumont, le prince Jean-Louis de Faucigny-Lucinge ou Marie-Laure de Noailles. Cecil Beaton, le photographe attitré du bal, saisit dans son objectif la rencontre des derniers tenants du « Faubourg » proustien et des célébrités nouvelles, Elizabeth Taylor et Richard Burton, Serge Gainsbourg et Jane Birkin, Andy Warhol et Jane Holzer… C'est une soirée empreinte de nostalgie, « une grande fête dans l'esprit d'un autre temps », comme le dira Guy de Rothschild, qui ajoute : « Elle rendait hommage au dernier quart du XIXe siècle, qui fut une époque bénie de Dieu en France. » Marie-Hélène porte une robe en satin crème de Saint Laurent dont elle exige sans relâche que les manches soient coupées, ce qui met le couturier au comble de l'exaspération.

La même année, l'adaptation à l'écran par Luchino Visconti de *Mort à Venise*, le roman hypnotique de Thomas Mann, remporte un énorme succès public et une récompense au Festival de Cannes. Dirk Bogarde y tient le rôle de Gustav von Aschenbach, écrivain allemand étouffé par ses inhibitions, Björn Andresen celui de Tadzio, l'éphèbe devenu l'objet de ses obsessions. C'est une puissante réflexion sur le désir, la vieillesse, l'affolante insolence de la jeunesse et de la beauté. En ce début des années soixante-dix, le film rencontre un écho considérable à Paris, où les classes d'âge s'observent mutuellement en se demandant quelle vie elles auraient pu avoir s'il leur avait été donné d'échanger leur place, où les anciennes générations rêvent à leur jeunesse perdue et cherchent désespérément à sentir encore le désir et l'insouciance couler dans leurs veines, tandis que les plus jeunes ont la nostalgie d'un passé dont elles ne peuvent se souvenir.

Dans cette atmosphère électrisée où les fantasmes de paradis perdu côtoient des mutations sociales spectaculaires, de nouveaux horizons de créativité apparaissent, riches en contradictions et en hardiesses. Et tout se passe comme si c'était la mode, et non plus l'art, la mieux placée pour capter et exprimer ces fulgurances. C'est à travers la mode que la génération montante choisit d'inventer et de revendiquer son identité.

Picasso, maintenant octogénaire, s'est retiré dans le sud de la France et c'est au tour de sa fille, Paloma, d'enchanter Paris avec ses lèvres vermeilles et ses yeux… à la Picasso. À vingt et un ans, elle n'est pas encore la riche héritière qu'elle deviendra bientôt mais elle attire déjà les attentions fascinées du beau monde parisien. Cheveux sombres tombant sur les épaules, visage de petite fille qui atteindra son intensité dramatique des années plus tard, elle vit avec sa mère, Françoise Gilot, et sa grand-mère dans une villa XIXe siècle à Neuilly. Elle se souvient : « J'étais très timide. Avec le nom que j'avais, je ne pouvais pas tracer ma voie et être moi-même. Tout le temps, partout, on me montrait du doigt en disant : "C'est Paloma Picasso !" J'avais tout le temps l'impression d'être observée, simplement à cause de mon nom. Les gens étaient toujours intrigués et cela me rendait encore plus timide. Alors j'ai décidé de commencer à m'habiller d'une façon qui détournerait l'attention sur mes vêtements plutôt que sur moi. C'était comme un bouclier. Mes extravagances vestimentaires me rendaient un peu inaccessible, il y avait des gens qui avaient peur de moi alors qu'en réalité c'était moi qui avais peur des autres. »

Elle se lie rapidement à toutes les factions de la mode parisienne. Au même moment où elle fait la connaissance d'Yves, Pierre, Clara, Loulou et Fernando, elle fréquente Antonio et Juan, qui la présentent à Karl. Elle est également proche de Manolo Blahnik et de ses deux grands amis, le styliste et illustrateur Eric Boman et le peintre Peter Schlesinger, qui est alors l'amant de David Hockney.

Elle se cache derrière une grande capeline orange, porte des robes de fillette en broderie anglaise blanche, arbore une broche en diamants sur un pull rayé, alterne fuseaux et collants noirs, se juche sur des chaussures beiges à talons compensés si hauts qu'elle perd l'équilibre sur le perron de chez sa grand-mère un jour que Schlesinger la prend en photo, et se retrouve étalée sur le gravier, avec un fou rire et une fracture au pied.

« Ah, c'était un numéro, Paloma ! dit Manolo Blahnik, qui conçoit alors avec elle d'amusants spots publicitaires pour le thé Twinings. Elle portait des jupes en tweed sans ourlet ni doublure, couleur lilas, le chic du chic à l'époque… Et, dans les cheveux, des fleurs en cristal qui venaient de cimetières du sud de la France. Une fille très, très originale. » Les jupes en question sont réalisées avec une simple machine à coudre par Tatatita, sa nounou espagnole ; pour le reste, elle déniche aux puces les vêtements qui lui permettent de parfaire son look.

Yves, qui a rencontré Paloma à un dîner chez l'égérie de la Rive gauche, Charlotte Aillaud, en 1970, est évidemment tombé sous le charme de cette fille au capital génétique si fascinant, et si audacieuse dans son style. C'est l'année où elle commence à créer des bijoux pour Fernando Sanchez, qui lui en commande pour sa nouvelle collection de prêt-à-porter. Le soir même du défilé, Paloma tombe par hasard sur Pierre et Yves dans un restaurant ; elle demande à ce dernier s'il peut l'aider à estimer le prix de ses créations : « Je lui ai donc montré les pièces et il m'a dit : "Et si tu venais me voir demain au studio, plutôt ?" C'est ce que j'ai fait. Et là, au lieu de me conseiller sur le prix auquel je devrais vendre mes bijoux, il m'a proposé d'en créer toute une ligne qu'il vendrait dans les magasins Saint Laurent ! » Yves n'éprouve aucun scrupule à détourner une styliste découverte par Fernando Sanchez. L'important est sa détermination à s'entourer des personnes qu'il juge le plus à même de l'aider à accomplir sa vision, un trait essentiel de son génie et de son esprit calculateur.

Le studio de création de la rue Spontini reçoit donc une touche additionnelle de fraîcheur, d'inventivité et d'ouverture internationale. Outre Loulou qui y travaille déjà tous les jours, Paloma apporte les bijoux, chaussures ou ceintures qu'elle a conçues, et Eric Boman suggère des motifs de tissu. Il y a même un lycéen de seize ans, Michel Klein, un ami de la famille Picasso qui aide l'équipe de designers le jeudi après-midi, car il n'a pas école. Selon ce dernier, c'était « une époque incroyablement amusante, tellement créative et drôle. C'était le début de la mode sans contraintes ».

En janvier 1971, Yves présente la collection la plus controversée de toute sa carrière. Avant le début de la présentation, le couturier est fiévreux, à la fois surexcité et terriblement anxieux, car il craint d'être allé trop loin. « Il savait que cela allait être un désastre », raconte Loulou qui, avec Marisa Berenson et Paloma, a été stratégiquement placée parmi les journalistes pendant le défilé. Cheveux bouclés, elle est toute en Saint Laurent, veste en satin saumon, short violet et collants, tandis que Paloma porte une vieille robe noire années quarante ayant appartenu à sa mère et un turban rouge vif, allusion stylistique à ce qui va suivre.

Dans le salon surchauffé de la rue Spontini, Yves fait

parader des robes en chiffon de soie au décolleté plongeant, accompagnées de manteaux-blousons en fourrure bleu vif ou vert fluo, des blazers sans manche aux revers surdimensionnés et bordés de blanc, un manteau en velours couvert de lèvres formant des baisers, des épaules rembourrées, des tailles en ruché moulant, des chaussures à plate-forme ou à gros talons après deux générations consécutives d'escarpins… La présentation a été conçue pour étonner et choquer avec ses énormes turbans en velours à la Carmen Miranda, ses boas de vamp, ses bouches surchargées de rouge à lèvres et un dédain affiché pour les sous-vêtements. Loulou se souvient de l'un des mannequins, une fille rousse plantureuse qui ne portait pas de soutien-gorge, « de sorte que tout ça se balançait sous sa robe. Très sexy. Les gens étaient habitués aux mannequins ultraguindés, ils n'en revenaient pas de voir une grande fille bien rembourrée qui affichait sa sexualité comme ça ». Selon Hélène de Ludinghausen, « c'est la première fois dans l'histoire de la haute couture que les modèles apparaissaient comme des "femmes" plutôt que des "dames" ». Mais nombre d'invités ont un autre mot à la bouche, même s'il n'est que chuchoté : « cocottes ».

Les critiques n'apprécient pas ce nouveau look Saint Laurent. « Totalement hideux », dit Eugenia Sheppard dans le *New York Post*[6], tandis que la chroniqueuse du *Daily Telegraph* trouve la présentation « nauséabonde[7] ». Alors que la presse reproche au couturier de se laisser trop influencer par le prêt-à-porter, les acheteurs sont furieux de constater qu'il redonne la primauté aux robes courtes alors qu'ils avaient poussé pour la longueur. Yves contre-attaque dans le *New York Times*, traitant les critiques de « réactionnaires mesquins à l'esprit étriqué[8] ». Il ajoute que « la mode est le reflet de notre époque, si elle n'exprime pas l'air du temps elle n'a pas de raison d'être », et il accuse la haute couture d'avoir été

« réduite à une tradition ennuyeuse de soi-disant “bon goût” et “raffinement”, à un musée, le refuge de ceux qui n’osent pas regarder la vie en face et se rassurent avec ces notions de tradition[9] ».

Des années plus tard, la controverse autour de cette collection 1971 sera réinterprétée à partir de ses références à la mode des années quarante avec ses larges épaules, ses turbans et ses chaussures à plate-forme, réminiscences du Paris de l’Occupation. Mais l’indignation qui s’exprime sur le moment n’a pas pour cible ce rappel de la Seconde Guerre mondiale : c’est le parfum canaille, « catin », qui a déplu. « Je crois que l’aspect “Occupation” était une sorte d’alibi, se remémore Gerry Dryansky, qui dirigeait alors le bureau parisien du *Women’s Wear Daily*. Les gens ont été révoltés parce que c’était vraiment très “vulgaire” à leurs yeux. Dans le monde de la haute couture, personne n’avait encore aussi délibérément flirté avec le côté “cocotte”, “femme légère”. C’était clairement la vision d’un homosexuel et je pense que beaucoup de gens ont été heurtés. Ils n’étaient pas prêts[10]. »

Contrairement à ce qu’une certaine réécriture de l’histoire de la mode suggérera par la suite, Yves n’a pas été le premier, ni le seul, à revisiter le look des années sombres : trois ans au moins avant 1971, Ossie Clark avait dessiné de ravissantes robes-tabliers et des tailleurs à épaulettes qui rappelaient le temps du Blitz, tandis que les marchés aux puces londoniens étaient dévalisés de tous leurs tissus et accessoires de cette époque[11].

Cette collection n’a pas surgi toute seule de l’imagination d’Yves. C’est sa synthèse visuelle, consciente et inconsciente, de ce qui se passe alors à Paris et de ses souvenirs personnels. Au cours des mois précédant la présentation de janvier 1971, il a vu Donna Jordan en satin décoloré, Andy Warhol et ses « kids » faire les fous chez lui, Talitha Getty et ses tenues d'Ossie Clark, Paloma en tweed et chaussures à plate-forme, et toutes ces jeunes Parisiennes qui s'inventent une image dans les friperies. Pour citer Charlotte Aillaud, « son œil voit tout, rien ne lui échappe ». Et Michel Klein : « Je ne suis pas sûr que c'étaient ces gens qui étaient importants dans la mode, ce qui était important, c'était l'attitude d'Yves par rapport à tous ces gens qui travaillaient autour de lui, et ce qu'ils apportaient. Il était comme une éponge. »

Tout couturier puise son inspiration dans le monde qui l'entoure, mais ce qui distingue Saint Laurent est sa capacité à absorber ces influences et à les transcender en une création originale. Comme le dit Loulou de la Falaise, « Yves avait ce formidable talent de reprendre tout ce qui se passait autour de lui, d'y apposer son sceau et de le rendre plus beau, plus fort, plus intéressant ». Avec lui, la mode atteint ce point de mutation où elle s'affirme en tant que style spécifique, en archétype.

En 1971, Saint Laurent invente des vestes plus carrées, aux formes plus prononcées, conférant à la silhouette de la femme une assurance et une audace nouvelles. « La carrure d'épaules Saint Laurent » sera depuis lors une marque distinctive de son approche. « Ce sont des vêtements à porter assise sur son bidet ! » ricane une journaliste derrière Loulou pendant le défilé [12], mais il serait plus juste de dire que ce sont des vêtements qui ont changé le cours de la mode en assumant audacieusement le rétro, le kitsch, l'anecdotique, avec des fulgurances d'une sexualité qui ne se dissimule pas derrière la sophistication et s'adresse directement à l'imagination. Et même si la haute couture se vend moins bien, quand Yves Saint Laurent parle, le monde de la mode écoute.

Émergeant avec ravissement des ruines encore fumantes de la société patriarcale, l'homosexualité commence à être perçue différemment dans les milieux de la mode. Jusqu'alors, l'étroite corrélation entre mode et homosexualité n'était abordée que par des sous-entendus et des euphémismes. Des couturiers homosexuels tels que Christian Dior ou Balenciaga avaient des « amis », non des amants. Saint Laurent et Bergé sont l'un des tout premiers couples à s'assumer ouvertement dans ce petit monde. Car, sur ce plan aussi, les temps changent, comme le décrit Maxime de la Falaise : « C'est l'époque où l'homosexualité est sortie de l'ombre. D'un coup, "ils" étaient ceux qui comptaient, ceux qui avaient la classe et la séduction. Les hommes hétéros n'intéressaient plus ! »

La génération d'homosexuels qui entre alors sur scène ne vit plus dans la culpabilité tendue de jadis. Ils sont directs, curieux de tout, à l'aise avec leur libido comme avec leur corps. Claude Aurensan était barman au Nuage, une minuscule boîte gay de la Rive gauche au début des années soixante-dix, et il résume ce bouleversement en une phrase : « Pour la première fois, on pouvait exprimer ses désirs au grand jour. » Une escouade de jeunes et séduisants provinciaux montent à Paris, ajoutant à l'ambiance électrisée de la capitale. Ces fils de bonne famille au visage angélique ont jeté leur Proust dans une valise par une chaude journée d'été, claqué la porte couverte de glycine du pavillon familial et brisé le cœur de leur maman en mettant le cap sur la capitale afin de trouver un protecteur, d'écrire un roman, de devenir mannequin et de faire l'amour, selon l'occasion qui se présentera en premier.

Quand il crée son premier parfum pour hommes en 1971, Yves Saint Laurent pose nu pour la campagne de lancement, dont il est la grande vedette. C'est dire la distance qu'il a parcourue depuis sa jeunesse timide et guindée, et l'impact que le cyclone de la libération sexuelle a eu sur lui. C'est le photographe de mode Jeanloup Sieff qui réalise l'image, mais l'idée de poser entièrement nu appartient à Yves, tout comme on lui doit l'atmosphère générale de la photographie en noir et blanc.

Assis sur un tas de coussins en cuir noir, il dévoile un corps mince, ferme, d'une grâce époustouflante, l'idéal physique des homosexuels de cette époque. L'image deviendra un poster « pin-up » pour toute une génération d'adolescents gays.

Il y a une dimension délibérément christique dans ce portrait, non seulement en raison de la ressemblance avec Jésus — ou serait-ce avec Jésus-Christ superstar ? — assurée par la barbe et les cheveux longs mais aussi grâce à l'auréole de lumière autour de sa tête et de son torse. L'image vise clairement à provoquer un scandale et ce sera en effet le résultat. Avec elle, Saint Laurent le créateur se transforme en produit, une opération publicitaire et commerciale qui prouve sa capacité à donner une touche de divin à la mode… et au marketing.

Autour de lui, c'est la célébration de la chair qui triomphe, la jubilation de la beauté physique. À la même époque, Antonio remplit une baignoire de teinture bleue et demande à Pat Cleveland de s'y plonger toute nue avant de la photographier. Renata Zatsch, un autre mannequin qui pose nue sous des manteaux en fourrure pour lui, se souvient : « Un mot de lui et nous nous déshabillions en une seconde. C'était un jeu qui nous plaisait, nous n'étions pas inhibées, nous aimions notre corps, nous étions agréables à regarder. C'était tellement naturel que nous nous serions mises toutes nues au beau milieu de la rue s'il nous avait dit de le faire. Tout cela avait à voir avec la liberté. »

Sa renommée ne cessant de grandir, Antonio devient un pôle d'attraction irrésistible. Au 134 du boulevard Saint-Germain, l'appartement que Lagerfeld a loué pour Juan et lui, les jolies filles sonnent sans arrêt à la porte, se succèdent pour être dessinées, transformées en idoles et éclipsées par de nouvelles venues, car la disposition d'Antonio à consommer — consumer — est sans bornes. « Antonio passait d'un être à l'autre comme une abeille butinant les fleurs, raconte Billina. Dans un groupe, il était toujours le premier vers lequel les gens allaient. Il vous attirait par son charisme, sa qualité de star, et puis il continuait son chemin, il passait à autre chose, toujours de nouveaux amis à présenter, telle ou telle personne à aller voir… Mais vous, vous restiez là, parce qu'une fois que vous étiez entré dans le cercle il n'était pas question d'en sortir. Antonio avait plus de connaissances et d'amis que quiconque. C'était la reine des mondanités, absolument.»

Même si l'on «restait dans le cercle», être supplantée par une beauté tout juste descendue de l'avion constituait une expérience douloureuse, d'autant que les relations d'Antonio avec ces filles prenaient souvent un tour sexuel. Insatisfaction et frustration n'étaient pas absentes de cette quête incessante de la beauté, comme il devait l'admettre lui-même par la suite: «Je cherchais une mère, elles cherchaient un père. C'est ridicule, c'est patent, mais c'est ce que les gens font tout le temps, toute leur vie: on n'arrête jamais de trimbaler son passé sur ses épaules[13].»

En dépit de sa vitalité survoltée, Antonio connaît aussi de sombres journées de dépression lorsqu'il se retrouve en panne d'inspiration devant sa feuille de papier. Alors, c'est Juan qui le tire de l'ornière en lui présentant des idées stimulantes, en décrivant à haute voix les images qui réveilleront la magie de son trait et le sortiront de sa prostration. Et puis la sonnette retentit, c'est Pat Cleveland, ou bien Paloma Picasso, ou encore Jessica Lange — leur dernière découverte —, et Antonio, rendu à la vie par leur sourire et leur peau de pêche, retrouve son énergie. Il s'achète un Instamatic qui, avec son Polaroïd, lui permet des inventions permanentes. Il prend l'habitude de former des sujets de mode à partir d'un scénario de neuf photographies organisées comme une courte bande dessinée: «Je n'arrivais pas à croire que nous puissions vivre tous ces bons moments et donc je voulais les enregistrer. Les Polaroïd étaient une sorte de preuve que tout cela s'était bien passé [14]. »

Avec leur spontanéité, l'intimité décontractée qu'elles créent entre le photographe et ses sujets, ces images capturent l'exubérance de l'instant, que Juan et lui complètent de décors, d'accessoires et d'illustrations. Antonio dessine Paloma en soutien-gorge et petite culotte, photographie Manuela Papatakis, la fille d'Anouk Aimée, enroulée dans de grandes feuilles de plastique transparent, met en scène des filles portant une lame de rasoir suspendue à leur collier ou avec un éclat de miroir brisé pressé contre leur chair, frémissements avant-coureurs de l'obsession sadomasochiste qui s'imposera plus tard au cours de la décennie, mais sans la souffrance.

Pendant ce temps, Pat Cleveland brûle les planches des passerelles de mode avec son rire et son érotisme scintillant, apportant un mouvement de danse inédit au cérémonial des défilés. Ce n'est pas un mannequin mais un tourbillon de jambes, de bras, de déhanchements, et elle fait sensation dès sa première apparition sur la scène de la mode parisienne, lors de la présentation d'une ligne dessinée par Karl Lagerfeld pour Chloé, aux côtés de Donna Jordan. Elle descend le grand escalier de marbre à pas lents, ondulante, poseuse et aguichante, les spectateurs captivés par ses lèvres moites de gloss et ses déhanchements assassins : « Je me suis mise à sourire, à bouger mes jambes, à prendre toutes sortes de poses sur les marches. J'ai imité toutes les stars de cinéma que j'avais vues, de Marilyn à Jane Russell. J'envoyais des baisers, je me touchais les cheveux, je caressais mon corps et les gens se sont levés en criant, ils applaudissaient, ils essayaient de me toucher… » C'est une irruption sans précédent de l'espièglerie, de l'originalité et de la sexualité sans tabou dans l'univers de la presse. « Karl était totalement emballé ! se souvient Pat.

Les gens n'arrêtaient pas de dire : "Mais qui sont ces filles ?", et Karl répondait : "Oh, elle c'est Pat, et elle c'est Donna, ce sont mes mannequins…" »

À l'époque, les défilés de mode parisiens font appel à des modèles anonymes, qui sont là pour présenter des vêtements, sans plus. Mais Pat a une approche tout autre de ce métier : « Nous étions venues en Europe pour nous montrer et c'est ce que nous avons fait. Le truc, c'est que nous arrivions de… nulle part. Nous débarquions d'Amérique complètement allumées, prêtes à tout. Nous avions grandi en regardant des films, en nous identifiant aux vedettes de cinéma, et nous étions à Paris pour devenir des stars, ou même des superstars ! Nous voulions briller nuit et jour. »

À l'entrée de la rue Sainte-Anne, Peter Berlin, photographe et icône gay, bottes de cow-boy et jambières en cuir, sourire coquin aux lèvres, monte la garde devant une succession de bars et de night-clubs gays et lesbiens aux noms aussi évocateurs que « Pimps » ou « Ève ». Mais c'est au numéro 7 de la rue que le Paris de la mode vient réaliser ses fantasmes.

Le Sept est le nouvel indicateur des énergies nocturnes et de la pulsion sexuelle omniprésente. Ouvert en 1968, cela a d'abord été un petit restaurant et une boîte à dominante homosexuelle, très éloignée cependant de l'ambiance quasiclandestine des bars gays de la Rive gauche. Ici, on ne surveille pas discrètement l'entrée, on n'épie pas les alentours dans la crainte d'être surpris dans une situation compromettante. La liberté triomphe dans chaque rencontre, chaque plaisanterie partagée, chaque coupe de champagne offerte. « T'en veux, chéri ? » murmure-t-on à votre oreille tandis qu'une main inconnue vous tend une pilule rose qui contient le secret de la séduction.

La plus grande nouveauté du Sept, c'est d'être un haut

lieu du glamour plus que de l'homosexualité. Les gays, les hétéros et ceux qui hésitent s'y côtoient sans friction. Selon Guy Cuevas, qui était alors DJ du club, « il ne fallait pas être riche, ni célèbre, il fallait être beau ». Dans cette ville où les clans campent sur leurs positions et où les rivalités peuvent être brutales, c'est la nuit tombée qu'ils se retrouvent, et seule la beauté est en mesure de les réunir.

« S'il n'y a pas de masque, on ne sort pas ! » lance Corey alors que Pat, Antonio, Juan, lui et les autres se bousculent devant la glace en se préparant pour aller au Sept[15]. « Nous n'avions qu'un miroir pas plus grand qu'une boîte d'allumettes mais nous étions toutes devant à nous maquiller, raconte Pat Cleveland. Si nous n'avions pas assez de fond de teint, Corey arrivait avec une grosse éponge et la passait sur tous les visages jusqu'à ce que nous ayons toutes la même couleur. On devait être pareilles. » En hommage à sa vie parisienne, elle a supprimé ses sourcils et renoncé à ses faux cils.

Pat, Billina, Donna et Corey ont quitté l'appartement de Karl pour prendre des chambres au papier peint défraîchi et au couvre-lit au crochet, à l'hôtel Crystal. Même cette réalité peu excitante ne suffit pas à calmer leur exaltation : « Tous les hôtels étaient magnifiques parce qu'il y avait Paris derrière les vitres ! » affirme Pat. Chaque soir, après avoir passé des heures à se transformer grâce au maquillage, aux combinaisons en Lycra et aux talons aiguilles, ils traversent les vues de cartes postales de la ville, franchissent le pont des Arts en dansant, rencontrent le crépuscule dans la cour du Louvre, tournent à gauche et empruntent la rue Sainte-Anne jusqu'au Sept, un rendez-vous où, selon la formule de Pat, « nos visages devaient être vus ».

Fabrice Emaer, le propriétaire des lieux, s'arrange toujours pour traîner non loin de la porte. Autre transfuge échappé de la médiocrité provinciale, il est le fils d'un marchand de laine du Pas-de-Calais. Après avoir été un temps esthéticien et maquilleur, cet admirateur éperdu de Greta Garbo a décidé de changer son prénom, Francis, en Fabrice, qu'il trouve autrement plus élégant, et de se transformer en figure de la nuit parisienne. Grand, très rococo dans l'âme, il affectionne les blazers croisés et confie deux fois par semaine sa théâtrale tignasse blond platine aux soins des shampouineuses et des coiffeurs de Carita.

Avec ses clients, Emaer déploie un mélange de hauteur seigneuriale et de familiarité cabotine, les accueillant avec des baisers et des cris extatiques: « Chérie ! », « Mon bébé d'amour ! »... Sa politique est discriminatoire à la porte et philanthropique au bar, où les riches paient pour ceux qui n'en ont pas les moyens. D'après Loulou de la Falaise, « ils ne nous demandaient jamais d'argent. On ne nous a jamais fait payer les consommations au sous-sol et l'idée ne nous serait même pas venue à l'esprit ». Quand Loulou interroge Fabrice à propos du montant de son ardoise, il esquive la question d'un vague geste de la main, et lui présente bien plus tard une note plus que modique de deux cent cinquante francs pour six mois de consommations, six mois pendant lesquels elle a fréquenté le club tous les soirs... « Kenzo et Yves étaient ceux qui payaient, explique-t-elle, parce qu'ils en avaient les moyens. »

Cette grande souplesse de Fabrice, combinée au fait que le Sept n'est ouvert qu'aux membres et à leurs amis, est propice à une atmosphère intime et voyeuriste où se mêlent jeunes et moins jeunes, talent et beauté, célébrités et inconnus. Une fois les yeux du visiteur habitués à la pénombre, il découvrira peut-être Francis Bacon en train de jouer aux cartes, Noureïev soupant tard après avoir dansé à l'Opéra, Roland Barthes, Bianca et Mick Jagger, ou encore, certains soirs, Andy Warhol et Fred Hughes partageant un plat de spaghettis au caviar.

Le Sept est un point de confluence du beau monde et du demi-monde. On y croise Éric de Rothschild au côté de Susi Wyss, une beauté féline réputée pour son hospitalité et son carnet d'adresses rempli de filles splendides. Dans son appartement du XIVe arrondissement, elle reçoit à dîner un mélange détonant d'invités, Yves, Pierre, Clara, Loulou, Karl, Antonio et sa bande… À leur arrivée, ils sont accueillis par « l'esclave personnel » de Susi, un jeune Allemand nu à l'exception d'un petit tablier de soubrette à la taille et de talons hauts, qui trotte docilement autour du salon en proposant boissons et cacahuètes. C'est John Paul Getty qui a offert cet appartement à Susi au temps où elle menait la vie aventureuse d'une « prêtresse de l'amour ». Elle se souvient avec attendrissement de l'arrivée de Björn Andresen un soir au Sept et de l'émeute que l'éphèbe de *Mort à Venise* avait failli provoquer : « Je pensais qu'il était homosexuel, confie-t-elle, mais en fin de compte il m'a merveilleusement bien baisée. »

Toutes les factions de la mode parisienne se retrouvent au Sept. Pull en V rétréci et pantalon rayé pattes d'éléphant, Kenzo y arbore tous les soirs un sourire béat plein de dents blanches. Après avoir présenté en avril 1970 sa première collection de minikimonos fleuris, de fuseaux tricotés, de turbans et de robes-tabliers déclinés dans des couleurs volontairement désassorties, il est le nouveau petit prodige de la presse spécialisée, qui s'est entichée de ses motifs exotiques et de ses coupes novatrices. Arrivé en France en 1965 — il a débarqué à Marseille d'un bateau qui avait mis un mois à venir du Japon —, il dira par la suite avoir voulu « exprimer la jeunesse » dans sa toute première ligne de prêt-à-porter. « À partir de 1963, on pourait avoir un passeport plus facilement, mais quand même, pour nous, les billets d'avion étaient très chers. Je suis venu en bateau pour vivre pendant six mois, c'était ça mon idée. »

Né en 1939, il appartient à une famille de sept enfants. Son père tenait une *matchaï* — maison de thé — à Himeji, et Kenzo Takada a grandi parmi les clients et les geishas. Il a étudié la mode au Bunka College de Tokyo mais « le Japon d'après-guerre, ce n'était pas drôle, constate-t-il. Travailler, travailler, travailler, travailler, ce n'était vraiment pas joyeux ». Inhibé par la rigidité de la société nippone, il trouve stimulant sur le plan créatif le non-conformisme et la liberté sexuelle qui règnent en Europe. À Paris, il est styliste indépendant pendant quatre ans avant d'ouvrir sa boutique en 1970, à l'âge de trente et un ans. Elle est décorée d'une grande peinture murale de feuillage tropical et de nénuphars, hommage au Douanier Rousseau qu'il a peint lui-même ; à l'étage, ses amis japonais travaillent sur des machines à coudre. Le magasin, qu'il baptise « Jungle Jap », rencontre un succès immédiat.

Ses vêtements sont l'antithèse de la haute couture française : légers, jeunes, amusants, fusionnant diverses influences ethniques. Il reprend des techniques traditionnelles japonaises comme la coupe à plat ou les manches kimono, joue avec les proportions, associant des hauts rétrécis à des pantalons bouffants, crée des motifs magnifiquement colorés et chargés pour ses tissus. Rompant avec le concept classique du tailleur, il propose des éléments d'habillement qui se portent superposés selon le besoin et le goût de chacune, ce que l'on désigne déjà sous le terme de *sportswear* en Amérique mais qui n'a encore fait qu'une apparition timide à Paris. Selon Loulou de la Falaise, « Kenzo a été le premier concurrent sérieux d'Yves depuis des années. Ils se respectaient et s'admiraient mutuellement. Kenzo a été le véritable inventeur du look "décontracté". Ce qu'il faisait ne se voulait pas "convenable" ».

Tout en restant proche de Saint Laurent, Loulou fréquente Kenzo et son entourage, qu'elle rejoint à La Closerie des lilas et accompagne au Sept tard dans la soirée, habillée en « une sorte d'hybride de pirate, de troubadour et de page du Moyen

Âge », pour reprendre sa propre description, par exemple avec des bas dépareillés, l'un fuchsia, l'autre violet, sous une jupe de danseuse chipée dans une garde-robe de costumier. Sa complicité esthétique avec Kenzo, doublée de sa sensibilité *funky*, place Loulou sur une longueur d'ondes qui n'est pas celle de la haute couture parisienne : « Je me sentais plus proche de cette créativité juvénile, cosmopolite dans l'esprit, que de la solennité parisienne ; ça chiffonnait pas mal les couturiers, qui avaient plutôt leurs entrées chez la comtesse de Paris », se remémore-t-elle. Elle a dix ans de moins qu'Yves, elle est célibataire, avide de rencontres, et elle passe sa vie dehors.

Vers une heure du matin, la foule d'habitués du Sept descend danser au sous-sol et s'abandonne à une frénésie extatique devant des murs couverts de miroirs dans lesquels chacun observe les autres et se regarde soi-même. Un soir, Pat monte sur le comptoir et leur offre un strip-tease, « en retirant un petit peu de ci, et puis un petit peu de ça »… Étendue sur le bar dans sa nudité miroitante, elle laisse Fabrice l'asperger de champagne.

Devenu le DJ de la boîte de nuit en 1971, Guy Cuevas affectionne le son Tamla Motown, Diana Ross et Marilyn Monroe, qui pousse les gens à danser sur les tables : « Mais j'étais un disc-jockey à l'ancienne, pas un "techno" comme aujourd'hui. Je n'avais pas de casque, rien du tout. Il m'arrivait de mettre un disque et d'aller danser sur la piste avec Antonio. » Sa sélection est « *funky*, sexy, toujours gaie. C'était un grand bordel — comme la boîte, un métissage de races, de cultures et de comptes en banque ».

Parenthèse dans la réalité, ce lieu où se croisent de très fortes personnalités, les riches et les fameux comme ceux qui le sont moins, est chargé d'une énergie électrisante. On se demande si c'est vrai, si toute cette séduction et ce plaisir existent pour de bon. Ariel de Ravenel, fille de la haute société travaillant alors à *Vogue* édition française, le dit sans détour : « La seule raison pour laquelle je finissais par quitter le Sept, c'est que je savais que je pourrais revenir le lendemain. » Et c'est ce qu'ils font tous, encore et encore, pris dans le désir de se retrouver de nouveau.

Une autre fois, c'est Corey qui surgit, la peintre Shirley Goldfarb pendue à son bras. Véritable institution de la Rive gauche, cette artiste originaire de la petite ville d'Altoona, en Pennsylvanie, est une grande amie de David Hockney. Corey, qui l'a rencontrée au Flore, en a fait son joujou et veut l'initier aux arcanes de la mode. Fasciné par son visage que l'on dirait sorti d'une fresque de Pompéi avec ses énormes faux cils et ses yeux cerclés de noir liquide, il lui communique son goût pour les pilules amincissantes et l'emmène avec lui dans toutes les mondanités des milieux de la mode — elle fera même fonction d'habilleuse lors d'un défilé à Venise auquel participe Karl. Mais Corey finira par se lasser du physique surprenant de Shirley et, l'engouement s'étant épuisé, elle sera sommairement abandonnée sur le bas-côté par la petite bande.

Karl Lagerfeld, quant à lui, passe toutes ses soirées au Sept. Assis près de la piste de danse, il observe le joyeux défoulement général. Saint Laurent arrive en général bien plus tard, le plus souvent flanqué de Betty, de François Catroux et de Pierre Bergé. La chorégraphie de son arrivée est immuable : où qu'il se trouve, que ce soit dans un night-club ou à son studio, un cercle protecteur se forme aussitôt autour de lui. En public, c'est Pierre, Clara, Loulou et Betty qui constituent la première ligne de défense, tandis que rue Spontini elle est assurée par Pierre, Loulou et Anne-Marie Muñoz. On occupe des banquettes, on rapproche des chaises, et Yves s'installe au centre de ce cocon, entouré d'un cordon aussi invisible qu'impénétrable. Chacun connaît le rôle qui lui revient.

Les rares fois où Paloma Picasso accompagne Yves lors

d'une sortie, elle s'étonne toujours de se retrouver en position de « protectrice » plutôt que de « cavalière », alors même qu'elle est bien plus jeune que lui, qu'elle a moins d'expérience et qu'elle est femme. « Il vous fait vous sentir responsable de lui », affirme-t-elle, trait de caractère que Fernando Sanchez confirme : « Il le réclame, oui ! Et il en a toujours été ainsi. À l'école, déjà, c'était le cas. Les gens étaient prêts à faire pour Yves ce qu'ils n'auraient fait pour personne d'autre, parce que c'est ce qu'il attendait d'eux. Il ne l'exigeait pas avec des mots, mais il avait une certaine attitude… C'était une partie intégrante de sa personne.» C'est donc Yves qui exprime ce besoin de protection permanente. Mais contre quoi, face à qui ? Personne ne semble le savoir, apparemment.

Au Sept, il danse, observe ou se laisse aller à sa dernière toquade, car avec Yves il y a toujours un béguin en cours et il est toujours tempétueux, obsessionnel et de courte durée. L'objet de son caprice amoureux peut être un client ou un serveur, et il appartient à Loulou — ou à Betty, quand elle se rend au club — d'informer l'élu à voix basse que Saint Laurent est sur le point d'arriver.

Les drogues sont là pour donner encore plus d'intensité à tout. On prend de la mescaline, ainsi qu'un nouveau type d'amphétamine dont l'effet est amplifié par l'alcool. On se divise entre ceux qui veulent être stimulés, ceux qui veulent planer et ceux qui ne prennent rien mais aiment bien regarder l'effet de ce que prennent les autres. Les premiers ont recours aux « amphètes » et aux « poppers », les seconds optent pour le Valium, les hypnotiques et le Mandrax, un sédatif puissant à base de barbituriques, lequel, combiné à l'alcool, promet de grands moments érotiques en raison de l'euphorie et de la désinhibition sexuelle qu'il induit. Corey, qui découvre le Mandrax, s'en souvient encore : « C'était vraiment "le" truc.

On avalait les cachets et on descendait des bouteilles de vin entières.»

La soirée typique s'achève dans les bras d'un ou d'une inconnue, les caractéristiques principales de ces aventures d'une nuit étant la liberté et la légèreté. Comme le dit Ariel de Ravenel: «Ça ne portait pas à conséquence, on voulait s'amuser. On commençait à dire avec qui vais-je coucher parce qu'il était cinq heures du matin. Mais ce n'était pas du tout l'enjeu de l'affaire. Ce qu'on recherchait avant tout dans ces soirées, c'était danser, prendre du bon temps.»

Il arrive souvent que des garçons raccompagnent une fille chez elle au petit matin avant de refaire surface deux heures plus tard dans quelque boîte *boys only* de la rue Sainte-Anne. Claude Aurensan, un jeune homme de vingt-deux ans à qui Fabrice confie la direction du Sept en 1971, très sollicité en raison de son physique à la Marlon Brando, se souvient: «Souvent, vers cinq heures du matin, on commençait à se dire: "Avec qui je vais coucher?", parce qu'il y avait moins de monde et d'un coup on se disait: "Oh, merde, je veux pas finir seul cette nuit!" Mais draguer n'était jamais "le but". Le but, c'était faire la fête.»

Au moment même où le Sept devient un endroit couru, les élégants de Paris développent une véritable fascination — pour ne pas dire obsession — pour les cabarets, depuis les véritables «shows» comme l'Alcazar ou La Grande Eugène jusqu'aux petits restaurants canailles des ruelles montmartroises comme Chez Michou ou Le Boutoc. Chaque soir, on visite un cabaret différent, et cet engouement dure quelques années avant de s'estomper. Thadée Klossowski, qui tenait un journal intime à l'époque, raconte avoir découvert en le feuilletant longtemps après qu'«entre 1972 et 1973, notre vie — du moins notre vie nocturne — semble avoir été dominée par les travestis». Avec Clara, Yves et Pierre, ils sillonnent la capitale en auto à la recherche de nouveaux cabarets, dont il parle comme d'une répétition interminable d'imitations de Mireille Mathieu par de jeunes serveurs qui, après vous avoir apporté à dîner, revenaient avec une perruque coupe au bol et un micro à la main, outrageusement maquillés. « Je me rappelle que Pierre Bergé nous emmenait dans des endroits vraiment louches autour de la gare de Lyon, poursuit-il. Je me souviens de bars interlopes où des employés des chemins de fer se retrouvaient pour danser. Un soir, devant l'un de ces bouges, Pierre nous a dit : "Attendez-moi dans la voiture, je vais voir comment c'est." Il est ressorti, l'air déçu, et a déclaré : "Il n'y a que des hétéros qui mangent des tripes !" »

Corey Tippin, lui aussi grand amateur de cabarets, y va plusieurs fois par semaine : « C'était fascinant, tout ce truc transsexuel, un homme capable d'être aussi une femme... Et c'était très intime, aussi, ces toutes petites salles où l'on sentait la chaleur des spots sur la nuque, où l'on voyait les artistes postillonner... » Fond de teint et déguisements, cabotinage et boas à plume : on est en plein dans le fantasme de la transformation que la mode est alors précisément en train d'explorer, dans cette quête de la réinvention qui est également à la base du rétro, du look Gatsby et des après-midi dorés de Marrakech. Pince-sans-rire, Thadée Klossowski laisse tomber : « Au fond, aucun d'entre nous ne s'intéressait vraiment à la réalité ! »

7

1972

Maintenant, Antonio dessine presque chaque jour les filles portant les modèles que Karl conçoit pour Chloé. Selon Corey, « Antonio était bien loin du réel dans ses dessins, cela donnait à Karl une direction à suivre, l'accompagnait jusqu'à la création suivante. À présent, la composition de l'entourage de Karl prenait tout son sens. Je crois que Karl était ébahi par la manière dont l'association de ces talents fonctionnait ».

C'est la vision d'Antonio, à la fois monolithique et saisissante, qui est la force motrice du groupe. Sur un plan pratique, il apprend aux filles à poser, indiquant par exemple à Pat comment pointer son menton, souligner une épaule, mettre en valeur son profil. Comme le raconte Joan Juliet Buck : « Il m'expliquait comment je devais m'habiller pour rendre quelqu'un dingue de moi, dans le genre : “Ah non, non, baby, tu ne peux pas mettre ça !” Et puis il y avait le plaisir esthétique d'être sous le regard d'un homme capable de dessiner des lignes comme ça. »

Un soir, chez La Grande Eugène, Corey remarque dans le public une fille qu'il invite à venir poser pour Antonio. Elle s'appelle Eija, est finlandaise et a déjà travaillé avec Helmut Newton. Elle est très mystérieuse, car elle ne parle presque pas et a le physique de la « femme fatale » hitchcockienne. Dès que Corey l'introduit dans le cercle de Karl et d'Antonio, on la voit jour et nuit en tailleur années cinquante avec un petit chapeau perché sur la tête, le teint très pâle rehaussé par des traits de blush et dramatisé par les paupières ombrées de noir : le look punk cinq ans avant la lettre.

L'élégance glacée et l'attitude générale d'Eija inspirent à Lagerfeld la tonalité de toute une collection, et les connaissances de ce dernier en matière d'histoire de la mode européenne amplifient les références visuelles d'Antonio et Juan. Chacun inspire et s'inspire des autres, frénétiquement. Anna Piaggi, rédactrice de mode indépendante qui travaille alors avec Antonio et Karl, parle d'un « échange réciproque, Antonio apportant la nouvelle culture et ses nuances "ethniques", Karl la touche aristocratique européenne ». Pour elle, cependant, c'est Karl qui « est le moteur du groupe. Il était moins tape-à-l'œil que les autres, moins extraverti, mais il n'arrêtait pas de produire des choses merveilleuses ».

Les mannequins de Karl portent ses créations soir après soir et se montrent dans tous les lieux « branchés » de la capitale. Billina se rappelle que Pat « faisait la star dans la rue, partout, toujours maquillée et montée sur talons, avec des tenues nouvelles et des diamants ». Lorsque Antonio sort danser pour la première fois avec Jessica Lange — qui étudie alors l'art du mime avec Étienne Decroux et n'a pas encore atteint la célébrité que lui apportera *King Kong* —, il choisit une robe du soir en lamé or conçue par Lagerfeld.

Au moment même où la collaboration entre Lagerfeld et le duo Antonio-Juan atteint son apogée, leur amitié commence à décliner et le petit cercle est, en 1972, en proie à de sérieuses tensions. Karl est la cible des moqueries incessantes des autres, qui l'imitent, tournent en dérision son accent, ses petites manies, sa façon de se lécher les lèvres, le sac à main qui ne le quitte jamais, ainsi que le monocle qu'il a pris l'habitude de porter. Assis en face de lui au Flore, Juan attend que Karl soit occupé ailleurs pour saisir un petit beurrier rond sur la table et se le visser sur l'œil en guise de monocle, ou pour coincer un livre sous son bras comme s'il s'agissait d'un sac de dame. Ses singeries sont à la fois les plus drôles et les plus cruelles. Désormais, quand le soir approche et qu'il faut appeler Karl pour mettre au point le programme de la soirée, l'appartement d'Antonio et de Juan boulevard Saint-Germain retentit de «Appelle-le toi ! », «Non, fais-le toi ! », «Ah, non, pas moi ! »...

L'entrée de Paul Caranicas dans la coterie en septembre 1971 ne fait qu'aggraver les choses. Ce jeune peintre américain d'origine grecque qui fréquente les Beaux-Arts s'est lié d'amitié avec Juan, avant de devenir son amant. Intelligent et cynique, grand buveur de whisky à l'humour acerbe, et impitoyable avec le ridicule, il sait tirer parti de la situation quand les favoris d'Antonio sont dédaignés ; il observe aussi la routine quotidienne de la bande avec un haussement de sourcil ironique et un sourire sardonique aux lèvres. Selon lui, en 1971-1972, «Karl était tout le temps fourré avec Antonio et Juan. Ils se servaient mutuellement les uns des autres. Ils crayonnaient ensemble, Karl cuisinait Antonio, et Antonio, c'était une idée à la seconde ! Il pouvait dessiner une collection entière en une minute ! Après, Karl et Juan allaient à La Hune et revenaient avec des montagnes de livres, qu'ils feuilletaient tous. Cela faisait partie de tout le processus, les images les inspiraient. Karl connaîtrait le succès, c'était clair, mais Antonio et Juan accéléreraient le processus, et il le savait».

Outre la liberté que Karl vit par procuration avec les Américains, leur impact le plus important est de l'initier à une méthode de création entièrement nouvelle pour lui. «Ils ont transformé l'esprit de Karl, affirme Tan Giudicelli. Antonio avait une vision globale, total glamour, mais à l'époque, Karl n'était pas "moderne". Il avait encore la mentalité Balmain. C'est Antonio qui lui a montré la voie, si je puis dire.» Cette voie, c'est celle du renouvellement permanent, une approche fondée sur la «tendance» du moment, et Karl se révèle idéalement équipé pour l'adopter : agile et déterminé comme un cheval de polo, il est en mesure de découvrir une tonalité, de l'explorer, de la conceptualiser et, trois semaines plus tard, de la chasser sans scrupule de son système de pensée pour passer à autre chose, à la dernière nouvelle idée.

Après avoir construit son image sur le superficiel, Karl Lagerfeld s'apprête à bâtir sa carrière sur l'éphémère. La mode qu'il produit est un fourre-tout, un jour Art déco, le lendemain *Les Damnés* de Visconti, réminiscences de Colette pour une saison et rappel de Fernand Léger pour la fois d'après. Il visite et explore chaque thème avec la plus grande finesse, une immense rigueur et toujours beaucoup de brio. Personne ne sait conjurer une ambiance aussi systématiquement et avec autant de justesse que lui. Et il a une énergie inépuisable, il assimile les informations à toute allure et enrichit sans cesse sa mémoire photographique par la lecture de livres et de magazines de mode, habitude qui déjà le distinguait du lot au temps où, simple étudiant, il savait identifier un modèle de Poiret ou de Vionnet tout en citant la saison et l'année correspondantes.

Il structure ses connaissances au moyen d'un étonnant système d'archivage de sa conception, qui consiste à acheter deux exemplaires du livre qui l'intéresse, l'un pour sa bibliothèque et l'autre destiné à être découpé, classé et conservé en tant que future ressource d'inspiration visuelle. Sa créativité a ceci de particulier qu'elle doit toujours être stimulée par des sources extérieures. Son génie consiste à observer, à assimiler et à recréer, mais aussi à savoir précisément quand le moment est venu de passer au style suivant. C'est ce processus d'invention, cette alchimie stylistique qui lui permettent de se renouveler, aussi bien personnellement que de renouveler la mode qu'il conçoit tandis qu'autour de lui d'autres voient leur créativité s'étioler et s'éteindre.

Et puis, le temps passant, Karl Lagerfeld vieillira mais son entourage rajeunira dans des proportions inverses. Ainsi, il restera toujours en prise avec l'air du temps, même si c'est par le truchement de ses cadets et alors qu'il a déjà passé l'âge de la retraite. Comme le dit Paul Caranicas, « Juan et Antonio avaient l'habitude de dire que Karl n'avait pas son pareil pour synthétiser ». L'intéressé a recours à un autre terme, encore plus direct, quand il décrit sa méthode : « vampiriser ». Dès 1975, il le reconnaîtra : « Je suis une sorte de vampire. Je prends le sang des autres[1]. »

L'été 1972 arrive. Karl Lagerfeld loue une nouvelle fois une résidence à Saint-Tropez pour le mois d'août, mais cette fois il s'agit d'une belle et vaste villa surplombant la ville, avec vue imprenable sur le port. C'est une location plus somptueuse que les deux années précédentes, il y a des domestiques et une piscine, mais le Train bleu ne sera pas le témoin d'un spectaculaire voyage en groupe, avec arrivée dans un tourbillon de malles et d'effets vestimentaires. Au contraire : les invités débarquent en ordre dispersé.

Antonio et Billina prennent le train ensemble et le premier rit si fort pendant le voyage qu'il se retrouve une semaine à l'hôpital pour rupture de cicatrice d'appendicite et infection intestinale. Paul Caranicas fait du tourisme en Iran et n'est attendu qu'à la fin du mois. Corey, Juan et Pat s'installent ensemble. Chaque jour ou presque, de nouveaux petits amis se présentent à la villa, et la dynamique habituelle du groupe s'en trouve dérangée, diluée.

Elisabeth Lagerfeld, la mère de Karl, est là elle aussi. Elle a voyagé avec Corey, à qui elle a glissé un billet de cinquante francs sous la table pour qu'il puisse payer leur dîner.

Depuis qu'il a défilé pour la première collection de prêt-à-porter pour hommes d'Yves Saint Laurent, Corey vit sur un petit nuage et se considère désormais comme l'arbitre infaillible de la mode. Avant la présentation rue Spontini, dans le salon, Yves a rectifié son nœud de cravate et lui a murmuré : « Tu es très, très chic », petite phrase que le jeune homme répète depuis comme un mantra [2]. Corey a également posé pour Helmut Newton, il a travaillé comme maquilleur sur des séances photo de Guy Bourdin destinées à *Vogue*, et désormais il est comme cul et chemise avec Thadée Klossowski et Clara Saint, ce qui veut dire qu'il flirte de manière illicite avec la bande de Saint Laurent. Avec son complice Jay Johnson, il a même dîné en compagnie d'Yves et de Pierre, qui les ont conviés à une soirée travestie Chez Michou. Jay et lui avaient forcé sur les comprimés — du Mandrax, « on les avalait comme des bonbons » — et sur la bouteille aussi, et ils étaient donc passablement partis. Bourreau des cœurs de part et d'autre de l'Atlantique, Jay Johnson exerce une fascination d'autant plus grande que son frère jumeau, Jed, est le petit ami officiel d'Andy Warhol. Mais, raconte Corey, « voilà que Jay tombe dans les pommes en faisant "boum" avec sa tête sur la table. Aussitôt, Pierre et Yves flippent, et disent "appelons un taxi, on fout le camp", et moi j'étais fumasse contre Jay parce qu'il venait de gâcher notre grande chance. Ils devaient être inquiets pour leur réputation, ils avaient peur des paparazzi. À l'époque, ils avaient déjà pas mal d'expérience, sur ce terrain ».

Cet été-là, Clara Saint descend sur la Côte d'Azur elle aussi. Elle se trouve à bord du yacht d'Hélène Rochas, et ne cesse de téléphoner à Corey pour lui proposer une balade en mer. Le jeune homme sait qu'il ne devrait pas : Karl arrive de Paris le lendemain et la fréquentation de la coterie Saint Laurent n'est pas considérée avec indulgence au sein du clan Lagerfeld. Mais la perspective est trop tentante de voguer sur la Méditerranée avec l'une des Parisiennes les plus en vue de son temps, l'héritière de la maison Rochas depuis la mort de son mari, une femme dont l'élégance et la beauté lui ont valu ce surnom inspiré par Offenbach, « la Belle Hélène »... Quand Clara rappelle, c'est pour annoncer qu'ils font cap sur Saint-Tropez et qu'il doit se trouver sur le quai dans une heure. Malgré son insistance, Juan refuse de l'accompagner. Corey finit par courir jusqu'au port, sans même prendre le temps d'enlever les chaussures à talons appartenant à Karl qu'il s'obstine à enfiler alors qu'elles sont bien trop petites pour lui.

Dès qu'il monte à bord, Hélène Rochas fait les grands yeux en découvrant ses pieds enflés et couverts d'ampoules. Après l'avoir entraîné dans une salle de bains pour laver et panser ses plaies, elle s'écrie : « Mais quel monstre, ce M. Lagerfeld ! Vous forcer à porter des chaussures pareilles ! » Corey s'abstient bien évidemment de préciser que l'idée vient de lui. Tandis qu'ils lèvent l'ancre pour gagner la résidence d'été de la comtesse Brandolini à Cap-Martin, Kim d'Estainville prépare sur le pont des cocktails à assommer un bœuf — il est à peine dix heures du matin. Étendue toute nue dans le filet du beaupré, Hélène se dore au soleil matinal, caressée par une brise légère.

Tout le monde voit bien que Corey flirte avec le précipice, ce qui, dans le milieu de la mode comme dans la société huppée, rend sa fréquentation encore plus attrayante. C'est un bouffon à la cour du roi. Sitôt débarqués chez la comtesse Brandolini, Kim et lui se font la chasse dans la demeure, allant jusqu'à faire irruption dans les chambres où les invités se préparent pour le dîner.

Tard, beaucoup plus tard, Corey a beau être totalement

défoncé au Mandrax et à l'alcool, il sait qu'il doit impérativement rentrer à la villa avant l'arrivée de Lagerfeld. « J'étais son invité, se remémore-t-il. S'il apprenait que j'avais passé la journée en compagnie d'Hélène Rochas, de Clara, de la bande de Saint Laurent, ça le mettrait dans tous ses états. Je ne captais pas bien tout, à l'époque. Je sentais la tension ambiante mais j'aurais été incapable de dire à quoi elle était due. » Il saute dans le taxi que Kim appelle pour lui et s'endort dans les méandres de la Moyenne Corniche, pour arriver à Saint-Tropez peu après l'aube, juste à temps pour descendre en titubant du taxi et contourner la villa en voyant la voiture de Karl s'engager dans l'allée. Corey tambourinera à la fenêtre de la chambre de Juan en criant : « Il arrive, il arrive, ouvre-moi ! », avant de se jeter tout habillé dans le premier lit : « J'ai tiré les draps par-dessus ma tête au moment même où Karl entrait dans la pièce. »

Lagerfeld n'est pas seul. Dans son sillage, il y a un jeune Français, un ami de fraîche date nimbé de cet éclat qui est l'apanage des nouveaux favoris du roi. Il s'appelle Jacques de Bascher de Beaumarchais.

La mode est un processus d'élimination permanente : on est dans le coup ou *has been*, actuel ou passé, neuf ou ringard, juste ou faux. Faire partie des élus, des initiés, c'est être en prise directe avec l'adrénaline qui fait carburer cet organisme voué à l'apparence : un état de grâce immédiatement reconnaissable car on se retrouve assis au meilleur rang du défilé, on est invité aux soirées Saint Laurent, on fait la couverture de toutes les revues, on se trouve déifié. Mais l'exaltation d'avoir été distingué du commun des mortels s'accompagne toujours de la peur de la chute, du retour brutal à l'anonymat. Le besoin compulsif de changement qui est au cœur de la mode signifie qu'un jour viendra où l'on cessera soudain d'être *in* pour devenir *out*, d'être formidable pour se voir qualifié d'infréquentable. C'est la coexistence permanente de ces deux états d'esprit, euphorie et crainte, qui crée l'extase terrible de la mode. Il suffit d'avoir assisté à un défilé dans sa vie pour ressentir cet effroi.

Dès que Jacques de Bascher apparaît à Saint-Tropez, les Américains savent que leurs jours sont comptés. « Dans la mode, tout est jetable, constate Corey Tippin. Nous savions que notre temps était limité et nous calculions tout en fonction de ça, et Karl faisait pareil. » Le matin même de l'arrivée de ce dernier sur la Côte d'Azur, Juan et Corey apprennent qu'ils doivent libérer la chambre qu'ils occupent pour Jacques.

Il est tout ce qu'ils ne sont pas. À mille lieues de ces Américains sortis de la rue mais comprenant instinctivement la mode, Jacques de Bascher appartient à la vieille Europe patricienne et s'habille comme une sorte de Brummel français. « Il venait d'une autre planète, dit Corey, naïf, pas encore acclimaté au monde de la mode. C'était un fils de bonne famille, avec une vie stable, et c'est cette image qu'il voulait apporter à l'univers de Karl, et à son travail. Nous, on ne pensait qu'à ruer dans les brancards, à nous marrer, à rire de tout, à faire les fous. Il ne comprenait jamais nos blagues, et nous on se regardait, incrédules, et on se demandait : "Mais qui est ce type ?" »

Mais Karl regarde déjà ailleurs et, en l'espace de vingt-quatre heures, Jacques commence à ordonner les activités du groupe pour la journée, à décider du restaurant où ils dîneront, et c'est Jacques que Lagerfeld dessine quand ils sont tous allongés au bord de la piscine. Corey, encore : « C'était lui qui tenait la barre, mais il s'y prenait comme un manche, il était brusquement devenu le centre de l'attention et on a été un peu poussés de côté. »

Ils passent des heures et des heures autour de la piscine, les

Américains se chamaillent et friment, comme s'ils se disputaient les derniers lambeaux de pouvoir tandis que Jacques évoque son château de famille, ses vignobles, son arbre généalogique, sujets de conversation que les Américains trouvent aussi pompeux qu'ennuyeux, à l'inverse de Karl.

Après trois années d'une exaltation esthétique qui a cimenté le groupe mais s'étiole à présent, le fossé se creuse au sein de la bande. Le flirt avec les Années folles est terminé, Fitzgerald est remisé au placard, les breloques en bakélite font vieux jeu, vaguement désagréables. Au sommet de leur art de dénicheurs de tendances, Juan et Antonio découvrent le style *sportswear* et arborent à présent des chemises de sport cintrées, des polos Lacoste et des jeans qu'ils ramènent de New York. Pat Cleveland se déhanche en string et diamants. Quant à Karl, il a franchi un pas de plus dans le look *too much* que ses invités d'outre-Atlantique trouvent chaque fois plus hilarant.

Un après-midi, Corey traîne avec Karl et Jacques sur le port lorsqu'il a une révélation : un car chargé de touristes américains s'arrête devant eux et soudain il voit Karl comme le monde le voit, et non comme on le voit à travers le kaléidoscope de la mode. Cornets de glace figés à mi-chemin de leur bouche béante, les touristes n'en reviennent pas de la vision qui leur est offerte : Karl en justaucorps, colliers de perles et lunettes noires, assis en amazone sur la mobylette conduite par Jacques, une saucisse de Francfort crue dans une main et une bouteille de Coca-Cola dans l'autre. Des années plus tard, Corey se rappellera avoir pensé : « C'est sûr, je traîne avec des gens étranges ! »

Lorsque Paul Caranicas rentre d'Iran à la fin de l'été, l'atmosphère devient encore plus pesante. Sa présence à Saint-Tropez agace Karl, qui n'apprécie pas son intimité avec Juan et a sans doute senti que Paul se moque du culte de l'apparence si prisé dans les milieux de la mode. Un soir, alors que

Karl est sorti, les jeunes gens, dont Jacques de Bascher, font les pitres autour de la piscine. L'ambiance est survoltée, tout le monde a pas mal bu, et à un moment quelqu'un jette une chaise pliante en aluminium dans l'eau. Or, il se trouve qu'il s'agit du siège sur lequel la mère de Karl s'installe tous les jours. En un clin d'œil, Paul et Juan plongent dans l'eau et jouent à s'asseoir sur la chaise au fond de la piscine. On hurle de rire, on se déchaîne, et lorsque Karl rentre, la chaise est toujours au fond de la piscine, et le jardin dévasté. Jacques, Juan et Paul s'accusent mutuellement d'avoir jeté la chaise dans l'eau. Karl est blême…

Le lendemain matin, Juan et Paul s'engueulent à propos de Karl, de Jacques et de la chaise dans leur salle de bains, sans s'apercevoir que la fenêtre qui donne sur le couloir est grande ouverte — couloir où, précisément, se tient Karl, lequel ne rate pas un mot de cet échange animé. Le verdict tombe : Juan et Paul doivent débarrasser les lieux sur-le-champ. Ils plient bagages et partent le jour même.

Le reste du groupe est autorisé à terminer ses vacances sur place, mais la rupture est brutale — et amère. « Karl en a peut-être eu assez d'être en butte à nos moqueries, avance Paul Caranicas, ou peut-être a-t-il compris qu'il avait tiré tout ce qu'il pouvait tirer d'eux et qu'il était temps de passer à autre chose. » Cette dernière raison, si elle n'a sans doute pas joué un rôle essentiel dans la crise de la chaise en aluminium, pourrait expliquer nombre de brouilles définitives que Lagerfeld aura par la suite avec des amis pourtant proches. Mais le cas des Américains déjantés est plus complexe, puisque à ce moment ils sont encore très en vue et donc totalement *in*. Faut-il en conclure que la dérision et les moqueries incessantes étaient allées trop loin et que malgré son détachement affiché à la Warhol, Karl a fini par être blessé ? « Karl se protège toujours, il se cache. Il est comme une coquille d'œuf, appuyez dessus et il se fissure », remarque Anne-Marie Muñoz. Étant donné son grand respect pour l'intelligence de Juan, pour son œil et son sens artistique, il a dû être profondément blessé pour en arriver à le virer comme cela. Toujours est-il qu'il expulse Juan de son univers et qu'Antonio connaîtra le même sort quelques années plus tard. Et il ne leur pardonnera jamais, ni à l'un ni à l'autre.

Désormais, le nouveau favori est en place. Jacques prend le soleil au bord de la piscine et Karl dessine inlassablement son profil. Les Américains avaient raison : ce garçon ignore tout des codes du petit monde de la mode. Mais il apprend vite, très vite.

« Je me souviens encore de la première fois que j'ai vu Karl, racontera Jacques trois ans après la scène en question. C'était à La Coupole, il est entré et on aurait cru… une fête d'anniversaire. Il devait y avoir au moins vingt personnes autour de lui, dont Antonio, Juan, Donna Jordan, Jane Forth, Gérard Falconetti, Amina Warsuma, Pat Cleveland, Eija et Kenzo. Je puis vous dire que, quand ce groupe est entré à La Coupole, il y a eu un silence dans tout le restaurant, un silence religieux. Le seul bruit venait d'eux, de cette bande qui traversait le restaurant avant de s'installer à une table gigantesque. Karl était fascinant à regarder. Il l'est encore[3]. »

On imagine le tableau : le jeune homme de vingt et un ans assis dans la salle un soir de 1972, lève les yeux et découvre cette tornade de glamour déferlant sur le restaurant : Pat rit de toute sa bouche de fraise mûre, Antonio repousse les serveurs d'un coup de hanche souple et Karl Lagerfeld, broche en diamants sur son revers en cachemire, conduit ce cortège scintillant vers un dîner au champagne. Instant hors du temps, où Jacques de Bascher voit des êtres jouir ensemble de l'existence dont il rêve. Car à cette époque le jeune homme vit à la frontière de ce « beau monde » qu'il observe de loin, et guette surtout le moyen d'y entrer. Est-ce ainsi que l'attirance de Jacques pour Karl Lagerfeld a débuté ?

Jacques de Bascher est né à Saïgon le 8 juillet 1951. Sa famille, arrivée au Vietnam l'année précédente, vivra les dernières années de la présence française en Indochine (son père travaille dans l'administration coloniale). Cinq ans séparent Jacques de son frère et de ses sœurs — Gonzalve, Anne et Élisabeth — et il précède de deux ans le benjamin de la famille, Xavier.

Les parents et les deux plus jeunes garçons passent cinq années au Vietnam, puis au Cambodge avant de regagner la métropole en 1955. L'aîné et les deux sœurs, en pension dans la métropole, n'ont pratiquement pas connu les petits, mais Anne se rappelle la joie des retrouvailles lorsque ses parents rentrent enfin au pays. Elle racontera l'attente avec Gonzalve et Élisabeth et enfin l'arrivée de la voiture, les portières qui s'ouvrent à la volée et ce petit garçonnet qu'elle connaît à peine, Jacques, qui se précipite dans ses bras en criant : « Mes sœurs, mes sœurs, mes sœurs ! »

La famille de Bascher s'installe à Neuilly. Ils habitent un appartement en rez-de-chaussée, boulevard du Commandant-Charcot. Mme de Bascher est mère au foyer ; le père, Antony, a quitté l'administration et est maintenant cadre chez Shell. Tous les étés, ils passent juillet et août dans leur château, en Loire-Atlantique. Construit au début du XIXe siècle, il est dans la famille depuis 1825. Le bâtiment lui-même respire la frugalité et la morosité de tant de châteaux des provinces françaises dont les maîtres ont à peine assez d'argent pour en assurer l'entretien, avec une cour d'honneur goudronnée pour économiser sur les frais de jardinage et un mobilier réduit à l'essentiel. La beauté est ailleurs, dans un parc ravissant où les gamins peuvent jouer pendant des heures, des douves et une petite chapelle où il fait toujours frais et où règne une odeur de plâtre et de feuilles d'arbres. Consacrée à saint Roch, elle contient une statue toute simple du saint fixée à droite de l'autel sur les murs passés à la chaux. Les cinq enfants Bascher descendent jusqu'au fleuve à vélo et se baignent dans les remous impétueux de la Loire sans qu'aucun adulte ne les surveille.

À Neuilly, alors qu'il a quinze ans, Jacques se lie d'amitié avec un tout jeune professeur d'anglais, Bertrand, qui voue une admiration éperdue à Oscar Wilde. Il loge sous les combles d'un élégant immeuble du XVIe arrondissement, dans une chambre de bonne à la porte de laquelle viennent frapper une succession de garçons désireux d'être initiés à une vie moins morne. Étonnant, et sans doute révélateur de l'époque et du lieu, la France d'avant 1968, qui attend encore la libération des mœurs.

L'adolescent est subjugué par cet enseignant dandy et raffiné, de dix ans son aîné, qui écrit des lettres en latin et conduit une grande Jaguar dans laquelle il vient chercher Jacques à la sortie du lycée. En mars 1967, Bertrand lui présente un autre lycéen de son âge, Renaud de Beaugourdon. Aux vacances de Pâques de la même année, il les emmène en voyage culturel en Angleterre. Après la traversée en bateau, Bertrand loue encore une Jaguar et ils traversent le sud de la Grande-Bretagne, Canterbury, Brighton et enfin Londres. Avec l'argent de poche que ses parents lui ont donné, Jacques s'achète des vêtements.

Les six mois suivants, Bertrand et Jacques effectueront plusieurs voyages ensemble, dont un autre en Angleterre. Renaud de Beaugourdon garde trois cartes postales de cette période. Elles sont laconiques, à peine une ligne ou deux – par exemple « *Off we go !* [On est partis !][4] », pour celle expédiée de Boulogne-sur-Mer –, mais c'est la signature qui retient l'attention : alors que la première présente leurs deux noms nettement séparés, ceux-ci finissent par se réunir, pour se fondre en un seul « Berjac » au bas de la troisième carte. Deux êtres transformés en un seul. Selon Renaud, Bertrand « était une espèce de mentor pour Jacques et il a vraiment joué un côté déterminant en termes de littérature et d'image, il a beaucoup compté dans la vie de Jacques et dans ce qui s'est passé après ». Avant leur rencontre, poursuit-il, « Jacques était un jeune homme de bonne famille habitant chez ses parents, menant une vie très bourgeoise, très conventionnelle ». Un shetland à col en V, un imperméable Burberry bleu marine, donnent une note sage et classique à sa garde-robe. C'est grâce à Bertrand que Jacques découvre le raffinement du dandy, un Bertrand que Renaud de Beaugourdon décrit comme suit : « Cultivé, mystérieux, avec un air d'Édouard VII jeune, prince de Galles. Il nous impressionnait beaucoup. C'était un homme très élégant, le seul que je connaisse à porter des chemises à faux col. » C'est sous sa tutelle esthétique que Jacques entame sa lente métamorphose, dans le cadre d'une amitié qui n'est pas totalement désintéressée car, selon Renaud, « Jacques prenait ce qui l'arrangeait. Il avait un côté prédateur ». Même si le garçon admire le savoir de Bertrand, il n'hésite pas à manifester un certain snobisme dédaigneux envers son mentor, qu'il juge « petit-bourgeois ». Leur relation s'arrête le jour où Bertrand annonce à Jacques et Renaud incrédules qu'il a décidé de se marier.

En 1969, Jacques s'inscrit en droit à Nanterre mais abandonne avant la fin de la première année. Devançant l'appel sous les drapeaux, il est enrôlé dans la marine, qui l'envoie faire le tour du monde sur le navire-école *L'Orage*. C'est une affectation privilégiée, déjà, et Jacques s'arrange pour se faire confier, comme le remarque sa sœur Anne, « le poste le moins fatigant » : responsable de la bibliothèque du bateau. Libéré de ses obligations militaires, il retourne chez ses parents et fréquente assidûment Le Flore et La Coupole, peut-être dans l'espoir de se faire remarquer. Il communique avec ses amis par de brefs messages manuscrits assez proustiens, un peu maniérés et délibérément vieux jeu. Selon Renaud, « il faisait beaucoup de fautes d'orthographe, mais cela ne m'aurait pas dérangé de faire autant de fautes si j'avais su écrire des lettres aussi charmantes ».

Il s'imagine déjà un avenir prestigieux, et il s'y prépare. À dix-neuf ans, un après-midi qu'il traverse la place Saint-Sulpice en compagnie de Renaud, il lance un regard à la ronde, observe les fontaines blanches baignées de soleil et déclare gravement à son ami : « Tu verras, un jour j'habiterai ici. »

Bien qu'il vive encore chez ses parents et qu'au dos de ses enveloppes il y ait toujours l'adresse du boulevard du Commandant-Charcot, c'est à cette époque qu'il entreprend d'effacer l'épisode Neuilly de son histoire personnelle. Renaud de Beaugourdon le dit : « Il considérait cette partie de sa vie et sa famille comme étant bourgeois, et il ne voulait pas en entendre parler. » C'est sur la noblesse de son extraction qu'il entend faire porter toute l'attention.

Malgré la Révolution et toutes les proclamations égalitaires, l'aristocratie reste une réalité en France, et les nobles ne sont pas tous égaux. L'aristocratie se divise en « haute » et « petite » noblesse. La première est celle qui, sous l'Ancien Régime, animait la cour de ses intrigues et de ses ambitions, formait l'élite des princes et princesses de sang, des vieilles familles nobles — les Rohan, les Gramont, les Noailles, les Polignac… — et des grandes dynasties militaires. Ces aristocrates, qui revendiquaient tous de très anciens lignages, appelaient la cour « ce pays-ci », avec l'insouciante présomption qu'il n'existait pas d'autre pays hormis leurs vastes domaines en province et leur « patrimoine parisien » constitué de somptueux hôtels particuliers.

À côté de ce haut du panier, la petite noblesse a poursuivi son existence autrement modeste. Appelée également « noblesse de hobereaux », terme peu flatteur faisant référence à un petit rapace qui pond ses œufs dans les nids abandonnés, cette classe se tenait jadis à l'écart des splendeurs et de la perfidie de la cour, retranchée dans une vie provinciale, survivant grâce aux revenus de ses terres ou de ses vignobles. Si ses fils aînés parvenaient généralement à conserver un train de vie relativement décent, les puînés ont souvent été réduits à un état de dénuement que Balzac a étudié avec la finesse que l'on sait. Ensuite, lorsque la réforme de l'héritage assurée par le Code napoléonien a accordé une part égale à chaque descendant, les familles ont dû faire face à la division exponentielle de leurs propriétés jusqu'à en arriver à cette triste réalité que l'on appelle le « château à sec », lorsqu'il n'y a plus ni champs ni vignes pour faire rentrer l'argent et qu'on en est à occuper une bâtisse souvent trop grande pour être convenablement chauffée.

Jacques, pour sa part, ne désire rien tant que d'être issu d'une famille de cette aristocratie-là, celle dont le prestige a survécu même à la ruine. La réalité, cependant, est que l'un de ses ancêtres de Bascher a été anobli en 1818, sous Louis XVIII, ce qui en termes d'ancienneté nobiliaire ne pèse pas bien lourd. Sa famille faisait partie de la grande bourgeoisie nantaise et des milieux royalistes de Vendée qui avaient combattu la Révolution les armes à la main. Les de Bascher possèdent un château du XIXe siècle et quelques hectares de muscadet dans un coin tranquille de Loire-Atlantique.

Mais ce n'est pas la seule déception pour Jacques. Comme le rappelle son frère, Xavier de Bascher : « Ma mère s'appelait Petit. Elle est d'origine paysanne et mon père est de Bascher, qui est unique et qui vient d'un milieu Vendéen aristocratique.

Personnellement j'ai toujours été fier de cette rencontre, cette fusion.»

C'est ici que prend naissance la trajectoire incandescente de Jacques de Bascher dans le monde de la mode parisienne, dans ce désir inassouvi de voler plus haut que sa destinée ne l'a permis. Et ce complexe d'infériorité sociale est un point qu'il partage avec Karl Lagerfeld, un lien qui les unit. «Provincial», «normal», «bourgeois»: ce sont des termes – et des réalités – inacceptables dans le vocabulaire de la mode. On se doit d'avoir une vie exceptionnelle, pas une vie tracée d'avance. C'est quelque chose que Lagerfeld a compris dès le début.

Ce que le destin refuse obstinément à Jacques, il cherchera à l'obtenir par le truchement de son image. Sur ce plan, la nature s'est montrée bien plus généreuse: elle lui a dispensé une beauté physique et une présence incontestables. Deux qualités qui, dans l'univers parisien de la mode, peuvent mener très loin.

8

1972

Yves Saint Laurent passe des vacances à New York au mois de novembre 1972, et comme toujours il y est accueilli en messie de la mode et en sommité mondaine. Une grande soirée est organisée en son honneur. Bianca et Mick Jagger sont invités. Yves a tourné la page de sa période hippie, il a les cheveux courts, les joues rasées, et il est en costume et nœud papillon. Il bavarde avec Bianca, très sensuelle dans une robe-débardeur blanche à pois émeraude et coiffée d'une toque rehaussée d'une plume de faisan. Avec une canne ancienne noire et blanche coincée entre son bras et son sein, son allure oscille entre la danseuse de cabaret berlinois et la majorette. « Dos dénudé et sans soutien-gorge », note fiévreusement l'hebdomadaire *Newsweek*, car ces deux traits font encore sensation à l'époque[1].

Quelques jours plus tard, ils se retrouvent pour un entretien destiné à *Interview*, la revue de Warhol : Bianca pose les questions, Saint Laurent répond et Andy, assis avec eux, enregistre tout sur son magnétophone. La transcription paraîtra dans le numéro de janvier 1973, accompagnée d'une photographie d'Yves sur une page et d'un sujet de mode mettant en scène Bianca. Leur échange est un gentil exercice d'admiration mutuelle entre deux célébrités. Comme ils évoquent l'exigence esthétique de Saint Laurent, sa recherche permanente de la perfection visuelle, Bianca en vient à demander: «N'y a-t-il pas certaines qualités que vous recherchez chez les gens?» Sa réponse est peut-être la déclaration la plus révélatrice de sa propre personnalité qu'il ait jamais faite en public: «Non, parce qu'en fin de compte les qualités que je vois chez quelqu'un ne sont que la perception que j'en ai. C'est ma "vision" des autres qui compte. Tout n'est que projection. Si je me méprends sur quelqu'un, c'est de ma faute. Ce qui m'intéresse, c'est la perception d'autrui.»

En d'autres termes, Yves Saint Laurent détient le monde dans sa tête, un monde qui est défini par lui. La réalité défile devant lui comme un écran sur lequel son esprit-caméra projette tout ce qu'il a envie de voir. Tout le reste est tenu à distance. Sa voix est la seule qu'il écoute. Ce n'est pas «vous» qui l'intéressez mais uniquement l'idée qu'il se fait de vous, et une fois que vous n'y correspondez plus, vous cessez d'exister à ses yeux. Il se détourne totalement. Comme le dit Charlotte Aillaud, «il est implacable, il ne vous pardonne rien». Le ravissement que vous aviez pu jadis éveiller dans son imagination a disparu; le visage se ferme, l'impatience est palpable: on est fini.

Pierre Bergé le reconnaît: «Comme tous les créateurs, il est d'un égoïsme épouvantable et donc les autres ne comptent pas beaucoup, à cause de cet égoïsme-là. Je suis quelqu'un de généreux, Yves ne l'est pas mais, et c'est très important, s'il n'est pas généreux, ce n'est pas parce qu'il est avare. C'est parce qu'il est le genre de personne qui ne peut vivre qu'autour de lui-même. Le monde extérieur ne l'intéresse pas. Voilà! Vous savez, chaque artiste, chaque créateur invente son propre système solaire et le monde entier tourne autour du soleil et le soleil c'est lui! Voilà! Et le soleil n'est pas là pour demander comment vont les satellites ou les gens autour de lui, il s'en fout complètement. Cela n'est pas péjoratif, attention. Yves est quelqu'un qui ne prendra jamais de vos nouvelles ; d'ailleurs, il ne vous demandera jamais "comment allez-vous ?", pour une raison très simple, vous pourriez lui répondre "je vais mal", et là il serait très embarrassé. Yves ne supporte pas d'avoir quelqu'un devant lui qui ne va pas bien, c'est hors de question. Les gens qui vont mal ne l'intéressent pas. Au début, quand je l'ai connu, beaucoup de choses comme celle-là m'ont choqué, m'ont dérangé, et si Yves n'avait pas été un génie qui a en effet inventé son propre système solaire, je serais parti. Parce que je n'aurais pas supporté qu'il dise des choses comme ce qu'il a dit à Bianca Jagger. Mais j'ai accepté parce que je comprends que la création mobilise toutes ses forces et qu'il ne lui reste rien pour les autres. »

Pierre a toujours soutenu que le talent « anormal » d'Yves le dispensait des conventions d'une existence normale, mais peut-être était-ce aussi un moyen de justifier à ses propres yeux la nature de leur relation et la place qui lui était laissée. Car l'égocentrisme de Saint Laurent, combiné à l'intensité de sa pulsion créatrice, le rend indifférent aux besoins d'autrui. Jacques Grange ne dit pas autre chose : « Il n'y a pas de compassion. Il dit "Ohh la pauvre", mais au fond il y a quand même un égoïsme profond chez Yves, bien plus que chez Pierre. » Son système solaire exclusif est une source de force mais aussi de cruauté. « C'est qu'il est plus fort que tout le monde, confirme Betty Catroux. Et en plus il fait preuve d'un tel détachement par rapport aux gens qu'au fond, même s'il est blessé, ça glisse sur lui. »

Cette autorité sans partage est particulièrement évidente dans la routine de la maison. Pour les mannequins de cabine sur lesquels « M. Saint Laurent » essaie et « construit » la prochaine collection, la journée est un rituel dont le but est de le satisfaire. Contrairement aux modèles posant pour des photographes ou des sujets de magazine, ces filles ne travaillent le plus souvent que pour une maison. Après avoir permis au couturier de créer et de retoucher la collection, ce sont elles qui porteront les nouvelles tenues chaque jour de la saison, puisque à l'époque les grandes maisons offrent encore un défilé tous les après-midi dans leurs salons, pour permettre à leurs clientes de voir les vêtements « en action » et de constituer leur garde-robe pour la saison suivante.

Pendant les semaines qui précèdent une nouvelle présentation, les modèles attendent patiemment dans la cabine des mannequins du rez-de-chaussée qu'on les convoque une par une. Assises dans leurs peignoirs blancs devant des miroirs brillamment éclairés, elles s'épilent presque entièrement les sourcils, tracent une ligne au crayon noir à leur place, serrent leurs cheveux dans ces chignons sévères qu'Yves apprécie, colorent leurs lèvres d'un rouge écarlate, puis patientent pendant des heures, vides et alanguies comme les concubines d'un harem. Soudain, un signal parvient du studio : M. Saint Laurent est prêt. En hâte, le mannequin désigné inspecte une dernière fois son image dans la glace avant de monter à l'étage pour une apparition au cours de laquelle l'attention du couturier peut être aussi rapidement gagnée que perdue.

« Ah, voilà Joan Crawford ! » s'exclame Yves, voyant entrer dans le studio aux murs tapissés de miroirs Nicole Dorier dans une robe-fourreau de soie satinée noire, dont l'ample décolleté est retenu par un nœud sous la poitrine[2]. Tous les yeux se braquent sur son reflet. C'est une époque où Saint Laurent est fasciné par les vedettes de cinéma des années trente, Garbo, Dietrich, Crawford, ces déesses sur celluloïd de sa jeunesse et leur séduction hautaine, étincelante. Car son pouvoir réside là, dans cette capacité à faire pénétrer les autres dans son monde intérieur et ses obsessions. Comme le dira Nicole Dorier : « Il vous faisait entrer dans son jeu. Il vous donnait un rôle et vous étiez obligé de le suivre. En fait, ou bien vous acceptiez le rôle ou bien vous partiez. Je me souviens d'une fille, la pauvre, qui avait des cheveux jusqu'à la taille. On lui a demandé de les couper, elle l'a fait. Et trois jours plus tard on lui dit : "Merci, mademoiselle, vous ne convenez pas." »

Les filles présentent la collection hiver en plein été et naturellement elles voudraient partir au soleil, bronzer… Nicole Dorier s'en souvient : « Nous adorions partir en Grèce pour bronzer, mais on savait que si on revenait bronzées, M. Saint Laurent serait furieux, parce qu'il voulait que les filles blanches soient blanches. L'exigence était énorme. Il ne fallait pas le décevoir. Il est arrivé qu'un mannequin ne soit pas bien un jour, eh bien, elle aurait mieux fait de ne pas venir ce jour-là ! Après, c'était fini pour elle. Il était d'une grande sévérité. C'était lui, l'œil. On n'avait pas droit à l'erreur. Il fallait toujours se surpasser. S'il vous voyait un jour où vous n'étiez pas bien, cela cassait l'image qu'il avait de vous. »

« L'image »… En 1972, c'est le mot et le concept qui dominent le monde parisien de la mode, et personne ne s'aviserait d'abîmer ou de ruiner une image conçue par Yves, au risque de disparaître à jamais de son radar, de perdre pour toujours son approbation. Yves, c'est un regard exceptionnel, mais aussi le miroir dans lequel on se contemple. Saint Laurent est au centre du narcissisme triomphant de l'époque, et plaire à Yves au faîte de sa gloire semble être le stade ultime du bonheur.

Se présenter devant Yves Saint Laurent comporte implicitement une prise de responsabilité esthétique, laquelle obéit à des règles non écrites. Une femme entrant dans son studio ne peut qu'être en talons aiguilles, et il ne faut même pas songer à l'approcher si on ne porte pas de rouge à lèvres : même Loulou de la Falaise, qui aime bien ne pas en mettre, doit se plier à cette exigence. Et si vos cheveux ne sont pas au mieux de leur forme ce jour-là, autant vous faire oublier. Dominique

Deroche, qui vient d'entrer au service de presse en tant qu'assistante, a trouvé la solution pour les fois où elle est obligée de comparaître devant M. Saint Laurent : si ce jour-là elle estime que sa tenue n'est pas à la hauteur de son regard, elle préfère éviter une vue de dos très risquée et sort du studio à reculons, comme un courtisan sortant d'une audience accordée par Louis XIV. Et en effet cette pièce n'est autre que la galerie des Glaces d'Yves, tapissée d'immenses miroirs qui surveillent chaque mouvement, chaque détail. Jacques Grange le dit lui-même : « Il n'y avait aucune obligation explicite mais tout était clair : même s'il ne disait jamais rien, aucune femme ne se serait présentée sans être absolument impeccable. »

Bien qu'elle aime passer de temps à autre pour papoter et rire un peu avec Yves, Betty Catroux garde ses distances avec la maison Saint Laurent, ses luttes intestines et ses machinations. Elle a compris depuis le début qu'elle ne doit jamais importuner Yves avec ses soucis, alors avec Saint Laurent elle parle de Saint Laurent, des cheveux de Saint Laurent, des petits amis de Saint Laurent, des « bêtises » qu'ils pourront faire le soir même. Mais surtout, elle écoute. De tous ses « satellites », Betty est sans doute celui qui se protège le mieux contre les effets à long terme des radiations émises par la planète Yves. Elle est indéchiffrable. Elle dissimule son intelligence, sa discipline et sa loyauté derrière ses lunettes noires. Un proche du cercle de Saint Laurent constate : « Betty excellait à se tenir debout en pantalon, sans rien dire et sans rien faire. Sa force, c'était de ne jamais l'ouvrir. »

À la fin des années soixante-dix, elle met au monde la première de ses deux filles : « Mes enfants sont merveilleux mais ça a été dur… Je n'ai pas la fibre maternelle. » Comment déchiffrer cette femme qui a élevé l'affection d'un nihilisme désabusé au rang d'un art ? Derrière la façade de la blonde platine impassible, il y a un scepticisme étudié, sophistiqué :

« Mais c'est que rien ne m'intéresse, absolument rien ! Je trouve tout ennuyeux. Mes seules passions, c'est ma danse, mon vin blanc, mon mec, et voilà ! » Ce détachement produit un effet intéressant sur Yves qui, se voyant pour une fois dépassé sur le terrain de la passivité insondable, est obligé d'abaisser quelque peu sa garde. « Les hommes m'ont toujours traitée comme si j'étais quelque chose de tellement précieux qu'il fallait me protéger, me gâter, me garder dans un cocon, constate Betty. C'est terrible à dire, mais cette réaction que je provoque m'a conduite à ne jamais m'impliquer. Je n'ai pas besoin de me fatiguer avec qui que ce soit. »

À la différence de Betty, qui évite le studio, Loulou y passe ses journées aux côtés d'Yves. « J'ai toujours été du genre actif, note-t-elle, quelqu'un qui contribue à créer l'ambiance, voire qui s'en charge tout seul ! » Cela implique une forme de don de soi – précisément ce qu'attend Saint Laurent. Il veut tout d'elle, son sens des couleurs, sa légèreté, son côté *swinging London*. Selon Maxime, sa mère, « Loulou lui donnait confiance par son enthousiasme. Elle n'est jamais négative. Elle n'aurait jamais dit : "Je n'aime pas ce croquis !", mais plutôt : "Je préfère celui-là" ». Sur le plan pratique, elle lui apporte une aide inestimable : pour un homme qui crée des robes à partir de ses rêves, quoi de plus précieux que de savoir ce que ressent une femme en les regardant ?

Loulou sera celle qui conduira Yves à repenser, à redécouvrir la couleur. Jusqu'alors, il s'est contenté de l'utiliser surtout dans la palette « sérieuse » voulue par le chic parisien, mais il reste très influencé par la prédilection de Coco Chanel pour le noir, le bleu marine et le blanc. Loulou se souvient d'avoir trouvé « épouvantable » la collection Saint Laurent présentée juste avant son entrée dans la maison : « À vrai dire elle était assez élégante mais elle n'a eu aucun succès. C'était trop… pur, le genre cardigans en laine, très, très dépouillé, et tout était noir, bleu marine ou marron. Tout le monde a trouvé ça d'un ennui à mourir.» C'est à ce moment que, dans une de ses premières interviews, la jeune femme lâche tout de go qu'elle déteste les couleurs neutres, à commencer par le noir et le bleu marine, et se fait vertement tancer dès qu'elle pointe son nez rue Spontini. Mais le fait même qu'elle ait osé le dire a certainement touché une corde sensible chez Yves.

«Il avait un goût phénoménal pour les couleurs, expliquera-t-elle par la suite, mais j'ai dû l'obliger à l'exprimer. Il l'avait en lui depuis toujours, parce qu'il a grandi dans la couleur, le bariolé, mais il y a eu toute cette bonne éducation et ce conformisme parisien qui sont passés là-dessus… Beaucoup de gens pensent que la couleur, ça n'est pas "convenable" et je crois que je lui ai montré comment on pouvait porter des couleurs sans être vulgaire. Je pense lui avoir ouvert l'esprit sur ce plan. C'est ça, la créativité : on se sert des autres pour ouvrir des portes qui n'appartiennent qu'à soi. Ce n'est pas copier leurs idées, pas du tout, c'est s'en servir pour rendre accessibles des choses qui ne l'étaient pas.»

Yves ira même jusqu'à utiliser les relations de Loulou pour se motiver dans ce tournant. Loulou, encore : «Je voyais beaucoup Kenzo, à cette époque, et je crois que ça a stimulé Yves. Comme il a toujours été compétitif, je suis sûre qu'il a voulu m'impressionner, me dire plus ou moins : "Regarde, je suis aussi fort que tes amis, tu peux avoir autant de plaisir à être habillée par moi que par un tel ou un tel…"»

Inspiration, provocation ? Comment mesurer l'effet de sa nouvelle muse sur Saint Laurent ? Michel Klein a une belle formule : «Loulou est arrivée et la pâte est devenue légère.» Et Helmut Newton a dit : «Elle nous a tous influencés.» Loulou elle-même n'avait-elle pas déjà déclaré, en 1973 : «Je veux juste circuler parmi les gens et leur apporter ce que je peux à un niveau ou un autre[3]» ?

Pendant ce temps, dans son bureau que sépare du studio une petite volée de marches en contrebas, Pierre Bergé veille aux destinées de la maison sous la lumière vive d'une lampe articulée. Il s'est laissé pousser la barbe et plaque maintenant ses cheveux sur le côté, ce qui lui donne un petit côté napoléonien moderne. Il se déplace en Rolls-Royce avec chauffeur, et contemple les perspectives hausmanniennes du haut de sa banquette en cuir rembourré.

D'importants changements structurels sont en marche chez Saint Laurent. Richard Salomon, qui approche de l'âge de la retraite, a cédé Charles of the Ritz au groupe pharmaceutique américain Squibb Beechnut. La confiance personnelle que Pierre Bergé avait établie avec lui n'existe pas avec les nouveaux actionnaires, et ce mariage d'intérêts se révèle conflictuel : la philosophie du conglomérat d'outre-Atlantique s'harmonise mal avec la farouche volonté d'indépendance de Bergé, et réciproquement. En 1972, Pierre et Yves signent un accord dont les termes complexes ont été supervisés par Salomon et selon lequel ils prennent entièrement le contrôle de la maison de couture tandis que Squibb devient producteur et distributeur exclusif des parfums Saint Laurent, sur lesquels Pierre et Yves continuent cependant à percevoir des droits.

Ironie de l'histoire, cette émancipation financière survient alors que les recettes de la haute couture sont en chute libre et que sa fin annoncée semble approcher à grands pas. En 1974, Yves lui-même soupirera : « Ça ne pourra pas durer sept ans de plus[4]. » La maison garde une clientèle fidèle, certes, mais elle cantonne de plus en plus ses achats de haute couture aux tenues de soirée, préférant le prêt-à-porter pour la journée. Les nouvelles les plus inquiétantes viennent cependant des grandes chaînes de distribution américaines, qui depuis des années assurent la majeure partie des revenus des créateurs de haute couture en payant pour assister aux multiples défilés annuels, puis en achetant le droit de reproduire les modèles à grande échelle. Du jour au lendemain, ou presque, elles décident qu'il est inutile d'allonger trois mille dollars à chaque présentation exclusive d'un couturier parisien: leurs représentants sont beaucoup trop occupés à suivre les « shows » de prêt-à-porter qui attirent les curieux porte de Versailles.

C'est un tournant crucial pour l'industrie de la mode française comme pour Saint Laurent, et Pierre Bergé se jure de relever le défi au nom de l'une et de l'autre. Depuis longtemps, la Chambre syndicale de la haute couture rechigne à associer les stylistes de prêt-à-porter à ses activités et à son calendrier. En 1973, Bergé crée le Groupement Mode et Création, un organisme qui, sous la houlette de la Chambre, réunira des créateurs de prêt-à-porter tels Kenzo, Chloé ou Sonia Rykiel, et les lignes commerciales de grands couturiers comme Saint Laurent, afin de planifier ensemble les présentations saisonnières. L'année suivante, il sera élu président de la Chambre syndicale, un poste qui lui confère une influence considérable sur la profession. Et l'une de ses premières décisions sera d'ailleurs de dissoudre le Groupement en question…

Rue Spontini, Yves et lui ne prennent en fait pas au tragique la chute des ventes de la haute couture. Leur stratégie commerciale a toujours donné la priorité aux licences d'exploitation, voie royale qui conduit aux bénéfices juteux et à la notoriété internationale. L'accord conclu avec Squibb leur permet de continuer dans ce sens avec tous les produits autres que les parfums et les cosmétiques, et Pierre développe encore l'octroi de licences, vendant le nom de Saint Laurent pour des lunettes de soleil, des ceintures, des cravates, des cigarettes… En 1973, même Saint Laurent Rive gauche, la ligne de prêt-à-porter montée en partenariat avec le fabricant français Mendès, devient une franchise et est cédée à ce dernier. Désormais, Yves Saint Laurent continuera à dessiner les collections mais la confection, le contrôle de qualité et la commercialisation sont entièrement placés sous le contrôle de la société C. Mendès. Et les ventes explosent : en 1972, Bergé affirme au *Women's Wear Daily* que les recettes de la ligne Rive gauche dans le monde entier se montent à vingt-quatre millions de dollars.

C'est le début d'années de prospérité assurée par la distribution frénétique de licences et de contrats de parfumerie, véritables vaches à lait modernes de l'industrie du glamour. Bergé est alors blâmé de toutes parts, accusé de s'enrichir tout en contribuant à la déliquescence de la production « made in France », mais la maison Saint Laurent est loin d'être la seule à galoper dans ce sens : pendant la même période, Pierre Cardin, par exemple, accorde des franchises à qui mieux mieux. En effet, quoi de plus simple que d'accorder une licence d'exploitation ? Point n'est besoin d'usines, d'infrastructure de production et de gestion, ni même d'apport créatif dans le cas de produits comme les lunettes ou les cigarettes. Il suffit d'apporter un nom — on ne parle pas encore de « marque », dans le milieu de la mode —, d'apposer sa signature au bas du contrat et d'attendre que les dividendes tombent. C'est un vaste palais des glaces, sans rien à l'intérieur.

Le choix de cette stratégie illustre bien ce qui intéresse Pierre Bergé. C'est un brillant homme d'affaires mais ce n'est ni un fabricant ni un industriel. Son génie consiste avant tout à promouvoir, à influencer. John Fairchild avoue : « Si vous me demandiez de décrire Pierre, j'en serais bien incapable, à part de dire que, comme tant d'autres dans ce milieu, il adore le pouvoir. » Vérifier jusqu'où il peut étendre son influence, dans quelles limites il peut imposer sa volonté et celle d'Yves, telle sera désormais son obsession, que la passivité naturelle de son partenaire exacerbera encore.

« Quand quelque chose me déplaît, je le dis à Pierre », remarquera un jour Yves Saint Laurent[5]. Sur un signe de tête de sa part, Bergé décroche l'imposant téléphone blanc cassé dans son bureau tout laqué de noir et laisse tomber sa foudre sur quiconque a « déplu », où qu'il se trouve. Chroniqueurs de mode, fabricants de chaussures milanais travaillant sous licence, maître d'hôtel de chez Maxim's qui n'a pas réservé la table souhaitée, tout le monde en prend pour son grade lorsque Pierre laisse libre cours à son ire tonitruante.

Un jour, Helmut Newton se trouve dans le bureau de la rédactrice en chef du *Vogue* français, place du Palais-Bourbon, lorsque celle-ci reçoit un appel de la maison Saint Laurent. C'est Bergé, qui entreprend de la houspiller à propos de la manière dont Newton a photographié une robe Saint Laurent dans le dernier numéro de la revue. Newton s'empare du combiné : « Je lui ai dit : "Écoute, Pierre, ne me dis pas comment je dois prendre mes photos et je ne te dirai pas comment tu dois faire tes fringues !" J'étais furax. C'est un dur mais je l'aime beaucoup. Il est Scorpion comme moi, et puis je suis un aussi grand salaud que lui ! »

Son signe astrologique est souvent invoqué pour expliquer ses réactions explosives, autant que l'histoire du scorpion qui tue la grenouille sur le dos de laquelle il vient de traverser une rivière et déclare d'un ton désinvolte : « Que veux-tu, c'est ma nature... » Parmi ceux qui ont travaillé avec Pierre Bergé, certains soutiennent qu'il aime simplement rouler des mécaniques et que ses sorties fracassantes étaient avant tout un jeu, une sorte de bras de fer psychologique. Son ami Jacques Grange défend cette théorie : « Il y a chez Pierre le désir de proclamer : "C'est moi qui dirige tout, c'est par moi que tout arrive, c'est moi qui choisis tout." Il adore avoir le contrôle. Mais si vous vous soumettez, il vous donnera tout ce que vous désirez. »

Au travail, il commande les troupes et Yves n'échappe pas à son autorité. «Tiens-toi correctement ! », « Ne parle pas comme ça ! » : le quotidien est ponctué de ses incessants rappels à l'ordre. Lorsque la journaliste Pat McColl interviewe Yves place Vauban, elle remarque que celui-ci se tord les mains sous la table en verre transparent ; comme elle revient juste d'un séjour à la montagne, Yves l'interroge sur les sensations que l'on éprouve en skiant mais Bergé le coupe sèchement au milieu d'une phrase : « Tais-toi ! »

« C'est un Scorpion ascendant Scorpion ! » avance Didier Grumbach, qui en 1972 était à la tête de l'entreprise familiale C. Mendès et a collaboré avec Bergé pendant plus de vingt ans : « Il se sent toujours coupable, alors quand il enguirlande quelqu'un, je crois qu'il est plus en colère contre lui-même que contre la personne en question. » Grumbach se souvient du jour où Richard Salomon, de passage rue Spontini pour la signature d'un contrat, a été le témoin involontaire d'une violente sortie de Bergé contre Yvonne de Peyerimhoff, une dame élégante et affable qui est « directrice de maison » chez Saint Laurent depuis 1962, a connu Yves chez Dior et a même présenté Salomon à Pierre et Yves. Comme le raconte Grumbach : « Donc, Mr. Salomon attend M. Bergé, dont le bureau est à quelques mètres, en bas des marches. La porte est fermée mais il entend distinctement M. Bergé s'en prendre à Mme de Peyerimhoff, parce que M. Bergé est furieux et s'époumone, et il capte aussi le mince filet de voix de la directrice. Il est vert d'embarras et soudain, devant lui, voilà Mme de Peyerimhoff qui dévale les marches en pleurant, tellement bouleversée qu'elle se précipite dehors. Mr. Salomon est finalement reçu par M. Bergé, mais le soir même il téléphone à Mme de Peyerimhoff et lui demande : "Mais que s'est-il donc passé, Yvonne ? Je suis effondré, c'est affreusement gênant, je ne sais pas comment réagir ; c'était à propos de quoi, tout ce drame ?" Et elle de répondre : "Enfin, de quoi parlez-vous ?" Alors, Salomon insiste : "Mais ce matin, ce qui s'est passé ce matin !" Et elle : "Oohh, ça, ce n'est rien ! Ça arrive tout le temps, il ne faut pas vous en faire. Demain, il va m'envoyer deux douzaines de roses et tout sera oublié." Et en effet, ça se passait toujours de la même manière, sans que cela porte à conséquence. C'est une crise momentanée et après, Pierre regrette. »

Tandis que Bergé gronde et rugit, Yves se tient coi dans son studio, absorbé par des rêves d'organdi, ses doigts fuselés rectifiant pensivement un pli sur une épaule. Son talent le pare de l'innocence du créateur, et pendant des années nombreux seront ceux qui se méprendront à propos de cette apparente ingénuité, le croiront en effet angélique, dépourvu de toute malice.

En 1972, Pierre et Yves emménagent rue de Babylone, dans un grand duplex qu'ils ont acheté deux ans auparavant et rénové. La rue de Babylone n'est qu'à quelques minutes à pied de leur ancien domicile, mais ce changement marque une rupture avec l'amateurisme théâtral de la place Vauban, les chaises imitation Louis XVI, le canapé en velours, tous ces détails qui ont toujours suscité les railleries de Karl Lagerfeld et de sa bande.

L'appartement de la rue de Babylone est de bout en bout une mise en scène esthétique destinée à impressionner et à séduire, deux notions interchangeables dans l'esprit d'Yves. Personne ne mesure mieux le pouvoir de la beauté que Saint Laurent : « Je suis un esthète, sans cesse à la recherche de la perfection », dira-t-il en 1974. La beauté — la sienne, celle de son environnement et de ses créations — est pour lui un moyen d'envoûter, de transporter, de dominer et de vendre.

Ce déménagement est aussi un tournant dans sa vie personnelle et sa carrière. Tout d'abord, il est le signe que Pierre et Yves gagnent beaucoup d'argent à présent et veulent le dépenser en grand style. Alors qu'ils bâtissent l'image de Saint Laurent autour du culte de la personne d'Yves, cette nouvelle maison est là pour entretenir la dévotion et proclamer le statut social élevé du couturier. Yves ne se sert pas de sa nouvelle prospérité pour prétendre à quelque ascendance aristocratique : bien au contraire, c'est son passé de fils de la bourgeoisie coloniale, vu à travers le prisme sépia de ses souvenirs et de l'imaginaire de Pierre, qui est convoqué et devient un élément clé de la légende Saint Laurent. Avec cet appartement, son aspiration n'est pas de rejoindre une élite patricienne mais de se prouver qu'il fait bien partie de cette catégorie d'êtres mythiques, les arbitres du « goût ». C'est là que s'investit sa vanité, dans le désir d'être considéré l'égal d'une Marie-Laure de Noailles, d'une Misia Sert, d'un Jacques Doucet, tous ceux qui ont atteint l'immortalité parisienne par la sûreté et la distinction de leur jugement esthétique. Marie-Laure, qui a vécu dans la splendeur créée par le grand architecte et décorateur Jean-Michel Frank place des États-Unis, Misia, qui a partagé son luxe bohème avec Diaghilev, Cocteau, Chanel…

Bien qu'il soit géographiquement situé dans le Faubourg Saint-Germain, ils n'ont pas emménagé dans un hôtel particulier mais dans un appartement de grand bourgeois, un duplex des années vingt, commande d'un riche Américain à l'architecte préféré d'Yves Saint Laurent, Jean-Michel Frank. Le logement a les proportions imposantes et l'élégance discrète caractéristiques de Frank, avec des murs en palissandre et en cerisier. À cause du krach de Wall Street en 1929, le commanditaire américain n'a jamais pu l'occuper et il a été racheté par Marie Cuttoli, l'épouse d'un sénateur corse qui possédait une fabuleuse collection de tableaux, dont des œuvres de Picasso, de Braque, de Matisse et de Léger. Elle y a vécu une trentaine d'années sans pratiquement toucher au décor originel de Frank.

Yves prend soin de le faire restaurer sans affecter l'esprit premier et en y ajoutant de voluptueux apports de mobilier Art déco, d'objets d'art primitif et ses propres tableaux de Fernand Léger, ceux-ci constituant les prémices de la somptueuse collection qu'il va rassembler au fil des ans, principalement dédiée à la fin du XIXe siècle et à l'art moderne, avec un Goya en prime.

Le résultat est tout à fait remarquable. À peine la porte franchie, on a le sentiment de pénétrer dans les grandioses et complexes secrets de l'esprit de Saint Laurent. Simples visiteurs et connaisseurs expérimentés restent interdits d'admiration dans la vaste entrée laquée de rouge, plongée dans une pénombre mystérieuse où l'on distingue une spectaculaire sculpture d'un oiseau, une série de portraits d'Yves par Andy Warhol et un piano Ruhlmann noir. Dans le salon, on trouve un tapis des années vingt signé Boisseau, décoré de perroquets blancs aux ailes déployées et aux serres noires ouvertes. Une violette d'Afrique mauve et sombre s'étale sur la table laquée. Tout se complète et se répond avec art. Face aux cinq immenses fenêtres donnant sur une pelouse verte et ponctuant de lumière les panneaux en palissandre bordés de chrome dessinés par Jean-Michel Frank, est accrochée une série de cinq pastels d'Edward Burne-Jones, représentant l'adoration de l'Agneau divin.

« C'est l'un des lieux les plus sexy qu'il m'ait été donné de voir, assure Marian McEvoy, qui a longtemps dirigé le magazine *Elle-Decoration* aux États-Unis. On a envie de caresser toutes les surfaces, les couleurs sont denses, goûteuses, l'éclairage parfait et tellement flatteur... Il n'y avait pas une lampe dans la lumière de laquelle on ne se sentait pas d'une beauté à couper le souffle. Les feux de cheminée étaient toujours parfaitement réglés, avec juste la bonne quantité de bûches, ni trop ni pas assez. C'était d'une sensualité envoûtante.» Partout flotte un parfum de lys et de lierre.

On est en pleine représentation, notamment dans le salon oriental, également au rez-de-chaussée, avec ses murs et son plafond tapissés de glaces fumées, sa profusion de coussins en lamé argent répartis sur le sol en guise de couche et un énorme bouddha de l'époque Ming en bois passé à la feuille d'or. Yves dira de cette retraite magique qu'elle est «le lieu nocturne le plus tardif, à la fin d'une longue soirée, quand il n'y a plus que la lueur d'une bougie et l'intimité [6]».

Les thèmes décoratifs sont une vibrante revendication de l'héritage esthétique des grands couturiers. Ces références à la haute couture sont omniprésentes, à commencer par celle à Jean-Michel Frank lui-même, qui avait décoré l'appartement d'Elsa Schiaparelli, puis sa boutique place Vendôme. Il y a une chaise-serpent d'Eileen Gray qui a appartenu cinq décennies plus tôt à Suzanne Talbot, créatrice de chapeaux pour les Parisiennes les plus exigeantes, un lampadaire Art déco d'Albert-Armand Rateau qui faisait partie des objets d'art réunis par Jeanne Lanvin, ou encore, dans la bibliothèque, plusieurs eaux-fortes dont Christian Dior a été le propriétaire. Il y a également d'importantes pièces achetées par Yves lors de la vente de la collection Jacques Doucet. La savante juxtaposition d'art primitif, de mobilier Art déco et de peintures modernes s'inspire d'ailleurs directement de Doucet, qui a montré aussi bien dans son appartement de l'avenue du Bois que dans son studio de Neuilly comme on pouvait audacieusement mélanger les genres.

Couturier réputé du début du XXe siècle, Jacques Doucet avait rassemblé une importante collection de meubles et d'objets d'art du XVIIIe qu'il a dispersée dans une vente aux enchères en 1912. Ainsi libéré de ses choix initiaux, il a constitué ce qui a été son environnement artistique de prédilection dans son studio, qu'il a bâti et décoré, rue Saint-James, à Neuilly, en 1926. Là, sous la direction éclairée d'André Breton, Doucet a créé un intérieur mêlant exotisme et Art déco qui a fait date, passant commande aux principaux artisans du mouvement Art déco, comme Eileen Gray ou Legrain, un menuisier exceptionnel, entourant leurs meubles d'art primitif et de tableaux de Picasso, du Douanier Rousseau ou de Modigliani.

Contrairement à Doucet, cependant, Yves n'a nulle envie de faire exécuter ou d'acheter du mobilier contemporain. Ses portraits par Andy Warhol sont parmi les rares pièces d'art contemporain — et encore, leur valeur semble tenir davantage à leur sujet, YSL en personne, qu'à une qualité qu'il leur reconnaîtrait. Pour preuve, la rage qui le saisit lorsqu'il apprend que Warhol s'est fait payer pour exécuter les portraits de deux concurrents, Valentino et Halston : terriblement vexé, Yves clame son intention de brûler les siens, menace qu'il ne mettra pas à exécution.

De son époque, Yves ne retient donc que peu de chose pour décor de ce havre d'esthétisme, à peine quelques sculptures de moutons en train de brouter dues à François-Xavier Lalanne — que l'écrivain et critique Philippe Jullian raillera en disant qu'elles ressemblent à « de gros caniches[7] ». Il a acheté une seule table à son ami François Catroux, le mari de Betty, qui est un décorateur au style résolument contemporain. Même la bibliothèque toute blanche du rez-de-chaussée semble tournée vers le passé avec ses canapés blancs copiés sur ceux de l'élégant salon de Marie-Laure de Noailles place des États-Unis ; l'idée de poser sur les étagères des photographies et des cartes postales — avec notamment des portraits de Louis de

Bavière et de Marcel Proust, deux héros de Saint Laurent — est également de Marie-Laure de Noailles.

Présenté et loué dans d'innombrables magazines de mode et de décoration, l'appartement de la rue de Babylone n'est cependant accessible qu'à une poignée d'élus. Le duplex, tapi au fond d'une cour et gardé par une escouade de domestiques taciturnes, est protégé de la rue par un lourd portail en bois. Il représente une étape importante dans le processus de retrait du monde à l'œuvre chez Yves.

Car à l'époque, personne à part Pierre ne connaît de près l'extrême volatilité et les recoins les plus secrets de l'esprit de Saint Laurent. Pour le reste du monde, même ses plus proches collaborateurs, il reste le « gentil » Yves, affable, timide, un garçon adorable victime de son hypersensibilité. Mais la réalité de sa personnalité est dissimulée aux regards, et elle est triste : il souffre d'une maladie mentale. Trente ans plus tard, Pierre le dira sans détour : « Yves est maniaco-dépressif. C'est le nom précis de sa maladie. » Il prononcera ses paroles avec le flegme lucide d'un homme d'un certain âge, mais ce n'est certes pas en ces termes qu'il parle d'Yves en 1972, alors que celui-ci est le créateur mondialement connu dont le nom est la base d'un empire commercial en pleine expansion, et qu'il convient de dresser des paravents impénétrables derrière lesquels on cachera au public les sautes d'humeur, les moments d'exaltation et d'abattement, les accès irrationnels. Pas entièrement, toutefois, car même Pierre n'arrive pas toujours à dissimuler la grave instabilité psychologique d'Yves, comme ce jour où, en pleine crise de rage, il donne un violent coup de poing dans un mur et se fracture le poignet.

Chaque fois qu'on évoque prudemment la santé d'Yves, Bergé et lui expliquent ses accès de dépression en les replaçant dans la grande tradition du génie torturé, chère aux romantiques français. Pierre cite *Une saison en enfer*, et Yves les souffrances de Proust. Mais à ce stade Pierre s'est engagé personnellement dans une longue, très longue lutte dont le but est de garder Yves sur les rails et de cacher derrière un voile de silence la face sombre de sa personnalité, combat dont l'issue est déterminante pour leur prospérité matérielle — et pour la propre stabilité de Bergé. La mode est un phénomène culturel mondial, l'argent coule à flots, la gloire est chaque jour plus étincelante, et Yves est l'icône dont il faut préserver le caractère sacré.

La voie de Pierre est toute tracée : il veillera à ce qu'Yves soit stimulé, en lui permettant assez de fantaisie et de caprices pour que sa créativité continue à se déployer, mais il imposera aussi des garde-fous draconiens, et contrôlera ce qui se dit au sujet de son « protégé ». Mais depuis qu'il a goûté aux drogues et à l'alcool, Yves est de plus en plus difficile à contenir, car il a un côté autodestructeur, une agressivité bouillonnante et il ne cesse d'explorer avec curiosité sa part d'ombre ; tous ces traits psychologiques entretiennent des liaisons dangereuses avec la drogue et l'alcool.

Une bande dessinée créée par Saint Laurent nous offre un aperçu saisissant, et étonnamment direct, de son univers mental. *La Vilaine Lulu* paraît chez Tchou en mai 1967, dans une édition limitée, sous la forme d'un carton à dessin grand format contenant des pages non reliées[8]. C'est l'histoire d'une fillette au physique ingrat, Lulu, dessinée à l'encre rouge et noire et dont la naissance remonte à 1956, au temps où Yves Saint Laurent n'était encore qu'un assistant chez Dior. À la fin de leur journée de travail, les apprentis de la prestigieuse maison avaient l'habitude de se détendre en faisant les fous et en se travestissant. Un soir, le jeune styliste Jean-Pierre Frère s'affuble d'un canotier en paille et d'un jupon en tulle rouge, puis remonte son pantalon et, exhibant des chaussettes noires qui lui arrivent aux genoux, se pavane à travers le studio. C'est ce spectacle qui inspire à Yves l'étrange personnage de la vilaine et vindicative Lulu — sans rapport avec Loulou de la Falaise.

Courte sur pattes et perverse, Lulu a pour animal de compagnie un gros rat blanc, symbole évident de ses exigences sexuelles (sur l'une des planches, le rat se cache sous sa jupe) et elle a un goût prononcé pour le magazine *Playgirl*. L'ouvrage abonde de clins d'œil destinés aux connaisseurs des nuits parisiennes et de reparties à la Françoise Sagan. Il s'agit d'une série d'aventures peu recommandables au cours desquelles Lulu commet des massacres, tue en électrocutant ou en empoisonnant, et enlève des enfants en bas âge. C'est aussi une pyromane qui laisse volontiers libre cours à ses pulsions, notamment lors d'un « jeudi ennuyeux » où elle invite chez elle ses camarades de classe, les enferme dans une cabane qu'elle arrose d'essence et à laquelle elle met le feu. Elle se sert de ses jumelles pour mieux voir les petits brûler vifs et constate avec un sourire ravi : « Comme c'est amusant, schmuck pluck ! »

Avec son sadisme infantile très patent — elle empoisonne ainsi toute sa classe avec des œufs de Pâques pourris avant d'aller sautiller joyeusement sur leurs tombes pendant les funérailles —, la vilaine Lulu est à la fois diabolique et grotesque. Comprenant naturellement que n'importe quel lecteur sera tenté d'interpréter cette BD comme une fenêtre ouverte sur son propre psychisme, Yves pare à tout jugement éventuel en couvrant la première page d'un avertissement manuscrit :

« L'auteur prévient qu'il est inutile d'essayer de le psychanalyser à travers son héroïne.

« Contrairement à ce que pensait Gustave Flaubert lorsqu'il affirmait : "Madame Bovary, c'est moi !", l'auteur tient à préciser qu'il est hors de question qu'il déclare à son tour : "La Vilaine Lulu, c'est moi !" En outre, toute ressemblance avec des personnes qui existent ou qui ont existé est parfaitement voulue. Toutes ces aventures ont été tirées de faits réels.»

Malgré ce spirituel — et insistant — déni de ressemblance, on a du mal à ne pas mettre en parallèle Lulu et son créateur, tant les similarités sont nombreuses et frappantes. Lulu souffre de dépression, a un ego colossal, rêve de pouvoir absolu. Profondément narcissique — Yves la dessine qui murmure: «Quel bel enfant!» en contemplant son reflet dans une mare —, elle est prête à toutes les expériences sexuelles. Mais la ressemblance la plus frappante est peut-être leur goût commun du martyre et leur propension à la mélancolie. Dans les dernières planches du livre, Lulu vit une passion brûlante et fugace avec Jojo, un jeune étudiant provincial récemment débarqué à Paris. Sur une page ou deux, elle s'essaie à la vie de bohème, boit du beaujolais à deux sous et fait fiévreusement «schmuck pluck» avec Jojo sur le lit d'une chambre de bonne du Quartier latin. Mais se laver les pieds dans une bassine sur le palier et devoir grimper chaque fois dix étages n'est pas l'existence dont elle rêve. «Le manque de luxe la perturbe», écrit le narrateur, et elle plaque Jojo: «La vilaine Lulu ne peut plus supporter cette vie médiocre.»

Elle choisit donc l'aisance matérielle et la protection de Gontran Pontchartrin, un vieil aristocrate dont la barbe n'est pas sans faire penser à un pénis en érection et qui ne cache pas ses tendances pédophiles puisqu'il poursuit Lulu de ses avances depuis le début de l'histoire. À la dernière page, elle se précipite chez lui et se jette dans les bras du barbon en pyjama. «Bien sûr, ce n'est pas le rêve, se dit-elle quelques jours plus tard sur la plage de Saint-Tropez, avec une grimace désabusée et Gontran qui la reluque à quelques pas, mais il est tellement rassurant.» Et avec un soupir infiniment cafardeux, quintessence du spleen, Saint Laurent conclut par ces mots: «Et elle comprit alors qu'elle serait toujours triste.»

9

1973

L'ambiguïté plane dès le départ sur la place qu'occupe Jacques de Bascher dans la vie de Karl Lagerfeld. Et, pour commencer, comment y est-il entré ? Antonio et Juan jurent que ce sont eux qui ont remarqué Jacques un soir sur la piste de danse du Sept, peu avant le départ pour Saint-Tropez, et qui ont dit à Karl que le jeune homme avait tout pour lui plaire. Mais Gilles Dufour se souvient d'une apparition nettement plus opportuniste : lors d'un dîner où il rencontre Jacques, celui-ci l'aurait supplié de le présenter à Lagerfeld. Par la suite, l'intéressé confiera à un ami qu'il a fait appel à la magie noire pour gagner une place auprès de Karl, mais à ce moment, chaque mot de Jacques était avant tout destiné à choquer…

Le fait est qu'au retour de la Côte d'Azur Jacques de Bascher est bien présent dans l'existence de Karl Lagerfeld, même s'il n'est guère facile de décrypter ce qu'il y fait exactement. Ce qui paraît certain, c'est que Karl n'a pas été subjugué par la chair, mais par l'image.

Jacques de Bascher a des pommettes hautes et saillantes qui accrochent la lumière, une bouche sinueuse et un aplomb dont il est très conscient, jouant avec l'attention des autres comme d'une cigarette entre ses doigts. Il a la patine sensuelle de l'esthétique « fin de siècle », cette conclusion survoltée et délirante du XIXe siècle qui pendant des décennies a continué à chatouiller l'imagination de Paris et des milieux homosexuels. D'autres traits rappellent chez lui le siècle enfui : le grain de beauté sur sa mâchoire, l'atmosphère qu'il crée autour de lui, la fascination qu'il exerce sur les hommes, son infidélité chronique et sa soif de sensationnel, attributs archétypiques de la courtisane parisienne sous le Second Empire, période au cours de laquelle la haute société commence à goûter aux charmes illicites des « demi-mondaines », hétaïres et actrices devenues les idoles du Tout-Paris, lequel s'arrête le cœur battant pour les regarder passer dans leurs calèches au bois de Boulogne, un bouquet de violettes frémissant sur leur sein, suscitant jalousie et admiration le long de l'allée des Acacias.

Jacques passe toutes ses nuits au Sept, où il se déhanche en scintillant sous les spots, exécutant la danse des sept voiles pour garder son emprise sur Karl. Au même moment, il collectionne les conquêtes parmi la jeunesse dorée parisienne, et pas que chez les garçons : il entretiendra ainsi une liaison avec Diane de Beauvau-Craon, jeune aristocrate encore adolescente, décidée à brûler sa vie par les deux bouts et, pour reprendre ses propres termes, « en pleine révolution personnelle ».

À dix-sept ans, Diane porte le nom de l'une des plus illustres familles de la noblesse française, les princes de Beauvau-Craon, dont les titres remontent au moins à l'an 1000, leurs ancêtres ayant combattu aux côtés de Richard Cœur de Lion. Lignée de vice-rois, de maréchaux, de ministres de la Guerre, d'évêques, d'ambassadeurs, de grands chambellans, leur domaine s'étend autour du château de Haroué, en Lorraine, un « palais à la campagne » bâti pour eux en 1720. La mère de Diane, Maria Cristina Patiño y Borbón, dispose elle aussi d'une ascendance impressionnante ; elle a divorcé du père de Diane lorsque celle-ci avait trois ans, laissant à son ex-mari le soin d'élever leurs deux filles [1].

Le prince de Beauvau-Craon s'efforce de considérer avec réalisme les dispositions « révolutionnaires » de sa cadette, qui s'est rasé la tête à quinze ans et dont la tenue favorite est une veste de garçon de café, une chemise blanche et une paire de jeans. « Il ne savait plus quoi faire de moi, se souvient Diane. C'était arrivé au point où tout ce qu'il pouvait faire c'était me dire : "Ma chérie, quelle décision dois-je prendre pour empêcher qu'il t'arrive quelque chose de terrible ?" » « Montée » à Paris, elle est hébergée en amie par Tan Giudicelli avant de s'installer dans le petit duplex de Jacques rue du Dragon, pas loin du Flore. Ils passent leurs nuits au Sept, où ils dansent imbriqués l'un dans l'autre, Diane arquée en arrière jusqu'à ce que sa tête touche le sol.

Karl a beau garder un certain sang-froid, il appelle le père de Diane pour lui signaler le comportement de sa fille, qui est mineure. Réplique cinglante du prince : « Je ne m'occupe pas des rendez-vous de ma fille avec ses couturiers[2]. »

Pendant ce temps, l'époustouflant succès mondain de Jacques — en quelques mois à peine, il est déjà le protégé d'un styliste connu et a une princesse pour maîtresse ! — stimule certainement ses ambitions. Il côtoie « le beau monde », il est le nouveau favori : il lui faut maintenant préserver ses acquis, car sa situation n'est en rien un fait accompli. Pour commencer, Karl est son aîné de dix-huit ans, et si Jacques a l'atout de la beauté dans sa manche, Lagerfeld détient les trois autres : expérience, influence et ressources. Être dans ses bonnes grâces n'est pas un privilège à vie.

Selon Paloma Picasso, « Karl avait une drôle de relation avec Jacques, c'était bizarre. Il n'était pas du tout prêt à tout lui accorder et, surtout au début, il était vache. Je me rappelle Jacques gémissant : "Ah, je ne peux pas aller à cette soirée parce que Karl ne veut pas m'emmener !" Or, ce que Karl ne voulait pas, c'était appeler pour dire : "Je viens avec Jacques."

Je trouvais cela étrange, alors je lui disais de venir avec nous. C'est un aspect de leur relation que je n'ai jamais réussi à comprendre. »

Jacques sent bien que le sol sous ses pieds est instable, qu'il ne doit pas s'y fier. On l'apprécie, il a le statut de favori, il est à la mode, et pourtant il n'est toujours pas reconnu. Invité, pas invité ? Favori à part entière ou selon l'humeur ? C'est une situation éprouvante, déstabilisante, tendue.

Au printemps 1973, Jacques pose pour un photographe dans le nouvel et splendide appartement que Lagerfeld loue au 6 de la place Saint-Sulpice. De là où il se tient, il aperçoit l'entrelacs des arcs-boutants sur le toit de l'église, et en contrebas les marronniers en fleur qui entourent la fontaine. C'est ici même qu'il a déclaré trois ans plus tôt à son ami Renaud qu'il habiterait un jour. Et ce sera le cas, mais pas tout de suite. Pour l'heure, il doit poser pour un article de *L'Uomo Vogue* qui va lui être consacré. Le titre en est « Renaissance du dandy[3] ».

Adossé à un miroir, il fait face à l'objectif. Au-dessus de sa tête, sur une étagère en verre, un vase rempli de pivoines trop ouvertes. Il tient une cigarette. Il porte une veste de smoking en soie à col drapé, nouée négligemment à la taille, et de larges pantalons assortis. Le motif du tissu, œuvre de Lagerfeld, tout comme le costume, est une succession de filles dansantes, couleur fuchsia, qui lancent joyeusement des guirlandes de fleurs dans les airs ou volettent dans les bras d'un soupirant. Un nœud papillon noir surdimensionné accompagne une chemise blanche à col cassé.

Il s'est laissé pousser la fine moustache qui est l'un des attributs de sa personnalité parisienne, et ses cheveux sont peignés de côté afin de révéler un front haut et légèrement bombé. La pose est aussi affectée que la langueur de son regard savamment étudiée. Ce qui flotte sur ses lèvres n'est pas un sourire mais plutôt une expression de détachement amusé ou… serait-ce un sentiment de complicité totale avec l'appareil photo et le spectateur ?

Si la revue masculine italienne s'intéresse à Jacques, c'est en sa qualité de nouvelle et séduisante coqueluche du beau monde parisien, et de protégé de Karl Lagerfeld. La flagornerie à peine voilée de l'article n'a donc pas de quoi surprendre, comme lorsqu'il déclare avoir abandonné ses études « afin de consacrer sa vie à la beauté, au sens absolu du terme ». Dans d'autres circonstances, Jacques en a donné une autre explication : il trouvait les bâtiments de la faculté décidément trop sales à son goût.

Mais voilà donc le Jacques nouveau sorti de sa chrysalide. Fini les pulls en shetland à col en V et les imperméables Burberry de la période Neuilly : avec Karl, il se peaufine un style dont l'élégance et la sophistication seront presque caricaturales. Il porte des chemises à col cassé matin, midi et soir, sa moustache est effilée au millimètre chez Carita, où Jacques reçoit également un soin du visage chaque mois. Son image est une fusion de vedette du cinéma muet et de dandy français, et il en puise des éléments dans tous ses héros historiques et littéraires — Huysmans, de Montesquiou, Proust, Thomas Mann et Louis de Bavière, ce dernier complété par la version moderne et précieusement débauchée offerte par Helmut Berger. Des fantasmes wagnériens de l'éphémère souverain bavarois jusqu'à l'esthétisme mélancolique de Proust, toutes ces références sont immédiatement lisibles par le Paris homosexuel et raffiné de l'époque, à commencer par Yves Saint Laurent.

Des années plus tard, le désormais favori incontesté de Lagerfeld rend visite à ses parents, et entre en collision avec sa conscience, en l'occurrence sa sœur Anne. De sept ans son aînée, intelligente, belle et politiquement engagée, Anne est la grande force morale et intellectuelle parmi les cinq enfants de Bascher. En 1968, elle a était sur les barricades et a milité activement au sein du MLF (Mouvement de libération des femmes). Jacques est son frère préféré, tous deux se retrouvent parfaitement sur le terrain de la causticité, de l'attirance pour les jeux intellectuels et de l'homosexualité. Mais si Anne adore son petit frère, elle déteste son mode de vie, son dilettantisme, sa paresse et son rôle de garçon entretenu par un styliste de mode.

En plein déjeuner de famille, elle le fixe de son regard implacable et lui lance : « Alors dis-moi, Jacquot ; tu es fasciné par Karl, soit, mais qu'est-ce qui fascine Karl en toi ? » Et Jacques de répondre : « C'est simple, Karl n'a pas de particule et ça, aucune somme d'argent ne peut l'acheter. » Déconcertée, Anne s'étonne : « Bon, d'accord, je comprendrais peut-être si on était les Polignac, mais nous ? Nous ne sommes que trois pékins sur la carte de France ! » Blessé par la lucidité sociale de sa sœur, Jacques s'emporte, affirme que les de Bascher peuvent faire remonter leur arbre généalogique jusqu'au roi Louis le Gros (1081-1137). Mais dans la foulée il reconnaît qu'avec Karl il a « joué à fond la carte de l'aristo[4] ».

À la différence de la plupart de ceux qui fréquentent Karl Lagerfeld et prennent pour argent comptant ses récits d'une enfance grandiose en Allemagne, Jacques a peut-être perçu dès le début chez lui un certain complexe d'infériorité sociale sublimé auquel il est d'autant plus sensible qu'il le connaît lui-même. Et il a dû comprendre que c'était un atout psychologique déterminant. Depuis qu'il s'est écrié « À nous deux, Paris ! », le jeune homme a allégrement enjolivé son statut nobiliaire. Revendiquer le nom à tiroirs de « de Bascher de Beaumarchais » est une tentative de promotion aristocratique que l'un de ses ancêtres avait déjà menée en 1890 en s'appuyant sur une relation par alliance plutôt ténue avec la famille Beaumarchais, mais sa demande d'amplification du nom avait alors été refusée, comme on peut le constater dans le *Dictionnaire des familles françaises*. Jacques cherchait-il ainsi à combler le fossé qui le séparait de la « grande noblesse », ou espérait-il que ce patronyme amélioré conduirait les esprits à établir un lien supposé entre lui et Caron de Beaumarchais, le célèbre dramaturge français du XVIIIe siècle ? Ce qui est sûr, c'est qu'après avoir impressionné les mondains avec ce nom pendant un moment, Jacques a dû battre en retraite lorsqu'un membre de la famille de Beaumarchais, excédé, a menacé de porter plainte. Par la suite, les petits farceurs parisiens allaient le taquiner en le surnommant « de Pas Cher de Bon Marché[5] »...

Les milieux de la mode ont toujours éprouvé un éblouissement de boutiquier devant tout ce qui évoque le sang bleu et la distinction aristocratique, Jacques s'en sert à son avantage. Dans ses descriptions, le château familial et son vignoble ont les proportions d'un Versailles vendéen. Il enjolive cette histoire familiale grandement affabulée, il affecte des manières de grand seigneur qui sont du meilleur effet dans les cercles qu'il fréquente. Par exemple, il tient scrupuleusement à saluer du baisemain cher à la noblesse française toutes les femmes mariées et celles qui le dépassent en âge, réservant la familière bise sur la joue aux jeunes célibataires. Pat McColl s'en souvient avec amusement : « Vous pouviez tomber sur lui en plein milieu de la nuit et il pouvait être ivre comme une grive, mais il gardait sa parfaite étiquette et vous octroyait le baisemain de rigueur. »

« C'était un grand, grand séducteur », affirme Christian Dumais-Lvowski, qui a été présenté à Jacques par son vieil ami, Renaud de Beaugourdon. « La beauté, c'est trop subjectif, donc que certains l'aient trouvé beau et d'autres pas n'est pas la question, mais je ne pense pas que quiconque puisse nier que Jacques était un garçon remarquablement intelligent. Il était très cultivé, il lisait énormément, il aimait les belles choses… La facilité qu'il avait pour parler brillamment de n'importe quel sujet m'a toujours étonné. Oui, "brillant" est un qualificatif qui lui convient bien. Jacques était quelqu'un de brillant dans la conversation, dans les sujets sur lesquels il choisissait de s'exprimer, dans son élocution, sa passion, ses attitudes.»

Il y a un aspect énigmatique dans cette intelligence qu'il ne semble employer que pour éblouir, impressionner et, par-dessus tout, s'imposer socialement. Sous la surface étincelante et fragile se cache un autre Jacques que bien peu connaissent. À l'âge de quinze ans, il a voulu s'ouvrir à son père de son homosexualité. Celui-ci est un homme discret et intransigeant, attaché aux principes rigides de son éducation et de sa génération. Pour Jacques, c'est un modèle incontournable, à l'aune duquel il se mesure sans cesse et qu'il ne s'est jamais senti capable d'égaler. Comme il n'ose pas l'approcher directement, il demande à Anne de le faire pour lui. Elle s'exécute, et le père réagit par le silence. Avec le temps, il finira par accepter que sa fille soit lesbienne mais jamais il n'acceptera l'homosexualité de son fils, pourtant irréfutable, et c'est un sujet qu'il n'abordera jamais, ni avec Anne ni avec Jacques. Celui-ci se résigne à ne plus tenter d'explication. Pour Anne, son frère vouait une véritable adoration à leur père et la désapprobation muette de ce dernier ne sera pas rachetée par tout l'amour et toute l'admiration que le reste de la famille lui manifestera : selon elle, c'est une blessure béante que la réaction paternelle a infligée à Jacques, et l'origine de ses tendances autodestructrices.

À partir de 1973, Jacques est constamment aux côtés de Lagerfeld. Ils assistent ensemble aux vernissages, au lancement d'une nouvelle revue ou à l'ouverture d'un nouveau cabaret de travestis brésiliens, le Dzizi Croquettes, bref ils font ensemble le parcours du combattant quotidien des vrais mondains. Un soir, chez Maxim's, ils portent des vestes sombres identiques, la même broche en diamants Art déco épinglée à la pochette ; Jacques porte de larges pantalons blancs et une chemise à col cassé, tandis que Karl arbore une lavallière noire et, vissé sur l'œil, le monocle qu'il ne quitte plus.

C'est que Karl a lui aussi entrepris de transformer son image. Fini les années de glamour pop américain et la flamboyance efféminée exhibée à Saint-Tropez, le look devient plus cossu. Il s'est laissé pousser une grande barbe noire et s'est entiché d'un monocle qu'il attache parfois à un ruban noir. Lorsque la petite rondelle de verre s'échappe et tombe par terre, il met un point d'honneur à ne pas la ramasser, se contentant d'en sortir une autre de sa poche. Sa garde-robe compte désormais des costumes sombres à épaulettes et des blazers qu'il accompagne de cravates à pois, d'une écharpe en soie blanche drapée autour du cou et d'un mouchoir blanc bouffant de sa pochette. Ce style assez « minet », comme on dit à l'époque, ne s'harmonise pas très heureusement avec son physique musclé et trapu, l'effet faisant un peu penser à un culturiste qui travaille à la Bourse, ce que Helmut Newton surnommera « le look Mafia » de Karl.

Comme toujours, Lagerfeld a besoin de mettre en scène cette nouvelle image dans un cadre également renouvelé, qui lui permet de briller et de poser pour les photographes. Il emménage dans un appartement élégant au deuxième étage d'un immeuble élégant de la place Saint-Sulpice, à l'angle nord, qui a la particularité d'être le seul bâtiment du pourtour à avoir été construit au XVIIIe siècle par l'architecte de l'église Saint-Sulpice, le Florentin Giovanni Servandoni. Son domicile est magnifiquement proportionné, avec de grandes portes-fenêtres ouvrant sur le panorama de l'église et un plafond de quatre mètres de haut dans la chambre à coucher[6].

Alors que l'appartement de la rue de l'Université était avant tout un refuge encombré mais adapté à sa vie quotidienne, Karl recherche place Saint-Sulpice un décor plus discipliné, un fond blanc, noir et crème pour une série d'objets Art déco, ponctué de surfaces scintillantes — chrome, laque, satin, verre et miroirs — avec des meubles aux angles nets, savamment placés. L'effet général rappelle les films muets de Marcel L'Herbier, sa référence visuelle favorite à cette époque.

Le nouvel appartement présente les caractéristiques que l'on retrouvera dès lors dans toutes les maisons de Karl, quelle que soit la dominante stylistique choisie : un décor impeccable, des bibliothèques chargées de livres, une profusion de gadgets high-tech dernier cri, et une précision sourcilleuse dans la recréation d'une période donnée. Le Berlin des années vingt est là, avec ses tonalités monochrome et ses voilages sur des fenêtres immenses ; une paire de vases Dunand de couleur bronze, hiératiques et essentiels, trônent sur des tables basses laquées non loin de fauteuils en forme de conque et d'un pouf, tout en satin ivoire et moulures dorées, pièces d'une maison décorée par Elsie de Wolfe.

Il y a peut-être une fausse note, les chaises tapageuses en chrome et velours noir et crème, ainsi que la liseuse assortie, créations de Lurçat. Si elle n'est pas conforme aux principes culturels dominants en France, la propension de Karl à s'écarter des règles du « bon goût » révèle une remarquable audace, un désir d'innovation aussi bien en matière de décoration que de mode vestimentaire, ce qui suppose que l'on accepte de courir le risque de l'erreur. Ce dédain pour les conventions esthétiques sera fondamental pour sa carrière, en particulier dans les décennies qui vont suivre.

Toutefois, ce qui est le plus frappant dans ce nouvel

appartement n'est pas tant le choix du mobilier mais le soin méticuleux porté au moindre détail pour atteindre un cadre visuel complètement cohérent. Ainsi, Karl Lagerfeld fait fabriquer une moquette noire et marron foncé, teintes qu'il choisit parce que, comme il l'explique, « elles mettent en valeur mes objets Art déco comme une vitrine de Cartier rehausse les diamants[7] ». Ce n'est pas une maison, c'est une vitrine ; à l'exception de ses livres, Karl ne laisse jamais traîner d'affaires personnelles. Comme le remarque Philippe Garner : « On aurait dit que le lieu était conçu comme un studio de photographe. Karl ne s'était pas encore mis à la photo, mais il avait déjà cette pulsion de garder ce qu'il créait dans l'éternité du moment photographié. Les deux consoles d'Eugène Printz, par exemple, pourquoi étaient-elles là si ce n'est pour que l'on s'y accoude en prenant la pose ? »

Bien qu'ils aient tous deux choisi une dominante Art déco, Yves et Karl se construisent des espaces de vie radicalement différents. Alors que le premier rend hommage à une tendance artistique dans son recours à l'exotisme, à la sensualité des matières et des couleurs, le second développe une approche beaucoup plus « conceptuelle », un Art déco décliné sur un fond sobre et lisse, noir et blanc.

C'est l'époque où Andrée Putman, Hélène Rochas et Tan Giudicelli commencent aussi à collectionner les objets et les meubles Art déco. Des années plus tard, lorsque Andrée Putman sera saluée dans la presse — à juste titre — pour avoir été une pionnière dans la redécouverte de cette période, elle recevra un appel furieux de Pierre Bergé, protestant que c'est à Yves et à lui-même que devait revenir cet honneur…

Cette passion commune pour l'Art déco, et leur rivalité dans la course aux pièces les plus intéressantes sur un marché toujours plus en vogue, fait écho à la compétition professionnelle grandissante entre Yves et Karl. Non que Lagerfeld menace en quoi que ce soit le prestige de Saint Laurent, lui qui n'est qu'un styliste de prêt-à-porter ne disposant même pas de sa propre marque : c'est plutôt en se forgeant une identité sociale avec ce spectaculaire appartement et sa petite cour de *beautiful people* que Karl empiète sur le territoire de Saint Laurent, celui de la visibilité, de l'image. Et peut-être, avec Jacques de Bascher, va-t-il attiser la curiosité, voire l'envie, d'Yves.

À l'inverse de ce dernier, qui protège systématiquement sa retraite de la rue de Babylone, Karl se veut très accessible. Non seulement sa « vitrine » de la place Saint-Sulpice accueille d'innombrables séances de photographie de mode et fait constamment l'objet d'articles dans les revues, mais Lagerfeld en personne est systématiquement présent sur la scène parisienne, entouré d'une cour qui attire les regards, mannequins, groupies, journalistes, fils et filles de famille célèbres. Et ce sera encore plus le cas maintenant que de Bascher est entré dans sa vie.

Patrick Hourcade, qui travaille alors à *Vogue*, fait la connaissance de Lagerfeld à ce moment et travaillera avec lui pendant vingt-cinq ans. Selon lui, « Karl avait déjà mis au point ce merveilleux concept de lui en tant que personnage mis en scène. C'est l'un des êtres les plus "accessibles" que je connaisse, et c'est une de ses grandes forces. Si Yves Saint Laurent c'est la tour d'ivoire, alors Karl, c'est la tour de Babel ! C'est exactement ça, leur différence ».

C'est aussi à ce moment que Don Tait intègre l'équipe de Lagerfeld. Jeune décorateur d'origine écossaise à peine sorti de l'école, il obtient un entretien avec Karl grâce à François Catroux, qui appelle le styliste avant de le conduire aussitôt place Saint-Sulpice dans sa Rolls-Royce couleur chocolat : « Karl avait des cheveux noirs, une barbe noire, le visage passé au fond de teint blanc. Très austère. De quoi faire peur à un gamin comme moi à l'époque — j'avais vingt et un ans —, mais j'ai été frappé par sa gentillesse. Il a attentivement regardé tout mon book, puis il m'a dit : "Qu'aimeriez-vous que nous fassions ensemble ? Je suis dans la mode, vous dans la décoration. J'aime bien votre chemise." J'ai répondu : "C'est moi qui l'ai dessinée." » Cela marque le début d'une collaboration qui va durer quinze ans, et au cours de laquelle Don ira jusqu'à créer les décors des défilés de mode de Lagerfeld.

Cet épisode illustre aussi bien le côté informel et spontané des relations de travail dans le milieu de la mode des années soixante-dix que la grande capacité qu'avait Karl à discerner les talents prometteurs. Alors qu'il n'a même pas une marque à son nom, Lagerfeld a déjà réuni une équipe de professionnels qui crée des tissus, mène des recherches, conçoit des décors ou, dans le cas de Patrick Hourcade, travaille à la rénovation de ses appartements et de ses maisons. Comme le dit ce dernier, « quand on va voir Karl à son studio, il y a toujours deux cents personnes en train de s'activer. Il n'est jamais seul. À quatre heures du matin, il y aura encore dix ou douze collaborateurs en train de plancher autour de lui. Il fait toujours de la place pour les autres, il a besoin des autres, c'est instinctif, c'est sa vie ».

Mais qu'attend-il d'eux, au juste ? Compagnie ou réconfort ? Inspiration ou renouvellement ? Toujours selon Patrick Hourcade, Karl est quelqu'un « qui par nature a besoin d'évoluer. C'est pour cela que la mode lui convient si bien, parce que c'est le monde de l'évolution permanente. Il ne cherche pas la stabilité. Le changement est le moteur de sa vie. Ce n'est pas qu'il soit instable : il est insatiable, d'où ce besoin de se nourrir de tout ce qui l'entoure ». Mais ne peut-on voir aussi dans ce besoin de « compagnie » une fragilité intérieure, comme l'avance l'un de ses amis de longue date : « Je crois qu'il n'a pas confiance en lui. Il a une peur énorme de se tromper, de passer à côté de quelque chose, c'est la raison pour laquelle il a besoin d'avoir ces gens autour de lui tout le temps, mais d'un autre côté il n'a même pas envie de dîner avec eux, dès qu'il peut il cherche à se débarrasser d'eux. Il a besoin d'eux mais il ne les veut pas vraiment autour de lui : c'est là l'ambiguïté, la folle contradiction. »

Pour nombre de ceux qui l'ont approché, sa faconde multilingue et sa sociabilité permanente cachent une nature solitaire, un besoin d'isolement viscéral. Il est seul au milieu d'une foule et il y a, au centre de cette solitude, un refus profond de toute intimité. La chambre à coucher de la place Saint-Sulpice est dominée par un immense lit couvert de satin couleur rouille, plat et anguleux comme une pierre tombale et monté sur un support en acier inoxydable, œuvre d'un autre maître de l'Art déco, Eugène Printz. Comme Karl sera le premier à le souligner — dans la revue *Interview* en 1975 —, l'effet produit est à la fois spectaculaire et réfrigérant : « De toute façon, ce genre de lit a été conçu pour des êtres solitaires. Si vous considérez la pièce dans son ensemble, vous penserez à tout sauf au sexe, parce que c'est la chambre à coucher la plus asexuée qui soit. Et j'adore les chambres asexuées. »

Karl Lagerfeld soutient qu'il est sourd aux appels de la sensualité, qu'ils viennent de son corps ou de son entourage. Il est immunisé contre l'amour, à en croire ce qu'il livre dans le même entretien : « Je ne tombe jamais amoureux. Je suis seulement amoureux de mon travail. Je crois que c'est bien plus important d'aimer son travail. Pour un homme, c'est ce qui compte réellement, à mon avis. » Ou peut-être Karl ne s'autorise-t-il à être amoureux de rien d'autre que son travail.

Sur ce point, il est à l'opposé d'Yves Saint Laurent, dont l'amour et la passion sont un leitmotiv revendiqué depuis longtemps. Il a même inscrit en 1966 sur les flancs d'un manteau multicolore le mot *Love* ; c'est le talisman créé pour Victoire lors de son tout premier défilé de mode en 1962, un cœur en faux rubis que son mannequin vedette portera en pendentif lors de toutes les présentations suivantes. Pour la nouvelle année 1970, il a dessiné lui-même la carte de vœux sur laquelle deux serpents s'enlacent amoureusement autour du mot *Love* en majuscules, et chaque 1er janvier au cours des trente années suivantes — à l'exception de 1978 — les cartes de vœux qu'il réalisera, collages ou dessins, associeront ce même terme à diverses images de serpents, de soleils, d'océans et de cœurs. Karl, lui, assume le contre-pied de ce message.

Après avoir minutieusement décoré l'appartement de la place Saint-Sulpice, l'avoir fait photographier sous tous les angles par toutes les revues qui comptent, que va-t-il faire à présent ? En novembre 1975, alors que la vogue de l'Art déco est à son apogée, il vend toute la décoration aux enchères. Cette dispersion volontaire et radicale d'un cadre de vie et d'une collection deviendra une constante dans l'histoire de Karl, une habitude ou plus encore : un réflexe.

Parallèlement, Karl Lagerfeld s'est distingué chez Chloé au point d'être maintenant, en 1973, non plus un styliste parmi d'autres mais le pilier de la maison. Jour après jour, année après année, il travaille sans relâche, suivant les directives de Gaby Aghion, imposant son talent jusqu'à devenir le seul designer attitré de Chloé. Graziella Fontana, la styliste italienne qui dessine pour la maison depuis 1965, part en 1972, selon de nombreux témoins parce qu'elle ne supporte plus la compétition avec lui. Douze ans plus tard, quand la collaboration entre Chloé et lui prend fin dans une explosion de récriminations réciproques, Jacques Lenoir, le directeur associé de la maison, décrit pour un journaliste du *Women's Wear Daily* comment cela s'est passé : « [Lagerfeld] avait appris à imiter le style de manteaux et de tailleurs très structurés de Graziella Fontana[8]. » Il menait un combat que Lenoir compare au processus « des globules blancs dévorant les rouges ». « Karl pouvait "faire du Graziella" mais elle ne pouvait pas "faire du Karl" : elle a perdu confiance, et elle est partie. »

Exposée en pleine querelle juridico-professionnelle entre la direction de Chloé et Lagerfeld, cette analyse doit évidemment être prise avec circonspection. Elle n'en jette pas moins une lumière intéressante sur les rapports de Karl à la concurrence et sur sa formidable capacité de résistance. L'intéressé a son interprétation personnelle de la diminution progressive mais inéluctable du nombre de stylistes employés par Chloé, qu'il avancera dix ans plus tard en des termes lapidaires : « Je vendais plus qu'eux. J'ai peut-être fait le vide, aussi[9]. » C'était en tout cas le premier exemple de l'aptitude de Karl à gagner progressivement une position dominante, caractéristique récurrente de toute sa carrière.

L'allusion de Jacques Lenoir aux dons d'imitateur de Lagerfeld rappelle une autre anecdote, à l'époque où le styliste italien Gianfranco Ferré venait de débuter chez Dior en remplacement de Marc Bohan. Une nuit où Karl travaillait tard, assis autour d'une table ronde avec un petit groupe comprenant Ralph Toledano et Pascal Brault, deux proches collaborateurs, quelqu'un lui avait demandé à quoi pourrait ressembler la collection que Ferré devait présenter le lendemain. En guise de réponse, Karl avait attrapé trois feuilles de papier et dessiné à main levée sa version d'une ligne Christian Dior pensée par Gianfranco Ferré. « Et Sonia Rykiel ? » avait demandé quelqu'un d'autre, et de nouveau Karl avait résumé en quelques traits la nouvelle collection de la styliste. Puis Ralph Lauren, puis d'autres encore. Lagerfeld enchaînait les croquis à une vitesse stupéfiante. À la fin, il avait dessiné cinquante collections, dont pas une seule n'était la sienne[10]…

Pour en revenir à 1973, Karl se forge une réputation de styliste novateur tout en travaillant pour Chloé. Ses imprimés Art déco empreints de lyrisme — dans l'esprit de son appartement —, son choix de renoncer aux doublures ou de ne pas coudre les ourlets attirent l'attention. Alors qu'il gagne très bien sa vie et qu'il est question de lui confier le lancement d'un parfum Chloé dans un avenir proche, il est désormais plus qu'un designer parmi d'autres, il devient une personnalité de la mode parisienne à part entière. Bien que son contrat avec Chloé comporte une clause d'exclusivité, il collabore avec une multitude d'autres marques mais Aghion et Lenoir ferment les yeux, ravis de pouvoir compter sur son hyperactivité et son sens commercial. Jacques Lenoir dira par la suite que « Karl avait compris d'emblée que notre marché était très ouvert et que nous avions besoin de beaucoup de variété. Et il était toujours là, au travail. Plus il a eu de succès, plus il a été charmant. Au début, il était revêche. Il y a toujours eu une certaine nervosité chez lui, qui s'est atténuée quand il est devenu plus VIP que les VIP[11] ! »

C'est le moment où, disposant pour la première fois d'importantes sommes d'argent, il s'achète un château dans le Morbihan. À l'approche de son quarantième anniversaire, il réalise ainsi un rêve d'enfance. Tout en haut d'une longue allée en pente bordée de hêtres, le château de Penhoët est perdu au milieu des pâturages somnolents de la campagne bretonne. Bien que son origine remonte au XVe siècle, Penhoët tel qu'il se présente aujourd'hui a été bâti en 1756, « l'année de la naissance de Mozart[12] », comme Karl se plaît à le rappeler, ajoutant avec une fierté non déguisée : « Il ne ressemble pas à un château breton, mais à un hôtel particulier du Faubourg Saint-Germain[13]. »

C'est un beau bâtiment à la toiture en ardoises à la Mansart et aux murs en granit rose qu'illumine soudain le soleil capricieux du Morbihan. Si la symétrie de la façade laisse attendre une construction en quadrilatère fermé, le château ne dispose alors que d'une seule aile, à l'ouest, qui s'étend vers le nord en formant une moitié de rectangle avec le corps principal. Les deux autres ailes ont été détruites il y a longtemps par un incendie, laissant l'arrière de la bâtisse à découvert.

Penhoët se trouve à une trentaine de kilomètres au nord de Vannes et à trois de la bourgade de Grand-Champ. Karl et sa coterie insisteront pour appeler le château Grand-Champ, et non Penhoët. Par la suite, André Leon Talley, influent chroniqueur du *Vogue* américain et proche ami de Karl, soutiendra que Grand-Champ est la traduction en français du soi-disant patronyme suédois de Karl. La thèse est sans fondement mais le changement de nom remportera un vif succès dans les milieux de la mode parisiens et dans la presse, chacun s'émerveillant de l'incroyable coïncidence…

L'achat de Penhoët est un moment important pour Karl et pour le développement du mythe Lagerfeld. Le concept de noblesse héréditaire le fascine depuis toujours : sa mère raconte qu'à l'âge de dix ans il lisait et relisait inlassablement les lettres de Liselotte von der Pfalz en imitant l'accent et l'élocution maniérée des aristocrates germaniques du XVIIIe siècle.

S'il a toujours aimé discourir sur ses prétendues ascendances aristocratiques et l'immense fortune de sa famille, ses souvenirs d'enfance prennent un tour carrément grandiose après l'acquisition du château du Morbihan. Désormais, dans les conversations à bâtons rompus comme dans les interviews, il est question d'un valet de chambre personnel et d'une gouvernante française qui auraient été attachés au service du petit Karl, d'une robe en lamé violet exécutée par le grand couturier Paul Poiret dans les années vingt que sa mère aurait portée ; la maison de Bad Bramstedt construite en 1907 se métamorphose en château du XIXe et se déplace cent cinquante kilomètres plus au nord, « près de la frontière danoise [14] ».

Karl soutient que son père était suédois, aucunement allemand. En 1983, il dira se souvenir « de déjeuners et de dîners grandioses à notre domaine, pendant la guerre. Nous avions une nuée de domestiques polonais et russes, car il n'y avait pas d'Allemands disponibles. Mon père étant suédois, ils se considéraient en terre étrangère[15] ». Et en 1978, il déclare : « J'ai commencé à apprendre le français à l'âge de cinq ans avec un professeur, c'était l'un des cinquante-six réfugiés de guerre qui vivaient à notre château, dans la campagne près de Hambourg, pendant la Seconde Guerre mondiale[16]. »

En 2004, à soixante et onze ans, Karl n'a pas renoncé à ses évocations d'une enfance extraordinaire. Dans le portrait que lui consacre *Vogue* USA en septembre de cette année-là, la journaliste Kennedy Fraser écrit qu'il parle volontiers de sa mère et de « sa prime jeunesse dans la vaste propriété familiale en Allemagne, près de la frontière danoise[17] ». La simple grange qui se trouvait derrière la maison des Lagerfeld à Bad Bramstedt est devenue une sorte de palais bovin où les vaches de race ont d'élégantes plaques en laiton à leur nom. Au cours de l'interview, il affirme que sa mère était une aristocrate qui avait mené la grande vie dans les années vingt et pouvait traduire des textes philosophiques espagnols.

C'est incontestablement cette dernière qui subit les transformations les plus spectaculaires dans les souvenirs de son fils. Selon un cousin de Karl, Kurt Lagerfeld, elle aurait été vendeuse dans un magasin de lingerie féminine de Berlin quand le père de Karl a fait sa connaissance ; après leur mariage, elle est devenue une mère de famille dévouée et plutôt stricte, ce dont se souviendront très précisément les camarades d'enfance de Karl après plusieurs décennies. Mais, dans l'imagination de Karl, la *Hausfrau* se mue en aristocrate vaguement bohème, en femme libérée au tempérament artistique. Quant à son père, il a été selon Karl gouverneur de la région de Westphalie ; non, il faisait simplement partie du *Landrat* de Münster, rectifiera son cousin Kurt : une sorte de conseiller cantonal...

Voici ce que Karl déclarera en 1983 : « Ma mère, qui était violoniste, a cessé de me donner des leçons quand elle a compris que je n'étais pas doué pour la musique. Elle répétait souvent trois heures d'affilée le matin, sur un violon allemand du XIXe siècle, un instrument rare. Aujourd'hui encore, je déteste les grincements du violon. Elle jouait en quatuor avec des gens qui venaient à la maison. Bizarrement, elle a posé son violon un jour et ne l'a plus jamais touché. Elle n'aimait rien de ce qui appartenait à son passé. Ça ne l'intéressait pas. C'était une femme qui avait piloté son avion personnel en 1919, très moderne, très libérée [18]. » Interrogé peu avant son décès au sujet de ces passe-temps d'Elisabeth, Kurt Lagerfeld n'avait pas caché son étonnement : « Jamais entendu parler de ça ! Si elle avait eu un avion et l'avait piloté, j'aurais forcément été au courant. La première année de leur mariage, j'allais chez eux presque tous les jours. Une chose pareille ne m'aurait pas échappé. Non, c'est son imagination qui lui joue des tours... »

Par un effet d'entraînement très intéressant, plus les journalistes de mode se montrent captivés par les récits de Karl, plus celui-ci fait preuve d'imagination et de conviction dans son autoglorification, et plus sa renommée s'étend.

10

1973-1974

Au début des années soixante-dix, les photographes de mode sont devenus les nouveaux héros des arts visuels. Pour l'édition française de *Vogue*, Helmut Newton comme Guy Bourdin produisent des séries étonnantes qui leur permettent d'explorer leurs fantasmes les plus intimes. Sexe et pouvoir chez Newton, dont les compositions sont empreintes d'une tension subversive, sexe et mort chez Bourdin, profondément influencé par le surréalisme et vecteur d'une violence étrangement glamour, par exemple avec cette photo d'une fille étendue sur le sol, la tête dans une flaque qui fait davantage penser à du vernis à ongles qu'à du sang. Le dénominateur commun de ces deux artistes doués est un fond de commerce fait de beauté, d'érotisme, de vêtements surprenants et de luxe insolent.

La vision de la femme développée par Helmut Newton est très proche de celle de Saint Laurent : « J'aime photographier le genre de femme qui a l'air d'être prête à toutes les expériences, une femme qui doit certainement coûter très cher si on veut l'approcher, mais c'est encore meilleur, non ? Eh bien, c'est exactement l'allure qu'Yves donnait aux femmes. Nombre de ses créations, comme le smoking, étaient exactement le genre de tenues que je voulais voir portées par ma femme idéale. C'est l'apothéose de la "bourgeoise du XVIe" qui a trop d'argent à dépenser, trop de temps libre devant elle, et qui est toujours prête à se risquer dans des embrouilles.» Alors, Newton photographie les «femmes Saint Laurent» dans des situations chargées d'érotisme et de puissance visuelle, à l'instar de ces deux modèles debout dans le hall d'un palace, l'une habillée en homme, voluptueusement enlacées sans lâcher leurs cigarettes allumées. Avec son imagination visuelle, Newton vous permet d'accéder directement au monde créatif de Saint Laurent: on peut «voir» de ses propres yeux la femme rêvée par le couturier, l'observer en pleine action, absorbée dans les aventures décadentes de son existence trépidante.

À l'époque, Newton, Bourdin et d'autres — on pense à Steve Hiett, à Laurence Sackman — travaillent avec la pellicule Kodachrome qui, une fois développée, offre des couleurs sursaturées, des bleus, des verts et des rouges évocateurs de lèvres peintes sautant à la figure des lecteurs et lectrices de magazines et restituant toute la vibration de la vie parisienne.

Car c'est la mode, et non plus l'art, qui fait maintenant battre le pouls de la ville-lumière. Shirley Goldfarb met sans le vouloir le doigt sur cette nouvelle réalité lorsqu'elle se demande dans les colonnes de la revue *Interview* en 1975: «Avez-vous jamais entendu parler d'un artiste peintre qui ne désire pas venir à Paris?», avant de préciser: «Pour voir tous ces tableaux, le Louvre, la Joconde[1]...» Paris, qui a vu naître et a nourri l'avant-garde artistique, qui a accueilli Giacometti, Picasso ou Brancusi dans leurs périodes les plus fécondes, s'est desséché au point de n'être plus qu'un lieu de pèlerinage culturel, une référence incontournable de l'histoire de l'art conservée sous verre. Le contraste n'en est que plus frappant avec l'explosion de créativité des créateurs de prêt-à-porter; ce ne sont pas des pèlerins, eux, mais des explorateurs.

« Tout était très, très stimulant, dit Loulou de la Falaise. Les mannequins étaient des filles souvent passionnantes, c'était un plaisir de travailler avec elles, tant elles étaient inventives. Les créateurs étaient influencés par la manière dont les jeunes s'inventaient un look. Nous n'avions pas d'argent, donc nous étions tous bourrés d'idées ! » Les stylistes semblent renouveler sans cesse le langage de la mode, et leurs collections sont attendues avec un enthousiasme incroyable. En 1972, le show de Kenzo, auquel cinq cents personnes ont été invitées, est envahi par deux mille fans du designer. La journaliste Pat McColl, qui fait partie de cette foule en liesse, se souvient de sa joie en voyant « la tenue que je voulais, exactement ! Je l'ai encore en mémoire : un tailleur-pantalon en tweed noisette avec un blouson à la place de la veste, et le modèle qui la portait, Carol Raysse, avait mis un grand chapeau en tweed aussi, décoré d'une plume. Magnifique ! La grande nouveauté, c'était de voir des vêtements qu'on savait "pouvoir" porter. Les défilés haute couture, c'était très beau, mais quelle place y avait-il dans ma vie pour une robe du soir à traîne ? Par contre, un pantalon et un blouson en tweed, oui ! ».

Kenzo, que rien ne semble pouvoir arrêter, produit alors un tourbillon de looks différents, du jupon de paysanne péruvienne à la robe-tablier en passant par un pantalon taille haute à porter avec un minuscule boléro et un béret. Karl Lagerfeld présente une collection dont chaque pièce est doublée de doré. Quant aux lignes de prêt-à-porter d'Yves Saint Laurent, elles habillent les femmes d'une mystique éternelle. « Follement sexy et un peu hautain en même temps », dit le magazine *Queen* de ses chemisiers, ce qui est une bonne description du style Saint Laurent en général[2]. Comme le dit Maxime de la Falaise, la mère de Loulou : « Quand on porte un pantalon Saint Laurent, on ne s'assied plus de la même façon, on n'allume pas sa cigarette comme d'habitude : on le fait avec les gestes assurés, la confiance en soi qu'ont les hommes.» Il ne s'agit plus seulement d'habiller les femmes, mais de les transformer.

En 1973, Helmut Newton photographie Paloma Picasso, qui séjourne chez Karl Lagerfeld et Jacques de Bascher à Saint-Tropez. Elle a alors vingt-quatre ans. Les cheveux mouillés tirés en arrière, les ongles peints, les poignets chargés de bracelets en or, elle porte une robe Lagerfeld en stretch noir, baissée sur le torse afin de révéler un sein sans tout à fait le montrer, visible mais obscurci par la lumière que reflète le verre qu'elle tient dans sa main droite. Qu'il s'agisse de la fille du plus célèbre artiste du XXe siècle et non du grand homme lui-même — il est mort quelques mois plus tôt, en avril 1973 —, qu'une seule pose suffise à mêler une telle charge de glamour, de gloire dynastique et d'érotisme et que l'auteur de cette image soit un photographe de mode, voilà qui résume parfaitement les obsessions à l'œuvre dans le Paris des années soixante-dix. Ou, pour citer Newton lui-même: «Paloma avait les plus beaux seins que l'on puisse imaginer. On aurait dit qu'ils avaient été sculptés dans le marbre. Et elle avait les mains de son père[3].»

Antonio et Juan, qui sont restés en France, ont réussi à se faire une vie après Karl Lagerfeld. Après avoir quitté l'appartement que ce dernier leur prêtait, ils ont trouvé à se loger rue de Rennes. Là, Antonio continue à dessiner avec la même aisance exceptionnelle, toujours aussi prolifique, dans la presse, dans l'édition et dans la publicité. Son studio est le point de passage obligé des filles qui veulent devenir mannequins et, plus généralement, de quiconque rêve de percer dans la mode. Parmi cette coterie de jeunes femmes qui vont et viennent plus vite qu'on ne peut les compter, la plus récente à être entrée en scène est Jerry Hall, une Texane de dix-sept ans qui débarque de son Mesquite natal dans la vie d'Antonio, mélange détonnant de beauté et d'ambition. Elle s'est payé son billet d'avion pour Paris avec les indemnités touchées à la suite d'un accident de voiture dans lequel elle a été blessée et, quelques semaines plus tard, on la voit déjà déjeuner au Flore en compagnie de Jean-Paul Sartre et de Simone de Beauvoir. Jerry et Antonio s'engagent dans une liaison où l'attirance mutuelle le dispute au frisson, partagé, de faire accéder à la célébrité une jeune Américaine inconnue.

Mais, dans la mode, une étoile s'éteint chaque fois qu'une autre monte au firmament. Et en 1974, c'est Corey Tippin qui est en dérapage incontrôlé. Il travaille encore comme mannequin et maquilleur, mais sa vie baigne dans l'alcool et la drogue. Il vit toujours à l'hôtel, mais sort d'une relation ambiguë avec un homme plus âgé qui l'a laissé amer et paranoïaque. Thadée Klossowski et Clara Saint, qui le sentent au bord du gouffre, s'inquiètent pour lui, passent souvent à son hôtel, lui laissent des messages lorsqu'ils ne le trouvent pas : « Où es-tu ? », « Ne disparais pas ! », « Montre-toi », « Viens me chercher rue Spontini », écrit Claire tandis que Thadée, sous la mention « Urgent », souligne ces mots : « On se fait du souci pour toi, téléphone ou passe, s'il te plaît[4] ! » « Ils passaient tout le temps me voir, se rappelle Corey, parce qu'ils savaient que je pouvais m'être évanoui, ou avoir fait une overdose, ou m'être perdu dans la nature, ou m'être fait flinguer. »

Avec trente ans de recul, Thadée Klossowski voit dans la vulnérabilité de Corey le reflet d'une anxiété courante chez nombre de jeunes gens jouant alors à des jeux périlleux dans Paris : « Il y avait ce sentiment d'être largué, quelque chose qui est lié à la jeunesse, certainement… Ne plus savoir qui on est, comment survivre, ce qui est acceptable ou pas, quoi faire de sa peau. Corey avait eu une histoire très étrange avec un prince africain. Celui-ci payait sa chambre d'hôtel, l'y rejoignait, jetait de l'argent sur le lit et repartait sans même avoir enlevé son manteau. Corey était sorti très, très perturbé de cette expérience. Il ne comprenait pas ce qui lui arrivait, ce que l'on attendait de lui.»

Depuis toujours, Corey est dans la fascination de l'image, point de départ de son attirance pour la mode, les mannequins et Andy Warhol, lequel est non seulement un grand manipulateur de l'image d'autrui mais aussi un artiste dont la démarche proprement dite consiste à décrire la surface des choses, qu'il s'agisse du président Mao ou d'une chaise électrique. La relation sentimentale malheureuse qu'il vit alors n'est que la continuation de cette problématique, puisque l'homme qui le poursuit est amoureux non pas de lui mais de son reflet. «Je n'avais pas un vrai travail, je n'étais pas un vrai mannequin, en fait, je n'étais rien, explique-t-il. Tout ce que j'avais, c'était moi. La jeunesse et l'énorme pouvoir de séduction que l'on peut avoir à cet âge: voilà sur quoi je pouvais compter.» Description qui s'applique à nombre de garçons et de filles qui à cette époque de triomphe de l'apparence vivaient de leur image.

Corey était un adepte du culte de la mode, un croyant de la religion du paraître: «La mode t'accueille, te nourrit. Tu penses y être arrivé, tu penses que c'est ton moment, et la mode te remplit de cette allégresse extraordinaire, d'une poussée d'adrénaline permanente, de la certitude que tout cela est magique, divin. Et puis soudain, aussi vite que c'est arrivé, à peine tu y es, à peine tu t'es habitué à y croire, t'es avalé, bouffé, recraché. Et c'est fini. C'est ça, l'enfer de la mode. Ça et la dure réalité d'apprendre à ses propres dépens que c'est un vaste mensonge.»

Et cependant, pour Corey comme pour tant d'autres, la leçon, même amère, ne les a pas libérés de l'emprise de la mode. Le pouvoir d'idéalisation de la mode repose sur trois éléments: la beauté, la jeunesse et un renouvellement incessant, un mélange si détonnant que l'illusion persiste bien après que l'on est tombé de ces hauteurs, parce qu'il n'y a rien de plus étincelant ni d'envoûtant. C'est alors qu'on se réveille, au milieu du no man's land qui s'étend entre le mythe et le monde réel, perclus de nostalgie et de regret.

Corey ne préviendra ni Thadée ni Clara de sa décision. Ni Antonio, Juan, Paul ou Billina. Il embarquera un matin dans un avion pour New York, tout simplement. Voici comment il décrit aujourd'hui ce tournant dans sa vie : « Je suis parti parce que je n'ai pas eu le choix. Je ne voulais pas m'en aller mais j'ai compris que je ne pouvais plus assurer. Je n'y arrivais plus. J'allais y laisser ma peau. J'étais tellement sous la coupe de tout ça, le glamour, la mode, que je ne voyais pas ce que je pourrais faire d'autre. Je n'avais pas d'autre horizon. J'étais paumé. J'avais vingt-quatre ans et je me répétais à moi-même : "La vie est finie." »

Lorsque Karl Lagerfeld fait l'acquisition de Penhoët, le bâtiment, les communs et le parc sont à l'abandon, dans un état affligeant. Encore une demeure à restaurer et à décorer, encore une scène pour s'amuser à représenter l'imaginaire en costume. Patrick Hourcade, qui a étudié l'histoire de l'art et travaillé aux Monuments historiques avant de rejoindre la rédaction de *Vogue* France, conseille à Karl de se procurer les documents détaillant l'état original du château, du circuit de plomberie à la couleur des murs, avant d'entreprendre quoi que ce soit. Celui-ci lui répond : « Fais-le pour moi. Retrouve-les. » Et voici donc Patrick fouillant les archives de l'hôtel Drouot à la recherche du dossier de la vente aux enchères, pour que Karl puisse retrouver une décoration et un ameublement aussi authentiques que possible. C'est du pur Lagerfeld, cette capacité à saisir l'occasion et, pour commencer, à s'entourer des êtres qui lui sont nécessaires : ayant repéré quelqu'un qui peut l'aider à réaliser son projet, on lui confie tout l'argent en liquide dont il aura besoin, et on le pousse en avant en lui disant: «Allez-y, faites-le ! [5].»

Patrick Hourcade, qui s'occupera de toutes les maisons de Karl à partir de ce moment-là et pour les vingt-cinq années suivantes, décrit bien l'incroyable énergie que ce dernier sait communiquer à ceux qui travaillent avec lui: «C'est un boulimique, un boulimique de la curiosité. Son enthousiasme est sans limite, sa détermination aussi. Quand il s'engage à faire quelque chose, c'est définitif.» Vivacité d'esprit, savoir encyclopédique, immense curiosité et dynamisme inépuisable: tels sont en effet parmi les traits les plus constants et les plus appréciables de Karl. «Je veux "tout" savoir», affirmera-t-il en 1988, et l'impossibilité même de cette ambition la rend séduisante [6].

À chaque nouveau projet de rénovation, à chaque collection, à chaque défilé, Karl Lagerfeld est ravi par les possibilités qui s'offrent à lui, par ce qu'il peut accomplir et réussir. Après une visite d'inspection à Penhoët, il commande à un artisan parisien une maquette qui représentera le château au cas où il déciderait d'entreprendre de grands travaux, comme l'ajout d'une aile à l'est et au nord de sorte que la bâtisse possède une cour intérieure fermée. Il fait dessiner des plans d'extensions possibles pour le parc et les jardins d'honneur. Avec sa volonté de fer, ce désir pressant de créer ici son pays des merveilles et cette énergie aujourd'hui célèbre, il entraîne tous ceux qui gravitent autour de lui dans ses rêves de grandeur. Le XVIIIe siècle l'intéressait déjà mais avec l'achat de Penhoët il se plonge dans d'innombrables études sur la littérature, l'architecture, la peinture, la porcelaine et la mode de cette période. Afin de «tout» savoir.

Penhoët est alors à quatre heures de train de Paris, suivies de vingt minutes en voiture à partir de Vannes. Souvent, Karl s'y rend en voiture avec chauffeur, un trajet de quatre heures en tout. Au début, il y fait des séjours brefs et fréquents, couchant sur place avant de rejoindre la capitale. Il dessine, fait des croquis, travaille sur les plans de rénovation. Au cours de la première année, il est accompagné par Jacques et un ami de ce dernier, un certain José.

Devenu favori du roi, Jacques de Bascher commence à introduire d'autres éléments à la cour tout en veillant à ne jamais se trouver en position d'être supplanté. José est l'un de ces courtisans. Originaire comme lui de Loire-Atlantique, sa famille habite un château à moins de dix kilomètres de celui de la famille de Jacques. Il apparaît dans l'entourage de Lagerfeld en 1973. Jacques l'a connu à l'université, en fac de droit ; depuis, il vit à Paris chez sa sœur et cherche un travail dans la banque. Bientôt, Karl nomme José « administrateur » et le charge de l'aider à négocier ses contrats, même si en réalité il garde la haute main sur toutes ses affaires et si, d'après la sœur du jeune homme, celui-ci ne reçoit pas de salaire, étant seulement rétribué en vêtements et accessoires. José, que Jacques dit être son cousin « à la mode de Bretagne » — c'est-à-dire un ami plus qu'un parent —, s'est cependant montré d'une certaine utilité au moment de l'achat de Penhoët, puisque ce sont ses parents qui ont présenté à Karl leur notaire, et que celui-ci s'est occupé des détails administratifs de l'opération. À cette occasion, Jacques a écrit une lettre à la mère de José dans laquelle il se disait enchanté par l'acquisition du château, la remerciait pour son aide et lui proposait de venir à Paris essayer une tenue Chloé qui lui serait gracieusement offerte.

Jacques apprécie beaucoup Penhoët (qu'il appellera toujours Grand-Champ) car l'endroit se trouve à seulement cinquante minutes en voiture de la maison de ses parents. Le château des Bascher est moins ancien et moins imposant que

Penhoët, mais, à l'inverse de la famille de Jacques, Lagerfeld a amplement les moyens de restaurer et d'entretenir sa gentilhommière. Jacques s'y sent enfin libre de vivre selon ses humeurs et ses caprices. Fini les explications pénibles avec sa sœur au déjeuner, fini les silences de son père. Alors que Karl ne fait que des allers-retours, Jacques et José s'installent au château et jouent à fond les jeunes aristocrates nantis. Ils sillonnent le domaine dans la vieille Rolls-Royce noire que Karl a achetée pour la campagne, et se rendent à la ville voisine, que Jacques appelle « le village » avec une condescendance de ci-devant. Pour assister à la messe dominicale à Grand-Champ, les deux compères s'habillent en noir de pied en cap. Le fils d'un fermier voisin de Penhoët affirme : « On avait l'impression qu'ils venaient à l'église rien que pour se moquer de nous autres péquenots. » Son père, qui a compris d'emblée les motivations de Karl et de sa cour, tranche : « Pas du tout. Ils venaient pour se montrer. »

Au matin, la femme de ménage ramasse les bouteilles de whisky vides qui ont roulé sous les lits. Quand la Rolls tombe en panne, Jacques et José se résignent à aller à Grand-Champ en mobylettes et, non sans réprimer un sourire, le fermier les regarde peiner dans la longue côte qui précède le bourg. Le week-end, il y a des invités. La rédactrice de mode Anna Piaggi, qui travaille à *Vogue* Italie et connaît bien Karl depuis les années soixante tout en jouant chaque fois plus auprès de lui le rôle de muse, surgit avec Vern Lambert et une malle d'habits chinés au Portobello Market de Londres. Patrick Hourcade est souvent là, lui aussi. Tout à ses rêves de grandeur, Jacques improvise des pique-niques, le soir, sur la plage déserte d'Erdeven, qu'ils rejoignent en Rolls en une trentaine de minutes. Ils s'habillent, pour ces soirées. En robe Empire de Zandra Rhodes couverte de fausses perles et de plumes de faisan, Anna Piaggi se tient pieds nus sur le sable, des poignées d'algues dans chaque main, pendant que Karl la dessine. Couvrant sa planche de surf d'une nappe blanche délicatement brodée, Jacques sert du foie gras et du vin à la lumière de candélabres en argent. On rit, on grignote, on bavarde. C'est là que Jacques excelle : il sait transformer le moment et créer une atmosphère, qu'elle soit joyeuse ou sombre [7].

Il en est venu à animer la vie de Karl, organisant régulièrement déjeuners et dîners dans l'appartement parisien du styliste. A-t-il été à l'initiative du dîner d'anniversaire de Karl, le 10 septembre 1973, où se retrouvent Paloma Picasso, Loulou de la Falaise, Clara Saint, Thadée Klossowski, Pierre Bergé et Yves Saint Laurent ? On ne le saura jamais, mais une chose est sûre : les deux groupes se fréquentent à nouveau. La minuscule photographie en noir et blanc publiée dans l'édition française de *Vogue* un peu plus tard cette même année, dans le cadre d'un article consacré aux goûts de Karl, à ses amitiés et à ses sources d'inspiration, laisse cependant transparaître la tension qui a régné au cours de cette soirée d'anniversaire. Tordant le cou comme si l'appareil photo l'avait pris par surprise, Thadée semble mal à l'aise ; Paloma a un air grave et désapprobateur qui ne lui ressemble pas ; obligé de se pencher en avant pour être dans le cadre, Pierre Bergé est réduit à un œil soupçonneux, un nez proéminent et un bout de front ; Karl se tient tout raide sur sa chaise, vigilant derrière sa barbe ; Jacques a son inévitable nœud papillon et une moue vaguement sardonique... Yves, le seul de tous les convives à sourire largement, s'est tourné pour faire face à l'objectif. Détendu, arborant cette expression de petit garçon rieur qui n'appartient qu'à lui, il donne l'impression de savourer quelque pensée secrète et hilarante, une pensée Saint Laurent [8].

L'inévitable se produit à la fin 1973 : Yves Saint Laurent et Jacques de Bascher entament une liaison. Depuis longtemps, la vie d'Yves a été ponctuée de coups de foudre exaltés, avec des bouquets de lys de Casablanca livrés chaque semaine et des lettres manuscrites enflammées tant que dure la toquade. Tout le clan participe à ces petits drames, Yves tient le rôle-titre de l'homme amoureux, Loulou et Betty transmettent les rendez-vous en chuchotant, et même Pierre est convié à jouer sa partie, qui consiste à ramasser les morceaux après les ruptures et les déceptions.

Lorsqu'il est question de désir, Yves révèle souvent l'extrémisme de ses sentiments et de son comportement. Comme la fois où, poursuivant une nuit durant un jeune homme de ses avances, il émerge du Sept à l'aube en compagnie de l'objet de son intérêt, toujours aussi récalcitrant et, excédé après avoir plaidé en vain sur le trottoir de l'avenue de l'Opéra, il percute au volant de sa Coccinelle noire décapotable la borne de taxis à côté de laquelle se tient le jeune homme. L'épisode se termine comme tous les drames personnels de Saint Laurent, par un appel téléphonique à Pierre Bergé, sommé de venir le chercher.

En l'espace d'un clin d'œil, il passe de la passion la plus dévorante à la lassitude la plus totale. Avec lui, c'est tout, puis rien. Une main passée sur le visage, un soupir théâtral, une grimace horrifiée, et : « Non, non, non, je ne le supporte plus ! Non, non, non, il faut qu'il s'en aille, il le faut[9] ! » Cela prononcé sur le ton chagriné, inconsolable, de l'homme qui contemple horrifié celui qui, hier encore, était la finalité de tous ses désirs. Mais l'illusion s'arrête, le caprice se dissipe. Alors pourquoi l'histoire avec Jacques de Bascher ne suit-elle pas ce schéma prévisible ?

Comme elles sortent danser presque tous les soirs, les deux coteries se croisent, immanquablement. Mais à partir de 1973, elles prennent l'habitude de se retrouver sous les plafonds bas et les spots électrisants du Sept. Karl et Pierre ont-ils compris sur quoi tout cela allait déboucher ? Ils auraient dû être alertés, car depuis un moment déjà Jacques a fait plusieurs incursions sur le territoire de Saint Laurent. En avril 1973, on l'a vu applaudir et glousser avec Loulou à la présentation de la collection de prêt-à-porter d'Yves, s'attardant ensuite pour bavarder avec Thadée, Donna Jordan et les autres mannequins, très étudiant de Cambridge dans sa tenue de coordonnés couleur crème, du pantalon au foulard en passant par le cardigan et la chemise.

Et c'est aussi cette année-là que les dîners ont commencé. Celui de l'anniversaire de Karl et, quelques semaines plus tard, la convergence des deux groupes dans un restaurant qui vient d'ouvrir, les Années trente. Arrivés à l'heure, Pierre et Yves attendent Karl, Jacques et Clara Saint. Que faisait là la garante de l'intégrité du clan Saint Laurent, en compagnie de Lagerfeld et de son favori ? Puis l'année suivante, au vernissage de l'exposition de gouaches et d'aquarelles d'Yves, à la galerie Proscenium, on voit encore Karl et Jacques, ce dernier arborant un chapeau de paille enrubanné et un nœud papillon presque identique à celui que porte Yves [10]...

Quand leur aventure commence, Jacques habite encore son petit duplex de la rue du Dragon, non loin du Flore. Il a vingt-trois ans, Yves en a trente-sept. Il y a une dimension physique à la liaison, mais l'aspect psychologique s'avérera autrement plus important, plus durable et plus destructeur, Jacques devenant une véritable obsession pour Saint Laurent. Comme le note Thadée Klossowski, « quand Yves tombe amoureux, c'est toujours "follement" amoureux. Il est fou de quelqu'un et puis il s'en lasse, brusquement. Eh bien, Jacques a trouvé le moyen d'empêcher Yves de se lasser de lui ». Avec ses jeux en forme de supplice de Tantale, il va faire perdre la tête à Yves.

En avril 1974, David Hockney exécute un portrait de Jacques de Bascher au crayon. Le jeune homme pose chez le peintre, assis dans le même fauteuil vert fatigué où la styliste Celia Birtwell, le galeriste Kasmin et bien d'autres sujets prendront place cette année-là et la suivante. Cravate rayée bleu et blanc, short crème, Jacques a la bouche close, les mains croisées sur un livre ouvert dans son giron.

Pendant son séjour parisien, David Hockney se concentre sur le dessin et la gravure. Avec ses cheveux décolorés, sa renommée internationale et sa gouaille du Yorkshire, il est l'une des attractions du Flore, fréquente assidûment Shirley Goldfarb, se rend souvent au Louvre dont il fait plusieurs croquis de la cour d'honneur, peint Shirley dans le studio de cette dernière. Il réalise aussi un autoportrait dans un cadre imaginaire, avec un carton à dessin sous le bras et un buste de Picasso monté sur un piédestal derrière lui, et intitule le dessin « L'étudiant, un hommage à Picasso, 1973 ». Sa célébrité est encore renforcée par l'importante exposition organisée par le musée des Arts décoratifs en octobre 1974, et par *A Bigger Splash*, le film que lui consacre le Britannique Jack Hazan, projeté en avant-première au festival de Cannes en mai 1974, puis à Paris.

L'année suivante, en avril, une exposition-vente de ses dessins et gravures se tient à la galerie Claude Bernard, rue des Beaux-Arts[11]. Non seulement le portrait de Jacques de Bascher a été retenu mais il illustre l'affiche annonçant l'événement, si bien qu'au printemps 1975 Jacques se retrouve sur les kiosques à journaux, les lampadaires, les portes de librairie de toute la Rive gauche. Visage d'homme et tenue de collégien, traits sérieux et expression énigmatique : Jacques est partout. On imagine la fierté de ce conquérant.

D'autant qu'à la même époque sa liaison avec Yves Saint Laurent se poursuit dans un secret soigneusement orchestré. L'éloignant un moment de l'exubérance effervescente de Loulou et de la fidélité farouche de Betty, le détournant du cadre familier du Sept, Jacques entraîne Yves dans des bars discrets, des boîtes de nuit jamais fréquentées par le groupe. Privé du contrôle possessif de Pierre Bergé et de sa scrupuleuse protection, Yves est exposé non seulement aux dangers que représente Jacques mais à des risques potentiellement bien plus graves, ceux qu'il se fait courir à lui-même.

Yves s'achète une garçonnière pour s'éclipser lorsqu'il en ressent le besoin. Sa relation avec Pierre s'est toujours accompagnée d'aventures hors couple, une réalité tolérée par l'un comme par l'autre. Son nouveau studio se trouve avenue de Breteuil, de sorte qu'Yves peut s'y rendre à pied de son domicile « officiel » de la rue de Babylone. Il a chargé Jacques Grange de le décorer dans un style moderniste dépouillé, l'effet recherché étant celui d'un décor de film d'Antonioni. C'est là qu'il retrouve Jacques de Bascher, ou bien il le rejoint chez lui, rue du Dragon. À un moment de ce difficile coup de foudre, Saint Laurent a essayé de persuader le jeune homme de quitter Karl Lagerfeld pour lui. Était-ce la preuve du sérieux de ses sentiments, ou juste une de ces soudaines passions avec lesquelles il aimait se distraire ? Quoi qu'il en soit, son entreprise de séduction n'a pu apparaître que comme une nouvelle victoire sur Karl, et celui-ci ne lui pardonnera jamais.

Selon Diane de Beauvau-Craon, qui à ce moment ne vit plus chez Jacques, « Karl est entré dans une colère effrayante. Et Pierre lui a fait une scène terrible, lui reprochant d'être incapable de contrôler son gigolo… Et le scandale a éclaté. En ce temps-là, il suffisait d'un rien pour mettre le feu aux poudres et faire exploser Paris, parce que tout pivotait autour de ce petit monde extravagant. Ce n'est plus pareil, maintenant : vous avez le monde de la mode, celui des arts, celui de la littérature, celui de l'art… Mais en ce temps-là, il n'y avait que le monde de l'extravagance. Point final. Vous pouviez regarder à droite, à gauche : rien, le vide ! C'était seulement ce monde-là, alors évidemment il possédait un pouvoir et une résonance qu'il n'a plus du tout, de nos jours ».

Au cours des trente dernières années, l'affaire a été entourée d'une telle discrétion qu'il serait facile de se laisser emporter par les rumeurs les plus exagérées, sans essayer de trouver la part de vérité qui pourrait rester encore accessible. Le plus simple est peut-être d'essayer de comprendre l'attraction exercée sur Yves par Jacques de Bascher. À de nombreux égards, celui-ci représentait tout ce que Saint Laurent, cet esthète toujours en quête d'absolu, désirait le plus : le charme physique et les poses XIXe siècle, l'esprit alerte et le glamour social : Jacques de Bascher de Beaumarchais, le nom complet qu'il continue à revendiquer dans le catalogue de l'exposition David Hockney de 1975…

François Catroux, l'un des rares témoins de ce temps à conserver une froide objectivité, estime que « Bascher disposait d'un grand pouvoir dans ce milieu, qui venait du fait qu'il était à l'opposé de ce qu'on avait connu jusque-là. Ce n'était pas qu'un petit gigolo, remarqué et abandonné du jour au lendemain. Jacques était un garçon bien éduqué, intelligent, extrêmement subtil, avec un "ton" bien à lui. Il était également assez délirant, avec une bonne dose de folie. C'était l'antithèse du bourgeois, et en même temps il avait cette confiance innée de celui qui sait qu'il est "quelqu'un" depuis sa naissance, et bien entendu cet aspect de sa personne impressionnait à la fois Karl et Yves ».

Il y a peut-être eu aussi, de la part de Saint Laurent, une certaine jubilation maligne à détourner Jacques sous le nez de Lagerfeld. François Catroux ajoute : « Je ne pense pas que cela ait été une grande histoire d'amour. Une aventure qui amusait Yves énormément, c'est sûr, mais de l'amour ? Je n'y crois pas. Non, c'était plus pervers que cela : il y avait l'impression grisante de le voler à Karl, et puis aussi l'idée que lorsque [Jacques] n'était pas avec l'un, il était avec l'autre. Et ils étaient tous deux engagés dans cette gigantesque rivalité… »

Chez Saint Laurent, et parmi certains éléments de la coterie, Jacques a trouvé un nouveau public qu'il choque et titille avec des histoires de plus en plus fantaisistes. « Je n'étais pas du tout fasciné, ni par lui ni par ses petits contes qu'il pouvait reprendre dix fois de suite en les enjolivant toujours un peu plus, précise Catroux d'un ton sec. Je ne le trouvais pas drôle, pas une seconde, mais il y en avait beaucoup qui trouvaient cette décadence soi-disant raffinée incroyablement fascinante juste parce que c'était un aristocrate français qui s'y adonnait, et non quelque greluchon de bas étage. »

Saint Laurent figure parmi ceux qui sont sensibles au côté « décadent » de Jacques. « Yves pouvait être comme ça, des fois, avance un membre du clan pour expliquer l'aspect obsessionnel de la relation avec Jacques. Si vous avez lu *La Vilaine Lulu*, vous voyez ce que je veux dire. Il y a une grande ressemblance, n'est-ce pas ? Ces farces, ces trucs de gamin qu'il y a dans le livre, tout cela lui plaisait incroyablement. »

Ce qui est plus difficile à cerner, ce sont les motivations de Jacques de Bascher : pourquoi se chercher des ennuis avec Saint Laurent alors qu'il sait que celui-ci est l'objet d'une véritable fixation de la part de Karl ? Là gît peut-être la raison. Son histoire avec Yves, fugace selon toutes les apparences, commence à la fin 1973, c'est-à-dire alors qu'il n'est lié à Karl que depuis peu. Comme le souligne Paloma Picasso, l'attitude de Karl à l'égard de Jacques est en dents de scie. Le jeune homme est loin d'avoir une position stable, reconnue : « Ce n'est pas Jacques, mais Karl, qui tirait les ficelles, remarque Diane de Beauvau-Craon, et on peut comprendre que l'on veuille donner l'impression d'être celui qui a la situation en main. C'est pourquoi la petite aventure entre Jacques et Yves, non, je ne peux pas croire que ça ait été complètement innocent, une coïncidence plus forte que tout. Je pense que tout a commencé par un petit flirt entre Jacques et Yves, comme ça se passait tous les soirs à l'époque, une petite aventure dans une boîte, et à mon avis Jacques a transformé ça en un grand truc, beaucoup plus important que ça ne l'était, juste pour irriter, juste pour s'affirmer. Cette histoire lui a donné une identité, vraiment.»

Mais seulement après coup, car l'intrigue Saint Laurent-de Bascher reste longtemps un secret d'État partagé par quelques rares élus: Betty, Loulou, Clara, Thadée, François. Et même quand elle passera dans le domaine public, alimentant les ragots parisiens, Jacques gardera un silence complet à ce sujet. Ses amis qui n'appartiennent pas aux cercles de la mode — Renaud de Beaugourdon ou Christian Lvowski, par exemple — ne l'ont jamais entendu parler d'Yves Saint Laurent. Quant à Diane de Beauvau-Craon, elle se souvient de Jacques lui disant, des années plus tard: « Yves m'a vraiment aimé », mais peut-être cherchait-il alors à se convaincre que quelqu'un l'avait un jour « vraiment aimé »...

Était-il à la recherche d'un nouveau rôle ? Thadée Klossowski se rappelle un jour de 1974 où Jacques et l'un de ses amis étaient venus le chercher à Vannes pour le conduire à Penhoët, où il était invité: « C'était assez grotesque, ils étaient habillés tous les deux en dandies des années trente, mais très caricatural... Je me souviens d'avoir trouvé Grand-Champ très beau et d'avoir complimenté Karl sur le château, tout ça, mais la dégaine de ces deux garçons, non, ça m'a réellement frappé et puis il y avait une vieille Rolls-Royce aussi... Je ne sais pas mais tout était vraiment "trop", exagéré, ridicule. Peut-être que Jacques voulait fuir tous ces déguisements, peut-être en avait-il assez de servir de poupée.»

Mais si Jacques était las de servir à personnifier un idéal esthétique et mondain, se jeter dans les bras de Saint Laurent ne pouvait guère être la solution. Au contraire, il consacre de plus en plus de temps au rite de l'habillement, des heures à enrichir sa garde-robe et ses références littéraires afin de parfaire encore son image. « Je l'ai vu s'habiller devant moi en plusieurs occasions, raconte Christian Lvowski, et c'était une opération qui avait quelque chose de très impressionnant, de mystérieux. On aurait dit un personnage de roman. Il avait une pile énorme de camisoles, cinquante ou plus sur une étagère, qu'il portait boutonnées à des caleçons en coton. Il y avait un côté très précis, presque militaire, dans sa façon de s'habiller. Et une recherche de l'exceptionnel, un raffinement extrême pour les moindres détails, pyjamas, cravates, chaussettes... Je me rappelle une fois où je suis allé chez lui, des années plus tard, il portait un très beau manteau, je le lui ai dit et il m'a répondu : "Je suis content qu'il te plaise. Je l'ai fait réaliser en douze teintes différentes !" »

Dès lors, toute l'énergie de Jacques va être consumée par son apparence, son image et les névroses toujours plus menaçantes qui accompagnent ce genre d'obsession. Contrairement à Antonio et Juan, dont la vanité de Brummel était toujours contrebalancée par leur grande créativité, le rôle de Jacques dans l'univers de Karl Lagerfeld ne comporte aucune création, du moins qui aurait eu des résultats tangibles ou permanents. Mais peut-être était-ce précisément la justification de la présence de Jacques, et sa force d'attraction. Son pouvoir était de représenter un symbole, un idéal. Qu'il ait été esclave de son image éveillait un fantasme central, tant dans les milieux de la mode que dans l'imaginaire homosexuel, dont l'origine remonte sans doute au mouvement décadent de la fin du XIXe siècle : le mystère admirable d'une existence entièrement vouée à l'élégance et à la beauté, à la fascination et au désir que l'on est capable d'éveiller chez les autres, au pouvoir que le charme physique peut à lui seul donner à quelqu'un.

C'est exactement ce que le lord Henry d'Oscar Wilde déclare à Dorian Gray, sans masquer son envie : « Je voudrais pouvoir changer de place avec vous, Dorian. Le monde a hurlé contre nous deux, mais il vous a eu et vous aura toujours en adoration. Vous êtes le genre que notre époque demande et qu'elle craint d'avoir trouvé. Je suis heureux que vous n'ayez jamais rien fait : ni modelé une statue, ni peint une toile, ni produit autre chose que vous-même !... Votre art, ce fut votre vie. Vous vous êtes mis vous-même en musique. Vos jours sont vos sonnets. »

Non, Jacques n'a jamais sculpté ni peint, et cependant il devait forcément projeter une image assez puissante pour que David Hockney choisisse de faire son portrait et de s'en servir pour son exposition parisienne, pour que deux créateurs de mode parisiens le désirent à ce point. En 1975, il n'est plus chic de dîner à La Coupole. La nostalgie des Années folles est passée. Désormais, c'est la nuit et la mode qui accaparent toutes les énergies. Un vent nouveau souffle sur Paris, celui d'une décadence élitiste dont Jacques, avec son culte du succès, sa vanité inquiète et ses compulsions mystérieuses, est la personnification même.

Jacques de Bascher est le genre que son époque demande, et qu'elle craint d'avoir trouvé.

11

1975

Au début de 1975, Chloé et Karl Lagerfeld signent avec Elizabeth Arden un contrat très avantageux pour la création du premier parfum Chloé aux États-Unis. C'est un moment décisif de la carrière de Karl. Pour la première fois, grâce à cet accord ainsi qu'à l'attention médiatique et à l'argent qui s'ensuivent, il cesse d'être un simple salarié de Chloé pour devenir un associé, intéressé aux profits. Il a alors quarante et un ans, et l'argent commence à couler à flots.

Détail révélateur, au lieu d'accorder à Karl des actions dans la société Chloé proprement dite, Aghion et Lenoir préfèrent créer avec lui une nouvelle entreprise, qui prend le nom de Karl Lagerfeld Productions. Le capital actions est divisé en trois, cinquante pour cent pour Karl, vingt-cinq pour Gaby Aghion et vingt-cinq pour Jacques Lenoir. « Cette société devait vendre des licences, explique Gaby Aghion, pour les parfums et la ligne Karl Lagerfeld qui avait été lancée au Japon seulement, pas en Europe. » Autrement dit, Karl devait toucher une part des bénéfices sur tous les produits, sauf sur la ligne de prêt-à-porter Chloé.

Prévu pour le mois d'avril, le lancement du parfum Chloé donne lieu à une tournée américaine jalonnée de réceptions, de défilés de mode, de conférences de presse et de présentations dans des boutiques. Nul besoin d'apprendre à Karl à jouer les stars ; il ne fait pas autre chose à Paris depuis des années. Il sait que l'adhésion américaine — de la presse comme des boutiques — est la clé du succès financier et il demande à Jacques de Bascher et José de l'accompagner. Ce séjour américain est, de bout en bout, un petit chef-d'œuvre de communication. Ils se présentent dans un tourbillon d'excitation à l'embarquement pour Los Angeles avec vingt-cinq valises pour trois et doivent s'acquitter de trois mille cinq cents dollars de taxes pour excédent de bagages[1]. Leur périple commence par un défilé de mode à Los Angeles, suivi d'une réception en présence de Ryan et Tatum O'Neal, ainsi que de Jack Nicholson. Ils s'envolent ensuite pour New York, où doit avoir lieu le lancement du parfum. Ils descendent au Plaza, qui donne sur Central Park, où ils ont loué une suite occupant tout un étage.

Karl en voyage, c'est un croisement ingénieux de Mme de Pompadour et Andy Warhol. Il crée autour de lui une atmosphère baignée de culture, Mme de Staël trône sur sa table de nuit, sa chambre est jonchée de malles remplies de livres ; il pérore sur la Sécession viennoise et émaille négligemment ses propos d'innombrables citations de Goethe et de Voltaire, habitude qui lui vaut l'éternelle admiration de journalistes impressionnés par son érudition.

Ses propos d'amateur d'art sont rehaussés d'une superficialité postmoderne délibérée. Comment ne pas remarquer les allures maniérées de Karl, auxquelles Jacques et José font désormais outrancièrement écho, comment ne pas relever son nouveau régime exclusivement à base d'aliments blanchis et bouillis, censé le désintoxiquer de vingt ans à quinze bouteilles de Coca par jour, et qui lui a déjà fait perdre quinze kilos[2] ? S'y ajoute l'autre grande passion de Lagerfeld : le shopping. Les trois hommes écument les magasins et rentrent chargés de livres, de vêtements et d'accessoires. Jacques finit même par s'acheter un jean, trouvant que son pantalon de flanelle blanche attire trop l'attention.

André Leon Talley, un jeune journaliste de la Factory, se présente au Plaza et demande à rencontrer Karl pour *Interview*. Ce sera le premier portrait individuel que ce magazine extrêmement influent consacrera à Karl. Le voilà à présent sous les projecteurs de la mode internationale.

Leon Talley craque devant le glamour européen de Karl et de Jacques : les pyjamas de soie aux initiales brodées, les allusions au château XVIIIe en Bretagne et les deux chemises de crêpe de Chine que Karl lui offre en guise de cadeau d'adieu. « Karl Lagerfeld, le génie qui fait ruisseler la soie sur les corps avec le même raffinement qu'il a fait ruisseler son nouveau parfum — Chloé — sur l'Amérique », écrit Leon Talley dans son dithyrambe [3].

Dans leur trio, José détonne. Le jeune provincial réservé n'a rien de l'éclat acéré de Jacques, dont il est l'aîné de quatre ans. Il ne semble guère à sa place dans le milieu de la mode, tout le monde en convient. Il s'habille aux couleurs de Lagerfeld, et porte la nouvelle collection masculine que Karl a commencé à dessiner. Mais des vêtements qui ont fière allure sur Jacques donnent à José l'air emprunté, ne faisant que souligner son incongruité.

« Le sombre José, l'esprit financier de l'équipe, tient les comptes lors des expéditions de shopping en ville, où l'équipe fait des affaires américaines, achetant par exemple une limousine pleine de surplus, chemises d'uniformes, tenues de cyclistes, tenues de parachutistes pour sorties hebdomadaires à la campagne [4] », observe Leon Talley.

L'interview est intitulée « Karl Lagerfeld dans un nuage de Chloé ». Dans cet entretien dominé par Karl et Jacques, ceux-ci évoquent la dernière collection que Karl a conçue pour Chloé, inspirée de costumes de la campagne française du XVIIIe siècle, et dissertent de l'influence qu'a exercée sur la mode la grande passion de Karl, Isadora Duncan. Jacques parle du château en Bretagne, des projets de restauration et de la vie à la Marie-Antoinette qu'on peut y mener, ce qui incite André Leon Talley à lui demander si l'on pourrait considérer leur mode de vie comme décadent.

Jacques répond : « Dans ce pays [aux États-Unis], la décadence a des connotations de camelote, de pornographie, de saleté. "Décadent" vient du latin *cadere* qui signifie tomber. Décadent, c'est tout autre chose, c'est une façon de tomber en beauté. C'est [un] mouvement très lent, plein de beauté, vous savez. Il peut s'agir d'une forme de suicide dans la beauté, d'une beauté tragique[5]. »

Pour Jacques, la beauté justifiait toujours la chute. C'était elle qui rendait possible jusqu'à l'idée même d'autodestruction — ou de « suicide » comme il disait. Il avait vingt-quatre ans et était attiré par le côté obscur des choses. Il était fasciné par Gilles de Rais, qui oscillait entre un esthétisme exquis et le mal insondable du satanisme et de l'homicide. Gilles de Rais incarne le pinacle absolu du sadisme et l'écrivain français décadent Joris-Karl Huysmans en a fait le personnage historique central de son roman *Là-bas*. « Le marquis de Sade n'est qu'un timide bourgeois, qu'un piètre fantaisiste à côté de lui ! » écrivait-il[6]. Évidemment, en raison de l'intérêt que Jacques portait à Rais, il avait également lu et relu *Là-bas*, un livre dont le thème dominant est le satanisme. « C'était son roman préféré, sa référence », affirme Renaud, qui se rappelle en avoir acheté un nouvel exemplaire à Jacques pour remplacer celui qu'il avait perdu.

Lorsque André Leon Talley termine son interview, c'est au tour d'Antonio Lopez de passer au Plaza pour s'occuper des illustrations de l'article, en photographiant et en dessinant Karl et ses compagnons de voyage. Juan et Paul ont quitté Paris pour regagner New York un mois à peine avant Antonio. Jerry Hall était devenue un mannequin célèbre et dépendait moins de lui. Une fois son rêve réalisé — exposer à Paris —, Paul souhaitait poursuivre sa carrière à New York. De plus, ils avaient tous trois le mal du pays. Ils ont déniché un immense loft en ville, sur Broadway, et Antonio invite la rue new-yorkaise dans son atelier. Leur mode de vie résolument bohème et leur goût effréné de la liberté manquent désormais à Paris.

Quand ils sortent déjeuner, Antonio, Karl, José et Jacques montent dans une limousine. Les trois Parisiens ont endossé la même tenue, déclinée en différentes variantes. Jacques et José sont vêtus de chemises en crêpe de Chine identiques, col remonté. José arbore une veste à rayures et une cravate sombre enfoncée dans sa chemise, tandis que Jacques porte un cardigan foncé. Karl a enfilé une de ses chemises de soie, avec une cravate rayée. Des lunettes de soleil noires dissimulent entièrement le regard de Karl et de Jacques, tandis que José porte des lunettes de vue.

Ils sont tous les trois assis à l'arrière de la limousine, qui fonce à travers les rues de Manhattan, tandis qu'à l'avant Antonio les mitraille avec son Instamatic Kodak, prenant d'eux des clichés où ils font les clowns avec une poignée de dollars. L'œil d'Antonio capte tout, la puissante dynamique du trio, l'argent qui baigne tout. Bien sûr, il a déjà vu tout cela, il l'a même personnellement vécu.

Antonio prend une série de photos, sept au total, qu'il disposera ensuite sur une seule page, deux rangées horizontales de trois clichés puis une dernière photo sur la dernière rangée, isolée au centre. Jacques apparaît sur cinq des sept clichés, Karl sur trois seulement, un indice de l'importance de Jacques pour l'image du couturier.

L'argent est présent sur cinq des sept clichés, entre les mains de Karl ou dans celles de Jacques. Sur une photo, on dirait que Jacques vient de s'emparer des billets ; il est assis dans l'angle de la limousine, il ne sourit pas, il a la tête inclinée, concentré, il compte les billets en fronçant les sourcils, ignorant l'appareil photo et José, qui sourit et s'amuse, penchant la tête vers Jacques pour être dans le champ. José est le seul dont l'objectif capte le regard, le seul aussi qui n'ait pas d'argent en main. Mais ce n'est pas par José que l'œil du spectateur est attiré, c'est par Jacques, par ses lunettes noires d'aviateur et son intérêt maniaque pour l'argent.

Sur une autre photo, on voit Jacques attraper l'argent, l'éloigner de l'appareil, le mettre derrière son épaule droite dans un geste de possession, comme pour dire : « Pas touche, ça m'appartient. » Ce n'est pourtant pas l'argent de Jacques, c'est celui de Karl. La première et la dernière image de la série montrent bien qui domine ce trio. On y voit Karl seul, ses yeux impénétrables dissimulés derrière des verres foncés ; dans sa main droite, il tient les dollars en éventail comme un joueur de poker, tandis que sa main gauche repose légèrement sur la pile de billets et qu'un sourire mince mais triomphant ouvre une balafre dans sa barbe noire.

En août 1975, la bande de Lagerfeld, comme la cour de certains aristocrates français d'antan, fuit le soleil de plomb de Paris pour se réfugier à la campagne, dans l'univers clos du château de Penhoët.

La demeure est à environ une demi-heure de voiture de l'océan. La brise marine n'apporte plus la fraîcheur de l'Atlantique, l'air estival est tout étourdi de pollen et du parfum du chèvrefeuille qui grimpe dans les haies. Fin août, les journées, calmes et oppressantes, laissent planer la menace d'un orage. Autour du château, les vaches laitières sont alanguies au milieu des champs luxuriants. Mais la tranquillité des jours est trompeuse : appartenir à la coterie Lagerfeld, c'est être disponible à tout moment, être prêt à scintiller et à divertir. Il faut se battre pour rester en faveur.

Le château a pris une importance majeure dans la création de Karl ; il s'y rend pour travailler, dessiner et chercher l'inspiration. Il a rejeté le rétro — toutes ces vieilles vedettes de cinéma l'ennuient, elles sont finies, reléguées, une tendance éculée qui n'a pas place dans son univers. Bientôt, avec la vente de mobilier prévue pour novembre de la même année, il se débarrassera de tous les objets Art déco de son appartement de Saint-Sulpice.

C'est au XVIIIe siècle français que Karl voue désormais sa remarquable faculté d'attention. S'inspirant du costume campagnard et non de celui de la cour, il crée des jupes fendues au-dessus de paniers cachés et des robes de soie peintes à la main tout droit sorties des porcelaines de Meissen. Anna Piaggi exerce une immense influence sur son travail durant cette période. Elle est d'une grande originalité et sait comme nulle autre créer un style. Elle se rend à Penhoët pour le week-end avec plusieurs malles remplies de vêtements : haute couture vintage, jodhpurs antiques du Chelsea Market, culottes bouffantes edwardiennes qu'elle teint en noir de jais sous une cape de toile dont l'existence remonte à la première production par les Ballets russes de *L'Oiseau de feu* de Stravinsky. Les croquis occupent les journées. Karl dessine Anna déambulant le long du poulailler, se reposant sur un lit ou partant pour une promenade d'après-dîner dans le parc, vêtue d'un costume edwardien de coton blanc avec tournure, pompon de plume blanc dans les cheveux et bâton à la main.

Jacques est très excité à l'idée que Karl pourrait lui donner la petite maison de gardien, à l'entrée du parc, devant le château, juste en face de la minuscule chapelle. Il parle beaucoup de ce projet et des aménagements qu'il envisage. Pendant leur séjour à New York, il a raconté à André Leon Talley que le pavillon est comme « le petit hameau de Marie-Antoinette dans la forêt de Versailles. Je vais le décorer dans un mélange de néogothique à la Viollet-le-Duc et de château Louis II[7] ». Toutes les références néogothiques sont là, dans l'imagination de Jacques : Louis II de Bavière et Eugène Viollet-le-Duc, l'architecte français, héros du Second Empire, deux hommes qui incarnent les affres ultimes du romantisme et le souvenir d'un âge d'or disparu.

Jacques avait expliqué à Leon Talley que Karl avait l'intention de refaire le château entièrement en style XVIIIe, pour loger « les invités et quelqu'un qui a fait une dépression, qui viendra s'y reposer une quinzaine de jours ou plus, nous voulons tous quelque chose de différent[8] ». « Je serai au château, celui du pur XVIIIe. Rien de néogothique[9] », avait déclaré José.

On découvrira le corps de José sur la voie ferrée, à trois kilomètres de Vannes, le mardi 26 août à onze heures trente du matin. Le certificat de décès contient les éléments indispensables : date de naissance, le 25 novembre 1946 — il avait donc vingt-huit ans au moment de sa mort —, adresse et activité — étudiant. Son nom complet y figure. Ses deux parents étaient espagnols et avaient raccourci leur patronyme lorsqu'ils étaient venus vivre en France. La cause du décès n'est pas indiquée.

La gendarmerie et le tribunal de grande instance de Vannes ne possèdent plus les procès-verbaux de police ni les comptes rendus de l'enquête, car ces documents sont détruits au bout de vingt ans[10].

Il s'agit d'un suicide. José a laissé un message. Il s'est tué sur un tronçon de voie déserte, près de Vannes. Le lieu, à vingt minutes en voiture de Penhoët, est assez éloigné de la gare pour que le train roule à grande vitesse. Il faut prendre au sud sur quinze kilomètres, puis quitter la grand-route et emprunter une voie sans issue, bordée de quelques maisons. À l'extrémité de la rue, s'étend un no man's land de bitume et de mauvaises herbes, la désolation, le silence. Les rails courent devant, posés sur un lit de pierres couleur de créosote. Au-delà, c'est une brousse d'arbres et de buissons, un espace inhabité. La maison la plus proche de l'autre côté de la voie est à près de cinq cents mètres, au sommet de la colline.

Les rails se trouvent derrière un petit muret de béton, qui forme un dessin abstrait d'arcades, assez bas pour qu'on puisse le franchir. Et puis le muret s'arrête brusquement, comme si ceux qui l'avaient construit avaient compris qu'il ne servait à rien de poursuivre car il n'empêcherait jamais personne de passer sur la voie ferrée. Là où il s'arrête, les rails sont accessibles à pied sur quatre-vingts mètres, sans même qu'il faille enjamber le muret.

Le corps de José ne sera identifié que trente-six heures après sa découverte, ce qui laissera le temps à *Ouest France* de publier un article contenant une description du mort et de ses vêtements. C'est un chauffeur de taxi, fréquemment employé par Karl Lagerfeld et ses proches, qui reconnaîtra la dépouille.

Certaines questions concernant cette mort demeurent sans réponse, sans preuve. Un habitant garde le souvenir de José gravissant la colline en motocyclette, seul, et de Karl et Jacques partant ensemble en taxi un quart d'heure plus tard pour prendre le train à Vannes. Selon la version encore en vigueur au domaine de Penhoët, José se serait jeté sous le train dans lequel se trouvaient Karl et Jacques. Mais cette rumeur est contredite par les faits : le corps de José a été découvert sur la voie Paris-Vannes et non sur la voie Vannes-Paris.

Cette mort ébranle profondément Jacques. José était son

ami, c'était lui qui l'avait introduit dans ce milieu, pour avoir un compagnon. Jacques n'avait jamais pu vivre seul sa décadence.

Trois jours après le décès de José, Karl est de retour à Penhoët, occupé à dessiner. Vêtue d'une robe noire de garçonne, une Chanel 1926, Anna Piaggi scrute les environs grâce aux jumelles de Jacques pendant que Karl croque la scène dans des pastels guillerets. Le lendemain, il réalise un autre portrait d'Anna allongée sur un lit, vêtue de dentelle blanche et d'un fichu rouge, jambes nues. Le croquis est parfaitement incongru dans ce contexte — la lingerie en broderie anglaise, les orteils vernis de rouge, la pose langoureuse —, mais plus incongru encore est le titre que Karl donne à cette esquisse, « Les Matinées de Grand-Champ [11] », datée du 1er septembre 1975, quatre jours exactement après cette autre matinée de Grand-Champ où l'on a retrouvé un cadavre sur la voie ferrée.

La disparition d'un jeune homme de vingt-huit ans leur pèse, mais ils se replongent dans la mode, dans la fantaisie ; de nouveau on s'habille, on se drape d'un superbe châle de cachemire provenant de la succession de la duchesse de Somerset, de nouveau on pose devant une chaise vénitienne de laque rouge XVIIIe comme si rien n'avait changé, comme s'il ne s'était rien passé.

À Paris, l'abdication d'un jeune homme devant la mort et les circonstances de son décès inspirent à l'élite de la mode un sentiment d'horreur. Après toutes ces années exquises de danse et d'insouciance, d'éternité et de luxe, la mort fait soudain irruption au milieu de la fête.

On choisit d'en faire un récit édifiant, et l'on érige José lui-même au rang de victime. Mais de quoi, de qui ? « Le pauvre garçon, cela m'a fait de la peine, dit quelqu'un qui a connu José. Pauvre garçon provincial, on l'a fait venir à Paris, il regardait ce monde, absolument ébloui. C'était horriblement choquant parce que ce garçon était faible, il était à côté de ses pompes. Il fallait le calmer, il fallait le renvoyer dans sa famille, il ne fallait pas qu'il soit à Paris. Ce garçon n'était pas assez solide pour résister. »

Peut-être trouve-t-on le destin de José d'autant plus tragique qu'il est l'archétype de qui jouit des faveurs de cet univers. Il a été payé, vêtu, logé dans des suites du Plaza, on l'emmenait faire du shopping dans des boutiques de luxe. Il a été arraché à la vie ordinaire et hissé jusqu'aux plus hautes sphères, jusqu'à l'éclat absolu et exceptionnel de la vie de Karl. Et il est tombé en chute libre, dans les profondeurs de la mort.

Le suicide de José sera à l'origine d'un singulier tournant. Pierre Bergé réagit à la nouvelle avec force. Il pense depuis longtemps que ce groupe est dangereux. Il rassemble alors ses ouailles et profite de l'occasion pour enfoncer un coin entre les deux factions. La nuit même où ils apprennent la disparition de José, Pierre et Yves se précipitent chez Jacques Grange et François-Marie Banier dans un état d'agitation extrême. Leur appartement se trouve rue Servandoni, près de la place Saint-Sulpice, à deux minutes à pied de chez Lagerfeld. Jacques Grange est un ami de Jacques de Bascher et de Karl. Loulou et Thadée ont, eux aussi, passé des après-midi vides en compagnie de Jacques de Bascher.

Pierre fait irruption dans l'appartement, Yves sur ses talons. « Ça suffit ! Ne voyez plus ces gens épouvantables [12] ! » ordonne-t-il.

« Il [Jacques] le rendait complètement fou, explique Thadée Klossowski. Il était très séduisant, mais il était aussi très malfaisant, c'était un sadique. Il était fasciné par ce qui était très morbide… — sa voix se fait traînante. — Jacques était un dragueur avec une tournure malfaisante et, comme Yves avait cette tendance vraiment folle, il est tombé dedans la tête la première. Et il est devenu fou à lier.»

Au cours de l'année 1975, l'état mental de Saint Laurent devient de plus en plus inquiétant, même pour Pierre, toujours très maître de lui. Il s'est mis au whisky, qu'il boit à la bouteille comme la vilaine Lulu. Il prend de la cocaïne. Il s'enfonce dans l'abîme de déchéance physique qui l'a longtemps fait fantasmer. Il vit dans une tension exquise entre l'esthétisme suprême de ses journées, l'appartement sublime et la maison de couture avec ses rituels de beauté et de perfection, et la nuit, la décadence physique délibérée.

Pierre et Yves se querellent. Yves démarre dans un crissement de pneus et nul ne sait où il va. Un jour, il part et ne revient pas. Pierre Bergé est le directeur général de la plus célèbre maison de couture du monde, responsable de la divinité suprême de la mode — «La raison pour laquelle nous prenons l'avion pour venir à Paris», disent les acheteurs de mode américains —, et cette divinité a disparu. Pierre téléphone à tous les commissariats. Vingt-quatre heures plus tard, on l'appelle; on a retrouvé Yves dans un hôpital du Nord de Paris. Pierre vit dans une tension de tous les instants; il doit non seulement protéger la vie d'Yves mais préserver sa réputation.

«Pierre essayait de recoller les morceaux, dit Madison Cox, jeune étudiant américain de la Parsons School of Design qui entrera dans le cercle d'Yves Saint Laurent deux ans plus tard. Ça n'est jamais arrivé, mais s'il y avait eu un accident de voiture, c'est Pierre qui aurait sorti la voiture du fossé. Ce qui s'est passé avec Jacques, c'est que ça a fait basculer Yves de l'autre côté, un côté plus sombre. Yves n'est pas un toxico, c'est un obsessionnel. S'il boit du Coca, il en prendra vingt-cinq, s'il y a de la glace devant lui, il en mangera vingt-cinq litres, pas un, vingt-cinq. C'est un homme qui n'a pas de limites, qui ne connaît pas de contraintes. Je pense que, pendant une trop grande partie de sa vie, il a compté sur Pierre pour jouer ce rôle et je crois qu'avec un type comme Jacques, c'était une autre forme d'excès, une autre façon d'aller jusqu'au bout.»

Tard dans la nuit, Yves tourne en voiture autour de la place Saint-Sulpice, où Jacques vit désormais, dans l'ancien appartement de Karl. Celui-ci a déménagé après la vente du mobilier Art déco et lui a laissé l'appartement vide. Yves est ivre et klaxonne, hurlant le nom de Jacques jusqu'à ce que les voisins, furieux, appellent la police.

Peut-être Yves cède-t-il au délicieux frisson de voir son esprit s'enfoncer dans l'obsession, céder au glorieux tourment du désir frustré et des passions irrésistibles. Comme sa vilaine Lulu, qui huit ans plus tôt était tombée follement amoureuse de Jojo l'étudiant fauché et s'enorgueillissait de son désir obsessionnel. «Ce minet de Dijon me rend folle… mais que voulez-vous ?» demandait-elle au lecteur avant de scander tout haut sa passion pour Jojo: «Ce Jojo ! Eh bien, ce Jojo ! Ce Jojo-là ! Ce vilain Jojo ! Ce Jojo vilain ! Ce Jo ! Ce Jo ! Ce joujou ! Ce jojo ! Ce joujou exquis[13] ».

L'engouement d'Yves rappelle une autre grande liaison parisienne — celle de Swann et d'Odette dans *Du côté de chez Swann*. De fait, à partir de 1973, Yves Saint Laurent ne cessera de se comparer et de s'identifier à la fois à Proust et à Swann. Odette, une demi-mondaine extravagante dans sa jeunesse flétrie, poursuit vainement Swann de ses assiduités. La situation bascule quand elle reçoit Swann chez elle. Elle se penche pour regarder une gravure et, en cet instant, le héros remarque sa ressemblance avec Zéphora, une figure des fresques de la Sixtine peinte par Botticelli. Odette devient alors exquise à ses yeux : elle se transfigure, elle n'est plus l'Odette aux lèvres épaisses, aux yeux exorbités et aux manières vulgaires ; elle est Odette, «un écheveau de lignes subtiles et belles» qui aurait fait les délices de Botticelli. C'est suffisant pour Swann ; il s'abîme dans un amour obsessionnel et maniaque, un amour écrasant, exacerbé encore par les cachotteries et l'infidélité d'Odette, qui le rend fou d'une douleur destructrice et le fait sombrer dans les délices masochistes de la jalousie et de la possession. C'est toujours et seulement l'idée d'Odette qui fait frémir et hypnotise Swann, jamais la réalité, et nous trouvons là un écho du jeu entre Jacques et Yves.

12

1976

L'instabilité croissante d'Yves et la cour extravagante qu'il fait à Jacques portent un coup fatal à ses relations avec Pierre Bergé. Leur vie commune se détériore peu à peu pour se résumer à des récriminations agressives et à des crises de jalousie, jusqu'à ce que, le 3 mars 1976, après dix-huit ans de vie commune, Pierre quitte l'appartement de la rue de Babylone pour s'installer dans une suite du Plaza Athénée, à cinq minutes de la maison de couture[1].

Selon ses propres dires, c'est l'instinct de conservation et la nécessité de s'éloigner de l'abîme d'autodestruction dans lequel s'enfonce Yves qui pousse Pierre à s'en aller. « C'était peut-être en effet pour éviter d'être noyé que je l'ai quitté, avoue Bergé avec trente ans de recul, mais je n'ai jamais été noyé, je n'ai jamais été englouti. J'ai préservé l'essentiel. »

Ce qui compte, pour Pierre, c'est « le destin d'Yves Saint Laurent et le destin de la maison d'Yves Saint Laurent. L'essentiel, c'étaient ces deux choses. Moi, j'avais décidé que je passerais après, et voilà ! Je n'ai commencé à m'intéresser à moi que bien des années plus tard ». Cette réponse est pourtant un peu trompeuse car, en réalité, le destin de Bergé lui-même est indissociable de celui de Saint Laurent, l'être humain et la maison de couture. Yves et Pierre sont les deux faces d'une seule et même médaille ; de fait, dans la maison, on les a surnommés « l'aigle à deux têtes » d'après le titre de la pièce de Cocteau que Pierre Bergé montrera au théâtre de l'Athénée. En 1990, Yves écrit à Pierre pour lui souhaiter son anniversaire, reconnaissant leur lien indissoluble en ces termes : « Désormais nous sommes un aigle à deux têtes[2]. » Certains esprits narquois de Paris préfèrent les appeler « les Saint Laurent ».

Ils sont unis par d'étranges liens de possession, et il arrive même un jour à un ancien béguin d'Yves de devenir celui de Pierre. Après 1976 encore, quand Pierre quitte Yves et s'achète un appartement rue Bonaparte, mettant ainsi fin à la dimension sentimentale de leur relation, celle-ci se poursuit sous forme d'une association qui dépasse le domaine professionnel. Leur ambition crée une véritable symbiose entre ces deux hommes. Et c'est cette étonnante complicité qui rend leur modus vivendi de couple si difficile à élucider, qui empêche presque de déchiffrer leurs actions personnelles, leurs désirs individuels. Il s'agit, au sens propre, d'un destin partagé.

Bergé déclare en 1993 à Laurence Benaïm, la biographe d'Yves Saint Laurent : « Je suis l'homme le plus important de sa vie. Est-ce parce qu'il m'aime le plus au monde, ou parce qu'il a besoin de moi ? Je ne sais pas[3]... » Il ne le sait pas davantage aujourd'hui. « C'est une très bonne phrase, je n'ai rien à y ajouter, dit Bergé. Non, je ne sais pas, mais dans la vie on ne sait jamais ; peut-être ai-je besoin absolument de lui pour la même raison. »

Il est vrai que la même question sans réponse — m'aime-t-il ? a-t-il besoin de moi ? — aurait fort bien pu sortir de la bouche d'Yves Saint Laurent, sauf que celui-ci ne s'exprime guère sur ses relations avec Pierre Bergé. Il leur est impossible, à l'un comme à l'autre, de dissocier leur amour du besoin réciproque qu'ils ont l'un de l'autre. Peut-être est-ce la clé de la longévité de cette relation...

Si Pierre a choisi de s'immerger entièrement dans l'ego d'Yves toute sa vie durant, c'est que celui-ci devait correspondre à quelque chose. C'est une évidence, que vous confirmera n'importe quel détracteur de Pierre (et ils sont légion) : Yves Saint Laurent est la source du pouvoir, de la richesse et de l'influence de Pierre. Mais cette relation a été bien plus forte que celle qui unit le roi à celui qui l'a fait.

Pierre était sous l'emprise du talent d'Yves. Bergé est fasciné par l'idée de l'artiste, par la personnalité du créateur et par son esprit créatif, à l'opposé du sien. Certains ont pris à tort cette passion pour celle d'un artiste frustré, mais Pierre est un autodidacte en matière de culture, et il s'en sert comme d'un bouclier ; ce n'est pas un artiste. Peut-être a-t-il voulu un moment faire une carrière de journaliste, mais à l'époque où il fait la connaissance de Bernard Buffet, il chine déjà chez les bouquinistes, écumant les quais de bonne heure pour dénicher des éditions originales qu'il revend l'après-midi aux marchands de Saint-Germain. Son vrai talent est de transmettre celui d'autrui, et il le sait.

Dans la vie, Yves est incapable de se passer de Pierre : il ne peut pas libeller un chèque, prendre un billet d'avion, réserver une table au restaurant. John Fairchild se souvient encore avec étonnement de ce déjeuner à New York pendant lequel Pierre Bergé a reçu un message urgent d'Yves, qui était à Paris : il y avait une fuite d'eau chez lui, et il ne savait pas comment trouver un plombier ! Mi-Svengali, mi-intendant, voilà comment on pourrait définir Pierre.

Quand les invitations s'accumulent, c'est lui qui oblige Yves à s'habiller pour sortir : il le traîne ainsi au gala d'ouverture de Liza Minnelli donné par le baron Alexis de Redé alors qu'Yves refuse de s'y rendre. C'est Pierre qui demande au domestique de ne pas lui passer d'appels téléphoniques, si bien que les amis d'Yves n'arrivent pas à le joindre, Pierre qui prend les rendez-vous chez le médecin et organise les séjours de plus en plus fréquents à l'hôpital, Pierre encore qui s'occupe du courrier.

Ce comportement apparemment despotique n'échappe à personne et offusque tout le monde. Cette brutalité et cet autoritarisme inspirent beaucoup d'amertume et de colère à de nombreux amis d'Yves et à des membres de sa famille qui reprochent à Pierre d'être la cause de son isolement et de son chagrin. « Nous jugions que Pierre avait tort, raconte Paloma Picasso, qu'il traitait Yves comme s'il était incapable de se prendre en main. Nous estimions que Pierre ne se conduisait pas comme il fallait avec Yves, qu'il le couvait trop et qu'il fallait le laisser s'ouvrir davantage. » Il lui faudra de longues années pour réévaluer plus équitablement l'équilibre des forces entre les deux hommes.

Parmi toutes les déclarations de ceux qui l'ont appelé, tous les témoignages sincères sur sa générosité et sa loyauté, sur l'aide apportée aux malades et à ceux qui étaient dans le besoin, parmi tous les reproches tout aussi sincères de despotisme farouche et de violence irascible, le seul souvenir qui nous éclaire un peu vient, faut-il s'en étonner, de sa mère.

Mme Bergé a été interviewée en 1990, juste avant les soixante ans de son fils, pour une édition spéciale de *Globe* réalisée par des amis de Pierre et qui devait être offerte à tous les invités de son dîner d'anniversaire. Interrogée, sa mère répond avec férocité : « Il était insupportable. Il fallait s'en occuper beaucoup. Il était toute la journée dans mes jupons. Il poussait des hurlements quand je quittais la maison. À deux ans déjà, il me demandait tout le temps : "Maman, tu m'aimes ?" et je lui répondais impatiente : "Mais oui, je t'adore." Mais il n'était pas satisfait de la réponse et me disait : "Non, il faut dire : ze t'aime mon Peuo céhi[4]." »

Cette anecdote trahit à la fois la soif d'amour d'un petit

garçon et l'exaspération d'une mère devant l'affection dévorante de son fils. Peut-être Betty Catroux a-t-elle raison de dire à propos de lui : « En voilà un qui souffre, mille fois plus que l'autre [Yves Saint Laurent]. Mais mille fois plus que l'autre ! » On ne peut que s'étonner que Pierre ait choisi de partager sa vie avec un homme aussi peu fait pour le rassurer sentimentalement.

À partir de 1976, la santé mentale d'Yves se dégrade dramatiquement. « L'alcool et la drogue ont joué un très grand rôle dans sa vie et un grand rôle dans la détérioration de son état de santé, reconnaît Pierre Bergé. Ils n'ont pas arrangé ses périodes maniaco-dépressives, sûrement pas[5]. » Yves se soustrait aux regards du public, si bien que peu de gens peuvent observer de près son comportement irrationnel ; ceux qui en ont l'occasion considèrent au fond que cela fait partie du personnage. On n'attend pas d'Yves qu'il se conduise comme tout un chacun, pas plus dans la vie quotidienne que dans l'expression de son talent. « M. Saint Laurent ne se sent pas bien », telle est la réponse laconique et habituelle de la maison de couture.

Il fait de longs séjours au service psychiatrique de l'Hôpital américain de Neuilly, mais sa famille elle-même ne sait pas exactement pour quoi il est soigné ni quel traitement il suit. Sa jeune sœur Brigitte récuse le diagnostic de psychose maniaco-dépressive, mais admet qu'il est passé par des périodes de dépression, ce qu'elle comprend aisément. Elle-même continue à fumer quarante cigarettes par jour, comme Yves le faisait à l'époque. « Yves est comme moi mais pas pour les mêmes raisons. On se fout de ce que la vie nous réserve. Il y a des jours où il n'en peut plus, il est comme moi, ponctuellement autodestructeur, il y a des moments de déprime. “Merde, je n'en peux plus.” Et après la vie est belle. Ce n'est pas un garçon dépressif, Yves, ce n'est pas vrai. »

Mais au cours de ces années-là et dans ces instants de désespoir, la menace de suicide a dû sembler très réelle. Il faut assurer la survie de l'homme et de la maison Saint Laurent, et Pierre veille sur ces deux destinées, coûte que coûte. C'est, comme le dit Pierre en restant en deçà de la vérité, « un boulot à temps plein ». En 1977, Victoire retrouve Bergé pour déjeuner au Plaza. Cela fait des années qu'ils ne se sont pas vus. « Il était là avec ses deux chiens, il était blanc comme la mort et je lui ai dit : "Mais Pierre? qu'est-ce que tu as ?" Il m'a répondu "C'est infernal, tu ne peux pas savoir, je ne peux plus le supporter." »

Madison Cox, un ancien intime de Bergé, analyse le rôle que celui-ci a joué et les pressions que faisait peser sur lui l'angoisse d'Yves. « Ça a certainement été extrêmement épuisant et exténuant pour Pierre, et ça a duré pendant toutes ces années, de voir quelqu'un tous les matins ou de lui parler au téléphone et d'entendre "Oh, ma vie est finie, c'est terminé", ou "Je ne peux plus travailler". "Je n'ai plus d'idée. S'il te plaît, dis à Abraham [un fabricant de tissus] que je ne peux pas le voir parce que je ne sais pas quoi faire. C'est terminé. C'est fini." Ramer contre le courant, cela demande une énergie qu'on peine à imaginer… Bien sûr, au fond de lui-même, Pierre sait que l'autre ne va pas se jeter par la fenêtre demain, mais il faut quand même faire face au quotidien. Je crois que, maintenant, Yves a admis beaucoup de choses mais sur le moment, on ne pouvait pas savoir ; si on le mettait au pied du mur, il balançait une statue de marbre par la fenêtre ou sautait dans sa voiture et disparaissait ; il sortait et dépensait des millions de dollars pour des trucs dont il ne voulait plus ensuite. Je crois qu'il est beaucoup plus posé maintenant, beaucoup plus calme, il a suivi une longue psychanalyse. Mais à l'époque, il était vraiment instable. Il voulait se faire admettre à l'Hôpital américain, il voulait faire une cure de sommeil. Pierre a énormément souffert ; c'était une énorme dose de tension et d'inquiétude, en permanence, parce qu'on ne savait jamais [ce qu'il allait faire]. Cette crainte ne quittait jamais Pierre. »

Frédéric Mitterrand, un autre ami de longue date de Pierre et Yves, fait allusion au vrai jeu de pouvoir au sein de leur relation. « Pierre l'a maintenu dans la vie réelle, l'autre [Yves] a été reconnaissant dans ses moments de lucidité, travailleur dans ses moments de Valium, mais dans ses moments de folie et de révolte, il aurait pu jeter tout ça par la fenêtre. Il y a un côté Nijinski, sauf que c'est Diaghilev qui dominait Nijinski, alors que là, c'est Nijinski qui domine Diaghilev. »

Paris est écrasé par une vague de chaleur. Entre les jardins des Tuileries et la place Vendôme, le ciel s'étend comme un couvercle de plomb brûlant. Rue de Castiglione, une foule fait la queue et se bouscule devant l'hôtel Intercontinental : la présentation de la collection haute couture d'Yves Saint Laurent commence dans une demi-heure.

L'air moite bruisse des invitations que l'on agite et des ragots échangés, des regards appréciateurs se croisent au-dessus de sahariennes Saint Laurent tandis que les photographes se pressent contre les portes vitrées — elle est bien là, cette singulière excitation, contenue, consciente de soi, cette agressivité cinglante et subreptice, le tic nerveux de la mode. Et si cette fièvre et cette impatience sont omniprésentes dans ce milieu, elles sont toujours à leur apogée aux défilés d'Yves Saint Laurent. Pour la première fois, Saint Laurent et Bergé ont quitté les salons de la maison pour présenter la nouvelle collection de haute couture dans la grande salle de bal de l'hôtel Intercontinental.

Deux ans plus tôt, la maison Saint Laurent a quitté la rue Spontini pour les vastes et somptueux locaux d'un hôtel particulier Napoléon III, avenue Marceau. Mais, malgré les dimensions de ces nouveaux locaux, la place n'est pas suffisante pour qu'on y organise les défilés. La liste des invités s'est allongée jusqu'au millier, parmi lesquels des photographes, des journalistes, des acheteurs de magasins et une foule de détenteurs de licences venus des quatre coins du monde, enchantés de faire un tour à Paris pour assister au défilé et voir de jolies filles.

Et puis, il y a les clientes : jambes croisées à l'oblique, chevelures gonflées brillantes comme des fruits cristallisés, un genre de femme en voie de disparition qui connaît de près le travail de M. Saint Laurent après de longues années d'allégeance à l'absolutisme de son élégance. Des femmes comme Charlotte Aillaud : « Quand on porte une veste d'Yves, on trouve qu'elle va normalement. Mais dès qu'on porte une veste de quelqu'un d'autre, on voit ce qui ne va pas. »

La cliente de haute couture ne tardera pas à être éclipsée par une nouvelle espèce en plein essor, celle de la consommatrice dont la seule intimité avec la créativité d'Yves Saint Laurent est le graphisme singulier et fluide de son nom gravé sur un flacon de parfum que son mari lui a offert pour Noël. C'est cette femme-là qui fait régulièrement grimper le chiffre d'affaires et la marge. La mode est devenue une industrie, et avec ses cent onze boutiques de prêt-à-porter Rive gauche en franchise, ses cent vingt-huit produits licenciés YSL, dont les ventes se sont chiffrées à deux cents millions de dollars l'année précédente, Yves Saint Laurent occupe une des toutes premières places[6]. Pourtant, si « la mode pour toutes » devient une réalité, la haute couture continue à fabriquer du rêve.

Ce défilé a coûté cinq cent mille dollars à Bergé et Saint Laurent, ce qui en fait le plus dispendieux jamais mis en scène. La mode de luxe produit de l'argent, ce qui veut dire qu'il faut dépenser de l'argent pour la produire. Pour la première fois dans un défilé haute couture de Saint Laurent, on a dressé au milieu de la salle de bal une passerelle surélevée où défilent les mannequins, ce qui oblige le public à redresser la tête pour regarder passer les modèles. Cette inclinaison de la nuque démontre à elle seule la transformation de la haute couture : de pourvoyeuse de garde-robe de luxe, elle est devenue spectacle scénique. Pour la première fois, un maquilleur professionnel a été engagé pour farder les mannequins. L'ère des filles qui se coiffent et se maquillent elles-mêmes est révolue. Mais bien sûr, la marque est le nouveau mot clé et YSL ne tardera pas à lancer sa propre ligne de cosmétiques.

Paloma est assise au premier rang. Depuis la mort de son père et la lutte pour sa succession, elle n'est plus la fille désargentée de Picasso qui se bat pour avoir le droit de porter son nom, mais l'héritière à venir de vingt millions de dollars. Trois années auparavant, elle a fait la connaissance de deux jeunes écrivains argentins talentueux, Rafael López Sánchez et Javier Arroyuelo, venus à Paris présenter leurs pièces de théâtre expérimental avec leur troupe, le groupe TSE. Paloma s'est installée avec Rafael un mois après la mort de son père, et ils vivent ensemble depuis.

Mais ce n'est pas le lieu, ni l'argent dépensé, ni les clientes du premier rang qui provoquent les vrais cris d'impatience ce matin-là ; comme toujours, c'est Yves. Cela fait des mois à présent que d'étranges rumeurs sur la santé du couturier circulent dans les bureaux et les salles de rédaction – de *Women's Wear Daily* ou du *Point*, de Paris à New York en passant par Marrakech. Sur Yves et ses statues fracassées contre les murs, sur Yves et son poignet cassé et, surtout, sur Yves et Pierre.

Lorsque l'été 1976 arrive, Yves est malade, enlisé dans un mélange de dépression et d'humeurs explosives. À cette époque, selon Pierre Bergé, il tient grâce à la cocaïne, l'alcool et les tranquillisants. Six mois plus tard, en décembre 1976, Yves annonce : « Je suis malade, très malade. Je l'étais déjà avant la collection de haute couture en juillet — mais personne ne s'en est aperçu. Pourtant, on me faisait des perfusions, j'étais en pleine dépression[7].»

Yves réagit fort mal au départ de Pierre, le considérant comme un abandon et s'attribuant le rôle de la tragique victime d'une injustice. Ils ont vécu ensemble pendant dix-huit ans, et vivre sans la force et le soutien de Pierre ne peut qu'être une perspective terrifiante pour Yves, qui ne sait pas à cette date que leur relation se poursuivra, même privée de sa composante sentimentale. «Yves s'est pris pour la Callas abandonnée par Onassis, a déclaré Loulou de la Falaise en 1993. Il s'est vengé par la brillance de son talent, avec ces collections de plus en plus belles. Il a eu recours à l'énergie artificielle. Le temps a passé très vite, il s'est mis dans l'impossibilité physique réelle de vivre. Au lieu de vieillir, il s'est laissé aller à son vice[8].»

En juin 1976, un mois avant les défilés de couture, Yves s'évade à Marrakech pour préparer la collection à venir. Il habite la nouvelle maison qu'il vient de finir de faire construire avec Bergé. C'est une demeure rose de deux étages appelée Dar es-Saada la Zahia, ce qui veut dire, non sans ironie, «la Maison du bonheur dans la sérénité». Yves passe des journées entières au lit, à dessiner, fumant cigarette sur cigarette, les idées se bousculant dans sa tête, sa main droite traçant ses rêves de beauté refoulés. «J'avais besoin d'une violente explosion de fantaisie. Cette collection était un rêve que je faisais depuis longtemps. J'avais toujours voulu faire une collection qui inclurait tout ce que j'aime dans ma vie. J'ai toujours eu envie de faire une collection qui serait le reflet de tous mes goûts[9]», explique-t-il à l'époque.

Le plus souvent, quand il dessine une collection, Saint Laurent réalise des croquis au trait noir. C'est l'essence de la collection, la forme et la silhouette qui se construiront ensuite en trois dimensions au sein de la maison de couture. La couleur, l'étoffe et les détails d'ornement surgiront peu à peu lorsque Yves fera son choix parmi les tissus et les finitions de la nouvelle saison livrés par les fournisseurs, lorsqu'il étudiera les toiles, les calicots crème uni dont l'atelier se sert pour engager le processus de confection d'un modèle.

Cette fois pourtant, Saint Laurent abandonne le noir et blanc, éprouvant pour la première fois le besoin et le désir de s'exprimer en couleurs — « comme un peintre [10] », remarque-t-il. Il ouvre la boîte de feutres posée à côté de lui et commence à dessiner chaque tenue avec tous les détails de bijoux et de ceintures, d'imprimés, de rubans et de châles, exactement tels qu'ils seront sur le vêtement terminé.

« Depuis quelques mois, j'explose d'idées. Je suis assailli par elles [11] », déclare Yves au *Point*. C'est un kaléidoscope d'images qui se bousculent dans sa tête et sur la page, devant lui : Visconti, Flaubert, *Madame Bovary*, Georges de la Tour et Delacroix. Il a vu le portrait de *La Jeune Fille au turban* de Vermeer un peu plus tôt, cette année-là, à Amsterdam, et il hante son esprit : le teint diaphane, la charge érotique des lèvres entrouvertes, les cheveux dissimulés derrière les plis de satin d'un turban et la goutte de perle d'une boucle d'oreille prête à tomber.

Dans sa chambre de Marrakech, alors qu'il dessine tout seul, il se consume, « tissant avec des idées [12] », n'ayant besoin de rien d'autre que de ses feutres et de son paquet de Lucky Strike. Devant lui, sur le papier, naît une confluence de formes issues de son imagination et de sa mémoire, d'irréel et de choses vues, de subconscient et d'original. Ces croquis ne sont pas destinés à la femme moderne, à ses besoins, ni à sa garde-robe. Ils représentent l'exaltation de la beauté et de l'extravagance. « Ces vêtements rassemblaient tous mes rêves — toutes mes héroïnes de romans, d'opéras, de peinture —, c'était mon cœur — tout ce que j'aime, je l'ai donné à cette collection [13] », déclarera Saint Laurent.

Le dernier dessin fini, ne reste que le vide. Il s'écroule. Pierre Bergé le fait admettre à l'Hôpital américain de Neuilly où il est soigné pour une grave dépression. Dans un état d'effondrement nerveux complet, il reste trois semaines à la clinique. Il est autorisé à sortir en fin d'après-midi. Une voiture remonte jusqu'à l'entrée de la clinique et Yves apparaît, franchissant les portes vitrées pour pénétrer dans la lumière blanche de la banlieue. On le conduit au-delà des peupliers et des immeubles entourés de grilles de Neuilly, jusqu'au 5, avenue Marceau, où sa maison de couture l'attend.

Les responsables d'ateliers ont découvert les croquis de la nouvelle collection trois semaines plus tôt, sans lui. Ils choisissent en silence les vêtements dont ils doivent assurer la confection. « C'était effrayant, raconte Jean-Pierre Derbord, alors directeur de l'atelier des tailleurs. Je me souviens très bien. Mme Muñoz a mis les dessins par terre, mille croquis, ça couvrait tout le grand salon, il y en avait partout, c'était comme si vous étiez complètement noyé, c'était angoissant de voir ça, chacun plus beau que l'autre. On sentait la folie, c'était une folie de beauté, il y avait un état de folie. Tout avait été conçu dans sa tête, dans son imagination, chaque détail, tout, tout, tout était fait, c'était surhumain et pour nous c'était angoissant, ça faisait peur, parce qu'on s'est dit jamais on ne pourra arriver à faire tout ça, à lui rendre justice. » Pendant des semaines, ils travaillent pour interpréter ses croquis, préparer les toiles, suspendus pourtant dans une étrange paralysie, attendant son regard et son approbation. La maison de couture est vide sans lui, c'est une bâtisse remplie de gens attendant son retour. Le culte qu'ils lui vouent les empêche de travailler, un culte qui exige loyauté, dévouement, foi et adoration. Et toujours, les mêmes phrases chuchotées que s'échangent attachée de presse et journaliste, petite main et mannequin – « Il est souffrant », « Il est à Marrakech » – jusqu'au jour où enfin : « Il est là, en bas. » Saint Laurent gravit l'escalier menant à son studio et, à chaque marche, la maison reprend vie.

Dans l'atelier, tout le monde se meut avec la plus extrême prudence, prenant le pouls de l'angoisse de Saint Laurent. Les mannequins entrent l'une après l'autre dans le studio pour la séance d'essayage, vêtues du modèle confectionné en calicot de coton et accompagnées du chef d'atelier responsable de la réalisation du vêtement. M. Jean-Pierre entre le premier. Il connaît Saint Laurent depuis 1957, l'époque Dior ; c'est lui qui détient le secret de l'épaule Saint Laurent. Jean-Pierre Derbord sait la travailler au fer, ajouter des coutures et un rembourrage lui-même cousu et travaillé au fer, pour créer l'aisance naturelle et l'angle impeccable qu'on leur connaît. Ils échangent peu de mots. Saint Laurent observe le reflet du mannequin et de la toile en silence, puis dit simplement : « Mais Jean-Pierre, c'est divin ce que tu m'as fait. »

Mme Felisa fait ensuite entrer le mannequin et sa robe de taffetas. Elle est troublée, nouvelle dans la maison. Cela fait trente-huit ans qu'elle travaille dans la couture, d'abord chez Balenciaga, puis chez Givenchy, mais elle n'a rien vu qui puisse se comparer à Saint Laurent et à ses excès créatifs. Il la rend nerveuse et sotte comme une jeune fille. « Je suis comme saoule, reconnaît-elle. Cet homme a dans la tête une orgie d'idées. Il explose [14]. »

Quelques jours plus tard, Saint Laurent signe une décharge et quitte l'hôpital contre l'avis des médecins [15]. Il veut être présent pour le défilé. Pour la première fois, il peut voir la présentation de sa propre collection, grâce à une porte percée sur le côté de la scène. Adossé à un pilier, il observe les visages relevés du public lorsque résonnent les premières notes de Verdi.

« C'est le premier défilé où je me rappelle avoir eu la chair de poule en sortant, dit Nicole Dorier, qui présente une partie de la collection. Les gens sont restés debout du début à la fin. C'était la première fois qu'un défilé était accompagné par de la musique d'opéra. C'était extrêmement émouvant. M. Saint Laurent avait été très, très malade, très absent, si bien que les choses avaient été mises au point avec lui tard dans la soirée, vers la fin. Nous le voyions beaucoup moins. Et quand tout a été assemblé et qu'on s'est retrouvées sur la passerelle, on avait l'impression d'être des conquistadors. La collection était tellement incroyable, tellement riche, la musique vous emportait dans une étonnante émotion, et le public était là, bouche bée. Je crois que c'est la première fois que j'ai éprouvé ce sentiment de puissance en sortant ; j'avais l'impression d'être une reine. Avant, il y avait quelque chose de beaucoup plus doux dans ses défilés ; là, c'était le début du spectaculaire. Il y avait un côté cérémonie. La musique créait un crescendo et il y avait une sorte de folie qui emportait les gens. C'était franchement extraordinaire. »

Les mannequins font leur entrée sous une arcade de lis, nuages tournoyants de taffetas, tailles étranglées, métrages de jupes frôlant les cameramen au passage. Une beauté irrésistible émane de ces vêtements : bottes en lamé doré, bonnets de fourrure à la cosaque, capes de satin jade qui semblent décrochées des tringles à rideaux d'un palais d'hiver, turbans scintillants et coiffures parsemées de bijoux, hanches drapées de velours de soie noire. L'emploi qu'il fait de la couleur est original et, surtout, pictural. Un mannequin porte un gilet vert émeraude bordé de zibeline sur une blouse de mousseline orange et lamé or, qui tranche avec une jupe de satin rouge cramoisi. Il a imaginé des combinaisons hardies et extravagantes, le corselet d'une robe en velours noir, par exemple, les manches en satin orange et la jupe de satin bleu pâle, œuf de canard, galonnée de rouge et finie par un ruban rose à la taille. Yves entraîne Paris et le monde de la mode dans un flot exubérant d'opulence et de théâtre, de couleur et de volupté.

Anna Pavlowski apparaît, gracieuse, pour présenter la robe de mariée. C'est un mannequin mongol, à la physionomie exotique, qui tient sa bouche arquée comme une poupée russe. On dirait un curieux mélange de Moyen Âge, de Marrakech et du genre de la statue de la madone qui orne la chapelle de la Vierge d'une église du XVIe arrondissement. Elle porte une tunique d'inspiration nord-africaine et une jupe crème, à glands et galons dorés. Sur la tête, un voile crème et une couronne de fleurs dorées ; à la main, un bouquet de lys dorés peints à la bombe. C'est la collection la plus ravissante qu'Yves ait jamais présentée. Elle est aussi d'un érotisme flagrant avec ses tailles corsetées et étroites, ses fesses rebondies et ses jupes volumineuses, ainsi que par la sensualité délirante des étoffes et des textures. Le public, debout, hurle, crie, pleure, en pleine hystérie. Saint Laurent descend la passerelle pour remercier les applaudissements et les larmes, il semble lui-même étourdi par l'ivresse de sa vision.

Des larmes à un défilé de mode — peut-être abordons-nous là l'essence même du génie d'Yves Saint Laurent. Il a la faculté de dévoiler et de susciter des émotions à travers des vêtements. C'est précisément ce qui les rend mémorables : ce n'est pas leur nouveauté, leur innovation, ce n'est pas leur féminité ni leur couleur, mais cette capacité d'émouvoir, de faire naître des sentiments.

« C'est un des grands talents d'Yves, faire pleurer les gens, commente Loulou de la Falaise, parce que je crois que lorsqu'on atteint des moments de perfection, cela n'a plus rien à voir avec la mode. C'est comme quand on écoute un morceau de musique, ou qu'on se trouve devant un tableau. J'ai pleuré dans des musées. Quand on est en présence de la perfection absolue, quand cette note-là résonne, toute personne sensible est émue aux larmes.»

La mode n'est pas un art; c'est, comme Yves Saint Laurent lui-même l'a toujours admis, un «art appliqué[16]». Il sait pourtant créer des vêtements qui entrent en résonance avec le registre émotionnel de celui qui les regarde ou les porte. Il en va de même de ses croquis. Ses dessins de costumes de théâtre ou de mode vibrent d'une force remarquable, si bien que leur trait dépasse le dessin de mode, pour vous toucher. Saint Laurent est parfaitement conscient de ce pouvoir. La veille du défilé de juillet, alors que sa collection Opéra est terminée, que les robes sont suspendues dans d'immenses housses de coton, et que l'ensemble du personnel des ateliers et du studio est rassemblé dans le grand salon de l'avenue Marceau, «tout le monde s'est mis à pleurer», se rappelle-t-il[17].

La collection Opéra suscite dans la presse américaine et auprès des acheteurs en particulier une sorte de frénésie extatique. On parle même de révolution. «Son effet est aussi remarquable que celui de la collection que Christian Dior a présentée en 1947, celle qu'on a baptisée le New Look et qui a influencé la manière dont les femmes s'habillaient partout dans le monde», écrit Bernadine Morris le lendemain en première page du *New York Times* dans un article intitulé: «Un défilé Saint Laurent révolutionnaire[18]».

Il ne s'agit pourtant pas d'une révolution: la silhouette est majestueuse et raffinée, les jupes d'un volume très XVIIIe siècle. Ce sont des vêtements destinés à des femmes fabuleusement riches se rendant à une soirée de gala à l'Opéra. Comme l'admet Saint Laurent lui-même: «Ce ne sont pas des vêtements pour les femmes qui prennent le métro[19].» De fait, Loulou de la Falaise se souvient d'«un léger retour au conformisme» à propos de cette collection, et sa mère, Maxime de la Falaise, trouve qu'elle fait trop « madame » quand elle vient choisir une tenue pour le mariage de sa fille.

La vraie nouveauté réside dans la luxuriance de son éclat, si différente des précédentes saisons. On dirait qu'Yves a enfin laissé exploser sa palette de couleurs et s'est livré corps et âme à sa prodigieuse sensualité. L'importance de cette collection tient aussi à ce que, pour la première fois, elle annonce la suite — les années quatre-vingt[20]. Yves, dont les terminaisons nerveuses captent toujours les caprices et les obsessions fugaces de la société, sent la décadence de sa propre vie et de celle d'autrui, il sent la vague d'argent et d'opulence qui va balayer Paris.

La presse française est moins enthousiaste. Elle trouve quelque chose de curieusement dérangeant dans l'intensité et la richesse des vêtements, surtout de la part de M. Tailleur-Pantalon noir en personne. C'est comme aller au restaurant en pensant y manger un bon bifteck et devoir se gaver de moelleux au chocolat. « Qu'est-il arrivé à Yves Saint Laurent ? » demandent-ils dans leurs comptes rendus.

Trois jours après la présentation de la collection, Yves prend l'avion pour Marrakech. Il fête ses quarante ans le 1er août et passe la journée à dormir.

En octobre de cette année-là, Yves Saint Laurent est mort. Yves Saint Laurent est mourant. Yves Saint Laurent a sombré dans un état dépressif dont il ne sortira jamais. Yves Saint Laurent descend deux litres de whisky par jour. Le monde de la mode parisienne bruisse de rumeurs sur l'agonie de Saint Laurent. On ne parle de rien d'autre. Les réactions varient : chagrin, scandale, excitation, horreur. Mais il s'y ajoute autre chose, comme le raconte Joan Juliet Buck, qui en rougit encore trente ans plus tard : « Je me souviens que nous disions toutes : "Oh mon Dieu, que vais-je pouvoir mettre, si Yves meurt ?" » Telle est l'emprise d'airain qu'Yves exerce sur la psyché de la mode féminine. Il est le dernier créateur à imposer aux femmes sa volonté et son regard avec tant de force. Il existe vraiment une femme Saint Laurent ; on la reconnaît à son parfum, à son vernis à ongles rouge, à son rouge à lèvres foncé, à son sex-appeal austère, ses talons aiguilles, son tailleur-pantalon, son assurance, même au choix de son amant.

Cette monogamie vestimentaire n'existe plus. Aujourd'hui, une femme s'habille selon ses goûts et mêle vêtements de grands magasins et de créateurs, panachant les marques et les styles. Il n'y a ni culte ni déification. Et la femme n'est plus en pâmoison devant un couturier. Dans la mode actuelle, le créateur propose des vêtements, il ne les impose pas, et la femme fait son choix. On observe sans doute un culte des accessoires, mais ce n'est plus la même chose, car c'est la marque qui est l'objet d'adoration, pas le couturier. « À cette époque, on ne parlait que de vêtements », dit Christophe Girard, qui travaillait alors pour Saint Laurent et qui est aujourd'hui directeur de la stratégie pour le groupe de mode LVMH. Marian McEvoy, alors rédactrice de mode du *Women's Wear Daily* à Paris, renchérit : « Il n'y avait pas de sac Saint Laurent, pas de sac Kenzo, pas de sac Chloé. Le prêt-à-porter était tout nouveau. On ne parlait pas de milliards de dollars, mais de millions, et dans certains cas, même pas de millions ; c'était une forme d'expression et je trouve que curieusement, à l'époque, on était plus proche de l'expérience artistique. »

La rumeur de la mort d'Yves Saint Laurent va alternativement enfler et refluer au cours des dix années à venir. En 1977, elle devient si convaincante qu'une journaliste particulièrement obstinée s'introduit avenue Marceau et refuse de bouger tant qu'elle n'aura pas vu Saint Laurent (mort ou vif ?). Elle monte la garde jusqu'à ce que Bergé, qui travaille dans son bureau, la jette dehors.

Ces rumeurs, au lieu de nuire à Saint Laurent, ont l'effet

inverse. Elles renforcent l'aura christique qui l'entoure déjà : le martyr souffrant, la tête ceinte de la couronne d'épines de la mode, renaissant pourtant de ses cendres pour sauver la mode et les femmes qui savent s'habiller.

Yves est à nouveau à l'Hôpital américain pendant la préparation du défilé de prêt-à-porter d'octobre 1976. « La collection a été réalisée pendant les trois semaines où je me reposais à l'Hôpital américain, a-t-il raconté. Je ne me suis pas beaucoup reposé. Je dessinais le matin, dans mon lit. Les esquisses étaient envoyées au studio et tout était préparé pour que je voie ce qui avait été fait le soir. C'était une méthode de travail épouvantable. Atroce. Quand je suis sorti de l'hôpital, je suis allé directement aux ateliers puis tout droit au palais des Congrès pour le défilé. Je n'ai pas dormi pendant deux nuits. »

Il s'agit de la collection baptisée Carmen, qui s'ouvre par l'apparition de Grace Jones arpentant la passerelle à grandes enjambées, amazone disco noire et ciselée, un turban de soie rouge autour de la tête, un top de coton rouge et noir funky et un sarouel ajusté sous le genou, espadrilles aux pieds. Yves présente deux cent quatre-vingt-deux tenues et le défilé dure deux heures et demie, pas moins. Festive et insouciante, la présentation enchaîne les finales — perles cliquetantes, bustiers sexy et jupes de taffetas remontées autour des têtes des filles. Il en émane une couleur et une énergie extraordinaires : dans le souvenir de Thadée Klossowski, il s'agit de la meilleure collection de Saint Laurent qu'il ait jamais vue. « Ça continuait, encore et encore, ça s'est arrêté deux fois et ça recommençait. J'ai trouvé que c'était le défilé le plus fantastique que j'aie jamais vu, le seul défilé de mode en fait à mes yeux qui dépassait la mode et était vraiment excitant. Il faut dire qu'il était complètement cinglé à l'époque. »

Tout cela est délicieusement vivant, désinvolte, sexy et joyeux, une nouvelle rupture avec ses années androgynes. « J'ai voulu montrer qu'il n'y a pas une seule façon d'être bien, et surtout j'ai eu le sentiment que ce côté masculin qui représentait l'avant-garde, l'émancipation et la liberté allait entrer dans un cycle bourgeois. Il fallait en sortir. Je trouve que le sérieux, c'est un peu périmé. Et puis j'étais agacé d'être constamment copié : j'ai voulu jouer un bon tour à mes confrères… les couturiers américains sont furieux[21] », déclare Yves, savourant pleinement la controverse.

« C'est une explosion personnelle, dit-il après le défilé. J'ai eu tout à coup l'impression d'être étouffé, démodé ; moi-même, pas ma mode. Autrefois, je ne m'amusais qu'en faisant des costumes de théâtre. Mais depuis trois saisons, je m'amuse follement dans mon métier[22]. »

Un médecin attend Yves en coulisse. À la fin du défilé, quand Yves apparaît sur le podium, la vue de son « visage hagard, défait[23] » bouleverse le public. « Saint Laurent était dans un tel état d'épuisement que les mannequins ont littéralement dû le soutenir pour qu'il puisse saluer à la fin du défilé, écrit *Women's Wear Daily* le lendemain. Il a reçu ses admiratrices en coulisse, au milieu de toute la confusion, essuyant les larmes de son visage. Il avait l'air pâle et affaibli. Un homme portant une mallette noire se tenait à ses côtés[24]. » Une voiture attend Yves pour le reconduire à l'Hôpital américain.

Ce qui a commencé comme un épisode de dérèglement à la Saint Laurent trouve son aboutissement dans la dévastation personnelle et dans la fin d'une ère. La coterie de Saint Laurent blâme Jacques de Bascher. « Après Jacques, Yves a tellement exagéré qu'il a dû complètement arrêter les fêtes et la drogue, alors il s'est mis à fonctionner avec des pilules, ce qui n'est pas la même chose, raconte Thadée Klossowski. Je pense que le fait d'arrêter de faire la fête a marqué un tournant important dans notre vie à tous, à tout le monde, parce qu'Yves était vraiment le type le plus drôle qu'on puisse imaginer, on riait, on riait, on riait à n'en plus finir avec lui.»

«Dans l'esprit de Pierre, c'était Bascher le responsable, renchérit un membre du groupe de Saint Laurent. Pierre le détestait. Il valait mieux qu'ils ne se croisent jamais.» Bergé en veut profondément à Jacques de l'avoir conduit à la rupture avec Yves, de l'avoir dévoyé, d'avoir eu le pouvoir de le faire. Ce qui le rend encore plus furieux, c'est de ne plus contrôler la situation. Jacques tient en effet entre ses mains les débris de cette liaison — des lettres de Saint Laurent — qu'il remettra ensuite à Karl Lagerfeld[25].

Quelques années plus tard, en 1983, Karl Lagerfeld accusera ouvertement Pierre Bergé dans la presse d'être lui-même tombé amoureux de Jacques. Lorsqu'on interroge Bergé sur ce point, sa voix monte de plusieurs octaves et d'un certain nombre de décibels, et il répond: «C'est une erreur profonde et grave. Yves Saint Laurent certes, mais sûrement pas moi. Sûrement pas, ah non, je n'ai pas mauvais goût, moi. Je ne tombe pas dans ce panneau-là. Jacques de Bascher était un petit voyou, ce que j'avais compris dès le premier jour. Je savais tout ça, donc je ne m'y intéressais pas.»

L'accusation de Karl n'en est pas moins révélatrice de la lutte au couteau entre les deux coteries. Elles ont déjà été déchirées par des soupçons et des jalousies, mais désormais, c'est la guerre. «C'était presque terrifiant, ils étaient arrivés à un tel degré de haine, à de telles extrémités, se rappelle un témoin des tirs croisés. À un moment, tout le monde était fou.» Si l'on travaille pour l'un, il est impossible de travailler pour l'autre. Si l'on fréquente un groupe, on est, par définition, exclu de l'autre. Paloma réussit, Dieu sait comment, à conserver sa position d'intermédiaire pendant quelques années encore, mais c'est une source de tension considérable, même pour elle.

La liaison avec Jacques n'est que le prétexte de la rupture

prévisible depuis qu'Yves et Karl ont partagé la même scène en 1954. Ils ont abordé la mode parisienne timidement, dissimulés derrière leurs inhibitions, et ont juré de la conquérir. Yves a triomphé à vingt et un ans, remportant un succès précoce et incontestable qui ne pouvait que rendre fou son rival. Jamais ces deux immenses talents concurrents ne pourront se satisfaire de partager le même plateau. Leurs ambitions sont trop proches pour supporter pareille proximité. Ce destin commun n'a d'autre issue qu'une opposition totale.

Imputer à Jacques et à ses pouvoirs de séduction et de perversion, indéniablement considérables, la responsabilité de la déchéance d'Yves, c'est ignorer entièrement la complexité de la situation ainsi que ses contradictions. On imagine mal un jeune homme de vingt-quatre ans entraînant un homme de trente-neuf ans là où il n'a aucune envie d'aller. Surtout quand cet homme est Yves Saint Laurent, l'homme dont Anne-Marie Muñoz dit : « Plus fort que lui vous ne connaissez pas, c'est du granit, c'est du béton », l'homme que Charlotte Aillaud décrit comme « dur comme une pierre ». N'est-il pas possible que la torture mentale d'Yves soit également la source d'inspiration et de renouvellement qu'il savoure tant, dont il a si grand besoin ? Et s'il avait recherché ces périls, s'il avait vu son destin dans l'autodestruction, choisissant délibérément cette voie pour accéder à une plus grande gloire ?

Pour Yves, c'est indéniablement une période où explose son incroyable créativité. La collection de haute couture Opéra de juillet 1976, ainsi que celle de prêt-à-porter dite des Ballets russes qui l'a précédée en mars de la même année, inaugurent un cycle de trois ans au cours duquel Yves dessine une série de collections tout à fait spectaculaires et emblématiques. « Nous parlons de cette explosion de créativité, raconte Fernando Sanchez. Yves a toujours été extrêmement créatif et soudain, il y a eu ce feu d'artifice qui a duré quelques saisons ; il y a eu les collections Ballets russes, Opéra, la collection orientaliste, la chinoise, toute cette succession de collections d'une extraordinaire flamboyance.»

L'âge mûr est une perspective douloureuse pour Yves. Il le reconnaît lui-même en 1975 : «J'arrive au milieu de ma vie. Il n'est pas facile d'accepter de passer de l'adolescence à la maturité – que ce soit dans sa vie privée ou dans son travail[26].» N'est-il pas révélateur qu'il évoque la fin de son adolescence à trente-neuf ans ? Il cherche dans son métier un moyen d'échapper à son propre rigorisme, à ses inhibitions, au carcan de son perfectionnisme, afin de provoquer l'épanchement d'émotions nécessaire à la création, de s'affranchir des effets débilitants de la monotonie et de retrouver la passion de la jeunesse. «Seigneur, quand j'ai commencé, je pouvais travailler jour et nuit, sans m'arrêter pour manger, sans me reposer. C'était de l'excitation pure[27]», déclare-t-il avec nostalgie dans les années quatre-vingt.

Comme tous les artistes, il est constamment en quête de stimulation – humaine ou artificielle – pour nourrir sa créativité. C'est ce qu'il confie à un Anthony Burgess fort sceptique dans une interview réalisée à Paris pour le *New York Times*, l'année qui suit la collection Opéra : «Nous parlons des affres de la création pendant que son chihuahua, Hazel, dort sur mes genoux, écrit Burgess. Les artistes, qui prennent un plaisir fou à faire leur métier, sont toujours prêts à prétendre que c'est l'enfer. "L'art, a déclaré Yves, est un poison." On sait bien qu'il a eu des périodes de dépression, de cafard, qu'il a fui la réalité dans l'alcool et la drogue. Mais la drogue, prétend-il, est plus qu'une évasion ; elle peut ouvrir à l'artiste de nouvelles perspectives d'imagination. J'ai déjà entendu tout cela, notamment dans la bouche d'étudiants junkies dans des ateliers d'écriture créative, et ça m'a rendu un peu amer[28].»

Au fil du temps, Yves a abondamment parlé de sa toxicomanie, au point de donner l'impression qu'il a passé les trente dernières années à alterner bouffées d'opium et lignes de coke. Même sur ce point, personne dans son entourage n'est d'accord. Certains de ses proches récusent purement et simplement sa version des faits. François Catroux lève les yeux au ciel dès qu'on évoque le sujet. « Vous savez, il y a une énorme part d'exagération dans ce qu'ils ont raconté tous les deux de ce qu'ils ont fait. Elle [Betty] croit qu'elle s'est beaucoup droguée et Yves aussi, mais ils ne se sont pas beaucoup drogués comparés à d'autres, des amis, qui ont beaucoup fait ça, et bien. Eux, ils ont fait peu, et mal ! Je me souviens d'une fois à Marrakech où ils ont pris un peu de hasch un soir. Après, ils n'ont parlé que de ça pendant quatre jours ! » Pour François, Yves n'avait pas les moyens financiers de consommer d'importantes quantités de drogue : « Je vais vous dire comment ça se passe, c'est simple, Yves n'a pas d'argent, il ne peut pas en avoir. Yves est entièrement contrôlé par Pierre. Yves ne sait pas ce qu'il a sur son compte et s'il avait voulu prendre ces trucs toute la nuit, ça aurait représenté, je ne sais pas moi, même à cette époque ça devait faire dans les cinq mille francs par soirée. Au bout de trois soirs, Pierre s'en serait rendu compte via les carnets de chèques. C'est proprement impossible et, même en imaginant qu'on lui donne cinq mille francs en liquide, Pierre était forcément au courant, donc ce n'est pas possible. »

Anne-Marie Muñoz n'y croit pas non plus. « Il en prenait un peu, il se droguait un peu, pas beaucoup. Il ne faut pas tout croire, parce que Yves, au final, ne va jamais jusqu'au bout du danger. » Interrogé sur ce point, Pierre Bergé, en revanche, conteste qu'Yves ait exagéré et confirme avec force que sa consommation de drogue et d'alcool était très importante et durable.

Un an après la collection Opéra, alors qu'il prépare un autre défilé mémorable de haute couture pour juillet 1977, Yves se plaint en des termes mélodramatiques de sa dépression, de ses obligations professionnelles et du supplice que lui inflige son art. « Faire de la mode à dates fixes, ça ne m'amuse pas. Toutes ces robes qui meurent en une année et, en même temps, toutes celles qu'il faut faire… Je me sens déchiré entre la vie et la mort, entre le passé et le futur. Chaque fois, il faut tout remettre en question. Il ne faut jamais se tromper de mode. On ne peut pas se payer le luxe d'avoir raison dans trois ou dans quatre ans. Il faut toujours être en prise directe avec le monde extérieur. On demande au couturier de ressentir tout ce qui se passe et tout ce qui va se passer, de le traduire. J'ai fabriqué la corde pour me pendre. J'aimerais faire de la mode seulement quand j'en ai envie, mais je suis ligoté par mon empire commercial[29]. »

Le martyre est insondable, mais, presque dans le même souffle, Saint Laurent se vante du foisonnement d'idées que lui a inspiré cette collection, et avoue avec un certain émerveillement béat : « Depuis deux ans, je suis en état de grâce[30]. »

Pendant cette période de collections fracassantes, Yves connaît effectivement l'état de grâce auquel aspirent tous les esprits créatifs, cet instant où la crainte de l'échec et de la médiocrité, de la lutte pour la reconnaissance, s'évanouit et où le subconscient jaillit librement. Moment éphémère et enchanté où l'esprit se disloque et, dans le cas d'Yves Saint Laurent, l'impulsion créative prend son envol, faisant surgir des robes d'une poésie pure et flotter dans leur sillage d'interminables traînes de mousseline.

C'est un état de grâce qu'Yves ferait n'importe quoi pour atteindre. À quarante ans, il choisit de se consumer et les résultats sont stupéfiants. « L'autodestruction était essentielle pour sa créativité, affirme Jean-Pierre Derbord. Ça lui permettait de découvrir les choses, il l'a utilisée pour aller au-delà de ce qu'il pouvait imaginer pour son art. Il y avait des périodes terrifiantes, mais toujours une porte de sortie à cet enfer, et c'était lui qui possédait la clé. Il en émergeait triomphant.»

La théorie selon laquelle Karl aurait délibérément utilisé Jacques pour déstabiliser Yves, théorie qui a refait surface par la suite, paraît peu vraisemblable. Cette hypothèse fait figure d'énième argument au service du mythe d'un Yves Saint Laurent impuissant comme de la guimauve. Ces théories mettent toujours en avant le côté enfantin d'Yves, mais ne perçoivent jamais le noyau de volonté qui faisait, lui aussi, partie intégrante du personnage. Yves a choisi sa propre destinée tout aussi sûrement que la vilaine Lulu.

«Nous portons tous des démons en nous – s'agit-il de démons, de rêves, de fantaisies, peu importe, nous n'arrivons pas à les assumer, reconnaît un témoin de cette période. Peut-être y a-t-il un moment où ils remontent à la surface. Yves s'était engagé dans cette gigantesque liaison avec Bergé quand il était jeune; Pierre est une personne très exigeante, autoritaire, possessive. Brusquement, Yves a vécu ce genre d'explosion pour se débarrasser de tout ce qui l'étouffait. Parfois, tout éclate et c'est beau, quand cela arrive, c'est merveilleux; ce sont des moments de créativité intense, car rien n'est plus dur pour un créatif que de devoir refaire la même chose. Jacques de Bascher est un chemin qu'Yves a emprunté pour exorciser certains de ses démons. Il s'y est presque consumé – comme dans tous les exorcismes. Mais ce n'est pas Jacques qui l'y a conduit, c'est sa nature profonde, Jacques n'a été qu'un instrument.»'

Et, de fait, longtemps après la fin de cette aventure, la seule évocation de Jacques reste une source de souffrance qu'Yves sait exploiter. «J'ai vu Jacques aujourd'hui», lui arrive-t-il de dire des années plus tard, inventant ce mensonge à seule fin de tourmenter Pierre Bergé[31].

13

1976

Place Saint-Sulpice, le salon est nu, à l'exception de la grosse Harley Davidson qui trône au milieu du parquet. Ses rétroviseurs sont tournés vers le haut, et chaque miroir sert de plateau à un généreux tas de cocaïne. Juste à côté, une paille et une lame de rasoir sont à la disposition des invités. Jacques de Bascher reçoit.

« En l'honneur du Képi blanc », précise l'invitation, allusion à la Légion étrangère. La fête est organisée en l'honneur d'un des amis les plus marginaux de Jacques, un certain sergent Poulet. Ancien légionnaire, membre actif du Front national, il s'appelle de son vrai nom Jean-Claude Poulet-Dachary et finira sa vie à Toulon en 1995, au pied de l'escalier de son immeuble, la tête et le visage fracassés à coups de marteau. Pour le moment, il est bien vivant et fréquente assidûment Jacques.

Quand ce n'est pas la Harley porte-cocaïne au milieu du salon, c'est qu'il y a une autre installation — humaine ou inanimée — imaginée par Jacques pour faire réagir ses visiteurs. Le créateur de mode Lucien Pellat-Finet se rappelle s'être trouvé nez à nez avec un fauteuil d'examens gynécologiques planté au milieu du salon. « J'ai fait demi-tour et j'ai filé. » Un autre après-midi du début des années quatre-vingt, Jacques invite Patrick McCarthy à prendre un verre. À son arrivée, il découvre le salon rempli de jeunes pompiers fringants en uniforme. «Toute la caserne locale faisait la fête; ils étaient tous bourrés, c'était à mourir de rire. Jacques les avait rencontrés et leur avait dit de venir. Ils s'amusaient comme des fous, ils ne savaient absolument pas qui était Jacques de Bascher; il y avait un tas de gens de la société parisienne, et puis ces types de la caserne de pompiers.»

Les invités de la soirée Képi blanc forment une assemblée plus habituelle. Il y a là son vieil ami Renaud, accompagné de Christian Lvowski, vingt et un ans. Il a aussi invité Marc Rioufol, quinze ans, jeune voisin de Loire-Atlantique dont la mère joue au bridge avec celle de Jacques et que ce dernier a récemment entraîné dans la vie nocturne parisienne. S'y ajoutent une foule de gens de la mode et de demi-mondains, et, enfin, l'autre groupe d'amis de Jacques, essentiellement liés par la consommation de cocaïne.

Quand la fête s'achève vers cinq heures du matin, Jacques juge qu'il est trop tard pour que Christian rentre chez lui et lui propose sa chambre. Lui-même se trouvera un lit ailleurs dans l'appartement. «À peu près une heure et demie plus tard, j'ai entendu la porte s'ouvrir, raconte Christian. Il devait être autour de sept heures du matin — il y avait une pâle lueur dans la chambre — et j'ai vu Jacques qui entrait pour chercher quelque chose. Il était rasé de près, habillé en Autrichien de la tête aux pieds, manteau en loden, gilet, cravate, une veste merveilleuse, des culottes de cheval, un chapeau avec un plumet de poils de blaireau, sa moustache embaumée et parfumée. J'étais complètement ahuri, il avait l'air d'avoir dormi dix heures alors qu'en réalité il avait fait la fête toute la nuit.»

«Où vas-tu comme ça? demande Christian à Jacques. — Je vais prendre un hélicoptère au Bourget. Je déjeune avec la princesse de Liechtenstein au palais du Liechtenstein, répond

Jacques comme si de rien n'était. Claque simplement la porte en partant, tu veux ? » « Voilà comment j'ai connu Jacques de Bascher, il vivait comme ça tous les jours, quand on le raconte aujourd'hui, on dirait une scène de roman ou de film. »

Si Jacques donne l'impression d'être un personnage de roman, c'est en grande partie parce qu'il ne présente aux regards qu'une dimension de sa vie : l'apparence. Il n'existe pas de contexte de réalité où le situer ; il n'a pas de travail, pas de vie professionnelle, et sa personnalité se cristallise de plus en plus autour de la cocaïne.

Mais c'est également le reflet du rôle qu'il joue dans l'existence de Karl Lagerfeld. Avec sa silhouette élégante et sa prestance, Jacques représente-t-il l'idéal esthétique du couturier ? « Mais bien sûr, approuve Andrée Putman. Tout, mais tout : les manières, la voix, le style, le ton. » Jacques est peut-être l'incarnation de ce que Karl aurait tellement voulu être.

Pendant toute sa carrière, Karl connaît des fluctuations de poids spectaculaires. Vers trente ans, il s'astreint à au moins quatre séances hebdomadaires de musculation de trois heures chacune et présente un physique d'athlète. Et puis un beau jour, au début des années soixante-dix, raconte Karl : « J'étais au gymnase et je me suis rendu compte que ça m'ennuyait à périr[1]. » Il met fin à ce culturisme obsessionnel et commence immédiatement à prendre du poids. Il conçoit ce qu'il appelle une « overblouse », une sorte de grande chemise d'artiste qu'il porte pour masquer l'évolution de sa silhouette. Par intervalles, entre trente-cinq ans et un peu plus de quarante ans, il s'impose des régimes très stricts — acupuncture, nourriture bouillie et blanchie — avant de retomber dans ses excès, à raison de vingt bouteilles de Coca par jour. Plus tard, dans les années quatre-vingt, Karl se remettra à la gym avec une énergie fanatique. Mais son corps ne se métamorphose pas comme il le souhaite. Pendant une dizaine d'années, les années quatre-vingt-dix, Karl pèse plus de cent vingt kilos. Comme il le confie à un journaliste en 1983 : « Il [mon corps] ne correspond pas à mes propres critères[2]. » Ce n'est qu'à près de soixante-dix ans que Karl reprend le contrôle de son physique en entreprenant un régime draconien qui le déleste de quarante kilos.

Jacques, en revanche, a la silhouette du dandy berlinois qui orne les pages des *Garderoben Gesetze*, un petit volume d'étiquette vestimentaire publié en Allemagne en 1923 et illustré par Kretschmann. Cet ouvrage est réédité en 2003 et Karl en est fan au point de rédiger la préface de la nouvelle édition. Il est rempli de gravures expliquant comment un gentleman de la République de Weimar doit s'habiller en toute occasion, qu'il s'agisse d'un pique-nique, d'une sortie en bobsleigh, d'une excursion en avion ou d'un enterrement. Kretschmann trace une galerie de portraits de noceurs germaniques à grand renfort d'obliques pour dessiner les membres, d'angles marqués pour la taille, de cols cassés, de cravates de soie et de vestes queue-de-pie, cigarette ultrafine pendant sous la moustache, l'existence contemplée à travers l'affectation d'un monocle. Des gants de chevreau couvrent leurs doigts effilés[3]. En 1976, la ressemblance physique et vestimentaire de Jacques avec ces personnages de Weimar est hallucinante.

Derrière son charme décontracté, Jacques est un homme secret qui compartimente rigoureusement sa vie. Il y a bien des aspects de celle-ci que même un vieil ami comme Renaud de Beaugourdon ne connaît pas, ou ne comprend pas. Quelqu'un connaît-il vraiment la nature de ses relations avec Karl Lagerfeld, la façon dont leur couple fonctionne, les ressources financières de Jacques, ce que Karl attend de lui, les entrées réelles de Jacques dans l'univers de Karl ? Tout le temps où Renaud est l'ami de Jacques, il ne rencontre Karl qu'une fois, et encore tout à fait par hasard, dans les salles de vente du Salon d'Orsay pour assister à la vente Paul Morand. « Il y avait tant de mystères avec Jacques », remarque Renaud. Un jour où ils s'apprêtent à sortir ensemble, Jacques annonce : « Il faut que je passe chez Karl. » Ils prennent la voiture et s'arrêtent rue de l'Université ; Renaud attend pendant que Jacques monte chez Karl. Son absence dure dix minutes, puis il revient et ils poursuivent leur soirée — sans Karl.

Le cadre de vie de Jacques ajoute à l'impression de décor de cinéma, non pas tant à cause de son côté grandiose — bien des Parisiens vivent dans un luxe nettement supérieur —, mais en raison de son affectation. Le salon est presque nu, alors que la chambre à coucher est tapissée de portraits et de peintures de la fin du XIXe siècle. La salle de bains est dominée par une immense baignoire de marbre vert et les murs sont ornés de portraits en noir et blanc de Nijinski réalisés par le baron Adolf de Meyer, tandis que de puissants haut-parleurs diffusent les disques de Diana Ross, la chanteuse préférée de Jacques[4].

Christian Lvowski raconte : « Je me rappelle lui avoir dit un jour : "Jacques, ta salle de bains est stupéfiante", et il m'a répondu : "Il faut que tu l'essaies, va donc prendre un bain." Je l'ai fait, je me suis allongé dans la baignoire de marbre entouré de musique et de ses étagères de maillots de corps et de slips. Nous avions cinq ans d'écart, et je pense qu'en un sens ça l'amusait de voir quelqu'un qui ne vivait pas dans ce monde y mettre les pieds. Il y avait un côté puéril chez Jacques. »

Étaient-ce ses biens propres, indices de son véritable caractère, ou seulement de simples accessoires destinés à mettre en valeur son personnage scénique en pleine ascension parisienne ? Christian est catégorique : « Il vivait dans un décor. » L'appartement n'est pas à lui ; c'est Karl qui le loue.

Jacques ne dispose d'aucun revenu propre. L'argent de Karl est toujours là, partie prenante de ce ménage à trois, assis à leur table dans chaque restaurant, les accompagnant dans la boutique Lanz à Salzbourg, où ils essaient et choisissent Lederhosen et vestes tyroliennes[5], présent chez l'antiquaire de la rue du Bac le jour où Jacques s'achète une charmante mais coûteuse toile du XIXe siècle représentant une scène d'escrime. La dimension financière de leur relation pose évidemment la question de la propriété et inspire à Jacques toute l'insécurité de l'homme entretenu.

Le 14 octobre 1975, moins de deux mois après le suicide de José, le père de Jacques succombe à un cancer. Il meurt dans la propriété familiale, où il s'est retiré avec la mère de Jacques. Après sa disparition, Jacques s'adonne à tous ses passe-temps avec une boulimie accrue. « J'aimais bien Jacques. Au début, je le connaissais bien ; après, il m'a fait peur. Il avait changé ; au début, il y a évidemment eu une certaine ambition sociale et ensuite, il est devenu terriblement autodestructeur, remarque Jacques Grange. Après, je ne l'ai plus revu, tout son monde, ces gens, c'était très dur ; il est passé du gentil provocateur à cette destruction. » « Il me faisait peur, confirme Frédéric Mitterrand. Il y avait quelque chose de morbide chez lui. » Plus l'image de Jacques s'assombrit, semble-t-il, plus il s'efforce de vivre en harmonie avec elle, de réaliser les pires fantasmes qu'il inspire à autrui.

Mais il y a un autre Jacques encore, que de rares personnes connaissent ; sa famille, Renaud et Christian, Diane de Beauvau-Craon, Xavier de Castella, plus tard Patrick McCarthy, son amant américain Alan Cornelius et, bien sûr, Karl Lagerfeld. Il est capable de susciter une loyauté durable. « Pour moi, c'était quelqu'un de très touchant, dit Christian. J'entendais tout ce qu'on disait de lui, qu'il était insupportable ; j'entendais parler de ses caprices, de sa mauvaise conduite, et je pense que ça représentait une facette de sa personnalité, mais je ne peux pas en parler parce que c'est un aspect de sa personne que je n'ai jamais vu et que je ne connaissais pas. Mon amitié avec Jacques était très différente. Il était attentionné, il aimait rire et, en petit comité, avec Renaud et moi, il pouvait être vraiment gentil.» Christian a vingt ans quand il fait la connaissance de Jacques: il est impressionné par son style, sans se faire pour autant de grandes illusions sur son compte. L'amitié de Renaud est différente et plus ancrée dans le réel, sans doute parce que Renaud est un vieil ami qui a connu Jacques avant son entrée fracassante dans le monde. Renaud sait que Jacques a tendance à faire du charme; il l'aime pour leur passé commun et pour leurs parties de rigolade. Et même s'ils se voient peu, il semble que l'amitié et le pragmatisme intransigeants de Renaud ont été importants pour Jacques, car ils entretiennent des relations téléphoniques et épistolaires au fil des ans.

De son propre aveu, Marc Rioufol, alors adolescent, est encore un «chien fou» quand Jacques lui fait découvrir Paris, le Sept et tout le reste. Sans être homosexuel, Marc est proche de Jacques. «Il était très protecteur avec moi, comme peuvent l'être les homos. Il voulait que je fasse mes études, que je passe mes examens. J'allais encore à l'école, j'avais treize ou quatorze ans quand j'ai commencé à sortir rue Sainte-Anne et à reprendre le train de Nantes pour être en classe le lendemain matin, raconte-t-il. Mais en même temps, c'était Jacques qui me présentait comme son cousin de Bretagne, qui m'habillait de pied en cap, m'emmenait à des fêtes de plus en plus incroyables, les soirées parisiennes. C'était un milieu plutôt lourd qu'il m'a fait découvrir. Trop de coke, trop d'argent. C'était déstabilisant.»

«Ah! soupire Manolo Blahnik en entendant le nom de Jacques. Divin ou démoniaque, tout dépend de la façon dont on voit les choses.» Cette double personnalité existe chez Jacques bien avant qu'il ne découvre la mode ou la cocaïne, qui ne font qu'exacerber cette fracture intérieure. La cocaïne accentue son charme, son côté amusant et glamour, et il en consomme des quantités considérables. « Il prenait de la cocaïne de façon très régulière, confirme Lvowski. Il semblait posséder une résistance remarquable à cette drogue, et il en prenait des quantités, tout le temps. Alors que la drogue a sur certains des effets plutôt délétères, chez Jacques, c'était l'effet d'effervescence qui dominait, exactement le cliché, la cocaïne qui augmente l'acuité des sens et de la compréhension. »

La coke fait partie intégrante de sa pose esthétique. « Jacques aurait pu se servir d'une glace et d'une paille, comme tout le monde, mais non, poursuit Lvowski. Il avait une petite boîte à cocaïne en or, précieuse, qui avait appartenu, m'a-t-il dit, à l'aviateur brésilien Alberto Santos-Dumont, pour qui Cartier l'avait faite. Bien sûr, cela faisait immédiatement son petit effet — sniffer la cocaïne dans cette boîte bijou au lieu d'utiliser un miroir comme tout le monde. »

Jacques n'est pas le seul à être accro à la cocaïne ; cette drogue définit désormais le rythme et l'euphorie de bien des existences. Elle envahit la scène parisienne quelques années après New York, où elle fait depuis longtemps déjà partie intégrante de toutes les réceptions. Cette tendance commence avec les noctambules qui en consomment sur la piste de danse du Sept. Rapidement, on dirait que chaque poche, chaque sac à main en contient un gramme ou deux pour permettre de tenir jusqu'au bout de la nuit. La coke devient l'invitée de rigueur de toutes les tables chic, une valeur plus sûre que votre voisin pour donner de l'éclat à la soirée. Jimmy Douglas, mondain d'une élégance nonchalante, se rappelle un de ses fameux buffets dînatoires où la bande de Saint Laurent est arrivée en réclamant de la coke. Jimmy, qui n'est pas consommateur, n'en possède pas, mais c'est un hôte attentionné. Il se rend sans ciller dans sa salle de bains, ouvre l'armoire à pharmacie, en sort un paquet de KH3 — un médicament miracle très à la mode à l'époque censé éviter les rides, le vieillissement, l'arthrose du genou et bien d'autres maux —, ouvre plusieurs gélules roses et leur présente la poudre sur un petit miroir. Le KH3 fait apparemment l'affaire, car aucun invité ne se plaint.

La cocaïne semble tout à la fois refléter et façonner les espoirs et les obsessions de ces années parisiennes. « La seule drogue que je ne comprenais pas et que j'ai donc abandonnée très vite, c'est l'héroïne — ce qui nous ramène à l'image et à la beauté, explique Diane de Beauvau-Craon. J'ai essayé, mais j'ai laissé tomber tout de suite, parce que je trouvais que ça rendait les gens laids ; l'héroïne assomme, rend malade, ce n'est pas très sexy. Et nous faisions tous très attention à notre image. La cocaïne vous donne l'impression d'être très intelligent, mais il est vrai que nous étions persuadés d'être effectivement des gens tout à fait supérieurs. Nous étions déséquilibrés par l'image que l'on projetait sur nous, par l'image que nous cultivions. »

Karl n'assiste pas à la fête de la Harley Davidson chez Jacques. Où est-il cette nuit-là ? En voyage pour Chloé, ou chez lui peut-être, en train de lire sur son lit d'apparat damassé ou de dessiner une collection pour l'une des vingt lignes qu'il crée désormais en free-lance, anonymement, pour le marché allemand.

Karl ne prend pas de cocaïne, Karl ne se drogue pas ; il ne boit pas, ne fume pas, bien qu'il lui arrive de boire un petit verre de vin blanc avant de prendre un avion, pour conjurer son angoisse.

Que fait Karl ? Il travaille — incessamment, constamment, inlassablement. Il travaille pour réaliser une ambition, pour concrétiser une vision. Contrairement à de nombreux créateurs de mode, Karl n'est pas mû par la conception d'une femme particulière qu'il cherche à imposer au monde, mais plutôt par une image de lui-même. Karl travaille pour accomplir le rêve d'un style de vie qu'il a vu, qu'il a voulu, auquel il a aspiré, et il est prêt, s'il le faut, à travailler toute sa vie pour donner corps à ce dessein.

« Enfant, je vivais dans le nord de l'Allemagne, à la frontière danoise, dans une famille très cultivée, mais dans un cadre d'austérité et de rigueur germaniques, écrit-il dans le catalogue que Christie's constitue en 2000 pour la dispersion de sa collection de mobilier et de peintures du XVIIIe. Dès l'âge de cinq ans, à ma demande, mes parents m'ont payé un professeur de français qui m'a initié à la langue et à la culture françaises. À sept ans, j'ai eu un véritable coup de foudre pour la copie d'une toile de Menzel représentant Frédéric le Grand entouré d'amis, parmi lesquels Voltaire, qu'il recevait à Sans-Souci. J'ai décidé immédiatement que cette scène élégante et raffinée représentait la vie qui valait d'être vécue, une sorte d'idéal que je me suis efforcé de réaliser depuis[6]. »

Le tableau auquel Karl fait allusion est *La Salle ronde*, qui montre une salle à manger circulaire éclairée par une paire de chandeliers et entourée de colonnes corinthiennes. Une porte dorée s'ouvre sur un couloir, au-delà, et des valets en livrée se tiennent derrière la table. Neuf messieurs sont assis, en perruques et rubans, animés, captivés par la conversation. Ils s'inclinent pour échanger cancans, théories ou traits d'esprit, pour discuter du dernier ouvrage de Voltaire peut-être ou bénéficier de ses lumières. Leurs costumes sont somptueux, en velours ; devant eux, une table couverte de vins fins et de cristaux qui sert de toile de fond à leur causerie.

La révélation, tout enfant, de l'existence d'une autre vie est un élément clé de la biographie de Karl Lagerfeld, comme il l'a fréquemment raconté au cours des cinquante dernières années. Son récit contient de légères variantes — dans certaines versions il s'achète lui-même cette copie, dans d'autres il demande à ses parents de l'acheter, ce qu'ils font malgré son coût élevé, dans d'autres encore ils doivent persuader l'antiquaire d'ouvrir sa boutique la veille de Noël pour réaliser le vœu du petit garçon — mais le message demeure identique : Karl a vu, Karl a voulu, Karl a obtenu. Il affirmera en 1998 : « Obtenir ce qu'on veut, c'est le but de la vie[7]. »

Le tableau de Menzel fait surgir devant Karl un univers d'esprit et de conversation érudite, un monde de lumière et de luxe, une véritable chorégraphie de bonnes manières et de vêtements choisis, une sphère de curiosité et de possibilités exceptionnelles. Comme il le déclare en 1979, « tout ce qui a suivi [le XVIIIe siècle] est petit-bourgeois[8] ». Et s'il y a une chose à laquelle Karl veut échapper, c'est la pensée provinciale.

En 1977, le monde dont Karl rêve commence à prendre forme. Il y a le château de Penhoët, où il a entrepris d'importants travaux de rénovation et dont il restaure le jardin, les fontaines et le bassin ornemental circulaire. Karl y a installé sa mère désormais octogénaire avec une gouvernante qui veille sur elle. Il y invite toujours des amis pour le week-end, mais les habitants remarquent une évolution dans le comportement de la bande Lagerfeld après la mort de José. Auparavant, il arrivait que l'on voie Jacques et Karl, Anna et Vern, et d'autres hôtes de Penhoët en ville. Anna venait acheter une baguette chez le boulanger, vêtue d'une robe de thé violette des années vingt ; Jacques entrait et sortait majestueusement du café local, laissant derrière lui un sillage de bouches bées. Mais après cette disparition, Lagerfeld et ses invités vivent confinés dans le château et aux abords du parc ; ils ne se montrent plus dans les quelques rues qui constituent toute la ville de Grand-Champ. Par la suite, Karl ferme le domaine par un mur élevé du côté sud. Auparavant, le château était visible de l'extérieur ; il se dérobe désormais aux regards.

À Paris, Karl a emménagé dans une aile du superbe hôtel Soyecourt, rue de l'Université. Un des plus illustres hôtels particuliers du Faubourg Saint-Germain, ce bâtiment, qui appartient à la comtesse Liliane de Compiègne, est situé derrière une haute grille monumentale et les appartements intérieurs sont grandioses, tout recouverts de lambris d'époque. Karl a commencé à se constituer une remarquable collection de mobilier, pour vivre dans un cadre historiquement en harmonie avec cette demeure. Il achète des lits pour chaque chambre, dont des lits d'apparat, c'est-à-dire des lits de jour, d'immenses lits Louis XVI recouverts et drapés de faille de soie et surmontés de plumes d'autruche, et ne ménage pas son temps pour expliquer patiemment aux béotiens qu'au XVIIIe siècle, on passait une grande partie de sa vie au lit. Il exige que les pièces soient éclairées à la bougie, faisant une seule exception pour la chambre d'amis réservée à Anna Piaggi, où il autorise une lampe électrique.

Cela se passe en 1977, une époque où la France vit à l'ombre du chômage et de la récession, où les riches d'Europe tremblent sous la menace d'actions terroristes. Ces difficultés n'empêchent pas Karl Lagerfeld, styliste free-lance, de vivre comme un prince de Habsbourg. On comprend que Paris, qui en a pourtant vu d'autres, soit impressionné. Il y a toujours un groupe de journalistes conviés à prendre le thé avec Karl et à disserter sur la vie d'un « vrai baron allemand[9] », comme le désigne André Leon Talley. Jacques est là, bien sûr, apportant sa caution d'authentique aristocrate français, distribuant les baisemains et faisant assaut de grâce. Jacques organise pour Karl des déjeuners à la Sans-Souci, ne s'écartant du modèle que par l'introduction de cette innovation du XXe siècle, la présence de femmes. Assis à une table ronde sous les boiseries et les candélabres, Karl, Jacques, Marian McEvoy, Vern Lambert, Anna Piaggi et Manuela Papatakis, la fille d'Anouk

Aimée, grande amatrice de soirées, devisent pendant que les domestiques servent des pâtes aux truffes sur des assiettes de porcelaine et des bouteilles rafraîchies de muscadet de la propriété de la famille de Jacques.

La transformation de l'intérieur de Karl s'accompagne d'une nouvelle métamorphose de son apparence. Ce qu'Helmut Newton a appelé son « look Mafia » et les costumes de banquier hambourgeois qui vont de pair disparaissent, remplacés par une allure généralement plus historique et plus excentrique.

Quand on étudie les photos de Karl et l'évolution de son allure au fil du temps, on est frappé non seulement par sa tendance à l'exhibitionnisme et par son goût pour le déguisement, mais aussi et surtout par sa parfaite maîtrise de la représentation et de la communication ; chaque nouvelle image qu'il impose de lui-même réussit à effacer la précédente. Quinze ans durant, Karl a sa photo dans toutes les revues, il est omniprésent dans les médias, conclut tous les défilés de mode avec sa queue-de-cheval, ses joues poudrées, sa corpulence, ses lunettes noires, ses costumes noirs de Yohji Yamamoto en forme de tente, son éventail. Pourtant, fermez les yeux : vous ne voyez qu'un Karl — la silhouette haricot vert, les pommettes ciselées, le jean Diesel hypermoulant, les cols droits prussiens d'un blanc immaculé, les bagues à chaque doigt, le fond de teint couvrant son visage. Or ce Karl-là n'est né qu'en l'an 2000. Par quel tour de magie réussit-il à ne laisser de lui que l'image la plus actuelle ?

En 1977, Karl se transforme peu à peu en personnage de Menzel. Il se laisse pousser les cheveux pour les nouer en catogan, à la manière d'un gentilhomme du XVIIIe siècle. Il reçoit ses invités chez lui, vêtu d'un manteau de soie de Chine corail et vert XVIIIe descendant jusqu'à terre, bordé d'hermine blanche, avec un nœud à volants et un col cassé amidonné. Gaby Aghion assiste à cette métamorphose : « Il s'est créé, il est devenu un personnage, il a eu l'intelligence de le faire, commente-t-elle. Il a compris qu'on peut vendre sa personnalité. »

À partir de la fin des années soixante-dix, Karl se répand en détails excentriques sur son passé d'enfant prodige. « Quand j'avais quatre ans, j'ai demandé à ma mère un valet pour mon anniversaire[10] », dit-il, ou : « Ma mère m'obligeait à lire une page de dictionnaire par jour[11]. » Il déclare à un journaliste du *New Yorker* en 1994 qu'il a appris à lire tout seul pour suivre le texte de son livre d'images préféré, *Das Nibelungenlied*[12]. Il insiste sur le fait qu'il ne jouait jamais avec les autres enfants, préférant lire et dessiner tout seul dans son atelier, au grenier.

S'y ajoute le mystère qui entoure ses sœurs : tantôt il en reconnaît l'existence (il a en réalité une demi-sœur et une vraie sœur, toutes deux plus âgées que lui), tantôt non, se faisant passer sur un ton assez vague pour un enfant unique. En une occasion au moins, il modifie leur statut pour en faire deux demi-sœurs, attribuant du même coup à sa mère un premier mari. « Étais-je enfant unique ? Non ! Bien pire ! J'avais des demi-sœurs des mariages antérieurs de mes parents. Mais j'étais traité comme un enfant unique. Tout tournait autour de moi. Je pouvais faire ce que je voulais. Je ne pouvais rien faire de mal ! J'étais l'enfant le plus insupportable qui soit, le plus gâté du monde[13]. »

À en croire certains récits, il a quatorze ans au moment où il arrive à Paris et pas un journaliste, ou presque, n'a jamais pris la peine de se demander comment un garçon aussi jeune a pu quitter son pays sans même avoir fini ses études élémentaires. Il aurait eu seize ans lorsqu'il a remporté le concours du Secrétariat international de la laine dans la catégorie « manteau » en 1954, soit deux ans de moins qu'Yves à cette date,

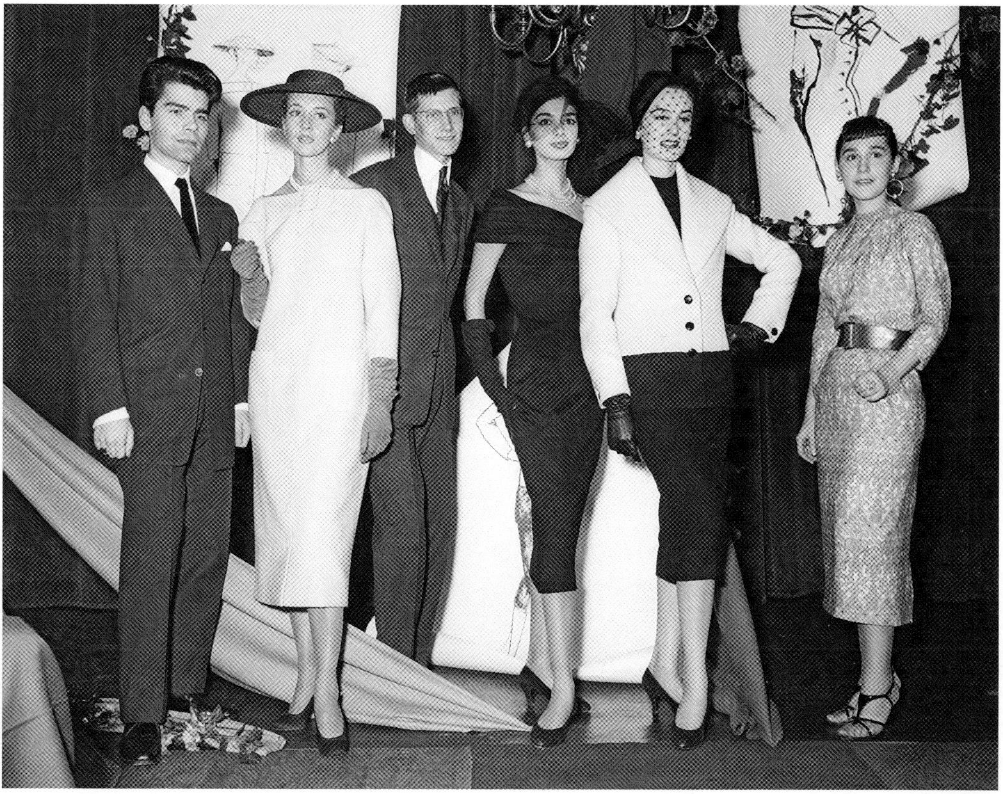

1954, concours du Secrétariat international de la laine : Yves Mathieu-Saint-Laurent, 18 ans, remporte les premier et troisième prix dans la catégorie « robe du soir » ; Karl Lagerfeld, 21 ans, est premier prix dans la catégorie « manteau ». Ils deviendront d'inséparables amis. Yves, enfant chéri de la haute couture, fondera sa maison en 1961 après un passage chez Dior. Les débuts de Karl chez Pierre Balmain et ensuite chez Jean Patou seront plus discrets.

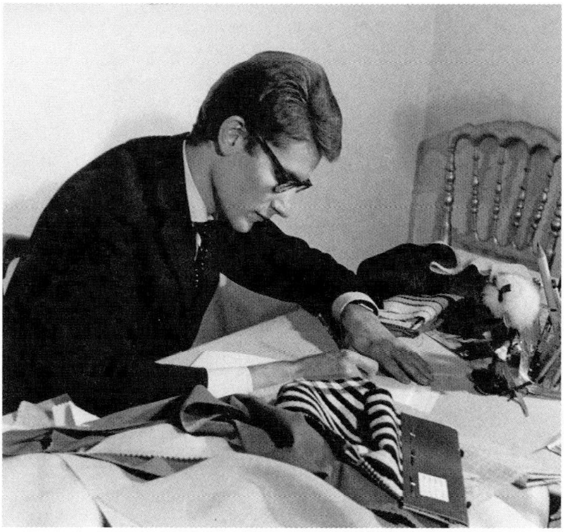

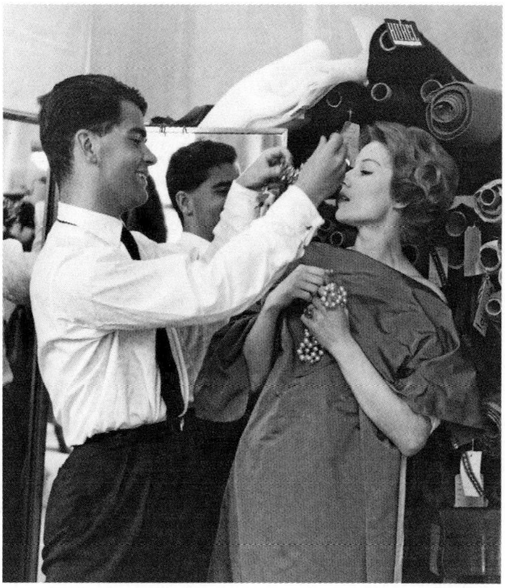

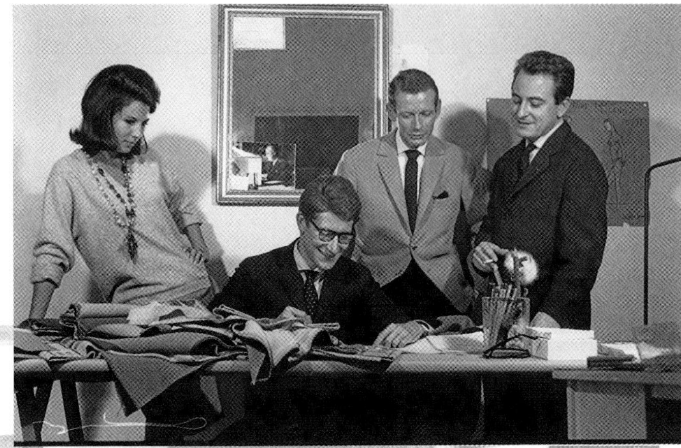

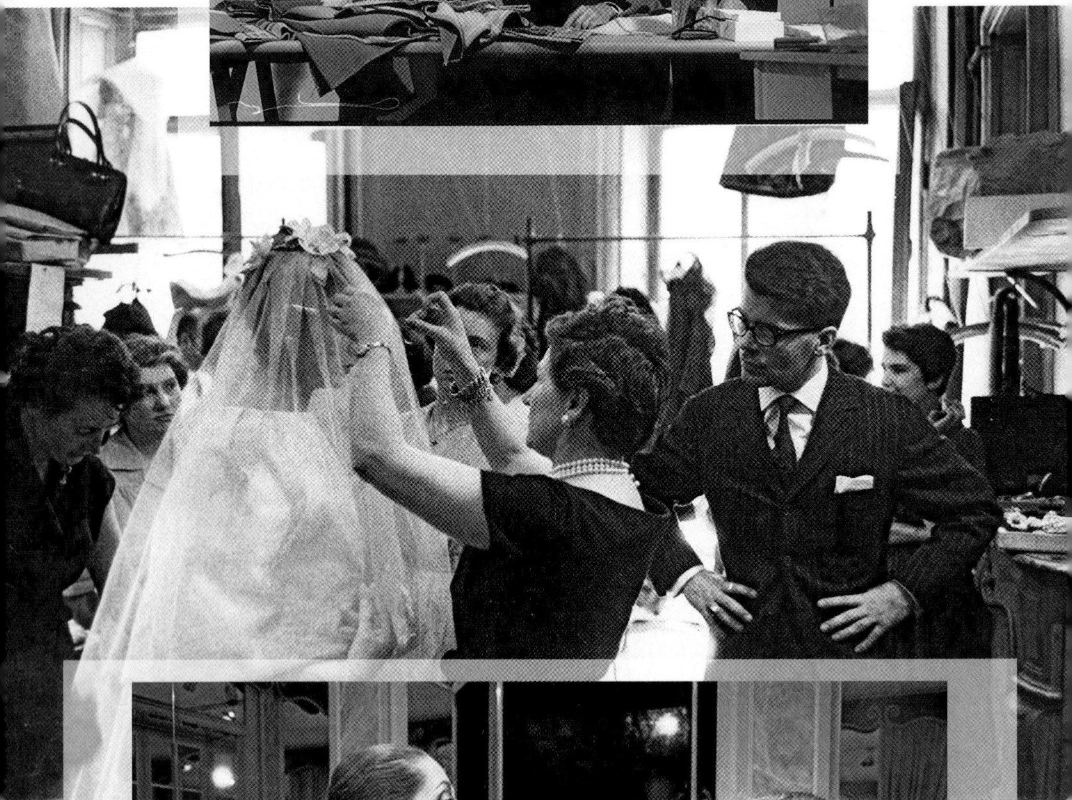

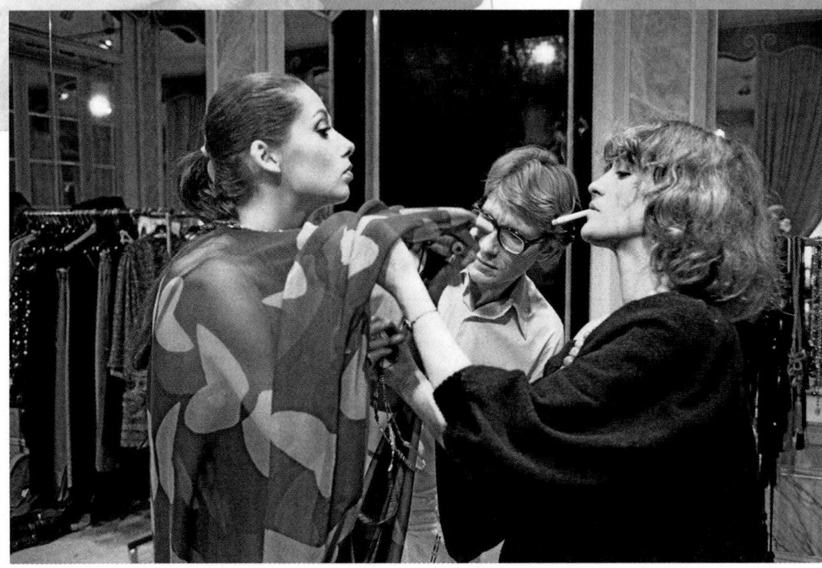

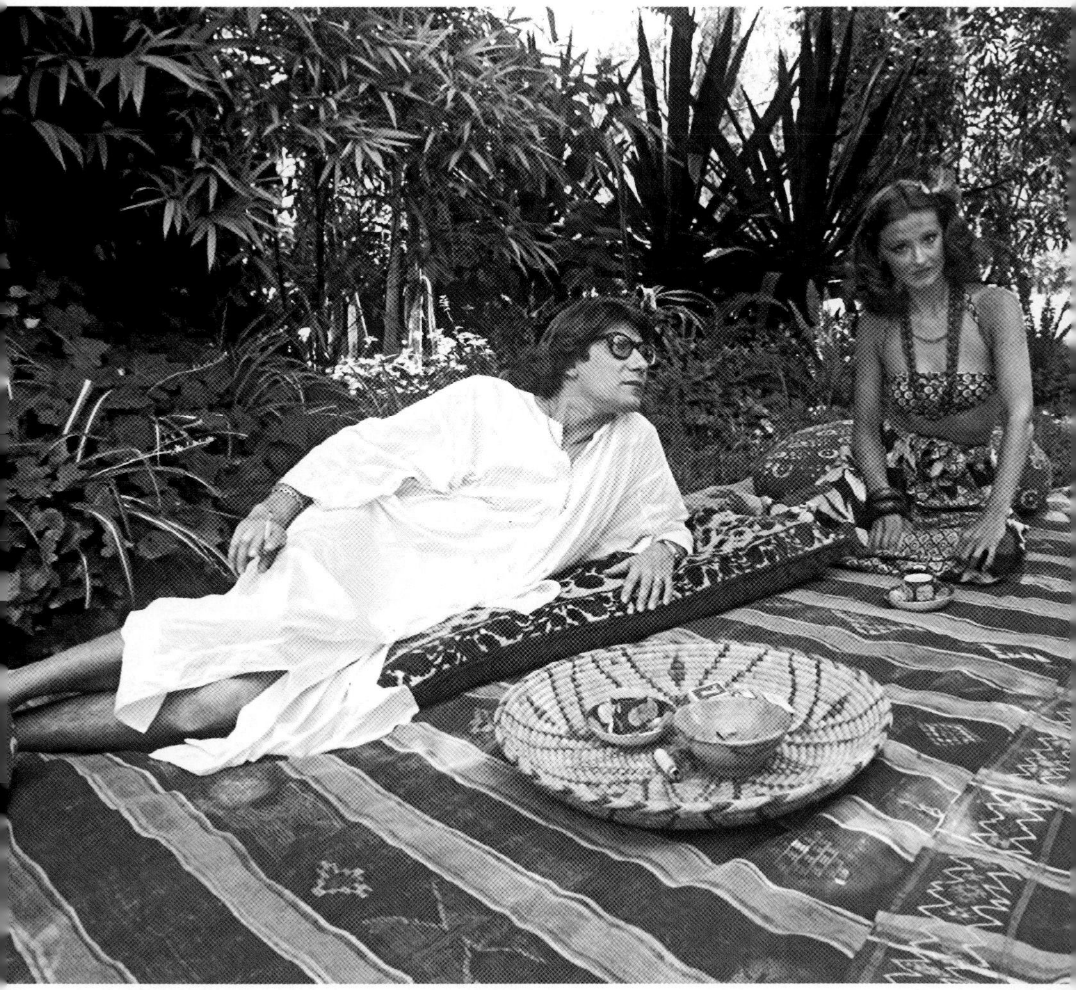

Page de gauche en haut : Yves, entouré de Pierre Bergé, le compagnon de toujours, l'ami, l'amant et l'associé, sans lequel la maison de couture n'aurait jamais existé, et de Victoire, sa première muse. Plus tard, Loulou de la Falaise (en bas) lui succédera.
Au milieu, Karl à l'œuvre chez Jean Patou, avec un look étrangement semblable à celui d'Yves.

Ci-dessus : pendant ces années où l'intense créativité malmène déjà l'ultrasensible Yves, celui-ci prend régulièrement ses quartiers à Marrakech en compagnie de sa coterie, où il se détend et fait la fête tout en dessinant des milliers de croquis.

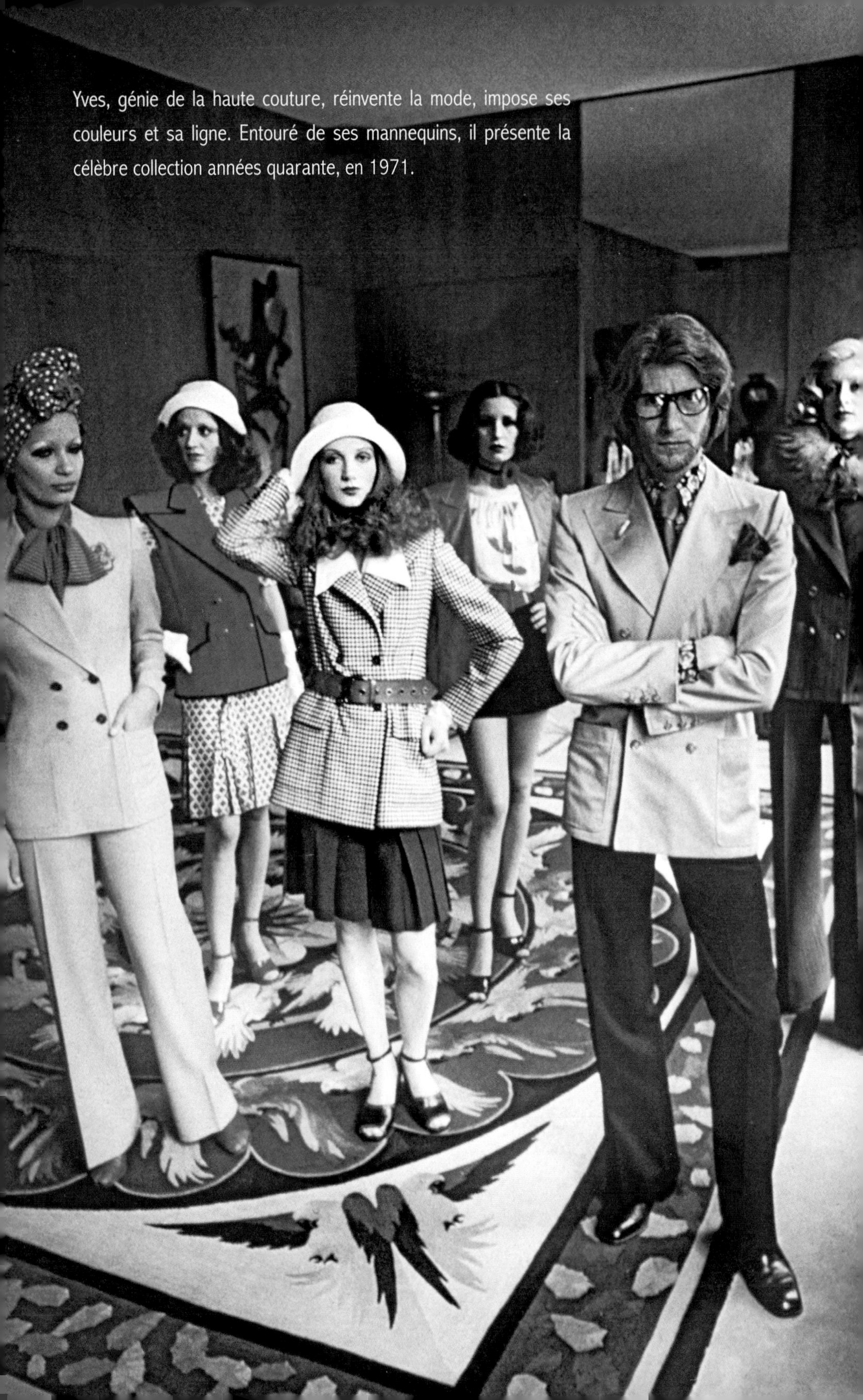

Yves, génie de la haute couture, réinvente la mode, impose ses couleurs et sa ligne. Entouré de ses mannequins, il présente la célèbre collection années quarante, en 1971.

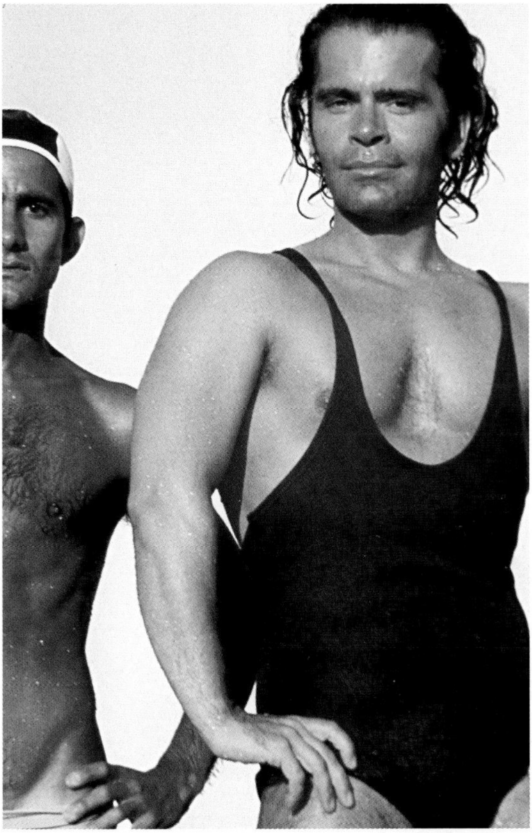

Pendant ce temps, Karl cherche sa voie – et la trouve. Une « bande d'Américains » débarque à Paris au début des années soixante-dix et jouera à cet égard un rôle essentiel, surtout les illustrateurs Antonio Lopez et Juan Ramos. L'été, la joyeuse équipe défraie la chronique à Saint-Tropez. En haut, un Karl body-buildé a côté de Juan Ramos ; en bas, les mannequins Donna Jordan et Corey Tippin aux côtés d'Antonio Lopez.

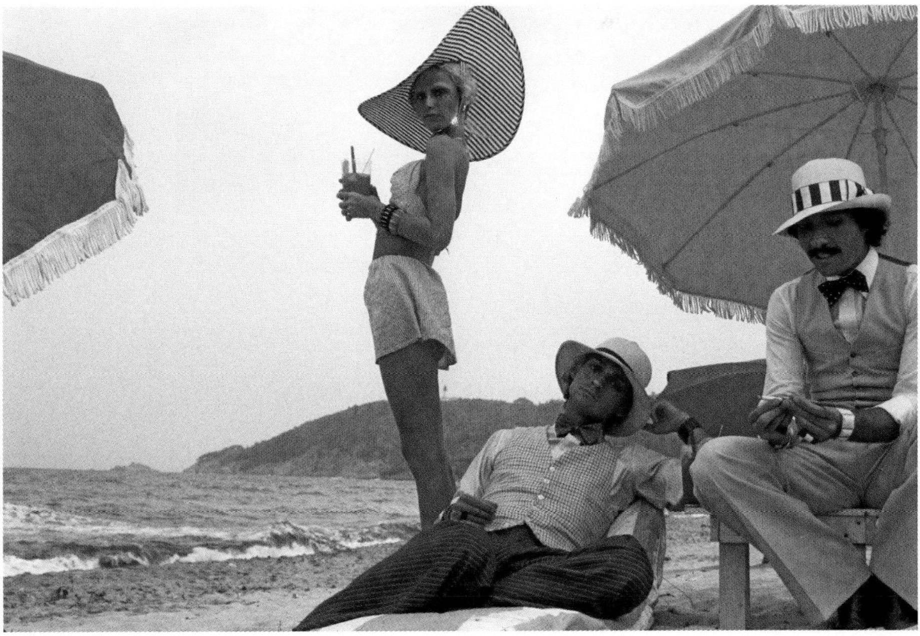

Ci-contre : les relations entre Karl et Yves se sont quelque peu distendues mais restent cordiales. Un troisième homme, Jacques de Bascher, sèmera la zizanie.

Ci-dessous : une soirée comme tant d'autres à La Coupole. Karl est entouré d'Antonio (à gauche), Jacques de Bascher (à droite), et des mannequins Eija et Amina.

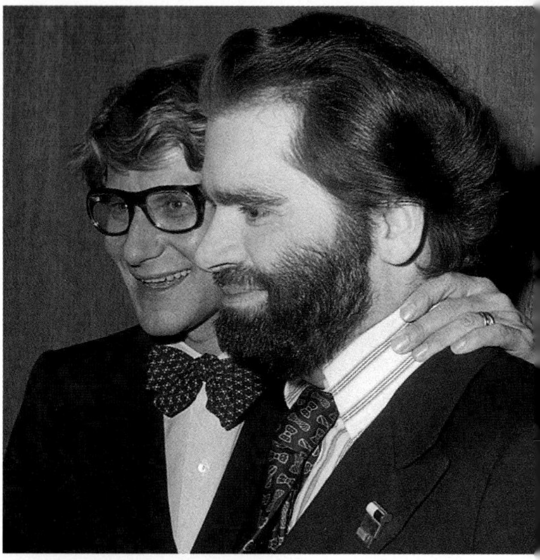

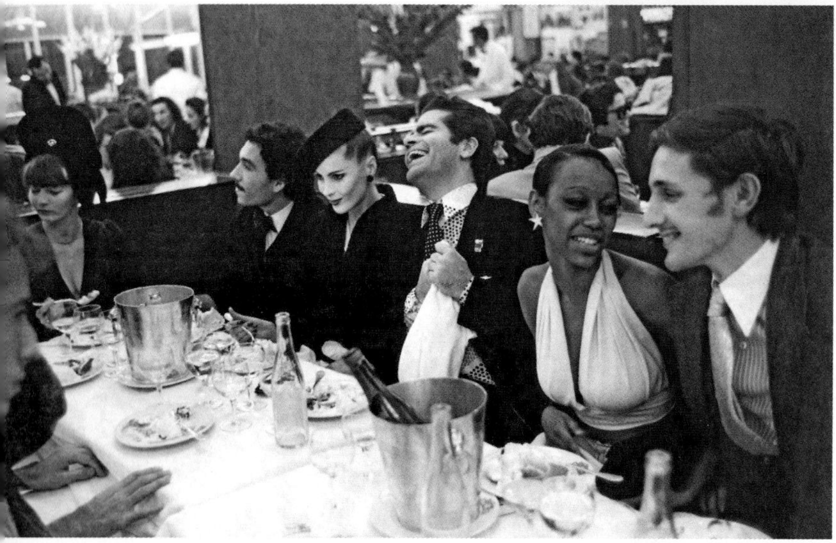

Jacques, beau jeune homme ambitieux, décidé à se faire une place dans le monde de la mode, devient la muse de Karl, avant de séduire et de déstabiliser le déjà fragile Saint Laurent. Ci-contre : dessiné par David Hockney en avril 1974 ; page de droite, posant pour l'*Uomo Vogue* en 1973.

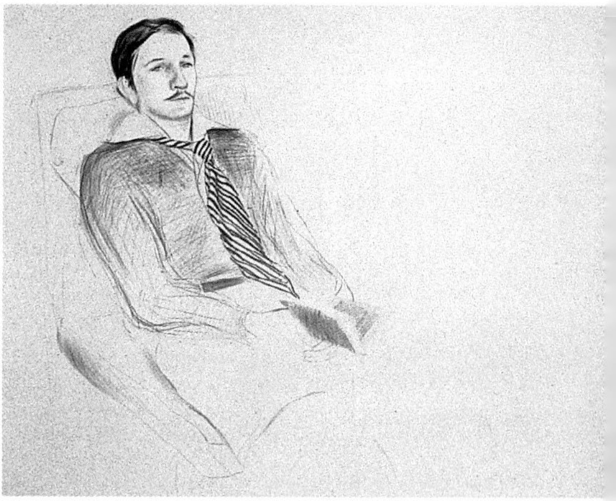

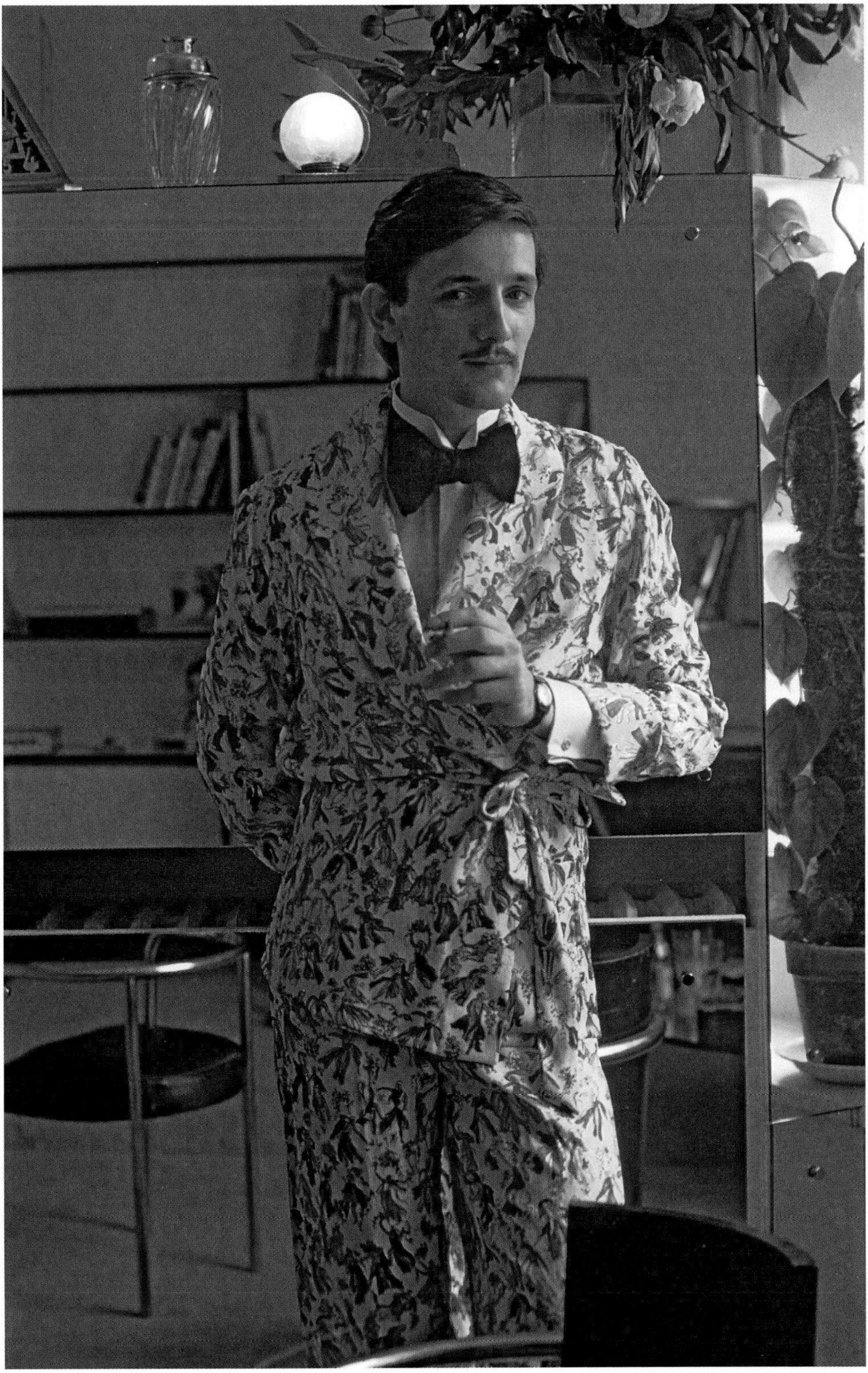

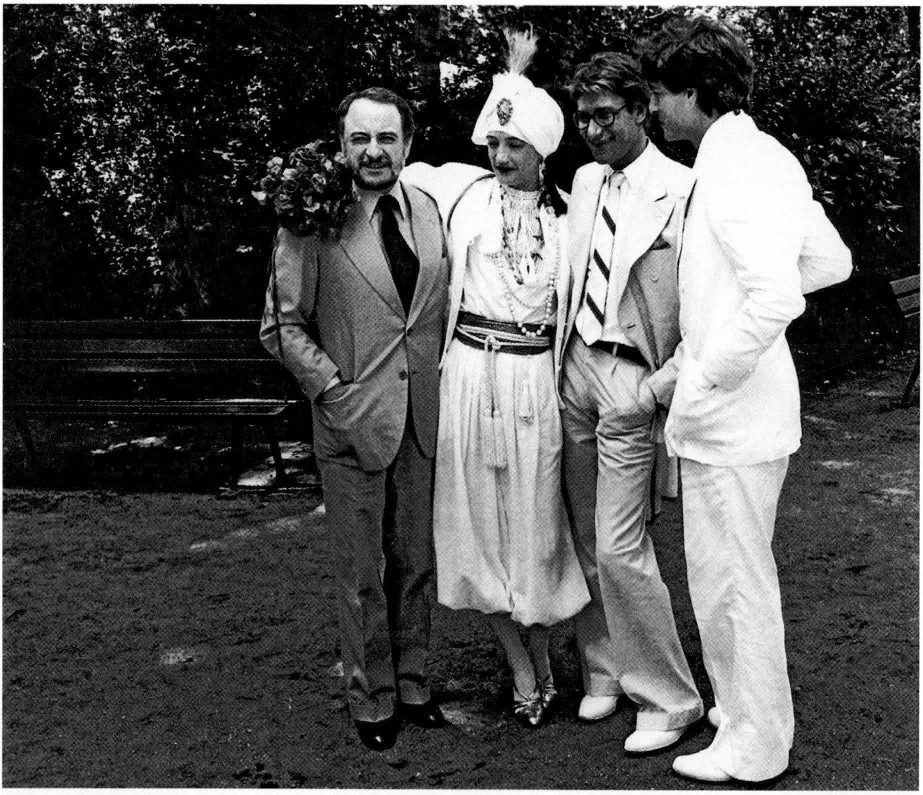

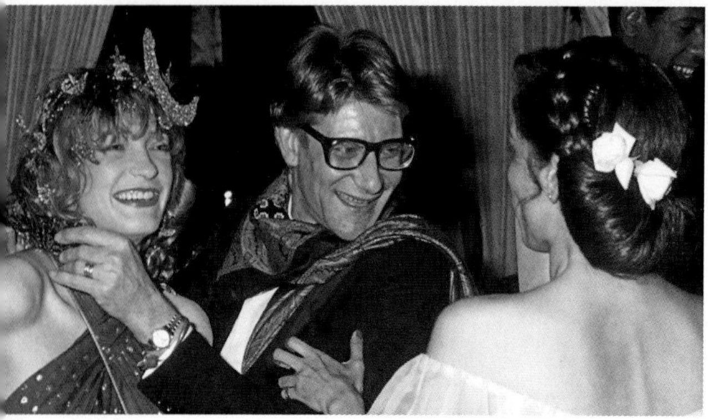

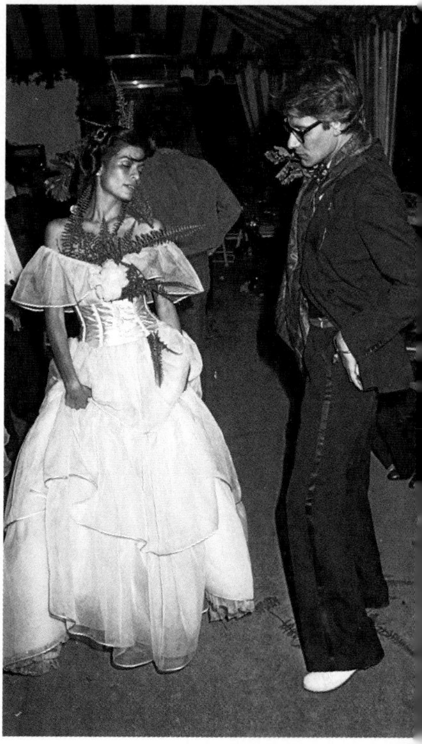

Le mariage de Loulou de la Falaise et de Thadée Klossowski, fils du peintre Balthus, est une véritable explosion de liberté vestimentaire et d'excentricités en tout genre. Ci-dessus : Pierre, Loulou, Yves et Thadée. Ci-contre : Yves et Loulou avec Bianca Jagger ; Loulou avait fabriqué de ses mains, l'après-midi même, la lune et l'étoile en strass. À droite : Yves danse avec Bianca Jagger vêtue d'une robe de chez Dior qu'il a décorée de fougère.

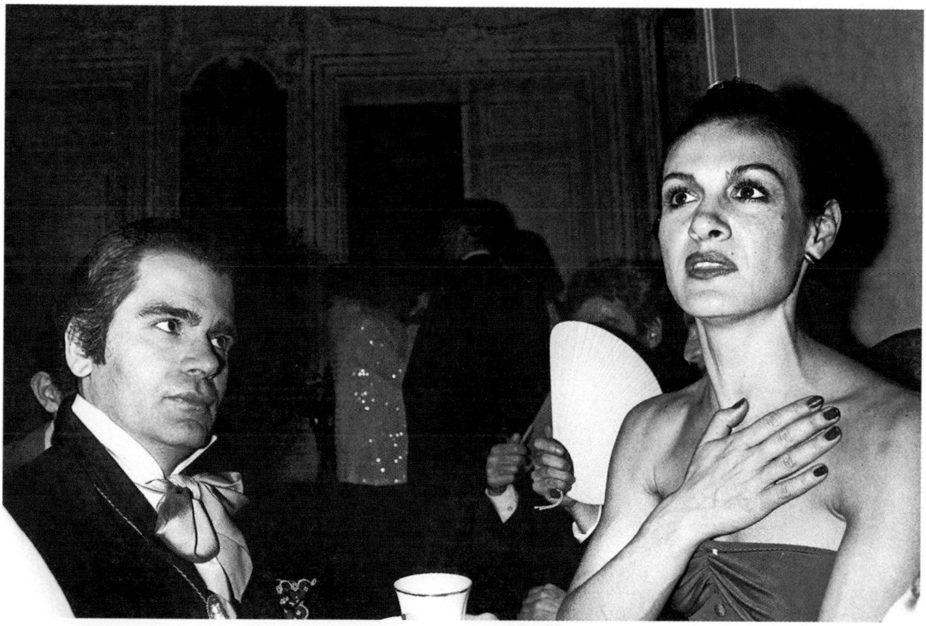

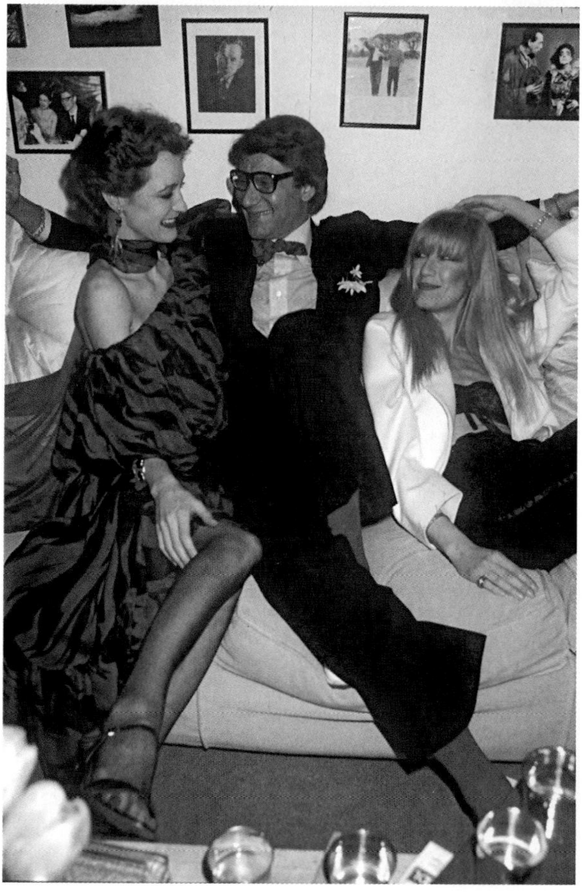

Ci-dessus : au mariage de Loulou et Thadée, succède celui de Paloma Picasso, ici en compagnie de Karl. Paloma est l'une des rares personnes à fréquenter à la fois Yves et Karl, qui ne se parlent plus.

Ci-contre : Yves en compagnie de ses muses de toujours : Loulou de la Falaise (à gauche) et Betty Catroux (à droite).

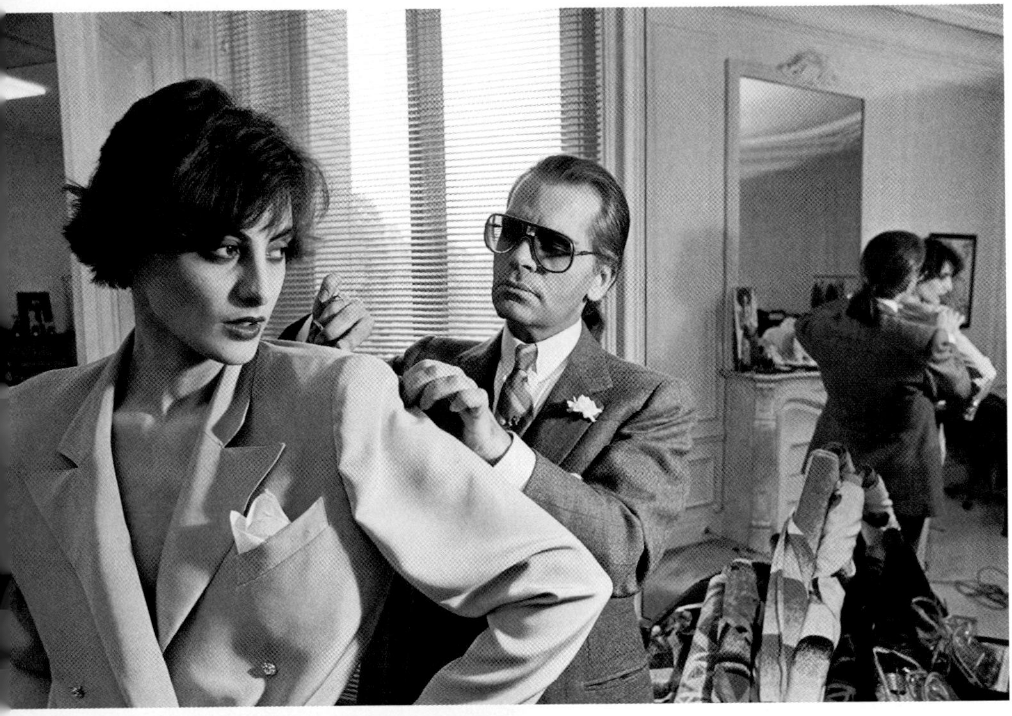

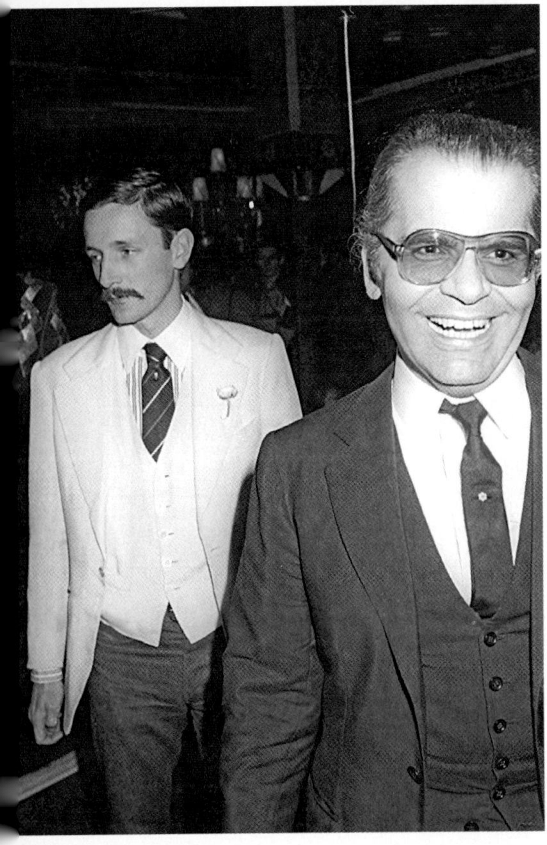

Ci-dessus : Karl chez Chloé avec Inès de la Fressange en 1980.

Alors que Saint Laurent, au pinacle, domine le monde de la haute couture, Karl travaille à bâtir son image – et son empire – avec une détermination et un acharnement peu communs. Il est, bien sûr, *le* styliste chez Chloé, mais sa créativité protéiforme, son incroyable et insatiable curiosité trouvent à s'exprimer dans toute sorte de collaborations dans le monde du prêt-à-porter, devenu le nerf de la guerre de la mode. Avec, dans son sillage, le toujours énigmatique Jacques de Bascher (ci-contre).

Page de droite : une robe Chloé de 1978.

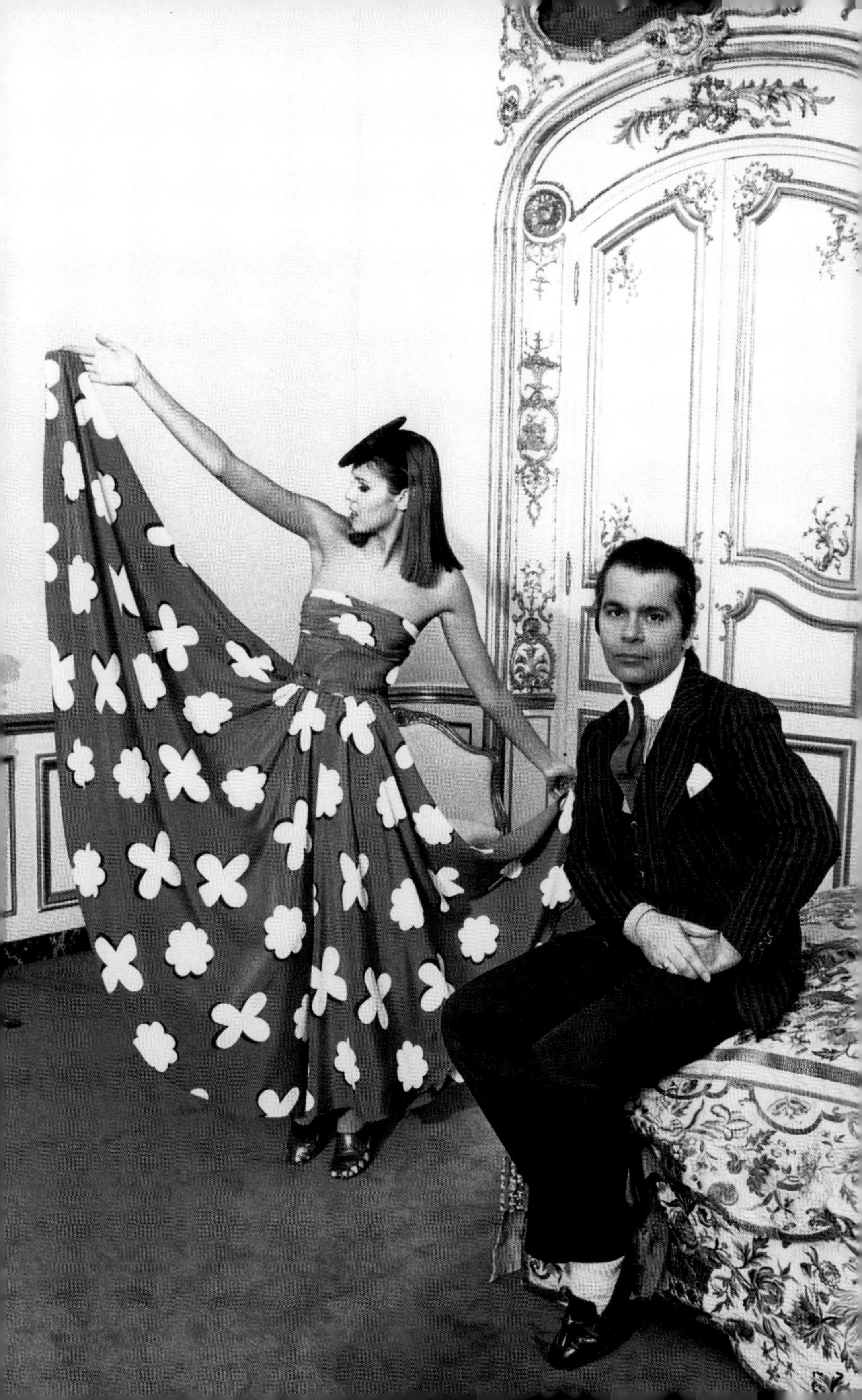

Malgré les disputes, les jalousies et les tensions, Pierre Bergé reste non seulement l'homme qui a bâti l'empire YSL, mais aussi celui qui a soutenu et porté Saint Laurent tout au long de sa vie, marquée par la maladie. « Oui, bien sûr c'est de l'amour, qu'est-ce que ça pourrait être d'autre ? » dira Bergé.

Ci-contre : au studio, lors d'essayages. Ci-dessous : dans l'intimité, au château Gabriel en 1983.

Page de droite : lors de la présentation de la collection printemps/été 2001, Bergé pousse littéralement Saint Laurent, qu'on ne voit plus guère hors des défilés, sur la passerelle pour qu'il réponde aux acclamations du public.

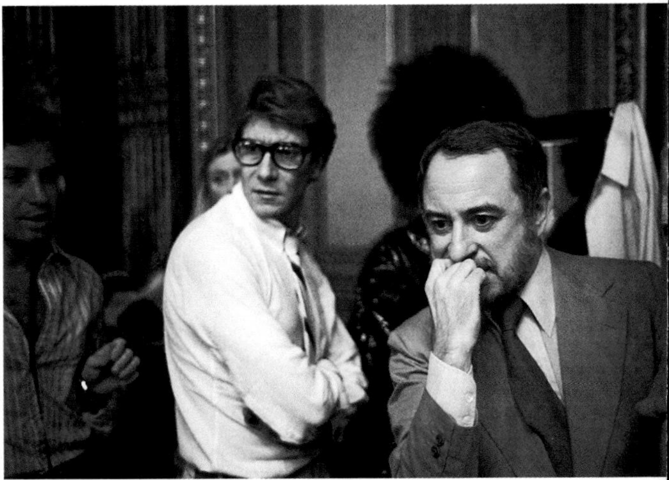

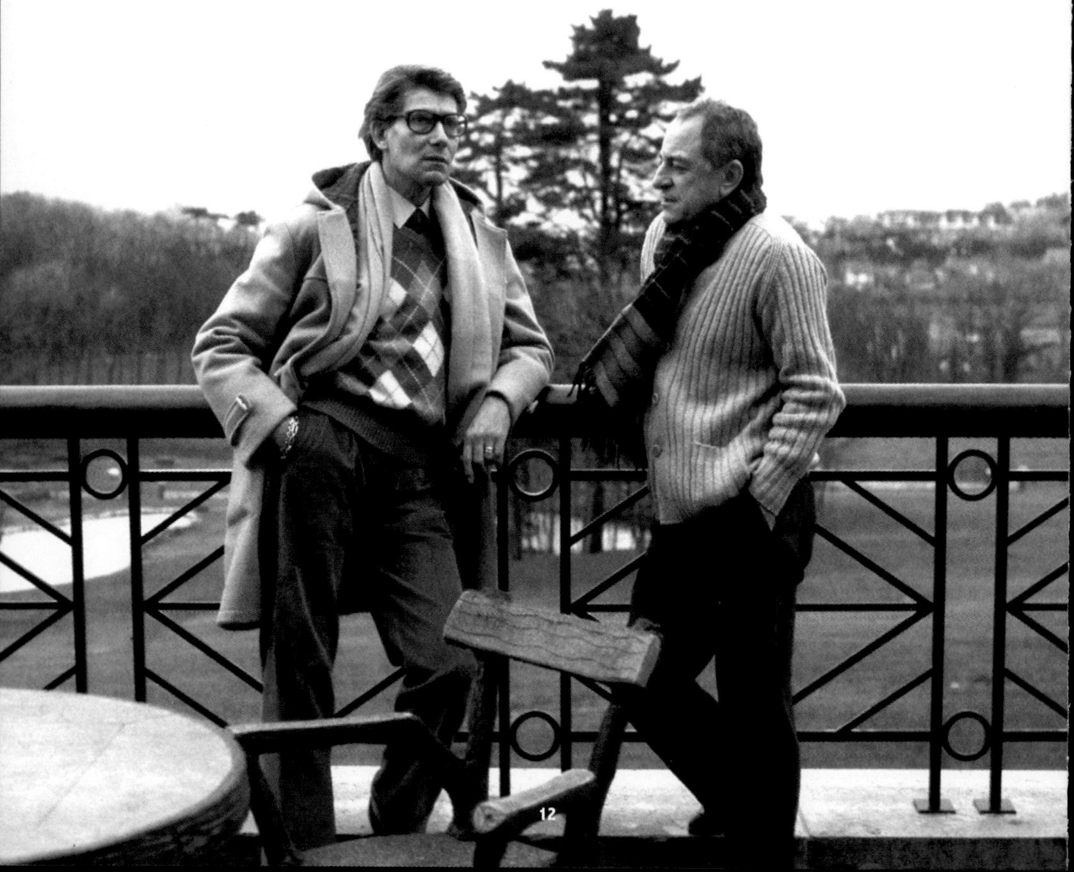

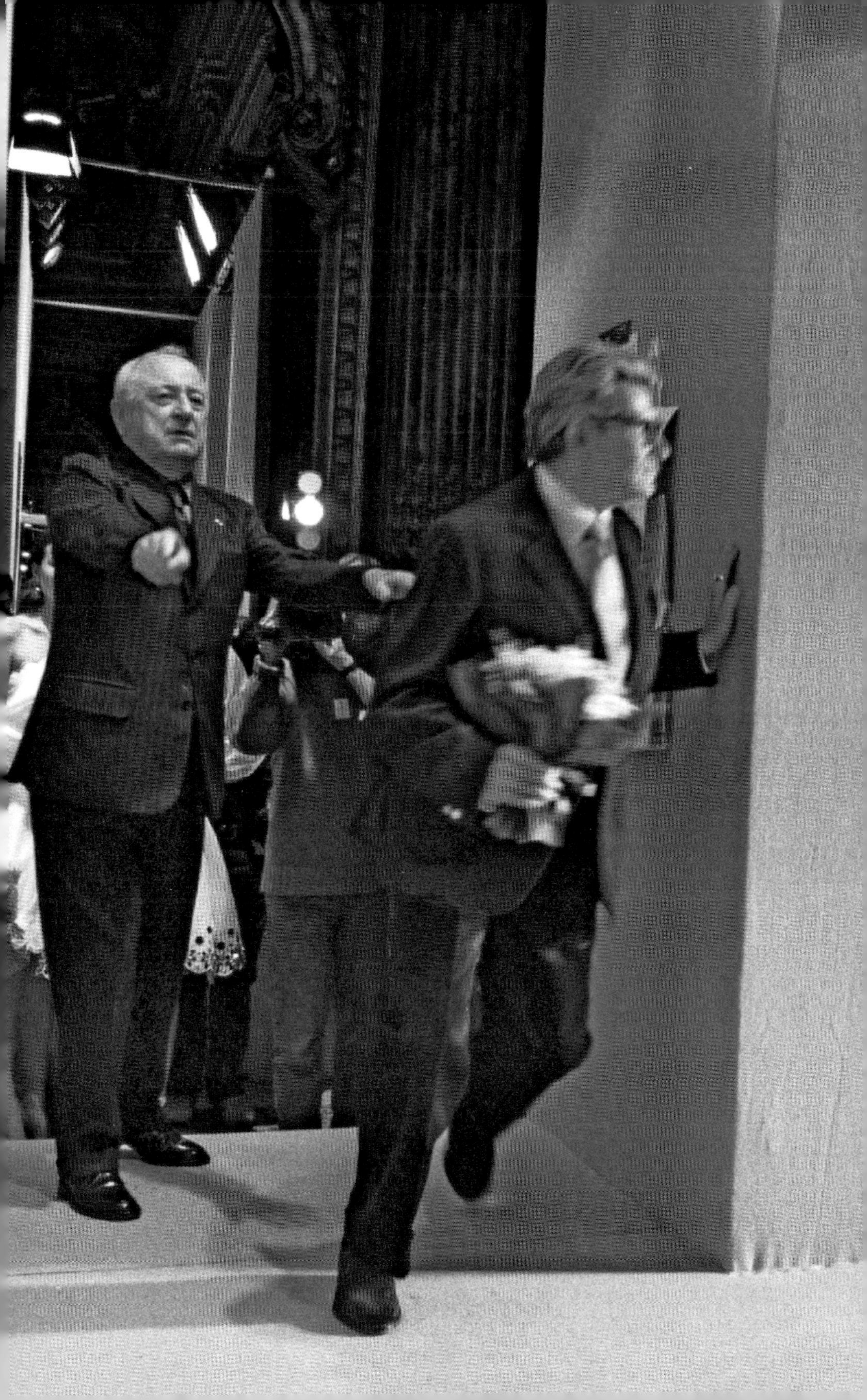

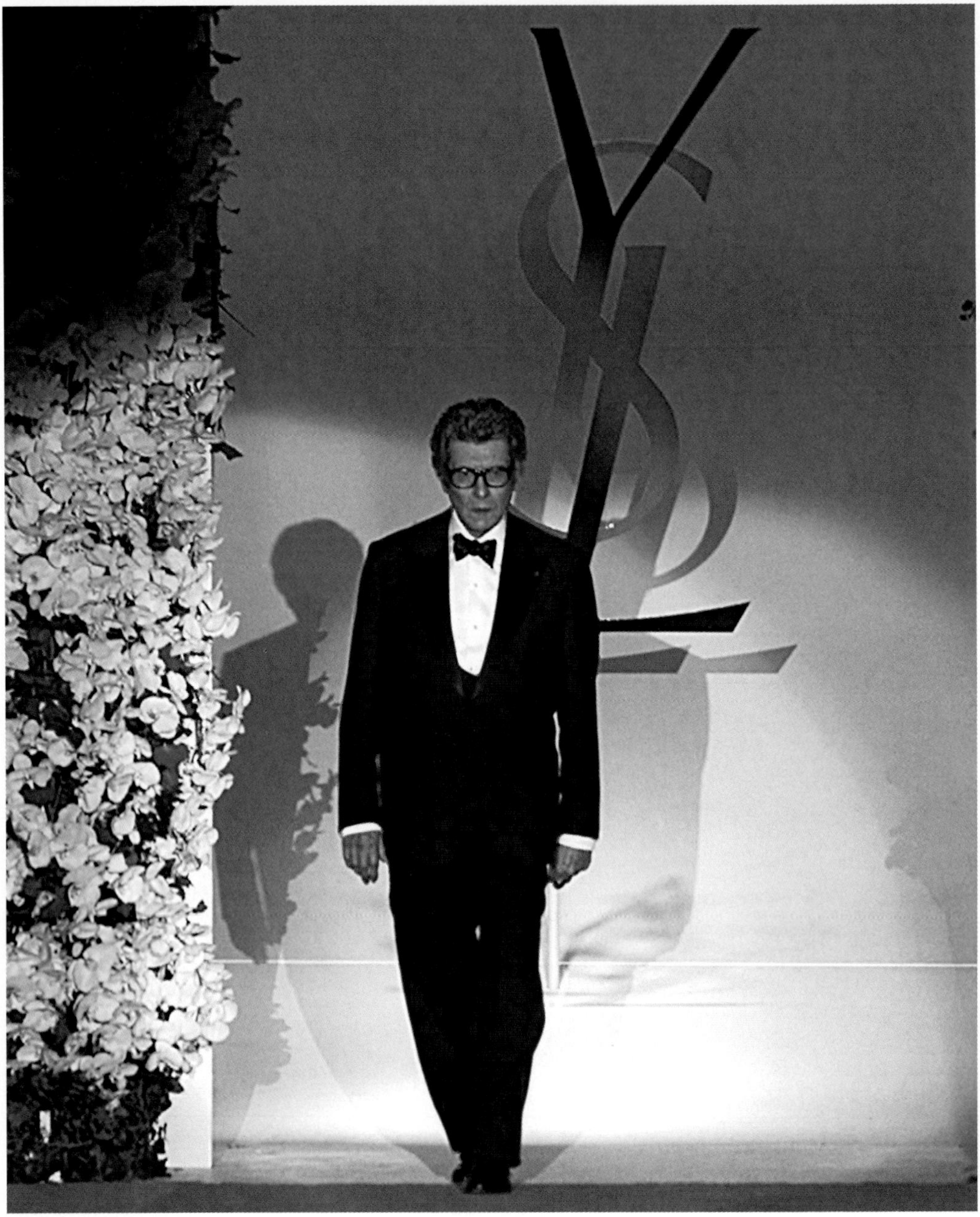

L'apothéose : Dieu vivant de la haute couture et de la mode, Yves Saint Laurent fait ses adieux, au Centre Pompidou, en 2002. À 65 ans, il laisse derrière lui un héritage artistique et culturel d'une incroyable richesse – et un monumental empire financier.

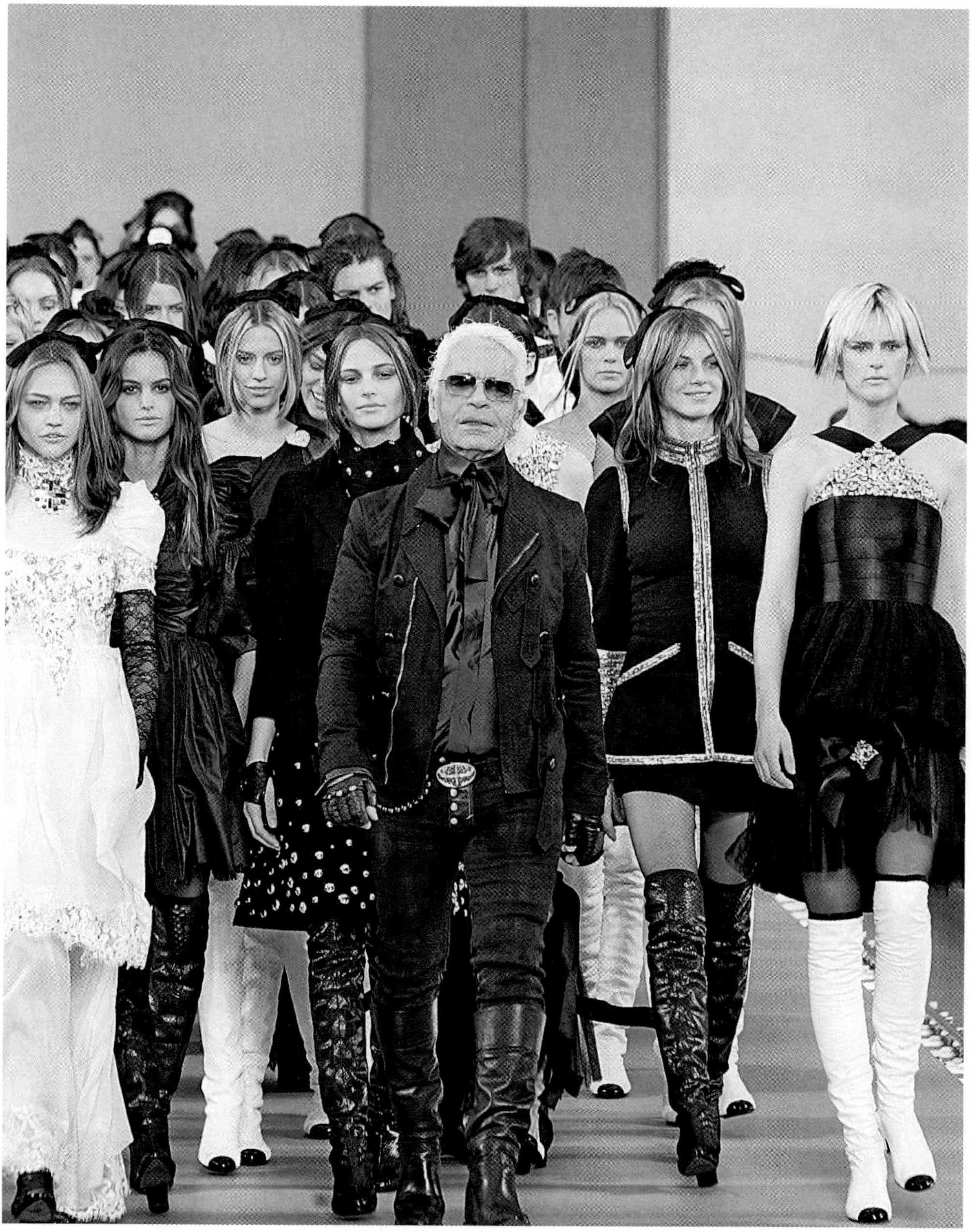

Le triomphe : après avoir révolutionné le monde du prêt-à-porter et s'être inventé et réinventé à d'innombrables reprises, Karl savoure son heure de gloire en prenant la tête de la maison Chanel, marque emblématique de la haute couture. C'est à présent l'une des figures les mieux connues du public français et mondial, dont l'humour mordant et l'incroyable culture font merveille dans les médias. On le voit ici, chez Chanel, entouré de ses mannequins lors du défilé de prêt-à-porter automne/hiver 2006-2007.

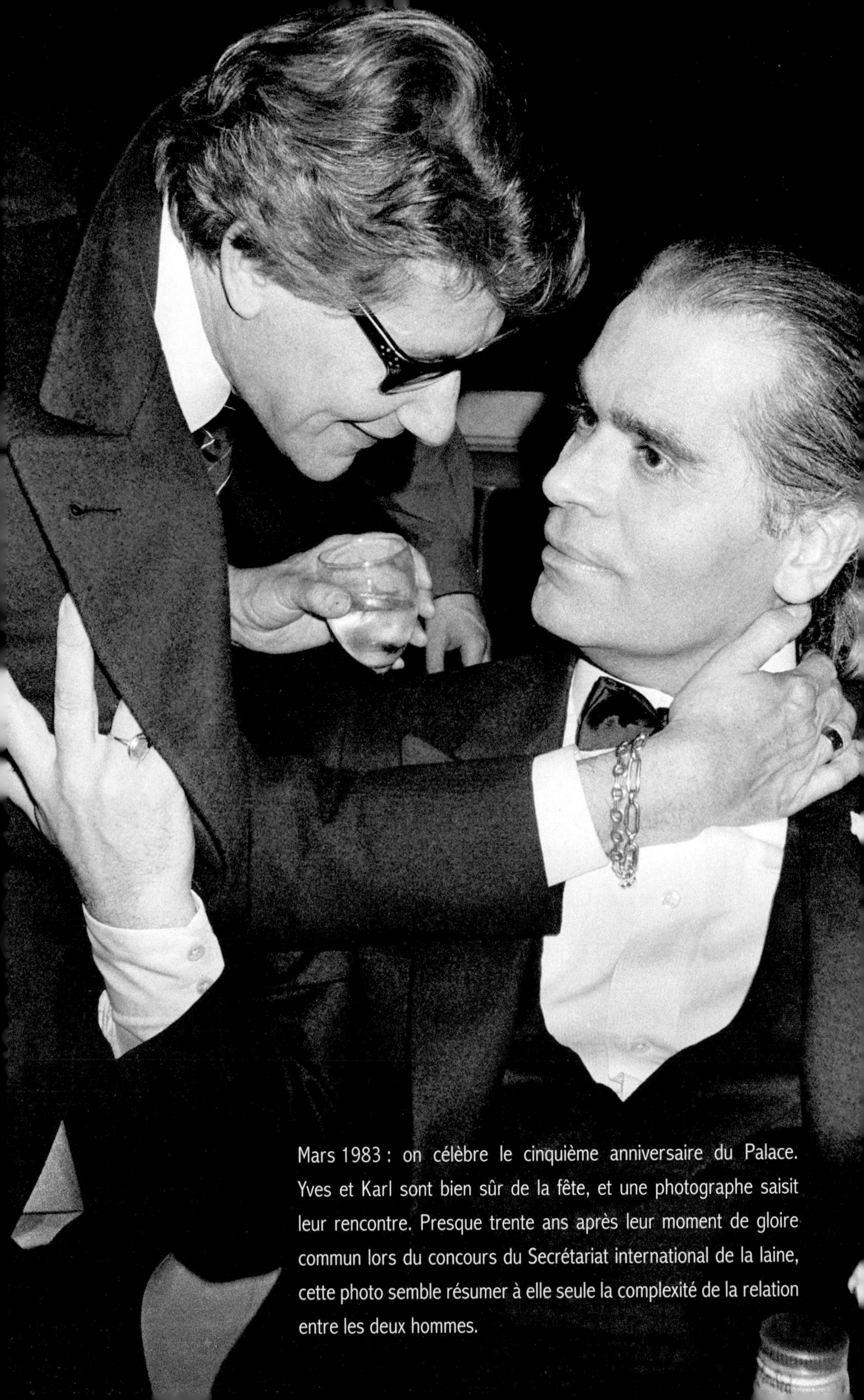

Mars 1983 : on célèbre le cinquième anniversaire du Palace. Yves et Karl sont bien sûr de la fête, et une photographe saisit leur rencontre. Presque trente ans après leur moment de gloire commun lors du concours du Secrétariat international de la laine, cette photo semble résumer à elle seule la complexité de la relation entre les deux hommes.

un élément évidemment gratifiant et qui ne peut qu'accroître son prestige. Mais l'image de Karl en petit Mozart a été créée de toutes pièces, rétrospectivement.

Évoquant ses activités présentes comme il évoque l'enfant prodige qu'il a été, Karl fait très grand cas de son éthique de travail irréprochable, laissant aux autres, journaliste, lecteur, spectateur, le soin de parler de génie. Lui-même n'exprime jamais, au grand jamais, la prétention d'être un artiste ; il insiste au contraire sur son statut de styliste professionnel. En 1978, il lance : « Quand je m'entends qualifier de "couturier intellectuel", cela me fait horreur. Le pire, c'est un couturier qui parle tout le temps de sa créativité, de ce qu'il est, de son évolution. Travaille et tais-toi, un point c'est tout [14]. »

On relève la même contradiction entre les préjugés qu'inspirent son physique et le décor à la Mme de Pompadour dans lequel il vit d'une part, et sa personnalité délicieuse dans l'intimité de l'autre. C'est un homme qui ne manque pas de troubler, de charmer. À l'époque, l'opinion publique s'accorde à le trouver « antipathique », une impression qui ne fait que s'accentuer avec l'arrivée des lunettes de soleil impénétrables puis, à partir de la fin des années soixante-dix, par ses propos de plus en plus acerbes.

Et pourtant, quand un journaliste ou un heureux élu est invité chez Lagerfeld, il se trouve désarmé par l'esprit hors du commun, l'ampleur des connaissances et la modestie de l'homme qu'il découvre. Voici ce qu'en dit l'écrivain Rosamond Bernier en 1992 dans le *Vogue* américain : « Sa prévenance est franchement royale. Contrairement à d'autres bavards impénitents que j'ai connus — parmi lesquels Chanel elle-même que j'ai interviewée (ou plus exactement qui m'a parlé, il y a bien des années) —, il faut vraiment le pousser pour qu'il amène la conversation sur lui-même et sur ses activités. Il ne dit jamais un mot de son succès phénoménal… Il n'y a aucune volonté de charmer, aucune trace d'effort pour se faire bien voir.» Elle déjeune chez Karl, à l'hôtel Soyecourt. Ils mangent des œufs brouillés aux truffes, font le tour de la maison, admirent le plafond restauré à la feuille d'or du grand salon, et lorsqu'elle le quitte quelques heures plus tard, elle est absolument ravie. «Je suis sortie, le souffle coupé. Il pleuvotait. Je n'avais pas de voiture. "La mienne vous conduira où vous voulez", m'a-t-il dit. Et il a traversé la cour avec moi pour m'accompagner jusqu'à la voiture... Me rappelant que dans ses *Mémoires*, Saint-Simon évoque un ancien propriétaire de la même maison célèbre pour son esprit, son intelligence et ses bonnes manières, je me suis dit que rien n'avait changé. Comme au temps de Saint-Simon, cette demeure irrésistible a trouvé un propriétaire tout aussi irrésistible [15].»

Karl n'a jamais perdu ce talent de séduire et d'étonner les médias. Il a compris d'emblée comment en faire un outil de communication. «Je crois que la plus grande victoire de Karl est sa façon de jouer la presse à fond, explique John Fairchild, un vieux routier de la presse et de la mode. À fond. Et il en joue merveilleusement, comme d'un orchestre symphonique.»

C'est le rêve de tout journaliste – un homme volubile, controversé, aux opinions arrêtées, facile à citer, plein d'humour et disponible. «Il était remarquablement drôle, et très malicieux, raconte la journaliste Judith Fayard. Karl a toujours été une des personnes les plus divertissantes avec qui déjeuner. Dans sa conversation, il était très, très sûr de lui; quant à savoir s'il l'était vraiment, c'est une autre histoire, mais il était très drôle, très vif et brusque, d'emblée.»

Il a toujours une histoire incryable à raconter, des rumeurs sensationnelles, il a une personnalité irrésistible, n'hésite pas à se montrer cassant et caustique et a toujours quelque chose de nouveau à vous montrer, un potin historique fascinant à vous confier. «En tant qu'homme, il était bien plus intéressant que la plupart, confirme l'écrivain Gerry Dryansky. Il lisait énormément, il avait d'autres intérêts que la mode, ce qui le rendait captivant pour les rédacteurs.» Ses flèches caustiques touchent juste et provoquent des éclats de rire, à la fois parce que sa remarque est spirituelle et parce qu'on est soulagé de n'avoir pas été pris pour cible.

Il sait cultiver les relations. Ce n'est pas nouveau dans la mode, où les liens entre rédacteur en chef et couturier ont toujours été quasiment incestueux, mais Karl porte cet art à des sommets sans précédent. Il personnalise cette relation à un degré incroyable. C'est un homme très occupé, et pourtant c'est toujours lui, et non son attachée de presse, qui commande des fleurs; il choisit les variétés du bouquet à composer et écrit un billet d'accompagnement. Un rédacteur du début des années soixante-dix se souvient: «Il était parfait avec les journalistes, il était gentil avec eux. Je crois qu'il leur faisait des cadeaux et se faisait apprécier personnellement, ce qui a certainement eu d'heureuses conséquences pour ses collections.» Alors que beaucoup parlent de manipulation, d'autres y voient une gentillesse sincère. «J'ai connu de nombreux journalistes qui ont quitté ou perdu leur boulot, et Karl était l'un des seuls à les appeler, à essayer de garder le contact avec eux, remarque Patrick McCarthy. Karl est extrêmement généreux.» Le directeur artistique Donald Schneider se rappelle avoir assisté à un défilé de Karl Lagerfeld à la fin des années quatre-vingt-dix. Il était assis à côté d'une Allemande d'un certain âge qui lui confia avoir été l'auteur du tout premier article consacré à Karl pour une revue commerciale allemande, des années plus tôt; il l'invitait depuis à tous ses défilés.

La disponibilité de Karl, sa proximité, son caractère très liant le distinguent aussi de Saint Laurent. Et bien sûr, les journalistes en ont été, et en sont toujours, flattés. Aujourd'hui encore, alors qu'il est une vedette incontestable, il donne à certains d'entre eux le numéro de fax de sa chambre, et leur répond à la main en pleine nuit, pour qu'ils puissent respecter leurs délais.

Et Karl assume tout, seul. Karl n'a pas de Pierre Bergé pour diffuser sa légende personnelle et pour faire connaître son génie. Il s'en charge lui-même. Contrairement à Yves et Bergé, Kenzo et Gilles Raysse, Valentino et Giancarlo Giacometti, Dior et Rouët, Karl ne se dissimule jamais derrière un associé chargé de montrer les dents à sa place. « Ces couturiers font tous ça, ils ont toujours quelqu'un qui fait écran, qui se présente comme le méchant, explique John Fairchild. Yves dit "Fais ci, fais ça" et Pierre le fait. » Ce n'est pas le cas de Karl ; il prend ses responsabilités, il se charge lui-même des tâches dévolues au méchant.

Sous l'apparence absurde — la robe bordée d'hermine, la poudre, la moue et le petit doigt en l'air pour siroter du Coca —, se dissimule un esprit d'acier, le côté laborieux et endurant de l'industriel allemand. Tous ceux qui ont travaillé avec Karl évoquent son professionnalisme sans faille et son impitoyable exigence envers lui-même. C'est du reste ce que Billina avait déjà remarqué à Saint-Tropez : « Il s'habillait de façon extravagante, mais n'agissait pas avec extravagance. » L'excentricité de sa tenue et ses maniérismes donnent une fausse idée de sa nature, très rigide, comme l'observe Gaby Aghion : « Il a une immense volonté. Quelqu'un comme Galliano a une part de folie en lui, mais chez Karl, il n'y a pas de folie. »

Pas de folie, sans doute, mais une capacité et un besoin apparemment illimités de travail. En 1977, il travaille pour Chloé à Paris et Fendi à Rome, il a trente licences Karl Lagerfeld au Japon, plus une ligne de lingerie Eve Stillman aux États-Unis, des licences de lunettes de soleil et une collection de porcelaines pour Hutschenreuter. Il est également responsable d'une masse de collections qu'il dessine dans l'anonymat, dont de nombreuses lignes en Allemagne. Et il ne s'agit là que des collections dont Karl accepte de parler ; la nature exacte de ses engagements professionnels et leurs profits financiers ont toujours été entourés de beaucoup de mystère et d'incertitudes.

Ses collections représentent un équilibre idéal entre une atmosphère fraîche et novatrice et ce qui peut séduire des acheteuses prestigieuses. Dans ses collections, Karl a toujours su ménager la juste proportion de tendance pour la fille, de flatterie pour la mère et de décence pour la grand-mère. Il comprend le jeu de la mode, il est là pour gagner de l'argent et pour réussir. « Karl entretenait des relations très amicales avec Marvin Traub, le président de Bloomingdale's, raconte Ralph Toledano, ancien directeur général de Karl Lagerfeld. Chaque fois qu'il venait à Paris, ils prenaient le thé au Crillon. Je les considérais donc comme de bons amis, et le jour où j'ai décidé de lâcher Bloomingdale's [en tant que revendeur de la ligne Karl Lagerfeld], j'étais inquiet de la réaction de Karl. Je suis allé le voir : "Karl, il faut que je vous dise que j'ai décidé de lâcher Bloomingdale's." Il m'a regardé et m'a demandé : "Qui va les remplacer ?" Il était assez intelligent pour se dire : si je compte sur lui, il faut que je lui fasse confiance — c'est comme ça qu'il arrive à gérer autant de choses, il s'entoure des gens qu'il faut. Il n'a pas demandé pourquoi, n'a pas perdu son temps à chercher à savoir comment. Il savait que toute cette amitié n'était que foutaise, une amitié d'affaires qui ne reposait sur rien de réel. Karl était très réaliste, très pragmatique ; il n'a jamais imaginé une seconde que si M. Traub vous invitait à prendre le thé, ce n'était pas parce qu'il était amoureux de vous, mais parce qu'il voulait vous convaincre de faire une apparition dans une de ses boutiques. »

Pour réaliser la masse phénoménale de nouveautés qu'il produit chaque saison, Karl s'appuie sur une autodiscipline rigoureuse et une approche du processus de création par assimilation. Karl ne donne jamais l'impression d'être angoissé ; il ne fait pas nerveusement les cent pas dans son studio, il n'y a ni grincements de dents ni lamentations, ni « je n'y arriverai jamais. » Pas de coups de poing sur la poitrine à la recherche de l'inspiration, pas de sacrifices pour s'attirer les faveurs des muses, pas de « M. Lagerfeld ne peut pas vous parler, il est à l'essayage ». Au contraire, on trouve souvent M. Lagerfeld en train de parler à un journaliste, d'ajuster une robe, de rédiger un communiqué de presse en vers et de négocier un contrat, le tout en même temps. M. Lagerfeld a inventé le multitâche avant même que le multitâche ne soit inventé.

Ses défilés pour Chloé ont lieu à neuf heures, le lundi matin, et la collection de Karl est toujours prête bien à l'avance, aucun retard à craindre. Chez Chloé, les membres de son équipe l'appellent docteur Lagerfeld parce que son professionnalisme et ses habitudes matinales leur rappellent une consultation de chirurgien.

Karl explique son approche de la couture dans *Top Ten Designers in Paris*, un documentaire tourné pour la télévision en 1979 pendant les collections de prêt-à-porter. « Il n'est plus très moderne, me semble-t-il, de parler de nouvelle silhouette. En un sens, l'état d'esprit est plus important que la ligne, parce que nous ne sommes plus dans les années cinquante, où il y avait la ligne en A et la ligne en H, et je ne sais quoi, vous savez, c'est plus une question d'esprit et d'atmosphère. La seule chose qu'on puisse dire, c'est que les épaules sont toujours larges, la taille moins mince que l'année dernière et un peu plus courte, mais pour moi, cela ressemble à un discours démodé datant des années cinquante. » Il ajoute plus tard : « Tout ce qu'il y a à dire est communiqué par les accessoires et tous les détails différents que j'ajoute. Les vêtements sont en fait très simples, je n'irai pas jusqu'à dire basiques, mais en fait, très faciles[16]. »

C'est une pensée radicale pour l'époque, en 1979. Karl résume en quelques phrases la direction dans laquelle les créateurs vont s'engager au cours des trente années à venir, la mode devenant de plus en plus une question d'atmosphère et d'accessoires. Sait-il à l'époque qu'il annonce l'avenir de la mode ?

Karl fait déjà la part belle aux accessoires, pas encore griffés, mais pour l'esprit qu'ils peuvent prêter au défilé. Et si l'on observe de près les collections des années 1979-1980, il est vrai que le plus étonnant, ce sont les accessoires fantaisistes apposés sur des coordonnés faciles, sur des imprimés stimulants. Il y a des ceintures de bulles de plastique enroulées autour de maillots de bain ou jaillissant de la tête comme de la mousse. Karl associe des chapeaux en forme de soucoupe volante à des jupes disco brillantes en crêpe de Chine, ajoutant un perroquet vivant sur l'épaule et des éventails de soie sur la passerelle. Il fait tout pour que l'atmosphère du défilé soit grisante : Jacques est envoyé à New York chercher le dernier titre de Donna Summer « Love to Love You », qui doit accompagner le défilé.

Mais surtout, Karl observe : il prend bonne note qu'Anna Piaggi a l'habitude de porter de la lingerie précieuse et vintage pour nourrir les poules à Penhoët et s'en inspire pour donner naissance à ce qui deviendra l'une de ses meilleures idées, l'ajout de dentelle raffinée dans les tenues de jour. Il s'entoure d'un flot de stimuli visuels, d'idées et de talents pour nourrir son esprit. Il en résulte une mode belle, facile à porter, sans rien d'emblématique cependant. Avec le recul, on peine à définir un style ou une silhouette que Karl aurait créés au cours de ces années. Il se caractérise par une féminité pleine de fraîcheur, une façon éthérée de se vêtir — une sorte de romantisme long en mousseline, très à la mode à l'époque, et dont Karl conçoit certains des meilleurs éléments —, mais il n'élabore pas de style Karl Lagerfeld à proprement parler. Il se situe ainsi aux antipodes de Kenzo, par exemple, dont il suffit de prononcer le nom pour que le style vous vienne à l'esprit, tout entier : floral, imprimés chaleureux, couleur, coton, jeunesse, manches kimono, coordonnés, ethnique, casual urbain. Aucune expression ne saurait évoquer le style Lagerfeld.

Même ses proches pendant ces années-là semblent avoir du mal à décrire ce qu'incarne Karl Lagerfeld. Son amie Florentine Pabst réfléchit un moment avant de répondre : « Il a été le premier à mettre des tennis aux filles, c'était une révolution ; je peux vous dire que les gens avaient peine à y croire, c'était franchement bizarre, et c'était tellement cool, tout le défilé s'est fait en tennis. » Gaby Aghion évoque les merveilleux vêtements qu'il dessinait, le bustier en piqué de coton blanc sous un tailleur, les vestes, les manteaux et les robes *baby doll* à bord franc. En 1978, André Leon Talley estime que son influence est considérable. Au cours de sa collaboration en free-lance pour Fendi pendant douze ans, « Lagerfeld, dit-il, a mis les fourrures sens dessus dessous, cul par-dessus tête ; il a tourneboulé l'industrie de la fourrure avec ses innovations ». Leon Talley cite aussi les grands triomphes de Karl : « Il a commencé ses superpositions en 69, ses robes de soie déstructurées en 72, les bords francs en 74 et en 77 le retour à l'utilisation de la dentelle sur tulle de coton [17]. »

S'il s'agit indéniablement d'innovations, elles ne donnent pas naissance à un style. Elles sont cependant parfaitement en harmonie avec l'esprit du temps, et c'est précisément ce que Karl Lagerfeld sait faire et ce qu'il fait toujours avec un brio admirable. Il ne veut pas être lié à un look, à un style ni à une identité, que ce soit dans la vie ou dans la mode. « Mon style est plus que cela : un autre printemps, un autre amour [18] », déclare-t-il en 1979, faisant allusion à la chanson de Marlene

Dietrich et à son propre style décoratif ; ces termes auraient aussi bien pu, il est vrai, désigner son approche de la mode.

Karl refuse résolument d'incarner quelque chose ; la seule constante stylistique qu'il accepte c'est la nouveauté, ce qui n'existe pas encore. « Je n'ai aucune opinion sur mon influence ; qu'est-ce que ça peut faire ? demande-t-il en 1978. Ce qui compte, c'est ce que je vais faire, pas ce que j'ai fait par le passé [19]. »

14

1977-1978

En mai 1977, Loulou de la Falaise et Thadée Klossowski partent en week-end à Venise. Ils en reviennent fiancés. Le mariage est célébré le 11 juin, à Paris, à la mairie du XIVe arrondissement. La fiancée arrive dans la Rolls noire de Pierre Bergé, dont la portière s'ouvre pour dévoiler un nu-pied doré sur d'une chaussette blanche. Puis le reste de sa silhouette surgit, tel un personnage d'Aubrey Beardsley, dans un foisonnement de soie et de plumes. Loulou porte un immense sarouel blanc serré sous le genou, une écharpe d'organza blanche, une masse de perles, un turban blanc dans lequel est fichée une plume abricot, orné d'une grosse broche de diamants. Elle tient un bouquet de roses rouges. Malgré la nervosité inévitable en ce grand jour, Loulou est d'une loyauté sans faille à l'égard de Saint Laurent : « Tout vient de chez Saint Laurent Rive gauche », déclare-t-elle à un journaliste, décrivant sa tenue comme « très Poiret [1] ». Son fiancé attend, tout de blanc vêtu.

À l'intérieur de la mairie, les « people » se pressent : Bianca Jagger, Saint Laurent, Bergé, Marisa Berenson, Paloma Picasso, Marie-Hélène de Rothschild, Maxime de la Falaise, la mère de Loulou, et la redoutable mère de Thadée, Mme Antoinette de Watteville, ont pris place et admirent les peintures allégoriques qui représentent l'idéal républicain de l'amour. La cérémonie dure à peine quatre minutes, au terme desquelles Loulou et Thadée sont devenus le couple le plus en vue de Paris.

C'est dans un état proche de l'extase qu'ils sortent des jardins de la mairie, et l'excitation de Loulou inspire à Saint Laurent ce commentaire étonné: « Je ne l'ai encore jamais vue comme ça. Elle a l'air si gamine, si mignonne. Vous savez, d'habitude, elle est tellement, tellement *haute*, tellement stylée, si parfaite. Là, elle est un peu différente, vous ne trouvez pas ? Mais je suis sûre qu'elle redeviendra elle-même dans cinq minutes[2]. »

Ce mariage étonne tout Paris, car Thadée vit avec Clara Saint depuis 1965, même si leur relation n'est pas exclusive. Ils partagent une existence et un petit appartement de la rue Jacob, où Thadée passe la journée allongé, à méditer sur ce qu'il décrit comme des « considérations fumeuses d'image et de réalité ». Clara rentre après avoir passé la journée au service de presse. Elle s'installe sur son lit, téléphone à la main, attend un appel de Pierre puis téléphone à tout le clan Saint Laurent pour organiser l'itinéraire de la nuit, et sa distribution.

Thadée et Loulou ne pouvaient que tomber amoureux l'un de l'autre : ils partagent le même héritage de fantaisie bohème, de mondanité et de souffrance. Être le deuxième fils de Balthus n'est certainement pas une partie de plaisir, malgré la fascination que Thadée suscite à Paris. Il se rappelle qu'à l'époque il avait « conscience d'être joli garçon, mais j'étais trop préoccupé par ce que je percevais comme une absence de talent ». Petite-fille d'un peintre, Loulou comprend instinctivement les effets potentiellement dévastateurs du talent et de l'ego d'un artiste sur sa descendance. Au terme de vingt-trois ans de mariage, elle dira : « Je pense qu'il est un peu paralysant d'être le fils d'un grand peintre. Mais Thadée a eu une enfance remarquable. Ça vaut la peine[3].»

À l'époque, Thadée fait des ravages à Paris, aussi bien parmi les hommes que les femmes. On le considère comme un être mystérieux, énigmatique et d'une rare beauté. Il n'est pas bavard, ce qui ajoute encore à son charme. «Thadée a fait beaucoup parler à l'époque, remarque Michel Klein. Il y en avait d'autres — Jacques, Joël, Xavier de Castella —, ils ont fait beaucoup rêver par leur culture, leur intelligence, leur physique et leur allure, ou la manière dont ils allumaient les bougies. Thadée est doté d'une élégance innée, mais en plus il a une culture et une connaissance absolument inouïes. Sa vie a quand même été totalement artistique.» Mais que fait-il ? demande-t-on. Peut-être cette question suffit-elle à révéler l'abîme intellectuel entre cette époque et la nôtre, entre une génération où l'on n'a pas besoin de *faire* quelque chose pour être quelqu'un, où il suffit de briller, et celle où l'on pense à son plan de retraite.

Après le mariage, Bergé met à sa disposition son propre bureau chez Saint Laurent, où Thadée entreprend de rédiger avec Joël Le Bon un livre sur le lien jeu/mise en scène à propos de Madeleine Renaud et Jean-Louis Barrault, financé par Pierre[4]. Il écrit — magnifiquement, à en croire Maxime de la Falaise —, il lit, il médite et ne divulgue rien. «Je suis affreusement paresseux, c'est un de mes principaux traits de caractère, alors je me suis toujours débrouillé pour éviter que les gens m'en demandent trop. Je leur ai toujours fait comprendre qu'ils peuvent être très gentils avec moi, mais que je ne serai pas terriblement gentil avec eux. Je serai agréable et tout ça, mais ils ne doivent pas trop attendre de moi. Et ça a plutôt bien marché. Je suis sûr que je déçois les gens. Il leur faut un bon moment pour [comprendre]. Je veux dire que je peux aller très loin avec un simple sourire.»

Cette histoire d'amour naissante a une facette douloureuse, car Thadée et Clara ont vécu ensemble pendant des années ; de surcroît, Loulou et Clara sont de bonnes amies et travaillent quotidiennement ensemble chez Saint Laurent. « Je voyais déjà l'histoire venir. C'est une histoire qui arrive tous les jours, à tout le monde : la personne avec qui vous vivez part avec votre meilleure amie, je dirais que c'est banal », explique aujourd'hui Clara Saint avec dignité.

Ce qui l'est peut-être moins, c'est la décision d'Yves Saint Laurent et de Pierre Bergé d'organiser le bal de mariage du jeune couple. Clara est, après tout, une de leurs plus vieilles amies, et leur amitié est antérieure à celle qui les lie à Thadée et Loulou. C'est Clara qui a noué pour Yves les premières connexions essentielles, qui lui a présenté Noureïev, Margot Fonteyn, Thadée, Fred Hughes, Paloma Picasso. C'est Clara qui a chorégraphié les mouvements quotidiens de la coterie de Saint Laurent au début des années soixante et a fait découvrir à Yves, à travers la danse, un univers qui l'a aidé à dépasser la culture Dior pour fonder sa propre mythologie.

Mais Loulou est désormais la muse par excellence et Thadée le chevalier blanc du chic, et il est indéniable que Saint Laurent et Bergé sont séduits par ce couple si glamour et par l'éclat qui en rejaillira sur la maison Saint Laurent.

« Cela a dû être extrêmement difficile à accepter, reconnaît un proche témoin des événements. Comment dire, cet événement était soutenu par Saint Laurent, offert par Saint Laurent, c'était comme une gifle. Il y avait quelque chose de très désagréable dans tout cela. Cela n'a pas été fait de façon très délicate, c'était comme si tout d'un coup on disait, voilà, maintenant, c'est eux le plus beau des couples, alors on organise leurs noces ; c'est en cela que ce n'était pas très élégant. »

Mais la fidélité de Clara n'est pas ébranlée. Elle n'assiste pas au bal, mais on la retrouve dès le lendemain dans son bureau d'attachée de presse, où elle officiera jusqu'à sa retraite en 1999. Quand on lui demande ce qu'elle pense de la décision d'Yves et de Pierre d'organiser ce bal, elle n'hésite pas un instant à voler à leur secours : « Mais, c'était bien naturel. Cette soirée n'a pas été drôle pour moi, c'est vrai. Je suis allée au cinéma avec des amis. Mais bon, Loulou était vraiment l'égérie, la muse de la maison et c'était normal qu'on lui organise une soirée pour son mariage. Comment Yves aurait-il pu faire autrement ? »

Clara Saint sait qu'elle n'a pas d'autre solution que de ravaler sa fierté ; si elle réagit autrement, les portes du clan Saint Laurent se refermeront. Quand on rejoint cette famille-là, on relègue au placard ses propres espoirs, ses propres désirs, pour adopter ceux d'Yves. Son talent, sa carrière et ses souhaits importent plus que vos besoins. Votre souffrance ne saurait se mesurer à la sienne : tel est le refrain que psalmodie le chœur grec qui l'entoure, conduit par Pierre Bergé. Yves ne veut pas voir votre souffrance ; la seule qui l'intéresse, c'est la sienne. « Il a toujours été complètement égocentrique et ne s'est jamais beaucoup intéressé aux problèmes d'autrui, sinon pour s'en moquer », confirme Thadée.

Le conflit n'existe pas avec Saint Laurent, toute accusation et toute colère sont exclues, il ne le tolérerait pas. « Et il faut aussi toujours rester très léger, sinon ça l'ennuie à périr, ça l'ennuie ! dit Jacques Grange. Il ne supporte pas un reproche ou une confrontation. Même quand tout va mal, qu'on a envie d'approfondir un peu, pas question, il faut rester superficiel. »

Pendant près de quarante ans d'amitié, Betty Catroux a toujours cherché à être légère et pétillante pour lui, quelles que soient les vicissitudes de sa propre existence. « Je ne suis jamais compliquée avec lui, avec eux. J'essaie d'être comme un verre de champagne. Je ne parle jamais de choses graves.

Il m'appelle tous les jours et si j'entends qu'il n'est pas bien, je raconte des bêtises, je fais le bébé, le clown. »

François Catroux a observé la dynamique de cette amitié tout au long de cette époque, en se tenant volontairement en coulisse car, comme il l'explique, malgré toute son admiration pour Yves et pour son talent, il n'est pas sensible à son charme. « Elle est son oreille, à l'écoute, elle est là. Je crois qu'elle est sa meilleure amie et le fait qu'il lui téléphone tous les jours, trois fois par jour, prouve bien qu'elle doit le soulager. Ils ont une complicité, ils sont intimes, c'est certain, mais ce qu'il partage reste toujours un peu superficiel. Ils ne se retrouvent jamais à onze heures du matin. Je ne les ai jamais entendus dire : "Si on allait voir une exposition ensemble ?". C'est toujours le soir que ça se passe, toujours pour les dîners, ils ne sont intimes qu'à partir de dix-neuf heures, ce qui en dit long sur cette relation. Ce n'est pas une amitié très, très solide, affranchie de toute névrose, le genre on fait le tour du monde ensemble ; mais ce n'est pas non plus une façade. C'est un mode de vie. »

Tout au long de ces années, Yves est entouré de femmes — Betty, Loulou, Clara, Paloma, Marina Schiano et tous ses mannequins —, qui font partie intégrante de sa galaxie. L'amitié entre Paloma et Yves se passe de mots ; elle peut compter sur les doigts d'une main le nombre de longues conversations qu'elle a eues avec lui au fil des ans. Elle affirme qu'elle n'est pas bavarde et que cela lui convient. « En un sens, c'est plus un feeling entre nous, on partage certains points de vue, on se retrouve dans les mêmes lieux, en même temps, avec les mêmes idées ; c'est une vraie relation, un vrai lien esthétique, mais sans que beaucoup de choses s'expriment par des mots. »

Paloma assiste aux défilés, elle s'assoit et regarde les mannequins déambuler sur la passerelle, elle voit les tenues et les différents styles et se dit : «Tiens, voilà une Betty, voilà une Clara, voilà une Loulou, voilà une Paloma.» «On avait presque l'impression de voir ses amies défiler sur scène, remarque-t-elle, et nous sommes toutes très différentes, c'est ça qui est super ; Betty, Loulou, Clara et moi, nous avons chacune une forme de corps, un teint tout à fait différents, chacune correspond à une facette de sa personnalité, à un de ses fantasmes.»

Jouer le rôle de fantasme féminin d'Yves impose évidemment une limite à l'amitié qui vous lie à lui. Un fantasme ne doit jamais devenir familier. Michel Klein se rappelle avoir raccompagné Loulou chez elle après une nuit passée en boîte ; elle gloussait, en disant : «Vite, vite, il faut que je dorme parce que demain je dois être belle pour mon patron.» La superficialité qu'exige Yves atteint progressivement toute la famille Saint Laurent et leurs interactions quotidiennes. L'indifférence est considérable, extrême parfois. Quelques années plus tard, Joan Juliet Buck écrit son deuxième roman à Paris. Le soir, tous les soirs, elle sort avec la bande de Saint Laurent. Au lieu de l'habituel déluge de questions courtoises («Et ce roman, ça avance ?» «Quand aurez-vous fini ?»), personne ne mentionne jamais son livre, ce qui la soulage plutôt, de son propre aveu. Mais un soir, Joan arrive, transportée de joie parce qu'elle vient de vendre les droits pour une édition de poche. À la fin du dîner, elle annonce la nouvelle et dit que l'addition est pour elle : «Tout le monde m'a regardée avec l'air de penser : "Ah, bon ?" Une indifférence fabuleuse, raconte Joan Juliet Buck[5]. La conversation tournait toujours autour de sujets du genre : "Oh, tu as un joli bracelet", ou : "Tu crois vraiment que tu devrais porter d'aussi grandes lunettes ? Tu n'as pas peur qu'elles accentuent tes cernes ?" »

Le bal de mariage de Thadée et Loulou a lieu au Chalet des îles, au bois de Boulogne. Pouvait-il y avoir plus parisien pour le nouveau couple consacré de la capitale que de faire la fête ici, au bois, avec ses réminiscences de rendez-vous galants proustiens et de belles dénudées au teint pâle du *Déjeuner sur l'herbe* de Manet ?

Des canots assurent la traversée des invités jusqu'au restaurant, et ce voyage laisse entendre que l'on pourrait se perdre dans cette île de chimère à quelques mètres des rivages de la réalité. Les canots sont ornés de guirlandes de gardénias blancs et de lanternes rouges, et les invités attendent sur la berge dans un état d'excitation extrême. On est en juillet, le jour tombe, tout le monde meurt d'envie de franchir l'eau et de pénétrer au cœur de la fête. Les invités montent précautionneusement à bord, avec de petits rires nerveux, s'efforçant de ne pas laisser leur satin haute couture tremper dans l'eau avant même que la fête ne commence.

Le décor a tout de l'idylle pastorale, avec des cygnes qui ondulent nonchalamment derrière les barques glissant lentement sur l'eau, caressées par les branches des saules pleureurs. Rien n'a été négligé pour que ce bal entre dans la légende : la personnalité des jeunes mariés, la mise en scène signée par Yves Saint Laurent — Yves qui depuis un an a presque disparu du Paris mondain — et la liste d'invités explosive. « J'ai invité ma vie anglaise, ma vie new-yorkaise, Thadée avait une vie romaine, nous avions une vie parisienne, nous avons aussi invité des gens que nous avions envie de rencontrer et tout le monde a dit oui. Nous avons invité des gens que nous ne connaissions pas vraiment, et tout le monde est venu, ça nous a beaucoup surpris. C'était la première fois qu'on voyait à Paris un tel mélange d'âges, de classes sociales, d'activités, un méli-mélo de personnages et tout le monde était enchanté de se rencontrer, tout le monde se regardait. Il y avait des punks français, très mondains en un sens, ils avaient terriblement envie de rencontrer des gens chics. C'était un peu comme au zoo, tout le monde s'intéressait incroyablement aux autres», raconte Loulou.

Trois cents personnes sont invitées, il en viendra cinq cents. La tenue de soirée est exigée, mais avec le goût pour l'exotisme qui règne en 1977, c'est la fantaisie et Yves Saint Laurent qui prévalent pour les femmes. Alexandre Iolas, galeriste playboy venu de New York, a l'air échappé d'un rodéo avec son costume de cow-boy rouge brodé d'arabesques argentées et son pantalon moulant enfoncé dans des santiags assorties. Guy Cuevas, le DJ du Sept, s'est déguisé en Minerve, et avance comme en glissant dans une tunique marocaine couleur tabac offerte par Yves, son crâne chauve saupoudré de poussière d'or. On dirait un moine en cavale, glamour en diable. Marina Schiano, qui dirige YSL à New York, porte un satin pourpre signé Yves Saint Laurent, tandis que Paloma Picasso, majestueuse dans sa longue robe de velours noir, les cheveux tirés en arrière et les mains sur les hanches, campe une infante de Vélasquez en Saint Laurent.

Loulou et Thadée attendent sur la rive et accueillent leurs invités à la sortie des canots. Loulou a confié à des amis qu'elle voulait ressembler à un ciel d'été, la nuit, à Marrakech. Elle est ravissante en personnage de miniature indienne, drapée dans des kilomètres de mousseline de soie bleu nuit striée d'or, les bras couverts de bracelets, vacillant sur ses hauts talons argentés. Un grand croissant de lune scintillant est épinglé sur sa tête et elle porte une immense étoile à l'oreille. Elle a fabriqué la lune et l'étoile elle-même dans l'après-midi, avec du carton, de la colle et du strass. Thadée campe un héros à la Gatsby, chaussures blanches, costume blanc à veste croisée, cravate de satin blanc avec un œillet dérobé sur une table à la boutonnière. Ils se tiennent au milieu d'hortensias blancs, de palmiers et de bougies.

«C'était un couple incroyablement glamour, dit Madison

Cox, qui les rencontre à New York quelques mois après leur mariage. Pas comme on l'est aujourd'hui, où l'on peut sans doute être très glamour une fois que cinquante personnes se sont occupées de vous pour la photo. Ces gens-là sont intrinsèquement, intuitivement et incroyablement glamour. »

Que représentent-ils en cet instant pour captiver ainsi Paris ? Presque tous les fantasmes parisiens de la fin des années soixante-dix — l'art, l'aristocratie, la mode et l'élégance, la beauté, la jeunesse et l'excès — réunis en un seul couple.

Yves a décoré lui-même le chapiteau de rubans verts et blancs, de têtes de mannequins noires portant d'immenses couvre-chefs faits de napperons en papier blanc. C'est lui encore qui a conçu les arrangements floraux des tables : pois de senteur blancs et roses rouges. Il donne l'impression d'être plus détendu qu'il ne l'est depuis des mois, en smoking et tennis, une ceinture rouge à la taille et un châle de Marrakech jeté autour du cou.

Karl Lagerfeld est invité, mais pas Jacques, à présent banni de l'entourage de Saint Laurent. On relève avec intérêt que, malgré l'atmosphère tendue qui règne entre les deux coteries, Karl est là pour de vrai. Il arrive, visage poudré de blanc, les yeux masqués derrière les lunettes noires qui sont désormais son emblème, un sourire sardonique aux lèvres, et salue Paloma et ses manches papillon signées Yves Saint Laurent d'un : « Quels jolis abat-jour[6] ! » Bianca Jagger est l'attraction de la soirée ; l'une des rares femmes à ne pas porter de Saint Laurent ce soir-là, elle fait sensation. Elle est vêtue d'un souffle de tulle rose bonbon de Marc Bohan pour Dior. Tard dans la soirée, elle bavarde avec Yves quand celui-ci décide soudain d'améliorer sa robe. Prenant Bianca par la main, il la conduit à l'étage du chalet-restaurant, l'installe devant un miroir et entreprend de démonter un arrangement floral qui se trouve là et de piquer, avec une précision et une tendresse extrêmes, des feuilles de fougère dans sa robe, dans ses cheveux et un peu partout : la mode rejoint la poésie. Jusque-là, la tenue de Bianca faisait un peu bal des débutantes, mais la jeune femme ressemble désormais à une nymphe sylvestre éthérée. Cette façon d'accaparer le devant de la scène, de s'emparer de la robe de Marc Bohan et de lui montrer, à lui et tous les autres, ce qu'il aurait fallu faire, c'est du Saint Laurent tout craché. « Il était complètement captivé par Bianca, et réciproquement, remarque Marian McEvoy, qui assiste à la scène des fougères. Et je crois qu'en un sens, il voulait prendre possession de cette robe *et* de Bianca. »

La réception se poursuit dans une euphorie délirante. L'humeur est sexy, provocante et voyeuriste, certains invités s'envoyant en l'air dans les buissons tandis que d'autres observent les bacchanales sous leurs yeux. Les tables des personnalités ont été installées à l'extérieur : Sao Schlumberger, mondaine et mécène, vêtue en Saint Laurent blanc, plumes dans les cheveux avec au doigt un diamant de la taille d'un œuf de caille ; à côté d'elle, le baron Guy de Rothschild et sa femme Marie-Hélène. Le frère de Bianca se déshabille et saute dans le lac depuis un des bacs, plongeant dans les cinquante centimètres d'eau de mare crasseuse avant de rejoindre la rive à la nage. Le Bollinger coule à flots toute la nuit, mais ce qui rythme vraiment la fête, c'est la quantité phénoménale de cocaïne et d'héroïne qui circule. Un invité arrive même avec un grand sac de cocaïne dans lequel il a enfoui une bague de diamants en guise de cadeau de mariage.

« Je me rappelle avoir offert cette nuit-là de la blanche à Mick Jagger, qui a été horrifié, raconte Thadée, encore aux anges à l'idée d'avoir pu choquer un membre des Rolling Stones. Il est allé voir mon grand frère et lui a dit : "Il faut que tu fasses quelque chose, Thadée vient de me proposer de l'héro, c'est terrible." En vérité nous n'en prenions que très peu, mais, pour je ne sais quelle raison, nous avions les poches pleines de drogue ; ma foi, c'était une fête, alors tous les gosses sont venus avec un gramme de ci ou de ça en cadeau. »

À l'époque, Thadée aime mélanger et consommer ensemble une ligne de coke et une ligne d'héroïne. « C'est très sympa ; ce qu'il y a de bien, c'est qu'on n'a pas besoin de boire, on est de si bonne humeur qu'on ne prend rien d'autre de tout le reste de la soirée. Au fond, c'est plutôt économique et assez sain. »

Dans son souvenir, les mois qui entourent le bal marquent une période de forte consommation d'héroïne, mais il souligne que Loulou et lui ont toujours été protégés par leur capacité à s'abstenir complètement. « Loulou et moi, si on prenait de la drogue pendant plus de deux jours d'affilée, on se sentait mal et on arrêtait. Normalement, les gens qui se sentent mal en prennent davantage. Nous avions des natures qui n'étaient pas du tout dépendantes, si bien qu'on pouvait jouer avec la drogue, jouer avec le danger sans en être très conscients. Je veux dire qu'on n'était pas fous, on savait qu'il y avait des gens qui s'enfonçaient là-dedans et qui devenaient franchement déplaisants à cause de ça, mais on ne cherchait pas à tester nos limites. À moins d'être du genre à squatter dans un bar, à se rouler dans le caniveau, à se faire cracher dessus et à jouir de cette déchéance et tout ça — il ne nous est jamais venu à l'esprit que ça puisse être plaisant, ce genre de masochisme, enfin je ne sais pas comment on appelle ça. »

Durant cet été de 1977, les nuits semblent toujours interminables. « Yves avait ce fantasme qui nous faisait rire, que nous finirions comme Marguerite Duras et Jeanne Moreau, et que nous vivrions dans cette chambre ensemble avec des bouteilles de vin rouge sous le lit, comme trois clodos qui se saoulent ensemble et imaginent des pièces de théâtre, raconte Thadée. En tout cas, je crois que nous riions beaucoup. Mais au fond nous étions désespérés, tous. »

Au cours des années 1977-1978, Jacques organise plusieurs fêtes qui vont contribuer à faire de Karl Lagerfeld une célébrité dans le monde de la mode. Ces réceptions — dans un des cas, un bal — ont lieu en l'honneur ou au nom de Karl. La première, en 1977, est aussi la plus illustre. Baptisée « Soirée Moratoire noir », elle se tient, comme le précise l'invitation, en l'honneur de Karl Lagerfeld le 24 octobre 1977. Le carton porte les noms de Jacques et de Xavier de Castella, son tout nouveau compagnon de virées nocturnes. Xavier est lui aussi un aristocrate provincial né à Neuilly. Il est originaire de Belgique et ses parents sont morts dans un accident de voiture quand il avait un an. Homosexuel, c'est un esthète au charme rayonnant, ravagé, qui cherche à oublier. Mais contrairement à Jacques, Xavier dispose d'une fortune personnelle.

Jacques et lui se font passer pour des cousins ou des frères, selon la nuit et selon le public. Du reste, ils se ressemblent. Ils se présentent à une demi-douzaine de dîners par soirée, arrivent en retard, s'assoient, avalent deux bouchées, charment la dame assise à leur gauche, reluquent le garçon à leur droite et repartent pour un autre rendez-vous. « On aurait dit deux mousquetaires gays pris dans une course-poursuite autour de Paris, dit Patrick McCarthy. C'était hallucinant de les voir jouer les frères, incroyable, ils étaient comme ange et démon », remarque le créateur Michel Klein.

Le Moratoire noir a lieu la nuit du défilé Chloé et marque la fin de la semaine du prêt-à-porter. La fête se déroule à la Main bleue, une nouvelle boîte de Montreuil, au nord-est de Paris, qui n'est pas vraiment une destination habituelle pour les fêtards de la mode. La Main bleue est un immense bâtiment de béton, un ancien cinéma de centre commercial, un des premiers projets de Philippe Starck, qui ne ressemble guère à ses hôtels surréalistes et lisses à venir. On dirait un hangar désaffecté. Des rayons laser bleus conduisent au bas de l'escalier de béton, dans l'obscurité. « *Tenue tragique noire absolument obligatoire* », précise l'invitation dans une typographie aux fioritures alambiquées.

La fête fait scandale avant même de commencer, car la rumeur prétend que Jacques l'a organisée en hommage à Andreas Baader, chef de file du groupe terroriste ouest-allemand Baader-Meinhof, qui s'est suicidé dans sa cellule de prison six jours plus tôt.

De la neige carbonique jaillit du sol, enveloppant les corps et brouillant les étranges faisceaux de laser bleu électrique. On tousse dans l'escalier. Tout le monde, c'est-à-dire quatre mille personnes, est vêtu de noir, portant de curieuses tenues de deuil — rappelons que cela se passe en 1977, à une date où le noir n'est pas encore devenu l'uniforme de la mode. « Ce n'était pas une fête joyeuse, raconte Kenzo qui entame cette année-là une liaison avec Xavier de Castella, tout le monde en noir, vraiment cuir noir, très *hard*. »

En bas, sur la piste de danse, au milieu des figures de mode, des hommes portent une étrange panoplie de jambières de cuir, de tenues fétichistes de cyclistes et de militaires : lanières, crânes rasés, bottes. C'est une scène tirée de l'imagination homo-érotique de l'illustrateur Tom of Finland. Plus tard dans la nuit, on assiste à un divertissement scénique, Jacques et Xavier ayant organisé un spectacle digne de l'Anvil, le scandaleux bar gay sadomaso de New York. Des activités qui se pratiquent d'ordinaire dans des clubs spécialisés se trouvent exposées sur scène : *fisting*, chaînes en tout genre, feinte humiliation et soumission aux accents du « Port d'Amsterdam » de Jacques Brel. « Oh Seigneur ! s'exclame le mondain parisien Jimmy Douglas en songeant à cette soirée, on était gazés par des poppers et par une sorte de gaz moutarde en descendant l'escalier, un mélange de gaz qui aurait fait s'évanouir n'importe qui, c'était absolument épouvantable. Sur scène, le spectacle était complètement incroyable, indicible : il y avait des motos, d'immenses vases emplis de cold-cream des choses comme ça, on s'y adonnait à toutes les débauches. »

Beaucoup seront profondément choqués par le côté *hard-core* de ce qu'ils voient sur scène cette nuit-là. Rappelons pourtant qu'au final, pas un des quatre mille invités en vue qui assistent à cette fête n'est parti. La mode est le miroir des obsessions et des désirs de la société, et cette nuit exerce une fascination indéniablement voyeuriste, les esprits enregistrent des images, cherchant instinctivement à dégager quelque chose de marquant, une humeur, une vibration que la mode pourrait réinterpréter. Florentine Pabst, rédactrice de mode, évoque en ces termes cette étrange ambiance : « C'est toujours sympa de se frotter à un monde différent quand soi-même on reste à l'abri, dans un pays agréable et confortable. » La mode flirte avec la déviance pour l'assimiler ou, comme le suggère Pabst, « pour la superficialiser ».

Claude Montana se trouve dans le public de la Main bleue cette nuit-là : le couturier français vient lui aussi de provoquer une onde de choc visuelle à Paris cette même semaine avec son défilé pour le fabricant de vêtements espagnol Ferrer y Sentis. En veste d'aviateur et bottes de cow-boy, viril et la voix rauque, Montana est déjà connu pour sa nouvelle silhouette aux épaules surdimensionnées et écrasantes vacillant au-dessus d'une taille étroite. C'est moins la silhouette qui suscite la controverse, bien qu'elle soit promise à jouer un rôle central dans l'orientation de la mode, que les casquettes de motard noires, les gilets de cuir à chaînes, les manteaux de cuir noir et les gantelets de cuir portés par des hordes de mannequins défilant au rythme d'un pot-pourri de marches wagnériennes.

Montana et la Main bleue s'inscrivent l'un comme l'autre

dans une déviance et une noirceur nouvelles dans la mode. Ce climat s'est annoncé tout au long des années soixante-dix dans les photographies d'Helmut Newton et de Guy Bourdin. Bourdin est obsédé par la mortalité et par les filles prépubères, alors que Newton évolue dans un panthéon de fantasmes fétichistes de servantes et de maîtresses, du Berlin de Weimar, d'*Histoire d'O* et de tout ce rituel sadique de l'entrave et du lien. « Le coffre de ma voiture était rempli de chaînes, de cordes et de menottes », se souviendra Newton, nostalgique, à quatre-vingt-trois ans.

Mais si les images stylisées de Newton et Bourdin sont hétérosexuelles et s'inscrivent dans la génération d'avant-guerre, la nouvelle marée de fantasmes qui balaie la mode relève davantage du postmodernisme et trouve ses racines dans deux cultures conflictuelles, la culture gay et la culture punk. Elles possèdent l'une comme l'autre leur iconographie spécifique, même s'il existe des chevauchements aussi significatifs qu'intéressants.

L'été 1976 marque l'irruption du punk en Grande-Bretagne et en 1977, il fait son apparition à Paris sous des traits légèrement différents : il s'agit moins de cracher sur la reine, puisqu'il n'y en a pas, que de cracher sur 1968. On observe un mépris juvénile pour les vestiges attardés de la génération hippie et un rejet pur et simple des guérilleros sincères de la révolution étudiante. « Plus jeunes, plus cyniques, moins utopistes que le grand frère soixante-huitard, ils se font un malin plaisir à prendre à contre-pied les idéaux d'une génération qui (selon eux) a échoué sur toute la ligne, expliquent Alexis Bernier et François Buot dans *L'Esprit des Seventies*. Ainsi le culte des stars est sans doute le plus beau pied de nez à tous ceux qui voulaient une société égalitaire [7]. »

Aux antipodes de la lutte pour une politique nouvelle, être punk à Paris, c'est surtout s'habiller, se droguer et danser toute la nuit, si possible aux côtés d'une célébrité. « Les gens des années 68, 70, 72 étaient déjà vieux pour nous, ils étaient le contraire de nous, c'étaient des hippies baba-cool, nous étions beaucoup plus modernes, plus citadins », déclare Anouschka, qui en 1977 avait seize ans, portait des vêtements vintage des années cinquante, du khôl sur ses yeux narquois et s'apprêtait alors à être promue reine des nuits parisiennes. « Nous n'étions pas du genre peace and love, assis sur la plage, vêtus de vestes afghanes et de trucs en poil de chèvre. Ce qui nous intéressait, c'était de sortir le soir faire la fête, d'aller au Palace, de vivre dans la capitale. Si on était punks, c'était seulement par les vêtements et la mode. Je ne crois pas que c'était une idéologie très forte. »

À Paris, le vrai succès des punks ne peut être que celui d'une pose esthétique d'une superficialité à toute épreuve et d'une subversion visuelle délibérée. Les punks apparaissent avec la même envie de déstabiliser et de subvertir par leurs choix vestimentaires que les Incroyables et les Merveilleuses en 1795, au temps du Directoire. « C'est ce type de cynisme qui s'annonçait, une désillusion qui a accompagné les punks, dit Marc Rioufol, et la drogue, elle aussi, est arrivée avec les punks. » La soirée de la Main bleue, que Jacques l'ait voulu ou non, est l'expression parfaite du malaise obscur, de l'iconographie et des plaisirs violents de l'époque, amplifiant toutes les sensations dans les instants éphémères d'une fête. Jacques, qui vient d'avoir vingt-six ans, est habillé en guerrier turc, avec barbe et turban blanc drapé de résille noire. Un immense bâton à la main, il arbore une expression de provocation sanguinaire[8].

Le Moratoire noir a beau être organisé par Jacques et Xavier en l'honneur de Karl, c'est ce dernier qui règle l'addition. Plus tard, il se vantera de cette fête « incroyable », savourant la controverse qu'elle a provoquée et la célébrité qu'elle lui a value, tout en insistant aussitôt sur le fait qu'il n'a rien vu, rien su de ce qui se tramait. C'est Jacques de Bascher qui incarne les excès ténébreux de la nuit, Jacques qui a depuis longtemps endossé la cape du prince noir de la cour de Karl Lagerfeld.

Le nirvana hippie a laissé place à un consumérisme effréné. En 1977, l'argent commence à devenir une obsession ; ce sont des billets de Monopoly, et on les dépense comme tels. Et avec l'arrivée de l'argent, les herses de la bourgeoisie s'abattent sur la mode parisienne. « Les gens étaient soudain très riches, tout ce monde de la mode gagnait tout à coup un tas d'argent, raconte Thadée Klossowski. Pas seulement le monde de la mode d'ailleurs. La coterie de Saint Laurent avait toujours été invitée par Marie-Hélène de Rothschild, et Hélène Rochas était une bonne amie, et elle était riche, elle aussi. Mais d'un coup, tout le monde était riche, peut-être pas aussi riche que les Rothschild, mais tout le monde avait des maisons somptueuses ; ça s'est passé tellement vite, en moins de dix ans. Quelqu'un comme Andy Warhol gagnait un fric fou. »

Les riches passent leur temps à discuter du risque que les socialistes remportent les élections législatives de 1978 et s'attaquent aux fortunes héréditaires ou durement gagnées. Karl ne parle que de cela, quatre mois avant le scrutin. « Je dois dire que j'ai le même sentiment que celui que devaient éprouver les gens avant le 14 juillet dans la France de 1789, assis sur ce lit, dans cette tenue, avoue-t-il à André Leon Talley, posant sur son jeté de lit antique en passementerie, vêtu de soie et d'hermine. Le jour où nous commencerons à payer 90 % d'impôts sur le revenu, la vie ne sera pas très glamour. Je mettrai des chambres en location ici, parce que tout ce que j'ai, ce sont de beaux lits. Et au lieu de dépenser deux cents dollars pour dîner un soir avec des amis dans un bistrot, ce sera des spaghettis à la maison [9]. »

Finalement, la droite l'emporte d'une courte tête, mais la menace socialiste semble provisoirement repoussée plutôt que définitivement écartée. Quand elle ne discute pas paradis fiscaux, l'élite est hantée par la crainte du terrorisme. La vague d'enlèvements violents qui a débuté en Italie atteint Paris de plein fouet en janvier 1978 avec le rapt du riche industriel belge, le baron Édouard-Jean Empain, séquestré pendant soixante-trois jours avant d'être libéré à la suite d'une intervention de la police.

Le heurt entre l'argent, la paranoïa et le grondement sourd du socialisme menaçant plonge Paris dans un climat d'hédonisme et d'égoïsme qui n'est pas sans évoquer les derniers jours de Rome. « Après l'individualisme et la liberté de 1968, le fric avait retrouvé sa place, commente Frédéric Mitterrand. Nous avons vécu l'utopie nouvelle pendant des années et ça devait nous rendre plus libre, mais ça nous rendait en fait plus égoïste. Ceux qui avaient de l'argent sont revenus à leurs réflexes de classe, et n'ont eu qu'une envie, vivre dans d'immenses appartements XVIIIe et faire des grands dîners. » Mitterrand se laisse entraîner par son sujet : « Le dîner idéal fin des années soixante-dix ? C'était chez Karl avec Helmut Berger, Warhol et Pacadis et deux travelos en *baby doll*. Et tout le monde en Saint Laurent en train de casser du sucre sur le dos de Pierre Bergé. C'était ça, le dîner idéal de ces années-là. »

Yves Saint Laurent, Pierre Bergé et Squibb, les propriétaires du département parfums d'YSL, touchent le jackpot en 1977 avec Opium, le nouveau parfum Saint Laurent qui est lancé en Europe en octobre et aux États-Unis au mois de septembre de l'année suivante. Son lancement est un véritable tour de force de marketing, de publicité et de battage médiatique encore inédit dans l'industrie de la mode, mais qui préfigure clairement l'avenir de l'industrie.

Le succès écrasant d'Opium relève d'une stratégie incroyablement judicieuse et d'une préméditation accomplie. Au lieu de commencer par créer le jus, comme cela se fait d'ordinaire à Paris, on choisit d'abord le nom (une rumeur tenace voulant qu'il ait été inventé par François-Marie Banier, qui aurait eu droit à un pourcentage sur les ventes), puis le parfum est élaboré pour correspondre à cette image et à ce nom provocateur. Il constitue une brillante évocation du Paris de la fin des années soixante-dix : opulent, capiteux, avec un côté artificiel véhément qu'on sentait littéralement en bouche. Plus coke qu'opium donc, dans sa conception.

Yves annonce le lancement du parfum à l'automne suivant en présentant, en juillet 1977, une collection de haute couture toute en chinoiseries, avec des brocarts brunis, des chapeaux de coolie laqués de rouge, des pantalons de satin violets tout enveloppés de pompons et une veste en lamé avec des épaules pagode saillantes et des brassées de vison. C'est une glorieuse évocation de la Chine impériale en même temps qu'une attaque sensorielle destinée à préparer le marché à l'arrivée d'Opium. C'est certainement la première fois qu'une collection de mode est conçue autour d'un parfum.

Vient ensuite l'image publicitaire, aussi chargée et controversée que le nom du parfum. Helmut Newton prend la photographie dans le salon au bouddha de l'appartement d'Yves, rue de Babylone, tapissé de miroirs. Yves est présent et arrange les bracelets de Jerry Hall. Elle est assise, dos au spectateur, dans un enchantement de lamé et d'orchidées blanches qui se déversent d'une urne de bronze, le visage arborant une expression de séduction libertine. L'image est sombre et iridescente, Jerry provocante sur demande, sa masse de boucles laquée en une rivière statique, alors que, devant elle, sur une table basse et au premier plan de l'image, trône un flacon géant d'Opium[10].

En tant que mannequin, Jerry incarne à la perfection cette

fin des années soixante-dix, et cela n'a pas échappé au flair légendaire d'Yves. En effet, au cours des cinq années qui se sont écoulées depuis son arrivée à Paris, Jerry s'est métamorphosée pour donner naissance à la créature qu'Antonio Lopez a toujours imaginée : une sorte de panthère dorée qui arpente les passerelles de la mode, dévore les foules de sa gloire et de sa beauté mordorée et triomphante, avec des jambes qui n'en finissent plus. La petite fille de Mesquite dans le Texas, qui préparait des frites et de la purée de pommes de terre à dîner pour Antonio, Juan et Paul, est devenue Jerry Hall, un prodige d'ambition blond, un phare du glamour, à qui le chah d'Iran a offert un vison tombant jusqu'à terre et des diamants, et que suivent à la trace, à travers le monde, les bouquets de roses que Mick Jagger lui offre à genoux.

Au-dessus de la tête de Jerry, ces mots : « Opium. Pour celles qui s'adonnent à Yves Saint Laurent. » Qui s'adonnent à son culte, ou qui s'abandonnent à lui ? Accolée au mot « opium », cette phrase sous-entend : « Pour celles qui sont accros à Yves Saint Laurent. »

Le parfum remporte un succès immédiat en Europe, et en six mois, à la fin de 1977, les ventes dépassent celles de l'immortel Chanel N° 5 sur douze mois. L'année suivante, Yves et Pierre persuadent Squibb d'investir deux cent cinquante mille dollars dans une immense fête de lancement à New York, qui se tiendra sur le *Peking*, l'un des derniers grands voiliers de la marine marchande à avoir doublé le cap Horn, superbe quatre-mâts qui se trouve à quai au sud de Manhattan. Les préparatifs – mélange d'hystérie, de névrose parisienne et de manipulation délirante – sont parfaitement emblématiques à la fois de la maison Saint Laurent et du monde de la mode. Marina Schiano a été chargée d'organiser la fête et c'est elle qui s'occupe du bateau ; elle oppose son veto au décorateur trop zélé qui tient à installer des voiles de lamé doré, mais donne son accord pour cinq mille cattleyas, envoie huit cents invitations, fait hisser à bord un bouddha d'une demi-tonne et commande un feu d'artifice d'une valeur de trente mille dollars. Et voilà que quinze jours avant la fête, Schiano, qui représente YSL, et Squibb se querellent.

Personne ne sait vraiment ce qui a provoqué le différend, mais tout le monde est au courant parce que Schiano répète inlassablement à Squibb que si elle n'obtient pas gain de cause, elle fera usage de l'arme fatale de la maison Saint Laurent : l'absence d'Yves. Sa présence, toujours précieuse, l'est désormais d'autant plus que ses apparitions sont de plus en plus rares. En 1977, il vit dans un état de semi-réclusion entre la rue de Babylone et son atelier de l'avenue Marceau. Dans ces années-là, la simple vision fugace d'Yves en voiture, que son chauffeur ramène rue de Babylone pour le déjeuner, est digne d'un papier dans la presse. L'éternelle question « Sera-t-il là ? » est une source intarissable de pouvoir et de domination entre les mains d'Yves, mais de Pierre aussi, si tant est qu'il soit capable de répondre lui-même à cette question.

La menace de l'absence d'Yves pour le lancement de son parfum est suffisante, on ne s'en étonnera pas, pour réduire à merci un cadre d'âge mûr. Squibb accepte toutes les exigences de Saint Laurent, et Yves se rend à New York pour la fête. Détail révélateur, le lancement new-yorkais est la première réception dont l'objectif est de vendre et de faire de la publicité plutôt que de célébrer un événement. Un pas considérable et irréversible vient d'être franchi : les réunions Tupperware — au détail décoratif de cinq mille cattleyas près — ont fait leur apparition dans la mode.

Aux États-Unis, Opium provoque les protestations et les critiques des associations antidrogue ainsi que de la communauté chinoise américaine. Cette publicité gratuite tire des larmes à Pierre et Yves sur le chemin de la banque : les ventes s'envolent, atteignant cent millions de dollars par an, tandis que leurs royalties personnelles sur ce parfum leur rapportent, estime-t-on, près de deux millions et demi de dollars annuels.

Apparemment, la mode et les couturiers disposent de liquidités infinies. En 1977, Kenzo lui-même, l'homme de la liberté d'esprit, des tricots ethniques et du sourire tout en dents, amasse une fortune, avec un volume total de ventes de dix millions de dollars. Après tout, cela n'a peut-être rien d'étonnant : n'est-il pas tacitement entendu parmi les couturiers en herbe qu'ils seront un jour riches et célèbres ? Ils ne se lancent pas dans la mode pour rester dans l'anonymat, sans le sou, obligés de dormir par terre sous leur table de coupe [11]. Kenzo ne fait pas exception à la règle. Quelques années plus tôt, quand Maxime de la Falaise lui demande pour la revue *Interview* s'il a envie d'être millionnaire, ou s'il l'est déjà, Kenzo rit. « J'aime beaucoup l'argent, admit-il. Mais pour le dépenser, pas pour le regarder [12]. » À Paris, le processus d'accumulation a commencé.

Le prêt-à-porter français a les yeux tournés vers les États-Unis, nouvelle terre promise de ceux qui veulent gagner de l'argent. C'est à New York que mannequins et photographes se rendent en quête de bons cachets. En 1977, on assiste à un exode de jeunes photographes parisiens qui emboîtent le pas à Patrick Demarchelier et à Tony Richardson, et montrent la voie à Xavier Moreau, agent de photographes, à l'agent de mannequins John Casablancas, et à d'autres qui les suivent quelques mois plus tard. Ils s'exilent pour échapper à la hausse des impôts sur le revenu et aux charges sociales écrasantes en France. « Nous sommes tous partis parce que Patrick nous a dit qu'on allait se faire un tas de fric, explique Xavier Moreau. À l'époque, la vie aux États-Unis était magique pour les Européens, on avait l'impression de sortir d'une BD des années cinquante, avec une énorme bagnole, une maison à Long Island, des studios à Carnegie Hall. Le marché était tellement ouvert là-bas, on pouvait faire de vraies affaires en un clin d'œil.»

Les couturiers new-yorkais, Ralph Lauren, Calvin Klein, Halston et Donna Karan, font tous les gros titres et se remplissent les poches grâce à leur conception moderne et rafraîchissante d'une mode décontractée et à leur liste de licences de plus en plus diversifiées. On voit apparaître aux États-Unis une profusion de *bridge lines* — une mode accessible, abordable — destinées à satisfaire aux exigences du *middle market* de la mode alors naissant.

Mais l'avènement à Milan d'une nouvelle génération de créateurs marquera encore davantage l'avenir de Paris. Au cours de 1977, la presse de mode française publie plusieurs articles élogieux vantant le talent remarquable et novateur de créateurs encore inconnus comme Giorgio Armani, Walter Albini et Gianni Versace [13]. Les couturiers milanais bénéficient du soutien et de l'infrastructure de fabricants de textile brillants et très compétitifs installés à Prato et d'une industrie qui va se révéler vitale pour le développement de leurs marques. Un grand nombre des lignes sous licence que sous-traitent les maisons de mode françaises sont désormais fabriquées en Italie.

Le filon des licences et des parfums n'est pas tari, mais tout indique que l'hégémonie de Paris, capitale de la mode, risque d'être remise en cause. Il est vrai qu'à cette date, rares sont ceux qui tiennent compte de ces avertissements. De retour de Milan, John Fairchild déjeune avec Pierre Bergé. Il lui parle des étonnantes prouesses des Italiens et le met en garde. Pierre s'étrangle de mépris : « Les Italiens ne font pas de la mode, ils font des spaghettis [14]. »

Ce n'est pas seulement à son hégémonie sur la mode, mais également sur la nuit que Paris n'est pas prêt à renoncer. En mars 1978, Fabrice Emaer, propriétaire du Sept, inaugure le Palace et les fêtes parisiennes prennent une nouvelle dimension. Dans le cadre d'un théâtre datant de 1923, le Palace est situé tout près des grands boulevards, au milieu des échoppes de hot-dogs et de la crasse du Faubourg Montmartre. C'est la réponse parisienne au Studio 54, inauguré l'année précédente à New York, ce qui n'empêche pas Fabrice d'affirmer bien haut que le Palace sera tout ce que le Studio 54 n'est pas.

Aux yeux de Fabrice, le temple de l'hédonisme disco newyorkais est fabuleux, mais trop lisse. « Un lieu totalement aseptisé ; c'est le ghetto des agences de modèles et des émirs de Régine [15] », dit-il, faisant allusion aux riches clients arabes de la reine de la nuit parisienne. La clientèle est, selon lui, « complètement clean, belle, on dirait qu'ils sont nourris avec du maïs de la meilleure qualité [16] ». « Si c'est ça, l'élégance, ajoute-t-il avec un sourire acide, alors il est évident que le Palace ne peut ni ne veut rivaliser avec ça [17]. » Emaer sait que, comme dans les dancings du Pigalle d'autrefois, c'est le mélange qui fait l'attrait du Palace.

Il engage une équipe d'organisateurs de fêtes et de gens disposant de relations dans la presse pour gérer ce club gigantesque et dépense plus de quinze millions de francs pour le remettre à neuf. Claude Aurensan du Sept s'occupera de la piste, Guy Cuevas sera le DJ, avec pour instructions de passer ce qu'il veut, pourvu que ce soit disco, tandis qu'Élie Schulman est chargé de donner au Palace la forte empreinte culturelle pop et rock que Fabrice souhaite. C'est une réussite : au fil des ans, on y assistera à toute une série de concerts, Prince, The Clash, Talking Heads, Blondie, Garry Numan, UB40 et OMD [18].

Le Palace ouvre en mars et, le soir de l'inauguration, Grace Jones monte sur scène à quatre heures du matin pour chanter « La Vie en rose », une chanson qui convient à merveille à des années où tout semble si rose que la coke elle-même a pris une nuance rose pâle. On l'appelle la coke des officiers boliviens — elle est plus chère, plus délicieuse, plus abondante, plus efficace. Mélanger avec des cocktails de Chivas Regal, saupoudrer de mescaline à volonté.

La soif de fêtes est devenue insatiable. « Entre 1975 et 1980 je sortais tous les soirs, raconte Christian Lvowski, et si je ne sortais pas le dimanche on m'appelait pour me demander si j'étais malade. » Tout au long de 1978 et 1979, les bals costumés se succèdent, immenses, à thème, tous liés d'une manière ou d'une autre à la mode, dont le Bal vénitien de Karl Lagerfeld. Car dans cette grande orgie collective de désir et de narcissisme, c'est la mode qui, plus que tout, fait fantasmer cette microsociété, la mode qui promet de combler le vide.

Les couturiers, les mannequins et les muses — tous sont désormais des vedettes. Yves, Kenzo, Karl, Jerry, Pat, Loulou, Betty, Jacques, il n'est pas de nuit parisienne sans ces quelques noms. Les couturiers reçoivent sur un grand pied, organisant dîners, mariages et réceptions chez eux ou finançant des fêtes pour les masses, dans les boîtes. Les défilés de mode sont devenus des divertissements mondains auxquels tout le monde veut assister. Thierry Mugler, Claude Montana et Jean-Paul Gaultier sont les trois jeunes couturiers d'une nouvelle génération du Palace dont tout le monde parle. Leurs défilés accompagnés de projections laser, de musique, de chorégraphie et de projecteurs braqués sur une vedette sont le prolongement de la fête de la nuit précédente. Les photographes s'approprient désormais le moindre centimètre de la passerelle.

Fabrice a compris depuis longtemps le pouvoir de fascination de la mode et, en avril 1978, il demande à Loulou et Thadée Klossowski d'inaugurer officiellement le Palace en organisant un bal masqué. Ils choisissent pour thème Anges et Démons et la soirée coûte à Fabrice cinquante mille dollars.

Avant le bal, Marie-Hélène de Rothschild donne en l'honneur de Loulou et de Thadée un dîner intime de cinquante couverts dans sa nouvelle résidence, l'hôtel Lambert, sur l'île Saint-Louis. Construit par Le Vau en 1640, acheté par le baron de Rothschild en 1975, l'hôtel Lambert est peut-être le plus bel hôtel particulier de Paris. Perché au confluent de deux bras de la Seine, comme la proue d'un navire, c'est une élégante demeure en pierre dorée ornée de rotondes.

Le dîner, très animé, a lieu dans la galerie d'Hercule, sous un plafond de Le Brun décrivant les travaux du demi-dieu. Marie-Hélène a insisté pour que les invités viennent dîner entièrement costumés, et Loulou fait le tour de la salle déguisée en ange déchu, toute de mousseline noire imprimée de flammes rouges, les yeux grimés par un maquillage de scène tandis qu'une paire d'immenses ailes de plumes rouges grince dans son dos. Thadée est son ange céleste en costume blanc, enveloppé de ficelle dorée, la tête couronnée de lys et portant des ailes emplumées qui font pendant à celles de Loulou. Betty et François arrivent en smoking noir et Patrick O'Higgins, le dandy irlandais, qui débarque de New York, fait une apparition tardive en tenue écarlate de cardinal, soutane déboutonnée sur des talons aiguilles noirs, des bas résille et des jarretelles, un exemplaire de *Playboy* dépassant du haut d'un de ses bas. « Il y avait tellement d'humour, de légèreté dans la façon dont on s'amusait comme des fous à l'hôtel Lambert ; ça symbolise le côté insouciant de ces dernières années », se rappelle François Catroux avec plaisir.

Vers minuit, on s'engouffrait dans une flottille de voitures et de taxis pour aller s'encanailler dans le ventre de Paris. Rue du Faubourg-Montmartre, la foule se pressait devant le Palace. Paquita Paquin et Edwige officiaient à la porte, nuit après nuit, et délivraient le sésame qui permettrait à l'heureux élu de pénétrer dans ce paradis éphémère. Leur décision dépendait de multiples facteurs : étiez-vous assez beau, assez riche, assez bizarre, assez punk pour jouer à la star ?

À l'intérieur, la disco pulse contre le velours rouge, rebondit sur les individus louches et les magnats, collision de la richesse et de la sueur, source d'euphorie mutuelle. « Le Sept c'était pour les *happy few*, raconte Guy Cuevas. Très pédé, tout le monde pouvait rentrer du moment qu'il était beau ; il ne fallait pas être célèbre ni riche, il fallait être beau. Un jeune petit gigolo, même inconnu, pouvait rentrer s'il était beau parce qu'il plairait à Claudia Cardinale. À table, il y avait un vieux qui jouait aux cartes, le roi de Suède était assis dans un coin, Francis Bacon, Helmut Berger ou Karl Lagerfeld là-bas. Mais tout à coup, avec le Palace, il fallait remplir l'espace ; c'était la fête du genre humain tout entier, tout le monde y allait. C'était devenu énorme. Je me rappelle un soir où le roi de Suède, qu'on n'avait pas reconnu à la porte, a été refoulé : finalement quelqu'un l'a reconnu, on l'a laissé entrer ; il y avait Régine et Maurice Béjart sur la piste à côté du roi de Suède qui dansait. C'était plein de *drag queens* à poil avec des seins siliconés, à la Dolly Parton. Une fois, au cours d'une bagarre de *drag queens*, quelqu'un a écrasé un verre sur un faux sein, lequel a explosé : il y avait de l'eau et du sang partout. »

Le Palace est un lieu déroutant, qui donne le vertige. Le Sept avait la taille d'un appartement ; il pouvait contenir cent cinquante personnes au maximum et c'était toujours bondé ; quant à la piste de danse, grande comme un tapis, une quarantaine de danseurs à peine s'y bousculaient. Le Palace, en revanche, peut accueillir des milliers de gens, et certaines nuits ils sont jusqu'à quatre mille ; la piste de danse, installée dans la fosse d'orchestre transformée, est si vaste qu'on peut en faire le tour en rollers. Les couloirs, les loges en gradins et la scène grouillent de monde, et on a l'impression de devoir faire la queue pendant des heures pour changer d'étage.

« Le Palace n'a qu'un seul défaut, ce n'est pas un endroit sexuel, reconnaît Fabrice Emaer en 1980. Au Sept, on retrouve toujours, au cours de la soirée, un garçon qui vous a plu. Au Palace, on le perd de vue, il disparaît[19]. » Fabrice se trompe : le point essentiel n'est pas l'absence de caractère sexuel du Palace – en fait, tout le monde couche avec tout le monde un peu partout et à tous les moments de la nuit. Ce qui est différent, c'est l'anonymat infini du lieu. Qui sont ces gens ? Qui est le type qu'on a repéré, avec qui on a couché avant d'aller voir plus loin ? Personne n'en sait rien.

Au moment où le petit groupe trié sur le volet de Marie-Hélène arrive au Palace, Karl et sa bande, Jacques, Anna et Vern Lambert, sont déjà à l'intérieur, en position. Karl est déguisé en Merlin l'Enchanteur ; il a épinglé une robe perlée ayant appartenu à Joséphine Baker sur son costume noir pour créer l'effet d'une longue barbe scintillante ; il porte un chapeau de magicien noir, des gants noirs, des lunettes noires et une grosse broche de diamants au cou. Kenzo court dans tous les sens en poussant des cris, vêtu d'un collant blanc sous un justaucorps blanc couvert de plumes, déguisé en oiseau de paradis. Yves arrive en retard ; il a manqué le dîner des Rothschild. Il porte un smoking sobre, et boit du champagne, assis à côté de sa mère. Depuis sa maladie, Lucienne assume le rôle de chaperon nocturne et l'a déjà accompagné à la fête de mariage de Loulou au bois de Boulogne. Yves enfile son costume plus tard, un étrange masque évoquant un rituel païen, qu'il a conçu lui-même avec des plumes, des morceaux de bois et d'écorce qui lui couvrent entièrement la tête.

Jacques porte un masque, lui aussi ; avec bec et plumes, il dissimule ses yeux mais pas sa barbe, si bien qu'on le reconnaît encore. Il a enfilé un minuscule costume à plumes qui laisse apparaître ses bras et ses jambes nus. Il a des manchettes emplumées aux poignets et des bottes de daim à la Robin des bois aux pieds. Il a choisi d'incarner Icare, le fils de Dédale, qui a imprudemment négligé les conseils de son père et volé trop près du soleil en cherchant à s'évader du labyrinthe crétois où il était prisonnier.

Quant à Loulou, la muse, elle s'en donne à cœur joie. Elle boit et danse, déchaînée et étourdie, portant la fête sur sa silhouette légère, la fête et toute la fantaisie de la mode parisienne. Comme l'a dit Thadée à l'époque : « Je n'aurais pas été surpris du tout que son nom se mette soudain à clignoter sur la tour Eiffel[20]. » Elle termine la nuit à 7 h 30 du matin, après le départ de la foule, dansant au milieu d'une poignée d'amis dans un tourbillon vertigineux et dément à la Isadora Duncan, au son de *La Damnation de Faust*.

Son rôle chez Saint Laurent et dans Paris entre dans une nouvelle phase. Elle a renoncé à son allure de jeune hippie planant dans ses pantalons pattes d'eph' en panne de velours violet pour prendre une autre dimension. Le dîner donné en son honneur par Marie-Hélène de Rothschild, phare de la haute société parisienne, est révélateur de cette importance sociale.

Comme Yves se fait rare, Loulou le représente de plus en plus aux yeux de Paris, de la haute société et de la mode. En termes d'image, elle est l'incarnation vivante de ses collections : aujourd'hui, elle évoque les Ballets russes en chapka et en bottes de cosaque, l'année suivante, c'est Opium à grand renfort de pompons dorés et d'épaules pagode, tandis qu'en 1978 elle était le symbole de la collection Broadway, d'un chic absolu.

Reflet de son image, Loulou est aussi l'animatrice de la vie de plus en plus solitaire d'Yves. « Loulou et Betty étaient ses portes de sortie — c'est par elles qu'il voyait le monde, explique Michel Klein. Loulou se mettait en quatre, mais Betty était beaucoup plus réservée, confirme Madison Cox. Loulou est très fragile, mais c'est elle qui entreprend tout.»

Loulou est tout en haut du chapiteau, elle se balance au trapèze sous les yeux éberlués de tous. «J'ai toujours été intrépide, reconnaît-elle aujourd'hui, et en même temps timide parce que je suis quelqu'un de secret. Je sais donner, je sais moins bien recevoir. Quand on donne, c'est facile d'être courageux et extraverti; accepter les cadeaux, c'est bien plus difficile.»

Elle donne effectivement tout à Yves et à la mode. Le souffle du monde extérieur parvient à Yves par l'intermédiaire de Loulou, par les récits de ses escapades nocturnes, par sa tenue et son allure, par ses amis — Bruce Chatwin, Kenzo, Berry Berenson, Halston et Robert Mapplethorpe. «Pour moi, Yves vivait par procuration, grâce à Loulou, dit Madison. Elle personnifiait la fille branchée; ce n'était pas seulement une noceuse, ça allait plus loin. Je n'oublierai jamais notre première rencontre dans un loft, au centre de New York, vers 1977. Elle portait des bottes en lamé doré avec des pompons dorés sur toute la hauteur et une garniture de fourrure, le top russe de la collection des Ballets russes. Elle avait un petit côté Shéhérazade, elle était fascinante. Elle m'a fait l'effet que les Ballets russes ont dû avoir lorsqu'ils sont arrivés à Paris. Elle ne ressemblait à rien de connu. Elle avait une fantaisie incroyable, un côté conte de fées. Je me rappelle le moment où ils fabriquaient les costumes pour la fameuse fête du Palace dans le studio de Saint Laurent. À les voir tous là, en train de fabriquer ces trucs, on aurait vraiment dit des gosses préparant un spectacle de famille.»

De temps en temps, elle quitte Paris pour Zurich, où elle prend du «repos» et se remet d'une crise de foie. En février 1980, elle déjeune ainsi avec Andy Warhol, qui est descendu au Dolder Grand Hotel, surplombant le lac. Il est à Zurich pour peindre des portraits que des particuliers lui ont commandés. Warhol a consigné dans son journal intime cette entrevue et les propos qu'ils échangèrent : « Loulou nous raconte qu'YSL est un tel génie qu'il n'en peut plus, tout simplement, qu'il doit avaler un million de pilules et que, quand il est déprimé, tout le bureau l'est aussi, sauf elle. Elle dit qu'elle fait comme si elle était heureuse, quoi qu'il arrive. C'est pour ça qu'elle tombe malade, parce qu'elle essaie tout le temps d'avoir l'air heureuse et que ça met son foie à rude épreuve. Ça fait quinze mois qu'elle ne boit pas, mais elle ne pense pas que la cocaïne lui fasse du mal[21]. »

Deux semaines plus tard, Loulou gravit quatre à quatre l'escalier de la maison de couture et fait son entrée dans le studio, vêtue avec un panache irréprochable, en veste de cuir noir très chic, la taille sanglée dans une ceinture, chemise blanche d'homme avec écharpe écossaise et boucles d'oreilles en diamant et en jade, le rouge à lèvres impeccable, une ombre brillante sur l'arcade sourcilière, un sourire courageux, apportant l'inspiration. « Elle était comme un petit lutin, anglaise, charismatique. Indomptable. Sa présence était une inspiration et un défi permanent, remarque Hélène de Ludinghausen, ancienne directrice du salon de couture. Elle évoluait autour de lui avec une telle aisance, à l'anglaise, elle avait le courage de manquer de tact, la légèreté de dédramatiser la situation avec humour et rosserie. Et cette combinaison faisait tout pétiller. »

Elle est par ailleurs plus coriace qu'il n'y paraît. Comme l'observait Pierre Bergé en 1978 : « Je ne sais pas comment font Yves et Loulou, à sortir toutes les nuits jusqu'à sept heures du matin. J'ai beau être en bonne santé, ce serait au-dessus de mes forces ; Yves n'est pas en bonne santé, mais il boit, il peut continuer comme ça et travailler quand même le lendemain. Il faudrait que je dorme des jours pour récupérer. Mais avec Yves et Loulou, les apparences sont trompeuses.

Ils ont l'air pâles et fragiles, mais ils ont des noyaux de métal à l'intérieur[22].»

Loulou est protégée par son propre instinct de conservation. «Je n'ai jamais aimé les gens qui m'entraînaient vers des choses sinistres que je ne comprends pas. J'ai vécu tout ça comme une enfant, si bien que je suis toujours restée à l'écart. J'ai toujours été quelqu'un qui aime danser, s'amuser, avec de très bons amis.»

Selon Loulou et Thadée, c'est la maison de couture et la structure de sa vie professionnelle, son intégration dans une équipe, le fonctionnement et la discipline de l'atelier qui lui donnent la force de ne pas se laisser entraîner dans les excès parisiens. «Je travaillais tous les jours, c'est sans doute ce qui m'a aussi sauvée. J'ai toujours eu ce truc qui faisait que, même si j'avais très peu dormi, et parfois pas du tout, il fallait que j'aille bosser, si bien que, quel que fût mon état, j'y allais. J'ai toujours été consciencieuse, curieusement. Je n'ai jamais voulu être entretenue par un homme. J'ai toujours voulu être indépendante, me débrouiller toute seule, je pense que c'est un truc qui vous rend très résistant. On rebondit sans trop savoir comment.»

15

1978-1981

Un an après Loulou et Thadée, c'est au tour de Paloma de se marier, au mois de mai 1978. Elle s'est fiancée à Rafael López Sánchez et Karl offre d'organiser la réception chez lui, rue de l'Université. La succession Picasso ayant finalement été réglée en septembre 1977, Paloma est à la tête de vingt millions de dollars et des deux cents œuvres de Picasso qui lui sont revenues lorsque les membres de la famille se sont réparti par tirage au sort la masse de peintures, de dessins et de céramiques que son père a laissée. Elle dessine toujours des bijoux, et Rafael écrit des pièces de théâtre. *Succès* est jouée à Paris cette année-là et les critiques ont tendance à démentir l'optimisme du titre. Rafael n'est pas très aimé non plus des amis de Paloma, qui n'apprécient guère ses manières arrogantes. Elle a vingt-neuf ans, il en a trente.

Cette fois encore, un mariage civil éclair précède un fastueux banquet de noces. Les tenues sont somptueuses et rivalisent d'imagination. Karl arrive à la mairie du VIIe arrondissement habillé comme dans un film de cape et d'épée. Il porte un costume trois-pièces rayé couleur craie, un volumineux nœud noir autour du cou et de grosses lunettes de soleil — son tout nouveau style. Son pantalon est enfoncé dans une paire de hautes bottes de cheval à large revers, genre bandit de grand chemin. Anna Piaggi porte une tenue dénichée sur un tournage de Visconti, épaules étroites et bouffantes, violettes dans les poches, canne à la main et chapeau de soie violette ornée d'un voile de dentelle dorée ; elle dégage tout le parfum d'une héroïne de Proust[1]. Quant à Loulou et Thadée, ils sont le symbole même du chic. Thadée est en prince-de-galles, chemise ouverte, une main dans la poche de son gilet. Son épouse le complète idéalement, fringante dans sa veste pied-de-poule, avec canotier vernis, jupe blanche à liséré vertical noir sanglée par une étroite ceinture noire, les deux mains négligemment enfoncées dans les poches pour l'effet. Ils prennent la pose pour la foule de photographes sur les marches de la mairie. Dans la salle, ils découvrent que l'adjoint au maire, ne voulant sans doute pas être en reste, s'est dessiné deux sourcils exagérément arqués et porte une perruque tout à fait ravissante.

La jeune mariée, toujours diplomate, a choisi Saint Laurent pour le jour, Karl pour la nuit. Saint Laurent a dessiné pour elle un chemisier de satin à ruchés rouge cramoisi dont la traîne descend jusqu'à l'ourlet de la jupe, une veste ivoire à la poche de laquelle elle a glissé un mouchoir noir à pois et une couronne de feuilles et de fleurs qu'elle porte sur la tête. Elle est resplendissante, et ravie.

À la fin de la cérémonie, tandis que les invités sortent de la salle au compte-gouttes, Pierre Bergé et Karl restent assis l'un à côté de l'autre, en grande conversation. « Qu'est-ce que c'est que cette idylle ? » s'interroge une Loulou incrédule. André Leon Talley, invité au mariage et envoyé spécial de la revue *W*, rappelle que Bergé et Lagerfeld « ne sont plus intimes depuis des années » et qu'« avant ce mariage, ils auraient préféré être enterrés dans des cercueils séparés qu'assis dans la même pièce[2] ».

Une politesse feinte et contrainte règne toute la journée

entre Yves, Pierre et Karl. « Nous nous sommes tous fréquentés pendant de longues périodes, mais leurs fortes personnalités les ont séparés, explique Loulou ce jour-là. Ce mariage ne marque pas seulement l'union de Paloma et de Rafael ; il réunit de bons amis. Tout ce que j'espère c'est que ça va durer. Dans le fond, ce sont des amitiés irrévocables, après tout Yves et Karl ont passé leur jeunesse ensemble à Paris[3]. »

Après le banquet, Yves et Karl font assaut d'égards réciproques et ostentatoires. « Je suis enchanté que Paloma ait choisi un tailleur Saint Laurent pour la journée. C'était parfait pour la situation, et elle était exquise[4] », confie Karl à la revue *W*. Yves lui retourne le compliment. « Karl est quelqu'un que je connais depuis plus de vingt ans. Son allure à la mairie avec ses bottes est une des choses les plus chics que j'aie vu porter par un homme depuis des années. La robe qu'il a dessinée pour Paloma est ravissante, sublime. Nous avons imaginé des parallèles en rouge pour elle, mais avec des points de vue très différents, ce qui est parfaitement normal. Quant à ce dîner, c'est un rêve[5] », commente-t-il, assis dans l'immense salon de Karl à la lueur des bougies.

C'est la première fois que Karl ouvre sa maison pour une fête de cette envergure et les invités sont très impressionnés à la fois par les dimensions de l'appartement et par le luxe du décor. La grande table, prévue pour quarante convives, a été dressée dans la salle des Quatre Saisons ; elle est ornée d'un immense milieu de table de fruits et de chèvrefeuille, qui s'étale sur le plateau. Des cascades de lierre ruissellent de tous les chandeliers. Les invités dégustent du pigeon rôti, suivi d'un gâteau à la mousse de fraise. « Nous ne sommes pas des bourgeois, alors il n'y a pas de gâteau de mariage[6] », explique Lagerfeld. Serge Lifar prononce un discours. Ancien danseur étoile des Ballets russes, protégé de Diaghilev, chorégraphe et maître de ballet à l'Opéra avant sa retraite, le fringant Lifar est également un grand ami du père de Paloma et connaît la mariée depuis son plus jeune âge.

La robe de Paloma est en satin rouge vif. « J'ai dessiné une robe qui ressemble à deux cœurs, mais je voulais en fait quelque chose qui soit à mi-chemin entre un vase grec et une sculpture de Brancusi, quelque chose d'intemporel[7] », explique Karl. La robe présente un effet bouffant de crinoline. À la demande d'Yves, Paloma soulève sa jupe pour lui montrer comment elle a été réalisée.

Jacques est là, bien sûr. Il s'est laissé pousser la barbe et arbore une cascade de cattleyas couleur ambre au revers de son veston, sa petite référence proustienne à lui. Il porte un col raide amovible, d'une hauteur invraisemblable, identique à ceux de Karl.

Anna Piaggi réapparaît dans la soirée telle une Boadicée de cabaret, vêtue d'une robe en lamé argenté agrémentée de plumes d'autruche rouges, coiffée d'un casque métallique orné, lui aussi, de trois plumes d'autruche[8]. En passant devant une cheminée sur laquelle sont posés des chandeliers d'argent, les plumes de son casque prennent feu, et tout le monde se met à hurler. Mais Anna conserve son sang-froid de bête de mode.

Lorsqu'il contemple la tablée, Karl se sent enfin satisfait. « Cette scène me rappelle un tableau de Menzel que ma mère m'a offert quand j'avais cinq ans. Il représentait un dîner à la cour de Frédéric le Grand à Sans-Souci[9] », commente-t-il, pas pour la première fois.

Après le dîner, on se rend au Palace, où Fabrice a organisé l'incontournable fête d'après-mariage sur le thème du flamenco. Pour ouvrir la soirée, il a l'idée étrange de faire venir des catcheuses qui montent sur scène et luttent aux accords de *Carmen*. Elles ont de toute évidence un effet grisant sur Karl et Yves, car, quelques instants plus tard, les deux rivaux se lèvent pour danser le flamenco ensemble. La fête s'achève à l'aube, et avec elle la trêve.

L'année 1978 marque un tournant dans la vie personnelle et professionnelle de Karl Lagerfeld. L'organisation chez lui de la réception du mariage de Paloma Picasso a constitué un remarquable coup médiatique, qui accroît considérablement sa notoriété et renforce son image mondaine. Mais 1978 reste aussi l'année du décès de sa mère [10].

Elisabeth Lagerfeld meurt au château de Penhoët en septembre, à l'âge de quatre-vingt-un ans. Tous ceux qui ont fréquenté Karl assez longtemps insistent sur l'importance de cette femme dans sa vie, mais peu sont en mesure de préciser son rôle et son influence. La personnalité réelle d'Elisabeth Lagerfeld, telle qu'on la connaît à Paris, disparaît largement derrière les passés que son fils lui a attribués. Selon les sources proches de Lagerfeld, elle serait, dans le désordre, une grande bourgeoise issue des milieux diplomatiques, une actrice, une aristocrate, une divorcée, une adepte du spiritisme ou une femme qui s'habillait en haute couture, dotée d'une fortune personnelle.

Karl la décrit comme quelqu'un qui oscille dangereusement entre l'adoration qu'elle éprouve pour son fils unique et une volonté impitoyable de le pousser en avant pour satisfaire ses ambitions personnelles, sans lui épargner les jugements cruels et acerbes. Karl a souvent justifié son élocution précipitée par l'impatience que lui témoignait sa mère : « Je parlais beaucoup et ma mère avait tendance à quitter la pièce dès que je commençais une histoire, alors j'ai dû apprendre à finir avant qu'elle n'arrive à la porte [11]. » Comment, dans ces conditions, se faire une image fidèle d'Elisabeth Lagerfeld ? Karl Wagner, qui fut le voisin de Karl pendant son enfance, se souvient d'une personne « stricte, très correcte, très droite, sans rien d'arrogant», d'une femme au foyer qui s'occupait de son mari, de ses enfants et de sa maison. «Elle était gentille avec tout le monde, le personnel et les prisonniers de guerre. Mais elle avait ses exigences, et n'en démordait pas.»

Kurt Lagerfeld, cousin de Karl et neveu préféré de son père, qui a connu Elisabeth Lagerfeld pendant plus de quarante ans, en traçait un portrait un peu moins flatteur: «Forte, disait-il entre deux silences pesants. Je ne l'aimais pas beaucoup. Elle évoque tant de souvenirs.» Selon Kurt Lagerfeld, il régnait une grande tension entre cette seconde épouse et la famille d'Otto Lagerfeld, qui la jugeait autoritaire et cupide. Il la décrivait comme tyrannique avec son mari, ses enfants et, dans toute la mesure du possible, avec le reste de la famille. «Elle menait tout le monde à la baguette, c'était une femme très dominatrice. Elle tenait à ce qu'il [Karl] fasse carrière.»

Kurt Lagerfeld se rappelait avoir rendu visite au père de Karl peu avant sa mort à Baden-Baden, à un moment où Karl était venu le voir, lui aussi. Kurt et Otto Lagerfeld étaient assis dans une pièce, Karl et sa mère dans une autre. «Ils étaient passionnés par la mode. Mon oncle était un commerçant dans l'âme, un homme d'affaires, il n'avait pas d'opinion sur le sujet. Alors les deux qui ne s'y intéressaient pas se sont installés dans leur coin, et les deux qui s'y intéressaient sont allés discuter ailleurs.»

Après la mort d'Otto en 1968, la mère de Karl a rejoint son fils à Paris, où celui-ci a mis à sa disposition plusieurs pièces dans ses différents appartements, jusqu'à ce qu'elle tombe malade et s'installe finalement à Penhoët. Les témoins de ces années décrivent Elisabeth Lagerfeld comme une présence constante mais indéfinissable. Rue de l'Université, elle est toujours là quand des mannequins viennent pour les essayages, buvant du thé, assise dans un fauteuil, entourée d'une pile de livres, observant ce qui se passe.

« Elle était si froide, c'est quelque chose que j'ai senti dès la première rencontre, et très rigide, raconte Paloma Picasso. Elle a dû être très dure avec lui, très exigeante, très sévère. » « C'était la mère castratrice par excellence », confirme un autre intime de l'époque. La rigidité de sa mère et le culte que Karl lui voue sont les deux constantes des descriptions des relations entre Elisabeth Lagerfeld et son fils. « Il était fasciné, plein de respect pour elle. Je n'ai jamais vu personne regarder sa mère comme ça, avec autant d'adoration dans les yeux », dit Diane de Beauvau-Craon.

Elle meurt trois jours après que Karl a fêté ses quarante-cinq ans. Il n'assiste pas aux obsèques, pas plus qu'il n'a assisté à celles de son père. Plus tard, bien plus tard, il déclarera à *Vogue* que sa mère lui avait interdit de se rendre à son enterrement, comme à celui de son père. Dans cet article, elle est dépeinte sous les traits d'« une aristocrate qui avait été jeune dans les années vingt ». Karl déclare : « Je ne l'ai pas vue [après sa mort]. Elle avait laissé un papier précisant que je n'étais pas autorisé à la voir morte. Ni à assister à ses obsèques [12]. » Dans la même interview, il raconte qu'à la mort de son père, sa mère a attendu plusieurs semaines pour le prévenir. Quand elle l'a enfin fait, il était trop tard et l'enterrement avait eu lieu. Selon Karl, sa mère lui aurait dit : « Tu n'aimes pas les enterrements. Pourquoi aurais-je dû t'avertir [13] ? » Quoi qu'il en soit, l'absence de Karl aux funérailles de son père et de sa mère bien-aimée relève du déni le plus surprenant et rappelle les propos d'un de ses anciens collègues : « Pour comprendre Karl, il faut comprendre sa peur de la mort. Il ne supporte pas la maladie. S'il a un rhume, c'est tout un drame. Il ne peut pas supporter l'idée que la personne qui est assise à côté de lui soit porteuse de microbes. Il parle sans cesse d'avenir parce que, quand il songe au passé, il se rend compte que sa vie est derrière lui. C'est ce qui le fait travailler aussi dur. Il déteste l'idée de devoir être face à lui-même.» Lorsqu'un journal allemand lui demande de quoi il a peur, Karl répond honnêtement: «De la maladie — je n'aime pas ce que je ne peux pas dominer[14].»

Elisabeth Lagerfeld a sans doute exercé un certain contrôle sur son fils; son emprise autoritaire le rassurait peut-être, car son absence est pour lui une source de souffrance aiguë. Il se remet à manger plus que de raison et prend beaucoup de poids. Il n'arrive pas à limiter sa consommation de Coca-Cola et de chocolat. Chez Chloé, il y a en permanence une montagne de fromage sur son bureau, des tranches de gruyère enveloppées de cellophane toujours à portée de main.

Gaby Aghion remarque une nette évolution dans son comportement et y voit l'amorce de la rupture de leurs relations professionnelles. «Tout à coup, il était vraiment difficile. Si je n'assistais pas aux essayages, il m'en voulait. Mais j'étais moi aussi très occupée. Dès lors, il y a eu comme une espèce de petite séparation entre nous.»

C'est aussi vers cette époque que Karl commence à donner libre cours en public à sa jalousie et à son spleen, ce qui entache sa réputation. C'est le début de ses diatribes contre la haute couture, qui jalonneront toutes ces années: il la trouve à côté de la plaque, sclérosée, démodée. Il déclare à qui veut l'entendre qu'il n'a aucune envie d'avoir une maison de couture à lui, affirmant à la presse qu'il n'est pas assez prétentieux pour inscrire son nom au-dessus de la porte de sa propre maison.

Dans le documentaire *Top Ten Designers in Paris*, réalisé un an plus tard, Lagerfeld insiste sur son aversion pour la haute couture dans un monologue fébrile prononcé en quinze secondes, sans reprendre son souffle. «Je ne veux pas créer pour un type spécial de cliente. Je veux créer pour une idée de la femme, plus que pour une cliente typique. Je n'aime pas ça. C'est une idée trop commerciale. Il ne faut pas flatter la clientèle, il faut créer ce qu'on ressent, pas ce dont on pense que ça plaira à la clientèle. Je trouve ça très dangereux ; c'est même une des raisons pour lesquelles je ne veux pas avoir de maison de mode, parce qu'il faut créer pour des clientes privées. Ce que j'aime, c'est faire des robes pour m'amuser, pour des particuliers, des actrices ou des gens que je connais, mais dessiner une collection pour une clientèle bien définie, ce n'est pas une idée de la mode très créative ni très moderne[15]. »

Ses propos font souvent penser à des critiques adressées à Yves Saint Laurent et elles sont certainement interprétées comme telles. Il est parfaitement conscient des triomphes de Saint Laurent. Il serait du reste difficile de ne pas l'être : Yves reste une citadelle inexpugnable. En décembre 1976, Karl écrit à Anna Piaggi, joignant à sa lettre en guise de présent un joli corselet orange, et il lui explique qu'il l'a retiré de sa collection Chloé depuis que Saint Laurent a dessiné des modèles analogues pour sa propre collection de haute couture[16]. Quand Saint Laurent présente un spencer (une courte veste ouverte à revers) dans sa collection Broadway de janvier 1978, Karl fait savoir dans les milieux de la presse qu'il a lui-même réalisé des spencers pour Chloé la saison précédente.

C'est l'essence du problème avec Saint Laurent. Même quand une idée ne vient pas de lui, il suffit qu'il pose les yeux et les mains dessus pour la rendre indiscutable, pour en faire un succès, une tradition Saint Laurent. Le spencer en est un bon exemple ; Lagerfeld et Claude Montana en ont effectivement intégré dans leurs collections avant Yves, mais la collection Broadway les éclipse complètement. La courbe qu'il imprime au revers est l'aisance et l'élégance mêmes, il coupe le pantalon à la cheville pour équilibrer la silhouette, l'intègre dans une collection vouée à la femme noire, débordante de couleurs, symbolisant toute l'élégance du Sud, diffuse la bande-son de *Porgy and Bess*, fait monter son chien sur scène, incite la foule à taper du pied et à hurler, si bien qu'à la fin du défilé il ne reste qu'une vision, celle de Saint Laurent.

En 1978, Pierre Bergé présente une mise en scène de *L'Aigle à deux têtes* au théâtre de l'Athénée, qui lui appartient. L'acquisition de ce théâtre constitue la première étape de son affranchissement de la mode et d'Yves ; il commence enfin à tenir compte de ses propres intérêts. Il y organise, tous les lundis, des soirées musicales, lors desquelles on peut le voir officier au guichet avec son extravagance coutumière. Yves dessine les décors et les costumes de la pièce de Cocteau qui, comme l'ensemble du spectacle, sont accueillis par des critiques fort peu amènes de la presse française.

Victoire voit la pièce. Pendant l'entracte, elle se glisse en coulisse pour saluer Yves, qu'elle n'a pas vu depuis des années. « Je frappe à la porte, j'ouvre, et je vois Yves assis là tout seul, la tête dans les mains. C'était un homme brisé. Je referme la porte, j'avance vers lui, il lève la tête et il me dit "C'est toi, ma chérie", on s'est embrassés. Mais immédiatement après, la porte s'est ouverte et Pierre est entré suivi d'Anne-Marie Muñoz ; ils se sont interposés entre nous. »

À quarante-deux ans, Yves s'est engagé dans le tunnel des excès. Il boit énormément — il avouera plus tard à Victoire que lorsqu'il a touché le fond, il en était à quatre litres de pastis quotidiens. Il fume cent vingt cigarettes par jour. « Il ne faisait rien à moitié, déclarera Victoire à *Paris-Match*. Quand il buvait, c'était à la manière de Modigliani. Ce n'est pas la dépression qui l'a rendu malade, c'est son instinct d'autodestruction [17]. »

Ses absences sont de plus en plus longues. À son retour, les mauvais jours deviennent de mauvaises semaines. Saint Laurent reste assis à son bureau, décomposé, immobile, écrasant son entourage de son silence et de son découragement. Tout l'atelier est prisonnier de l'impossible querelle entre

Pierre et Yves, une relation qui tourne au mauvais drame. Ils travaillent ensemble, mais vivent séparément. Chacun a ses amants, ce qui ne les empêche pas de se disputer et de se chamailler comme un couple encore attaché par des liens d'amour et de possession. « Finalement, le vrai problème, c'était l'atmosphère franchement épuisante qui régnait : l'angoisse et les problèmes psychologiques d'un autre finissaient par vous envahir complètement. J'en avais marre d'Yves et de Pierre, a avoué Loulou rétrospectivement. Je n'arrivais plus à les supporter parce qu'ils étaient très difficiles à vivre et que je rentrais chez moi bien plus épuisée par eux, affectivement et nerveusement, que par le travail[18]. »

Les récits du cinéma d'Yves pour attirer l'attention sont légion. Certains jours, il reste assis à son bureau, la tête enfoncée dans les mains, muet, inconsolable jusqu'à ce que Loulou ou Mme Muñoz se décident à aller chercher le directeur technique, Jean-Pierre Derbord, dans le bureau voisin et lui disent : « S'il te plaît, Jean-Pierre, à toi d'essayer, nous n'y arrivons plus. » « Alors, raconte Derbord, j'entrais et je disais : "Bonjour, monsieur Saint Laurent", et il était assis là, la tête droite, souriant, radieux et joyeux. »

Il a l'habitude de faire semblant de s'endormir pendant qu'on lui parle, ce qui déstabilise son interlocuteur. Hélène de Ludinghausen raconte comment elle en a été victime, aussi bien lors de dîners qu'au studio. « Il était assis là à me regarder et soudain, il faisait comme ça, dit-elle en faisant mine de s'endormir. Je comprenais : je vois que l'histoire est finie, il ne me reste qu'à m'éclipser ou à essayer de sauver un vestige de fierté en trouvant rapidement quelque chose à dire qui lui fasse ouvrir l'œil. Les névrosés sont de prodigieux acteurs, parce que c'est pour eux le seul moyen de minimiser ou de maximaliser une situation. Rien ne les ennuie davantage que l'ordinaire, il vaut mieux qu'il ne se passe rien ou au contraire que l'extraordinaire se produise, bref tout sauf la banalité… C'est tellement ennuyeux. "Quel ennui", voilà à peu près la pire chose qu'Yves puisse dire de quelqu'un. "Ah, quel ennui, oh là là », dit-elle en imitant le ton horrifié d'Yves.

Pendant les préparatifs de la collection, l'anxiété qui saisit chacun, de Loulou à Anne-Marie, au studio, jusqu'aux petites mains des ateliers qui réalisent les vêtements, est à son comble. On n'entend plus une mouche lorsque le mannequin et la première d'atelier arrivent au studio pour l'essayage. Mme Felisa et le mannequin Mounia entrent sur la pointe des pieds. Yves est avachi à son bureau, l'œil lugubre et vide ; sa cigarette se consume dans un silence de plomb que personne n'ose rompre avant que le maître n'ait parlé. Dix minutes s'écoulent sans un mot, étouffées sous le poids de son déplaisir, avant que la tension ne reflue enfin lorsque Saint Laurent annonce avec une exquise courtoisie : « Merci, nous verrons cela plus tard. »

C'était comme un glas. Vous sortiez, en proie à la douleur déchirante de savoir que vous l'aviez déçu. Il vous idéalisait au point que briser ce charme semblait insupportable. L'envie de lui plaire était dévorante. « Au fond, nous acceptions tout de lui, reconnaît Jean-Pierre Derbord. Il nous émerveillait toujours, nous étions toujours sous sa domination, on ne voulait surtout pas le décevoir, on était entrés dans son jeu. Pourquoi avons-nous accepté tout cela ? Par amour, et sans doute aussi par masochisme. Nous étions tous complices. » Derbord a travaillé pour Yves Saint Laurent pendant trente-sept ans et demi. Aujourd'hui, il a pris sa retraite, et son appartement, comme ceux de tant de gens qui ont été proches d'Yves, est un véritable sanctuaire dédié à l'homme et à son iconographie. Dans le salon, une réplique de l'amulette de Saint Laurent, en forme de cœur, avec faux rubis et strass, est accrochée à un buste, sur la table basse sont empilés tous les livres sur et les hommages à Saint Laurent, derrière le canapé on remarque des croquis de Cocteau, dans l'entrée des dessins de mode de Saint Laurent, tandis qu'une bougie en forme de cœur sur laquelle est inscrit « Love YSL » reste constamment allumée.

Travailler avec Saint Laurent n'est pas seulement source d'angoisse ; c'est aussi une aventure palpitante, ce qui explique pourquoi, au moment où il prend sa retraite, plus de la moitié de ses cent vingt-cinq employés travaillent avec lui depuis plus de vingt ans. « C'était un peu comme d'avoir un dieu vivant parmi nous, renchérit Derbord. Son travail, ses dessins, ses croquis dégagent une grande force et une grande précision. Il avait déjà en tête ce qu'il allait faire, il le voyait, et vous le transmettait comme ça, presque sans paroles. Vous ressentiez ce qu'il voulait. » Tous ceux qui l'entourent s'initient à son langage, à son vocabulaire, ils savent d'instinct ce que représente une ligne sur un croquis, quelle silhouette, quelle épaule ou quelle manche Saint Laurent recherche.

Au début de chaque collection de couture, les premiers d'atelier sont invités au studio par Mme Muñoz pour regarder les croquis de Saint Laurent ; ils en choisissent quelques-uns en fonction de leur spécialité, qu'il s'agisse de l'atelier « tailleur » ou de l'atelier « flou », qui s'occupe de tout ce qui est flottant ou drapé, robe de mousseline ou chemisier de soie par exemple. Puis ils roulent précautionneusement les croquis sélectionnés et les remontent aux ateliers pour les répartir entre les petites mains. « Nous étions totalement angoissés. Il me montrait ses très beaux croquis, tout en finesse, et je me disais : "Pourvu que j'arrive à rester fidèle à ses dessins, je ne veux pas le décevoir, parce que, vous savez, il idéalisait même ses croquis", dit Jean-Pierre Derbord. J'étalais les toiles à patrons le premier jour, puis j'y pensais toute la nuit, c'était obsessionnel. Mais si vous parveniez à vous approcher de son idée de départ, ça vous procurait une joie sans pareil, c'était comme si on vous apportait le château de Versailles sur un plateau. Travailler pour M. Saint Laurent, c'était comme entrer en religion, on se donnait à fond, on partageait ses doutes, sa douleur, ses joies.»

En bas, au salon, Hélène de Ludinghausen s'occupe des clientes de haute couture, elle les accueille, prépare leur garde-robe pour chaque saison, prend les commandes et suit chaque essayage et chaque étape de la confection des vêtements. Elle évoque la magie de l'univers de Saint Laurent: «On avait l'impression d'être au sommet du monde, quand on travaillait pour Yves Saint Laurent. Pour rien au monde je n'aurais travaillé pour une autre maison, ou porté d'autres vêtements. Il y avait cette assurance tranquille de la perfection.»

Certains jours, Yves retrouve même un peu de son humour et, comme autrefois, les éclats de rire fusent dans le studio. «Oh! ça fait un peu prison de Melun», lance-t-il pour décrire une tenue qu'il trouve déprimante, finalement retirée de la collection, ou encore: «Mais, madame Felisa, je vous ai demandé un saucisson, et vous m'avez donné un rêve.» Il lui arrivait d'être bloqué, de ne plus savoir quoi faire et, soudain, il vous sortait le croquis d'une tenue complètement loufoque et s'exclamait: «Ah, n'est-ce pas merveilleux!» Loulou raconte: «Au fur et à mesure que la collection approchait, il se mettait à douter de plus en plus de son idée géniale et puis, un beau jour, un mannequin entrait l'air très sérieux, visiblement très fière de son accoutrement absurde; tout le monde éclatait alors de rire et on laissait tomber cette idée ridicule[19].»

«C'est sûr, reconnaît Nicole Dorier, parfois vous en aviez marre. Vous vous disiez, ça suffit, je n'en peux plus. Puis tout à coup il était là, il s'approchait et vous disait: "Bonjour, ma Nicole." Et voilà, c'était reparti pour un an.» «Bonjour, ma Nicole»: trois mots d'un ton rauque, caressant; trois mots et une suggestion d'intimité, une nuance de possession; la séduction de Saint Laurent s'adresse aux deux sexes. « Il y avait une tendresse, un regard, un sourire, vous voyez ? Yves, c'était tout ça, il était à la fois le grand frère, le fils, l'ami. Il n'avait jamais avec les femmes un comportement d'homosexuel comme certains stylistes, jamais. On aurait même pu penser qu'il était tout à fait ouvert aux femmes. D'ailleurs il n'est pas fermé aux femmes, il est ouvert au monde des femmes. » Cette fascination-là, il l'exerce sur l'imagination de toutes. Et il le sait. En 1991, parlant de ses relations avec les mannequins de sa maison, il dit : « Avec elles, je parle peu mais je les aime vraiment : elles sont toutes amoureuses de moi[20]. »

Il n'y a pas que les femmes : le jeu de la séduction fait danser tous ceux qui entourent Yves comme des grains de poussière dans le soleil. Le crescendo incessant des succès et des dépressions prend son entourage en otage. Chaque collection est présentée comme la dernière. « Chaque fois, raconte Jacques Grange, absolument chaque fois, on se disait "Va-t-il réussir ? Va-t-il y arriver ?" Nous savions que c'était difficile. Fera-t-il la collection ? Non ! Il ne va pas bien. Nous, les intimes, assistions à tout — les rumeurs, les murmures, les difficultés. Et puis chaque fois, soudain POUM, POUM, POUM, et ça repartait, à l'infini ; il avait une telle aisance à produire des collections magnifiques et spectaculaires. »

Désormais, l'entourage de Saint Laurent est plus que jamais soumis à ses caprices. Madison Cox n'oubliera pas les heures de tension après les défilés de mode de Saint Laurent, dans l'attente de ses instructions pour le dîner. « Personne ne savait jamais où ce serait, ni à quelle heure, ni s'*il* serait là. La question était toujours la même : "Yves sera-t-il d'attaque ?" ! Je me souviens qu'un jour, j'étais dans la chambre de Marina Schiano au Plaza Athénée. Nous étions tous les deux habillés de pied en cap, en tenue de soirée, allongés sur le lit, n'osant pas bouger de peur de froisser quelque chose, attendant que le téléphone sonne et que Pierre dise : “Rendez-vous chez Maxim’s dans vingt minutes !” »

La volonté d’Yves de se dérober aux regards durant ces années-là répond en partie à des considérations pratiques : bien souvent, il n’est pas en état de se montrer en public. Pendant des années, le simple parcours de la voiture au trottoir est une épreuve pour Pierre Bergé. Certes, Pierre a ses raisons, médiatiques, de préférer qu’on ne voie pas Yves, mais son isolement est aussi une décision volontaire.

Il se coupe délibérément du monde : il ne lit pas les journaux, n’écoute pas la radio, n’ouvre pas son courrier, ne regarde pas les informations, il n’y a que Lui, Lui-même, Lui et Moujik, le bulldog, qui ronfle sur un coussin à côté de lui. John Fairchild se rappelle d’une conversation où il a cherché à tirer Yves de sa réclusion. « Quand il déprimait, je lui répétais : “Yves, tu sais, ton problème, c’est que tu es très replié sur toi-même, mais il faut que tu vives avec la vie. Il faut que tu sortes, que tu ailles acheter ta baguette et ton journal. En plus, il y a toutes les chances que ça te plaise.” Il ne l’a jamais fait, bien sûr. »

S’il ne l’a jamais fait, c’est parce qu’Yves n’a jamais voulu se laisser harceler par le réel. Faut-il en chercher la cause dans son éducation ? En tout cas, c’est un sentiment que sa sœur Brigitte Bastian comprend bien et qu’elle revendique même : « Je suis comme Yves mais dans un contexte différent, les soucis quotidiens m’ennuient et mon mari est là pour s’occuper de tout ça. Je ne veux pas avoir à me préoccuper de réserver une place d’avion. Maman était comme ça, comme nous. C’était papa qui s’occupait de tout, donc elle a été archi-gâtée. Demandez à Yves s’il sait se servir d’un ordinateur, il est comme moi, il ne sait pas. J’ai un appareil photo numérique, j’ai un iPod, je ne sais même pas m’en servir. C’est idiot, on est con de ce point de vue-là. On a besoin de gens pour s’occuper de nous ! Ce n'est pas la vie facile que nous voulons, mais la vie sans problèmes. »

De toute évidence, c'est Yves qui a décidé de laisser Pierre exercer sur lui possession et contrôle. En cédant un droit sur sa vie il obtient, en échange, une existence libérée des contraintes du quotidien, une existence qui lui permet de donner libre cours à ses ambitions et à sa créativité sans même avoir à penser à un PV. Comme le confiait Yves dans un soupir théâtral en 1991 : « Vous savez ce qu'a dit Proust : "Rien ne peut intéresser le créateur qu'une œuvre qui est la sienne[21]." »

Les années passant, les membres de son entourage finissent par comprendre que les choses sont un peu différentes de ce qu'ils ont longtemps cru. « On a réalisé, reconnaît Paloma Picasso, qu'en fait Yves ne voulait pas se prendre en charge, et que c'était lui et non Pierre qui avait créé la situation. Et aussi que si Pierre n'était pas là, celui qui était à côté d'Yves devait assumer son rôle. Yves vous rendait responsable de sa personne. Il a toujours eu peur du monde et a toujours eu besoin de se réfugier dans sa tour d'ivoire. »

Ce n'est pas la seule découverte que font Paloma et d'autres au cours de cette période difficile. Elle raconte : « Il m'a fallu plusieurs années pour cesser de penser qu'Yves était un ange parfait et pour comprendre que ce n'était pas le cas, qu'il avait en fait une sacrée force en lui et aussi beaucoup d'agressivité. C'est quelque chose qui passait inaperçu au quotidien mais que certains incidents ou certains contextes très particuliers faisaient apparaître très clairement. Finalement, j'ai commencé à voir que c'était souvent lui qui créait la violence qui l'entourait, mais jamais directement. C'est pourquoi ce n'était jamais Yves qu'on trouvait agressif, mais ceux qui l'entouraient et, de toute évidence, Pierre était le numéro un sur la liste. Mais s'il est agressif, c'est souvent parce qu'il reçoit je ne sais comment le message d'Yves, cet appel du vide. » Mais si

Yves et sa propension à être une sorte de trou noir émotionnel provoquent effectivement l'agressivité de Pierre, il n'en reste pas moins que ses réserves semblent inépuisables.

Après avoir observé cette relation pendant quarante ans, les membres du premier cercle analysent tous la répartition des tâches entre les deux hommes de la même façon. « Yves n'est pas du tout dominé, confirme Betty Catroux, ce sont des rôles qui leur conviennent parfaitement. » « Yves se laisse dominer par Pierre sur les questions matérielles, sur l'organisation de la vie, renchérit Jacques Grange, mais Pierre ne fait qu'exécuter les ordres d'Yves, les corvées pénibles, toutes les choses désagréables. Yves n'a pas du tout été maltraité par Pierre, pas du tout. Je ne le vois pas en dominé. Je le vois parfois en masochiste, mais parce qu'il le voulait bien, il le voulait bien ! »

Charlotte Aillaud secoue la tête et sourit : « Tout ce qui arrive à Yves est un choix. Qu'il ait utilisé Pierre pour arriver à ses fins, c'est certain, mais c'est un choix, il a choisi d'être dépendant. De toute manière, dans un couple, ce n'est jamais celui des deux qui a l'air d'en imposer qui tient effectivement ce rôle. C'est le plus rusé qui mène la danse. Et on peut tout obtenir de quelqu'un par la ruse, même de vous maltraiter si c'est ce que vous désirez. À propos d'Yves et Pierre, on rabâche sans cesse le cliché “Il y a le méchant et puis la pauvre victime”, mais, ça n'est pas vrai. Yves est une pierre, et le tendre c'est Pierre. »

Pierre, et c'est un point tout à fait intéressant, ne cherche jamais à rectifier l'image que le monde extérieur se fait de lui. Dans toutes ses interviews, dans toutes ses rencontres, tous les jours, il endosse inlassablement le rôle du méchant et passe pour tel. Ce n'est qu'à la fin de sa carrière, en 2005, alors qu'on l'interroge sur la légende du pauvre petit prince enfermé dans sa tour de la rue de Babylone, que Bergé acceptera de parler : « Je crois que la vérité est exactement à l'opposé de ce qu'on pense. Je ne dis pas que Saint Laurent est quelqu'un de méchant, il ne l'est pas. Ce que je veux dire, c'est qu'Yves est quelqu'un qui veut être protégé, qui m'a toujours demandé de le protéger, qui a toujours dit qu'il ne voulait recevoir personne, et qu'il fallait que j'aille prévenir qu'il ne recevrait personne ! J'ai joué le rôle qu'il a voulu que je joue et d'ailleurs il m'a choisi pour ce rôle-là. Au fond j'étais le plus prisonnier des deux, mais j'étais prisonnier volontaire. Voilà ! Et j'ajouterais qu'en plus, l'opinion des gens m'est complètement égale, complètement. Je m'en fous complètement. »

L'hostilité entre les deux clans obéit désormais à des règles bien définies. Ils se détestent mutuellement et ne peuvent pourtant pas vivre l'un sans l'autre. Ils se croisent à tous les événements de la vie mondaine, à toutes les fêtes de ces années-là ainsi qu'au Palace, plusieurs fois par semaine. Quand il arrive à Pierre de tomber sur Jacques, on assiste à des explosions de colère théâtrales et forcées. « Sortez-moi ce gigolo d'ici ! » crie Bergé en trouvant Jacques installé sur une banquette du Sept[22]. Quelques années plus tard, au Palace, Bergé se tourne vers Diane de Beauvau-Craon, qui est revenue à Paris, et lui lance : « Alors, vous traînez encore avec cette poupée de cire de Karl. » Diane lui répond en lui jetant une coupe de champagne au visage[23].

En 1978, Jacques organise une fête pour l'anniversaire de Kenzo et demande aux invités de venir en travestis. Il envoie des invitations mauve et blanc décorées de minuscules violettes et enveloppées dans du papier de soie, avec le texte suivant : « Les hommes en femmes et vices [*sic*] versa. Quelques jours avant la grande angoisse, la permissivité actuelle nous laisse encore le loisir de donner un souper intime où nous vous prions de briller par votre excentricité judicieuse ou par un travesti exquis[24]... » Cette curieuse formulation provoque un tollé dans la coterie de Saint Laurent, qui dénonce cette nouvelle provocation de Jacques. « Recevoir une invitation aussi idiote, c'est vraiment trop dégoûtant, c'est insultant », déclare Thadée[25]. Clara Saint déchire son carton aussitôt reçu. La bande de Saint Laurent jure qu'on ne l'y verra pas. Cela n'empêche pas Loulou et Thadée de finir la soirée au Palace.

Tout cela se passe en vase outrageusement clos. Kenzo est un grand ami de Loulou, laquelle fait désormais partie du clan anti-Jacques, mais il est en même temps le petit ami de Xavier de Castella, le meilleur ami de Jacques. Madison Cox passe une soirée chez ce dernier peu après son arrivée à Paris en 1977 et en parle par hasard à Clara et à Pierre ; consternés, ils lui demandent de ne plus jamais y retourner, et de ne jamais en parler.

Il faut choisir son camp, même si l'on est complètement étranger à la querelle. Anne-Marie Muñoz et Karl se brouillent irrémédiablement, en dépit de décennies d'amitié et bien que Karl soit le parrain du fils d'Anne-Marie. Devenue décoratrice d'intérieur, Andrée Putman reste très liée à Karl et travaille sur plusieurs projets qu'il lui a confiés, dont la création d'une bibliothèque à Penhoët. Elle conçoit également avec beaucoup de succès les boutiques de prêt-à-porter Saint Laurent aux États-Unis ; c'est par ailleurs une grande amie de Didier Grumbach, qui a pris la direction d'Yves Saint Laurent outre-Manche. Un jour, Didier reçoit un télex inattendu de Pierre Bergé : « Je laisse votre amie Andrée Putman dans les bras de son ami M. Lagerfeld puisqu'elle a eu le mauvais goût de travailler pour lui. »

La crainte et le respect qu'inspire Bergé vont croissant. Président de la Chambre syndicale de la couture pendant neuf ans, jusqu'en 1983, où il défend non seulement les intérêts de la mode parisienne, mais aussi les siens et ceux de la maison Saint Laurent. Assuré de toucher durablement des revenus substantiels (il signe en 1980 le cent quatre-vingt-dixième contrat de licence) et de bénéficier de la séduction qu'exerce Yves Saint Laurent, il est une éminence grise incontournable aussi bien dans les milieux de la mode que dans les salons de l'establishment, grâce à l'amitié qui le lie à François Mitterrand à partir des années quatre-vingt.

« Pour moi, la mode est un reflet du pouvoir, déclare Didier Grumbach, lui-même aujourd'hui président de la Chambre syndicale de la couture. Alors, quand Saint Laurent s'est affaibli, il a fallu que Pierre Bergé se batte pour lui, se batte pour accroître le pouvoir de sa marque. Il l'a fait en introduisant de plus en plus de monde dans la *familia*, il les a introduits dans les réseaux de Saint Laurent et, pour finir, le président de la République lui-même est devenu un serviteur de sa cause. »

Karl Lagerfeld est l'un des rares hommes de Paris à avoir l'opiniâtreté et le courage de tenir tête à Bergé ; il ne se laisse pas intimider et n'a pas l'intention de céder à ses pressions. Selon Victoire, la tension entre les deux hommes est manifeste dès la fin des années cinquante, dès le moment où Bergé et Lagerfeld font connaissance ; en effet, elle pense que Bergé est troublé par la culture et les connaissances de Karl ainsi que par son sens très développé de l'autonomie : « Pierre a bien senti qu'il ne pouvait pas faire de Karl ce qu'il voulait, et ça ne lui plaisait pas. Il aime dominer, mais Karl ne se laisse pas faire, ah non, pas du tout. »

Les grands couturiers ont toujours eu du mal à partager le devant de la scène. Chanel et Schiaparelli entretiennent une inimitié au vitriol pendant des années. Chanel grince des dents lorsqu'elle parle de « cette Italienne qui fait des vêtements[26] » et ne prononce jamais son nom. Notons cependant, comme le précise la biographe de Chanel, Edmonde Charles-Roux, que leur antagonisme est seulement une question de personnes

« Elles se détestaient, mais cela restait dans le domaine ludique de la société, du jeu mondain, des salons », dit-elle, affirmant que la notion de concurrence dans la mode est née après la Seconde Guerre mondiale avec l'arrivée des hommes, des commanditaires et du grand capital. Pour Joan Juliet Buck, l'agressivité entre Bergé et Lagerfeld est typiquement masculine : « Les mecs aiment se battre, vous savez, Pierre aime se battre, Karl aime se battre. C'est impitoyable et sauvage. C'est une question d'agressivité et de testostérone, niché dans un contexte de fanfreluches ! » Mais toutes les rivalités qui déchirent les milieux de la mode — quel que soit le sexe du couturier — dissimulent la même crainte inavouée : admettre la crédibilité de la vision d'un autre créateur, c'est compromettre la sienne.

À partir de 1978, les collections d'Yves Saint Laurent adoptent un ton et un registre différents de ceux des années d'hypercréativité qui viennent de s'écouler. Lorsque, en 1980, André Leon Talley l'interroge sur les glorieuses années soixante-dix, cette époque où il sortait chaque soir avec son entourage fabuleux, Saint Laurent l'interrompt : « Tout cela, c'est du passé et je n'ai pas envie de le répéter. Ça a été une période merveilleuse de ma vie. Mon évolution a commencé à cette époque de la fin des années soixante et du début des années soixante-dix. Le monde entier a changé et nous aussi. J'ai adoré le changement, j'ai adoré cette remise en question, ce bouleversement des coutumes, du style vestimentaire, des habitudes[27]. »

Au cours des vingt années suivantes, il s'éloigne de plus en plus de la mode et de son appétit insatiable de nouveauté pour se réfugier dans la haute couture et dans la recherche de sa propre perfection. « Je crois que la base des vêtements pour hommes et pour femmes est définitivement fixée pour le XXe siècle, déclare-t-il l'année suivante. À mon avis, cette base ne changera pas. Des modes surgiront, mais elles seront comme des feux d'artifice ; elles brilleront dans une explosion de lumière puis s'éteindront[28]. » Il tient ces propos avec l'assurance infaillible de celui qui a créé, et il le sait, un grand nombre de ces bases immuables de la garde-robe de la femme du XXe siècle.

Il a donné confiance à une génération de femmes fraîchement libérées. Il leur a appris à s'habiller pour s'imposer dans un monde d'hommes : des épaules et du chic le jour, de la séduction le soir. Mais douze ans se sont écoulés depuis la révolution étudiante et, en 1980, les femmes découvrent une toute nouvelle sémantique liée aux questions de genre : idées de domination, déconstruction vestimentaire, et même jeux sur la laideur du visage et des vêtements.

Ces préoccupations ne sont pas celles de Saint Laurent Il n'appartient pas à cette nouvelle génération et ne fait pas mystère de son mépris pour sa mode. « Aujourd'hui, dit-il en 1983, la rue est négative, sale et bête et surtout stupide. Je ne sors pas beaucoup, mais il me suffit de voir un ou deux punks pour comprendre[29] », ce qui fait davantage penser à un vieux fumeur de pipe en pantoufles qu'à l'homme de quarante-sept ans qu'il est en réalité. Il a opéré en un clin d'œil la transition de l'enfant terrible au grand couturier.

« J'ai toujours détesté l'excentricité, et l'essentiel de la mode aujourd'hui en relève. La gaieté et l'excitation du début des années soixante-dix étaient spontanées et sans prétention. Aujourd'hui, tout est forcé. À l'époque, c'était une vraie révolution ; aujourd'hui, on ne fait que répéter[30]. »

C'est ainsi qu'au lieu d'innover, il s'engage dans une série de collections qui sont autant d'hommages à lui-même et à l'œuvre de grands Parisiens. Il y a une collection qui célèbre Serge Diaghilev et sa collaboration avec Picasso, d'autres dédiées à Braque, Matisse et Léger, Van Gogh avec ses

Tournesols et ses *Iris*. Il y a un hommage à Shakespeare en 1980, à Cocteau et à Aragon, ainsi qu'à Schiaparelli et à son extraordinaire collection Zodiaque de 1938. Ce sont autant de prouesses de beauté et de métier, qui provoquent des exclamations d'admiration plus que le souffle court qui a accueilli jadis ses inventions lumineuses. Il s'exprime de plus en plus en termes de basiques, de classiques et se dit déterminé à raffiner encore le style « pur YSL ». À partir de 1979, il se met à prendre pour référence sa propre carrière, revisitant ce qu'il a déjà fait pour le reprendre, le repenser, l'épurer. La robe Mondrian de 1965 réapparaît sous forme de veste dans la collection de 1979, un chemisier et une jupe longue de la collection Opéra reviennent en 1980, on assiste à d'inlassables remaniements du smoking, du blazer, du tailleur-pantalon, de la saharienne, du trench et du caban. Et si l'acuité du charme novateur de leur première incarnation s'est émoussée, ces vêtements ne perdent jamais le pouvoir de la perfection absolue de leur ligne.

Plongé dans l'alcoolisme, Yves cherche de nouveaux refuges, de nouveaux lieux d'évasion. Avec Pierre, il achète à Marrakech une nouvelle maison, plus spacieuse et plus belle, la villa Oasis, entourée de superbes jardins qu'ils finissent par ouvrir au public. En 1979, ils font l'acquisition d'une maison du XIXe siècle en Normandie qui leur coûte, dit-on, cinq millions de dollars et qu'ils passent ensuite trois ans à rénover. Elle s'appelle « château Gabriel », alors qu'il s'agit en réalité d'une grande et superbe villa de bord de mer, avec des toits à pignons sous les cieux gris et opaques de la Normandie. Elle a été construite par Ernest Saintin pour un Américain en 1874, quatre ans après la fin du Second Empire, et son architecture est un excellent reflet de l'ornementation surchargée et des aspirations de cette époque.

Yves et Pierre ont surtout été séduits par sa proximité avec la petite ville de Bénerville-sur-Mer, à quelques kilomètres à l'est de Cabourg, où Proust prenait ses vacances. Ce bout de côte a servi de source d'inspiration et de cadre à une grande partie d'*À l'ombre des jeunes filles en fleur*, où l'on voit le narrateur et sa grand-mère prendre le petit train et partir pour passer l'été dans la ville balnéaire fictive de Balbec. Saint Laurent décide que cette maison sera sa folie proustienne et demande à Jacques Grange de « recréer l'ambiance des maisons de campagne où ses personnages passaient leurs étés[31] ». Malheureusement, et c'est un peu exaspérant, Proust n'a jamais séjourné au château Gabriel, mais la mère de Gaston Gallimard, son éditeur, habitait juste à côté — comme Yves et Pierre ne se lassent pas de le faire savoir. Et lorsque Jacques Grange termine la décoration, qui exige plusieurs kilomètres de taffetas de soie drapé, on n'a aucun mal à imaginer que Swann en personne va, d'un instant à l'autre, franchir la porte d'entrée, en cravate blanche et queue-de-pie. La maison ressemble à un décor de théâtre, à l'intérieur tout renvoie au symbolisme proustien ou au Second Empire. Le jardin d'hiver, par exemple, s'inspire de celui de la princesse Mathilde Bonaparte, dont Proust fréquentait le salon.

C'est une villa et un décor faits sur mesure pour les grandes fêtes du week-end du clan Saint Laurent, pour de somptueux dîners à vingt. Pourtant, elle ne sera jamais utilisée à cette fin. Peut-être est-ce le vide de la demeure ou les références pesantes qui lui prêtent une atmosphère aussi triste. Il y a neuf chambres à coucher, chacune porte le nom d'un personnage de Proust, et elles ont été décorées dans leur esprit — duchesse de Guermantes, Mme Verdurin, Albertine, ainsi que Madeleine Lemaire, qui n'est pas une héroïne de roman, mais une dame qui tenait salon et avait été une amie de l'auteur. Sans doute a-t-elle été ajoutée en guise de question piège afin de distinguer les vrais connaisseurs de *La Recherche* des amateurs. Ce décor de parc à thème comporte même de petites plaques portant le nom du personnage en question, sur la porte des différentes chambres. Elles sont généralement attribuées à la personne qui leur convient le mieux, en fonction de la liste des invités du week-end. Mais les deux rôles principaux sont réservés et leur distribution immuable : Yves est Swann, bien sûr, et Pierre le baron de Charlus.

Plus que partout ailleurs, c'est au château Gabriel qu'Yves peut s'adonner à son esthétisme obsessionnel, se faisant livrer de Paris des camionnettes chargées d'immenses bouquets de roses de jardin pour sa contemplation solitaire. Le jardin d'hiver qui longe l'arrière de la maison est sa pièce préférée. Il s'y assoit, en nœud papillon et cachemire, au milieu de la profusion luxuriante et étouffante d'hortensias blancs, d'amaryllis, de fougères et de grands palmiers, le regard fixé pendant des heures d'affilée, à travers la bruine, sur Deauville, et la mer au-delà. Tout avenir semble avoir désormais disparu de la vie de Saint Laurent ; ne restent que nostalgie et hommages.

Il y a pourtant une certaine exaltation dans sa solitude et une profonde veine de volupté dans l'extravagance et l'artifice de son environnement. Trois ans plus tard, Saint Laurent décrit son goût pour la décadence en des termes qui font étrangement écho à ceux de Jacques de Bascher neuf ans plus tôt : « Les gens pensent que la décadence, c'est la débauche. La décadence, c'est simplement la mort de quelque chose de très beau. C'est une belle fleur qui meurt, et quelquefois, il faut attendre très longtemps pour qu'une autre fleur apparaisse. »

C'est une belle fleur qui meurt, sans doute, mais malheur à qui place celle qu'il ne faut pas sous le nez d'Yves Saint Laurent. Du château Gabriel, le couturier affectionne les immenses bouquets ne comportant qu'une variété de fleur ; un jour, une gouvernante commet l'erreur de disposer un bouquet d'arums dans un vase — au lieu des lys de Casablanca chers à Proust. Saint Laurent ne prononce pas un mot de reproche. Mais quand la gouvernante revient, elle découvre qu'il a décapité aux ciseaux toutes les fleurs, dont les tiges se dressent encore, humiliées. Telle est la colère de Saint Laurent lorsque la réalité surgit dans son idéal visuel.

Pierre arrive de Paris dans son hélicoptère personnel flambant neuf, entièrement blanc, qu'il pilote lui-même. À Paris, Yves et Pierre n'habitent plus ensemble, mais cela ne les empêche pas de partager leurs maisons ailleurs et de continuer à mener leurs vies en tandem. Il n'y aura jamais de divorce clair et irrévocable. Comme l'explique Pierre en 2003 : « On ne s'est jamais séparés, on a choisi de vivre séparément. Et chez Yves, je suis chez moi. J'ai les clés [32]. » Pierre a une foule de passe-temps, auxquels il s'adonne avec toute la passion de l'amateur. En plus du pilotage, il apprend à conduire une voiture à cheval, ce qui lui permet de faire le tour de la propriété pour vérifier l'état des grilles et du parc en cabriolet tiré par un poney, avec Madison Cox à ses côtés ou, parfois, Yves, arborant une casquette de tweed.

La demeure est aussi révélatrice de leurs fantasmes sociaux que de leurs goûts littéraires, avec son étalage dispendieux de domestiques — chef cuisinier, jardiniers, palefrenier —, ses lits préparés pour des duchesses de fiction, son héliport, ses trois chevaux de course et son troupeau de vaches normandes acquises, de l'aveu même de Pierre, « parce qu'elles vont bien avec la maison [33] ».

« Yves menait la vie d'une vedette hollywoodienne, raconte Patrick McCarthy, qui arrive à Paris en 1981 pour prendre la direction du bureau de *Women's Wear Daily*. Je me rappelle mon premier dîner chez Saint Laurent, j'ai levé les yeux, j'ai vu ce tableau sur un chevalet et je me suis dit : "Tiens, on dirait un Gainsborough." Je n'imaginais pas que qui que ce soit puisse *posséder* un Gainsborough ! Je pensais qu'ils étaient tous dans des musées ou dans un superbe château, je ne sais où. Alors être assis rue de Babylone et voir un Gainsborough à côté d'un Picasso, lui-même à côté d'un Miró, c'était franchement impressionnant. Ça vous aidait à comprendre la masse de fric qu'on peut se faire dans la mode. »

Patrick décide d'écrire pour la revue un article sur la fortune des couturiers, choix qui en soi témoignait du remarquable essor du profit personnel dans la mode. « Ils avaient tellement d'argent ! explique McCarthy. Évidemment, une grande partie n'était pas déclarée aux impôts. Il y avait là quelque chose qui faisait penser au Hollywood des années vingt, des gens d'origine très modeste se retrouvaient soudain à la tête d'un fric fou, alors qu'est-ce qu'ils en faisaient ? Ils achetaient des bateaux, ils achetaient des châteaux, ils s'entouraient, ils avaient des appartements grandioses, ils achetaient des œuvres d'art. »

Son article, publié au début de 1982 sous le titre « RICH RICH RICH RICH RICH RICH RICH[34] », passe au peigne fin la fortune de tous les grands couturiers, parmi lesquels Yves Saint Laurent et Bergé, Valentino, Pierre Cardin, Hubert de Givenchy, Marc Bohan, et d'une poignée de créateurs de prêt-à-porter, dont Karl Lagerfeld. Bien sûr, personne n'a voulu dire à McCarthy combien il gagne, et nombreux sont ceux qui ont même affirmé ne pas en avoir la moindre idée, mais McCarthy a ses méthodes, ses moyens, et une calculette.

Ses découvertes sont sensationnelles, surtout dans le contexte de la récession économique qui accable la France de l'époque. Les chiffres reposent sur les bénéfices de l'année 1981. Pierre Cardin est celui qui gagne le plus, grâce au développement remarquable de son système de licences dont le revenu total frôle, semble-t-il, les trente-cinq millions de dollars pour cette année-là. Cela lui permet d'empocher un revenu personnel de huit à neuf millions de dollars par an, contre quatre millions de dollars pour Yves Saint Laurent. Bergé, qui est président de la société, possède un peu moins de 50 % des parts, Yves restant actionnaire majoritaire, si bien que le revenu de Pierre est estimé à un tout petit peu moins de quatre millions de dollars. Le profit annuel personnel d'Hubert de Givenchy est évalué à 4,2 millions de dollars, une somme impressionnante qui lui permet de cultiver l'élégance tout européenne de son train de vie, avec hôtel particulier à Paris, château de campagne et chalet de ski à Megève.

Et Karl Lagerfeld ? « Comptabiliser les revenus de Karl Lagerfeld, déclare McCarthy, c'est comme compter les flocons dans une tempête de neige[35]. » Cela tient pour une part à la discrétion de Karl et pour une autre à l'invisibilité considérable de ses revenus, car il ne possède pas de maison de couture ; il travaille en free-lance et au contrat, fixant lui-même ses honoraires. « Je suis comme M. Gulbenkian, dit-il, je ne possède rien. Je touche un pourcentage sur tout[36]. »

« Outre une fortune personnelle que la rumeur prétend colossale, le couturier a signé un nombre ahurissant de contrats de mode en free-lance ; certains sont connus, comme Chloé et Fendi, mais Karl Lagerfeld (qui réside désormais officiellement à Monaco) garde adroitement le secret sur d'autres », écrit McCarthy. Il dessine toujours la collection de chaussures de Mario Valentino — mais curieusement ni le fabricant ni lui ne l'admettent jamais — ainsi qu'une collection de prêt-à-porter de milieu de gamme pour le fabricant italien Alma. En échange de ses services, Lagerfeld exige, dit-on, de ces deux sociétés italiennes des honoraires s'élevant respectivement à deux cent cinquante mille dollars et cinq cent mille dollars par an. Il gagne aussi huit cent mille dollars d'honoraires et de royalties annuels auprès des sœurs Fendi, approximativement 1,6 million de dollars chez Chloé et plusieurs centaines de milliers de dollars supplémentaires grâce à des contrats en Allemagne et au Japon.

En 1981, ce sont des sommes phénoménales pour un styliste indépendant. Que Karl impose ce niveau d'honoraires et de royalties dans la mode illustre bien son sens des affaires féroce et la confiance des sociétés qui l'emploient dans ses résultats commerciaux – cela fait désormais plus de vingt ans qu'il travaille pour Chloé, Fendi et Mario Valentino. Les revenus de Lagerfeld avoisinent les 3,5 millions de dollars par an, soit à peine un demi-million de moins que Saint Laurent.

Et c'est dans ce contexte de gains faramineux – au moment même où Yves dispose le portrait de Burnes-Jones qu'il vient d'acheter sur un chevalet dans la salle à manger du château Gabriel, au moment où Karl finalise les négociations pour l'achat d'une autre jolie maison de campagne aux environs de Paris – que François Mitterrand, premier président socialiste de la Ve République, arrive au pouvoir.

16

1981-1983

Le 10 mai 1981, François Mitterrand remporte enfin les élections présidentielles, réalisant ainsi l'ambition de toute une vie. Sa victoire est un jour de deuil et d'affliction pour les millionnaires français, qui redoutent l'arrivée du premier président socialiste de la Ve République et craignent de surcroît de le voir tenir sa promesse électorale d'imposer un impôt sur la fortune qui réduira l'écart entre riches et pauvres. Pour eux, la fête populaire qui a lieu place de la Bastille cette nuit de mai évoque la crainte de la populace venant frapper aux carreaux de Versailles. « Les Français vivent dans l'histoire, explique Guy de Rothschild, on pense, on espère ou on craint toujours de voir resurgir tel ou tel événement du siècle passé. À cette époque, on s'est rappelé le gouvernement de Front populaire de 1936. Je sais que pendant un moment, j'ai eu le sentiment qu'il allait y avoir une mini-Révolution française et que nous nous dirigions vers une dictature du plombier. Mais cela n'a pas été le cas. »

C'est pourtant bien ce que l'on redoute. Le lendemain des élections, la Bourse de Paris s'effondre et le franc plonge. Un grand nombre de vieilles familles fortunées plient bagage et quittent le pays, craignant de voir leur fortune mise à mal par le socialisme. Mitterrand, alors âgé de soixante-cinq ans, n'aura jamais l'audace de taxer sévèrement les riches, mais il entreprend de nationaliser la plupart des banques privées et plusieurs grands groupes industriels. La banque familiale des Rothschild est touchée par ces mesures, ce qui incite Guy de Rothschild à renoncer à prendre sa retraite, à partir pour New York, et à y monter une affaire. Sa femme Marie-Hélène le suit et transfère sur Lexington Avenue ses mondanités très Ancien Régime de l'hôtel Lambert, laissant un vide dans la haute société parisienne.

L'arrivée de Mitterrand au pouvoir coïncide aussi avec la migration de Karl Lagerfeld vers le sud et le paradis fiscal monégasque. Le nouvel appartement qu'il y occupe dans un immeuble moderne devient son domicile principal. Il conserve cependant son logement parisien et ne passe dans la principauté que le temps requis pour répondre aux critères de résidence.

Les mois de l'été 1981 sont marqués par une paranoïa lancinante. Marie-Hélène n'a pas encore déménagé, mais on ne la voit plus en ville pendant les mois qui suivent l'élection et les mauvais plaisants les traitent déjà, elle et sa bande, de « dinosaures[1] ». Kim d'Estainville, homme à l'élégance nonchalante, parle au nom de ce beau monde lorsqu'il affirme : « L'ordre ancien a disparu depuis longtemps[2]. »

Fabrice Emaer a fait campagne pour Mitterrand. Quelques jours à peine avant les élections, il est monté sur la scène du Palace pour exhorter la foule à voter socialiste, commettant ainsi une grave erreur de jugement quant à la température politique de la société parisienne. Sylvie Grumbach, l'infatigable responsable des relations publiques du Palace, s'en souvient : « Il était sur scène, et j'ai vu les mines dégoûtées, les gens sont sortis, ils sont partis en colère. Ça a marqué le début de la fin du Palace. »

Fabrice a parfaitement le droit d'exprimer ses choix politiques personnels mais on ne pardonnera pas cette bévue au grand ordonnateur des nuits parisiennes. Marie-Hélène et ses amis de l'élite sociale ne mettent plus les pieds au Palace. Peut-être n'y seraient-ils pas restés bien longtemps de toute façon. L'ouverture apparente de la société a-t-elle jamais exprimé autre chose qu'une curiosité passagère ? « C'étaient des groupes différents, qui se mêlaient en certains lieux, explique Sao Schlumberger, un grand nom du Tout-Paris, mais ils ne se mélangeaient pas comme ça tout le temps. » Ils se sont confondus à la faveur de la nuit, mais le frisson des fêtes en compagnie du peuple a toujours reposé sur le sentiment rassurant d'être dans son propre royaume, et, quand le vent froid du socialisme s'abat sur la ville, ils serrent les rangs.

Les nuits de bringue à n'en plus finir touchent à leur terme. Tout le monde a vieilli et s'en rend compte — après tout, cela fait au moins douze ans qu'on fait la noce sans répit ; combien de temps peut-on tenir le rythme ? Combien de temps peut-on supporter la répétition incessante des soirées à thème, des fantasmes et de l'évasion ? Tous les mois, le Palace publie un calendrier des festivités à venir, promettant une succession ininterrompue de nuits de « délire[3] ». L'année précédente, une fête à l'occasion du 14-Juillet a mis en scène « Louis XVI et l'Autrichienne[4] », c'est-à-dire Marie-Antoinette, « maltraités sur scène par le peuple de Paris (quatre danseurs noirs) ». C'est un choix de spectacle fort approprié si l'on songe à l'année suivante…

Quant à ceux qui font appel aux drogues, combien de temps encore peuvent-ils supporter l'alternance immuable des heures de défonce et de déprime ? Il y a la souffrance des mauvais trips, la nécessité de supporter le choc de la lumière du jour en attendant que la fête reprenne. Alain Pacadis est un habitué du Palace, où il finit bien des nuits, inconscient, défoncé à l'héroïne. En 1978, il évoque dans sa chronique de

Libération la vacuité de son existence dans un langage qui résonne d'un désespoir hébété. « Paysage vide, ciel vide, tête vide : mais pourquoi est-ce que ça fait si mal ? Un matin, on se retrouve avec des clous enfoncés dans le ventre et des aiguilles dans le cœur. Une musique fade, qui ne veut rien dire. De la musique qui pulse dans les couloirs du Palace ; j'y retourne toutes les nuits, parce qu'il n'y a pas d'autre endroit où aller. Vide. Je suis vide comme l'écume de la vie, vide comme les yeux de l'aveugle, vide comme un ciel sans étoiles. J'ai mal à la tête et rien ne peut me calmer, s'il te plaît docteur Burroughs encore une injection. De la musique pour ma tête, je ne vois rien du tout. Rien du tout. »

En janvier 1981, Fabrice ouvre le Privilège, un club privé situé au sous-sol du Palace, comprenant un restaurant et un salon avec piste de danse, réservés aux membres. Les adhérents du Privilège sont libres de circuler dans tout le Palace, mais la foule du Palace n'est pas autorisée à accéder à ce nouveau club VIP — en contradiction flagrante avec la conception initiale de la boîte de nuit. C'est une vaine tentative de Fabrice pour retrouver un peu du plaisir intime et de la folie du Sept, mais l'alchimie n'opère pas. Ce lieu, que Fabrice présente comme une « scène totalement européenne, inimaginable ailleurs, inspirée par l'esprit de Cocteau et de Christian Bérard », vouée au « vrai luxe[5] » devient surtout un endroit où l'on peut consommer de l'héroïne à l'abri des regards.

Fabrice perd peu à peu son emprise sur les désirs de la nuit parisienne. Il a des problèmes de santé et croule sous les dettes ; il licencie du personnel tout en continuant à dépenser sans compter pour préserver son programme de fêtes et de concerts car, pour la première fois, il affronte une véritable concurrence. Les Bains Douches sont inaugurés en 1979 : c'est une boîte de taille plus modeste, installée dans d'anciens bains publics, plus branchée héro et Joy Division que disco comme le Palace et qui draine les foules dès qu'elle ouvre ses portes. Un an plus tard environ, les bars gays explosent à Paris, les ouvertures se succédant sur une ligne horizontale qui part des Halles et traverse le Marais. Ces petits bars sombres aux poudres cristallines et aux rituels de fraternité commencent à dominer la vie urbaine, offrant des possibilités de rencontres sexuelles intenses et multiples dans leurs *backrooms*.

Le plaisir tonique qui a caractérisé la libération homosexuelle du début des années soixante-dix appartient au passé. Ces années de flirt et de badinage — où les hommes faisaient leur brushing hebdomadaire chez Carita et ne lésinaient pas sur le strass et le khôl la nuit — cèdent la place à un désir nouveau de virilité, le « pédé dur », comme dit Guy Cuevas.

Cette nouvelle exploration de l'identité homosexuelle impose d'exclure la féminité, aussi bien physiquement qu'en éradiquant tout ce qui est considéré comme féminin chez l'homme lui-même. Les nouveaux bars gays comme le Broad sont interdits aux femmes et l'affichent sur leur porte. Fabrice organise des voyages en train en Normandie avec des fêtes qui durent toute la nuit et se transforment en soirées SM, et introduit au Palace tous les dimanches à cinq heures des thés dansants « totalement interdits aux femmes[6] ».

Les poses extravagantes et les idylles du Sept, l'époque où les filles étaient des partenaires de danse que l'on pouvait déguiser et idéaliser, où elles étaient là pour incarner les rêves et les illusions de glamour, pour danser et faire les folles au bar sans se laisser toucher, cette époque-là est totalement révolue. Les filles et la féminité n'ont aucune place dans le nouvel ordre gay.

« Les gays, explique Guy Cuevas, avaient commencé le body-building pour être plus musclés que les hétéros. Et puis, ça a été le choc. C'était l'époque de *La Chasse*, le film de William Friedkin. Celle du pédé dur, du pédé cuir, plus du tout marrant, plus du tout optimiste, plus du tout heureux, que rien ne faisait plus rire. Tout est devenu horrible. C'était l'agresseur en cuir noir, l'assassin en cuir noir.» «On a assisté à la new-yorkisation de Paris», raconte Patrick McCarthy avec moins de pathos ou, comme le dit Tan Giudicelli: «Nous vivions le sexe comme un sport dénué de sentiment.»

Cette évolution trouve naturellement un écho dans la mode et plus particulièrement dans le travail de Claude Montana, l'influence la plus *hot* en 1982 parmi les créateurs. La revue *People* va jusqu'à prédire: «Il pourrait bien être le Saint Laurent des années quatre-vingt[7].» Mais contrairement à Saint Laurent qui idolâtre la femme et l'habille comme une «déesse» moyennant toute l'idéalisation impossible que cela implique, la dynamique de Montana avec les femmes est plus sombre et plus tourmentée. «Quand on allait aux essayages, raconte Pat Cleveland, c'était la torture intégrale. Il vous ciselait comme un bloc de bois, il ne vous lâchait pas avant d'avoir retiré tout ce qui vous appartenait et remplacé par ce qui était lui. Il n'était pas question d'être autre chose que Claude. Il se tournait et s'éloignait de vous, il se retournait et vous regardait, fâché et furieux; on mourait de trouille et puis, il s'approchait et touchait votre corps, comme s'il vous sculptait. C'était une expérience violente. On avait l'impression qu'il vous détestait d'être vous-même, mais qu'il voulait être vous.»

À l'époque, les défilés de Montana provoquent de véritables crises d'hystérie. Les acheteuses new-yorkaises sont assises au premier rang et sanglotent devant ses créations audacieuses destinées à une nouvelle génération. Montana introduit une chorégraphie très personnelle avec une formation pouvant compter jusqu'à huit mannequins, qui descendent lentement la passerelle interminable, sans sourire, les mains dans les poches ou sur les hanches. Montana dicte aux modèles chacun de leurs pas, chacune de leurs poses; il les prive de toute spontanéité et les oblige à se déplacer exclusivement selon sa volonté. Il impose même à Pat Cleveland, célèbre pour ses bonds et ses volte-face à la Betty Boop, une démarche de robot synchronisée. Ses défilés se déroulent aux accents du *Requiem* de Verdi et de la marche d'*Aïda*. Irène Silvagni, alors rédactrice de mode de l'édition française de *Vogue*, se souvient : « Quand j'assistais aux défilés d'Yves Saint Laurent, j'avais l'impression qu'il m'avait écrit une lettre d'amour. Il y avait tant d'émotion. Montana, c'était exactement le contraire. Ses défilés m'inspiraient une panique absolue, voir cette femme si méchante, si pointue ; on aurait dit qu'il nous détestait. »

Lorsqu'on regarde aujourd'hui une séquence vidéo des défilés de Montana, on ressent un certain malaise. La coupe de ses vêtements est superbe, c'est un fait, les finitions irréprochables, le cuir exquis, le modelé magistral, mais on est écrasé ; c'est l'anéantissement de la féminité, moins par misogynie que par volonté de créer un eunuque féminin. On ne relève jamais chez Montana la moindre trace d'admiration pour la femme ; au contraire, ses vêtements éveillent de déplaisantes associations avec le fascisme — par l'iconographie de l'aigle, bien sûr, par les manteaux de cuir traînant jusqu'à terre et les gros ceinturons de cuir d'esprit militaire, mais surtout par la beauté glaciale et réfrigérante de l'ensemble de sa vision.

Le style de Claude Montana et l'accueil délirant que lui réserve le public témoignent d'une transformation radicale de la mode. D'autres esprits novateurs se bousculent pour attirer l'attention. Thierry Mugler a débarqué avec ses costumes spatiaux de divas et ses énormes épaules rembourrées et, en 1981, Azzedine Alaïa a lancé sa marque et sa première collection, inventant cet élément incontournable du vêtement 1980 : le « body ». Le style d'Alaïa reflète les nouvelles préoccupations — un corps tonifié par la gym et des notes de frais considérables —, avec des bustiers pigeonnants, des tricots sexy et des jupes à pans en cuir noir. Pendant ce temps, Jean-Paul Gaultier obtient une couverture médiatique exceptionnelle grâce à son goût pour l'humour décalé issu de l'univers de la BD et à ses emprunts à la culture punk.

L'une des premières victimes de ce nouveau climat est Kenzo. Il a rompu avec son partenaire commercial Gilles Raysse dans des conditions difficiles en 1980 et l'a remplacé par François Baufumé. Baufumé est l'un des premiers diplômés en commerce et en gestion à travailler dans l'industrie de la mode. « J'étais le seul de ma promotion d'HEC à entrer dans la mode et à cause de ça, j'étais considéré comme le raté de l'année », dit Baufumé. Cela montre bien qu'en 1980 l'industrie de la mode est encore balbutiante et n'est pas prise au sérieux. La situation va se modifier de façon radicale et explosive au cours des dix années suivantes, au point qu'aujourd'hui certains n'hésitent pas à prétendre que c'est la stratégie commerciale, les tableurs et les cadres qui l'emportent sur la conception et sur la créativité.

Baufumé met de l'ordre dans les affaires de Kenzo ; il règle les problèmes fiscaux, les questions de production et de distribution, restructure la marque et lance un parfum, faisant passer le chiffre d'affaires de vingt millions de francs par an à deux cent quarante millions. Mais, malgré tout cet argent, en 1983, Kenzo traverse une mauvaise passe sur le plan créatif[8].

L'année 1982 a vu l'arrivée sur la scène des Japonais Comme des Garçons et Yohji Yamamoto. Leur esthétique de déconstruction et l'intransigeance de leur palette noire sont d'une nouveauté si radicale que l'autre créateur « japonais », Kenzo, paraît immédiatement démodé. « Comme [des Garçons] et Yohji ont vraiment bouleversé le système, reconnaît Kenzo, mais en un sens, je me sens proche d'eux, du moins je comprends leur construction du vêtement. Mais ceux qui m'ont vraiment déconcerté ont été Mugler et Montana, puis Azzedine. Ils faisaient des vêtements beaux, sublimes, mais c'étaient des vêtements que vraiment je *ne peux pas* faire, des vêtements tellement structurés. Pour moi, quelqu'un comme Montana était aux antipodes de ce que je faisais. La mode avait complètement changé.»

Kenzo est effrayé et désorienté, intimidé par l'infrastructure qui l'entoure et qui lui impose d'accélérer la production, la distribution et les embauches. Il est déboussolé par l'argent qu'il gagne. Pendant une période de cinq à six ans, comme il l'admet, «j'étais perdu. Ça ne marchait pas. Il fallait que je suive des tendances, et ça ne me plaisait pas. Vers 1985, la société s'est agrandie, les réactions n'étaient pas excellentes, les collections non plus, et j'avais sur le dos cette responsabilité immense : il fallait que la collection se vende, qu'elle soit super, c'était un lourd fardeau». En un an, le chiffre d'affaires chute de deux cent quarante à cent quatre-vingts millions de francs. C'est une période traumatisante pour Kenzo en termes de création ; il doit s'efforcer d'aller contre son propre style, contre son cœur et son instinct et de suivre la tendance pour rester dans le coup.

C'est une heure cruelle que celle où un créateur se trouve démodé, largué, dépassé. Une nouvelle génération est née, et sa vision ou son expression créative ne collent plus à son époque, elles ne la reflètent plus. Cette souffrance est propre à la mode. Bien sûr, toutes les formes artistiques sont soumises à des tendances et à des évolutions du climat, comme en témoigne la domination récente de l'art conceptuel. Mais, même si elle n'est pas « à la mode », une toile peut néanmoins posséder un mérite artistique et créatif intrinsèque. Or une des qualités déterminantes de la mode est de refléter une époque et ses désirs.

Dans une industrie qui gagne de l'argent en essayant

d'exploiter l'instant présent, tout le monde – couturier, journaliste, membre de la coterie, mannequin et gestionnaire – est terrifié à l'idée de voir l'instant lui filer entre les doigts et s'envoler et de devenir soi-même indésirable ou, dans le cas du directeur commercial, de se retrouver avec trois mille manteaux de la saison dernière sur les bras.

Être dépassé : tel est le destin inexorable du couturier, et c'est une crainte qui non seulement les pousse de l'avant, mais nourrit l'agressivité typique de ce milieu. On songe aux propos d'Eric Wright, longtemps l'associé de Karl Lagerfeld : « Sa plus grande crainte était de ne pas faire partie du moment. »

À huit ans, par un après-midi interminable, Jacques de Bascher regarde son petit frère Xavier jouer avec son train électrique. Les deux garçons sont allongés par terre, dans leur chambre de Neuilly, tandis que les locomotives vert foncé sifflent à leurs oreilles. Jacques se dit alors qu'il serait bien joli de pulvériser de la neige artificielle sur les montagnes du paysage dans lequel circule le train pour créer un effet hivernal magique.

Au lieu de s'en charger, Jacques préfère écrire une lettre qu'il tend à Xavier pour qu'il la signe. C'est un contrat, ou du moins un contrat tel que peut le concevoir un enfant de huit ans, prévoyant deux options. En voici la teneur : « Je soussigné, Xavier, accepte de payer deux francs en échange de l'idée de pulvériser de la neige sur les montagnes qui décorent mon Marklin. Je m'engage à payer à Jacques ladite somme pour avoir le droit d'utiliser son idée. Ou non, je ne paye rien et je n'ai donc pas le droit d'utiliser cette idée[9]. » Xavier choisit la première solution, signe le contrat et remet 2 francs à Jacques avant d'enneiger lui-même les montagnes, comme convenu.

Xavier possède encore ce contrat, qu'il conserve dans un album avec des photos, des images et d'autres souvenirs. En relisant à plus de quarante ans de distance ce document dans lequel Jacques propose de vendre à son frère sa vision de la beauté, Xavier reconnaît : « C'est quelque chose, ça fait partie du tableau. »

Jacques est-il né pour être une muse, un homme capable de créer une ambiance, de susciter des idées, mais qui ne sait rien faire de ses mains ? Est-ce son destin ou son choix ? « J'erre, je dérive, je flotte », dit Gabriel Nash dans *La Muse tragique*, le roman d'Henry James : « Mes sentiments me dirigent – si l'on peut dire qu'une vie comme la mienne a une direction. Partout où il y a quelque chose à ressentir, j'essaie d'y être ! » Cette phrase résume parfaitement l'état d'esprit de Jacques à trente ans, en 1981.

Cela fait plusieurs années qu'il cherche de façon un peu décousue à employer ses journées. Il a proposé plusieurs fois à Paloma de lancer un parfum avec lui, lui offrant ses services de directeur commercial, mais elle l'a ignoré. Et voilà qu'en 1983, elle lance avec son mari un parfum qui remporte un fabuleux succès dans le monde entier. Jacques a aussi des projets d'écriture : une semaine un roman, la suivante une biographie de James Dean. Il envisage d'écrire une biographie de Karl et accumule des centaines de coupures de presse sur lui, un détail qui révèle bien sa fascination. Mais Karl n'a pas l'intention de parler de son passé, et ce projet n'aboutit pas. Jacques n'écrit rien.

Jacques veut écrire des scénarios, tourner des films. Mais sa carrière cinématographique se résume à *Views-Interviews* [10] – un film publicitaire tourné en 1978 pour le lancement d'un parfum pour hommes de Lagerfeld et à un court-métrage consacré à une garden-party organisée dans le jardin de Karl. Jacques a l'intention de se lancer dans la musique et s'est procuré un matériel de pointe, dont une énorme platine installée dans son appartement, place Saint-Sulpice. En 1979, il réalise le mixage de plusieurs marches autrichiennes pour le défilé de Chloé, un accompagnement musical qui, conjugué au décor du théâtre de Chaillot, donne des sueurs froides aux acheteuses de mode américaines.

Jacques manque de l'ancrage que lui apporteraient une fonction ou un talent tangibles et cède apparemment de plus en plus à son goût pour la provocation. Il s'obstine à parler allemand à Helmut Newton, une habitude qui, associée à ses tenues tyroliennes, a le don d'exaspérer le photographe, en général imperturbable. Au cours de ces années, il pique souvent des colères ; ses sautes d'humeur sont de plus en plus outrées, et on ne peut que se demander si cette évolution psychologique est liée à sa consommation de cocaïne. Personne ne semble savoir avec certitude combien il en prend, mais, selon ses amis, il en consomme quotidiennement depuis près de neuf ans.

S'y ajoute l'alcool, une habitude acquise au début des années soixante-dix et qui fait partie intégrante de sa vie. Il n'est pas rare que les consommateurs de cocaïne utilisent l'alcool pour émousser légèrement les effets de la drogue, pour les atténuer, ce qui la rend plus agréable. Il arrive que Jacques débarque au studio de Karl ivre et d'humeur belliqueuse. Un jour, il rentre à Paris à cent cinquante kilomètres à l'heure, une bouteille de Chivas à ses côtés.

Les souvenirs et les témoignages sur la personnalité de Jacques sont toujours contradictoires et tracent le portrait d'une figure à l'eau-forte plongée dans un clair-obscur dramatique. Comme le dit Christian Lvowski, son ami : « C'était un garçon qui provoquait des réactions intenses. Il y avait ceux qui aimaient Jacques ; il y avait ceux qui détestaient Jacques. Il n'y avait rien entre les deux. » Mais, dans les récits qui le mettent en scène dans les années quatre-vingt, il apparaît de plus en plus désespéré, et ces récits dessinent presque unanimement le portrait d'un homme consumé par la rage et l'amertume. La coïncidence entre l'abus prolongé et massif de drogue et son comportement outrancier et erratique incite à se demander si Jacques ne souffre pas de troubles de la personnalité.

En juillet 1980, l'artiste américaine Shirley Goldfarb se meurt d'un cancer, mais peu de gens le savent. Elle a toujours rêvé de se produire sur scène et prépare un spectacle fait d'une série de monologues, composant des chansons à partir de menus de restaurants parisiens avec une chorégraphie à la Judy Garland. Elle demande à Pierre Bergé s'il peut mettre à sa disposition le théâtre de l'Athénée. Il accepte et elle donne une soirée, suivie d'un dîner, pour une centaine de personnes. Pendant toute cette période, elle suit une chimiothérapie et une radiothérapie et souffre des effets secondaires de ces traitements. Cela ne l'empêche pas de continuer à sortir au Flore et chez Lipp, de lutter courageusement contre la maladie. Elle se trouve justement chez Lipp quelques jours avant son spectacle, quand Jacques de Bascher entre et s'assoit à sa table. Ils se mettent à bavarder. Madison Cox arrive un peu plus tard, vers vingt-deux heures, pour prendre un café avec elle et la trouve seule à sa table, en larmes. « Elle était complètement hystérique, raconte Madison, elle m'a dit que Jacques était passé et lui avait dit : "Vous savez, vous avez une mine épouvantable, vous ressemblez à la mort ; permettez-moi de vous donner un revolver pour que vous puissiez en finir. Nous n'avons pas envie de vous voir dans un état pareil, alors pourquoi ne pas mettre tout de suite fin à vos jours ?" »

Bien sûr, les proches de Jacques se refusent à imaginer que l'homme affectueux et tendre qu'ils aiment puisse prononcer ces paroles atroces. « Jacques n'était pas cruel, proteste Patrick McCarthy. Le côté diabolique de Jacques relevait du théâtre plus qu'autre chose», renchérit Patrick Hourcade. Mais d'autres jugent que ces propos correspondent exactement au Jacques qu'ils connaissent.

Selon Madison Cox, aucun de ceux à qui il rapportera le propos horrible de Jacques n'aura l'air surpris. Ils haussent les épaules en disant: «Ça, c'est tout Jacques.» «Cette réaction m'a paru vraiment bizarre. Il n'y en a pas eu un pour dire: "Quelle horreur!" ou "Il faudrait lui casser la gueule"; on avait l'impression qu'il était protégé: oui, c'est le méchant du groupe et donc c'est exactement ce qu'on peut attendre de lui.»

Le souvenir de cette triste histoire suscite chez Madison des réflexions sur les lois impitoyables de l'apparence, inhérentes à la vie parisienne: «C'est vrai qu'elle ressemblait à la mort, et c'était intéressant parce que c'était la première fois que je voyais quelqu'un dans un tel état. Vous savez, à Paris, l'apparence compte tellement! Alors, que quelqu'un s'exhibe comme cela dans un état si épouvantable, c'était presque de la provocation, elle était furieuse, elle était amère, mais elle se battait, elle s'est battue jusqu'au bout.»

C'est à cette époque que l'ancienne amante de Jacques, Diane de Beauvau-Craon, réapparaît dans sa vie. Elle a passé quelques années mouvementées à New York, où elle a fréquenté Halston, Timothy Leary, Robert Mapplethorpe, John Lennon et Andy Warhol. «On me considérait comme une princesse complètement cinglée, raconte Diane aujourd'hui. Dans le New York de l'époque être une princesse française et la petite-fille de Patiño, ça, c'était fort. Je ne faisais rien de spécial, c'est-à-dire que je me droguais comme tout le monde, mais j'en prenais plus que tous les autres.» À vingt ans, elle prend des substances hallucinogènes expérimentales avec Timothy Leary et note ses observations par écrit. Plus tard, elle s'installe avec le photographe Robert Mapplethorpe, juste après sa rupture avec Patti Smith. Mapplethorpe et elle se rendent deux fois par semaine dans un hôpital de Long Island pour aider de jeunes adolescents toxicomanes.

Elle finit par quitter New York pour Tanger, où elle se marie pour la deuxième fois, a un fils, se convertit à l'islam, apprend l'arabe et étudie la calligraphie. Cette union se révèle désastreuse et elle se retrouve prisonnière au Maroc. Quand elle parvient enfin à échapper à son mari, elle doit quitter le pays en laissant son enfant derrière elle. « J'ai mis cinq ans à récupérer mon fils, raconte-t-elle. Quand on suit son chemin jusqu'au bout, on fait des expériences super, mais on encaisse aussi des coups durs. Je ne me plains pas, ça fait partie du deal. La vie n'est pas qu'un grand sourire — Dieu merci, ce serait mortellement ennuyeux. »

De retour à Paris, Diane s'installe chez Jacques, place Saint-Sulpice. Ses cheveux noirs sont coupés court et elle associe une silhouette androgyne à une poitrine avantageuse, produisant ainsi un effet des plus spectaculaires. L'attribut le plus remarquable de Diane est sa voix, ou plus exactement son timbre — elle parle d'un ton rauque, séducteur et en même temps très autoritaire. Elle a quelque chose de Nancy Cunard, avec ses vêtements et son allure masculins et son attitude rebelle, mais l'activisme politique de Cunard lui est totalement étranger. Elle sort avec Jacques le soir, drague des hommes et les lui offre. Ils se rendent à un bal de l'Opéra en 1980 vêtus à l'identique, smoking, cravate noire et bandeau sur un œil comme des pirates.

« J'avais cette fébrilité que bien d'autres partageaient, raconte Diane, nous courions, courions, courions après le temps, nous ne voulions rien manquer. Je crois que nous étions beaucoup à être comme ça, à ne pas vouloir rater le plaisir, à ne pas vouloir rater la joie, à ne pas vouloir rater l'amour, à ne pas vouloir rater tout ce que nous avions raté pendant notre vraie jeunesse – notre enfance. Je crois que nous avons été la dernière génération à laquelle ses parents n'exprimaient pas leur amour. Ils ne nous serraient pas dans leurs bras, ils ne nous embrassaient pas, ils ne nous disaient pas je t'aime ma petite chérie. Et quand je pense à mes amis homosexuels, ils souffraient tous d'un terrible problème affectif avec leurs parents, ils n'avaient jamais entendu ces mots et ça les déstabilisait complètement.»

Hébétés, bourrés de coke pour oublier la solitude, pour oublier le néant. «Nous n'avions jamais le temps de comprendre les gens, nous étions tellement occupés à courir après des illusions», ajoute Diane. Et après avoir plané, il faut bien atterrir: la vie le lendemain, vide et fracassée, encombrée de l'extase de la nuit précédente, la gueule de bois et les mains tremblantes, l'inanité au-delà de l'illusion.

En 1972, Karl était très hostile à l'amitié entre Diane et Jacques, mais le voilà enchanté de la voir revenir. «Il n'avait plus de moi l'horrible image d'une femme qui cherchait à lui prendre Jacques; au contraire, il me trouvait sympa, j'ai commencé à l'inspirer. J'étais la bru idéale, parce qu'à ce stade de leur relation, je crois qu'il considérait Jacques plutôt comme son fils.»

En janvier 1981, Jacques demande à Diane de l'épouser. Elle accepte et ils organisent une cérémonie religieuse grandiose pour célébrer leurs fiançailles à l'église de la Sainte-Trinité, à Rome. Le pape bénit la bague de fiançailles et une revue française affirme que c'était un mariage «très distingay». Cette union satisfait-elle un autre fantasme d'enfance de Jacques? Anne de Bascher se rappelle qu'adolescent, il s'était enfermé dans les toilettes de leur appartement de Neuilly et en était ressorti, un exemplaire du *Bottin mondain* à la main. «J'épouserai celle sur laquelle se posera mon doigt [11]», avait-il déclaré, déjà cabot à quinze ans. Selon Anne, en ouvrant le volume au hasard, son doigt était tombé sur le nom de Diane de Beauvau-Craon.

On ne peut s'empêcher de se demander si Jacques n'avait pas repéré la fiancée de ses rêves, bien avant la mise en scène du doigt pointé au hasard. Il aurait si facilement pu tomber sur la veuve édentée d'un aristocrate désargenté du comté voisin. Mais non, le sort attribua à Jacques, comme par hasard, la benjamine du prince de Beauvau-Craon.

Quelques semaines après leur retour à Paris, leur relation s'étiole déjà: «Nous avons eu une grosse, grosse dispute, explique Diane, ce n'était pas la première, mais c'était la dispute de trop.» Les fiançailles sont rompues. Diane rend sa bague à Jacques. Selon ce que lui aurait dit plus tard son frère, Anne de Bascher pense qu'il espérait choquer son entourage par ce mariage, mais la majorité de ses proches sont convaincus que son plus cher désir était d'épouser une princesse. Faut-il pour autant attribuer ces fiançailles à de seuls motifs cyniques ? Sur une carte postale que Renaud reçoit de Rome, Jacques évoque la cérémonie à venir à l'église de la Sainte-Trinité, et termine par cette question sincère et pleine d'espoir: «Auras-tu une petite pensée pour nous[12] ?»

Aujourd'hui, Diane se souvient avec émotion de Jacques, du temps qu'elle a passé avec lui et de sa gentillesse. «Je crois avoir été la seule femme qu'il ait aimée, c'était un homme attentif qui s'imaginait sorti de la cuisse de Jupiter; et puis quoi, qui n'a pensé, à un moment ou à un autre de sa vie, qu'il est terriblement important ? Jacques a été vraiment incroyable avec moi, il s'est rendu au Maroc pour tenter de récupérer mon enfant. Oui, voilà le genre de choses qu'on ne sait pas de lui: à une époque où nous courions tous dans tous les sens avec une folle insouciance, Jacques a été le seul à oser se jeter dans la gueule du loup pour récupérer mon enfant. Il est revenu avec un bras cassé, mais sans mon enfant, malheureusement.»

S'il est un homme qui n'a jamais perdu pied au milieu des remous des années quatre-vingt, c'est bien Karl Lagerfeld. À la différence de certaines étoiles pâlissantes des années soixante-dix, Karl semble gagner en assurance, et les médias lui consacrent de plus en plus de place. Le prêt-à-porter est désormais reconnu comme la puissance dominante de la mode, tant dans la définition des nouvelles tendances qu'en matière de profit, et en tant que membre de longue date de cette industrie, Karl Lagerfeld est idéalement placé pour prendre le pouvoir.

Il fait son chemin dans le monde, nouant de nombreuses relations nouvelles dans la haute société. L'homme qui, au début des années soixante-dix, se grise de l'atmosphère bohème du boulevard Saint-Germain avec Donna, Corey, Antonio et Juan, organise à la fin de la décennie un dîner assis pour cent grands noms de la société parisienne après la première du New York City Ballet au théâtre des Champs-Élysées. C'est une étape majeure pour Karl et un coup de maître, car il reçoit à sa table les trois grâces de la haute couture : Marie-Hélène de Rothschild, Jacqueline de Ribes et Hélène Rochas, ainsi que sa nouvelle patronne dans la mode, Ira von Furstenberg, et sa voisine de fraîche date, la princesse Caroline de Monaco.

À l'aube des années quatre-vingt, Karl se lance à corps perdu dans des démarches ambitieuses et des manœuvres carriéristes. Il y a le nouvel appartement de Monte-Carlo mais, entreprise encore plus mystérieuse, il en loue un autre rue de Rivoli. C'est la première fois en près de trente ans passés à Paris que Karl s'installe sur la Rive droite. Il parle avec un flou délibéré de louer cet appartement, et occupe toujours celui de la rue de l'Université. Et il y a aussi Kitty d'Alessio, présidente américaine de la maison Chanel. Tout au long de l'année 1982, à New York comme à Paris, on voit fréquemment Karl en compagnie de Kitty, qu'il emmène dîner et danser.

Le 15 septembre 1982, après six mois de rumeurs et de chuchotements à n'en plus finir, la nouvelle est confirmée : Karl Lagerfeld rejoint Chanel[13]. Vingt-huit ans après avoir vécu un moment aussi précieux qu'unique sur un pied d'égalité avec Yves Mathieu-Saint-Laurent et sa brillante destinée, Karl l'a enfin rattrapé. Il a quarante-neuf ans.

Relever ce défi impose de succéder à une morte : Chanel est décédée onze ans plus tôt. Ce poste vaudra à Karl fortune et célébrité mondiale. Mais surtout, Chanel est la maison qui lui permet de rivaliser avec le prestige, le renom, la haute couture, les ateliers et la légende d'Yves. Existe-t-il, en effet, dans le monde de la mode, figure plus légendaire ?

En 1982, quand l'information tombe, la maison Chanel décrit le rôle qui sera confié à Karl Lagerfeld en des termes réservés et euphémiques. Il est chargé de donner une « orientation artistique[14] » à la haute couture, et fera ses débuts avec la collection haute couture de janvier 1983. Karl niera explicitement et à maintes reprises le moindre lien avec le prêt-à-porter Chanel, mais ses dénégations sonnent d'autant plus creux que le contrat de Philippe Guibourgé, chargé des collections de prêt-à-porter depuis 1977, n'a pas été renouvelé lorsqu'il a pris fin, au printemps 1982.

Le contrat de Karl avec Chloé, valable jusqu'en décembre 1983, lui impose une exclusivité en France en matière de prêt-à-porter. L'ancien assistant de Karl, Hervé Léger, prend la tête du studio de prêt-à-porter de Chanel. L'appartement que Karl a loué rue de Rivoli est situé à deux pas de la rue Cambon. Karl nie avoir visité les locaux de Chanel, mais leur proximité ne fera qu'alimenter la rumeur qu'il travaille avec Hervé et l'équipe Chanel.

Dans Paris et dans le monde de la mode en général, la nouvelle est un véritable choc, notamment chez Saint Laurent où, selon Madison Cox, « ce fut un jour noir ». Davantage encore qu'avec Dior, c'est avec Chanel qu'Yves a longtemps eu le plus d'affinités. C'était elle, après tout, qui avait senti la première la propension nouvelle à l'androgynie, qui avait perçu la sensualité et le mystère du noir et préféré le style à la mode, autant de principes auxquels Yves adhère.

Karl sait ce que Chanel représente pour Yves. « De toute évidence, reconnaît Paloma Picasso, pour Karl, ce n'était pas seulement un immense bond en avant, c'était aussi un coup de poignard contre Yves. » Il est vrai que Karl a vite fait de transformer Chanel en redoute pour tirer sur Yves : « Le pauvre Yves, déclare-t-il en 1983, n'a pas eu besoin d'aller chez Chanel pour faire des vêtements de style Chanel. Cela fait des années qu'il fait des Chanel qu'il vend comme des Saint Laurent[15]. »

Chanel elle-même avait décrété, dans une émission de télévision, peu avant sa mort, qu'Yves était son héritier légitime. Et peut-être Yves a-t-il lui-même rêvé d'être couturier chez Chanel. Pourtant, en 1982, le concept du couturier à personnalités multiples, du créateur capable de travailler en même temps dans plusieurs maisons de mode très en vue, est loin d'être établi. C'est Karl qui est sur le point d'en faire un modèle dans l'industrie de la mode, prouvant qu'il est capable de changer de personnalité créative comme d'autres de chemise. Mais comment Yves pourrait-il être qui que ce soit d'autre qu'Yves Saint Laurent ? Il a déjà sa propre maison, sa propre identité, son propre style.

Pour le monde de la mode, si la nomination de Karl choque, c'est qu'il n'est pas couturier mais *styliste*, différence non négligeable en 1982. Karl lui-même a longtemps insisté sur cette distinction : il vient de passer vingt années à critiquer vertement la haute couture, qu'il accuse d'être vulgaire, démodée, une relique poussiéreuse des années cinquante. Et voilà qu'il se tient au sommet de l'escalier à miroirs poussiéreux de Mademoiselle, se heurtant à son fantôme onze ans après sa mort. Tout le monde apprécie l'ironie de la volte-face.

S'y ajoute la question de la nationalité. Un créateur allemand peut-il vraiment comprendre la finesse et l'élégance sans compromission de cette maison de couture, française par essence ? Bien sûr, c'est un Anglais, Charles Frederick Worth, qui a créé le concept de la haute couture à Paris en 1858, mais la sensibilité de cet art n'en est pas moins considérée comme intrinsèquement française — à la rigueur, vaguement italienne sur les bords, avec Schiaparelli dans les années trente, et des couturiers comme Emanuel Ungaro, à moitié italien, et Valentino, qui officie à Rome. Mais l'idée qu'une sensibilité nordique, teutonne, puisse véritablement appréhender le charme de la haute couture est difficilement envisageable pour les chroniqueurs de mode — surtout les Français.

Aux doutes entourant l'opportunité de la nomination de Karl s'ajoute l'incrédulité devant les sommes censées être en jeu. La rumeur prétend qu'il a négocié un contrat d'un million de dollars, qui seront payés par Chanel USA. Un million de dollars en 1982 pour qu'un créateur salarié dessine deux collections par an dans une maison de couture qui n'est pas la sienne, c'est une somme considérable. Des semaines durant, on ne parle que de cela.

Derrière le contrat, l'argent, la controverse, il y a la vision commerciale d'Alain Wertheimer, tout comme il y a eu, derrière le succès légendaire de Gabrielle Chanel, celle de Pierre Wertheimer, grand-père d'Alain. C'est Pierre Wertheimer qui, en 1924, avait conclu avec Chanel un contrat de fabrication de ses parfums et qui, à la fin des années cinquante, était devenu le propriétaire de la marque dans le monde entier. C'est le même Wertheimer qui lui avait apporté les moyens financiers d'entrer dans la légende. Mais, entre l'instant où elle avait signé ce contrat avec Wertheimer et le jour de sa mort, Chanel avait été rongée par la rancœur, en songeant à ce lien de propriété.

En 1974, trois ans après la mort de Mademoiselle, Alain reprend la société, remplaçant son père et mettant fin à sa direction un peu terne. Ce jeune homme de vingt-quatre ans, encouragé par sa mère (divorcée), Éliane Heilbronn, qui est également une redoutable juriste, persuade le conseil d'administration de déclarer son propre père incompétent. Il peut être utile de se rappeler le réalisme commercial impitoyable d'Alain Wertheimer lorsqu'on se penche sur le rôle et sur la longévité de Karl chez Chanel.

L'entreprise qu'Alain Wertheimer reprend en 1974 comprend une unique boutique rue Cambon, à laquelle s'ajoutent les ateliers de haute couture, les ventes stagnantes du parfum Chanel N° 5 et un système de distribution trop exposé aux États-Unis. Alain Wertheimer intervient promptement pour redonner aux parfums Chanel leur aura d'exclusivité en réduisant spectaculairement le nombre de dépositaires aux États-Unis et en retirant Chanel N° 5 de tous les drugstores de ce pays.

En 1977, il passe un contrat de licence avec le fabricant de vêtements Mendès, qui est chargé de produire et de distribuer le prêt-à-porter Chanel conçu par Philippe Guibourgé pour le marché américain. Mais Wertheimer met fin à ce contrat de licence au terme de trois ans seulement, et réintègre à la maison mère la fabrication et la distribution du prêt-à-porter. C'est un tournant stratégique capital, surtout dans le contexte des années quatre-vingt où la tendance à créer des licences de prêt-à-porter fait encore rage. Historiquement, les Wertheimer sont une famille de fabricants (de parfums et de produits de beauté), et Alain comprend le potentiel immense du prêt-à-porter Chanel ; mais il considère que la clé du succès consiste à contrôler chaque étape, de la planche à dessin à la caisse enregistreuse en passant par le sachet.

Un autre virage stratégique important pour s'emparer du marché sera l'embauche en 1980 de Kitty d'Alessio, que Wertheimer charge de diriger les activités de mode de Chanel aux États-Unis. Elle a passé vingt ans dans l'agence publicitaire Norman, Craig et Kummel de New York, qui s'occupe des campagnes Chanel et n'ignore rien du pouvoir de la marque. C'est Kitty qui ensuite déniche Karl. Elle est très impressionnée par son talent et par son prestige dans l'industrie et aux États-Unis. « Je l'avais étudié de près, lui et ses succès, confie-t-elle. Il était brillant et n'avait jamais cherché à imiter Chanel. Il était remarquablement cultivé. À l'époque, il travaillait pour un tas de gens, pas seulement pour Chloé et Fendi ; il travaillait dans toute l'Italie et il n'y avait pas un manteau de fourrure sur la Cinquième Avenue qu'il n'ait pas dessiné, d'une manière ou d'une autre. »

Kitty est éblouie par la clientèle de Karl et adore ce qu'elle prend, comme beaucoup, pour l'expression innée de ses antécédents patriciens. « Il a un amour inhérent de l'élégance et a grandi en présence de très beaux objets [16] », s'enthousiasme-t-elle en 1985. Plus Karl devient célèbre, plus il insiste sur ses origines ; en 1981, il déclare à la revue *Le Palace* qu'il a hérité de sa mère le château de Penhoët [17].

On relève une certaine symétrie théâtrale entre Chanel et Karl. Gabrielle Chanel a passé sa vie à occulter son passé. Elle reniait ses origines paysannes, ses ancêtres aubergistes et l'illégitimité de sa naissance. Le père de Chanel était un coureur de jupons, rétameur ambulant qui faisait les marchés des petites villes autour de Clermont-Ferrand. Sa pauvre mère était morte à trente-deux ans, après avoir donné naissance à cinq enfants, dont un mort en bas âge. Son père avait abandonné ses enfants, conduisant Gabrielle, âgée de douze ans, et sa sœur aînée Julia jusqu'à l'orphelinat. Gabrielle avait passé une adolescence triste dans cette institution dirigée par des religieuses.

Plus tard, Chanel retoucha cette réalité amère. Elle enveloppa les personnages et les événements réels d'un écheveau de chimères et de faux-semblants si vivants qu'elle était tout près d'y croire elle-même. Elle racontait que son père était un marchand de chevaux prospère ou un riche courtier en vins qui parlait couramment anglais. Elle dissimula l'existence de ses frères marchands ambulants et transforma l'orphelinat en tantes cruelles au cœur sec. Elle inventait différentes versions du même événement ; elle se contredisait, enjolivait les choses, mais prenait toujours grand soin de ne pas dire la vérité. Selon sa biographe, Edmonde Charles-Roux, « le trait le plus frappant de cette vie remarquable… est l'art qu'elle prodigua à se rendre inintelligible et, ce faisant, la persistance avec laquelle elle perpétua son déguisement, s'enfermant en lui comme dans la prison la plus hermétiquement close ». Étrange coïncidence : son héritier était un homme doué du même talent de réinvention.

17

1983-1984

Des escaliers bordés de miroirs, des tapis beige fané, des chaises raides et des étiquettes manuscrites — *Madame la baronne de Rothschild, Mademoiselle Adjani, Madame Picasso, Madame Pompidou*: Karl est de retour dans le monde de la haute couture qu'il a quitté depuis plus de vingt ans. En ce mois de janvier 1983, les gardiens de la mode se pressent dans les salons de la rue Cambon, impatients de rendre leur jugement sur son interprétation de Chanel. Les sièges du premier rang sont jalousement gardés et une masse de journalistes se tient en équilibre dans l'escalier tournant au-dessus du salon du premier étage, là où Chanel elle-même avait l'habitude de se cacher pour regarder ses défilés, avant que les photographes ne fassent irruption dans le monde secret de la couture. Les rumeurs circulent comme des petits fours entre les rédactrices de mode: « Karl raconte qu'il a assisté avec sa mère au défilé qui a marqué le retour de Chanel en 1954[1]. » « Il paraît qu'il a perdu onze kilos grâce à l'acupuncture[2]. »

Et, pour la première fois, des notes de musique résonnent dans les salons de Chanel, tandis qu'Inès de la Fressange apparaît, vêtue d'un tailleur bleu marine à col rond blanc, incarnation même de la sobriété féminine. Karl a choisi d'ignorer les tailleurs de la renaissance des années cinquante pour se concentrer sur le travail de Chanel dans les années vingt et trente ; jupes droites sous le genou portées avec vestes raccourcies et colliers de perles. Après la vive controverse qu'a suscitée sa nomination, la première collection de couture n'est pas à la hauteur des espérances. C'était peut-être inévitable. Comment rivaliser avec une légende ? Karl s'est plongé dans les archives de Chanel et y a puisé une collection sous forme d'hommage qui n'enthousiasme pas le public. « Lagerfeld piétine, annonce *Women's Wear Daily*. Personne ne peut remplacer Coco Chanel — pas même le Kaiser Karl — et personne — pas même KK — ne devrait s'y essayer[3]. »

Le public et la presse comparent le moindre détail de ses créations à celles de Chanel et le parallèle est systématiquement défavorable à Karl. Les proportions sont jugées massives, il y a trop de volume et de poches sur les hanches, les tweeds orange sont trop lourds pour l'été, la coupe, selon *Women's Wear Daily*, « s'agrippe au corps au lieu d'être ajustée ». La conclusion est que « KK a commis trop de Chanel à ne pas imiter et pas assez de Chanel à imiter[4] ». Manque de temps ou d'expérience du travail en atelier, un grand nombre des tailleurs de jour ne sont pas correctement finis ; des fils pendent encore, des épingles apparaissent entre les plis et certains colliers portent encore des étiquettes.

Mais surtout, il y a les manches. C'était pourtant l'obsession personnelle la plus célèbre de Chanel, qui estimait que le tombé et l'aisance de ses vestes en dépendaient. Elle avait pour habitude d'ajuster et de réajuster l'emmanchure à même le mannequin avec une paire de ciseaux, maniant les épingles avec des gestes brutaux, presque sanguinaires, redessinant l'étoffe sous les aisselles jusqu'à atteindre la perfection, au risque d'égratigner la femme. Le verdict tombe : les emmanchures de Karl sont flottantes et trop basses.

Petite fille, Marie-Hélène de Rothschild avait essayé son

premier tailleur Chanel sous la houlette de Mademoiselle en personne. On dit que c'est elle qui a incité Chanel à faire son come-back à soixante et onze ans. À la fin du défilé, elle sort pour rejoindre sa voiture avec chauffeur, ses hanches sveltes recouvertes de tweed et dit : « Il a un bon sens de Chanel, mais il n'est pas encore achevé. Il faut que quelqu'un lui parle un peu plus d'elle. Ses proportions étaient d'une telle perfection. Mais personne n'aurait pu y arriver du premier coup. Ça viendra[5]. »

Marie-Hélène a à la fois tort et raison. Karl n'a peut-être pas encore parfaitement assimilé l'essence de Chanel, mais personne n'a besoin de lui en dire davantage sur elle. Nul ne pourrait rivaliser avec Karl en matière de connaissances : sa soif de savoir et sa culture sont immenses. Il a passé des années à lire tout ce qui s'est écrit sur Chanel et ses collections avant de se voir proposer ce poste. Billina se rappelle que Chanel le fascinait déjà au début des années soixante-dix, et il adorait raconter des anecdotes à son propos. Embauché depuis trois mois, il a dévoré les archives de la maison, ainsi que ses propres sources historiques non négligeables sur cette grande couturière (Karl s'enorgueillira plus tard de posséder plus d'archives Chanel que la maison elle-même). Peu après être entré chez Chanel, il connaît toutes les références, toutes les collections, la moindre bribe de son histoire, fictive ou réelle.

Ce n'est pas d'une meilleure connaissance de Chanel qu'il a besoin, mais d'une approche radicalement différente. La technique de l'hommage ne marchera jamais : il y a déjà des tonnes de tailleurs « à la Chanel » dans tous les magasins de la rue du Faubourg-Saint-Honoré. S'il n'est que le couturier qui fait « des tailleurs à la manière de », Karl doit s'attendre à affronter des critiques constantes : on dira ou bien que ce n'est « pas du Coco » ou, pis encore, qu'il ne possède pas la « Chanel *touch* ».

Mais surtout, l'avenir de la mode n'est pas là et, après seize ans de succès dans le prêt-à-porter, Karl le sait. Le couturier des années cinquante qu'il porte encore en lui recherche peut-être l'approbation de Marie-Hélène de Rothschild, mais Karl, le réaliste du prêt-à-porter des années quatre-vingt, sait que ce n'est pas avec Marie-Hélène ni avec les clientes de haute couture qu'on gagne de l'argent dans la mode. Il voit les milliers de personnes qui se bousculent aux défilés de Gaultier et de Mugler, jouant des coudes et poussant des hurlements comme si c'était une boîte de nuit ou un concert de rock. Il voit les attachés de presse à l'entrée, comme des videurs, au milieu d'un océan d'invitations qui battent l'air, criant « Vous, oui ! Vous, non ! » Il voit le pouvoir de la publicité se transformer en dictature, les marques commencer à tenir la dragée haute aux responsables des revues : « Notre publicité vous intéresse ? Citez-nous dans vos articles » ; « Nous n'avons pas aimé vos commentaires sur nos produits le mois dernier, il n'y aura pas de pub ce mois-ci[6] ». Il voit les budgets de la mode s'envoler, les cachets des photographes multipliés par quatre en un an. Il voit les agences de mannequins réserver des suites d'hôtels pour leurs filles, réclamer des chauffeurs et des voitures, quand autrefois des minibus faisaient parfaitement l'affaire. Il voit les mannequins signer des contrats pour des parfums, gagner des tonnes de dollars et devenir célèbres, tandis que Jerry Hall et Mick Jagger sont la coqueluche des médias.

Il constate le pouvoir de l'image ; il connaît déjà celui du battage médiatique. « J'aime ne travailler que pour de grosses sociétés qui ont un grand pouvoir publicitaire. Je n'aime rien de petit[7] », avoue Karl quelques jours avant sa première collection Chanel. Il voit les caméscopes se bousculer au pied de chaque passerelle, les photographes se battre pour prendre un cliché. Il voit les actrices de cinéma qui assistent aux défilés, le visage éclairé par l'explosion des flashes. Il voit le couturier promu au rang de célébrité mondiale, connu et reconnu de Tokyo à Chicago. Il voit le pouvoir qu'a la mode de susciter le désir. Il a négocié avec Chanel, dit la rumeur, des vêtements destinés aux journalistes et à ses amis pour une valeur de 100000 dollars. Karl sait que l'industrie de la mode est en train de changer ; il sait qu'en cet instant et en ce lieu précis, elle est en train de se mondialiser.

Et la réaction magistrale de Karl est tangible dès cette première collection. Car, au milieu des tailleurs au look Chanel maladroit, se détache une robe du soir annonciatrice de l'avenir, pour Karl et pour Chanel. C'est une robe longue, droite, d'une parfaite simplicité et d'une coupe impeccable, brodée d'un trompe-l'œil de bijoux fantaisie. D'immenses cordons de fausses perles et de faux rubis tombent en cascade ou s'enroulent autour du cou en colliers de chien, d'innombrables rangées de dorures et de perles enserrent la taille, et les poignets émergent de larges manchettes de pierres factices, qui sont toutes, en fait, brodées à même le tissu.

Le succès et l'attrait de cette robe dépendent pour beaucoup du mannequin qui la porte, une constante chez Chanel sous la direction de Karl. En 1983, c'est Inès de la Fressange — encore une aristocrate française — qui devient la nouvelle muse de Karl. Les cheveux noirs, l'allure garçonne, elle a une ligne maxillaire marquée et un grand sourire en coin qui n'est pas sans évoquer Gabrielle Chanel elle-même. Karl envoie Inès sur la passerelle une cigarette à la main, mi-Gabrielle, mi-noceuse. C'est un pastiche plein d'esprit du style personnel et professionnel de Chanel que Karl réinterprète et met au goût du jour, celui de 1983.

Telle sera la formule magique de Karl pour cette maison : exploiter l'iconographie du look Chanel et l'associer aux canons du moment — qu'il a toujours su anticiper et identifier avec une étonnante et infaillible précision — créant ainsi une mode en résonance avec l'esprit du temps. « La mode est aussi une tentative pour rendre visibles certains aspects invisibles de la réalité du moment[8] », écrit Karl dans le catalogue de l'exposition Chanel organisée au Metropolitan Museum en 2005 ; et c'est bien ce rôle que Karl compte jouer dans l'équation. Aujourd'hui, avec vingt ans de recul, cela paraît une évidence, alors que tant de créateurs ont fait leur cette formule de succès. Mais c'est loin d'être le cas en 1983. Karl est à l'origine de ce processus postmoderne de la création de mode et a su apporter un souffle nouveau, une vie nouvelle dans une maison de couture installée mais moribonde.

La méthode de Karl repose sur la force ultime de l'œuvre de Chanel, sur la pérennité et la nature iconique de son style, qui lui permettent de survivre à la fois au temps et au pillage. Plus que tous les autres couturiers de son époque, Chanel a su créer un look, que même un regard novice est capable d'identifier : le tailleur, le tweed, le noir et blanc, les fausses perles et le tissu de jersey, l'aisance et les camélias, les ceintures en chaîne tendues de cuir et bien sûr, le double « C » entrelacé, emblème de la marque.

Pour un couturier qui compte sur ses prétendus pouvoirs de « vampirisation », Karl se trouve désormais en présence d'une réserve d'énergie inépuisable et merveilleuse : une vie, une femme, une masse de travail remarquable, un style.

Il fête ses cinquante ans en 1983, sans le crier sur les toits, et il semble qu'après toutes ces années de labeur, la gloire soit enfin au rendez-vous. Eric Wright, qui rejoint l'équipe de Karl comme assistant en 1983, se rappelle : « Cette année-là, tout a éclaté pour Karl. » Après ses débuts peu brillants chez Chanel, il rebondit sur-le-champ et reprend, comme certains l'ont prédit, les collections de prêt-à-porter. KL, son troisième parfum sous licence avec Elizabeth Arden, est lancé en Europe à la fin de 1982, et donne lieu à une immense réception à Versailles, suivie en mai 1983 par le lancement américain et une tournée promotionnelle de deux semaines. À la fin de l'année, Karl signe un contrat avec le fabricant américain Bidermann Industries afin de lancer une ligne de prêt-à-porter sous son propre nom. Bidermann a l'ambition de faire de Lagerfeld le Ralph Lauren français, c'est-à-dire de présenter une ligne de sportswear moins coûteuse, alors que Lagerfeld conçoit une collection plus haut de gamme. Le contraste entre les deux démarches est révélateur du problème de communication qui se pose immédiatement entre les deux parties. Bidermann crée deux sociétés, l'une en Amérique pour le sportswear, l'autre à Paris pour la ligne haut de gamme. Mais d'emblée, la ligne Karl Lagerfeld est éclipsée par la puissance, la richesse et le glamour écrasants de la maison Chanel.

Karl présente désormais du prêt-à-porter à Paris deux fois par an : pour Chanel et pour sa propre ligne. À peine ces défilés achevés, il saute dans un avion pour New York et présente trois semaines plus tard une autre ligne de sportswear. Si l'on ajoute à cela ses engagements chez Fendi, ce sont huit collections annuelles de prêt-à-porter qu'il dessine en 1984, auxquelles il faut ajouter deux collections de haute couture, sans compter ses autres engagements en free-lance et la promotion de ses parfums.

Plus sa charge de travail augmente, plus l'énergie de Karl semble se démultiplier. Il ne dort que quatre ou cinq heures par nuit, s'autorisant de très courtes siestes au cours de la journée : il recharge ses batteries en dormant dix minutes par-ci par-là, en voiture, dans l'avion, comme le raconte Inès, qui part en Amérique avec Karl pour les quinze jours de lancement d'un parfum. À leur arrivée à Chicago, une journée entière de promotion les attend, suivie d'un dîner de gala dont ils s'échappent en limousine à la recherche d'un restaurant de hamburgers. Ils mangent des hot-dogs puis remontent en voiture ; quelques minutes plus tard, Inès se retourne pour découvrir Karl profondément endormi, les poings serrés comme un bébé[9].

« On bossait comme des fous, se souvient Eric Wright, on faisait dix-neuf heures par jour, en se déplaçant tout le temps, en changeant de studio, New York, Monte-Carlo, la rue Cambon, Rome, le tournage des campagnes de pub, et Karl a conservé ce rythme de travail d'une incroyable intensité pendant toutes ces années. » « C'est un redoutable professionnel, renchérit Ralph Toledano, qui a pris, pour dix ans, la présidence de Karl Lagerfeld en 1985. J'ai vu Karl enchaîner trois dîners simplement pour pouvoir recevoir autant de gens de presse que possible. »

Toledano se rappelle un voyage à Singapour dans les années quatre-vingt. Les choses commencent fort mal : il fait trente-huit degrés quand Toledano et Lagerfeld descendent de l'avion. « Karl portait un blazer de cachemire et un pull, et dès l'instant où nous sommes sortis de l'avion, nos lunettes ont été couvertes de buée. Et puis, au lieu de la Bentley ou de la Rolls habituelles dans ce genre de circonstance, ils avaient envoyé une Peugeot. À l'hôtel, au lieu d'une suite et de vingt-cinq bouteilles de champagne, nous avions une chambre et une demi-bouteille de vin blanc sirupeux. »

« Karl voulait partir, il a fallu le supplier, il a finalement accepté de rester et s'est endormi. Nous sommes descendus préparer le défilé. Débarque alors la star du journalisme de Singapour, à qui l'on a promis une interview avec M. Lagerfeld. Je lui dis : "Je suis désolé, vous ne pouvez pas faire cette interview ; il n'y aura pas d'interview." Le chauffeur de Karl — qui s'appelait Bryam — me dit : "Je vais aller le réveiller", et je lui réponds : "Tu es fou ?" Mais il est monté à l'étage, a frappé à la porte et a continué à tambouriner jusqu'à ce que Karl sorte en peignoir, les cheveux en bataille. Bryam lui annonce que M. Singapour veut le voir et Karl dit : "Bryam, tu es un idiot." Dix minutes plus tard, alors que le journaliste attend toujours, je vois s'approcher un gentleman tiré à quatre épingles : Karl. Il a donné quatre-vingt-dix minutes d'interview à un type qui ne connaissait strictement rien à la mode. Finalement, notre associé commercial à Singapour est arrivé et nous a interrompus en disant qu'il fallait que M. Lagerfeld termine immédiatement son interview. Karl a levé les yeux et dit : "Je suis désolé, mais le journaliste n'a pas encore fini son travail." C'était vraiment impressionnant. Ce degré d'absorption dans son travail est une des forces de Karl, une de ses très nombreuses forces. »

Karl se lance immédiatement dans des transformations de grande ampleur chez Chanel, une maison qui n'a guère bougé depuis la mort de sa fondatrice. « Je travaille comme les communistes, explique-t-il en 1983, je place mes gens partout [10]. » Il laisse l'écriteau « Mademoiselle » sur la porte du studio, mais le fonctionnement ressemble plus à celui d'une salle de rédaction qu'à celui d'un studio de mode conventionnel. Il arrive avec une pile de revues, de catalogues d'expositions et d'informations, des gens qu'il a rencontrés en route, un magazine d'informatique, des cassettes qu'il a achetées en quatre exemplaires, des disques qu'il achète par centaines – plus tard des CD, avant de passer aux iPods – et parle du film, ou le plus souvent des films qu'il a vus la veille. « Pour moi, la sortie idéale, c'est de voir cinq films différents, juste une vingtaine de minutes de chacun. D'aller manger ensuite dans un petit restau près des Champs-Élysées – la Maison du Caviar ou la Brasserie Löwenbräu –, puis d'acheter des disques dans un magasin qui reste ouvert toute la nuit. C'est super [11] », dit-il en 1983.

À ce nouveau poste, Karl prend des poses de superstar : il arrive au studio de plus en plus tard. Il est censé commencer vers midi, mais à deux heures de l'après-midi, le téléphone sonne au studio: «Il arrive», et puis dix minutes plus tard: «Non, pas encore, il est parti à La Hune.» Et ainsi de suite jusqu'à ce qu'enfin, vers quatre heures, le portier de Chanel appelle le studio et annonce: «Karl est là.» Si bien que lorsqu'il finit par franchir la porte cinq minutes plus tard, avec ses croquis, les nouvelles du jour et les projets d'action, il est accueilli par un chaleureux élan de gratitude. C'est un moyen d'exercer du pouvoir, d'affirmer son contrôle sur le studio. Il fait également attendre son entourage.

Il aime que le studio soit plein de monde — plus il y en a, mieux c'est — en perpétuel mouvement, résonnant de bavardages, de distractions. «Il a la plus courte faculté de concentration de tous ceux que je connais dans le milieu, explique Patrick McCarthy. C'est parfait pour la mode.» Au début, chez Chanel, il s'entoure d'aristocrates français, comme autrefois Mademoiselle, plus ou moins pour les mêmes raisons. Les membres de cet entourage à géométrie variable sont là pour lui fournir des informations, de l'énergie, du rire, des idées et, chose essentielle, de la jeunesse; ils sont remplacés dès qu'ils ne satisfont plus à ces critères. «J'ai quand même des espions, des rapporteurs… des antennes qui captent pour moi mais qui, eux, ne savent pas concrétiser [12]», déclare Karl Lagerfeld en 1984. Jacques est l'une de ces antennes, toujours la plus vitale sans doute à cette date, et on peut imaginer combien il est blessé de lire ces propos dans la presse et de voir ses limites exposées noir sur blanc. Jacques est souvent au studio; il raconte des histoires, donne son avis sur le choix des mannequins, apporte de la musique ou fait un saut à l'atelier pour demander qu'on lui fabrique ses couvertures de cuir noir cousu main. Gilles Dufour, qui travaille avec Karl depuis 1977, est désormais à ses côtés au studio, où il va rester quinze ans. «Je lui apportais de la sensualité, affirme Gilles, il n'avait aucune sensualité, mais c'était un génie avec le noir et le blanc. Il est capable de faire quelque chose à partir de rien ; donnez-lui une petite robe noire et il la transformera. » Gilles présente à Karl sa nièce de dix-sept ans, Victoire de Castellane, une pin-up blonde, arrière-petite-nièce de Boni de Castellane, célèbre dandy de la Belle Époque. Elle adore les micro-minijupes et rejoint l'équipe Chanel pour dessiner des bijoux fantaisie. Inès de la Fressange fait littéralement partie des meubles et joue un rôle clé dans les débuts de Karl chez Chanel. Il persuade Kitty d'Alessio de l'engager avec un contrat d'exclusivité qui lui rapporte un million de francs par an, une somme considérable pour un mannequin. Inès est le mannequin attitré de Chanel, une rareté dans les maisons de couture parisiennes en 1983. Elle est le visage de toutes les campagnes publicitaires, de parfum comme de mode, et le porte-parole de la marque. Elle a un comportement moins compulsif que Jacques, mais elle est très proche de lui esthétiquement et ils sont d'excellents amis. Il la surnomme « Brunette ». Elle a une allure longiligne et androgyne, et adore faire des farces. « On disait que j'étais muse, mais j'étais plutôt "amuse", a écrit Inès dans son autobiographie. J'étais le bouffon du roi [13]. » Karl la veut constamment à ses côtés, à Paris et à l'étranger, et pendant un moment on a l'impression qu'elle le rassure par ses blagues et son sourire. « Au début, je me suis dit que j'avais de la chance et qu'il fallait que je sois à la hauteur ; puis je n'ai plus eu l'impression que Karl allait me remettre en question. Je me suis sentie en sécurité [14]. »

Assis à son bureau, Karl contemple l'effervescence du studio. Les essayages commencent dans un vacarme de bruits et de bavardages incessants. Le mannequin fait son entrée avec la première d'atelier, Karl lance quelques suggestions et demande à tous ceux qui l'entourent — le mannequin, Jacques, Inès, Victoire, une attachée de presse, un journaliste —

« Qu'est-ce que vous en pensez ? », « C'est bien, non ? », « C'est chic, non ? », « Très Chanel, non ? ». Karl écoute leurs réponses, leurs avis ; il écoute les récits de ce qu'ils ont fait la nuit précédente, de ce qu'André Leon Talley a vu à Milan huit jours plus tôt. Il regarde ce qu'ils portent ; les leggins fabuleux et la chemise Pucci de la styliste de *Elle*, les nouvelles ballerines Repetto noires d'Inès, les nouveaux écouteurs Minnie Mouse de Victoire qu'elle porte avec des bottes noires farfelues, le jean blanc effiloché de l'attachée de presse accompagné du nouveau cachemire dessiné par Karl pour Chanel. « Toutes ces informations le nourrissaient, commente Eric Wright, mais Karl lui-même était généreux de ses propres informations, il ne monopolisait jamais les connaissances. Il balançait tout, impatient de savoir ce qu'on en pensait. » « C'est tellement vivant de le côtoyer, tellement revigorant, dit Natasha Fraser-Cavassoni, qui rejoint le studio Chanel comme assistante à la fin des années quatre-vingt. Il a une énergie extraordinaire qui est tout à fait propre à la mode — la mode nouvelle. La seule chose qui comptait, c'était ce qui viendrait ensuite, et puis d'être le premier. » Il a une approche cérébrale de la création — pas de contact avec les corps, pas d'ajustage ni d'accrochage d'une étoffe sur un mannequin ; tout se fait par la parole et les esquisses. Il possède une immense expertise technique, due à ses longues années d'expérience. Contrairement à ce qu'a pu faire penser l'erreur momentanée des emmanchures de la première saison, Karl a une connaissance irréprochable de la coupe, de l'ajustage, de l'art de la mode et sait fort bien communiquer sa volonté aux ateliers de Chanel.

Sous la surface de créativité acharnée et d'entrain qui règnent au studio, la paranoïa bouillonne. « Karl aime la tension qui naît quand on jette un pavé dans la mare ; c'était sa façon de contrôler les choses », dit quelqu'un qui a travaillé avec lui. C'est le règne de la jalousie, de la rivalité, la peur d'être éclipsé. Il y a la favorite du moment, celle que Karl veut photographier. Et il y a celles qui sont sur la touche, ou qui voient la porte s'approcher, celles dont Karl dessine des caricatures peu flatteuses dès qu'elles ont le dos tourné.

Ainsi, Anna Piaggi est en train de sortir de sa vie. Elle a joué un rôle majeur dans les années Chloé, mais ne fait pas partie de ceux qui l'inspirent chez Chanel. Karl a renoncé à ses tenues de bandit de grand chemin pour un costume d'homme d'affaires et une queue-de-cheval ; Anna et ses caprices vestimentaires ne seront bientôt plus d'actualité. Mais Karl ne se débarrasse jamais de quelqu'un avant d'avoir trouvé et mis la nouvelle favorite en place, évitant ainsi tout risque de solitude.

Il finit par rompre avec Chloé à la fin de 1983, après une très violente querelle. Jacques Lenoir a traité Karl durement par le passé, et on a le sentiment que ce dernier savoure sa vengeance dans une débauche de diatribes contre Chloé. Il les accuse de toucher à ses modèles (« Ils ont commencé à retoucher dans mon dos, à faire d'horribles robes, pour les vendre, notamment aux femmes des pays du Golfe [15] »), compare leurs créations à « de tristes tenues d'Allemagne de l'Est [16] », traite la direction de « bande de coquilles vides » et les prétend tous jaloux de sa position financière dans la maison, affirmant que sa participation aux bénéfices est deux fois supérieure à la leur.

C'est une rupture pénible, qui conduit Karl à sacrifier sur le bûcher vingt ans d'amitié et de travail avec Gaby Aghion. Elle a exercé une immense influence sur Karl ; certes, ce n'est pas une femme facile — énergique, maternelle et dominatrice — mais elle l'aime ; ils ont travaillé ensemble, voyagé ensemble, existé ensemble pendant vingt ans ; elle l'a aidé à grandir et à se former. Peut-être a-t-il besoin d'affirmer son indépendance. En tout cas, pour Karl, avancer dans une relation consiste souvent à la trancher.

Jacques, chargé de cadeaux, rentre dans sa famille pour un week-end : tailleurs en tweed et sacs de cuir matelassés, le tout griffé Chanel. Sa mère lui ouvre les bras, mais sa sœur Anne entreprend de lui assener quelques vérités bien senties. Ce week-end-là, elle lui demande de se chercher un emploi, de renoncer à cette existence de dépendance financière et d'exploiter d'une façon ou d'une autre son don pour les langues. Elle le pousse sans ménagement dans ses retranchements, cherchant à le faire réagir, jusqu'à ce qu'il explose enfin : « Je sais. Je sais. Mais qu'est-ce que je peux faire ? Travailler comme un con[17] ? » Jacques a conscience de sa dépendance, mais, tout désespéré qu'il est, il ne s'imagine pas vivre autrement. Depuis son adolescence, il recherche des hommes plus âgés pour parfaire son éducation ou l'entretenir financièrement et, de toute évidence, à plus de trente ans, il ne peut toujours pas se résoudre à assumer ses responsabilités, à grandir, à rompre avec son adolescence. Enfermé dans ses propres contradictions, il semble incapable de trouver une issue.

À Paris, beaucoup voient en Jacques *just a gigolo* et ce rôle le fâche, le frustre et l'humilie de plus en plus. « Je pense qu'il y a un moment où personne n'aime rester dans l'ombre et c'était ce qui arrivait à Jacques, remarque Patrick McCarthy. C'était un homme merveilleux, intelligent, mais il n'a jamais rien su faire de ses dons ; il était entouré de gens qui avaient un succès considérable, et pas lui. Je crois que ça le rendait malheureux. »

Un jour, il retrouve son vieil ami Renaud à déjeuner et l'accuse d'un ton froid et critique de « ne rien créer[18] ». Renaud est un peu choqué. Il est alors professeur de géopolitique et n'a donc ni prétention ni aspiration à la création. C'est Jacques qui ne crée rien, évidemment, et il en a conscience. Le petit garçon de huit ans qui préférait vendre à son petit frère l'idée de décorer son train électrique plutôt que de le faire lui-même est devenu un homme capable d'inspirer autrui, mais qui ne crée rien lui-même. Tout ce qu'il a à son actif, c'est un carton rempli de coupures de presse, de photos où on le voit avec les célébrités du jour (il a pris l'habitude de se faire escorter par un ami photographe lorsqu'il sort le soir) et une poignée de fêtes qu'il a organisées. « Le Bal vénitien, dit Christian Lvowski, fut l'apothéose de Jacques. » Peut-être, mais de quelle apothéose parle-t-on ? Un énième bal costumé au Palace en 1978, une énième fête avec deux mille invités déguisés, portant des masques et crinolines, le tout payé par Karl, en l'honneur de Karl.

« De la Cité des Doges à la Cité des Dieux », annonçait l'invitation en forme de domino vénitien noir. À l'époque, on a adoré ça : le thème vénitien, chandeliers et lumière des bougies, les barmen en livrée, avec perruque et satin, Jacques déguisé en pont des Soupirs, Anna Piaggi en femme de pêcheur vénitien (dans une tenue Fortuny vintage de velours noir avec un panier d'araignées de mer et une paire de pigeons empaillés sur la tête). Depuis, même les fêtes auxquelles Jacques participe ont perdu de leur grandeur. Il signe encore l'inauguration d'un bar gay, le Duplex, en 1980 et une réception à la Scala, puis une discothèque bas de gamme, rue de Rivoli, l'année suivante.

« Je crois que Jacques doutait terriblement de lui, explique Diane. Il avait un besoin dévorant de reconnaissance. Le pauvre chéri, sa position était précaire, il n'avait ni volonté ni pouvoir. Il était dépendant, dépendant de tout et vivait dans la crainte d'être écarté du jour au lendemain par Karl, ce qui aurait été le début de la fin de Jacques de Bascher. Ce n'est pas très marrant de vivre dans cette angoisse perpétuelle. Personne ne peut vivre comme ça sans commettre d'erreurs. »

« J'ai l'impression, remarque Christian Lvowski, que Jacques à un moment donné s'est trouvé devant un dilemme, il fallait choisir entre la personne Jacques de Bascher et le personnage Jacques de Bascher. Il a choisi le personnage.» S'agit-il d'un choix, ou est-ce la seule possibilité qu'il lui reste ? «Il ne pouvait pas se dissocier de son image, poursuit Diane, il était dévoré par son image de dandy et aurait voulu n'être que lui-même ; il ne se détendait qu'en présence de ceux à qui il pouvait faire confiance et qu'il pouvait aimer. Jacques ne pouvait pas incarner cette image de glamour, de beauté, de dandy en compagnie de Karl et tout lâcher subitement, quitte à être ruiné. Ça a changé son existence. Il est entré là-dedans et n'a plus pu en sortir. C'était un choix terriblement difficile. D'un côté, il avait ces voyages de luxe, la grande vie, l'image, et de l'autre, quoi ? La vie anonyme d'un pauvre gentleman-farmer dans un petit château de province.»

Il rend visite à son frère Xavier, graphiste chez Kenzo et photographe, et critique son appartement et ses modestes biens : «Jacques avait horreur de la médiocrité, il me disait : "Regarde comment tu vis !" Je lui répondais : "Mais quel est le problème ? Je travaille, je m'en fiche de ne pas avoir de voiture. Je travaille et je sais que ce travail me permettra de faire ce que j'ai envie de faire, de développer mes talents, de les concrétiser ; pour moi, le reste — là où j'habite —, ce n'est pas important. Il n'y a rien de médiocre là-dedans." Bien sûr, il savait que j'avais raison mais lui réalisait ses rêves ; la démesure était à sa portée et ça lui permettait de vivre beaucoup plus intensément et de façon beaucoup moins médiocre.»

Vers 1980, Jacques commence à construire son image personnelle autour du thème de la chouannerie. De fait, plusieurs ancêtres de Jacques ont défendu la royauté les armes à la main.

Jacques fait du royaliste vendéen son mythe personnel. Il a déjà une fleur de lys tatouée sur la fesse, mais désormais il est dévoré par une passion proprement fétichiste pour cette période. Il s'est fait confectionner une veste de cuir noir cloutée au dos de laquelle on peut lire le slogan *Vive le roi*! Il adopte le sacré-cœur vendéen comme emblème personnel, qu'il porte épinglé à son revers, et impose à son entourage d'interminables discours sur ses sympathies royalistes. C'est un peu ridicule, même aux yeux de ses meilleurs amis, et pour beaucoup, cela exhale de déplaisants relents d'extrême droite.

Pendant tout ce temps, la fortune et le succès de Karl ne cessent de croître. Son poste chez Chanel lui ouvre les portes du monde entier et lui permet d'accéder à une notoriété qui lui a échappé jusque-là. Il est déjà connu parmi l'élite de la mode parisienne, mais grâce à Chanel il atteint un niveau de gloire sans commune mesure. Il passe son temps à voyager, à faire de la promotion, à préparer des collections. « Il prenait l'avion comme on prend le bus », raconte Kitty d'Alessio. La pression est terrible : il faut travailler et réussir — Alain Wertheimer lui verse un million de dollars par an et s'attend à des résultats —, mais il est lui-même en partie responsable de cette pression : en 1985, au moment de renouveler son contrat, Karl demande à Wertheimer de lui accorder un salaire de un million de dollars par collection. Wertheimer renâcle d'abord, mais quand Karl refuse de saluer le public à la fin d'un défilé de prêt-à-porter, la rumeur de son départ se répand. Chanel publie un démenti et Karl obtient gain de cause. Il se débarrasse aussi de Kitty d'Alessio, à qui il a livré une guerre d'usure impitoyable. « Il paraît qu'elle est directrice des projets spéciaux, dit Karl à un journaliste en 1990, mais nous n'avons pas de projets spéciaux[19]. »

Jacques voit de moins en moins Karl et passe de plus en plus de temps à Monaco, dans son appartement. « Une maison sans passé[20] » : voilà comment Karl le décrit. On ne saurait mieux dire. Il s'agit en réalité de deux appartements reliés par un palier privé, situés au vingt et unième étage d'un grand ensemble donnant sur la mer.

L'appartement privé de Karl est meublé de créations du groupe de Memphis, très à la mode en 1983. Karl a rempli l'espace des meubles contemporains excentriques de ce groupe, tout en couleurs primaires, qu'il décrit lui-même avec humour comme « le mobilier d'un concierge d'hôtel de Francfort[21] ». Au milieu du salon trône un immense ring de boxe conçu par le designer japonais Masanori Umedi.

Comme de nombreux Monégasques d'adoption, Jacques passe ses journées à s'ennuyer et à s'agiter. Il invite des amis pour le divertir et lui faire oublier un instant l'immuabilité lassante du ciel bleu. Il appelle Marc Rioufol et ils débarquent ensemble en hélicoptère à l'aéroport de Nice, Marc en tee-shirt dépenaillé et en jean. « En arrivant à Monaco, raconte Marc, il fallait être complètement relooké. Jacques m'a traîné chez la manucure, chez le coiffeur, il m'a habillé de pied en cap, avec de superbes vestes Caraceni : il m'a rendu présentable. Il fallait aussi prendre garde à ne pas trop attirer l'attention à Monaco. Karl voulait toujours qu'on mette des lunettes noires, qu'on se tienne bien ; pas question de faire scandale, il fallait être bien chic, bien clean. » Jacques ne veut rien d'autre que de traîner dans les rues, se droguer, ne rien faire, rester assis aux terrasses à voir et se faire voir. « Au bout de deux, trois jours, dit Rioufol, je finissais toujours par m'engueuler avec lui. J'arrivais par hélicoptère et je repartais par le train, en seconde. On s'engueulait automatiquement dès qu'on commençait à parler d'argent et de pouvoir. Je ne partais pas pour des raisons de principe mais parce que je suis allergique au pouvoir. J'ai toujours eu un instinct de survie très fort. Je suis parti et ça m'a sauvé la vie : tout cela n'était qu'un vaste piège.

Je me sentais un peu comme Pinocchio à la foire, ce n'était pas mon argent, ce n'était pas ma maison. C'était tellement incroyable, c'était trop Memphis, ça semblait tout droit sorti d'une bande dessinée.»

Ce n'est pas non plus l'argent ni la maison de Jacques, ce qui pour lui est une source de conflit et d'impuissance totale. Karl n'offre jamais d'appartement ou de maison à Jacques ; tout est en location. Selon les proches de Jacques, il ne disposait d'aucune source de revenus indépendante, aucun capital n'a été constitué pour lui. Les robinets peuvent à tout moment s'ouvrir ou se refermer en fonction de son attitude. Il n'a aucune autonomie. En revanche, ce sont des costumes et des chemises à n'en plus finir, des Lederhosen de chez Lanz à Vienne et des cadeaux. «Il était pourri gâté», dit Gilles Dufour.

Un soir, Christian et Renaud retrouvent Jacques à l'hôtel Saint-James et Albany pour un verre. Lorsque celui-ci arrive, il porte à son revers une énorme broche en or en forme de fleur de lys et une jonquille de diamants. Au bout d'une demi-heure, n'y tenant plus, Christian lui demande d'où sort cette broche. «Oh, ça ? répond Jacques négligemment, c'est un pense-bête, parce que mon cadeau d'anniversaire est en retard. Et mon cadeau c'était Grand-Champ, mais comme les travaux ne sont pas finis, Karl m'a offert cette broche pour me faire patienter.» Le château de Penhoët ne lui sera jamais offert. Comment ne pas se demander si cette promesse est bien réelle ou s'il s'agit d'une nouvelle fantasmagorie de Jacques ?

En 1983, de Bascher quitte la place Saint-Sulpice pour l'appartement que Karl loue au cinquième étage du 202, rue de Rivoli. Maintenant qu'il est officiellement installé rue de Cambon, il n'en a plus besoin. L'appartement donne sur la beauté austère et formelle des Tuileries. Le décor intérieur est froid, graphique et fonctionnel, les murs peints en blanc et gris. Anne lui rend visite : « On prenait un couloir et il y avait des photos d'hommes nus partout. Il n'y avait pas de place pour des femmes dans cet appartement : tout était noir, blanc, frigide. »

Il existe une photographie de Jacques prise à New York par Roxanne Lowit lors d'une réception organisée à Radio City, en 1983, pour le lancement américain du nouveau parfum pour femmes de Karl, baptisé KL. Jacques a trente-deux ans. C'est un portrait d'une tristesse abyssale. Toute l'insolence et le rire de la jeunesse se sont évanouis. La désillusion a durci ses traits autrefois si gracieux. La structure du visage, la beauté que le crayon de Hockney avait rendues avec aisance et subtilité sont à présent sèches comme une eau-forte. Son visage est plus émacié, moins maladif que prématurément vieilli. Ses yeux sont légèrement enfoncés dans les orbites, se retirant du monde sur lequel ils posent un regard chagrin. Il tient la main droite à la verticale devant sa poitrine dans un curieux geste qui évoque la bénédiction d'un martyr ou un homme implorant qu'on le laisse seul.

Quand Jacques comprend-il qu'il est malade ? Sait-il que quelque chose ne va pas avant d'apprendre qu'il est séropositif ? Personne ne semble pouvoir répondre à cette question. Sa sœur Anne pense que Jacques a appris plus tard de quel mal il souffre, vers 1987. Dès 1981, on a observé aux États-Unis les premiers cas d'un syndrome d'immunodéficience inexplicable, que l'on a baptisé de toutes sortes de noms dont GRID (*gay-related immune deficiency*, immunodéficience liée à l'homosexualité), syndrome homosexuel et cancer homosexuel, en raison de sa relation apparente avec l'homosexualité. Mais il faudra attendre mai 1983 pour qu'une équipe française dirigée par Luc Montagnier isole le virus.

Les premières années de cette maladie sont une terrifiante plongée dans l'inconnu. Malgré sa place centrale dans la recherche, Paris est en retard sur l'Amérique dans la prise de conscience générale et dans la compréhension du fonctionnement du virus. On parle d'une étrange affection venue d'Amérique, puis d'Afrique. D'invraisemblables rumeurs prétendent que des singes sont le vecteur de la maladie, puis que le virus est transmis par la climatisation des avions, tant les informations fiables sont rares. Dans un premier temps, le sida est presque exclusivement associé à la communauté homosexuelle. C'est un coup effroyable pour un milieu qui vient littéralement de se libérer du sentiment de culpabilité entourant sa sexualité : c'est comme si la nature elle-même « condamnait » à mort le plaisir charnel homosexuel. Par ce qu'elle semblait impliquer, c'était une association catastrophique et monstrueuse. « Tout le monde a commencé à tomber malade, personne ne savait ce que c'était, ces affreuses taches », raconte Pat Cleveland qui se rappelle avoir pris un jour l'ascenseur avec le superbe mannequin Joe MacDonald. « Je lui ai demandé : "Comment tu vas ? Il y a quelque chose qui cloche ?" et il a répondu : "Je ne sais pas. Ne me touche pas." » Ne me touche pas, supplie cette génération qui s'est affranchie de tous les tabous.

Fabrice Emaer décède en juin 1983. Cela fait un certain temps qu'il est malade, de plus en plus confiné dans son appartement de la rue de Rivoli. Il fait tout de même une apparition au Palace pour le cinquième anniversaire de la boîte, soutenu par une canne et une piqûre de morphine. Fabrice est probablement mort du sida, même si à l'époque on parle avec insistance d'un cancer du foie, version qui continue du reste à circuler de nos jours. À vrai dire, la cause de sa mort ne fait toujours pas l'unanimité. Quoi qu'il en soit, les rumeurs, les conjectures et les soupçons selon lesquels la vérité est occultée sont révélateurs de la panique qui s'empare alors du monde de la mode. Les obsèques ont lieu à l'église Saint-Roch, rue Saint-

Honoré, juste derrière les Tuileries. C'est une église paroissiale sombre et baroque, celle des artistes de Paris, où fut célébrée la messe de funérailles de Molière. Dans les années à venir, elle sera le théâtre de nombre d'enterrements de gens de la mode et de la nuit parisiennes, fauchés par le sida.

Deux mille personnes assistent aux obsèques de Fabrice. Au moment où le cercueil sort de l'église, la foule du Palace et du Sept hurle et applaudit. La mort de Fabrice marque la fin d'une époque. Il a été le magicien qui a fait surgir de la nuit le plaisir, la danse et l'érotisme, l'oubli.

Rétrospectivement, bien des gens décrivent le sida comme le trou noir dans lequel leur univers de paillettes et de rire s'est abîmé ; mais la fin rôde depuis des années. Elle est palpable dans ce halo de coke et d'héroïne qui enveloppe le monde de la mode, dans les coups de fil au dealer avant que la nuit ne commence, dans les suicides et les overdoses, dans les marques bleues sur les avant-bras des mannequins que ne parvient pas à masquer le fond de teint. Elle est palpable aussi dans la mort d'Emmanuelle, un des modèles préférés d'Helmut Newton, héroïnomane qu'on retrouve morte dans un appartement parisien, victime d'une affaire macabre et sordide d'overdose, de torture et de possible assassinat.

De toute évidence, la quantité de drogue consommée émousse non seulement les sens mais aussi la notion même de danger. Paris n'a pas encore pris conscience des risques de l'héroïne ; l'écrivain Fran Lebowitz note à l'époque que la différence majeure entre Paris et New York semble être qu'à Paris on peut prendre de l'héroïne ouvertement et en public[22].

« La drogue a commencé à arriver en 1969. Au début, on s'en tenait à quelques sympathiques petits joints, puis il y a eu la cocaïne, et ça a foutu les gens en l'air, raconte Renata Zatsch, qui a fait ses débuts comme modèle d'Antonio à Paris et qui, à la fin des années soixante-dix, vit avec un photographe toxicomane. Je voyageais beaucoup et je me rappelle être rentrée chez moi un jour et il y avait ce truc brun sur la table ; j'avais déjà vu de la coke, mais la couleur était différente. Alors j'ai demandé : "Qu'est-ce que c'est ?" Mon mec a ri et il a dit "C'est de l'héro." J'ai dit : "Mais qu'est-ce que tu fous ? Tu vas te tuer. — Pas moi, m'a-t-il répondu, je gère. Je gère." Je rentrais à la maison et ils étaient tous assis là, les yeux révulsés. Ça a été une période franchement horrible. »

L'héroïne ravage les milieux de la mode parisienne. « La coke, c'était déjà terrible, dit Patrick McCarthy, mais l'héroïne était mortelle, elle détruisait instantanément toute votre vie, les gens plongeaient complètement. C'est ce qui a fait dégringoler des types comme Claude [Montana]. Tout a commencé à cette époque-là, on trouvait des seringues dans les toilettes des rédactions. La drogue a prélevé un sacré tribut. » Peut-être n'est-ce pas seulement la drogue, mais la mode elle-même qui est responsable de l'interminable liste de victimes. « La mode vous dévore, explique McCarthy, et vous savez quoi ? Elle attire des gens prêts à se faire dévorer. C'est une industrie très autodestructrice, et c'est probablement ce qui la maintient en vie. Elle dévore ses enfants. »

« Autodestruction, fait écho Pat Cleveland, notre univers est devenu noir, obscur, négatif ; je veux parler de ce que nos vies avaient de ténébreux à ce moment-là : trop de sexe, trop de liberté de mœurs, trop de drogue, trop de nuit. »

La fin rôde depuis des années, mais grâce à son aptitude à déjouer la réalité, grâce à sa danse perpétuelle sur le tain de l'idéal, la mode doit pouvoir tenir la chute à distance, prolonger l'illusion une saison encore, le temps d'une fête fabuleuse de plus, d'un nouveau cliché de magazine, d'un dernier moment de mode.

« Nous savions tous qu'il fallait que ça s'arrête, confirme

Diane de Beauvau-Craon, je pense que les gens qui sont allés jusqu'au bout, qui se sont défoncés de façon de plus en plus délirante, en étaient parfaitement conscients. Nous parlions de la fin ; nous serions dignes de notre fin… nous n'étions pas des idiots, nous savions que tout ça allait se terminer. Mais je ne suis pas sûre que nous ayons pensé que la fin nous frapperait individuellement, parce que nous avions toujours constitué un groupe. »

18

1983-1985

Yves Saint Laurent a peut-être renoncé à saisir l'air du temps à travers ses créations, mais il n'a pas abandonné sa prétention à porter la couronne de la mode. Pierre se tourne alors vers une vieille amie, fidèle de Saint Laurent : Diana Vreeland, quatre-vingts ans à l'époque et consultante à l'Institut du costume du Metropolitan Museum of Art de New York. C'est ainsi que cette prestigieuse institution organise, en 1983, une vaste rétrospective de son œuvre. C'est la première fois qu'un couturier est aussi honoré de son vivant. Plus extraordinaire encore, Yves est jeune, puisqu'il n'a que quarante-sept ans. L'exposition « Yves Saint Laurent — 25 Years of Design » permet au public de découvrir deux cent quarante-trois pièces représentatives de toutes les étapes de sa carrière — des années Dior à la collection Broadway — et constitue une étonnante évocation de la puissance et de l'envergure de sa création. Pourtant, on y décèle aussi la froideur marmoréenne du mausolée. La vie d'Yves, son travail et ses rêves sont enfermés dans des vitrines ; ce sont des souvenirs disposés sur des mannequins, de suaves éloges funèbres. Yves semble stupéfait par cette perspective. « J'ai même peur d'y penser », avoue-t-il juste avant de prendre l'avion pour New York à l'occasion du vernissage. « Tous ces gens, toutes ces réceptions, tous ces journalistes. Et puis, bien sûr, la plus grande inquiétude de toutes. Qu'est-ce que je vais faire, ensuite[1] ? » Ensuite ? Yves Saint Laurent — le couturier et sa maison de couture — n'est-il plus qu'une cérémonie du souvenir ? Plus d'un million de visiteurs se pressent à l'exposition. Mais la rétrospective ne s'achève pas avec la clôture de l'exposition en août 1984. Elle voyage ensuite pendant sept longues années à travers le monde, prenant le chemin de Pékin, Paris, Moscou, Saint-Pétersbourg, Sydney et Tokyo.

Pour Yves, cette décennie est jalonnée de graves épisodes dépressifs. Victoire se rappelle qu'il est hospitalisé en 1985 pour un coma éthylique. Il fait de longs séjours à l'Hôpital américain de Neuilly et dans une clinique psychiatrique privée à l'ouest de Paris.

Le rythme et l'intensité de sa créativité connaissent un ralentissement sensible, ce qui n'a rien de surprenant. « Je suis devenu un moine, dit-il en 1982, sortir, voilà mon idée de la torture. Je veux rester chez moi. Quand je suis au lit avec un bon livre, j'ai l'impression que rien d'autre ne compte[2]. » Il se coupe de la réalité et son travail s'en ressent. Ses défilés deviennent un conte de fées mettant en scène une femme somptueusement vêtue, riche et impeccablement bourgeoise. On dirait que la femme du XVIe arrondissement qui est pour Helmut Newton l'incarnation de ce qu'il aime photographier a pris de l'âge pour devenir cette divorcée de quarante-cinq ans dont le vice ne se calcule plus à l'aune de ses fougueux cinq à sept, mais au montant des dommages financiers qu'elle infligera à son ex-mari en multipliant les achats de haute couture chez Saint Laurent. Les vêtements d'Yves pendant les années quatre-vingt sont carrément extravagants : une immense jupe de taffetas fuchsia portée avec une somptueuse veste de soie noire, douce comme une caresse, des fourrures voluptueuses d'actrice de cinéma, un trench à imprimé de panthère enveloppé de la fragrance sirupeuse de son nouveau parfum, Paris, lancé en 1983. Ces créations reflètent les gains financiers des industriels des années quatre-vingt, des marchés boursiers, des nouveaux riches qui ne cachent plus leur argent, mais elles ont perdu le chic subversif et le tranchant du Saint Laurent d'autrefois.

Les spectateurs de ses défilés sont manifestement déçus, autant par lui que par ses créations. Mais c'est comme s'ils ne pouvaient renoncer à l'espoir qu'il leur apporte, la rédemption, en leur livrant du génie, une fois encore. Le caractère répétitif de ses collections devient encore plus flagrant lorsque Christian Lacroix fait irruption sur la scène de la haute couture pour dessiner les collections de Jean Patou. En 1985, la presse, et surtout les clientes américaines, tombe sous le charme de ses couleurs flamboyantes, de son souffle et de son sens de la coquetterie, très XVIIIe. Hebe Dorsey, rédactrice de mode à l'*International Herald Tribune*, se tord les mains devant l'interminable défilé de tailleurs sur la passerelle de Saint Laurent : « C'est un tel géant que je me demande si nous n'attendons pas trop de lui. C'est à se demander s'il ne s'ennuie pas. Il ne travaille pas, il s'en fiche, il y a quelque chose de brisé ici. Il se contente de faire semblant. Maintenant, il n'y a plus de leader. Ce que Saint Laurent a fait est incroyable — la diversité, la créativité. À une époque, tout le monde portait quelque chose de lui — du foulard de la plus petite secrétaire jusqu'aux bottes et aux vestes des clientes fortunées. Mais, maintenant, qu'avons-nous ? Des petits tailleurs. » Chose intéressante, quand on lui demande qui pourrait remplacer Yves, elle pense d'abord à Karl. « Karl est fantastique et si quelqu'un pouvait remplacer Saint Laurent, ce serait Karl. C'est un travailleur acharné. » Mais elle se reprend presque aussitôt : « Je ne crois pas que qui que ce soit puisse jamais remplacer Saint Laurent. Karl est comme un caméléon — il est tantôt Fendi, tantôt Chanel et la minute suivante KL. Il est trop prolifique, il a besoin de se recentrer[3].»

Quand Yves refait surface, c'est un homme changé. Lorsqu'il sort pour saluer à la fin d'un défilé, il se cramponne aux mannequins, titube en descendant la passerelle. Bergé veille à ce qu'il soit constamment entouré, aidé et assisté par ses gardes du corps, tandis qu'un groupe de médecins se tient en coulisse. Saint Laurent a entrepris une psychanalyse intensive, avec des séances quotidiennes chez son psychiatre parisien. S'y ajoutent des sédatifs, qu'il avale souvent avec de l'alcool, hélas, une habitude relevée par le correspondant parisien de *Time* quand il interviewe Yves en 1983, chez lui, rue de Babylone[4].

Selon Christophe Girard, qui travaille aux côtés de Bergé de 1977 à 1997, «la vraie stratégie de Bergé à partir des années quatre-vingt a consisté à mettre Saint Laurent dans les musées. C'était une stratégie choisie, quelque chose qu'il avait décidé. La rétrospective, par exemple, c'était son idée: c'est lui qui l'a proposée à Diana Vreeland, lui qui a négocié avec le Metropolitan. Après New York, les musées se sont enchaînés à l'infini. Je pense que Pierre Bergé avait très peur pour Saint Laurent; à partir des années quatre-vingt celui-ci n'était pas en bonne santé. Il fallait donc absolument graver son nom pour l'éternité. Son attitude trahissait sa grande inquiétude. Je pense que c'était vraiment une stratégie et qu'en plus elle s'est révélée payante.»

La rétrospective est la pierre angulaire de ce processus, car elle marque la reconnaissance officielle de Saint Laurent non seulement comme le plus grand couturier vivant, mais aussi comme artiste. Après New York, Pierre organise un interminable cycle de dîners d'anniversaire, d'hommages, de défilés rétrospectifs et d'expositions plus modestes. En 1982, c'est un dîner de gala au Lido pour les vingt ans de la maison, avec Catherine Deneuve et tout le personnel, la voix nouée par les larmes et l'émotion. Il y a ensuite des expositions sur les thèmes russes de ses collections au Musée Jacquemart-André, et de ses robes d'inspiration indienne à New Delhi. En 1992, ce sont les trente ans de la maison que l'on fête par un immense défilé rétrospectif à l'Opéra-Bastille. Catherine Deneuve et tout le personnel sont, une fois encore, étranglés par les larmes et l'émotion.

En plus des expositions, Pierre invite des vedettes de l'establishment littéraire français — Marguerite Duras, Françoise Sagan, Bernard-Henri Lévy — à écrire quelques pages sur Yves dans une série de livres, de catalogues et de monographies publiés à l'initiative de Bergé. Ils prennent donc leur plume pour rendre hommage aux créations d'Yves et traitent ce sujet imposé dans une prose qui manque parfois de spontanéité. En 1985, Yves est fait chevalier de la Légion d'honneur au cours d'une cérémonie présidée par François Mitterrand.

C'est également pendant cette décennie que Pierre commence à réaliser ses ambitions personnelles. Tout débute par son amitié avec Jack Lang, le nouveau ministre de la Culture nommé par Mitterrand, qui est probablement le premier titulaire de la charge que l'on voit danser dans les endroits à la mode comme le Palace. Lang incarne le nouveau visage du socialisme français, mais aussi la « gauche caviar », avec son allure Saint-Germain, son hâle hivernal et ses nobles idéaux d'une culture pour tous, subventionnée par l'État. Il voit dans la mode un merveilleux moyen de transmettre l'exceptionnelle sensibilité française pour le beau et le bon goût en même temps qu'un remarquable article d'exportation. À ce moment, Bergé est toujours président de la Chambre syndicale et, ensemble, les deux hommes imaginent de déplacer les défilés de prêt-à-porter, qui se tiennent jusque-là au Parc des Expositions, en plein courant d'air, pour les installer sous des chapiteaux provisoires, en plein cœur de Paris, dans la cour carrée du Louvre.

Bergé, qui a voté pour Raymond Barre en 1981 et a suivi les résultats des élections à l'hôtel Lambert, chez Marie-Hélène et Guy de Rothschild, devient un protecteur très influent des socialistes, puis un intime de François Mitterrand lui-même. Leur relation se noue lors de ce que Bergé décrira au *New Yorker* comme un moment « stupéfiant », lors d'un dîner après un meeting où Bergé laisse libre cours à son admiration pour le poète breton René Guy Cadou. Mitterrand se lève d'un bond et récite spontanément un poème dudit Cadou[5]. C'est un épisode comme on en trouve beaucoup dans la vie de Bergé : une rencontre décisive dans le vaste et tumultueux champ de la littérature française. Par la suite, les deux hommes se retrouveront tous les dimanches pour déjeuner à L'Assiette, un restaurant du XIVe arrondissement, avant de flâner le long de la Seine en parlant de Zola. Leur amitié facilitera la nomination de Bergé en 1988 à la direction de l'Opéra de Paris. C'est le sommet de son succès et de son influence, l'aboutissement logique d'une carrière placée sous le signe de la volonté, affichée par Pierre dès son enfance, d'être proche des « faiseurs de feu ». Il a progressé grâce à des héros littéraires ; il a exploré les limites de la mode, qu'il a toujours considérée comme un art mineur, à l'unique et évidente exception de Saint Laurent. Désormais, à cinquante-huit ans, il veut entrer dans le cénacle des vraies éminences grises de la politique. « C'est à cette époque que j'ai commencé à me dire, bon, ça y est, la maison Saint Laurent est désormais achevée. Je n'étais pas au bout de ma mission, mais j'avais déjà fait beaucoup et je pouvais prendre un petit peu de distance à la fois avec Yves et avec cette maison. C'est comme ça que j'ai commencé à m'impliquer dans l'art », explique Bergé avec un changement de ton soudain, théâtral (*subito forte*) pour souligner son importance grandissante. « J'ai commencé à avoir une vie professionnelle différente, différente de cette maison et c'est comme ça que je suis devenu président de l'Opéra de Paris, c'est comme ça que je suis entré dans les politiques de financement et c'est comme ça que je me suis occupé de la presse, des journaux, et de tout un tas de choses très éloignées de cette maison. » Et c'est comme ça — espère bien Bergé — qu'il ne restera pas seulement dans les mémoires comme l'homme qui a fait Yves Saint Laurent.

Karl s'adapte à son nouveau et illustre statut chez Chanel. Il est arrivé et tient à ce qu'on le sache. « Lagerfeld veut régner sur la mode[6] », annonce en 1984 le titre d'un entretien très controversé qu'il accorde à Jean-François Bizot pour *Actuel*. Karl commence par décocher quelques flèches verbales contre Chloé avant de se lâcher contre Yves Saint Laurent. Il remet sur le tapis l'affaire entre Yves et Jacques. « J'avais un assistant que les gens ont pris pour mon petit ami, mais ça je m'en fous. Quand il a débarqué dans ce milieu qui ne lui était pas familier, il a fait des ravages. Au début des années soixante-dix, il est arrivé avec un style différent de celui des babas cool et des hippies. Tout à coup un côté bon chic bon genre[7]... » Après une courte digression sur les mérites éventuels de la période hippie, Bizot lui demande quel genre de dégâts Jacques a provoqués. Karl répond : « Yves Saint Laurent est tombé amoureux de lui. Son associé aussi... Ils ont même pensé que j'avais, par ce biais, essayé de les brouiller[8]. »

On peut comprendre que Karl ait eu du mal à digérer la relation d'Yves avec Jacques, qui remonte alors à onze ans. Mais ce qu'il y a de frappant dans ces propos, c'est la manière dont il parle de lui, évitant de citer son nom, le désignant comme son « assistant », alors qu'il ne l'a jamais été.

Karl proteste ensuite énergiquement de son amitié et de son

admiration pour Yves, bien que le ressentiment se lise entre les lignes de tout son discours. « Yves ne voit plus grand monde aujourd'hui... Il ne parle que de sa santé... Tout ça est très ennuyeux. Mais c'est quelqu'un que j'aime bien. Vraiment. Qui a des côtés touchants. En revanche j'aime moins ce qu'il fait. Dès qu'il parle en public, je n'aime pas ce qu'il dit... Je le trouve extrêmement conventionnel... c'est l'apothéose du lieu commun. Cet Yves-là, j'aime pas. Parce que moi, j'en connais un autre. C'est l'une des personnes les plus rigolotes qui soit, un sens de l'humour incroyable... qui faisait des imitations insensées... et qui adorait les gros mots, les blagues scatologiques... qui était vraiment très drôle. C'est absurde quand il dit qu'il n'a pas eu de jeunesse... Moi, je l'ai connu quand il en avait une, mais il n'avait qu'une seule envie, à l'époque... être riche et célèbre [9]. »

Bizot intervient pour faire remarquer que c'est précisément à ce moment-là qu'Yves a rencontré Pierre. « Le jour où il a rencontré certains de ses amis, ça a changé sa vie... Il était fait pour réussir. La première fois que je l'ai vu, je me suis dit : c'est quelqu'un qui va y arriver, il a une espèce de génie, ça c'est sûr et certain. C'est venu très vite, lors de sa dernière collection chez Dior, en 1961, avant qu'il se fasse virer, avec cette histoire de service militaire comme prétexte. C'était une des meilleures collections qu'il ait faites de sa vie... Il avait inventé un style moderne et facile à porter, qui ne se démode pas et qui correspond à une certaine élégance bourgeoise complètement acceptée aujourd'hui [10]. » Accuser Yves de s'être servi du service militaire pour se faire renvoyer de chez Dior est une allégation osée. Karl ne résiste pas à l'envie de lancer une dernière pique : « Il est très Français moyen... Il est très pied-noir, très province [11]. » Tous ces qualificatifs évoquent un accent régional, un complexe d'infériorité et un napperon en dentelle recouvrant le dossier d'un fauteuil en fausse tapisserie. Ce sont des termes choisis avec soin pour décrire l'antithèse de Paris, de la capitale, urbaine, polie, sophistiquée. Et, surtout, l'antithèse de la mode, qui ne saurait être créée qu'à Paris et portée par des Parisiens. C'est un mythe, bien sûr, que l'historienne de la mode Valerie Steele récuse avec une causticité mordante : « Paris est la capitale de la civilisation, le lieu où tous les raffinements de la vie civilisée trouvent leur expression la plus achevée — parmi lesquels les notions de beau langage et de mode élégante. Les étrangers et les provinciaux peuvent, cela va de soi, *porter* la mode parisienne — et même reconnaître sa supériorité —, mais ils ne pourront jamais la porter de la même façon, et ils sont parfaitement incapables de créer eux-mêmes quelque chose d'aussi parfait [12]. » Les propos de Steele sont lourds d'ironie, mais reflètent bien la conviction des milieux de la mode parisienne. En traitant Yves de pied-noir provincial, Karl s'en prend directement à l'authenticité du goût et du chic de son rival.

L'article d'*Actuel* provoque évidemment une levée de boucliers, ce qui lui vaut le sobriquet de Katty Karl, tout le monde volant au secours d'Yves que l'on sait malade, déprimé, hors de combat. Karl ne pensait pas, prétend-il, que ces commentaires seraient publiés et affirme qu'ils ont été sortis de leur contexte. Bizot rétorque qu'il a les enregistrements, qu'ils sont à la disposition de ceux qui les veulent et contiennent un certain nombre de propos impubliables, ce qui explique probablement la présence de coupures dans l'ensemble du texte publié.

Comme toujours lorsqu'il est blessé, Yves ne réagit pas personnellement. Mais la riposte de Pierre Bergé dans la presse est brutale. « Le pauvre garçon souffre de problèmes psychologiques. Ce n'est qu'un styliste allemand qui voudrait bien être un Saint Laurent. Il devrait consulter un psychiatre. Il a besoin qu'on l'aide [13]. »

Ce que ses propos dans *Actuel* montrent clairement, c'est qu'au départ, Karl éprouve une immense admiration pour Yves, reconnaissant en lui un talent naturel et immense, un créateur promis au succès à un moment où lui, Karl, est peut-être moins sûr de ce que lui réserve l'avenir. Peut-être fait-il une sorte de fixation sur Yves — remontant au temps où il avait accroché un croquis de ce dernier au-dessus de la cheminée de son appartement de la rue de Tournon, au temps où il voyait Yves chaque soir et où, dans la bonne humeur, ils descendaient ensemble les Champs-Élysées dans la voiture de Karl pendant qu'Yves choisissait le restaurant où ils iraient dîner. Et Karl n'a-t-il pas été impressionné, comme ils l'ont tous été — Anne-Marie Muñoz, Victoire, Fernando, Jean-Pierre Derbord, Edmonde Charles-Roux, Pierre Bergé — en découvrant pour la première fois les croquis d'Yves, la puissance et la force de conviction de son trait ?

« Yves est né sous une étoile et il n'y avait rien à faire, commente Loulou de la Falaise en décrivant la gloire incontournable d'Yves, ça a commencé à l'école. Il a toujours attiré l'attention, les mannequins ont toujours été plus amoureuses de lui, tout le monde était toujours prêt à lui remonter le moral — "Comment vas-tu ?" ou "Mon pauvre" —, on le maternait, on s'occupait de lui. Je pense qu'il rayonnait de talent. C'est exaspérant pour ceux qui font le même métier et, en un sens, c'est inexplicable. »

L'envie que Karl éprouvera ensuite tient évidemment au succès phénoménal et précoce d'Yves, mais cela va bien au-delà. Yves représente quelque chose qui ne sera jamais à la portée de Karl, Yves Saint Laurent dont tout le processus de création suit une courbe jalonnée de sommets vertigineux et d'abîmes insondables, d'un don complet de soi dans une frénésie d'expression et d'affectivité. Yves Saint Laurent dont l'œuvre scintille d'émotion — « une lettre d'amour aux femmes », comme le dit si justement Irène Silvagni. Il met dans sa mode tout son être : son énergie sexuelle, sa névrose, ses larmes. « Oh oui, déclare Yves en 2002 dans un documentaire français consacré à sa vie, intitulé *Le Temps retrouvé*, ah oui, ma sexualité a été très importante pour ma créativité [14]. »

Une telle approche de la créativité est en totale contradiction avec celle de Karl. Pour lui, pas question d'épanchement émotif. Sa création passe par la productivité, le recours à une inépuisable énergie nerveuse, à sa capacité de travail et à ses connaissances, auxquels il associe le passé, les émotions d'autrui. « Karl a toujours eu le don pour trouver des gens dans le coup pour le nourrir, raconte son ancien camarade à l'école de la mode, Fernando Sanchez. Quand il en a fini avec eux, il les… [Sanchez fait un geste de la main indiquant le renvoi] et d'autres arrivent. Karl possède une intelligence brillante, une culture brillante, il sait lire, déchiffrer et sait s'entourer de ce qui se passe. Un grand talent. »

Ce processus de création est une remarquable source de force pour Karl car il implique un renouvellement constant, et cela lui garantit qu'il ne sera jamais distancé par la mode. Il ne risque pas de subir le sort de tous ces créateurs qui s'expriment, donnent libre cours à leur vision, avant de voir leur style, ce qu'ils ont incarné, passer de mode ou, pis encore, de se rendre compte qu'ils n'ont plus rien à exprimer. Cela n'arrivera jamais à Karl car, comme il l'a reconnu en 1996, il ne se livrera jamais : « Qu'est-ce que je représente ? Le reflet de l'esprit du temps – quelle que soit la saison. Ou plus simplement l'opportunisme de mode [15]. » Et cet opportunisme-là ne sera jamais démodé.

Karl avance irrésistiblement. Arie Kopelman, président de Chanel pendant dix-neuf ans, se souvient de son tout premier défilé, en janvier 1985, l'année où il a pris la présidence de la société. Il se rend en coulisse pour féliciter Karl pour sa collection et ce dernier balaie les compliments d'un revers de main : « Pas de félicitations. C'est déjà du passé, ce qui compte, c'est la prochaine collection[16]. »

« Le monde de Karl se limite à ce qui vient après, explique Kopelman. Karl tient à porter toujours les choses à de nouveaux sommets. Existe-t-il quelqu'un de plus branché que Karl Lagerfeld ? Il adore être à la pointe de tout ce qui se fait en musique, en littérature, au cinéma, il est tellement curieux, tellement intello ; c'est sa vie, il a beaucoup, beaucoup d'intérêts en dehors de la mode, c'est une grande ébullition productive. » Il faut effectivement beaucoup d'effort et de détermination pour rester branché à soixante-dix ans passés.

En fait, Karl se décrit souvent comme une « machine de mode[17] ». En 1983, par exemple, il déclare : « Je suis comme un ordinateur branché sur la mode de Chanel[18] », et sa capacité de travail et d'endurance proprement inhumaine, son aptitude à concevoir des modèles pour un nombre énorme de marques en même temps évoquent l'efficacité impitoyable et le rendement d'une chaîne de production. Mais où se situe l'être humain au milieu de cette productivité et de ce renouvellement constants, où réside l'émotion de Karl dans son travail ? Cachés, loin de la surface, loin de tout contact, hors de portée des blessures et des peines. Car le refus de l'émotion dont se targue Karl n'est-il pas aussi, par essence, un refus de la souffrance humaine ?

Quand il parle de sa relation avec la mode et avec la vie, Karl emploie d'implacables images de refoulement. Se remémorant les années soixante-dix et quatre-vingt, il affirme en 2002 : « J'ai toujours été un horrible puritain calviniste, mais ça n'est pas dû à mon éducation, c'est ma nature profonde. Je me suis finalement permis très peu de choses, c'est pour cela que je suis encore là. Il y a des gens qui sont faits pour survivre, et je crains de faire partie de ceux-là. Je ne suis pas marrant avec moi-même. Je suis autofasciste[19] ! » Et quand il parle de ses collections de mode à n'en plus finir et de ses efforts impitoyables, il recourt à une curieuse métaphore. « Je ne suis jamais pleinement satisfait, dit-il en 1984, je suis une sorte de nymphomane de la mode qui n'atteint jamais l'orgasme. J'attends toujours quelque chose de la fois suivante[20]. »

Le travail incessant, les innombrables contrats, la décoration de ses maisons, la photographie, sa maison d'édition, toute cette productivité, toutes ces activités, rien ne semble pouvoir assouvir ni apaiser son sentiment d'insatisfaction. Au contraire : « Dès qu'il a fini, observe Patrick McCarthy à propos de ses éternels projets d'intérieurs, un peu du plaisir s'est évanoui. »

Et pourtant, il poursuit sa quête, il ne lève pas le pied, prisonnier de la recherche d'une satisfaction qui lui échappe perpétuellement, ou redoutant peut-être simplement l'immobilité. « On ne mène pas une vie pareille, dit Patrick McCarthy, sans une forme de souffrance. Il y a forcément quelque chose qui vous pousse à continuer à bouger comme ça. Karl souffre, mais au lieu de gémir et de se plaindre, comme M. Saint Laurent, il s'en sert pour progresser, pour être plus fort. Karl trouve son salut dans le travail. »

Karl ne s'est jamais étendu sur les souffrances qu'il doit endurer. En réalité, en transformant sa biographie, en brodant constamment, il jette un écran entre le passé et lui — dissimulant les humiliations et les déceptions éventuelles. « Je javellise mon passé[21] », avoue-t-il en 2003. En 1979, alors qu'on l'interroge sur son enfance, il répond : « Dieu merci, il n'y a plus personne pour s'en souvenir. Et moi, j'ai tout oublié[22]. »

Il y a évidemment l'exclusion qu'il a vécue enfant, mais il s'y ajoute un plus vaste contexte de souffrance : la réalité de l'existence d'un petit garçon de six ans au moment où la guerre éclate, la vie pendant la guerre et dans l'Allemagne nazie, bien que cette vérité-là aussi, Karl l'occulte obstinément. Dans l'interview qu'il réalise pour *Actuel* en 1984, Jean-François Bizot lui demande s'il a fait l'expérience de la guerre et du nazisme, et Karl répond : « Je ne me suis même pas aperçu que ça avait eu lieu… Dans le Nord, il ne s'est rien passé… il n'y avait pas de bombardements… à part à Hambourg ; j'y suis né, mais je n'y étais plus[23]… » En 2004, il insiste encore : « J'ai eu de la chance ; j'ai échappé à tout. Je n'ai rien vu de la guerre[24]. »

La famille de Karl est revenue brièvement habiter au centre de Hambourg en 1939, quand Karl avait six ans. Otto Lagerfeld trouvait trop dangereuse la navette quotidienne entre Hambourg et Bad Bramstedt. Mais à l'époque, Hambourg n'est pas seulement le port marchand stratégique de l'Allemagne ; c'est également un centre de construction de navires et de sous-marins. Otto Lagerfeld craint sans doute des bombardements, car il reconduit sa famille dans la sécurité relative de Bad Bramstedt, lui évitant ainsi les bombardements dévastateurs de l'été 1943.

Si Bad Bramstedt n'a pas été bombardé, personne n'a cependant pu échapper à la réalité de la guerre ni à celle de l'Allemagne nazie et de son emprise totalitaire sur la vie quotidienne. Le petit Karl est terrorisé par les avions alliés. « Nous avions tous peur en allant à l'école le matin, se souvient Karl Wagner, l'ancien voisin de Karl, et puis nous arrivions en classe, les sirènes hurlaient et il ne nous restait plus qu'à rentrer chez nous. À la fin de la guerre, pendant les trois derniers mois, les avions volaient en rase-mottes et tiraient sur tout ce qui bougeait, cheval ou homme ; même sur les véhicules de la Croix-Rouge. »

Une terrible pénurie alimentaire fait rage et tous ceux qui possèdent des terres ont ordre de cultiver des denrées pour l'effort de guerre — des navets dans le cas des Lagerfeld. La famille Lagerfeld s'en sort tant bien que mal, comme les autres habitants de Bad Bramstedt qui font pousser leurs légumes et élèvent quelques bêtes. « Heureusement, nous produisions pas mal de choses nous-mêmes », se rappelle Wagner. « Parfois, une vache mourait, alors on la cachait sous la paille — bien sûr, on ne pouvait pas le dire à l'époque, mais nous la cachions et, comme cela, nous avions de quoi manger. Ils comptaient les vaches, alors il fallait s'en débarrasser avant qu'ils viennent les compter, ou quelquefois l'homme qui venait compter en "manquait" une, et on lui en laissait une part. La guerre a donné beaucoup d'imagination aux gens. »

Les Lagerfeld ont de l'argent, avantage inestimable. Otto Lagerfeld fête ses soixante ans en 1941 ; il travaille toujours chez Glücksklee, bien que l'usine ait interrompu sa production de lait concentré dès le début de la guerre. L'entreprise appartenait à l'American Milk Products Corporation, ce qui la rangeait dans la catégorie des biens ennemis. Selon le journal local, les *Ostholsteiner Nachrichten*, Otto Lagerfeld a été nommé administrateur pendant la guerre. L'usine de Glücksklee produit alors du beurre et du lait écrémé traité pour fabriquer du lait en poudre.

À la fin de juillet 1943, Hambourg est bombardé ; les sans-abri affluent à Bad Bramstedt en train ou à pied, fuyant les destructions. À partir de 1944, Bad Bramstedt accueille également de nombreux réfugiés de l'Est, des Allemands comme Hans-Joachim Bronisch et sa mère, qui fuient devant l'Armée rouge. Les réfugiés arrivent de Prusse orientale, de Pologne, de Poméranie, de Breslau et de Dantzig et sont logés chez l'habitant. S'y ajoutent les soldats qui battent en retraite vers l'ouest. Les *Pimpfen*, les plus jeunes membres des Jeunesses hitlériennes, participent à la distribution de repas dans les champs envahis de soldats. La population de Bad Bramstedt, qui comptait trois mille trois cents habitants en 1930, atteint sept mille en 1945.

Les Anglais arrivent à la fin de la guerre, en mai 1945. La maison des Lagerfeld est réquisitionnée[25]. Selon Karl Wagner, pendant la guerre la grange des Lagerfeld a servi d'« entrepôt pour l'organisation Todt, une branche administrative de l'armée qui fournissait des couvertures et des tentes ». Les Britanniques avaient tendance à reprendre toutes les structures administratives existantes. Ils entrent donc chez les Lagerfeld et ordonnent à la famille, sous la menace de leurs fusils, de leur remettre toutes les armes à feu, les appareils photographiques et les jumelles en leur possession. Karl a douze ans. On donne ensuite trois jours aux Lagerfeld pour évacuer la maison et aller s'installer dans l'étable voisine, où ils vivront pendant un an dans deux pièces de fortune. Ils ne seront pas seuls dans l'étable, qui abrite aussi, outre deux jeunes Ukrainiennes, des navets et des céréales.

C'est une année éprouvante pour la famille Lagerfeld, qui souffre, comme la plus grande partie de l'Allemagne du Nord, de la grande pénurie alimentaire, de l'exiguïté des logements et de la misère. « La nourriture était très rare, confirme l'historien local de Bad Bramstedt, Manfred Jacobsen, les conditions de vie étaient précaires : la population avait doublé, la production diminué — les champs n'étaient pas correctement labourés, les fermiers étaient morts à la guerre —, il y avait très peu de lait, parce que les vaches étaient utilisées pour leur viande. Et l'on manquait cruellement de logements. Jusque dans les années cinquante, il n'y avait en moyenne que cinq mètres carrés par personne dans le Schleswig-Holstein, en comptant les abris d'animaux. » Comment se procurer le repas suivant ? Cette simple question devient une source d'angoisse obsessionnelle. Au pire moment, la famille Lagerfeld n'a plus que deux morceaux de pain, un pour Karl, l'autre pour sa sœur Christel. On est loin du pays de cocagne que Karl évoquera plus tard. En fait, vues sous ce jour, ses prétentions à la grandeur et au luxe prennent des accents particulièrement poignants. « Je me souviens de déjeuners et de dîners immenses pendant la guerre dans notre propriété de campagne. Nous avions de nombreux domestiques polonais et russes. Il n'y avait pas d'Allemands disponibles. Comme mon père était suédois, ils se considéraient comme en pays étranger[26] », déclarera Karl en 1983, et en 1992, il s'obstine encore : « Nous n'avons jamais souffert de pénurie alimentaire. Une fois la guerre finie, comme mon père n'était pas allemand, nous avons eu de nouveau tout ce qu'il fallait[27]. » Dix ans plus tard, il prétend : « En 1945, j'avais six bicyclettes pour aller à l'école[28]. »

La famille Lagerfeld reste à Bad Bramstedt pendant trois ou quatre ans après la fin de la guerre. Puis tout le monde regagne Hambourg. Karl a déclaré, évoquant l'Allemagne d'après-guerre : « Je voulais m'en aller le plus tôt possible[29]. » Et c'est ce qu'il fait. En 1952, à dix-neuf ans, après avoir fini sa scolarité, il part pour Paris. Christel de son côté quitte l'Allemagne à vingt-six ans, en 1957, pour vivre à Seattle ; elle épousera un Américain et s'installera ensuite sur la côte est.

Si Karl Lagerfeld choisit d'oublier ce qu'il a vécu, il n'est pas le seul. Dès 1968, Alexander et Margarete Mitscherlich relèvent, dans leur étude sur le comportement de groupe publiée sous le titre *Le Deuil impossible*, le phénomène de déni du passé et de refoulement collectif qui a marqué l'Allemagne d'après-guerre, en même temps que ses effets à long terme. Le professeur Detlef Junker, une autorité mondiale sur les relations américano-germaniques au XXe siècle, qui fréquenta par hasard l'école de Bad Bramstedt (plus tard cependant que Lagerfeld), explique l'état d'esprit de la nation, cette impression d'impasse qui marque la fin de la guerre : « À partir de 1943, la population allemande souffrit de plus en plus des effets de la guerre, des expulsions massives et de la terreur due aux bombardements des Alliés occidentaux. Ceux qui survécurent à la capitulation sans conditions des forces armées allemandes n'avaient qu'une idée en tête : oublier le passé et recommencer à vivre. Rares étaient ceux qui avaient envie de se rappeler les treize dernières années. On ne s'intéressait plus qu'à l'avenir, on voulait reconstruire l'économie et une démocratie stable. Le processus de dénazification [qui eut lieu immédiatement après la guerre] les obligea pourtant à repenser le passé nazi. Ce qui explique que presque tous ceux qui furent mêlés à ce processus de dénazification se soient sentis menacés. » Ce sentiment national de culpabilité et de victimisation s'accompagne d'une période de refoulement du passé.

Ce n'est que par la suite qu'une réflexion sur les événements de l'époque a pu se faire jour dans la conscience collective allemande, en partie à l'instigation de la génération suivante, curieuse et désireuse d'en savoir davantage sur le passé de ses parents et grands-parents.

La négation de son passé n'est certainement pas sans effet sur le processus de création de Karl. Un couturier puise souvent son inspiration iconographique dans ses souvenirs d'enfance. Elle représente aussi, pour beaucoup d'entre eux, le premier royaume imaginaire et leur aspiration inlassable à retrouver le paradis perdu est au cœur de l'idéalisme inaccessible qui fait partie intégrante de la mode. Ainsi, tout en absorbant ce qui l'environne aujourd'hui, l'esprit d'un couturier est attiré vers le pôle magnétique de son enfance. L'enfance est toujours là : on la retrouve chez Saint Laurent, clignant des yeux dans le soleil d'Oran et admirant les fringants officiers de marine dans leurs uniformes d'été tandis que résonnent à ses oreilles les cris des petits cireurs de chaussures qui courent pieds nus. On la retrouve chez John Galliano, dans la conjonction entre le fils d'immigrés, sa jeunesse à Peckham et les souvenirs de sa première communion en chemise blanche à fanfreluches, tandis que règne au-dehors l'animation des grandes artères du sud de Londres. Chanel elle-même, dont l'enfance ne correspondait guère à l'image qu'on se fait d'un royaume fantastique — d'où le déni dont elle l'entoura toute sa vie —, élabora son esthétique et son style à partir des images de cette enfance et des uniformes austères de l'orphelinat du couvent.

L'impossibilité apparente et bien compréhensible pour Karl d'exploiter ses propres souvenirs visuels explique peut-être en partie que son chemin de créateur le conduise à associer emprunts et esprit du temps. Le photographe Helmut Newton, Juif allemand ayant fui Berlin en 1938, peut bien ferrailler avec la menace de l'Allemagne nazie à grand renfort d'humour noir, de cuir noir et de modèles blonds, mais comment Karl, un Allemand, pourrait-il introduire un jour dans son œuvre l'esthétique visuelle de son enfance ?

Cela expliquerait aussi pourquoi Karl semble déplacer son propre pôle magnétique vers la période antérieure à sa propre enfance. C'est avec un romantisme nostalgique et mélancolique qu'il rêve de l'âge d'or de la vieille Europe, de l'Allemagne d'avant le nazisme. Il le reconnaît en 1986 : « J'avais l'impression que mes parents avaient mené une vie fabuleuse entre les deux guerres et que j'étais né trop tard, à une époque pourrie [30]. » Les cols droits amidonnés et les cravates noires qu'il affectionne pour Jacques et lui et que l'on retrouve dans ses collections plus récentes sont issus de l'Allemagne prussienne et empruntés plus précisément encore aux héros politiques de sa mère, tels que Walther Rathenau, un industriel juif allemand, ministre des Affaires étrangères sous la République de Weimar, assassiné par deux officiers d'extrême droite en 1922. La palette noir et blanc de Karl, son goût pour un certain formalisme, ses épingles à cravate ornées de pierreries : ce sont les seules constantes stylistiques qu'il est prêt à reconnaître — pas obligatoirement pour sa propre création, mais au moins pour l'idée qu'il se fait du style — et il s'agit des maniérismes stylistiques de ses parents. Plus tard, dans les années quatre-vingt-dix, Karl ne ménage pas sa peine pour essayer de retrouver cette Allemagne d'avant-guerre. Il revient à Blankenese et achète une maison perchée sur les rives de l'Elbe, qu'il passe sept ans à restaurer. « J'imaginais le monde préservé de mes parents à la fin des années vingt et au début des années trente. Ils disaient toujours qu'à l'époque, la vie était merveilleuse : plaisante, luxueuse, divine [31]. »

La maison est une villa néoclassique construite en 1922, située à une dizaine de minutes à pied de la demeure que ses parents possédaient dans le parc de Baurs, dans le quartier de Blankenese. Ils s'y sont installés en 1930 et c'est là que Karl a vécu, bébé. La villa qu'il achète est plus somptueuse que la maison familiale d'origine, avec une façade ponctuée de colonnes et des statues couronnant le toit. Mais elle jouit de la même vue poétique sur le fleuve, et quand les porte-conteneurs passent, ils ont l'air si proches qu'on a l'impression qu'il suffit de tendre la main pour pouvoir les toucher. Karl meuble la maison d'objets et de meubles d'Europe du Nord, chandeliers Georg Jensen des années vingt, bronzes suédois fabriqués pour l'Exposition des arts décoratifs parisienne de 1925 et une superbe toile de 1919 de Max Lieberman représentant la porte de Brandebourg, à Berlin. « Les premiers bruits dont je me souviens sont les cornes des bateaux sur le fleuve, et le premier souvenir de ma vie est celui des rideaux de tulle arachnéen frémissant dans le vent aux fenêtres [32] », dit-il. Il installe donc les mêmes rideaux de tulle frémissant dans le vent. Il parle d'« une maison abstraite — une pure vision de l'esprit [33] ». Il fait venir des toiles de Paris, des statues de son appartement de Monte-Carlo. Il photographie la maison et publie un livre pour présenter ces clichés. Mais Karl ne passe en tout et pour tout que quelques jours dans cette demeure avant de la quitter, de la vendre et de s'en aller, sur une dernière déception. « C'est vraiment mon adieu à l'Allemagne, déclare-t-il à l'époque. Une fois tout terminé, j'ai compris que cette Allemagne n'existe plus, qu'elle ne peut plus exister. C'est pourtant pour moi la seule Allemagne dans laquelle j'aurais pu vivre. Cette maison était une merveilleuse idée, mais je ne veux pas y vivre[34]. » Une infinie tristesse résonne dans cet aveu : l'impression d'être né au mauvais moment, l'aspiration à retrouver une époque révolue, le douloureux sentiment de vide qui s'empare de lui dès qu'il s'y essaye. C'est un acte de remémoration impossible d'une époque irrémédiablement perdue, d'une ère qu'il n'a jamais connue. Un idéal esthétique derrière le tulle translucide des voilages alors que dehors, dans la réalité, une ménagère de famille aisée fait son jogging.

Le scandale d'*Actuel* retombe, mais on s'accorde à y voir un exemple de la propension de Karl à blesser. Attaquer Yves est l'une des rares graves erreurs qu'il commet au cours de sa carrière de couturier. Il semble que son intelligence pourtant remarquable ne parvienne pas à maîtriser cette tendance, car il ne s'agit pas d'un exemple isolé. Il s'en prend à Yves à mots couverts, critiquant la stagnation de sa créativité : « Mais il faut actualiser sa façon de faire. Quand on écoute les mêmes opéras au studio pendant vingt-cinq ans, il y a de bonnes chances pour qu'on crée aussi les mêmes robes. Je ne suis pas sûr qu'on puisse faire reposer la mode exclusivement sur Proust, Callas, Verdi, Bérard et Cocteau[35] », déclare Karl en 1991, énumérant l'intégralité des références sacrées d'Yves.

Il le critique ouvertement. En 1991, alors qu'on l'interroge sur Saint Laurent, Karl déclare : « Je trouve que tous ses vêtements se ressemblent. Il ferait bien d'oublier un peu son passé. Le problème d'Yves est que dès le début tout a été démesuré, cette robe trapèze de Dior quand il était encore si jeune. Les choses doivent mûrir progressivement, il faut éviter une gloire trop rapide quand on est jeune parce qu'ensuite on se retrouve là-haut à flotter. C'est très dangereux, très malsain[36].» Onze ans plus tard, alors qu'on lui demande s'il pense comme Proust et Saint Laurent que le plus beau paradis est le paradis perdu, Karl répond: «Je déteste le revival, je n'aime que l'instant présent et l'avenir, aujourd'hui et demain. Le meilleur moyen de survivre dans le présent est d'oublier le passé, de recréer en permanence ses paradis. Si on fait référence à son propre passé, on est mal barré. D'ailleurs, ils sont assez mal barrés tous les deux… Saint Laurent affirme avoir inventé la femme moderne, mais a-t-il jamais vraiment lu Proust[37] ?»

Pendant les semaines de la mode, dans les années quatre-vingt-dix, Karl appelle chez Chanel depuis son domicile le lendemain du défilé de Saint Laurent et demande qu'on lui lise au téléphone le compte rendu de la collection d'Yves que Suzy Menkes a signé pour l'*International Herald Tribune*. En 1993, il accepte de participer à une campagne publicitaire pour Kookaï qui présente des portraits de couturiers, dont Karl et Saint Laurent, assortis de commentaires sur Kookaï. «Ils en ont affiché plus de moi, vous savez, que de ceux d'Yves et de Sonia Rykiel», ne peut s'empêcher de se vanter Karl devant un journaliste. «C'est vrai, on me l'a dit[38].» «C'était tellement difficile, explique Paloma Picasso. Une saison, Karl pouvait faire une collection merveilleuse, tout à fait extraordinaire, mais Yves était toujours au sommet et il n'y avait jamais assez de place pour les deux en haut de l'affiche. [Karl] avait toujours l'impression de devoir se battre pour y arriver.»

Malheureusement, ses critiques verbales incessantes lui valent une réputation de rosserie qui lui colle à la peau pendant les années quatre-vingt-dix, tout en pourrissant quelques-unes de ses amitiés. Paloma Picasso a fini par le lâcher dans les années quatre-vingt, jugeant que ses commentaires sur Yves passent la mesure; comme elle le dit, «la presse a publié des choses vraiment tout à fait inacceptables».

Il est vrai que Karl connaît un autre Yves, l'Yves scatologique, spirituel, qui fait des grimaces dans le dos d'un mannequin parce qu'il trouve ses cuisses trop grosses, qui lance après le départ d'un mannequin noir du studio: «Hmm, un peu trop musée de l'Homme[39]», l'Yves qui, discutant implants de pénis en silicone avec Andy Warhol et Pierre Bergé en 1977, déclare qu'il espère que tout le monde s'y mettra pour qu'il puisse créer de nouveaux pantalons[40]. Karl veut briser le mythe sacré dans lequel Yves est enfermé et révéler au monde l'existence de cet homme différent.

Mais ce qu'il ne sait pas apprécier, c'est la place absolument singulière qu'occupe Saint Laurent dans l'imagination du public — et au-delà, auprès des clientes et des journalistes, des vendeuses de parfumerie, de Diana Vreeland, de la dame qui prépare le café dans la maison de couture et des petites mains qui cousent en haut, dans les ateliers. Pour toutes ces femmes, Yves Saint Laurent, l'artiste souffrant, représente l'essence même de leurs fantasmes sur la mode.

Le couturier qui souffre pour son art, qui souffre pour nous, les femmes, et pour nos garde-robes, diffuse un message puissant dans la France de l'époque. Cela fait vingt-cinq ans qu'Yves dit à qui veut l'entendre qu'il n'a qu'une envie, arrêter de travailler dans la mode, tout laisser tomber et dessiner pour le théâtre, écrire des romans, peindre — tout, plutôt que cette mode et son angoisse. Mais il continue à souffrir parce qu'il a la responsabilité de sa maison, de ses ateliers, de son personnel, de son studio. L'idée du martyre est omniprésente. «Sans aucun doute, il faut être angoissé pour être inspiré. Plus je travaille, dit-il, plus je souffre. Et plus je souffre, plus j'ai de succès, plus on assimile le métier, plus on a de ressources dans lesquelles on peut puiser, et plus c'est atroce. Au début, quand on est jeune, on est insouciant. À mon âge, c'est terrible. Un millimètre peut tout changer[41].» À la fin de sa carrière en 2002, il parle encore de l'angoisse; elle constitue même son principal sujet de conversation dans le documentaire français consacré à sa vie, *Le Temps retrouvé*. «Je me torture quand je dessine, dit-il, cigarette aux lèvres, une pierre tombale de cendre sur le point de choir. Je me fais du mal. Je suis toujours dans la peur quand je crée, c'est assez terrible ce que j'éprouve[42].»

En 1991, il déclare à *Elle* qu'il lui arrive d'avoir envie de prendre le plus grand bronze de sa collection, de se l'attacher aux pieds et de se jeter dans la Seine. Yves Saint Laurent souffre, c'est vrai, mais peut-être cette souffrance doit-elle davantage à son état maniaco-dépressif qu'à la nécessité de créer des robes. Aussi bien Yves que Pierre se sont employés à entourer son angoisse d'une aura romantique. Pierre pour mieux vendre parfums et foulards, Yves peut-être parce qu'il y voit l'expression du génie artistique ou que, comme le suggère Betty Catroux, parce que «ça lui donne une liberté; du coup il peut tout faire».

Tout au long des années quatre-vingt et par la suite, la détresse, l'alcool et la solitude sont transmués en symboles de la passion du couturier sur le chemin de croix de son art. «Il aime qu'on se souvienne de lui pour ses dépressions, son alcoolisme, ses addictions, dit Loulou, il présente toujours sa face la plus sombre[43].» La musique de ses défilés, des arias pathétiques interprétées par la Callas, les références littéraires de ses collections de couture, les citations d'Apollinaire — «tout terriblement» — et d'Aragon — «Soleil moi je suis noir dedans» — brodés sur le dos de ses vestes, tout vient nourrir la tragédie écrasante d'Yves et le drame scénique de sa carrière.

La puissance du rôle d'Yves en artiste maudit tient aussi à une autre raison. Cela fait longtemps que la scène artistique contemporaine internationale a quitté Paris pour s'installer à New York et à Londres. Il n'y a plus de Picasso, plus de Braque, plus de Cocteau et plus de Dalí. Warhol n'est qu'un touriste épaté quand il vient à Paris et en 1987 il est mort, lui aussi.

Mais il reste Yves Saint Laurent, dont la salle à manger est décorée de toiles de Goya, de Matisse et de Mondrian, qui crée des robes Picasso, des robes Braque, des robes inspirées de Warhol et des manteaux de satin citant Apollinaire, qu'on peut porter à un dîner de gala à l'Élysée en présence de Mitterrand. Pour une génération de consommateurs, Yves est l'artiste parisien par excellence. Artiste, ce mot magique qui dans la langue et l'imagination françaises évoque un cénacle divin de peintres, de poètes et d'écrivains aux sourcils froncés et au destin tragique, brûlés vifs par les flammes de leur créativité. Yves est le premier couturier admis dans le grand panthéon des artistes dans la conscience des Français. Gabrielle Chanel elle-même, malgré son intimité avec les artistes, en dépit de la protection financière de Diaghilev et de sa liaison avec l'écrivain Pierre Reverdy, n'avait pas opéré ce changement de statut et n'aurait jamais imaginé pouvoir le faire. Passer du rang de couturier à celui d'artiste exige de franchir un gouffre colossal et en dit aussi long sur la société de l'époque que sur la résolution de Pierre Bergé et le talent de Saint Laurent.

Faire accéder Yves au rang d'artiste a toujours été l'objectif de Pierre, dès les années où Saint Laurent était encore jeune, rebelle, et où il affirmait : « Je déteste les couturiers qui confondent leur travail avec l'art[44]. » Lorsque les années quatre-vingt arrivent et, avec elles, le début de l'âge mûr, les protestations d'Yves contre l'étiquette d'artiste se font un peu moins véhémentes et il laisse de bonne grâce Pierre organiser son apothéose finale.

19

1989

Malgré les espoirs que fait naître chaque nouveau médicament – suramine, AZT puis ribavirine –, rien ni personne ne semble pouvoir vaincre l'impitoyable virus du HIV. Le sida tue, et les milieux de la mode sont en première ligne. Il frappe à tous les niveaux de cette industrie, anéantissant le talent, le désir, la créativité et l'année à venir. « On avait l'impression d'une guerre, dit Ariel de Ravenel, la moitié des gens dont nous parlons ne sont plus parmi nous. » Tout charisme et toute joie semblent avoir déserté ce monde-là.

Le virus est diagnostiqué très tôt chez Antonio. Au milieu des années quatre-vingt, il travaille et vit toujours dans son studio d'Union Square, où Juan et Paul Caranicas veillent sur lui. Juan est séropositif lui aussi. Antonio travaille pendant toute la durée de sa maladie, d'abord pour exprimer sa créativité, mais aussi pour payer son traitement. Il n'a pas d'assurance-maladie et se trouve à court d'argent. Il se lance en 1985 dans sa dernière œuvre majeure, l'illustration des *Mille et Une Nuits*. C'est une entreprise remarquablement courageuse car il doit se battre pour mobiliser ses dernières réserves d'énergie et d'inspiration. Il est très affaibli et souffre de problèmes respiratoires aigus liés à sa maladie. Antonio meurt en 1987 à quarante-quatre ans. Juan le suivra huit ans plus tard, à cinquante-trois ans.

Antonio a été le petit joueur de flûte du glamour, arpentant Paris et New York sur un pas de danse, invitant tout le monde à suivre ses yeux fardés de khôl et ses talons cubains ; mais son legs est bien plus fondamental que cette image ne pourrait le faire croire. Il associe à une vision très érotique et éminemment personnelle de la féminité une multitude d'images et d'influences changeantes faites de grand art, de sexualité débordante, de virilité hypertrophiée et de culture des rues. Ce faisant, il ne se borne pas à tisser un des fils directeurs de l'iconographie de mode de cette époque ; il laisse derrière lui un héritage, une attitude qui influencera les tendances de la mode pendant plusieurs générations encore.

Il est cruel qu'une époque qui a débuté dans l'insouciance se solde par tant de morts et de solitude. « C'était un monde d'illusions, reconnaît Diane de Beauvau-Craon, un monde très beau, mais très rude : il a coûté des vies. » Cette période a été extraordinaire, mais grosse de dangers. Peut-être, sous la splendeur éternelle de ses proportions classiques, Paris est-il, après tout, une ville redoutable. « Paris a toujours été cette ville lumière qui attire les gens, commente Thadée Klossowski, soit on s'y brûle, soit on devient parisien. »

Certains trouvent une issue : Loulou donne naissance à une fille, Anna, en 1986 ; Thadée et elle ont désormais la responsabilité d'une vie. Pat Cleveland a travaillé comme mannequin pendant quatorze ans, elle est passée dans les bras d'amants célèbres, elle a incarné les fantasmes des créateurs et du public, mais elle sait qu'il est temps de se retirer. Elle est amoureuse : « J'avais quelqu'un qui était prêt à me sauver. » Elle refuse la campagne publicitaire pour Chanel que Karl lui propose. Elle retourne une dernière fois au Palace, dans les faisceaux laser qui dansent au-dessus de visages levés, frémissants de désir.

« J'étais en jean, je m'étais coupé les cheveux. Je regardais du balcon la scène où des gens vacillaient sous l'emprise de la drogue, André était là et me chuchotait : "Tu es libre maintenant." J'ai dit au revoir à tout le monde : "Je m'en vais." C'était vraiment dur de partir, mais il y avait trop de nuit, trop de gens qui mouraient. »

À Paris, beaucoup de séropositifs et de malades du sida prennent congé du Flore et de leurs amis sans un mot. Certains rentrent chez eux, regagnent le lieu d'où ils s'étaient échappés bien des années auparavant. D'autres choisissent de mourir dans l'anonymat et la solitude d'une chambre d'hôpital. Ceux qui ne sont pas malades ne sont pas épargnés pour autant, contraints d'assister à tant de douleur, condamnés à voir disparaître tous ces amants, tous ces amis. Corey Tippin, qui vit à New York, raconte à propos de ces années : « Je sais que j'ai vu l'enfer. Je l'ai senti dans ces moments-là, dans ces instants où il n'y avait plus de grâce, que les ténèbres. »

Ces premières années de sida s'accompagnent de surcroît d'un lourd fardeau de honte. Les gens refusent d'avouer leur maladie de peur de perdre leur emploi, leurs amis, leur assurance. Les rumeurs les plus folles circulent : Isabelle Adjani finit par venir à la télévision démentir celle qui la dit malade. On parle ensuite d'Yves Saint Laurent, sans plus de fondement. Pierre Bergé s'emploie à rétablir la vérité : « Chacun sait que [Saint Laurent] souffre de problèmes psychologiques, qu'il consomme trop de tranquillisants, ce qui lui donne l'air un peu confus, mais je déclare sur l'honneur qu'il n'a pas le cancer, qu'il n'a pas le sida — il n'est même pas séropositif. Que puis-je faire ? La maladie d'Yves Saint Laurent ne date pas d'hier. Cela fait quinze ans qu'on en parle [1]. »

Dans la bande de Saint Laurent, Joël Le Bon est malade. Son image de bouffon écervelé cache une précieuse source d'inspiration, un catalyseur. Pourtant sa consommation de drogue ne tient plus du divertissement mais de la dépendance. Kim d'Estainville est malade, lui aussi, tout comme Xavier de Castella, l'ami de Kenzo. Jacques, à l'instar de tant d'autres, cherche à dissimuler sa maladie. L'entourage de Lagerfeld n'est pas censé être au courant. À cette époque, il fréquente peu Renaud et Christian, et aucun de ses amis ne saura de quoi il souffre. Renaud continue à recevoir ses cartes de vœux habituelles, illustrées à partir de 1985 de dessins de Jacques par Karl Lagerfeld. Il reçoit ainsi en janvier 1985 une image de Jacques tiré à quatre épingles, de profil, vêtu d'une veste tyrolienne avec cravate, les cheveux lissés en arrière, avec un petit quelque chose d'un prince de Habsbourg en exil. L'année suivante, c'est une illustration de Karl représentant une femme en robe bustier noire coiffée d'un immense chapeau noir, qui se tient à côté d'un homme habillé en Père Noël avec capuchon et manteau rouge, chaussé de bottes bordées de fourrure blanche. Il porte des lunettes noires, une barbe blanche, ses lèvres sont rouges et pleines. Le dessin est signé « Karl'85 ». Les grosses lunettes de soleil portées par tous temps symbolisent vraisemblablement Karl, et la forme carrée du visage ainsi que la bouche rappellent un peu le couturier. Mais la silhouette mince et élancée, la taille de l'homme et ses doigts fins sont typiques de Jacques. On assiste ici à une sorte de recouvrement d'identités, à l'éclipse partielle de l'un par l'autre.

La maladie de Jacques s'aggrave rapidement entre 1987 et 1988. Quand il est au fond du gouffre il rentre chez sa mère pour une « cure » de trois semaines – loin des regards parisiens. Sa sœur Anne lui prépare ses repas. Il dort dans sa chambre à coucher au premier étage du château, avec un petit balcon donnant sur la cour. En 1988, il passe chez lui plusieurs mois d'affilée, période durant laquelle Anne le soigne et où il dort dans la chambre de sa défunte grand-mère. La nuit la panique s'empare de lui. Le sommeil le fuit ; pétrifié d'effroi, il n'arrive pas à respirer. Il garde un fusil de chasse chargé dans la salle de bains, à côté de sa chambre.

Anne affirme que la maladie permet à Jacques de porter sur sa vie et sur ses choix un jugement d'une lucidité et d'une honnêteté nouvelles et lui fait accepter la responsabilité des décisions qu'il a prises. Il parle de son père de façon obsessionnelle. « Il a refusé mon homosexualité et ça m'a détruit[2] », répète-t-il inlassablement. Pendant des années avant qu'il ne tombe malade, Anne redoutait toujours le coup de téléphone qui lui annoncerait une overdose, un accident, sa mort. « Jacques était d'une telle ambivalence. Il n'a jamais résolu les profondes contradictions en lui-même, affirme-t-elle, il ne pouvait pas réconcilier ces deux mondes. » Mais peut-être est-ce le cas tant que Jacques reste dans les milieux de la mode, dont la nature même est de vous maintenir au cœur de l'illusion. « Il vivait avec une tragédie personnelle, dit son frère Xavier, quelque chose d'inaccompli chez lui, mais je ne sais pas ce que c'était. »

En janvier 1988, Jacques est hospitalisé à Bichat. Sa sœur Élisabeth lui rend visite tous les jours. Anne téléphone à Diane de Beauvau-Craon : Jacques la réclame. C'est ainsi que celle-ci apprend que Jacques est malade ; nombreux sont ceux qui ne le sauront jamais. Diane rend visite à Jacques et l'accompagnera pendant les dix-huit mois suivants.

Karl se rend au chevet de Jacques tous les jours et, si son travail l'en empêche, il reste en relation avec Diane. Il fait tout ce qu'il peut pour que Diane puisse se rendre chaque jour aux côtés de Jacques, en mettant notamment à sa disposition une voiture avec chauffeur. Selon elle, il fera preuve d'une constance admirable et d'une générosité sans limite pour aider Jacques à se soigner. « Il était complètement bouleversé par ce qu'il lui arrivait, dit Diane de Beauvau-Craon, il a été formidable pour Jacques à cette époque.» Ils changent d'hôpital, et font admettre Jacques à l'hôpital Raymond-Poincaré de Garches, en juin 1988. Ils changent de spécialiste, ils changent de médicaments ; comme tous ceux qui combattent la maladie, ils s'accrochent à la moindre lueur d'espoir.

Certains jours, Jacques est autorisé à regagner son appartement de la rue de Rivoli. Il enveloppe son frêle corps dans un pardessus, noue des écharpes autour de son cou et déambule seul sous les arcades, au-delà des Tuileries désertées pour l'hiver. Il se dirige vers un café, place du Marché-Saint-Honoré, où il s'assoit en terrasse et boit son expresso dans le vent cinglant. De sa table, il peut voir de l'autre côté de la rue la caserne de pompiers où des jeunes gens, en pleine forme et insouciants, s'exercent avec toute l'insolence de la bonne santé [3].

Renaud reçoit la dernière carte de vœux de son vieil ami Jacques en janvier 1989. La maladie est maintenant très avancée. Au verso, une illustration de Karl représente le portrait d'un dandy à fière allure, un mousquetaire, Jacques de Bascher, défenseur de la Vendée et de la monarchie, brandissant son chapeau enrubanné dans un geste de bravoure grandiose. Il porte des culottes et des bottes moulantes, la barbe et les cheveux noirs, un col cassé blanc et un nœud papillon blanc. Le sacré-cœur des Chouans est épinglé juste au-dessus. Sa veste noire est boutonnée jusqu'au bas de chaque revers et une large écharpe blanche fermée par un gros nœud entoure sa taille.

Jacques se meurt, mais son personnage reste séducteur et fier-à-bras, viril et triomphant pour l'éternité. Le dessin est signé « Karl Lagerfeld'88 » et à l'intérieur, imprimée sur la gauche, une ligne précise : « Jacques de Bascher vu par Karl Lagerfeld. » Jacques a fait imprimer un message de bonne année et une phrase en patois vendéen, et a ajouté dessous, à la main : « Prépare tes ceintures blanches et tes cravates noires.

Pourquoi ne pas nous voir pour la messe de Louis XVI ?» Jusqu'au bout, Jacques est incapable de renoncer à ses rêves de grandeur. La messe de Louis XVI est célébrée tous les ans, le 21 janvier, pour commémorer l'exécution du roi. C'est un office auquel assistent les monarchistes et quelques aristocrates mélancoliques qui ne se sont toujours pas remis de la perte de leurs privilèges. Renaud n'ira pas à la messe. Il n'arrive pas à joindre Jacques au téléphone ; il est introuvable.

En mai 1989, les poumons de Jacques sont atteints et il ne respire plus sans oxygène. Xavier se rappelle avoir vu son frère à l'hôpital au début du mois de septembre et la détérioration de son état l'a consterné. « Il m'a dit très gentiment : "Écoute, je vais certainement mourir jeune, mais ne sois pas triste ; parce que même si tu vivais jusqu'à cent ans, tu ne vivrais sans doute pas la moitié de ce que j'ai vécu. Donc c'est comme si j'avais vécu jusqu'à quatre-vingts ans." » Ce sont de courageuses paroles, destinées à réconforter un homme qui affronte la mort de son frère aîné.

S'il est difficile de comprendre la vraie nature du lien qui unit Karl et Jacques, ce lien est indéniable et de toute évidence infiniment plus complexe et plus inaltérable que celui qui unit protecteur et courtisan. Ils se fascinent mutuellement. Jacques admire l'érudition de Karl, l'étendue de ses connaissances et son brio ; il apprécie ce qu'il peut apprendre de lui. « Je pense que Jacques était lui-même quelqu'un de très intelligent, de cultivé ; l'attrait qu'il a eu pour Lagerfeld et la façon dont leur relation s'est développée montrent bien que leur lien reposait sur un véritable dialogue, explique Christian Lvowski. Quand Jacques parlait de Karl c'était d'un ton admiratif, "Karl a fait ceci", "Karl a fait cela" ou des merveilles de Karl chez Chanel. Jacques avait l'air de considérer Karl comme quelqu'un d'exceptionnel. Ils formaient une bonne équipe, chacun possédait quelque chose qui venait compléter l'autre.»

Ils partagent la passion de deux esthètes et, chose essentielle, chacun détient la clé de l'esthétique de l'autre. Karl admire le côté français de Jacques, ses origines et sa culture, sa physionomie et son allure très XIXe siècle, alors que Jacques se passionne pour la culture germanique de Karl et plus particulièrement pour le romantisme absolu, le tragique et l'extase de l'Allemagne du XIXe.

« C'était une communion, dit Xavier, le frère cadet de Jacques, une rencontre extrêmement complémentaire. Il y avait une espèce de jeu de miroir entre eux. De son côté, Jacques était totalement fasciné par l'Allemagne, le héros wagnérien, et Louis de Bavière, ce mythe qui à lui seul résumait tous les rêves de dandysme poussé à l'extrême de Jacques. Louis était son héros absolu, un homme qui a brûlé toute sa fortune en châteaux, un homme qui construisait littéralement ses rêves. »

Jacques représente un idéal pour Karl : un idéal esthétique, un idéal culturel mais aussi, et c'est capital, un idéal vivant. « Il était tout ce que je ne pouvais pas être, tout ce que je voulais être, ce que je devais être[4] », affirmera Karl en 2002. Il y avait, et il y a encore, un tel désir attaché à cet idéal, moins un désir charnel qu'un désir d'être. C'est tout juste si l'on ne perçoit pas ce soupir dans les portraits terriblement idéalisés qu'a dessinés Karl, dans ses croquis de Jacques en dandy des années folles, dans ses photos de Jacques en héros de salon fin de siècle. Les dessins de Jacques que réalise Karl et les nombreuses, très nombreuses photographies qu'il prend de lui tout au long de leur relation font écho aux propos qu'il tiendra plus tard, en 2002 : « Bien que par le passé j'aie pu dire que mon rêve d'une relation avec autrui consistait à créer un cadre puis à y mettre l'image, je dois dire que, malheureusement, cette idée romantique a été rapidement rattrapée par la réalité[5]. » Jacques n'est pas simplement l'idéal sépia de Karl : il est aussi le truchement qui lui offre une certaine expérience de la vie. Jacques est prêt à se brûler vif, à éprouver chaque décharge électrique dans tout son corps pour tenter d'atténuer la douleur de son âme, et Karl observe tout cela. Jacques lui apporte une ouverture, une possibilité d'échapper à lui-même et à sa propre exigence de soi, si rigide. Xavier, le frère de Jacques, commente ainsi leur échange créatif: «Les gens regardaient Jacques et pensaient qu'il ne faisait rien, qu'il se contentait de traîner là. Mais c'était ignorer à quel point tous ces voyages, toutes ces rencontres nourrissaient Karl. Karl qui déteste sortir, qui déteste voyager, qui ne boit pas, ne fume pas, ne se drogue pas, ne couche pas. Ce Karl-là avait besoin d'être nourri et les expériences de Jacques étaient son pain quotidien. Je ne sais pas à quel job ça correspond mais en tout cas je suis sûr que Jacques était tout à fait qualifié pour le poste.»

Karl permet à Jacques de vivre dans le glamour, mais cela n'explique ni la complexité ni la longévité de leur relation. Avec son allure et son charisme, Jacques pouvait se trouver des protecteurs partout, et il lui arrive de le faire. «Jacques n'était pas intéressé, dit son amie la journaliste Dominique Brabec, il n'était pas quelqu'un qui cherchait à faire du profit. Jacques voulait de l'argent pour pouvoir le claquer.» Patrick McCarthy approuve: «Je n'ai jamais eu le sentiment que Jacques attendait qu'on lui tende des billets. De toute façon, c'était quelqu'un à qui vous pouviez accorder un budget illimité, et être certain qu'il le dépasserait; vous savez, c'était le genre de personne qui est capable de dépenser de l'argent pour n'importe quoi.»

«Karl lui a permis de mener la vie qu'il voulait, renchérit Xavier, ce genre de légèreté de l'être. Il avait besoin d'argent, de temps et d'être libéré de toute contrainte pour incarner le dandy de ses rêves. Je pense que Jacques a conclu son pacte avec le Diable — que Dieu bénisse Karl; Karl veillait à son bien-être matériel et Jacques lui donnait son âme, son esprit.» Christian Lvowski perçoit la situation en des termes similaires, mais moins faustiens. Il pense que Jacques était fasciné par la beauté et que c'est le milieu de la mode, «surtout à cette époque-là et à ce niveau-là, qui lui a permis de réaliser ses aspirations».

Mais la griserie esthétique n'est pas la seule chose qui compte pour Jacques. Il cherche aussi, et ce n'est pas la première fois, une figure paternelle rassurante. On observait déjà cette quête dans l'amitié qui le liait à Bertrand, son professeur d'anglais de dix ans son aîné, quand il avait dix-sept ans. Ils ont, eux aussi, fait l'expérience d'un recouvrement d'identités dans la similitude croissante de leurs codes vestimentaires, dans la fusion de leurs signatures. Ce processus est porté à des sommets d'imagination avec Karl. Anne de Bascher affirme que c'est l'interdit que leur père oppose à l'homosexualité de Jacques qui précipite son frère dans sa quête d'une autre figure paternelle.

Pour Jacques, vivre dans l'orbite de Karl, c'est laisser derrière lui tout ce qui est provincial, médiocre, petite noblesse, bourgeois et anonyme. Karl s'est créé un monde de possessions brillantes, plein d'originalité et d'érudition. Et de même que, dès l'instant où Eugène de Rastignac découvre le monde et les salons dorés du Faubourg Saint-Germain, tout retour lui devient impossible, dès que Jacques rencontre Karl et le glamour de la mode, il ne peut plus s'en détourner. «Plus Eugène jouissait de la vie parisienne, moins il voulait demeurer obscur et pauvre», écrit Balzac dans *Le Père Goriot*.

Mais dans le prisme infini des reflets d'idéal et d'identité entre ces deux hommes, il ne faut pas oublier l'existence de l'amitié, de la camaraderie et de l'amour. «Karl comptait sur lui, dit Patrick McCarthy, il apportait à Karl un soutien affectif. Ils étaient vraiment bons amis ; Jacques faisait rire Karl, ils avaient le même sens de l'humour. »

« Je crois qu'il a mis beaucoup de joie dans la vie de Karl, dit Rose-Marie Legallais, qui a travaillé quinze ans avec Karl chez Chloé ; avoir Jacques et sa légèreté alentour procurait beaucoup de plaisir à Karl, par ailleurs si rigoureux. »

Si Jacques est l'amour de la vie de Karl, il est aussi l'un des seuls à discerner les frontières et les limites de cet amour. « Karl préfère le Coca et le gâteau au chocolat à l'amour, explique Jacques à l'écrivain Gerry Dryansky dans les années quatre-vingt. Ils sont à lui, ils sont là, au frigo, toujours accessibles[6]. »

Comme le suggère Karl lorsqu'il évoque l'idéal d'une relation qui servirait de cadre à une image de son choix, son idée de l'amour est plus liée au *Geist*, à l'intellect et à l'esthétique qu'à la chair et à la réalité. Il réitère maintes fois sa résolution de vivre en solo. « J'ai compris à quatorze ans que j'étais né pour vivre seul. Je vis dans un décor, le rideau de scène fermé et sans public — et alors[7] ? » dit-il en 1997.

La vie de Karl est régie par une sorte de solitude forcée et de contrôle rationnel. On songe à Thomas Mann explorant l'idée de l'isolement délibéré à travers la voix de Félix Krull : « J'évitais carrément ces relations ou m'appliquais à les empêcher de dégénérer en rapports familiers. Une voix intérieure m'avait prédit de bonne heure que les attaches, les amitiés, le réconfort d'une communion avec mes congénères ne seraient pas mon lot, et que je devais suivre mon chemin personnel sans en dévier, isolé, ne comptant que sur moi et sévèrement renfermé. » En cédant à la familiarité, craignait Félix Krull, « je galvauderais certains secrets de ma nature, je diluerais en quelque sorte ma sève vitale et j'affaiblirais, je réduirais fâcheusement les forces tendues de mon être »[8].

Lagerfeld n'est pas Félix Krull, mais on peut relever certains parallèles dans sa volonté de solitude et dans la crainte évidente qui caractérise son approche de l'amitié. Ils sont nombreux ceux qui se méprennent sur leur place dans son entourage et qui croient être les intimes de Lagerfeld. Pareille erreur est en général le prélude de leur chute. Et pourtant, Karl n'est pas sans encourager cette confusion par son propre comportement, sa générosité extrême, son plaisir manifeste de voir les gens, autant de qualités qui les attirent vers lui. On relève une stratégie de séduction constante, des cadeaux à n'en plus finir : des livres soigneusement choisis en fonction des goûts littéraires de leurs destinataires, des billets manuscrits accompagnant les paniers de jacinthes bleu nuit à l'odeur enivrante livrés de La Chaume. La proposition de dessiner votre robe de mariée, les billets d'avion pour que vous puissiez assister aux essayages et, depuis que la carrière de Karl a atteint des sommets vertigineux, la proposition de faire votre mariage chez lui, les voyages en Concorde, les épingles en diamant de Fabergé, les vestes et les sacs de chez Chanel, les longs manteaux de fourrure de chez Fendi, la suite au Ritz, le tout offert de manière charmante[9].

Sur le moment, ces gestes de générosité sont dictés par un sentiment authentique. Karl n'a rien d'un attrape-mouche, gobant les gens et leur inspiration. Ce n'est pas le méchant de théâtre en cape noire. L'interaction de ses motivations et de ses compulsions est plus complexe et plus douloureuse que cela. Même ceux qu'il fait souffrir le reconnaissent. « Il a des engouements extraordinaires pour les gens, explique un ami, la sincérité et la sympathie incroyable qu'il dégage dans ces moments-là, lorsqu'il est rasséréné, calmé, lorsqu'il est presque consolé et que tout va bien, qu'il a trouvé une sorte d'âme sœur. » Les gens le ressentent et réagissent non seulement à la bonté qu'il recèle, mais à la vulnérabilité qu'ils perçoivent, ce qui ne fait que rendre la chute ultime plus douloureuse encore.

« Je l'ai aimé. Je l'ai vraiment aimé. Je l'aime encore, avoue Ralph Toledano, son ancien directeur commercial. Quand je pense à Karl, je pense au cerveau et à la culture. Travailler avec lui a été un immense privilège. Bien sûr, si je le croise dans la rue maintenant, il ne sera pas sympa avec moi, mais à l'époque nous formions une famille, cette société [Karl Lagerfeld] était vraiment une famille. » Frédéric Mitterrand, qui a été l'ami de Karl pendant une quinzaine d'années avant d'être répudié, reconnaît : « C'est cruel. On s'attache. » L'attachement est réciproque, mais tôt ou tard, au bout de six mois d'amitié ou peut-être de quinze ou vingt-cinq ans, il faut qu'il se débarrasse de vous. « Il y a quand même une hécatombe de gens sur son chemin », observe un ami. Anna Piaggi, Patrick Hourcade, Gilles Dufour, Gaby Aghion, Kitty d'Alessio, Inès de la Fressange, Jeremy Scott, Eric Wright – ce ne sont que quelques-uns de ceux qui subissent le rejet glacial de Karl. « Il vous jette dehors quand il a fini de jouer avec vous, dit quelqu'un de bien informé. Dehors ! »

A-t-il fini de jouer avec vous ou craint-il d'avoir trop révélé de lui-même ? Agit-il ainsi quand il a l'impression que l'intimité menace de diluer sa « sève vitale » ou redoute-t-il constamment la trahison ? Karl est le seul à le savoir. Inès de la Fressange date le délitement de leur amitié du moment où elle a évoqué publiquement la vulnérabilité de Karl. « Il avait parfois un côté un peu complexé qui était touchant [10] », écrit-elle dans son autobiographie, relatant son aversion pour ses mains, due aux critiques de sa mère et qui le conduit à toujours les dissimuler sous des manches longues. Elle raconte ensuite avoir déclaré à un journal américain qu'elle trouvait cette facette de la personnalité de Karl « attendrissante ». Le lendemain de la parution de l'article, Inès arrive au studio

Chanel où l'attend un Karl furieux. « Karl m'a dit : "Alors, on fait la petite psychanalyste ?" Je voyais qu'il était vraiment mécontent. Il m'a jeté le journal à la figure. J'ai compris par la suite qu'il fallait toujours rester dans la légèreté, ne pas trop faire d'interprétations, ne rien révéler. »

Gaby Aghion voit dans ces ruptures à répétition « sa forme de liberté. Il ne veut pas des contraintes de l'amitié, il veut être libre comme l'air. Il fait ce qu'il veut parce qu'il ne s'attache pas aux gens ». Peut-être, mais cela ne suffit pas à expliquer la violence blessante avec laquelle Karl se débarrasse d'eux. Comment ne pas voir une forme d'automutilation dans la destruction réitérée de ces amitiés ? Il s'agit en même temps d'une défense, comme si, craignant d'être douloureusement frappé, il préférait attaquer le premier. « Je trouve regrettable que Karl n'ait trouvé d'autre moyen d'avoir des relations avec les gens que de les posséder ou de les détruire », dit Paloma Picasso. De toute évidence, il faut, pour expliquer son comportement, le rapporter à sa propre souffrance. « C'est un écorché vif, remarque Diane de Beauvau-Craon, Karl pourrait être une personne de toute beauté s'il s'aimait. Il s'est toujours cherché, comme je l'ai certainement fait au cours de cette période, mais il y a un moment où il faut devenir adulte et s'accepter et alors tout ce qu'on a de bien peut s'exprimer. Karl est tellement malheureux, il est prisonnier de ce conflit. »

« Karl ne sait pas aimer, approuve la victime d'une longue amitié, il n'y a pas de place pour l'affection dans la vie de Karl. Il refuse l'affection, il fuit toujours l'affection quand elle est sincère. » Alors Karl encourage, cultive les amitiés qui reposent sur la dépendance, sur l'intérêt financier ou les faveurs, comme pour nier la valeur des sentiments, ou pour retarder leur développement potentiel. Et dans le même temps, à travers ces dons insistants, on décèle une volonté de s'entourer d'affection, d'acheter la loyauté d'autrui, de se consoler et, peut-être, d'apaiser sa souffrance. « Son besoin d'approbation est incroyable, impossible à combler. Il ne sera jamais comblé parce que son angoisse est trop grande. »

Le père d'Yves décède en 1988, à Monte-Carlo. Brigitte sa fille cadette est à son chevet et appelle Yves pour lui annoncer la triste nouvelle mais, comme si souvent, elle n'arrive pas à le joindre. Elle laisse donc un message à Albert, le maître d'hôtel. Plus tard dans la journée, elle reçoit à son tour un message lui demandant d'aller chercher son frère à l'aéroport : « Monsieur arrive. » Yves atterrit en avion privé, escorté par quelqu'un de chez Saint Laurent. Il est dans un état épouvantable. Il n'a pas vu son père depuis trois ans. Brigitte se souvient qu'il a sangloté devant la dépouille en bredouillant : « Papa, Papa [11]. » Il arrange le mouchoir de soie de son père dans sa poche. « Il a vécu la mort de Papa comme une révélation, poursuit Brigitte, il a dû penser de Papa, non pas qu'il ne l'aimait pas, mais qu'il lui en voulait d'être homosexuel. Ils n'ont jamais eu de conversation sur ce sujet. » Pourtant, Brigitte affirme aussi qu'Yves a parlé à son père de son homosexualité avant sa mort et que celui-ci aurait répondu : « Et alors, mon fils, ça ne change rien [12]. »

Au cours des deux ans qui suivent la mort de son père, Yves oscille entre lucidité et dépression. Il présente une superbe collection de haute couture, fort bien accueillie, en janvier 1990, puis c'est à nouveau la dégringolade. Pierre prépare l'inauguration de l'Opéra-Bastille, un engagement très important pour lui et une responsabilité immense : la construction de ce nouvel opéra est un des grands chantiers de Mitterrand. Yves a certainement du mal à accepter que l'attention de Pierre Bergé puisse être monopolisée par autre chose que lui.

En mars 1990, Yves est malade et recommence à boire. Au cours d'un séjour à Marrakech, complètement déprimé, il perd pied : son comportement devient délirant. Il peint sur les murs, se fait tondre les cheveux comme un soldat et descend d'incroyables quantités de whisky[13]. Pour une fois, Pierre ne peut pas recoller les morceaux, car il est trop occupé par l'Opéra. Brigitte est donc chargée d'aller chercher son frère. Il refuse de regagner Paris avec elle mais finalement on le ramène en avion privé et il est hospitalisé, contre sa volonté, pour une cure de désintoxication. Il entre à l'hôpital le jour même de l'ouverture au public de l'Opéra-Bastille. Par la suite, Yves décrira l'endroit comme une « clinique à barreaux[14] », parlera de son séjour comme d'une « incarcération » et se souviendra d'avoir hurlé « assassins » d'un bout à l'autre des couloirs. Bergé dira plus tard : « Je l'ai enfermé contre sa volonté, mais au bout d'un jour ou deux, il a suivi sa cure avec une coopération absolue[15]. » Yves y reste trois semaines.

Un an après, il évoque ouvertement sa maladie et son hospitalisation dans une interview en deux épisodes accordée au *Figaro*, où il parle de ses problèmes de santé en employant les termes de « désintoxication » et de « dépressions ». Dans la première partie de cette interview, Yves dit : « Je sors de deux dépressions consécutives et elles m'ont changé le caractère. Pierre Bergé avait indéniablement raison de dire que je suis dépressif de naissance. Je suis très fort et très fragile en même temps[16]. » Quelques jours plus tard, dans la seconde partie, il insiste : « Les deux dépressions que j'ai traversées coup sur coup m'ont fait beaucoup de mal. J'ai été très malheureux et très mal soigné. La première, j'étais traité à l'hôpital Labrousse. Il y a un an, je suis retombé dans un état dépressif si profond qu'on a dû me soigner pour delirium tremens. On m'a mis dans un hôpital psychiatrique trois mois, c'était affreux[17]. »

En même temps que cette description de ses tourments psychologiques, il rédige pour *Le Figaro* un texte peut-être plus révélateur encore, qui est publié sous le titre « La gloire » : « La gloire, avoue-t-il, j'aime la gloire. La gloire c'est la fête. J'aime la fête. C'est gai. Ça brille. Ça étincelle. Ça pétille. Coupe de champagne. Or des candélabres, or des lambris, or des décorations. La gloire ne se conçoit que dorée. Dorée à la feuille d'or. C'est vieux, c'est séculaire. Ça fait du bruit, beaucoup de bruit. Ça détone. Ça foudroie. Ça se fout de tout. Ça marche sur tout le monde. Ça dérange. La gloire je l'ai voulue. Elle me fortifie. Elle me nettoie, me purifie, m'embaume. Je suis une effigie crucifiée sur la poitrine de cette héroïne, demi-déesse, presque reine qui s'appelle la gloire [18]. »

On relève dans ce texte aux curieux accents d'opéra de la mégalomanie, du masochisme, de la rage et du mélodrame, ces éléments qui parcourent l'intégralité de la vie et de la carrière d'Yves. « Il veut chaque fois prouver qu'il est hors concours, dit Betty Catroux, il ne s'adresse pas simplement à ses rivaux, mais à chaque individu, à tout le monde. Il est très mégalomane mais il y a une raison : c'est un génie. » Il s'est crucifié pour son art et pour sa gloire personnelle et gravit désormais les marches du panthéon des icônes nationales, tandis que sur terre, Pierre fait le nécessaire pour assurer la préservation de leurs considérables fortunes personnelles.

Au cours des treize années suivantes, Bergé réalisera un certain nombre d'affaires et de manœuvres boursières judicieuses et brillantes, rachetant la division des parfums et introduisant la société en Bourse en 1989 avant de revendre Yves Saint Laurent à Sanofi pour 650 millions de dollars en janvier 1993. Pendant tout ce temps, l'abîme ne cesse de se creuser entre la maison de couture de l'avenue Marceau — avec son atmosphère raréfiée d'épaules grain de poudre relevées d'un millimètre et demi — et le monde réel du prêt-à-porter insipide et des licences vendues dans le monde entier sous le nom de Saint Laurent. Le prêt-à-porter a sombré dans un anonymat répétitif et, à partir de 1989, Bergé parle ouvertement de trouver un repreneur pour cette ligne. La conception de la masse des licences vestimentaires YSL est déjà sous-traitée — elles comprennent une ligne de diffusion appelée Yves Saint Laurent Variations, deux lignes de vêtements pour hommes en contrat avec Bidermann pour les États-Unis et une foule de licences au Japon. Ces collections n'ont plus aucun lien avec la créativité de Saint Laurent si ce n'est une interprétation vague et diluée de son style et la présence de son nom, cousu à l'intérieur du col.

Christophe Girard se souvient qu'à cette époque « Bergé agressait tout le monde. Il disait que tout le monde faisait de la merde. Je l'ai entendu dire pendant vingt ans que tous les créateurs étaient nuls. Je l'ai entendu proférer des horreurs sur la profession. Personne ne valait rien. C'était une façon de dire qu'il n'y avait que Saint Laurent, et au final ça marche, le message passe. C'est une technique de marketing et c'est vrai que Saint Laurent — la voix de Girard quitte ici son ton caustique pour prendre des accents de nostalgie rêveuse — fait des robes magnifiques. Ça c'est incontestable. »

Yves a raison de dire que les dépressions l'ont changé. Le frisson a disparu. Lorsqu'il s'éloigne des adjuvants qui l'ont accompagné toute sa vie — « pas d'alcool, pas de drogue, pas de bêtises et pas de chocolat[19] » —, il se retrouve, selon ses propres termes, « si seul[20] ». Les nombreuses chutes qu'il a faites au fil des ans ont affaibli son bras droit et il a du mal à dessiner ; les croquis ont tendance à se tarir. Souvent, pour ses collections de haute couture, Yves ressort des esquisses des années passées, et rajeunit ses créations à l'aide de nouveaux tissus, de nouvelles broderies et de nouveaux assemblages de couleurs. Il se concentre sur la perfection de la ligne, qui a toujours été sa préoccupation première. En un sens, c'est au cours des dernières années de sa carrière, alors que l'innovation a presque entièrement disparu de son œuvre, que la force indomptable d'Yves se manifeste pleinement. Même pendant les années quatre-vingt-dix, alors que le public commence à tousser et à manifester des signes d'impatience pendant les défilés de Saint Laurent et que les gens chuchotent « bourgeois », « dépassé » et « rien de neuf à dire », Yves Saint Laurent refuse de changer et de sacrifier son identité de couturier. Il n'évolue jamais pour se plier aux caprices de la mode. « Yves est bien plus fort que les gens ne le croient, remarque Patrick McCarthy, il est triste et parfois pathétique, mais il est *très* fort ; on ne produit pas une collection après l'autre en campant sur ses positions comme il l'a fait, alors que les gens le poussaient : "Oh Yves, sois plus moderne ! Yves, change de look ! Yves, suis ce qui se passe dans la rue ; Yves, regarde ce qui se passe ailleurs, sur la passerelle !" Il faut une vraie force de caractère pour résister à ça. »

La force d'Yves n'a jamais été plus manifeste que dans son travail et dans sa foi en lui-même, en tant que couturier. Il possède la conviction absolue que vous donne le succès mondial, remporté à vingt et un ans. « Un succès prématuré forge une conception presque mystique du destin, par opposition à la force de la volonté — le pire exemple étant le délire napoléonien, écrit F. Scott Fitzgerald en 1937 à propos de lui-même. L'homme qui réussit dans son jeune âge s'imagine qu'il exerce sa volonté parce que son étoile brille[21]. »

Yves croit toujours incarner la seule, la vraie voie. Il est désormais plus imbu de lui-même et plus égocentrique que jamais. En 1991, il expose ses idées sur la mode et sur lui-même dans une interview accordée à la revue *Insensé*, et provoque une véritable levée de boucliers : « En vérité il y a très peu de grands couturiers, très peu de couturiers géniaux… Encore moins que très peu. Pour être précis, je dirai qu'il y en a eu deux, seulement deux : Givenchy et moi. Le reste, les autres, c'est la foule, c'est l'horreur. C'est précisément, la "mode". Un néant… Un néant, vous dis-je. Depuis l'époque où Balenciaga et Chanel s'affrontaient, plus rien, vraiment plus rien, sinon Givenchy et moi. Les gens croient qu'il y a encore des maisons de couture, mais moi, je sais qu'il n'y en a plus. Oui, bien sûr, vous pourriez me citer quelques noms que je n'ose pas prononcer, mais ces noms n'existent pas. Ce sont des malentendus. Pas la peine d'en parler[22].»

Le journaliste lui fait alors remarquer qu'au moment des collections les journaux sont bien obligés de reconnaître l'existence de ces autres créateurs, une réflexion qui inspire à Yves une nouvelle explosion d'animosité. «Temps perdu ! Temps absolument perdu ! Les journalistes ont besoin de croire à leurs propres mensonges, à leurs propres fautes de goût. Il leur faut remplir des articles, noircir du papier. D'ailleurs, les journalistes me font rire : ils s'agitent pour une poitrine dévoilée, alors que c'est moi qui l'ai dévoilée il y a quinze ans. Ouvrez vos yeux, regardez : la "mode" est devenue une sorte de fête de village, un peu ridicule, chacun y vient avec ses fautes de goût, installe sa tente. L'horreur. Alors, le talent ? Le génie ? L'art ? Les couleurs ? Les tissus ? La lumière. Ce que j'aime, surtout, c'est faire comme si je pouvais sculpter la lumière. Choisir un tissu, me soumettre à ses lignes, l'offrir à la lumière, maîtriser son mystère… Là, c'est comme si j'étais un peintre, un écrivain[23].»

L'ironie, c'est qu'Yves finit comme il s'est bien juré de ne jamais le faire en 1968 : en couturier. Lorsqu'il aborde la dernière décennie de sa carrière, il ne songe pas un instant à sa succession. Contrairement à Chanel, qui avait évoqué Yves parmi ses successeurs éventuels, contrairement à Dior, qui l'avait cité comme un héritier possible, il n'y a pas de dauphin dans la maison Saint Laurent. Yves n'est pas prêt à reconnaître à qui que ce soit le talent nécessaire pour poursuivre son œuvre de haute couture. Il n'a formé personne, livré ses secrets à personne. La couronne restera sans héritier ; Saint Laurent maintient dur comme fer que sa mort marquera celle de la couture. Il annonce la fin de la dynastie, la fin de la race, expression ultime de son égoïsme. « Je suis le dernier couturier, déclare-t-il en 2002, la dernière maison de couture. Il n'y a que moi qui reste[24]. » Encore une gloire qu'Yves revendique : que la haute couture s'achève avec lui.

Jacques meurt à l'hôpital de Garches le 3 septembre 1989 au matin. Sa disparition et ses obsèques témoignent avec une acuité sans égale de l'absolue solitude de sa vie. Il a trente-huit ans et demande à ce qu'on couche Michka, son ours en peluche, à ses côtés dans son cercueil. Anne arrive de Bretagne, portant à son frère mort cinq roses blanches de son jardin, image des cinq enfants de la famille.

Jacques a demandé à être incinéré, un choix peu courant pour un catholique. Le fourgon mortuaire attend devant l'hôpital pour conduire sa dépouille au Père-Lachaise où doit avoir lieu la cérémonie. Anne a obtenu des pompes funèbres de faire le trajet avec son frère dans le corbillard. À leur départ de l'hôpital, elle est tenaillée par le désir ardent et fugace de ramener Jacques dans la propriété familiale, là, tout de suite, de l'arracher à Paris et au monde de la mode, mais c'est impossible. Elle demande tout de même au chauffeur de passer par Neuilly, détournant ainsi le cortège qui les suit de l'itinéraire prévu. Elle veut que Jacques dise adieu à son enfance. Ils passent devant la maison de famille où ils ont grandi, boulevard du Commandant-Charcot, devant son école primaire, devant le parc et l'étang du bois de Boulogne où ils se sont promenés ensemble, la grande sœur avec son petit frère préféré et tant aimé, Jacques.

Le convoi repart ensuite vers l'est, traversant Paris avant

de gravir la côte du Père-Lachaise. Une fois le cercueil sorti du fourgon, la plupart des gens reprennent leurs voitures et quittent le cimetière. Élisabeth et Gonzalve attendent devant le crématorium, tandis qu'Anne reste avec le cercueil pour accompagner son frère jusqu'à cette ultime étape.

Karl fait dire une messe dans la chapelle du village à côté du manoir qu'il possède dans la région parisienne. C'est là que Jacques et Diane passaient la journée quand il était suffisamment en forme pour quitter l'hôpital. La chapelle embaume les lys blancs ; Karl et Diane se tiennent au premier rang, la mère et la famille de Jacques derrière. C'est une décision que Diane regrette aujourd'hui. Anne refuse d'assister à cet office.

Dix jours plus tard, la famille de Bascher organise sa propre cérémonie religieuse. Anne nettoie les sentiers et taille les arbres de l'allée qui conduit à la petite chapelle familiale, non loin de la maison. Elle téléphone à un prêtre, vieil ami de son père, pour lui demander de dire la messe ; il prend le train pour Nantes.

Pendant les journées qui précèdent la cérémonie, l'urne repose au salon, sur la console Louis XIV recouverte de la plus belle nappe de la famille. Deux chandeliers se dressent de part et d'autre, et restent allumés jour et nuit. L'office est destiné à la famille de Jacques, à ses frères et sœurs, ses nièces et ses neveux et aux quelques employés du château. Personne d'autre n'est invité.

Le moment venu, Anne soulève l'urne et la tend à l'aîné de ses frères. La procession peut commencer. Il sort du salon, franchit le pont de lattes qui traverse les douves et conduit au parc, à l'arrière de la maison. Il rend l'urne à Anne qui la porte sur quelques pas avant de la confier à sa sœur Élisabeth. C'est ainsi que la famille fait faire le tour du parc à Jacques, portant l'urne l'un après l'autre, la transmettant d'adulte à enfant, de frère à neveu, jusqu'aux marches de la chapelle. Le prêtre prend l'urne et fait demi-tour, remontant toute l'allée centrale jusqu'à l'autel pour dire la messe des morts. C'est ainsi que Jacques de Bascher, cette facette de Jacques, trouve le repos.

Épilogue

Pour Karl, les années qui suivent la mort de Jacques sont marquées à la fois par un deuil et par le succès phénoménal qu'il remporte chez Chanel. Il a banni Inès de la Fressange de sa vie en 1989, deux mois avant la mort de Jacques, se portant ainsi à lui-même un coup apparemment cruel. Le prétexte de cette rupture est la décision d'Inès de poser pour le buste de Marianne, alors qu'elle est sous contrat d'exclusivité chez Chanel. En réalité, la nouvelle qu'Inès a été choisie pour incarner l'allégorie de la République a initialement été accueillie avec enthousiasme chez Chanel. C'est un coup publicitaire fabuleux pour la maison, d'autant que l'on célèbre alors le bicentenaire de la Révolution et que cela fait donc deux siècles que Marianne a fait sa première apparition en bonnet phrygien, le sein dénudé. De toute évidence, le mépris dont Karl accable Inès suggère un motif bien plus personnel. Inès elle-même l'impute davantage à sa notoriété croissante et à sa passion amoureuse pour Luigi d'Urso qu'à n'importe quelle clause contractuelle. Elle a été aux côtés de Karl pendant cinq ans, venant quotidiennement, passant des journées entières au studio, jusqu'à deux heures du matin, avant de repartir avec lui rejoindre Jacques au Voltaire, sur les quais, pour un souper froid. Karl sent peut-être que la présence d'un homme dans la vie d'Inès la rendra moins disponible et moins dépendante. «Beaucoup de gens m'ont dit que Karl était jaloux de ma notoriété, mais je ne le crois pas... Enfin, peut-être ai-je été trop naïve... Je crois surtout qu'il était persuadé que je serais moins fidèle à partir du moment où je serais mariée. Il a cru me perdre. Je n'ai pas été perspicace. J'étais tellement sûre de notre amitié que je ne pensais pas qu'il pouvait se sentir abandonné[1].» Craignant la trahison, il met fin à leur amitié avec une animosité peu commune, se répandant dans la presse en invectives contre Inès et sa cupidité et, raconte Inès, envoyant des lettres aux rédacteurs de mode. «Il y a, derrière ce comportement irresponsable, une histoire de sous et rien d'autre. Comme le dit un proverbe allemand, Inès est après l'argent comme le diable après l'âme[2]», déclare Karl à *Paris-Match* dans une interview de trois pages intégralement consacrée à leur rupture. Quelques jours auparavant, Inès a elle-même accordé au *Figaro* un entretien intitulé «Ce que je pense de Lagerfeld», dans lequel elle présente sa version des faits: «Il est peut-être un peu jaloux de mon succès. Ses origines allemandes ressortent parfois. C'est son côté "Kaiser"[3].» La réaction de Karl est caustique: «Je lui souhaite toute la chance de la terre pourvu que je ne la voie plus et n'entende plus parler d'elle. L'oubli purifie et je sais être amnésique[4].»

Karl et Diane de Beauvau-Craon se soutiennent mutuellement dans les premières années qui suivent la mort de Jacques. Diane est avec Karl tous les jours au studio Chanel, et ils passent leurs week-ends ensemble dans la maison du Mée. On la présente comme la nouvelle muse de Karl. C'est une association intense, née du chagrin, ce qui, selon Diane, la condamne à terme. «Karl me regardait et voyait Jacques. Je regardais Karl et voyais Jacques. C'est pour ça que ça ne pouvait pas continuer. Nous nous sommes séparés, c'est tout.»

Karl a pris du poids. Il a renoncé à ses célèbres costumes

d'homme d'affaires pour adopter les tenues sombres et amples de Yohji Yamamoto. Ses cheveux grisonnent, et il commence à les poudrer. On ne le voit plus sans ses lunettes noires. C'est après la mort de Jacques qu'il achète la maison de Blankenese ; il veut, déclare-t-il, en faire un sanctuaire à la mémoire de Jacques. Il change le nom de la maison, la rebaptisant Villa Jako, le surnom qu'il donnait à Jacques. Il le donne également à un parfum dont le lancement a lieu à la villa en 1992, peu avant la vente de la maison.

Karl profite d'un de ses voyages à Hambourg pour revenir à Bad Bramstedt. Il revoit la maison de son enfance, à Bissenmoor. Le frère de Karl Wagner, qui vit toujours dans une maison derrière l'ancienne demeure des Lagerfeld, voit la voiture s'approcher. Karl reste à l'intérieur, se contentant de regarder par la vitre, pendant que son chauffeur fait le tour de la villa. Celle-ci a été transformée en restaurant puis en maison de retraite, mais au moment où Karl revient, elle est à l'abandon car la charpente a été rongée par des insectes. Wagner et certains habitants de Bad Bramstedt croient que ce voyage de reconnaissance veut dire que Karl va racheter la maison et la restaurer. Mais il n'en a aucunement l'intention et elle sera démolie quelques années plus tard. Il ne reste aujourd'hui que des bois.

La solitude de sa vie privée contraste avec le bruit et la fureur de ses journées chez Chanel. Il fait la une des journaux et fait monter les chiffres de vente en flèche, créant une tenue de motard — casquette de cuir noir à visière, veste de cuir noir et ceinture cloutée — à laquelle il mêle de délicieux bouillonnés de meringue avec de longues jupes de taffetas. Il fait défiler sur la passerelle des petites culottes, marquées du double C noir du logo « Chanel ». Il présente Linda Evangelista vêtue d'un corsaire en Lycra noir et d'une chemise blanche toute simple, chanelisés par une masse de bijoux fantaisie et des ceintures en chaîne dorées cliquetantes représentant un empilement de logos. À un moment, dans les années quatre-vingt-dix, on dirait que Karl porte délibérément les vêtements au comble de la banalité pour provoquer une tension créative qui fera exploser tous les diktats autoritaires et ancestraux de Chanel — le style plutôt que la mode, le moins est le plus — et lui permettra de s'approprier cette maison.

Le traitement irrévérencieux auquel Karl soumet l'œuvre de Chanel révulse Saint Laurent et lui inspire une de ses rares critiques contre le travail de Karl : « Aujourd'hui, déclare-t-il, ce métier [la couture] est en régression. Je ne peux pas comprendre. Chez Chanel, on met des chaînes partout, des lanières de cuir. Cette pauvre femme doit se retourner dans sa tombe. Je vois des choses effrayantes, sadomasochistes[5]... »

Mais l'image que Karl se fait de Chanel est parfaitement à l'unisson de la nouvelle génération nourrie par MTV et de la décennie qui invente une nouvelle espèce : le top-modèle. Claudia Schiffer, Linda Evangelista, Christy Turlington, Helena Christensen et Naomi Campbell tiennent la mode en esclavage avec leurs membres lisses et leur glamour. Elles jouissent d'un prestige de vedettes de cinéma, sont traquées par les paparazzi et les magazines people, et relèguent Jerry Hall au rang d'oie blanche du Texas. Pendant un moment, le top-modèle prend plus d'importance que les vêtements eux-mêmes. Karl emploie toutes ces filles pour les défilés de Chanel, mais revendique l'exclusivité de Claudia, dont il veut faire le nouveau visage de la maison. Et le spectacle de Claudia Schiffer descendant la passerelle en minishort de tweed rose pâle et en veste Chanel de tweed écourtée a un effet spectaculaire sur les ventes. Pendant toutes ces années, une atmosphère électrique règne dans le studio Chanel. « On se serait cru à une réception des Oscars, c'était tellement grisant, commente Natasha Fraser-Cavassoni qui y travaille alors. Les jours qui précédaient le défilé, tous ces puissants rédacteurs venaient voir Karl, tout excités d'être là. Linda était incroyablement belle. Victoire courait partout avec des plateaux de bracelets et de colliers, et Gilles épinglait des camélias sur les épaules. Sylvester Stallone passait en coup de vent. Personne ne voulait partir. En bas, à la boutique, on n'arrivait pas à garder les vêtements sur les mannequins. C'était l'euphorie, et c'était Karl qui engendrait toute cette excitation, tout ce glamour. Tout émanait de lui. Il était le meneur.»

Les top-modèles prennent vingt-cinq mille dollars par défilé. À cette époque, un mannequin comme Naomi peut gagner quatre cent mille dollars pendant la semaine de la mode de Milan. Helmut Newton, qui lors de ses débuts à Paris à la fin des années soixante était payé deux cent cinquante francs par jour plus une bière et une baguette de pain par l'édition française de *Vogue*, réclame désormais dix mille francs au même magazine. Mais tout cet argent, faut-il s'en étonner, se gagne au détriment de la créativité. Maintenant que des groupes de luxe comme Louis Vuitton-Moët-Hennessy et Dunhill Holdings ou des laboratoires pharmaceutiques comme Sanofi rachètent des maisons de mode, leurs responsables veulent exercer un contrôle sur la production et sur les résultats. La spontanéité folle et loufoque qui a caractérisé les années soixante-dix est révolue. Dès que l'on commence à parler de «produits» pour désigner les vêtements, le commerce prend le pas sur l'invention.

Contrairement à ses réalisations pour Chanel, la ligne personnelle de Karl Lagerfeld ne remporte pas un grand succès. Malgré les sommes considérables investies par Bidermann, cela ne décolle jamais vraiment. En 1987, les relations entre Lagerfeld et Bidermann sont extrêmement tendues et ce dernier revend la maison à Cora-Revillon. Ralph Toledano, directeur général de la ligne Karl Lagerfeld à l'époque, proteste de sa réussite pendant les cinq années qui suivent. « Au début des années quatre-vingt-dix, nous faisions quatorze millions de dollars de ventes aux États-Unis, ce qui n'est pas mal du tout. » Et puis, en 1992, Dunhill Holdings, qui a récemment acheté Chloé à Gaby Aghion et Jacques Lenoir, rachète aussi Karl Lagerfeld à Cora-Revillon. Bien plus que d'un véritable intérêt pour sa ligne personnelle, il s'agit surtout de persuader Karl de revenir travailler pour la maison Chloé, ce qu'il accepte.

La marque de Karl ne s'impose jamais à l'échelle internationale et ne suscite jamais autant d'enthousiasme médiatique ou populaire que les autres lignes pour lesquelles il travaille. Elle finit par faire faillite en 1997, accusant un déficit de cent millions de francs après avoir fonctionné largement à perte pendant cinq ans. Financièrement, ce revers n'affecte guère Karl ; il n'a jamais investi un centime dans cette ligne, tout en touchant des dividendes. Le camouflet n'en est pas moins douloureux. L'échec de sa propre ligne fait de Karl une sorte de mercenaire de la création, capable de belles réussites pour d'autres maisons, mais incapable d'assurer le succès de la sienne. Il faut bien avouer qu'il n'a jamais pu accorder à sa propre ligne le temps, la concentration et l'intérêt nécessaires. Karl se disperse énormément, et Chanel absorbe une grande part de sa créativité. « Je suis sûr qu'il aurait pu construire une immense maison [avec KL], affirme Ralph Toledano, mais il n'était pas prêt à renoncer au confort de Chanel, à toute la visibilité et à tout l'argent que Chanel lui rapportait. Décider de lancer Lagerfeld, c'est accepter d'être un marginal. Être chez Chanel, c'est pouvoir rivaliser avec tous les grands, être sûr d'être le meilleur. »

Karl a besoin de Chanel. Il a besoin de cette base de pouvoir pour conquérir la mode. Il a besoin de cette sécurité financière : son salaire finance un mode de vie de plus en plus somptueux, qui comprend désormais une villa de deux étages à Monaco — dont la restauration, dit la rumeur, lui a coûté 14 millions de dollars — et l'appartement plus spacieux qu'il loue depuis peu dans l'hôtel Soyecourt, rue de l'Université. L'argent, selon bien des gens qui ont travaillé avec Karl, représente une motivation majeure de ses choix professionnels. « Sa relation à l'argent est vraiment très simple, explique un ancien ami, l'argent, l'argent, l'argent. »

Bien que Karl affine une synergie des plus productives avec le style Chanel, certains jours peut-être l'héritage inaltérable de Mademoiselle vient le hanter. Car si travailler à l'intérieur du cadre défini par un autre couturier peut être stimulant, cela crée également une dépendance. « Karl est un couturier qui travaille sur les variations d'un thème : Chanel », commente Edmonde Charles-Roux. Il aura beau ruer et se rebeller contre elle, Karl est tributaire de l'assise que représente Chanel. Peut-être est-ce la raison pour laquelle, dans les années quatre-vingt-dix, on a parfois l'impression qu'il est intimidé par son propre alter ego de chez Chanel. Un jour, Diane de Beauvau-Craon choisit des vêtements à la boutique Karl Lagerfeld de la rue du Faubourg-Saint-Honoré. Karl est à la fois surpris et touché quand elle le lui apprend. « Il avait du mal à croire que je puisse préférer du Karl Lagerfeld à du Chanel. »

En 1988, à soixante-deux ans, Yves Saint Laurent cesse de dessiner du prêt-à-porter. C'est une retraite hautement symbolique pour celui qui s'enorgueillit tellement de cette ligne et de ce qu'il a accompli en ouvrant sa première boutique Rive gauche, permettant enfin au plus grand nombre d'accéder à la vraie création en matière de mode. Alber Elbaz, un couturier d'origine israélienne, est embauché pour dessiner la collection de prêt-à-porter de la maison, et même s'il ne reste qu'un an à ce poste, les médias lui accordent un vif intérêt. Selon une attachée de presse de l'époque, l'excitation suscitée par le prêt-à-porter YSL, après tant d'années de stagnation, rend Yves terriblement jaloux.

En 1999, Sanofi, propriétaire d'YSL, revend la société à François Pinault, pour un milliard de dollars. Pinault la revend ensuite au groupe Gucci, qui cherche à mettre la main sur tout établissement de mode de luxe susceptible de rivaliser avec LVMH. Bernard Arnault, président de Louis Vuitton-Moët-Hennessy, se démène aussi pour racheter YSL qui, malgré des années de licences et de variations, est toujours considéré comme le joyau de la couronne de la mode parisienne. Le rachat par Pinault laisse à Bergé et Saint Laurent le contrôle de la maison de couture avec une dotation de 70 millions de dollars et un confortable salaire annuel de 6,6 millions de dollars chacun. Mais le mariage est loin d'être idyllique. Car si Yves continue à diriger et à dessiner la collection haute couture, il y a désormais une nouvelle idole dans la maison : Tom Ford.

Né au Texas, le très charismatique Tom Ford a déjà à son actif le redressement miraculeux de la maison Gucci dans les années quatre-vingt-dix grâce à son style à la fois sexy et très commercial, dont l'inspiration doit beaucoup à Yves Saint Laurent et, plus précisément, à l'œuvre et à l'atmosphère du Saint Laurent des années soixante-dix. Ford, adolescent à l'époque, éprouve une profonde nostalgie pour cette période et appartient à une génération fascinée par l'apparente légèreté de la vie avant le sida, par le tourbillon grisant de mode, de sexe et de mondanité.

Pour son premier défilé, Tom Ford choisit pour muse Betty Catroux. Il crée toute la collection autour d'elle, prenant pour point de départ le tailleur-pantalon décliné en noir et blanc et redessiné pour une nouvelle génération. Il présente la collection dans une immense boîte violette en plexiglas qu'il a dressée dans les jardins du musée Rodin, à moins de cinq minutes à pied de chez Saint Laurent. Une phalange de placeurs sont déployés pour accueillir les invités sur les marches du musée, torse nu sous leurs vestes de smoking. Ford installe Betty et Bianca au premier rang. Mais, bien que cette première collection attire une foule de journalistes et fasse pas mal de bruit, ce n'est pas un grand succès sur le plan de la création, et elle prouve que la complexité, l'envergure et la simple puissance du style Saint Laurent ne peuvent se réduire au plus faible dénominateur commun. Au cours des trois années qui suivent, Tom Ford revisite toutes les collections et tous les thèmes favoris qu'Yves a déclinés dans les années soixante-dix — chinoiseries, androgynie, opium et Carmen, toutes les obsessions des années de gloire d'Yves Saint Laurent.

Le maître n'apprécie pas — et c'était sans doute inévitable — l'interprétation que Tom Ford donne de son œuvre et critique son manque de technique traditionnelle. Il lui reproche d'être incapable de saisir l'esprit Saint Laurent. « Je pense qu'il a beaucoup de talent, pour, comment dit-on, le marketing[6] », déclare-t-il à un journaliste. À un autre, il lance méchamment : « Il fait ce qu'il peut — le pauvre[7]. » La création a évolué jusqu'à en être presque méconnaissable depuis l'époque où Yves a débuté avec son book de croquis et son histoire d'amour passionnée pour les étoffes. Désormais, quand Tom Ford prépare la collection de prêt-à-porter plusieurs jours avant son défilé, il longe les portants de vêtements et retire ceux dont il ne veut pas, les laissant simplement tomber par terre.

Désespérant de cette nouvelle réalité de la mode, Yves Saint Laurent décide de prendre sa retraite. En janvier 2002, quarante ans après son premier défilé de haute couture YSL, il organise une conférence de presse ; les journalistes et les caméras de télévision se bousculent au milieu des plantes vertes et de la fébrilité du salon de l'avenue Marceau. Au premier rang, ses amies fidèles et aimantes : Loulou de la Falaise, Anne-Marie Muñoz, Betty Catroux ; trois femmes qui sont restées à ses côtés depuis le jour de leur première rencontre. Sur la petite scène, Pierre Bergé, assis, essuie ses larmes pendant qu'Yves annonce son départ. « J'ai choisi aujourd'hui de dire adieu à ce métier que j'ai tant aimé », dit-il. Il rend hommage à tous ceux qui l'ont soutenu, qui ont eu foi en lui et, surtout peut-être, qui l'ont aimé. Il contemple sa carrière avec fierté et estime que son apport aura été considérable : « Je me dis que j'ai créé la garde-robe de la femme contemporaine, que j'ai participé à la transformation de mon époque », « Je me suis toujours élevé contre les fantasmes de certains qui satisfont leur ego à travers la mode. J'ai, au contraire, voulu me mettre au service des femmes. C'est-à-dire les servir. Servir leur corps, leurs gestes, leurs attitudes, leur vie. J'ai voulu les accompagner dans ce grand mouvement de libération du siècle dernier. »

Saint Laurent choisit également cet instant pour parler ouvertement de sa maladie mentale et de son combat contre la dépendance et la dépression. « Tout homme, pour vivre, a besoin de fantômes esthétiques. Je les ai poursuivis, cherchés, traqués. Je suis passé par bien des angoisses, bien des enfers. J'ai connu la peur et la terrible solitude. Les faux amis que sont les tranquillisants et les stupéfiants. La prison de la dépression et celle des maisons de santé. De tout cela, un jour je suis sorti, ébloui mais dégrisé. Marcel Proust m'avait appris que "la magnifique et lamentable famille des nerveux est le sel de la terre". J'ai, sans le savoir, fait partie de cette famille. C'est la mienne. Je n'ai pas choisi cette lignée fatale, pourtant c'est grâce à elle que je me suis élevé dans le ciel de la création, que j'ai côtoyé les faiseurs de feu dont parle Rimbaud, que je me suis trouvé, que j'ai compris que la rencontre la plus importante de la vie est la rencontre avec soi-même.»

À peine son discours d'adieu achevé, Yves quitte la scène et disparaît dans une mise en scène digne de Garbo ; une voiture l'attend pour le reconduire rue de Babylone, tandis que Pierre Bergé reste sur place pour répondre aux questions des journalistes. Les fidèles de Saint Laurent versent bien des larmes, teintées peut-être d'un certain soulagement à l'idée qu'ils pourront cesser de feindre comme ils le font depuis tant d'années — feindre de se passionner jusqu'à l'obsession pour des vêtements pleins d'imagination qui ne sont portés que par une poignée de femmes dans le monde. Ils sont libres. «Ils ont pleurniché une minute parce qu'une ère s'achevait, dit Fernando Sanchez, mais au fond ils se disaient tous "Alléluia" à l'idée d'en être débarrassés.»

Anne-Marie Muñoz a pris sa retraite ; elle ne passe plus ses journées à s'occuper d'Yves Saint Laurent, mais le réflexe, l'instinct de lui plaire demeurent. «Il faut que j'aille voir Yves cette semaine, dit Mme Muñoz, touchant ses cheveux avec le geste d'une jeune fille, mais j'attendrai d'être allée chez le coiffeur.» Betty Catroux reste un objet de fascination pour le monde de la mode. Elle est la muse de Tom Ford et de Hedi Slimane, qui dessine à l'époque la ligne masculine chez Dior, et joue les grand-mères en cuir noir et lunettes de soleil. Elle reste la plus proche d'Yves. Le passé les lie. Mais contrairement à Yves, Betty a surmonté le sien. Il n'a pas été intégralement «divin» non plus. Elle suit une cure de désintoxication à l'Hôpital américain de Neuilly en même temps qu'Yves, ils s'échangent des messages par l'intermédiaire d'une infirmière complaisante. Elle décrit plus tard le traitement avec une coquetterie qui lui ressemble bien en évoquant un «séjour de rêve[8]». Elle admet pourtant aujourd'hui avoir dû attendre l'an 2000 pour être en paix avec elle-même. «J'ai l'impression de renaître, d'être un nourrisson, dit-elle, c'est très, très bizarre.» Interrogée sur le rôle de François Catroux après la griserie des années soixante-dix, elle répond avec franchise: «Il m'a sauvée. Nous avons vécu un moment très difficile. Grâce à Dieu, il ne m'a pas laissée tomber.»

Loulou de la Falaise avait imaginé qu'après la retraite de Saint Laurent elle pourrait se consacrer au jardinage dans sa maison de campagne. Mais l'instinct de la mode a été plus fort que la raison. À cinquante-deux ans, avec le soutien de Thadée, elle investit l'argent gagné chez Saint Laurent pour ouvrir sa propre maison de mode et une boutique à Paris, où elle vend son inimitable sens de la fantaisie et de la couleur, mis en valeur avec un chic incisif.

Karl et Yves sont les grands survivants de la mode. Ils ont derrière eux des carrières de quarante-sept ans pour Saint Laurent et de cinquante et un pour Karl Lagerfeld, qui poursuit encore la sienne. Ils ont résisté à tout, aux évolutions brutales et aux impatiences périlleuses de la mode ainsi qu'à l'effondrement de l'époque qui fut la leur. Ils ont survécu grâce à leur talent, à leur ambition et à la poursuite imperturbable de leurs rêves. Quel que soit le sacrifice que cette poursuite exigeait, ces deux hommes, de façon très différente, étaient prêts à y consentir.

Karl doit sa survie à sa capacité miraculeuse d'anticiper la mode et de se régénérer. Il refuse de se laisser assujettir ou définir par son époque et se réinvente pour mieux adopter la suivante, se dépouillant chaque fois de son ancienne peau pour se renouveler. Le garçon des années cinquante avec pour tout bagage ses croquis et son ambition est devenu le maître de l'univers de la mode à l'ère de l'Internet, du marketing, de l'image numérique et de la mondialisation. Il continue à faire progresser la mode grâce à sa curiosité insatiable et n'a jamais été prisonnier du luxe et du glamour dans lesquels il vit. Dans les années quatre-vingt, il s'est mis à la photo et travaille maintenant activement comme photographe de mode et de célébrités, pour la presse aussi bien que pour ses propres campagnes de publicité. Il ouvre une librairie et lance une petite entreprise d'édition très dynamique au sein de la maison allemande Steidl, publiant les ouvrages qui retiennent son intérêt. Quand sa propre ligne fait faillite en 1997, il rachète le nom de la marque à Vendôme pour un franc symbolique, se redresse et la relance. Il la rebaptise Lagerfeld Gallery et, pour la première fois de sa longue carrière, investit des fonds personnels dans sa propre société. En décembre 2004, Karl vend ses marques Karl Lagerfeld, Lagerfeld Gallery et KL à Tommy Hilfiger pour trente millions de dollars. Hilfiger a des projets commerciaux grandioses, à l'image de Karl, qui s'achète un appartement au Gramercy Park Hotel pour avoir un lieu de résidence quand il vient à New York travailler sur sa collection. Un mois tout juste avant la vente de sa marque, Karl a dessiné quelques vêtements pour la chaîne de magasins suédois H & M, posant lui-même pour une campagne d'affichage grandeur nature. La collection comprend un pantalon slim noir à cinquante dollars, et quand les vêtements arrivent sur les portants, c'est l'émeute dans les boutiques.

Sa créativité et ses ressources mentales font l'envie des couturiers comme des photographes. « C'est une bibliothèque vivante, dit le directeur artistique Donald Schneider, qui travaille avec Karl pour la campagne publicitaire d'H & M, il se sert de l'histoire culturelle comme d'un instrument, mais la refaçonne dans un contexte moderne. Il ne s'agit pas de simples références tirées des revues de mode ; il remonte loin dans l'histoire. Il sait quelle couleur Catherine de Russie affectionnait pour sa chambre à coucher. »

Faut-il y voir une simple coïncidence ou la retraite d'Yves

Saint Laurent en 2002 délivre-t-elle Karl de la rivalité dans laquelle il est enfermé ? Saint Laurent ayant quitté la scène parisienne, Karl peut apparemment enfin respirer. Il n'a plus à essayer de faire mieux que Saint Laurent, il peut être Karl Lagerfeld et y prendre du plaisir. Comment expliquer son incroyable perte de poids pendant cette période ? Comment expliquer sa réapparition dans la vie sociale, alors qu'il vivait reclus, ne sortant que pour travailler, depuis la mort de Jacques ? Peut-être est-ce la fin d'un deuil ?

Il coupe sa queue-de-cheval, renonce à son éventail emblématique et perd près de quarante kilos. Il le fait, prétend-il, pour pouvoir mettre les vêtements dessinés par Hedi Slimane, un ami intime de Karl depuis 2001. Slimane a commencé sa carrière chez Yves Saint Laurent, dont il a dessiné la collection masculine en 1997. C'est un homme plein d'intensité, d'une timidité rare, grand et introverti, mû par une volonté sans bornes. Par son aspect farouche et son ambition, il n'est pas sans évoquer l'Yves Saint Laurent que Karl a connu dans les années cinquante.

Après avoir maigri, Karl renonce aux costumes japonais qui ont masqué sa tristesse et son angoisse pendant toutes ces années et aujourd'hui, à plus de soixante-dix ans, on peut le croiser en ville dans toutes les soirées, dans toutes les fêtes, en jean et en mitaines de cuir noir. Il est enchanté d'être le grand monsieur de la mode et de se conduire comme un adolescent. Il prétend avoir retrouvé la silhouette qu'il avait à dix-sept ans. Il prend des leçons de tango chez lui, dans la salle de bal, danse avec Hedi Slimane et, en une occasion mémorable, avec Oscar de la Renta.

Singulièrement, c'est au cours de ces dernières années que Karl présente certaines de ses plus grandes collections haute couture pour Chanel. Renonçant à l'anecdotique, il donne libre cours à un somptueux déferlement de fragilité arachnéenne, de motifs scintillants et de romantisme. La rédactrice de mode de l'*International Herald Tribune*, Suzy Menkes, affirme que sa collection de l'été 2003, qui marque ses vingt ans de présence chez Chanel, est « la plus belle qu'il ait faite pour cette maison [9] », évoquant un « mélange magique de fraîcheur et de préciosité ». « Karl est comme les grands vins, confirme le vice-président de Chanel, Arie Kopelman, il se bonifie avec l'âge. » Les ventes de Chanel suivent le mouvement. Les créations de Karl dopent les résultats de la société, dont le chiffre d'affaires en 2005 est au bas mot de 2,2 milliards de dollars.

Non content de perdre du poids, Karl s'allège sur d'autres plans. En l'an 2000, après un long et minutieux contrôle fiscal, il vend un certain nombre de ses biens. L'intégralité de sa collection de cent cinquante peintures et de quatre cents pièces de mobilier XVIIIe est dispersée chez Christie's pour quelque vingt-neuf millions de dollars. Il cède également une collection de mobilier Art déco de moindre importance. Après avoir vécu toutes ces années au pays des merveilles historiques, il habite à présent un intérieur dépouillé, sans dorures, rempli d'écrans plasma et d'iPods. Il n'habite plus l'hôtel particulier de la rue de l'Université ; après trente ans, il emménage dans un appartement à grandes baies vitrées du quai Voltaire, qui donne sur la Seine. La maison de campagne du Mée est vendue et il se défait également du château de Penhoët. « C'est l'endroit que je préfère au monde [10] », a déclaré Karl un jour, mais il décide de ne même pas y retourner une dernière fois. Il y envoie un camion de déménagement avec un membre de son personnel administratif. Dans leur hâte, ils laissent derrière eux quelques fragments de sa vie rurale : la maquette de la maison qu'il a commandée de longues années auparavant, à l'époque où Jacques et lui partageaient leurs rêves d'extravagance, gît, abandonnée, sur le sol de la chapelle à l'entrée de la maison, avec des revues et des croquis de mode oubliés de Karl, souvenirs d'une autre vie [11].

En dépit de cette purge massive, il reste attaché à son enfance, non pas à travers les êtres humains mais à travers les objets. Karl a reconstitué dans une pièce du rez-de-chaussée de son ancien appartement de la rue de l'Université le décor de sa chambre d'enfant, avec le mobilier qui existait chez ses parents : un petit lit étroit de bois peint, une chaise et un bureau d'enfant. Le dessin des meubles n'a rien d'exceptionnel — de toute évidence, ils n'ont pas été conservés pour leur valeur ni pour leur charme. Quel est donc le sens, pour un homme de plus de soixante-dix ans, de cette mise en scène ?

Yves Saint Laurent, lui, survit dans la mode par la puissance de sa création. Il a inventé un style et, quand il n'y a plus rien eu à inventer, il a entrepris de le perfectionner. Mais il doit également sa survie à une volonté redoutable, inflexible. « Je pense que je n'ai pas trahi l'adolescent qui montrait ses premiers croquis à Christian Dior avec une foi et une conviction inébranlables. Cette foi et cette conviction ne m'ont jamais quitté », déclare-t-il dans son discours d'adieu. Il est guidé par une vision dont il ne s'est jamais laissé détourner.

Il possède une résistance opiniâtre au changement, qui fait partie intégrante de sa nature profonde, partagée entre force et vulnérabilité. Dans la maison de la rue de Babylone, rien n'a changé depuis plus de trente ans. Chaque fois qu'un de ses bulldogs français meurt, Yves le pleure, en achète un autre et l'appelle Moujik. Le mari de Brigitte Bastian photographie Yves debout sur sa terrasse en train de parler à son nouveau chiot, Moujik, en 2005. Il manipule ensuite le cliché sur ordinateur, ajoutant tous les autres Moujik de la vie d'Yves, l'enveloppant d'une colonie de bulldogs noir et blanc. Il émane de cette image un peu de l'irréalité tragique et de la claustrophobie menaçante de la vie d'Yves, enfermé entre la dépendance de l'enfance et celle de la vieillesse.

Il veut que son entourage demeure immuable. Il veut que Pierre reste, ainsi que Loulou, Anne-Marie, Betty, tous ceux de la maison de couture ; il a besoin de se sentir rassuré par leur présence, besoin de leur amour et de leur sollicitude. Yves a été interviewé en 1967 pour *Dim Dam Dom*, une émission de télévision qui marque la première timide incursion de la France dans la culture populaire. On soumet au couturier le célèbre questionnaire de Proust. Quel est votre plus grand défaut ? « La timidité », répond-il. Quelle est votre plus grande force ? « La volonté. » Et qu'est-ce que vous appréciez le plus chez les autres ? « L'indulgence. » Cette indulgence lui est nécessaire, et il l'obtient. Comme l'avoue Jacques Grange : « C'était un génie, alors on cédait à tout. » C'est encore le cas aujourd'hui. « Ça empire tout le temps, dit Thadée, et depuis longtemps. Il est complètement coupé de la vie normale. On a beaucoup de mal à trouver un sujet de conversation. Il parle vaguement de ses chiens. Loulou et moi l'aimons tendrement, mais en général c'est un peu pénible parce que nous n'arrivons pas à imaginer comment il pourra un jour surmonter l'humeur morose dans laquelle il est plongé. » Yves invite Fernando, son plus vieil ami, en vacances à Tanger et ne le voit que deux fois pendant tout son séjour, se plaignant quotidiennement de se sentir trop gros, trop déprimé, trop fatigué, trop à plat, trop mal coiffé pour lui imposer sa présence. « Nous sommes prêts à lui pardonner d'être si malheureux, dit Thadée. C'est une des raisons pour lesquelles Karl le déteste, qu'il soit si malheureux ; je suppose que pour lui, Yves n'a pas le droit d'être comme ça, de passer son temps à geindre alors qu'il a autant de succès, qu'il est si riche et si séduisant. »

Yves a toujours pensé que c'est la mode qui nourrit son

anxiété, qui l'emprisonne dans l'angoisse, mais lorsqu'il prend sa retraite, il se rend compte que cela fait partie de son être profond. « En dehors de mes collections, déclare-t-il en 1991, je vis dans une absence totale [12]. » Et c'est ainsi qu'il va vivre sa retraite. Privé du soutien et de la vitalité de sa maison de couture, il se retire rue de Babylone où il réside avec son personnel domestique. Il ne lit pas. Il dessine peu. Il n'écrit pas. On lui ouvre son courrier et on le lui lit. Il regarde la télévision. Il dîne avec Betty. Son chauffeur le conduit avec son chien jusqu'au Champ-de-Mars, il sort et promène Moujik sur la pelouse. Son état dépressif fait le désespoir de ses amis. « Il est malheureux, reconnaît Betty, mais il a toujours été autodestructeur et le malheur est une des expressions de ce penchant. »

Pendant un moment, après sa retraite, il continue à se rendre au studio de l'avenue Marceau dans l'après-midi et passe un petit moment à dessiner tranquillement. Mais en 2004, la maison de couture est transformée en musée. Le voyage de l'artiste est achevé. Elle prend le nom de Fondation Pierre Bergé-Yves Saint Laurent, et sert de lieu d'expositions, de centre de recherches et d'archives. À l'étage, une bibliothèque et une salle d'archives sont destinées aux étudiants, aux écrivains et au public. Dans le salon de couture où les clientes venaient jadis discuter de leurs garde-robes et du pontage de leurs maris sont désormais exposés les robes d'Yves ainsi que ses croquis pour le théâtre et pour la mode. Les dessins conservent toute leur vitalité. En revanche, les robes pendent, sans vie, sur des mannequins, et si elles témoignent indéniablement de l'héritage extraordinaire que laisse Yves en matière de ligne et de style iconique, il n'est rien de plus triste dans la mode qu'une belle robe sans un corps de femme pour l'animer.

Peut-être le legs de Saint Laurent exerce-t-il toute sa force et tout son dynamisme à travers l'influence qui se fait jour sur des passerelles différentes, dans d'autres collections. Marc Jacobs, Tom Ford, Viktor et Rolf, Ralph Lauren – ce ne sont là que quelques noms parmi tous ceux qui s'inspirent d'Yves dans leur travail et qui ont contracté une dette immense à l'égard de son œuvre. C'est ainsi que la création de Saint Laurent continue à vivre, en ressurgissant ailleurs.

À l'étage, son studio demeure intact, bien qu'il s'y rende rarement. Il est vide, à l'exception de Catrine Gadala, qui a autrefois archivé tous les tissus et toutes les robes haute couture et qui est assise à présent, seule, attendant devant son bureau l'arrivée hypothétique de M. Saint Laurent. Plus de bavardages, plus de rires, plus de mouvement. Juste le reflet d'une lumière vive que répand le bâtiment voisin et les immenses miroirs qui vous renvoient votre image. « On se voit, on est moche », soupire Catrine Gadala. Ce sont les « fantômes esthétiques » d'Yves – comme les appelle le service de presse –, un mur d'inspiration devant lequel Yves Saint Laurent s'asseyait jadis pour dessiner ses croquis. Le portrait d'Yves jeune homme par Bernard Buffet est au centre, une carte postale représente Proust enfant, à côté d'une photo de la fille de Loulou, Anna, toute petite, les cheveux ébouriffés et les mêmes yeux que sa mère, et d'une image du prince William, séduisant en smoking, arrachée dans un numéro de *Vanity Fair*.

Dans le couloir, le bureau où travaille Pierre Bergé. C'est un homme âgé à présent, toujours aussi actif et engagé dans la vie. Il continue à peaufiner la légende, à organiser des expositions à la Fondation ou à Saint-Pétersbourg. Le rêve s'évanouit peut-être, mais l'histoire est assurée. Il achète une société de ventes aux enchères, écrit ses mémoires, acquiert un restaurant de caviar et continue de veiller sur Yves.

Pierre ne l'a jamais abandonné. Il est resté à ses côtés

pendant les années d'alcoolisme et d'états maniaco-dépressifs. Il est resté à ses côtés à l'époque des cent cinquante cigarettes par jour, des crises d'agressivité et de violence, des phases atroces où, comme le remarque un ami du couple, « Yves était à la limite de la folie meurtrière ». Le fait-il pour lui-même, pour satisfaire son propre besoin d'être rassuré, son propre désir vorace de pouvoir et de possession ? Pour toutes ces raisons peut-être, mais aussi par amour. Un amour étrange, compulsif et impitoyable, mais de l'amour quand même. « Il y avait une passion totale entre eux, approuve François Catroux. C'est toujours le cas. Ils partagent cette passion qui ne s'appelle peut-être plus de la passion à cet âge, mais en tout cas c'est de l'amour, pour sûr. C'est un couple, aux prises sans aucun doute avec les mesquineries de la vieillesse, les caprices d'Yves, ses comédies pour attirer l'attention de Pierre, encore aujourd'hui. Si Yves part en vacances à Tanger, il fait exprès de tomber quatre fois dans les escaliers pour que Pierre le rejoigne, qu'il prenne l'avion pour lui. Et Pierre est pareil, si Yves disait : “Je pars pour Istanbul demain”, Pierre serait perdu à l'idée qu'il ait pris une décision sans lui. Pierre adore Yves. Bien sûr, la question de la gloire posthume de chacun se pose mais il s'agira toujours de montrer Saint Laurent comme ce personnage formidable, inégalable : c'est ce à quoi Pierre s'attellera jusqu'à sa mort. »

« Je ne sais pas s'il fait exprès de tomber, répond Pierre quand on l'interroge sur ce point, il tombe et j'y vais. Aujourd'hui encore le plus prisonnier des deux, c'est moi. Yves est quelqu'un qui vit à Paris et qui ne veut pas sortir de chez lui. Donc moi je suis quelqu'un qui ne part pas en week-end parce que je ne veux pas le laisser tout seul. Oui, mais c'est la moindre des choses, je pars quand je dois vraiment partir, mais autrement je ne pars pas, je reste là et je déjeune avec lui tous les samedis que Dieu fait. Oui, bien sûr, c'est de l'amour, qu'est-ce que ça pourrait être d'autre ? Naturellement c'est de l'amour. C'est l'amour sous toutes ses formes possibles.»

Tous ces discours sur l'amour pourraient faire croire qu'à soixante-quinze ans Pierre Bergé s'est adouci. Mais il suffit de mentionner le nom de Karl Lagerfeld pour que sa vieille colère s'embrase à nouveau. «Quand on parle d'Yves Saint Laurent et Karl Lagerfeld, c'est comme évoquer Maria Callas et une de ses copines du conservatoire. Il y en a une qui est devenue Maria Callas et l'autre, eh bien, pas vraiment, dit-il en s'échauffant. Karl Lagerfeld est un garçon qui se débrouille très bien chez Chanel ; c'est un très bon styliste au sens où il sait créer un style et mélanger les codes. Malheureusement ce n'est pas un créateur, s'il était créateur il n'aurait pas attendu de travailler chez Chanel pour réussir, s'il était créateur il n'aurait pas raté tout ce qu'il entreprend sous son nom. Karl Lagerfeld était un petit designer qui travaillait pour des maisons de moindre importance comme Jean Patou et d'autres quand Yves Saint Laurent a succédé à Christian Dior. Quand Yves Saint Laurent a ouvert sa propre maison de couture, Karl Lagerfeld travaillait pour une maison qui s'appelait Chloé. Puis tout a été comme ça. Du coup Karl Lagerfeld a Saint Laurent en travers de la gorge, il n'a jamais digéré son succès et ne pourra jamais le digérer. Il peut toujours essayer de boire un peu d'eau, de récolter quelques succès et de se faire applaudir ici ou là, mais il ne sera jamais Yves Saint Laurent et il le sait très bien. Yves Saint Laurent a totalement bouleversé son époque ; il l'a inventée, il l'a créée. Karl Lagerfeld, lui, n'a fait qu'illustrer son époque et malheureusement c'est une époque qui ressemble plus à la principauté de Monaco et aux journaux comme *Gala* qu'une époque où l'on parle vraiment de mode et de création. À part ça je trouve que Karl Lagerfeld est quelqu'un de très intelligent, de très cultivé, voilà. Mais mon dieu, c'est tout à fait dommage qu'il n'ait pas continué à soutenir le succès d'Yves Saint Laurent. Je pense que le succès des autres ne devrait déranger personne, à moins de n'avoir pas assez de talent pour l'accepter.»

Pas tellement adouci par l'âge, après tout. Si l'on retire de cette diatribe les hyperboles — Yves Saint Laurent a peut-être exprimé son époque, il l'a peut-être même définie, mais on peut difficilement lui attribuer le mérite de l'avoir inventée —, il reste quelques accusations intéressantes. Certes, un homme peut connaître le succès à n'importe quel âge, et pas uniquement à vingt et un ans. Et même si Bergé a raison de dire que l'époque actuelle s'intéresse plus aux magazines people qu'à la mode, il faut reconnaître à Karl Lagerfeld l'intelligence et le courage authentique de s'être imposé comme chef de file d'une période de la mode qui n'est pas légitimement la sienne, en termes de groupe d'âge et de génération.

Karl Lagerfeld a certainement eu du mal à digérer le succès de Saint Laurent, dont l'ombre aura pesé sur sa vie. Mais il faut bien admettre qu'il réussit désormais à dépasser cette rivalité. Il n'est plus celui qu'il était il y a vingt ans ; Yves Saint Laurent non plus. Et il est indéniable que c'est en survivant à Yves Saint Laurent à travers son travail que Karl aura réalisé la digestion le plus efficace. Qu'il crée toujours, qu'il soit toujours dans le coup, qu'il fasse toujours la une des médias et, surtout, qu'il compte toujours dans la mode — aurait-il pu espérer plus douce victoire ? Sa présence actuelle dans l'arène n'est-elle pas le plus créatif des exploits ? Il s'est métamorphosé une fois de plus pour s'adapter au monde. « Il est heureux. Il est devenu la star qu'il a toujours voulu être », dit Victoire avec tendresse. Victoire a épousé le peintre Pierre Doutreleau, elle a eu deux fils et est aujourd'hui grand-mère. Elle conserve un pied-à-terre à Paris, rue de l'Université, dans l'immeuble que Karl habitait trente ans plus tôt, à l'époque où Warhol avait tourné *L'Amour*. Dans son appartement, elle garde des croquis que Karl et Yves lui ont dédicacés jadis. Il y a le croquis dessiné d'un trait léger, à la Bérard, de Victoire vêtue d'une robe de cocktail Dior créée par Yves, signé Yves Mathieu-Saint-Laurent et dédicacé à « la femme qui porte si bien mes robes ». Et à côté, il y a un croquis de Karl, sur lequel on voit Victoire à travers les âges, portant un ensemble de six robes historiques, du Second Empire à la garçonne, et dont aucune n'est de Karl.

Victoire a raison : aujourd'hui Karl est une star. Il assiste à des soirées aux côtés de Nicole Kidman, on trouve sa photo dans toutes les revues, aux pages people. Il est de toutes les manifestations mondaines ; on lui confie des petits rôles au cinéma. Il a publié un best-seller sur le régime qu'il a suivi. Quand il va au Japon, il est assiégé par des ados déchaînés qui le filment sur leurs portables. « Il dit qu'il n'y connaît rien en marketing, mais il a fait un boulot en or en projetant son image. Il est devenu une rock star. Il a une présence qui dépasse de loin celle de la plupart des couturiers. Il fait les gros titres », s'exalte Arie Kopelman avant d'ajouter une vérité commerciale essentielle : « et tout cela se canalise pour exercer un effet de levier sur la marque [Chanel] ». Karl reconnaît que le monde de la mode est aujourd'hui un lieu « où la vie est devenue un effet spécial[13] » et il s'est donc transformé en *performer* pour s'adapter à son temps. Le cynisme éternel du monde de la mode n'a aucun secret pour lui, et il est capable de lui tenir tête. À la personne qui lui demande si on lui aurait accordé autant d'intérêt il y a quelques années, il répond avec bonne humeur : « Non, c'est seulement depuis que je suis devenu une sorte de marionnette[14]. »

Quand il arrive en retard au mariage de Delphine Arnault à la cathédrale Saint-Jean-Baptiste de Bazas, ses hauts talons claquant sur le pavé des provinces françaises, la foule lance un hurlement de joie et l'applaudit. Les Français aiment enfin

Karl. C'est à lui de briller. En 2004, il organise une exposition de photographies à la galerie Pierre Passebon à Paris. Sa grande amie, Caroline de Monaco, est venue avec son mari et sa fille Charlotte. Bernadette Chirac est présente elle aussi, vêtue de tweed Chanel et on l'entend dire : « Bien sûr, il fallait venir pour mon Karl[15]. »

Karl reste peut-être moins dans les mémoires pour son corpus de créations que pour la direction qu'il a imprimée à la mode, l'audace et la curiosité irrépressibles qu'il lui a insufflées. Il a inventé la formule permettant de ressusciter une maison de couture moribonde, et tous ceux qui le suivent — Tom Ford, John Galliano, Marc Jacobs et Nicolas Ghesquière chez Balenciaga — la reprennent sous une forme ou une autre. Il se qualifie de « tueur à gages[16] » ; c'est la figure qui domine la mode d'aujourd'hui, celle de couturiers travaillant pour une maison qui ne porte pas leur nom. « Je ne suis pas sûr qu'il puisse exister à l'avenir un nouvel Armani ou un nouveau Ralph Lauren. Je crois que les couturiers d'aujourd'hui ont pris l'habitude de se placer derrière l'étiquette, comme l'a fait Tom [Ford]. Il n'est pas nécessaire que ce soit "ma maison, mon nom, mon étiquette, elle mourra avec moi". Ce n'est pas moderne[17] », a déclaré Karl récemment. Son héritage résidera plus dans l'attitude que dans la ligne, comme il l'a reconnu depuis longtemps.

La rue parisienne est en émoi ; c'est un jour de semaine, il est vingt et une heures, et Karl sort dîner en ville. C'est une scène digne de la star qu'il est devenu. Une Jaguar bleue débouche dans la rue. Ses vitres fumées sont juste assez translucides pour qu'on distingue l'intérieur éclairé. Karl est assis très droit, il porte une épaisse couche de fond de teint, un col blanc montant, des lunettes de soleil, des gants et une masse de bijoux argentés au cou. Une grosse jeep du genre brigade antiterroriste équipée de projecteurs et d'un énorme pare-chocs emballe son moteur, essayant de prendre le virage pour sortir de l'allée. L'embrayage grince, le conducteur braque et contrebraque avec exaspération. La Jaguar de Karl n'attend pas ; il n'y a jamais un moment à perdre. Elle file dans la nuit et, enfin, le véhicule antiterroriste négocie son virage et accélère pour la rattraper. Les braves bourgeois du VIIe arrondissement écarquillent les yeux. Après le dîner, Karl ira au Flore. Car, après tant d'années d'absence, on y retrouve Karl, seul à sa table ou entouré de gens plus jeunes que lui. Derrière ses lunettes noires, il observe la porte, impatient de voir qui va entrer.

APPENDICES

Notes

Chapitre 1 : 1954-1958

Pour l'enfance d'Yves Saint Laurent et son histoire personnelle, j'ai interviewé Brigitte Bastian, sa sœur cadette. Pour la description de la vie quotidienne dans l'Algérie coloniale et la mentalité pied-noir, je me suis servie d'une collection de livres illustrés, *L'Oran de ma jeunesse*, qui regorge de vieilles photos. J'ai également rencontré Lydie et Norbert Alvérola, qui habitaient Oran à cette époque et ont évoqué pour moi leurs souvenirs de jeunesse.

En ce qui concerne les « années Dior » d'Yves Saint Laurent, j'ai pu consulter les archives de la maison Christian Dior à Paris. Celles du magazine *L'Express* recèlent aussi de précieuses informations sur les premières collections de Saint Laurent chez Dior. D'anciens collaborateurs de la maison tels que Victoire, André Levasseur et Tan Giudicelli m'ont grandement aidée à reconstituer l'ambiance qui y régnait dans les années cinquante.

1. Discours de Bernard Lafay, président du conseil municipal de Paris, lors de la remise des prix en janvier 1955.
2. Rapporté par Janie Samet, in *L'Écho d'Oran*, 7 janvier 1955.
3. Yves Saint Laurent, en 1983, cité dans *Yves Saint Laurent par Yves Saint Laurent,* Herscher, Paris, 1986, p. 15.
4. *New York Times*, 3 juin 1971.
5. *Ibid.*
6. *Ibid.*
7. Rapporté à l'auteur par Anne-Marie Muñoz.

8. Fernando Sanchez se rappelle avoir fréquenté l'école de la Chambre syndicale de la couture parisienne avec Karl Lagerfeld, où il est entré en octobre 1954 (classe « spéciale supérieure B »). Lagerfeld était dans une autre classe que celle de Saint Laurent et de Fernando.

9. Collection particulière de Victoire Doutreleau.

10. Gerry Dryansky dans la revue *Connoisseur*, décembre 1985.

11. Margit Mayer, « King Karl », *WWD*, 20 novembre 1991 (Fairchild Archive).

12. En ce qui concerne les milieux homosexuels parisiens des années cinquante, voir notamment la contribution de Georges Sidéris in Jeffrey Merrick et Michael Sibalis, *Homosexuality in French History and Culture*, The Haworth Press, New York, 2001.

13. Le croquis dédicacé se trouve dans la collection privée de Victoire Doutreleau.

14. Lucienne Mathieu-Saint-Laurent a décrit sa rencontre avec Dior et la décision de ce dernier de faire de Saint Laurent son héritier dans *Yves Saint Laurent, le temps retrouvé*, un documentaire écrit et réalisé par David Teboul pour Canal + (Movimento/INA Entreprise/Transatlantic Vidéo, janvier 2002).

15. Franz-Olivier Giesbert et Janie Samet, « Yves Saint Laurent : Je suis né avec une dépression nerveuse », *Le Figaro*, 11 juillet 1991.

16. Eugenia Sheppard, *New York Herald Tribune*, 31 janvier 1958.

17. *Ibid.*

18. John Fairchild, *The Fashionable Savages*, New York, Doubleday & Co., 1965, p. 24.

19. *L'Express*, 6 février 1958.

20. *Yves Saint Laurent, le temps retrouvé*, *op. cit.*

Chapitre 2 : 1958-1966

Les archives de la maison Dior ont été particulièrement utiles ici, grâce aux nombreuses photographies des collections réalisées par Yves Saint Laurent : ces modèles ayant été depuis décrits dans un vocabulaire qui ne correspond pas à la période, il était impératif de pouvoir se référer aux croquis et aux photos de l'époque.

Pour les passages relatifs à la guerre d'Algérie, les archives de *L'Express* ont constitué une précieuse source de documentation.

1. Gerry Dryansky, *Women's Wear Daily*, 19 janvier 1968.

2. Interview de Mme Bergé dans *Globe* (édition spéciale), 14 novembre 1990.

3. *Ibid.*

4. *Ibid.*

5. Pierre Bergé, *Les jours s'en vont je demeure*, Gallimard, Paris, 2003.

6. *Ibid.*

7. Lesley White, «The Saint», *Vogue* (Grande-Bretagne), novembre 1994.

8. Yves Saint Laurent, dans *Yves Saint Laurent, le temps retrouvé*, *op. cit.*

9. Matthieu Galey, *Journal 1953-1973*, Grasset et Fasquelle, Paris, 1987, p. 174-177.

10. *Ibid.*

11. *Ibid.*

12. *Ibid.*

13. J.-F. Bergery, *Jours de France*, 13 novembre 1958.

14. Marc Bohan a été un interlocuteur essentiel, s'agissant des circonstances du départ d'YSL de la maison Dior. La longue discrétion observée par Bohan à ce sujet contraste avec les affirmations répétées de Pierre Bergé. Sa version de la chronologie des événements et l'information selon laquelle il percevait un salaire chez Dior depuis 1957 — une décision personnelle de Dior, pour le cas où le choix de Saint Laurent ne serait pas révélé concluant — n'ont de ce fait jamais été connues d'un large public.

15. Yves Saint Laurent, interviewé par Franz-Olivier Giesbert et Janie Samet, *Le Figaro*, 11 juillet 1991.

16. *Ibid.*

17. Victoire Doutreleau, *Paris-Match*, 6 février 1992.

18. *New York Times*, 20 janvier 1962.

19. Victoire Doutreleau, entretien avec l'auteur.

20. *Dim Dam Dom*, ORTF, 1967.

21. Dimanche 4 septembre 1977, *The Andy Warhol Diaries*, édités par Pat Hackett, Warner Books, 1989, p. 66.

Chapitre 3 : 1967-1968

Les archives du *Women's Wear Daily* à New York m'ont servi de source tout au long de ce livre. Ce quotidien de la mode offre non seulement des données remarquables sur le développement de cette industrie dans les années soixante et soixante-dix mais aussi une « couverture » détaillée des intrigues et des scandales au sein de ce petit monde si cher à son directeur, John Fairchild. L'amitié qui s'était nouée entre ce dernier et Pierre Bergé et Saint Laurent a garanti aux journalistes du *Women's Wear Daily* un accès privilégié au célébrissime couturier, particulièrement au début de la décennie 1970.

Bien que nombre de témoins aient évoqué pour moi l'atmosphère de Marrakech dans ces années-là, ce sont les récits pleins de couleur de Thadée Klossowski et de Fernando Sanchez qui restituent au mieux la liberté et l'audace qui triomphaient dans la communauté bohème de la ville marocaine au cours des années soixante. Contrairement à bien d'autres, ils en gardaient des souvenirs des plus précis et ils les ont volontiers partagés.

Mon portrait du Paris de Mai 68 est basé sur mes recherches aux archives de *L'Express* et de *Vogue* France, ainsi que sur plusieurs interviews et la consultation d'ouvrages cités dans la bibliographie. Jim Haynes, fondateur du magazine *Suck* à Paris au début des années soixante-dix, a offert une précieuse description de la libération sexuelle et du désir de changement culturel qui ont marqué cette époque.

1. Conversation entre Saint Laurent et Bianca Jagger, *Interview*, janvier 1973.
2. Jean Cocteau, *Journal d'une désintoxication,* Stock, Paris, 1930.
3. Dans « The Saints Come Marching In », *Women's Wear Daily,* 13 septembre 1968.
4. Récit d'Anne-Marie Muñoz, recueilli par l'auteur.
5. Cette réaction de Saint Laurent est reprise dans *Women's Wear Daily*, 3 juillet 1968.
6. Alfred Tennyson, « The Lotus Eaters » (1833).
7. Propos de Saint Laurent à Helen Lawrenson, *Esquire*, juin 1970.
8. Cette citation comme les suivantes proviennent de *Women's Wear Daily*, 3 juillet 1968.

Chapitre 4 : 1968-1969

Pour mieux cerner les premières années de Karl Lagerfeld, j'ai dû me rendre à deux reprises en Allemagne. La première fois, en 2003, il s'agissait surtout d'interviewer Kurt Lagerfeld, le cousin de Karl, qui était alors âgé de quatre-vingt-neuf ans et devait décéder huit mois plus tard. À Neustadt, dans le Holstein, nous avons parlé de son passé ainsi que de celui de Karl, et du père de ce dernier. Il m'a montré des albums de photographies et un document de famille important, un texte qu'Otto, le père de Karl Lagerfeld, avait écrit au sujet de sa vie et de son travail. Lors de ce premier voyage, je me suis aussi rendue à Hambourg et, brièvement, à Bad Bramstedt, afin de trouver la demeure familiale de Bissenmoor. Deux ans après, je suis retournée sur les lieux. Entre-temps, j'avais été en contact avec certains anciens camarades d'école de Lagerfeld. J'ai pu m'entretenir avec Karl Wagner, son voisin dans son enfance. Il m'a montré leur école, l'endroit où s'élevait la maison d'Otto — qu'il m'a décrite en détail —, les bois où ils avaient joué ensemble, l'arbre dans lequel Christel aimait grimper. J'ai également interviewé Hans-Joachim Bronisch, qui était assis juste derrière Lagerfeld en classe.

En ce qui concerne la contribution de celui-ci chez Chloé, ma principale source a été Gaby Aghion, que j'ai rencontrée à plusieurs reprises et qui a évoqué pour moi le zèle professionnel de Karl Lagerfeld, ainsi que l'originalité de ses collections pour cette marque. J'ai aussi consulté les archives de Chloé, malheureusement reduites par les revers de fortune et les changements de propriétaires que la maison a connus au cours des années quatre-vingt. J'y ai trouvé du matériel publicitaire mais très peu d'articles de presse couvrant cette période, et aucun croquis. Les tenues des collections de l'époque n'ont pas été conservées non plus.

Visionner *Top Ten Designers in Paris*, le documentaire réalisé par Software Productions en 1979, a été très important pour moi. Le film présente non seulement les lignes de prêt-à-porter de designers tels que Lagerfeld, Kenzo et Tan Giudicelli, mais aussi des interviews dans lesquelles chacun d'eux évoque son travail et sa vie. Celle de Lagerfeld m'a fourni de nombreux éléments pour la rédaction du présent ouvrage.

Mes recherches m'ont conduite à trois reprises aux États-Unis. En 2002, j'ai interviewé Paul Caranicas, Corey Grant Tippin et Donna Jordan à New York à propos de leur expérience d'« Américains à Paris ». Paul Caranicas m'a donné accès aux archives pléthoriques d'Antonio et de Juan, qui regroupent toutes leurs illustrations, peintures et journaux intimes de l'époque, ainsi que de très nombreuses photographies. Son témoignage personnel m'a aussi permis de mieux cerner ce qu'avait été leur vie en France et la nature de leur collaboration artistique et professionnelle. Enfin, c'est à la Bibliothèque de la ville de New York que j'ai consulté les archives de la revue *Interview.*

1. Karl Lagerfeld et Jean-Claude Houdret, *Le Meilleur des régimes*, Robert Laffont, Paris, 2002.

2. François Wimille, « King of the Collections Karl Lagerfeld », *Interview*, mai 1979.

3. *Top Ten Designers in Paris*, Software Productions, 1979.

4. Karl Lagerfeld, « All White and Spheres », *Home Furnishing Daily*, 26 juillet 1968.

L'âge réel de Karl Lagerfeld demeure sujet à débat. Pendant longtemps, celui-ci a indiqué 1938 comme année de naissance, ce qui signifie qu'il aurait eu seize ans quand il fut récompensé au concours du Secrétariat international de la laine. Nombre d'articles de presse de l'époque (par exemple *L'Aurore*, 14 décembre 1954) lui attribuent cependant l'âge de vingt et un ans à ce moment. Feu Kurt Lagerfeld, le cousin de Lagerfeld, m'a également confirmé que celui-ci avait bien vingt et un ans au temps du concours, précisant que son cousin était « né le 10 septembre 1933 ». Lui-même né en 1934, Karl Wagner, le voisin de Lagerfeld au cours de leur enfance, ne se souvient pas d'une différence d'âge marquante entre eux à l'époque où ils jouaient ensemble, quand ils avaient cinq ou six ans. Kurt Lagerfeld m'a donné une photo de Lagerfeld petit garçon, en compagnie de la sœur de celui-ci, Christel, et de la fille de Kurt, Margrit. Vêtu d'une culotte tyrolienne et d'une chemise blanche, un foulard noué au cou, Lagerfeld est debout, une main posée sur le dossier d'une chaise. Au dos du cliché, une notation manuscrite identifie Karl et sa sœur, avec une mention de date, 19 mai 1940. Hans-Joachim Bronisch, qui était avec Karl à la Jürgen Fuhlendorf Schule — dont les classes commençaient à partir de dix ou onze ans —, précise : « Ma famille est arrivée à Bad Bramstedt en 1947, j'avais alors treize ans, c'était le secondaire et Karl n'aurait pas pu être âgé de neuf ans à ce moment, ce qui aurait été le cas si on suivait son calcul. »

Les lois allemandes ne permettent pas de consulter les registres de naissance si l'on n'appartient pas à la famille de l'individu concerné. Un journal allemand a certes publié une copie de l'acte de naissance de Karl sur lequel est indiquée l'année 1938, mais celle-ci est écrite à la main. Quant à son certificat de baptême, il est conservé par une église catholique de Hambourg. En 2003, un journaliste de *Bild am Sonntag* se référant à ce document a soutenu que la véritable année de naissance de Karl était 1933. Après avoir contacté le curé de cette église, je me suis rendue à Hambourg afin de consulter le certificat de mes propres yeux. À mon arrivée, on m'a dit que mon interlocuteur potentiel était en déplacement. Après plusieurs échanges téléphoniques aussi surréalistes que frustrants – « rappelez-moi demain », « rappelez-moi plus tard », « je ne vous entends pas bien », « je suis dans ma voiture », etc. –, le curé m'a annoncé le matin de mon départ, alors que je le rappelais une dernière fois, qu'il avait envoyé un fax au numéro personnel de Karl Lagerfeld pour solliciter son autorisation de me montrer le document, mais qu'il n'avait pas reçu de réponse. Bref, je n'ai pas été autorisée à voir ce certificat de baptême.

Lagerfeld ayant ignoré mes demandes d'interview, je n'ai pas été en mesure d'entendre directement sa version. Néanmoins, ayant eu sous les yeux le texte écrit par le père de Karl, que Kurt Lagerfeld m'avait montré, et différentes photos de classe ainsi que des photos de famille datées, et ayant également rencontré nombre de ceux qui l'avaient fréquenté au temps où il était enfant à Bad Bramstedt, j'ai pris la décision de m'en tenir à l'année de naissance que je crois être la bonne : 1933.

5. Sven Michaelsen, Stephanie Rosenkranz, *Der Stern*, 24 octobre 1996.

6. *Sunday Telegraph*, 12 janvier 2003.

7. *Interview*, août 1973.

8. *Sunday Telegraph*, 12 janvier 2003.

9. *Interview*, août 1973.

10. *Ibid.*

11. Paul Caranicas, *Antonio's People*, Thames & Hudson, Londres, 2004, p. 8.

12. « Le coup de la main dans la poche » fait référence à la manière « vieux jeu » de présenter un modèle lors d'un défilé, main négligemment dans la poche, tandis que de l'autre on balance son sac à main.

Chapitre 5 : 1970

En novembre 2002, j'ai retrouvé Corey Grant Tippin dans un snack à New York et il m'a raconté son parcours étonnant, depuis une école chic du Connecticut jusqu'à la bohème de la Factory d'Andy Warhol. Commencée en début d'après-midi, l'interview a duré cinq heures. Le soir même, je l'ai accompagné à une projection privée de *L'Amour*, à laquelle assistaient également Jay Johnson et Paul Caranicas. Par la suite, j'ai interviewé plusieurs fois Corey qui, en plus de ses souvenirs personnels, m'a confié de nombreuses lettres, coupures de presse et photographies pour m'aider dans mes recherches.

Le jour même de notre première rencontre, Donna Jordan et moi nous sommes rencontrés dans un autre snack new-yorkais, sur la Dixième Avenue. Désormais, Donna vit dans l'État de New York, étudie la littérature anglaise à l'université et ne conserve que peu d'intérêt pour son passé dans la mode et à Paris, bien que sa fille ait suivi son exemple et soit devenue elle aussi mannequin.

En 2002, je me suis rendue sur les bords du lac Stresa, en Italie, où Pat Cleveland vit avec son mari photographe et leurs deux enfants. Interviewer Pat s'est révélé une expérience unique car elle a la particularité de « mettre en scène » ses souvenirs, d'incarner successivement chaque personnage qu'elle évoque au fil de sa narration. Dans le sous-sol de sa maison, elle a ainsi été pour moi un Antonio soufflant bruyamment et tirant la langue alors qu'il exécutait un croquis, Jerry Hall arpentant la passerelle d'un défilé de mode, ou encore elle-même faisant une entrée triomphale à La Coupole, lors de sa toute première soirée en France, tandis que les serveurs applaudissaient et que des bras se tendaient de toutes parts… Un an après, alors qu'elle était de passage à Paris, je l'ai revue au Flore ; avec sa fille, Anna, devenue un mannequin recherché, elle devait apparaître dans le défilé Chanel de Karl Lagerfeld et se prêter à une séance photo pour *Vogue*.

Au cours de la préparation de ce livre, j'ai rencontré Loulou de la Falaise à plusieurs reprises. Je me suis également entretenue avec sa mère, Maxime de la Falaise, dont le témoignage n'a pas seulement été capital pour mieux cerner la personnalité de Loulou mais m'a aussi apporté un éclairage précieux sur la mode et la société au temps où la France connaissait de profonds changements. Invitée à séjourner avec elle à Saint-Rémy, je suis arrivée au moment de la célébration de son quatre-vingt-unième anniversaire, ce qui m'a permis de constater *de visu* le sens de la fête qui habite la famille de la Falaise.

1. Corey Tippin, entretien avec l'auteur.

2. Jean des Cars et Jean-Paul Caracalla, *Le Train bleu*, Denoël, Paris, 1988.

3. *WWD*, 8 septembre 1970.
4. *Ibid.*
5. *Ibid.*
6. Cette formule remarquable (*indecent luxury*, « luxe indécent ») a été utilisée par Bevis Hillier au cours de sa conférence donnée lors du symposium « The Art Deco World » au Victoria & Albert Museum, 27 avril 2003.
7. La scène a été décrite à l'auteur par Corey Tippin, Donna Jordan et Pat Cleveland.
8. Paul Morand, *L'Allure de Chanel*, Hermann, Paris, 1976.
9. *Women's Wear Daily*, 14 juillet 1970.
10. Maxime de la Falaise, entretien avec l'auteur.
11. *L'Amour*, 1972, écrit et dirigé par Paul Morrissey, produit par Andy Warhol, filmé par Andy Warhol et Jed Johnson.
12. *Donna Jordan* par Guy Bourdin : *Vogue* France, novembre 1970.

Chapitre 6 : 1971

La matière de ce chapitre provient pour l'essentiel de multiples interviews. Corey Grant Tippin, Loulou de la Falaise et Betty Catroux conservaient tous des souvenirs très précis de la soirée Saint Laurent-Bergé. Ayant lui-même éprouvé cette sensation devant les deux hommes, Corey était en mesure de comparer la capacité extraordinaire d'Yves Saint Laurent et d'Andy Warhol à exercer leur pouvoir d'attraction sur leur entourage.

Quand on interroge les acteurs de la scène parisienne de l'époque, rares sont ceux qui ne mentionnent pas l'importance du club le Sept. De nos jours, le local a été transformé en un petit restaurant japonais, la piste de danse au sous-sol a cédé la place à des toilettes et à une pièce de stockage. La description que je donne du Sept est basée sur les témoignages de nombreuses personnes ayant fréquenté l'établissement. Claude Aurensan et Guy Cuevas, qui ont tous deux travaillé au Sept, ont évoqué pour moi son ambiance et l'état d'esprit de sa direction.

1. Rapporté par Loulou de la Falaise, entretien avec l'auteur.
2. Saint Laurent, lors de l'émission de télévision *Dim, Dam, Dom.*
3. *Women's Wear Daily*, 29 novembre 1974.

4. Saint Laurent s'entretient avec Bianca Jagger, *Interview*, novembre 1973.

5. Ce déclin est souligné par Didier Grumbach dans *Histoires de la mode*, Seuil, Paris, 1993, p. 191. Grumbach remarque aussi que Saks et Bergdorf Goodman n'envoyèrent pas d'acheteurs aux présentations de haute couture parisienne en 1971, signe du désintérêt grandissant de la grande distribution.

6. Dans le *Daily Telegraph*, tel que cité dans *Time Magazine*, 15 février 1971.

7. *Ibid.*

8. *New York Times*, 19 février 1971.

9. *Ibid.*

10. *Women's Wear Daily*, 29 janvier 1971.

11. En 2004, une rétrospective consacrée à Ossie Clark par le Victoria & Albert Museum a démontré l'influence de ce créateur sur la mode et sur Saint Laurent, prouvant aussi qu'il fut le pionnier du style « néo-années quarante ». Cf. Judith Watt, *Ossie Clark 1965-74*, V & A Publications, Londres, 2003.

12. Loulou de la Falaise, entretien avec l'auteur.

13. Antonio Lopez et Christopher Hemphill, *Antonio's Girls*, édité par Karen Amiel, Congreve Publishing Company, New York, 1982, p. 9.

14. *Ibid.*

15. Pat Cleveland, entretien avec l'auteur.

Chapitre 7 : 1972

La première partie de ce chapitre est basée sur des interviews avec Paul Caranicas, Corey Grant Tippin, Billina, Donna Jordan, Pat Cleveland et Eija. Parmi les autres sources, il y a les archives professionnelles d'Antonio, les ouvrages qui ont été consacrés à ce dernier, que je mentionne dans la bibliographie, et une interview d'Antonio en forme de questions-réponses menée par la revue *Interview*, que j'ai retrouvée à la Bibliothèque de la ville de New York.

En ce qui concerne l'enfance de Jacques de Bascher, j'ai pu interviewer sa sœur, Anne, et son plus jeune frère, Xavier. Anne, qui est romancière, m'a invitée à passer quelques jours avec elle près du château de la famille. Renaud de Beaugourdon a également été un témoin précieux, à la fois grâce à ses souvenirs rapportés de vive voix et au journal qu'il a tenu pendant toutes ces années ; dans celui-ci, il avait noté des détails importants comme la date de différents voyages et de rencontres, et même le nom et le type de navire sur lequel Jacques avait accompli son service militaire. Il a également conservé toute la correspondance reçue de Jacques de Bascher vingt-deux ans durant et m'a généreusement autorisée à la consulter.

1. Entretien avec Florentine Pabst. La citation de Karl Lagerfeld provient de *People*, 5 mai 1975.

2. Corey Tippin, entretien avec l'auteur.

3. Jacques de Bascher à André Leon Talley, « Karl Lagerfeld in a Cloud of Chloé », *Interview*, juin 1975.

4. Cette carte postale se trouve dans les archives personnelles de Renaud de Beaugourdon.

Chapitre 8 : 1972

Pour ce chapitre, j'ai interviewé Pierre Bergé, tout l'entourage de Saint Laurent et plusieurs de ses collaborateurs à la maison de couture. Je me suis servie des archives d'*Interview* à New York et de celles de la maison Saint Laurent. La lecture du *Women's Wear Daily* a été essentielle pour comprendre les développements financiers et commerciaux de la période. La biographie de Saint Laurent signée par Alice Rawthorn apporte une version stimulante de la restructuration de la maison Saint Laurent menée par Pierre Bergé. Laurence Benaïm a écrit la biographie définitive d'Yves Saint Laurent, en 1993, et elle l'a régulièrement mise à jour depuis. Benaïm lui rend hommage avec justesse et un sens aigu de l'observation.

En ce qui concerne la décoration du domicile de la rue de Babylone, les sources ont été multiples. Deux articles sur le sujet, dans *Vogue* (États-Unis) et *Connaissance des arts*, m'ont aidée, ainsi que des entretiens avec des experts, notamment Philippe Garner, spécialiste des arts décoratifs. C'est lui qui a attiré mon attention sur l'importance de l'esthétique Art déco pour Saint Laurent comme pour Lagerfeld, et sur leur approche très différente de cette tendance artistique. J'ai aussi consulté de nombreux ouvrages, en particulier le très complet volume publié par le V & A Museum, *Art Deco 1910-39*, et l'édition annotée par

Philippe Garner des deux études de Martin Battersby, *The Decorative Twenties* et *The Decorative Thirties* (Whitney Library of Design, New York, 1998). La conférence d'Édouard Sebline consacrée à Jacques Doucet (« Le goût d'un couturier, Jacques Doucet et les arts décoratifs, 1912-1929 ») dans le cadre du symposium du V & A déjà cité a aussi été un éclairage important.

1. *Newsweek*, 27 novembre 1972.
2. Nicole Dorier, entretien avec l'auteur.
3. *Interview*, mars 1973.
4. Rapporté par G. Dryansky, *Women's Wear Daily*, 10 juin 1974.
5. Jane Kramer, «The Impresario's Last Act», *The New Yorker*, 21 novembre 1994.
6. « Oasis in Paris », *Vogue* (États-Unis), novembre 1971.
7. Philippe Jullian, « Les années vingt revues dans les années soixante-dix chez Yves Saint Laurent », *Connaissance des arts*, 1973.
8. Yves Saint Laurent, *La Vilaine Lulu*, Tchou, Paris, 1967.

Chapitre 9 : 1973

Pour tenter de comprendre Jacques de Bascher, ses espoirs et ses ambitions, j'ai interviewé nombre de ceux qui l'ont connu ; certains ont préféré ne pas être nommés dans ce livre. Les souvenirs d'Anne, sa sœur, de Xavier, son frère, et de ses amis, Christian Dumais-Lvowski, Renaud de Beaugourdon et Diane de Beauvau-Craon, occupent une place fondamentale dans ce chapitre. J'ai aussi essayé de reconstituer l'existence de Jacques durant cette période en consultant de nombreux articles de presse et les pages mondaines de multiples magazines. C'est Philippe Garner qui m'a signalé certains reportages de l'époque qui décrivaient le style et la décoration de l'appartement de Lagerfeld place Saint-Sulpice.

Pendant cinq ans, j'ai eu de très nombreux contacts avec des personnes qui ont travaillé avec Lagerfeld, l'ont fréquenté ou ont partagé des moments d'enfance et de jeunesse avec lui. Là encore, certaines d'entre elles ont tenu à ce que leur nom ne soit pas cité.

1. Pour les informations concernant cette famille aristocratique, cf. Gustave Chaix d'Est-Ange, *Dictionnaire des familles françaises…*, *op. cit.*

2. Diane de Beauvau-Craon, entretien avec l'auteur.
3. *L'Uomo Vogue*, octobre 1973.
4. Anne de Bascher, entretien avec l'auteur.
5. En ce qui concerne la tentative d'unir les noms de Beaumarchais et de Bascher, cf. Gustave Chaix d'Est-Ange, *Dictionnaire…, op. cit.* : « Pierre-Paul Bascher, né à Nantes en 1790, joua un rôle actif dans les soulèvements vendéens de 1815 et 1832. En 1814, par son mariage avec Marie Lenfant de Lanzil, fille d'une demoiselle Lemoyne de Beaumarchais, il était devenu titulaire du château de Beaumarchais, près des Sables-d'Olonne. Le fils de Pierre-Paul, Théophile Bascher, né à Nantes en 1829, épousa à Paris en 1862 Mlle Guillaume. »
6. La description de l'appartement de Karl Lagerfeld place Saint-Sulpice a été rendue possible par plusieurs interviews et par la consultation des articles suivants : « Karl Lagerfeld », *Vogue* (France), novembre 1973 ; « The Art Deco Life », *Vogue* (Amérique), septembre 1974 ; *Connaissance des Arts,* novembre 1975 ; Patricia McColl, « A Designer Bids Adieu to his Art Deco », *New York Times*, 27 novembre 1975.
7. *Vogue* USA, septembre 1974.
8. *Women's Wear Daily*, 21 juin 1984.
9. *Actuel*, mars 1984.
10. Scène rapportée par Ralph Toledano, entretien avec l'auteur.
11. *Women's Wear Daily*, 21 juin 1984, *op. cit.*
12. François Wimille, *Interview*, *op. cit.*
13. Patrick Hourcade, entretien avec l'auteur.
14. Rosamond Bernier, *Vogue* USA, décembre 1992.
15. *Interview*, *op. cit.*
16. André Leon Talley, *Women's Wear Daily*, 2 mars 1978.
17. Kennedy Fraser, *Vogue* USA, septembre 2004.
18. *Interview*, *op. cit.*

Chapitre 10 : 1973-1974

L'apport d'Helmut Newton au paysage de la mode et de l'illustration durant cette période est considérable. J'ai eu l'honneur de le rencontrer à deux reprises au cours de mes recherches. La dernière entrevue, au beach-club de Monte-Carlo qu'il fréquentait, a eu lieu à peine un an avant son décès. Si Newton, alors âgé de quatre-vingt-trois ans, n'était pas facile à interviewer, il m'a offert des moments passionnants et souvent hilarants. Au milieu d'un flot ininterrompu de bons mots ponctué d'incessants coups de fil et de digressions au sujet de Leopold von Sacher-Masoch, il se montrait extrêmement pointilleux quant à ce qu'il voulait révéler ou non, un trait sans doute renforcé par le fait que son autobiographie devait être publiée sous peu (« Non, non, non, non ! Ça, c'est une longue histoire qui ne vous regarde pas ! »). Quand je l'ai interrogé à propos de ses choix esthétiques, j'ai presque vu la fumée lui sortir des oreilles tandis qu'il tempêtait contre l'affectation des photographes de mode actuels. Il a cependant été ravi d'évoquer ses souvenirs de Paris et de rédactrices de mode à la belle poitrine, moulées dans leurs jupes en cuir…

Avec Newton, Guy Bourdin a été — il est mort en 1991 — la grande vedette photographique de l'édition française de *Vogue*. J'ai interviewé plusieurs de ses proches, dont Holly Warner, qui fut sa compagne et une styliste sur ses plateaux. J'ai aussi rencontré Joan Juliet Buck, styliste pour Bourdin au début des années soixante-dix, et Isabelle Weingarten, qui a souvent posé pour lui.

Je me suis rendue deux fois au château de Penhoët, dans le sud du Morbihan. Comme il s'agit d'une propriété privée, de surcroît en travaux de rénovation au moment de mes voyages, je n'ai pu entrer dans le bâtiment principal mais j'ai été en mesure de visiter la petite chapelle, les jardins et le domaine. À mon premier passage, je me suis entretenue avec l'historien Gérard Danet, qui m'a fourni plusieurs références concernant le château et son histoire — elles sont citées plus loin ; lors de ma deuxième visite, j'ai interviewé différentes personnes vivant sur le domaine ou aux alentours, et qui avaient connu le temps où Lagerfeld était le propriétaire de Penhoët.

1. « Paris Special », *Interview*, avril 1975.

2. *Queen*, mars 1969.

3. Les portraits d'Helmut Newton ont été publiés dans *Vogue* (France) en novembre 1973.

4. Les notes laissées par Clara et Thadée à Corey proviennent des archives personnelles de Corey.

5. Patrick Hourcade, entretien avec l'auteur.

6. Bernadine Morris, « Lagerfeld : Fashion's Statesman », *New York Times*, 19 octobre 1988.

7. Ces détails proviennent du livre d'Anna Piaggi, *Karl Lagerfeld: A Fashion Journal*, Thames and Hudson, Londres, 1986.

8. *Vogue* (France), novembre 1973.

9. Rapporté par un témoin ayant préféré conserver l'anonymat.

10. Mentionné dans *Women's Wear Daily*, 8 janvier 1974.

11. Exposition David Hockney, dessins et gravures, 15 avril-24 mai 1975, galerie Claude Bernard (5, 7 et 9 rue des Beaux-Arts, Paris V^e^).

Chapitre 11 : 1975

J'ai réalisé de longues interviews pour ce chapitre, mais fort peu de gens ont accepté d'être cités directement dans le texte.

La découverte de l'entretien sous forme de questions-réponses qu'André Leon Talley avait réalisé avec KL, Jacques et José à New York a été précieuse. C'est l'une des rares occasions où les paroles authentiques prononcées par Jacques ont été consignées et la seule qui permette d'entendre José s'exprimer. D'où son importance dans tout ce chapitre.

Les croquis que KL a faits d'Anna Piaggi à cette époque ont été rassemblés dans un volume publié en 1986. Ils ont joué un rôle capital pour reconstituer les déplacements de KL et de son entourage au cours de cet été 1975 et retracer l'ambiance des journées qu'ils passèrent à Penhoët.

Mes recherches sur la mort de José m'ont conduite à Vannes à deux reprises. Elles m'ont également amenée à échanger une importante correspondance avec le procureur et la gendarmerie de Vannes.

1. Article d'André Leon Talley dans la revue *Interview*, juin 1975 (FA).

2. *Ibid.*

3. *Ibid.*

4. *Ibid.*

5. *Ibid.* Jacques de Bascher s'exprimait en anglais. Cette citation est donc traduite.

6. Joris-Karl Huysmans, *Là-bas*, 1886, p. 86.

7. *Interview*, *op. cit.*

8. *Ibid.*

9. *Ibid.*

10. Le certificat de décès de José est conservé à la mairie de Saint-Avé dans le Morbihan.

Le procureur du tribunal de grande instance de Vannes a fait rechercher les documents concernant cette mort. On n'en a pas trouvé, car ce type d'archives peut être détruit au bout de quinze ans. La gendarmerie de Vannes a également fait savoir que tous les documents sont détruits au terme d'un délai de vingt ans.

La découverte du corps a été annoncée dans *Ouest France* le 27 août 1975.

11. Ce croquis figure dans le livre d'Anna Piaggi contenant des croquis que Lagerfeld a faits d'elle : Anna Piaggi, *Karl Lagerfeld : A Fashion Journal*, *op. cit.*

12. Confié à AD dans une interview, sous couvert d'anonymat.

13. *La Vilaine Lulu*, *op. cit.*

Chapitre 12 : 1976

Ce chapitre s'inspire de nombreux entretiens avec des proches d'YSL, notamment Pierre Bergé, mais aussi avec des membres de son entourage et des gens qui ont travaillé aux côtés d'YSL pendant plus de vingt-cinq ans et se rappellent fort bien les collections de haute couture Opéra et de prêt-à-porter Carmen. La majorité des interviews de membres du personnel d'YSL ont été réalisées après le départ d'YSL à la retraite. Rétrospectivement, j'y vois un avantage car cela leur a permis de souffler un peu et de considérer YSL avec une objectivité dont ils n'auraient pas été capables à l'époque où ils travaillaient encore dans l'ambiance surchauffée du 5, avenue Marceau.

Pour les collections Opéra et Carmen, j'ai puisé dans les comptes rendus de presse et les photographies d'archives conservés à la fondation PB-YSL ainsi que dans les archives Fairchild, dans celles de l'édition française de *Vogue*, du *Point,* du *New York Times* et à la bibliothèque de l'UCAD. J'ai aussi interviewé des clientes de haute couture. J'ai obtenu des photocopies en couleurs de clichés de la collection Carmen pris sur la passerelle, une source d'information extrêmement précieuse pour se faire une image de l'énergie vitale et de l'érotisme évidents de ce défilé.

1. Laurence Benaïm, *Yves Saint Laurent*, Grasset, Paris, 2002, p. 275.

2. Edition spéciale de *Globe*, 14 novembre 1990.

3. Laurence Benaïm, *Yves Saint Laurent*, *op. cit.*

4. *Globe, op. cit.*

5. Laurence Benaïm, *Yves Saint Laurent*, *op. cit.*, p. 275. Pierre Bergé a confié à Laurence Benaïm qu'YSL consommait de l'alcool, de la cocaïne et des tranquillisants.

6. Les détails sur les chiffres de vente d'YSL sont tirés d'Andreas Freund, « The Empire of Saint Laurent », *New York Times*, 8 août 1986 (NYTA).

7. *Le Point*, 6 décembre 1976, n° 220 (LPA).

8. Benaïm, *Yves Saint Laurent*, *op. cit.*, p. 275.

9. Marian McEvoy, *WWD*, 2 août 1976 (FA).

10. *People*, 23 août 1976.

11. *Le Point, op. cit.*

12. YSL à la revue *People, op. cit.*

13. Bernadine Morris, *New York Times*, 29 juillet 1976.

14. Barbara Schwarm et Martine Leventer, *Le Point*, 25 juillet 1977, n° 253 (LPA).

15. Ce détail sur la décharge qu'YSL signa pour sortir de clinique est tiré de la revue *People*, *op. cit.* : « Finalement, je suis parti contre les ordres de mon médecin et je suis revenu pour constituer la collection. »

16. Anthony Burgess, « All about Yves », *New York Times*, 11 septembre 1977.

17. Revue *People*, *op. cit.*

18. Bernadine Morris, *New York Times*, *op. cit.*

19. *New York Times*, 11 septembre 1977, *op. cit.*

20. YSL à Marian McEvoy, *WWD*, 29 octobre 1986 (FA).

21. *Le Point*, 6 décembre 1976, *op. cit.*

22. *Ibid.*

23. *Ibid.*

24. *WWD*, 27 octobre 1976 (FA).

25. Le fait que JdB ait remis les lettres d'YSL à KL a été confirmé dans plusieurs interviews réalisées par AD ; KL lui-même a affirmé être en possession de cette correspondance dans un article publié dans le *New York Times* le 24 décembre 2000 ; il a déclaré à la journaliste Cathy Horyn que les lettres étaient conservées dans des boîtes chez lui. « Nous les gardons en sommeil », a-t-il dit.

26. *W Magazine*, 7 février 1975 (FA).

27. Patrick McCarthy, *W Magazine*, 7 février 1975 (FA).

28. Anthony Burgess, *New York Times*, 11 septembre 1977.

29. *Ibid.*
30. *Le Point*, 25 juillet 1977, *op. cit.*
31. Confié à AD dans une interview, source anonyme.

Chapitre 13 : 1976

Les souvenirs de Christian Dumais-Lvowski et de Renaud de Beaugourdon ont été une source d'information essentielle pour ce chapitre.

Christian Dumais-Lvowski a raconté en détail à AD la fête organisée par Jacques de Bascher dans son appartement de la rue Saint-Sulpice.

1. Karl Lagerfeld et Dr. Jean-Claude Houdret, *Le Meilleur des régimes* (Paris, Robert Laffont, 2002), p. 22.
2. *Actuel*, mars 1984, *op. cit.*
3. Texte de Freiherr H. von Eelking, illustré par Ernst Ludwig Kretschmann (Berlin, Bielefeld, Heidelberg : Finckenstein und Salmuth, 2003), d'après le manuscrit original de 1923.
4. Les détails sur l'aménagement de l'appartement de Jacques proviennent de descriptions de Christian Dumais-Lvowski et de Renaud de Beaugourdon.
5. KL et Jacques de Bascher se rendaient tous les ans dans cette boutique pour acheter des costumes autrichiens pour JdeB et des vestes tyroliennes pour KL.
6. Interview de KL dans le catalogue de Christie's Monaco pour la vente de la collection Lagerfeld, 29 avril 2000.
7. Dennis Thim, *W Magazine*, 17 octobre 1988 (FA).
8. François Wimille, *Interview*, mai 1979.
9. *WWD*, 2 mars 1978, *op. cit.* Les détails sur les déjeuners organisés chez KL sont tirés de la revue *Interview*, mai 1979, et d'Anna Piaggi, *Karl Lagerfeld : A Fashion Journal*, *op. cit.*
10. *WWD*, 2 mars 1978, *op. cit.*
11. Interview de KL réalisée par Bernard Pivot, *Double Je* (Équipage-RFO-TV5-2003), émission du 27 février 2003.
12. Anthony Lane, *The New Yorker*, 7 novembre 1994.
13. Rosamond Bernier, édition américaine de *Vogue*, décembre 1992.
14. *WWD*, 2 mars 1978, *op. cit.*

15. Rosamond Bernier, édition américaine de *Vogue*, décembre 1992, *op. cit.*

16. *Top Ten Designers in Paris*, *op. cit.*

17. *WWD*, 2 mars 1978, *op. cit.*

18. François Wimille, *Interview*, *op. cit.*

19. *WWD*, 2 mars 1978, *op. cit.*

Chapitre 14 : 1977-1978

J'ai interviewé Loulou de la Falaise et son mari Thadée Klossowski au sujet de leur mariage et de la réception qui l'a suivi. J'ai aussi lu l'article que Joan Juliet Buck a consacré au bal de mariage dans l'édition britannique de *Vogue*, l'article de Hebe Dorsey pour l'édition française de *Vogue* et la couverture qu'en a faite *Women's Wear Daily,* qui m'ont tous livré sur cette réception des détails que de nombreux invités ont malheureusement oubliés.

Je me suis servie des magazines *Le Palace* de l'époque pour évoquer l'atmosphère de cette boîte, et j'ai étudié les photos du photographe Gilles Marineau, spécialisé dans la mode et dans la vie nocturne parisiennes.

J'ai interviewé toutes les « femmes » d'YSL — Loulou, Betty, Paloma, Clara, Anne-Marie — à l'exception de Marina Schiano. Elle s'est brouillée avec YSL et PB dans les années 1990 et a refusé d'être interviewée, car elle est elle-même en train d'écrire un livre.

1. « The Four-Minute Bride », *WWD*, 16 juin 1977 (FA).

2. Marian McEvoy, *W Magazine*, 24 juin-1er juillet 1977 (FA).

3. James Reginato, *W Magazine*, février 2000 (FA).

4. Ce livre a été publié sous le titre *Renaud Barrault, Paris, notre siècle*, conception et réalisation Joël Le Bon avec la collaboration de Thadée Klossowski (Paris, Éditions de Messine/Pierre Bergé, 1982).

5. Joan Juliet Buck, *Daughter of the Swan* (Londres, Weidenfeld & Nicolson, 1987).

6. *WWD*, 5 juillet 1977 (FA).

7. Alexis Bernier et François Buot, *L'Esprit des Seventies*, Paris, Grasset, 1994.

8. Jacques a été photographié dans « L'œil de Vogue », édition française de *Vogue*, décembre 1977 (UCAD).

9. *WWD*, 2 mars 1978, *op. cit.*

10. Les détails sur le décor fabuleux de la fête de lancement d'Opium à New York sont empruntés à un article d'Andy Post publié dans la revue *W*, 13-20 octobre 1978 (FA).

11. Allusion à John Galliano qui, à son arrivée à Paris, était un couturier pétri de talent, mais sans un sou. Il lui arriva de dormir sous sa table de coupe. Aujourd'hui, John Galliano travaille pour Dior, il vit dans un hôtel particulier du Marais, a un chauffeur, passe ses vacances à Saint-Tropez et représente une force majeure du monde de la mode.

12. Maxime de la Falaise McKendry, *Interview*, décembre 1975.

13. Les couturiers italiens apparaissent dans un article intitulé « Les stylistes de Milan », publié dans l'édition française de *Vogue*, en août 1977 (UCAD).

14. Propos transmis à AD dans une interview de Patrick McCarthy, qui assista à ce déjeuner.

15. Brice Couturier, *Une scène jeunesse* (Paris : Editions Autrement, 1983).

16. *Ibid.*

17. *Ibid.*

18. Les détails sur les nuits et le personnel du Palace proviennent d'interviews, des magazines *Le Palace* et des archives privées de Claude Aurensan et du photographe Steve Hiett.

19. *Façade*, n° 8. Également cité dans *L'Esprit des Seventies*, *op. cit.*

20. Patrick O'Higgins, *Town & Country*, novembre 1978 (FPB-YSL).

21. Andy Warhol, 11 février 1980, Zurich, in *The Andy Warhol Diaries*, *op. cit.*

22. Judith Fayard, « Breadth of a Salesman », *WWD*, 30 mai 1978 (FA).

Chapitre 15 : 1978-1981

Il m'a fallu deux ans et pas loin d'une quinzaine de fax pour obtenir une interview avec la rédactrice de mode italienne Anna Piaggi. Après plusieurs mois de silence, elle m'a appelée inopinément en me proposant de la retrouver au Flore un quart d'heure plus tard. On nous a indiqué une table au rez-de-chaussée et j'ai commencé mon interview. Ce qui m'intéressait, c'était la grande amitié qui l'avait liée autrefois à

Karl, ainsi que sa tendresse pour Jacques de Bascher. J'avais également envie de parler de l'idée qu'elle se faisait de son rôle de muse de Karl, des croquis quotidiens et des étés à Penhoët. Mais j'étais condamnée à rester sur ma faim, car à cet instant précis, la porte du Flore s'ouvrit, laissant apparaître Pierre Bergé, à qui on donna une table à côté de la nôtre. Bergé éprouvait, dans les années soixante-dix, une antipathie notoire pour Anna, une hostilité qui tenait certainement moins à la personnalité d'Anna qu'à son intimité avec KL. Ils se sont salués poliment, mais avec une froideur manifeste. PB a déjeuné seul, à deux pas de nous. Il lisait une biographie de Juliette Gréco. Cette promiscuité ne m'a évidemment pas permis de réaliser l'interview que j'avais prévue. J'ai eu beau, au cours des trois années suivantes, essayer régulièrement de reprendre contact avec Anna, elle n'a pas répondu à mes fax, à mes messages téléphoniques ni à mes lettres.

Heureusement, le livre qu'Anna a publié — plusieurs centaines de croquis d'elle réalisés par KL sur une période de quinze ans avec les légendes manuscrites de KL — offre une abondante source d'informations sur leur amitié et sur les liens de mode qui les ont unis autrefois.

1. Les détails sur la tenue d'Anna Piaggi au mariage de Paloma sont tirés d'Anna Piaggi, *Karl Lagerfeld: A Fashion Journal*, *op. cit.* Son costume de ville avait été conçu par Piero Tosi pour *L'Innocente* de Luchino Visconti et avait été emprunté à la collection de costumes de théâtre d'Umberto Tirelli à Rome.

2. André Leon Talley, *W Magazine*, 26 mai — 2 juin 1978 (FA).

3. *Ibid.*

4. *Ibid.*

5. *Ibid.*

6. *Ibid.*

7. *Ibid.*

8. La robe du soir d'Anna Piaggi avait été dessinée en 1923 par les sœurs Callot ; elle était en étoffe argentée garnie de plumes d'autruche framboise. Le casque provenait de la production d'*Orlando Furioso* signée par Luca Ronconi. Cf. Anna Piaggi, *Karl Lagerfeld: A Fashion Journal*, *op. cit.*

9. André Leon Talley, *W Magazine,* 26 mai-2 juin 1978 (FA).

10. Elisabeth Lagerfeld, née Bahlmann le 25 avril 1897, est décédée le 14 septembre 1978.

11. Christa Worthington, « Keeping up with Kaiser Karl », *WWD*, 21 février 1986 (FA).

12. Édition américaine de *Vogue*, septembre 2004, *op. cit.*

13. *Ibid.*

14. *Der Stern*, 24 octobre 1996, *op. cit.*

15. *Top Ten Designers in Paris*, 1979, *op. cit.*

16. Anna Piaggi, *Karl Lagerfeld : A Fashion Journal*, *op. cit.* Cette lettre est datée du 1er décembre 1976 et dit : « Chère Anna, j'ai trouvé ce petit corselet fait pour *Vogue* et retiré de la collection quand St. Laurent en avait fait pour la couture… »

17. Victoire Doutreleau, *Paris-Match*, 17 janvier 2002.

18. Loulou de la Falaise à Tim Banks, *Sunday Telegraph Magazine*, 6 mars 2004.

19. *Ibid.*.

20. *Le Figaro*, 15 juillet 1991, *op. cit.*

21. *Ibid.*

22. Propos tenus à AD dans une interview, dont l'auteur a tenu à conserver l'anonymat.

23. Cet épisode ainsi que la réaction de Diane ont été racontés à AD par Diane de Beauvau-Craon dans une interview.

24. *W Magazine*, 31 mars-7 avril 1978 (FA).

25. *Ibid.*

26. La rivalité entre Chanel et Schiaparelli est bien documentée par Edmonde Charles-Roux dans sa biographie de Chanel, *L'Irrégulière* (Paris, Grasset, 1974) et dans *Chanel and her World* (Londres, Weidenfeld & Nicolson, 1981). « Cette Italienne qui fait des vêtements » est une citation de Chanel fréquemment reproduite, bien que dans *Schocking ! The Art and Fashion of Elsa Schiaparelli* (Philadelphia Museum of Art en collaboration avec la Yale University Press, 2003), Dilys E. Blum note que Chanel parlait de « cette artiste italienne qui fait des vêtements ».

27. André Leon Talley, *Interview*, octobre 1980.

28. Jonathan Moor, *Daily News Record*, 23 février 1981 (FA).

29. Patrick McCarthy et Christa Worthington, *WWD*, 23 novembre 1983 (FA).

30. Patrick McCarthy, *W Magazine*, 1-8 janvier 1982 (FA).

31. John Richardson, « Yves Saint Laurent's Château Gabriel : a passion for style », édition américaine de *Vogue*, décembre 1983.

32. Janie Samet, « Pierre Bergé : "Ma plus grande qualité ? — La mauvaise foi" », *Le Figaro*, 4 janvier 2003 (LFA).

33. Patrick McCarthy, *W Magazine*, 14-21 janvier 1983 (FA)

34. Patrick McCarthy, *WWD*, 30 avril 1982 (FA).

35. *Ibid.*

36. G. Dryanski, *Connoisseur*, décembre 1981. KL fait allusion à Calouste Sarkis Gulbenkian, 1869-1955, conseiller économique et financier des ambassades ottomanes à Paris et à Londres, redoutable négociateur, philanthrope et collectionneur, qui possédait une remarquable collection de peintures comprenant des portraits par Rubens, Rembrandt et Gainsborough. Il détenait 15 % de parts dans la Turkish Petroleum Company fondée en 1912 pour exploiter les riches champs pétrolifères d'Irak. Plus tard, au moment de la dislocation de l'Empire ottoman, il a joué un rôle décisif dans l'Accord de la ligne rouge de 1928, qui conciliait les intérêts pétroliers divergents des grandes puissances — à savoir les États-Unis, la France, les Pays-Bas et la compagnie anglo-perse — dans la région. Par la suite, Gulbenkian posséda 5 % des parts de l'Irak Petroleum Ldt (nouveau nom de l'ancienne Turkish Petroleum Company), ce qui lui valut le surnom de « Monsieur Cinq Pour Cent ».

Chapitre 16 : 1981-1983

Diane de Beauvau-Craon a accepté d'être interviewée à plusieurs reprises pour ce livre. Les manières de Diane, son ton, sa façon de parler et, en général, son théâtralisme ont un petit côté très XVIIIe siècle.

J'ai pu interroger le docteur Scott Coffey, professeur associé au service de psychiatrie et de comportement humain au Centre médical de l'Université du Mississippi. Il m'a parlé de la concomitance des troubles de la personnalité borderline et des troubles liés à la consommation de substances, ainsi que de la consommation de substances en général ; il m'a également fait parvenir des articles scientifiques qui ont étayé ce chapitre, et tout l'ouvrage en général

1. *W Magazine*, 29 janvier 1982 (FA).

2. *Ibid.*

3. *Le Palace*, n° 1, janvier 1980.

4. *Ibid.*

5. Fabrice Emaer, « Pourquoi j'ai fait Privilège », *Le Palace*, janvier 1981.

6. *Le Palace*, n° 1, janvier 1980.

7. *People*, 24-31 décembre 1979.

8. Les indications sur le chiffre d'affaires de Kenzo puis sur la baisse de celui-ci, qui l'a fait passer de 240 à 180 millions de francs au cours de la seule saison 1987, m'ont été données par François Beaufumé, ancien directeur général de la maison.

9. Xavier de Bascher a conservé cette note et l'a montrée à AD pendant son interview.

10. Film publicitaire pour le lancement de Lagerfeld, parfum de KL pour hommes. Une présentation décrivant le tournage du fil et contenant une photo de Jacques de Bascher, scénariste, a été publiée dans le numéro de mars 1978 de l'édition française de *Vogue* (UCAD).

11. Raconté par Anne de Bascher à AD dans une interview.

12. Archives privées de Renaud de Beaugourdon.

13. Les informations sur Chanel proviennent de nombreuses sources, dont des interviews, les biographies de Chanel citées dans la bibliographie et de nombreux articles, parmi lesquels celui de Phyllis Berman avec Zina Sawaya, « The Billionnaires behind Chanel », *Forbes*, 3 avril 1989.

14. Le communiqué de la maison Chanel disait : « La vie et l'imagination de la collection haute couture de Chanel bénéficieront de l'orientation artistique de Karl Lagerfeld à partir de janvier 1983. » Ce communiqué a été publié dans *WWD*, le 16 septembre 1982 (FA).

15. Lynn Langway avec la collaboration de Scott Sullivan, « The Bad Boy of High Fashion », *Newsweek*, 2 mai 1983.

16. *Connoisseur*, décembre 1985, *op. cit.*

17. Dans un entretien questions-réponses avec KL publié dans *Le Palace*, le journaliste demande à Karl où se trouvent ses maisons, et il répond : « J'en ai une à Paris, une en Suisse et un château en Bretagne que j'ai hérité de ma mère. » *Le Palace*, n° 6, février 1981.

Chapitre 17 : 1983-1984

Je ne me suis pas servie des archives Chanel pour rédiger cet ouvrage, car leur exploitation impose d'accorder à la maison un droit de regard et d'approbation sur tout ce que l'on écrit. J'ai donc fait mes recherches à l'aide d'interviews et en consultant d'autres archives. Je suis allée à New York voir l'exposition Chanel en 2005, une confrontation intéressante entre le travail de Chanel elle-même et celui qu'a réalisé KL pour cette maison. L'exposition et le catalogue étaient sponsorisés par Chanel, avec une aide supplémentaire de Condé Nast. KL avait colorié à la main les visages et les corps des femmes du catalogue, qui a été imprimé et relié par Steidl Verlag en Allemagne, une maison d'édition à laquelle est rattaché 7L de KL. La présidente de Chanel, Maureen Chiquet, a signé, sur les premières pages du catalogue, un cahier des charges, qui s'achevait par ces mots : « Nous sommes heureux que notre soutien permette aujourd'hui au Costume Institute de présenter cette fascinante exposition sur le monde remarquable et en constante évolution de Chanel. » L'implication proactive du sponsor dans l'exposition a provoqué un débat animé sur l'objectivité des musées à une époque de mécénat industriel et d'expositions étroitement liées à des marques

1. Des articles publiés à l'époque du défilé indiquaient que KL était allé avec sa mère assister au come-back de Chanel en 1954 ; le temps passant, cette rumeur a été érigée en réalité. Melissa Richards, *Chanel Key Collections* (Londres, Hamlyn, 2000), p. 121.

2. Avant le défilé, KL déclara à des journalistes qu'il avait perdu onze kilos grâce à l'acupuncture ; voir Etta Froio, *WWD*, 8 décembre 1982 (FA). Moins d'un an plus tard, il suivait un autre régime ; cette fois, il affirma avoir perdu plus de dix-huit kilos grâce au nutritionniste parisien, le docteur Pierre Richand. *W Magazine*, 23 septembre 1983 (FA).

3. *WWD*, 26 janvier 1983 (FA).

4. *Ibid.*

5. Citée dans *WWD*, 26 janvier 1983.

6. Un grand nombre de ceux que j'ai interviewés — dont l'agent de photographes Xavier Moreau, John Fairchild et Helmut Newton — ont évoqué la transition que l'on a pu observer au cours de ces années entre l'objectivité éditoriale et les articles de mode dictés par la publicité. John Fairchild a qualifié les années soixante-dix de « dernière époque de créativité à l'abri des dysfonctionnements de la promotion », tandis qu'Helmut Newton décrivait cette transition avec un franc-parler caractéristique : « À un moment, le rédacteur en chef et le directeur artistique étaient des dieux dans la revue ; maintenant, le dieu est celui qu'on appelle le directeur de la publication, qui n'est en réalité que le

vendeur d'espace de texte. Autrefois, la forme de vie animale la plus vile d'une revue était le type qui vendait les encarts publicitaires. Mais à partir de moment où ils sont devenus puissants et où le directeur a été réduit au rôle de celui qui colle les photos, tout a changé.»

7. *WWD*, 19 janvier 1983 (FA).

8. Karl Lagerfeld, «Le style de Chanel», article publié dans le catalogue de l'exposition *Chanel* au Metropolitan Museum of Art, 5 mai-7 août 2005.

9. Les détails sur les relations entre Inès de la Fressange et KL sont extraits du livre d'Inès de la Fressange, *Profession mannequin, conversations avec Marianne Mairesse* (Paris : Hachette, 2002).

10. *WWD*, 19 janvier 1983, *op. cit.*

11. Lynn Langway avec Scott Sullivan, *Newsweek*, 2 mai 1983.

12. *Actue.* nars 1984, *op. cit.*

13. Inès de la Fressange, *Profession Mannequin*, *op. cit.*, p. 95.

14. *Ibid.*, p. 95

15. *Actuel*, mars 1984, *op. cit.*

16. «Lagerfeld backs bid by Bidermann», *WWD*, 17 octobre 1983

17. Rapporté par Anne de Bascher à AD dans une interview.

18. Rapporté par Renaud de Beaugourdon à AD dans une interview.

19. *Newsweek*, 5 novembre 1990.

20. Patricia McColl, «Renegade Decor», *New York Times* magazine, 14 août 1983.

21. *Ibid.*

22. Cette citation de Fran Lebowitz sur l'héroïne est tirée de Natasha Fraser-Cavassoni et William Middleton, «70s Paris : The Party Years», *W Magazine*, mars 1997.

Chapitre 18 : 1983-1985

Les informations sur la situation qui régnait à Bad Bramstedt pendant la Seconde Guerre mondiale proviennent d'un grand nombre de sources, certaines anonymes, et des interviews de l'historien local de Bad Bramstedt, Manfred Jacobsen, et de Karl Wagner. Je me suis également inspirée de l'ouvrage de Wolfgang Platte *Bad Bramstedt im 20. Jahrhundert* (Stadt Bad Bramstedt, 1985). J'ai interviewé le professeur Detlef Junker, qui a fréquenté l'école de Bad Bramstedt (pas à la même époque que KL néanmoins) et qui est une autorité mondiale sur les relations germano-américaines au XXe siècle. Il enseigne au Heidelberg Center for American Studies (HCA). Le docteur Ortwin Pelc du Museum für Hamburgische Geschichte de Hambourg a répondu à mes questions sur les bombardements alliés de Hambourg et des environs.

L'exposition «Yves Saint Laurent — 25 Years of Design», décembre 1983-août 1984 a été montée par Diana Vreeland à l'Institut du costume du Metropolitan Museum of Art de New York.

L'exposition a ensuite été reprise au Musée national des beaux-arts de Chine, Pékin, mai-octobre 1985; au musée des Arts de la mode, Paris, mai-octobre 1986; à la Maison centrale des artistes, Moscou, décembre 1986-janvier 1987; au musée de l'Ermitage, Saint-Pétersbourg, février-mars 1987; à l'Art Gallery of New South Wales, Sydney, mai-juillet 1987; au musée d'art Sezon, Tokyo, novembre-décembre 1990.

1. Patrick McCarthy et Christa Worthington, «Saint Laurent Retrospective», *WWD*, 23 novembre 1983 (FA).

2. Patrick McCarthy, «YSL: 20 years of couture», *W Magazine*, 2-8 janvier 1982.

3. Propos rapportés par Susan Alai, *W Magazine*, 6 octobre 1986 (FA).

4. L'habitude d'YSL de prendre ses comprimés avec de l'alcool a fait l'objet du commentaire suivant: «[YSL] est sous un régime de "calmants", qu'il lui arrive occasionnellement et déraisonnablement de faire descendre avec de l'alcool.» William Blaylock, «The Designer at Home», *Time*, 12 décembre 1983 (TA).

5. Emprunté au remarquable portrait de Pierre Bergé par Jane Kramer, «The Impresario's Last Act», *The New Yorker*, 21 novembre 1994.

6. Jean-François Bizot, *Actuel*, mars 1984.

7. *Ibid.*

8. *Ibid.*

9. *Ibid.*

10. *Ibid.*

11. *Ibid.*

12. Valerie Steele, *Paris Fashion: A Cultural History* (Oxford University Press, 1988), p. 5 de l'édition revue et mise à jour de 1998.

13. Susan Alai, *WWD*, 17 septembre 1984 (FA).

14. *Yves Saint Laurent, Le Temps retrouvé*, *op. cit.*
15. KL in *W Magazine*, 3 décembre 1982 (FA).
16. Relaté à AD par Arie Kopelman dans une interview.
17. Patrick McCarthy, « Fall Notes », *W Magazine*, 8 octobre 1982 (FA).
18. *WWD*, 19 janvier 1983, *op. cit.*
19. *Paris-Match*, 20 juin 2002.
20. Jay Cocks et Dorie Denbigh, « Monte Karl on a Roll », *Time*, 24 septembre 1984.
21. Miles Socha, « Karl's Reign at Chanel », *WWD*, 22 janvier 2003 (FA).
22. *Interview*, mai 1979, *op. cit.*
23. *Actuel*, mars 1984, *op. cit.*
24. Édition américaine de *Vogue*, septembre 2004, *op. cit.*
25. La réquisition de la maison de KL et la description de la situation que vécut ensuite sa famille proviennent d'une source anonyme.
26. *Interview*, avril 1983, *op. cit.*
27. Édition américaine de *Vogue*, décembre 1992, *op. cit.*
28. Interview de KL par Bernard Pivot, *Double Je*, février 2003, *op. cit.*
29. *Ibid.*
30. Christa Worthington, « Keeping up with Kaiser Karl », *WWD*, 21 février 1986.
31. William Middleton, « Heavenly Hamburg », *W Magazine*, septembre 1996.
32. *Ibid.*
33. *Ibid.*
34. *Ibid.*
35. Margit Mayer, « King Karl », *WWD*, 20 novembre 1991 (FA).
36. *Ibid.*
37. *Paris-Match*, 20 juin 2002, *op. cit.*
38. Kevin Doyle, « The Gospel According to Karl », *W Magazine*, février 1994.
39. Confié à AD dans une interview, source anonyme.
40. *The Andy Warhol Diaries*, *op. cit.*, notice du 4 septembre 1977, p. 66.
41. *WWD*, 23 novembre 1983, *op. cit.*
42. *Yves Saint Laurent, le temps retrouvé*, *op. cit.*
43. *Sunday Telegraph* magazine, 6 mars 2004, *op. cit.*

44. YSL cité dans Felicity Green, « Left Bank Couture », dans Ruth Lynam (éd.), *The Great Designers and Their Creations* (Londres : Michael Joseph Ltd, 1972).

Chapitre 19 : 1989

Les informations sur les dernières années de Jacques sont tirées d'interviews d'Anne de Bascher, de Xavier de Bascher, de Renaud de Beaugourdon, de Christian Dumais-Lvowski, de Diane de Beauvau-Craon et de Marc Rioufol.

1. Robert Murphy et Mort Scheinman, « Closing the Door », *WWD*, 7 janvier 2002.
2. Rapporté à AD par Anne de Bascher dans une interview.
3. Cet épisode est tiré des souvenirs de Lucien Pellat-Finet à propos de sa dernière rencontre avec Jacques.
4. Cathy Horyn, *New York Times*, 24 décembre 2000.
5. KL cité dans Marc Kayser, « Ich habe einen Traum », *Die Zeit*, 17 octobre 2002.
6. G. Dryansky, *Connoisseur*, décembre 1983, *op. cit.*
7. André Leon Talley, « Master of the House », édition américaine de *Vogue*, mars 1995.
8. Thomas Mann, *Les Confessions du chevalier d'industrie Félix Krull*, trad. L. Servicen (Paris : Albin Michel, 1956), p. 127-128.
9. Tous les détails sur les cadeaux de KL, les billets d'avion et les vêtements proviennent d'interviews réalisées par AD.
10. Inès de la Fressange, *Profession mannequin*, *op. cit.*
11. Rapporté à AD par Brigitte Bastian.
12. Rapporté à AD par Brigitte Bastian.
13. Laurence Benaïm, *Yves Saint Laurent*, *op. cit.*, p. 411.
14. *Ibid.*
15. Edmund White, « The Last Emperor », *Sunday Time* magazine, 9 octobre 1994.
16. *Le Figaro*, 11 juillet 1991 (LFA).
17. *Le Figaro*, 15 juillet 1991 (LFA).
18. *Le Figaro*, 11 juillet 1991 (LFA).
19. *Focus*, 3 février 1997.
20. *Ibid.*

21. F. Scott Fitzgerald, « Early Success », in *The Crack-Up and Other Stories* (Londres : Penguin, 1965).

22. « La Passion selon Saint Laurent », *L'Insensé*, novembre 1991.

23. *Ibid.*

24. *Yves Saint Laurent, Le Temps retrouvé, op. cit.*

Épilogue

J'ai assisté à la conférence de presse au cours de laquelle YSL a annoncé qu'il prenait sa retraite. Elle a eu lieu en 2002, alors que je commençais tout juste mes recherches pour ce livre. À l'époque, YSL passait toujours pour un dieu vivant dans le monde de la mode. La rapidité avec laquelle le milieu l'a oublié a été franchement stupéfiante. On parle constamment de son œuvre, mais le consommateur reconnaît-il encore le créateur derrière les idées ?

Pour une nouvelle génération, le nom d'Yves Saint Laurent est celui d'une marque, et non d'un homme. L'attitude du public à l'égard de KL au cours de la même période a connu une transformation tout aussi notoire. Quand j'ai commencé mes recherches et mes interviews, les journaux de mode se répandaient régulièrement en rumeurs sur l'arrivée de Marc Jacobs chez Chanel. En 2001, je me suis retrouvée, dans un restaurant parisien, à côté d'une acheteuse américaine du Middle-West. Nous avons bavardé un moment et elle m'a dit être passée la veille au studio Chanel ; elle estimait que la carrière de KL était terminée chez Chanel : ses vêtements ne se vendaient pas. Cinq ans plus tard, KL est incontestablement à la barre chez Chanel, il est « le petit prince de la mode ». Le dossier de presse que j'ai rassemblé sur KL pendant les quatre ans qui ont suivi son régime draconien et sa perte de poids est plus volumineux que pour toute autre décennie de sa carrière.

1. Inès de la Fressange, *Profession mannequin*, *op. cit.*

2. Pépita Dupont, « Chanel, la guerre en dentelle », *Paris-Match*, 10 août 1989.

3. *Le Figaro*, 27 juillet 1989 (LFA).

4. *Paris-Match*, *op. cit.*

5. Laurence Benaïm, *Le Monde*, 29 janvier 1992.

6. Robert Murphy, « Saint Laurent Speaks his Mind », *WWD*, 27 février 2004.

7. YSL à Godfrey Deeny, rédacteur européen de fashionwire-daily.com, juillet 2003.

8. Laurence Benaïm, *Yves Saint Laurent*, *op. cit.*

9. Suzy Menkes, « The exquisite lightness of Chanel », *International Herald Tribune*, 23 janvier 2003.

10. Édition américaine de *Vogue*, mars 1995, *op. cit.*

11. La maquette du château, les revues et les esquisses ont été retrouvées par AD lors d'une visite au château de Penhoët en 2003.

12. *Le Figaro*, 15 juillet 1991, *op. cit.*

13. André Leon Talley, « Stylefax », édition américaine de *Vogue*, juillet 2000.

14. Cathy Horn, « The Rootin' Teuton », *New York Times*, 20 février 2005 (NYTA).

15. Entendu par AD au vernissage des photographies de KL.

16. *New York Times*, 20 février 2005, *op. cit.*

17. Cathy Horn, « A designer at his peak without a label », *New York Times*, 2 juin 2002 (NYTA).

Liste des interviews

Les deux grands absents de la liste qui suit sont Yves Saint Laurent et Karl Lagerfeld. J'ai interviewé Karl Lagerfeld pour un article alors que je commençais tout juste à faire des recherches pour ce livre, et je lui ai parlé de ce projet et demandé s'il accepterait de répondre à mes questions. Il m'avait donné son accord et m'avait même confié son numéro de fax privé pour que je puisse prendre contact avec lui. Je l'ai fait, sans succès. En l'espace de cinq ans, j'ai adressé à Karl Lagerfeld sept lettres ou fax, sans jamais recevoir de réponse.

Essayer d'interviewer Yves Saint Laurent m'a valu plusieurs années de suspense et de névrose. Betty Catroux m'a présentée à Yves Saint Laurent lors d'une réception organisée dans la nouvelle boutique de Loulou de la Falaise. Il s'est montré charmant. Je lui ai annoncé que je lui écrirais, il a répondu qu'il en était enchanté et qu'il bavarderait volontiers avec moi. J'ai écrit. Betty Catroux, que j'avais déjà interviewée, a fait campagne en ma faveur et l'a, dit-elle, littéralement « harcelé quotidiennement » pendant près de deux ans. Je n'ai pas obtenu d'interview. Ont suivi des lettres, des cartes postales, des fax, des e-mails, des appels téléphoniques. Et voilà qu'un jour, par hasard, je croise Yves Saint Laurent dans la rue. Contrairement à ses habitudes, il se promenait seul. Je l'arrête, et me rappelle à son bon souvenir. « Oui, me dit-il, je ne vous ai pas accordé cette interview, mais nous ferons ça la semaine prochaine. Je vous le promets. » C'était en mai 2003.

Sauf indication contraire mentionnée dans les notes, les citations ou les informations citées proviennent toutes d'interviews réalisées par l'auteur.

Un petit nombre de personnes interviewées par l'auteur ont préféré conserver l'anonymat.

Gaby Aghion, Paris, 18 et 24 juin 2002, et 3 septembre 2002.
Charlotte Aillaud, Paris, 10 décembre 2002.
Kitty d'Alessio, par téléphone, 14 décembre 2005.
Norbert et Lydie Alvérola, Niort, 29 septembre 2005.
Anouschka, Paris, 17 janvier 2001.
Javier Arroyuelo, Paris, 13 novembre 2002.
Claude Aurensan, Paris, 21 novembre 2001.
Anne de Bascher, Paris, 30 septembre 2002 et 18 et 19 mai 2004.
Xavier de Bascher, Paris, 17 septembre 2002.
Brigitte Bastian, Toulon, 26 septembre 2005.
François Beaufumé, Paris, 24 janvier 2002.
Renaud de Beaugourdon, Paris, 16 avril 2004 et 16 février 2006.
Diane de Beauvau-Craon, Paris, 21 octobre et 7 novembre 2002, et 7 juillet 2003.
Pierre Bergé, Paris, 31 mai 2005.
Christine Bergström, Paris, 30 juillet 2002.
Jean-Pascal Billaud, Paris, 17 juin 2003.
Billina, New York, 3 décembre 2002.
Manolo Blahnik, Londres, 3 avril 2002.
Jean de Bodinat, Paris, 4 avril 2005.
Marc Bohan, Paris, 19 février 2004.
Dominique Brabec, Paris, 20 février 2003.
Hans-Joachim Bronisch, Bad Bramstedt, 19 septembre 2005.
Joan Juliet Buck, Paris, 23 février 2002.
Stephen Burrows, New York, 31 janvier 2002.
Patrice Calmettes, Paris, 14 octobre 2003.
Paul Caranicas, New York, 1er février et 6 décembre 2002.
Betty Catroux, Paris, 21 novembre 2002.
François Catroux, Paris, 28 septembre 2004.
Edmonde Charles-Roux, Paris, 2 avril 2002.
Pat Cleveland, Stresa, 28 février 2002.
Docteur Scott Coffey, par téléphone, 8 décembre 2004.
Madison Cox, New York, 1er décembre 2002.
John Crawley, Paris, 10 janvier 2001.
Francine Crescent, Paris, 18 janvier 2001.
Guy Cuevas, Paris, 20 décembre 2001.

Gérard Danet, Grand-Champ, 18 mars 2003.
Bernard Danillon, Paris, 15 novembre 2001.
Davé, Paris, 11 janvier 2001.
Claude Deloffre, Paris, 1er juillet 2002.
Jean-Pierre Derbord, Saint-Cloud, 14 septembre 2004.
Louise Despointes, Paris, 11 février 2002.
Nicole Dorier, Paris, 12 septembre 2002.
Jimmy Douglas, Paris, 9 février 2004.
Victoire Doutreleau, Paris, 3 octobre 2002 et 20 octobre 2005.
Gerry Dryansky, Paris, 6 mars 2002.
Gilles Dufour, Paris, 12 novembre 2002.
Christian Dumais-Lvowski, Paris, 30 septembre 2002 et 16 avril 2004.
Jean Eudes, Paris, 14 novembre 2002.
John Fairchild, Londres, 4 avril 2002.
Loulou de la Falaise, Paris, 12 janvier 2001, 2 avril 2003 ; par téléphone 19 janvier 2006.
Maxime de la Falaise, Saint-Rémy, 25 juin 2003.
Judith Fayard, Paris, 23 janvier 2001 et 29 janvier 2003.
Robert Ferrell, Paris, 8 novembre 2002 et 12 décembre 2004.
Natasha Fraser-Cavassoni, Paris, 3 juin 2005.
Diane von Furstenberg, New York, 6 décembre 2002.
Philippe Garner, Londres, 3 avril 2002.
Christophe Girard, Paris, 14 novembre 2002.
Tan Giudicelli, Paris, 6 juin 2002.
Pamela Golbin, Paris, 21 décembre 2001.
Jacques Grange, Paris, 25 novembre 2002.
Florence Grinda, Paris, 23 janvier 2001.
Didier Grumbach, Paris, 11 décembre 2002 et 12 février 2003.
Anna Harvey, Paris, 22 janvier 2002.
Jim Haynes, Paris, 7 novembre 2001.
Philippe de Henning, Paris, 20 juin 2002.
Steve Hiett, Paris, 15 janvier 2002.
Patrick Hourcade, Paris, 17 octobre et 21 novembre 2002.
Irié, Paris, 21 novembre 2001.
Manfred Jacobsen, Bad Bramstedt, 19 septembre 2005.
Donna Jordan, New York, 4 décembre 2002.
Professeur Detlef Junker, par téléphone, 6 avril 2004.
Kirat, Paris, 22 octobre 2002.
Michel Klein, Paris, 17 octobre 2002.

Thadée Klossowski, Paris, 13 octobre 2003.
Arie Kopelman, par téléphone, 6 juin 2005.
Lorna Koski, New York, 30 janvier 2002.
Christel (née) Lagerfeld, USA, 21 juin 2005.
Kurt Lagerfeld, Neustadt in Holstein, 17 et 18 février 2003.
Valérie Lalonde, Paris, 1er octobre 2003.
Émile Laugier, Paris, 27 mai 2002.
Rose-Marie Legallais, Paris, 26 novembre 2002.
André Levasseur, Paris, 5 décembre 2003.
Roxanne Lowit, New York, 30 janvier 2002.
Hélène de Ludinghausen, Paris, 23 octobre 2002.
Guy Marineau, Paris, 19 décembre 2001.
Patrick McCarthy, New York, 5 décembre 2002.
Pat McColl, Paris, 15 mars 2002.
Marian McEvoy, New York, 3 décembre 2002.
Éric Mension-Rigaud, Paris, 20 avril 2004.
Frédéric Mitterrand, Paris, 8 février 2003.
Xavier Moreau, Paris, 16 janvier 2002.
Jean de Mouy, par téléphone, 4 décembre 2003.
Anne-Marie Muñoz, Paris, 22 mai 2003.
Helmut Newton, Monte-Carlo, 11 décembre 2001 et 29 août 2002.
Florentine Pabst, Paris, 13 novembre 2002.
Paquita Paquin, Paris, 22 novembre 2002.
Lucien Pellat-Finet, Paris, 5 février 2003.
Anna Piaggi, Paris, 21 janvier 2003.
Jean-Jacques Picart, Paris, 28 octobre 2002.
Paloma Picasso, Paris, 4 avril 2003.
Andrée Putman, Paris, 19 novembre 2002 et 28 janvier 2003.
Ariel de Ravenel, Paris, 15 janvier 2001.
Alexis de Redé, Paris, 3 octobre 2003.
Joaquim Reuter, Paris, 20 novembre 2002.
Marc Rioufol, Paris, 23 janvier 2001.
Vincent Risterucci, Paris, 24 septembre 2002.
Guy de Rothschild, Paris, 5 décembre 2001.
Karl Ruttenstein, par téléphone, 2 avril 2002.
Clara Saint, Paris, 16 janvier 2003.
Janie Samet, Paris, 29 novembre 2002.
Fernando Sanchez, New York, 1er février et 4 décembre 2002.
Sao Schlumberger, Paris, 27 novembre 2001.

Donald Schneider, Paris, 20 novembre 2005.
Charles Sebline, Paris, 6 décembre 2003.
Irène Silvagni, Paris, 21 novembre 2002.
Donald Tait, Paris, 29 janvier 2003.
Kenzo Takada, Paris, 9 décembre 2002.
Daniel Templon, Paris, 16 mars 2002.
Corey Grant Tippin, New York, 2 décembre 2002, 17 décembre 2004 et 17 novembre 2005.
Ralph Toledano, Paris, 6 novembre et 20 décembre 2002.
Susan Train, Paris, 10 janvier 2001.
Eija Vehka ajo, par téléphone, 8 novembre 2002.
Karl Wagner, par téléphone, 11 septembre 2003. Bad Bramstedt, 19 septembre 2005.
Holly Warner, Paris, 27 février 2002.
Isabelle Weingarten, Paris, 4 mars 2002.
Eric Wright, par téléphone, 1er décembre 2005.
Susi Wyss, Paris, 29 janvier 2001.
Renata Zatsch, Paris, 23 novembre 2002.

Bibliographie

Abadie, Louis, *Oran de ma jeunesse, 1935-1965*, tome 2 (Nice : éditions Jacques Gandini, 2000).

Agins, Teri, *The End of Fashion : The Mass Marketing of the Clothing Business* (New York : William Morrow, 1999).

Amiel, Karen (éd.), texte de Christopher Hemphill, *Antonio's Girls* (New York : Congreve, 1982).

Banier, François-Marie, *François-Marie Banier* (Paris : Gallimard, 2003).

Banks, Brian R., *The Image of Huysmans* (New York : AMS Press, 1990).

Battersby, Martin, *The Decorative Thirties*, rev. et éd. par Philippe Garner (New York : Whitney Library of Design, 1988).

Battersby, Martin, *The Decorative Twenties*, rev. et éd. par Philippe Garner (New York,: Whitney Library of Design, 1988).

Benaïm, Laurence, *Yves Saint Laurent, biographie* (Paris : Grasset, 2002 ; nouv. éd.).

Bender, Marilyn, *The Beautiful People* (New York : Coward-McCann, 1967).

Benton, Charlotte, Tim Benton et Ghislaine Wood (éd.), *Art Deco 1910-1939* (Londres : V & A Publications, 2003).

Bergé, Pierre, *Les jours s'en vont, je demeure* (Paris : Gallimard, 2003).

Bernier, Alexis, et François Buot, *L'Esprit des seventies* (Paris : Grasset & Fasquelle, 1994).

Birkett, Jennifer, *The Sins of the Fathers : Decadence in France 1870-1914* (Londres : Quartet Books, 1986).

Bizot, Jean-François, *Underground : l'histoire* (Paris : Actuel/Denoël, 2001).

Blum, Dilys E., *Shocking ! The Art and Fashion of Elsa Schiaparelli* (New Haven et Londres : Philadelphia Museum of Art, en collab. avec la Yale University Press, 2003).
Bony, Anne, *Les Années 70* (Paris : Éditions du Regard, 1993).
Brubach, Holly, *A Dedicated Follower of Fashion* (Londres : Phaidon Press, 1999).

Callahan, Temo et Tom Cashin (éd.), *Jed Johnson : Opulent Restraint* (New York : Rizzoli, 2005).
Caranicas, Paul, *Antonio's People* (Londres : Thames & Hudson, 2004).
Cars, Jean des, et Jean-Paul Caracalla, *Le Train Bleu et les grands express de la Riviera* (Paris : Denoël, 1988).
Carter, Ernestine, *The Changing World of Fashion* (New York : G.P. Putnam's Sons, 1977).
Chaleyssin, Patrick, *La Peinture mondaine de 1870 à 1960* (Paris : Bibliothèque de l'image, 1999).
Chanaux, Adolphe, et Léopold Diego Sanchez, *Jean-Michel Franck* (Paris : Éditions du Regard, 1997).
Charles-Roux, Edmonde, *Le Temps Chanel* (Paris : Grasset, 1979).
Charles-Roux, Edmonde, *L'Irrégulière, ou mon itinéraire Chanel* (Paris : Grasset, 1974).
Cleveland, Pat, *In the Spirit of Grace* (Italie : Peal Publishing, 2001).
Colacello, Bob, *Holy Terror : Andy Warhol Close Up* (New York : Cooper Square Press, 2000).
Cotton, Charlotte et Shelly Verthime (éd.), *Guy Bourdin* (Londres : V & A Publications, 2003).

Delgado, Fernando, et Samuel Bourdin, *Exhibit A : Guy Bourdin* (Paris : Seuil, 2001).
Doutreleau, Victoire, *Et Dior créa Victoire* (Paris : R. Laffont, 1997).
Dwight, Eleanor, *Diana Vreeland* (New York : William Morrow, 2002).

Eelking, Freihher Herrmann-Marten von, *Garderoben-Gesetzte*, ill. par Ernst Ludwig Kretschmann (rééd. Berlin : Finckenstein und Salmuth, 2003).

Fairchild, John, *The Fashionable Savages* (New York : Doubleday & Co, 1965).
Faucigny-Lucinge, Jean-Louis de, *Fêtes mémorables, bals costumés, 1922-1972* (Paris : Herscher, 1986).
Floquet, Charles, *Dictionnaire des châteaux et manoirs du Morbihan* (Mayenne : Yves Floch, 1991).

Francis, Mark et Margery King (éd.), *The Warhol Look: Glamour Style Fashion* (New York: Little, Brown and Co, 1997).

Fressange, Inès de la, *Profession mannequin: conversations avec Marianne Mairesse* (Paris: Hachette, 2002).

Furstenberg, Diane von, *Diane: A Signature Life* (New York: Simon & Shuster, 1998).

Galey, Matthieu, *Journal 1953-1973* (Paris: Grasset & Fasquelle, 1987).

Gandini, Jacques, *Oran de ma jeunesse, 1945-1962* (Nice: Éditions Jacques Gandini, 1997).

Gildea, Robert, *France since 1945* (Oxford: Oxford University Press, 2002, 2e éd.).

Goldsmith, Lady Annabel, *Annabel: An Unconventional Life* (Londres: Weidenfeld & Nicolson, 2004).

Grumbach, Didier, *Histoires de la mode* (Paris: Seuil, 1993).

Hackett, Pat (éd.), *The Andy Warhol Diaries* (New York: Warner Books, 1989).

Harrison, Martin, *Appearances: Fashion Photography since 1945* (New York: Rizzoli, 1991).

Haye, Amy de la, et Shelley Tobin, *Chanel: The Couturiere at Work* (Londres: V & A Publications, 1994).

Haynes, Jim, *Thanks for Coming!* (Londres: Faber and Faber, 1984).

Heiting, Manfred (éd.), *Helmut Newton. Work* (Cologne: Taschen, 2000).

Herald, Jacqueline, *Fashions of a Decade: The 1970s* (Londres: B. T. Batsford, 1992).

Hockney, David, *David Hockney by David Hockney: My Early Years* (Londres: Thames & Hudson, 1988).

Jullian, Philippe, *Robert de Montesquiou: un prince, 1900* (Paris: Perrin, 1965).

Kochno, Boris, *Christian Bérard* (Paris: Herscher, 1987).

Kurlansky, Mark, *1968 : The Year that Rocked the World* (New York: Ballantine Books, 2004).

Lagerfeld, Karl et Dr Jean-Claude Houdret, *Le Meilleur des régimes* (Paris: R. Laffont, 2002).

Leon Tailley, André, *A. L. T.: A Memoir* (New York: Villard Books, 2003).

Lowit, Roxanne, *Moments — Roxanne Lowit — Photographs* (New York: The Vendome Press, 1993; Paris: éd. Assouline, 1992).

Ludwig, Arnold M., *The Price of Greatness: Resolving the Creativity and Madness Controversy* (New York: The Guilford Press, 1995).
Lynam, Ruth (éd.), *Paris Fashion: The Great Designers and their Creations* (Londres: November Books, 1972).

Madsen, Axel, *Chanel: A Woman of Her Own* (New York: Henry Holt & co, 1990).
McIntosh, Christopher, *The Swan King: Ludwig II of Bavaria* (Londres: Taurisparke Paperbacks, 2003).
Mension-Rigau, Éric, *Aristocrates et grands bourgeois: Éducation, traditions, valeurs* (Paris: Plon, 1994).
Merrick, Jeffrey et Michael Sibalis (éd.), *Homosexuality in French History and Culture* (New York: The Haworth Press, 2001).
Metelmann, Henry, *A Hitler Youth: Growing up in Germany in the 1930s* (Londres: Caliban Books, 1997; éd. rev. Staplehurst: Spellmount, 2004).
Morand, Paul, *L'Allure de Chanel* (Paris: Hermann, 1996).

Newton, Helmut et Alice Springs, *Us and Them* (Zurich-Berlin-New York: Scalo, 1999).
Newton, Helmut, *Autobiography* (New York: Doubleday, 2003).
Newton, Helmut, *World Without Men* (New York: Xavier Moreau, 1984).
Newton, June et Walter Keller (éd.), Helmut Newton, *Pages from the Glossies: Facsimiles 1956-1998* (Zurich-Berlin-New York: Scalo, 1998).

Paquin, Paquita, *Vingt ans sans dormir, 1968-1983* (Paris: Denoël, 2005).
Piaggi, Anna, *Karl Lagerfeld: A Fashion Journal* (Londres: Thames & Hudson, 1986) [*Karl Lagerfeld: Journal de mode* (Fribourg: Office du Livre, 1986)].
Platte, Wolfgang, *Brad Bramstedt im 20. Jahrhundert* (Stadt Bad Bramstedt, 1985).
Pochna, Marie-France, *Christian Dior* (Paris: Flammarion, 1994).
Polhemus, Ted, *Street Style* (Londres: Thames & Hudson, 1995).
Prange, Carsten, *A Journey through Hamburg's History* (Hambourg: M. Glogau Jr Verlag, 1990).

Ramos, Juan Eugene, *Antonio — 60, 70, 80* (Munich-Paris: Schirmer/Mosel, 1994).

Rawsthorn, Alice, *Yves Saint Laurent* (Londres : HarperCollins, 1996).
Réthy, Esmeralda de, et Jean-Louis Perreau, *Monsieur Dior et nous, 1947-1957* (Arcueil : Anthèse, 1999).
Richards, Melissa, *Chanel Key Collections* (Londres : Hamlyn, 2000).
Richardson, Joanna, *La Vie parisienne 1852-1870* (Londres : Hamish Hamilton, 1971).
Richardson, Joanna, *The Courtesans : The Demi-Monde in 19th-Century France* (Londres : Weidenfeld & Nicolson, 1967).
Rothschild, Guy de, *Les Surprises de la fortune* (Neuilly : Michel Lafon, 2002).
Rous, Lady Henrietta (éd.), *The Ossie Clark Diaries* (Londres : Bloomsbury, 1998).

Sainderichin, Ginette, *Kenzo* (Boulogne : Éditions du May, 1989).
Saint Laurent, Yves, *Images of Design 1958-1988* (New York : Alfred A. Khnopf, 1988).
Saint Laurent, Yves, *La Vilaine Lulu* (Paris : Tchou, 1967).
Saint Laurent, Yves, *Yves Saint Laurent par Yves Saint Laurent* (Paris : Herscher, 1986).
Scarry, Elaine, *On Beauty and Being Just* (Londres : Gerald Duckworth & Co, 2000).
Schlesinger, Peter, *A Chequered Past : My Visual Diary of the 60s and 70s* (Londres : Thames & Hudson, 2004).
Sebald, W. G., *On the Natural History of Destruction*, trad. A. Bell (New York : Random House, 2003).
Sebbar, Leïla (éd.), *An Algerian Childhood* (Ruminator Books, 2001).
Seeling, Charlotte, *La Mode au siècle des créateurs, 1900-1999*, trad. S. Wyckaert, O. Demange, A. de Scriba (Cologne, Könemann, 2000).
Steele, Valerie, *Paris Fashion : A Cultural History* (Oxford : Oxford University Press, 1988).

Tadié, Jean-Yves, *Proust : La cathédrale du temps* (Paris : Gallimard, 1999).
Teboul, David, *Yves Saint Laurent* (New York : Harry N. Abrams, 2002).
Thiébaut, Philippe, *Robert de Montesquiou ou l'art de paraître* (Paris : Réunion des musées nationaux, 1999).

Vreeland, Diana, *D. V.*, éd. par G. Plimpton et C. Hemphill (New York : Da Capo Press, nouv. éd. 1997).

Walden, George, *Who's a Dandy. Jules Barbey d'Aurevilly, Dandysm and Beau Brummell* (Londres : Gibson Square Books, 2002).
Wallach, Janet, *Chanel: Her Style and Her Life* (New York : Nan A. Talese, Doubleday, 1998).
Watt, Judith, *Ossie Clark 1965-1974* (Londres : V & A Publications, 2003).

Films

Double Je, Karl Lagerfeld interviewé par Bernard Pivot (Paris : Équipage/RFO/TV5, diffusé le 27 février 2003).
Helmut by June, réalisation Alice Springs (Londres : Eyestorm, 19 mars 1999).
Top Ten Designers (Paris : Software Productions, 1979).
Yves Saint Laurent, le temps retrouvé, réalisation David Teboul (Paris : Canal +/Movimento/INA Entreprise/Transatlantic Vidéo, 2002).
Yves Saint Laurent, 5 avenue Marceau 75116, réalisation David Teboul (Paris : Canal +/Movimento/INA Entreprise/Transatlantic Vidéo avec la participation de la WDR, 2002).
Célébration, réalisation Olivier Meyrou (2001).

Audio

« La grande histoire et les petites histoires des bas quartiers d'Oran », présentateur Émile Serna (conférence du 4 janvier 2002, organisée par l'AOCAZ et l'ALLO ; CD 1 et 2 de la collection privée de M. Norbert Alvérola).

Catalogues

« Chanel, The Metropolitan Museum of Art, New York », Harold Koda et Andrew Bolton (New York : The Metropolitan Museum of Art, 2005).
« Collection Lagerfeld, volume 1 : Important mobilier et objets d'art » (Monaco : Christie's, 29 avril 2000).
« Collection Lagerfeld, volume 2 : Important mobilier et objets d'art » (Monaco : Christie's, 29 avril 2000).

«The Lagerfeld Collection, volume 3 : Old Master Pictures» (New York : Christie's, 23 mai 2000).
« Collection Lagerfeld : Arts décoratifs du XXe siècle » (Paris : Sotheby's, 15 mai 2003).
« Sixties mode d'emploi : Collections du musée de la Mode et du Textile » (Paris : Union centrale des arts décoratifs, 2002).
«Yves Saint Laurent : Dialogue avec l'Art » (Paris : Fondation Pierre Bergé-Yves Saint Laurent, 2004).

Remerciements

J'aimerais remercier tous ceux que j'ai interviewés au cours de ces cinq ans et demi de recherches, tous ceux qui m'ont consacré leur temps et ont partagé avec moi leurs souvenirs d'une période pleine d'euphorie sur le moment, et rétrospectivement lourde de mélancolie. Je souhaite témoigner une reconnaissance toute particulière à Gaby Aghion, Charlotte Aillaud, Lydie et Norbert Alvérola, Xavier de Bascher, François Beaufumé, Marc Bohan, Joan Juliet Buck, François Catroux, Edmonde Charles-Roux, Pat Cleveland et son mari Paul van Ravenstein, Madison Cox, John Crawley, Jean-Pierre Derbord, Victoire Doutreleau, Gerry Dryansky, John Fairchild, Judith Fayard, Christophe Girard, Tan Giudicelli, Jacques Grange, Patrick Hourcade, Thadée Klossowski, Roxanne Lowit, Hélène de Ludinghausen, Marian McEvoy, Xavier Moreau, Lucien Pellat-Finet, Paloma Picasso, Andrée Putman, Marc Rioufol, Guy de Rothschild, Fernando Sanchez et Ralph Toledano.

J'éprouve une immense gratitude à l'égard de Paul Caranicas et tiens à le remercier très chaleureusement de m'avoir ouvert les archives d'Antonio, d'avoir répondu à toutes mes questions et de m'avoir autorisée à utiliser les photos d'Antonio dans ce livre. Merci à Corey Grant Tippin pour sa patience et pour sa mémoire infaillible qui lui a permis de répondre à mes nombreuses interrogations. Je suis très reconnaissante à Betty Catroux d'avoir fait le siège chez Yves Saint Laurent en ma faveur. Anne de Bascher a fait preuve d'une constance et d'une honnêteté sans faille tout au long de nos nombreux entretiens sur la vie de son frère et je l'en remercie sincèrement. Les souvenirs de Brigitte Bastian m'ont permis d'imaginer l'enfance d'Yves, son frère. Merci beaucoup à Christel pour son esprit caustique et son hospitalité. Je dois beaucoup à Patrick McCarthy qui m'a autorisée à exploiter les archives Fairchild et à utiliser les photos de Fairchild dans cet ouvrage. Merci à Christian Dumais-Lvowski d'avoir gentiment accepté d'être interviewé plusieurs fois, de m'avoir fait profiter de sa perspicacité et d'escapades d'une journée en Normandie ainsi que de m'avoir fait découvrir une autre facette de Jacques. Je remercie Renaud de Beaugourdon qui m'a généreusement permis d'exploiter et de citer sa correspondance privée, et qui a répondu à toutes mes questions et théories avec une remarquable objectivité. Je souhaite remercier Philippe Garner pour ses lumières en matière de décoration et Diane de Beauvau-Craon pour son récit d'une grande franchise à propos de ces années. Merci à Loulou de la Falaise d'avoir vaillamment résisté à tous mes interrogatoires et à Maxime de la Falaise pour son hospitalité et ses observations perspicaces. Je suis très redevable à Guy Marineau qui m'a ouvert ses vastes archives photographiques concernant cette époque et n'a pas ménagé sa peine pour me proposer des illustrations pertinentes pour mon livre.

Je remercie les personnes suivantes qui m'ont fait bénéficier de leur expertise : le professeur associé Scott F. Coffey de l'University of Mississippi Medical Center ; le professeur Dr h. c. Detlef Junker du Heidelberg Center for American Studies (HCA) ; le docteur Ortwin Pelc du Museum für Hamburgische Geschichte ; Manfred Jacobsen, historien municipal de Bad Bramstedt ; Gérard Danet, historien du patrimoine ; Éric Mension-Rigaud, maître de conférences d'histoire à l'université de Paris-Sorbonne (Paris IV) et membre de l'Institut universitaire de France ; et le comte Jean de Bodinat de l'Association d'entraide de la noblesse française. Je remercie aussi Hugo Vickers, exécuteur littéraire de Cecil Beaton.

J'ai passé une année à rédiger le premier jet de ce livre à la bibliothèque de l'Union centrale des arts décoratifs et sais gré à tout le personnel de s'être montré aussi aimable et d'avoir fermé les yeux sur ma Thermos de café. Merci au personnel des archives des Fairchild Publications, et notamment à Merle Thomason (aujourd'hui à la retraite), dont les recueils de coupures de presse contiennent de nombreuses pépites, à Margaret Skeeter qui m'a aidée à vérifier un certain nombre de faits, ainsi qu'à Delano Knox. Je remercie tous les archivistes qui m'ont aidée dans mes recherches et ont répondu à mes questions : Philippe Le Moult, directeur des relations publiques, et Soizic Pfaff, archiviste, de la maison Christian Dior ; Antonya Tioulong, directrice des archives de *L'Express* ; Gérald Chevalier des écoles de la Chambre syndicale de la couture parisienne, et au directeur de l'école, M. François Broca. J'aimerais mentionner Pascal Sittler de la Fondation Pierre Bergé-Yves Saint Laurent, et Jean-Christophe Laizeau, ancien directeur du service de presse de Loulou de la Falaise, qui m'ont aidée tous les deux avec une irréprochable courtoisie. Merci à Anne Crowther de la Bradford Archive ; à Helga Dupuis, chef du bureau parisien de *Der Stern* ; à Ruth Viebrock de *Die Zeit* ; à Mme Lévy du *Point* ; à Gilles LeRoux du *Figaro* et à Aurélie Poulain d'*Équipage*.

Pour mes recherches sur l'enfance de Karl Lagerfeld en Allemagne, j'aimerais exprimer tous mes remerciements à Rosemary Kluth pour ses exceptionnels talents de traductrice et pour l'enthousiasme infatigable avec lequel elle m'a accompagnée lors de mes interviews et dans les recherches et réflexions complémentaires qu'elle a partagées avec moi. Je remercie Chantal Zakowski d'avoir joué les interprètes lors de ma première interview téléphonique de Herr Wagner puis de m'avoir accueillie à Bad Bramstedt. Merci à Anne Vogelpohl pour son aide dans mes recherches à Hambourg. Merci à Lucy Richardson, Amalia-Bianca Agelopoulos, Tim Scales, Anusch Cutujian, Jasper Neidel et Mareile Kirsch d'avoir attiré mon attention sur l'importance de l'identité hanséatique.

Je souhaite témoigner ma reconnaissance à Herr Josef Riepl de Glücksee à Neustadt, qui a si gentiment organisé mon interview du regretté Herr Lagerfeld. Merci aussi à la fille de Herr Lagerfeld, Margrit Greune, pour son accueil, et à Malte Betz de *Bild am Sonntag*.

J'aimerais aussi remercier mes amis, les rédacteurs et les membres de l'industrie de la mode qui m'ont donné de précieux conseils, m'ont présentée à des gens utiles, m'ont offert aide et assistance dans mes requêtes, mes recherches d'articles et de personnalités : Isabella Capece, Melissa Comito, Godfrey Deeny, Aliona Doletskaya, Pamela Fiori, Pamela Golbin, Chantal Goupil, Anna Harvey, Lorna Koski, Vinny Lee, Tina Lignell, Suzy Menkes, Robert Murphy, Janet Ozzard, Ian Phillips, Alice Ryan, Gloria Sheahan, Jenny Weil, Ron Wilson. Tant de personnes m'ont apporté une aide capitale sous des formes diverses : je dois beaucoup à Steve Hiett, Jean Eudes et Claude Aurensan, qui m'ont prêté des publications de l'époque ; à Patrick Swirc, Mme d'Artagnan, Robert Fonteneli, Rachel Caunt, pour leurs photocopies stoïques, à Tasha Pike, Sophie Dumont Ader, au révérend Peter Watkins, à Tran Huu Nghia et à Thien Tran, Max Desbross et Alex de Oliveira qui nous ont maintes fois sauvés, mon ordinateur et moi. Je tiens à exprimer ma gratitude à maître Christophe Ayela, à M. Chassot, procureur de la République de Vannes, à Mme Le Hen, à maître Karl Hepp de Sevelinges, à maître Jean-Pascal Bus et à Albena Iordanova pour sa gentillesse. J'aimerais remercier Jodie Hutchins d'avoir organisé le déménagement de mon bureau et de ma famille trois fois au cours de la préparation de ce livre et d'avoir apporté ordre administratif et optimisme à cet infernal chaos.

Je suis très reconnaissante à tous les amis qui m'ont soutenue : Alev Aktar, Ruth Benoit, Nick Birts, Laurent Buttazzoni, Xavier Chaumette, Amanda Foreman, Rachida Kadaoui, Prosper Keating, Lulu Lytle, Aléssia Margiotta-Broglio, Sally Mayhew, Anna Maxted, Roseline Mercier, Darrell Moos, Sarah Raper-Larenaudie, Phil Robinson et Donald Schneider. Merci infiniment à Charles Sebline qui a accepté de partager ses connaissances et de nouer un dialogue sur la mode de ces années, et à Robert Ferrell, pour sa compréhension innée de l'industrie de la mode et la bonne volonté avec laquelle il a répondu à mes questions, quels que soient le temps et le lieu.

J'aimerais remercier les personnes suivantes qui m'ont offert une précieuse amitié : Lucy et Mark Cornell, pour leur merveilleux soutien, Alice Scales, Rozelle Webster et Marie-Laure Dauchez pour ses missives convaincantes et sa grande faculté d'analyse. Merci à Frédéric Venière pour ses superbes lettres. Je remercie Khadija Chafiqui pour son dévouement à l'égard de nos enfants et pour sa générosité envers notre famille, et Rosalina Enriquez pour son aide chaleureuse. J'aimerais exprimer toute ma gratitude à Yvette Citoleux pour sa sagesse et sa perspicacité.

J'aimerais remercier Me Marie-Avril Roux Steinkühler de m'avoir défendue avec force et élégance, et aussi de m'avoir conseillée tout au long de la vie de ce livre. Merci aussi à Me Laurent Merlet pour sa brillante plaidoirie et Me Grégoire Triet pour ses conseils précieux.

Si ce livre existe en français, c'est sans nul doute grâce à Olivier Rubinstein et Abel Gerschenfeld des éditions Denoël. Abel, en particulier, a mis tout son esprit, sa finesse et son intelligence au service de la difficile métamorphose d'un livre anglais en un livre français. Merci aussi à Bernard Cohen et Odile Demange pour avoir accepté de se charger de la tâche herculéenne de traduction, ainsi qu'à Ania Corless et Isabelle Jordan-Ghizzo pour m'avoir convaincue que le livre avait sa place en France. Je voudrais remercier tout particulièrement

Pierre Assouline d'avoir attiré l'attention sur mon livre, et de s'être fait le chroniqueur de son existence mouvementée depuis sa première publication.

Je souhaite remercier mes lecteurs qui ne m'ont pas seulement prodigué des commentaires précieux et féconds sur le manuscrit, mais m'ont aidée à aller de l'avant : Henrietta Courtauld, une vraie amie dont les observations ont été judicieuses et le soutien constant ; Natasha Fraser-Cavassoni, qui m'a présentée à Ed Victor, a attiré mon attention sur cette période alors que j'avais tendance à l'éviter et a fait preuve d'une générosité et d'une sagesse infaillibles dans son jugement et ses avis ; Claudia Shear qui m'a fait séjourner à New York, m'a apporté des avis compétents et m'a écrit des e-mails qui m'ont aidée à tenir toute la nuit ; Sarah Turnbull, de Paris à Papeete, dont la direction et les encouragements ont été stimulants, essentiels même. Je tiens à remercier mes chers parents George et Charlotte Drake et mes sœurs, Louise Bartlett et Sarah Drake, qui m'ont tous accompagnée pas à pas. Merci aussi à mes beaux-parents, Rosamund et Edward Reece, pour leur soutien à la fois pratique et moral.

À mes chers enfants, Lily, Hathorn, Peony et Sapphire, vous m'avez permis d'aller jusqu'au bout. Merci, merci.

Et à Rupert, mon mari, mon lecteur, qui m'a prodigué amour, sagesse, réconfort et inspiration tout au long de ce travail. Ce livre t'est dédié avec un amour et une reconnaissance infinis.

Paris, juillet 2008

[illegible]

Paris, juillet [illegible]

Table

Crédits photographiques :

Page 1. En haut : © Eyedea/KEYSTONE-France. En bas à gauche : © Ullstein Bild/Roger-Viollet. En bas à droite : © Eyedea/KEYSTONE-France. *Page 2.* En haut : © François Pages/Paris-Match/SCOOP. Au centre : Paul Slade/Paris-Match/SCOOP. En bas : © Martine Franck/Magnum Photos. *Page 3.* © Marineau/Starface. *Page 4.* Bruno Barbey/Magnum Photos. *Page 5.* En haut : © Paul Caranicas. En bas : © Paul Caranicas. *Page 6.* En haut : © Philippe Heurtault. Au centre : © Peer-Olaf Richter. En bas : « Jacques, Paris », 1974. Colored pencil on paper, 19 ¾ × 25 ½" © David Hockney. *Page 7.* © *L'Uomo Vogue*/Alex Châtelain. *Page 8.* En haut : © Guy Marineau/Starface. En bas à gauche : © Guy Marineau/WWD/Condé Nast/Corbis. En bas à droite : © Guy Marineau/WWD/Condé Nast/Corbis. *Page 9.* En haut : © BULKA/SIPA. En bas : © Guy Marineau. *Page 10.* En haut : © Pierre Vauthey/Corbis/Sygma. En bas : © Starface/Guy Marineau. *Page 11.* © Jean-Régis Roustan/Roger-Viollet. *Page 12.* En haut : © Martine Franck/Magnum Photos. En bas : © Guy Marineau/Starface. *Page 13.* © Françoise Huguier/Rapho. *Page 14.* © Philippe Wojazer/Reuters. *Page 15.* © Guy Marineau/Starface. *Page 16.* © Roxanne Lowit.

Composition Qualame.
Impression Bussière
à Saint-Amand (Cher), en octobre 2008.
1er dépôt légal : septembre 2008.
Dépôt légal : octobre 2008.
Numéro d'imprimeur : 083109/4.
ISBN 978-2-20726032-6./Imprimé en France.

164856